Grace 전산세무

2022 최신판
한국세무사회 주관
국가공인자격시험 대비

NCS 국가직무능력표준 기준안 적용
National Competency Standards

KB089528

**2022년 4월
출제변경안
적용**
∨

/ **2급** /

필기 + 실기

_ 전산세무회계연구팀 편저

실무
모의고사
5회 수록

종합
모의고사
5회 수록

최신
기출문제
5회 수록

**출제유형
112제**
수록

백데이터 제공 박문각 www.pmg.co.kr
동영상 강의 메인에듀 www.mainedu.co.kr

PMG 박문각

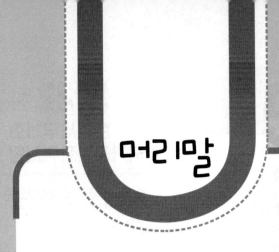

머리말

본서는 한국세무사회 주관 국가공인 자격시험인 KcLep 전산세무 2급을 대상으로 집필되었습니다. 실무에서 어려워하던 문제점들을 반영하여 수험자와 실무자가 반드시 학습해야 될 부분을 학습자 입장에서 담고자 하였으며, 급변하는 정보화의 기류에 편승하여 보다 정확하고, 빠르게 수험정보를 반영하여 알찬 교재로 만들어지도록 노력하였습니다.

본서의 특징은

첫째, 일반기업회계기준 내용을 빠짐없이 반영하였으며, 문제는 기본예제, 예상문제, 종합문제, 모의고사, 기출문제, 출제유형별문제순으로 문제를 구성하여 자기실력을 테스트 할수 있도록 구성하였습니다.

둘째, 2022년 국세기본법, 부가가치세법, 소득세법의 개정내용을 빠짐없이 반영하여, 최근 세법에 따라 정확히 공부할수 있도록 집필하였습니다.

셋째, 출제유형별문제난에 반복 출제되고 있는 문제를 문제은행화 하여 반복숙달하면 반드시 합격이 가능하도록 배려하였습니다.

넷째, 문제의 요점을 쉽게 파악가능하게 하기 위하여 문제마다 제목, 영문을 달아 놓았습니다.

다섯째, 모의고사와 기출문제를 수록하여 검증이 가능하도록 하였습니다.

여섯째, 본서는 자격시험용으로 채택된 한국세무사회의 KcLep 세무회계프로그램을 기초로 집필하였으며, 타사 프로그램 사용자도 본서를 가지고 학습이 가능하도록 하였습니다.

이책만의 타의 추종불허 장점은

첫째. 최신기출경향이 한 눈에 보이는 이론 구성
- 빈출 이론 및 2022년 출제예상 확인가능
- 최신기출경향 완벽 파악 가능

둘째, 따라하기만 하면 누구나 합격 가능한 실기 구성
- 실제 시험에 기본예제와 종합문제를 구성하여 따라하기만 하면 자연스럽게 합격가능
- 10년간 전산세무회계 기술위원과 채점위원 경험을 바탕으로 정확하고 상세한 설명의 KcLep 단계별 입력방법으로 실기 70%인 전산세무 시험 완벽 대비

셋째, 합격을 좌우하는 분개문제 완전 정복
- 자주 출제되는 분개만을 엄선한 '출제유형 112선'으로 완벽 대비

다섯째, 최신기출문제 5회를 통해 실전 마무리
- 최신기출문제 5회로 기출문제를 많이 풀어보고,
- 출제경향과 패턴을 파악하여 확실한 실전 마무리 가능.

마지막으로 본서 출간에 도움을 주신 박문각 사장님과 편집부 직원여러분의 노고에 감사의 말을 전하며, 앞으로 잘못된 부분이나 오류에 대한 내용을 겸허히 받아 반영하도록 할 것이며, 수험자 여러분의 건승을 비는 바입니다.

2022년 4월
저자 일동

가이드

2022년 시험일정

◆ 정기시험

회차	종목 및 등급	원서접수	시험일자	발표	비고
제100회	전산세무 1,2급 전산회계 1,2급	01.05 ~ 01.11	02.13(일)	03.03(목)	국가공인
제101회		03.10 ~ 03.16	04.10(일)	04.27(수)	
제102회		05.03 ~ 05.09	06.04(토)	06.23(목)	
제103회		07.06 ~ 07.12	08.06(토)	08.25(목)	
제104회		08.31 ~ 09.06	10.02(일)	10.20(목)	
제105회		11.02 ~ 11.08	12.03(토)	12.22(목)	

◆ 시행근거

구분	전산세무회계 (국가공인)	세무회계 (국가공인)	기업회계
법적근거	자격기본법	자격기본법	자격기본법
공인번호/등록번호	고용노동부 제2016-1호	기획재정부 제2012-222호	민간자격등록번호 제2008-0260호
종목 및 등급	전산세무 1,2급 전산회계 1,2급	세무회계 1급,2급,3급	기업회계 1급,2급,3급
자격관리사	한국세무사회장		

시험시간

종목	전산세무회계			
등급	전산세무 1급	전산세무 2급	전산회계 1급	전산회계 2급
시험	15:00 ~ 16:30	12:30 ~ 14:00	15:00 ~ 16:00	17:30 ~ 18:30
시간	90분	90분	60분	60분

등급		평 가 범 위	비고
전산세무 1급	이론	재무회계(10%), 원가회계(10%), 세무회계(10%)	국가공인
	실무	재무회계 및 원가회계(15%), 부가가치세(15%), 원천제세(10%), 법인세무조정(30%)	
전산세무 2급	이론	재무회계(10%), 원가회계(10%), 세무회계(10%)	
	실무	재무회계 및 원가회계(35%), 부가가치세(20%), 원천제세(15%)	
전산회계 1급	이론	회계원리(15%), 원가회계(10%), 세무회계(5%)	
	실무	기초정보의 등록·수정(15%), 거래자료 입력(30%), 부가가치세(15%), 입력자료 및 제장부 조회(10%)	
전산회계 2급	이론	회계원리(30%)	
	실무	기초정보의 등록·수정(20%), 거래자료 입력(40%), 입력자료 및 제장부 조회(10%)	

* 자세한 출제기준은 뒷 페이지를 참고하세요.

구분	전산세무/회계			
등급	전산세무 1급	전산세무 2급	전산회계 1급	전산회계 2급
응시료	25,000	25,000	25,000	25,000

● 접수방법 : 한국세무사회 자격시험홈페이지(http://license.kacpta.or.kr)로 접속하여 단체 및 개인별 접수(회원가입 및 사진등록)

● 응시료 납부방법 : 원서접수시 금융기관을 통한 온라인 계좌이체 및 신용카드 결제

● 기타 자세한 사항은 한국세무사회 자격시험홈페이지(http://license.kacpta.or.kr)를 참고하거나 전화로 문의바람. 문의 : TEL (02) 521-8398~9   FAX (02) 521-8396

전산세무 2급 [이론] 범위

구분	평가범위	세부내용
재무 회계 (10%)	1.회계의 이론적 기초	회계의 기본개념, 회계의 원칙
	2. 당좌자산	현금 및 현금등가물, 단기금융상품, 매출 채권, 기타 채권
	3. 재고자산	재고자산의 일반, 원가결정, 원가배분, 재고자산의 평가
	4. 유형자산	유형자산의 일반, 취득시의 원가결정, 보 유기간 중의 회계처리, 유형자산의 처분, 감가상각
	5. 무형자산	무형자산의 회계처리
	6. 유가증권과 투자유가증 권	유가증권의 일반, 유가증권의 매입과 처분,투자유가증권(투자주식, 투자채권)
	7. 부채	부채의 일반, 매입채무와 기타채무, 사채
	8. 자본	자본금, 자본잉여금과 이익잉여금, 이익 잉여금처분계산서
	9. 수익과 비용	수익과 비용의 인식, 수익과 비용의 분류
	10. 회계변경과 오류수정	기본적인 회계변경과 오류수정
원가 회계 (10%)	1. 원가의 개념	원가의 개념
	2. 요소별 원가계산	재료비, 노무비, 제조경비, 제조간접비의 배부
	3. 부문별 원가계산	부문별 원가계산의 기초, 부문별 원가계 산의 절차
	4. 개별원가계산	개별 원가계산의 기초, 개별 원가계산의 절차와 방법, 작업폐물과 공손품의 회계 처리
	5. 종합원가계산	종합원가계산의 절차, 완성품환산량, 재 공품의 평가방법, 종합원가계산의 종류 (단일종합원가계산, 공정별종합원가계 산, 조별종합원가계산, 등급별종합원가계산)
세무 회계 (10%)	1. 부가가치세법	총칙, 과세거래, 영세율적용과 면세, 과세 표준과 세액, 신고와 납부, 경정징수와 환급
	2. 소득세법	종합소득세액의 계산, 원천징수와 연말정 산의 관련 부분

구분	평가범위	세부내용
재무 회계 및 원가 회계 (35%)	1. 거래처등록	전기분 재무제표의 검토.수정
	2. 부가 가치세(20%)	일반거래자료의 추가입력, 거래 추정에 의한 자료 입력
	3. 원천 제세 (15%)	오류의 발생원인 검토.수정
	4.. 결산자료의 입력	결산자료의 정리, 결산자료의 입력, 잉여금처분사항의 입력
	5. 입력자료 및 제장부의 조회	제장부의 검토 및 조회
부가 가치세(20%)	1. 매입·매출거래 자료의 입력	유형별 매입·매출거래 자료의 입력
	2. 부가가치세신고서의 작성	부가가치세 과세표준의 제계산, 매입세액 의 안분계산 및 정산, 가산세 적용, 각종 부속서류 작성
원천 제세 (15%)	1. 사원등록 및 급여자료 입력	소득(인적)공제 사항등록, 수당 및 공제사 항의 등록, 급여자료 입력
	2. 근로소득의 원천징수와 연말정산 기초	근로소득세의 산출, 원천징수이행상 황신고서 작성, 연말정산 추가자료 입력, 원천징수영수증 작성

학습준비

케이렙 다운로드

① 한국세무사회 전산세무회계자격증 사이트(http://license.kacpta.or.kr) 접속한다.

② 사이트 하단의 [케이렙(수험용) 다운로드]를 클릭한다.

③ 다운로드 화면에서 [다운로드]를 클릭한다.

④ 다운로드 한 [케이렙(수험용) 프로그램] 파일을 더블클릭하여 설치한다.

① 박문각 출판사 홈페이지(http://www.pmgbooks.co.kr)에 접속한다.

② 화면 상단의 [학습자료실]을 클릭하고, 좌측 화면의 [학습자료실]-[전산세무회계]를 클릭한다.

③ 자료실 리스트 중 "2022 Grace 전산세무 2급 백데이터"를 클릭하여 자료를 다운로드 한다.

④ 다운로드 한 백데이터 파일을 더블클릭하여 설치한다.

① 케이렙 프로그램()을 더블클릭하여 실행한다.

② 케이렙 화면에서 [회사등록]을 클릭한다.

③ [회사등록] 화면에서 [회사코드재생성]을 클릭하고 [예]를 클릭한다.

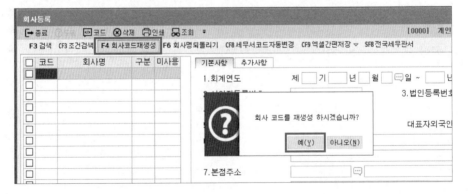

④ 이후, 필요한 코드를 이용하여 실습하면 된다.

① C:\KclepDB\Kclep 폴더로 이동한다.

② 언더바(_) 가 표시된 파일을 제외한 모든 폴더를 선택한 후, 삭제한다.

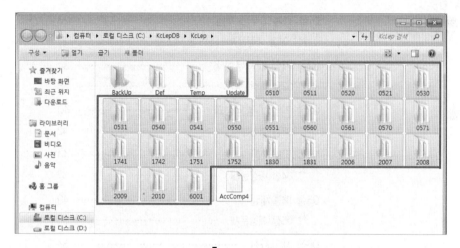

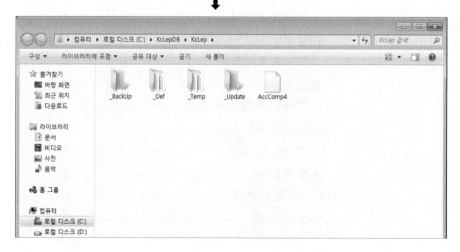

③ 이후에 학습에 필요한 백데이터를 다시 설치하면 된다.

목차

제2장 ★ 원가회계

제3장 ★ 부가가치세

제4장 ★ 소득세

제2장 ★ 부가가치세

제3장 ★ 원천징수

제4장 ★ 출제유형 112제

제4편
정답편

제1장 ★ 정답편

제1편

이론편

Chapter

01

재무회계

01 회계의 기초개념

1. 회계의 정의

회계는 회계정보이용자가 합리적인 판단이나 의사결정을 할 수 있도록 기업실체에 관한 유용한 경제적 정보를 인식(identification)·측정(measurement) 및 전달(communication)하는 과정이다.

2. 회계의 목적(目的)

회계정보의 이용자가 기업실체와 관련하여 합리적인 의사결정을 할 수 있도록 재무상의 자료를 일반적으로 인정된 회계원칙에 따라 처리하여 유효하고 적정한 정보를 제공하는 것을 목적으로 한다. 즉 유용한 정보제공에 있다.

3. 재무제표의 작성과 표시의 일반원칙

최초 일반기업회계기준 재무제표는 재무상태표(statement of financial position), 손익계산서, 현금흐름표, 자본변동표 및 관련 주석으로 구성되며 당해 회계연도 분과 직전회계연도 분을 비교하는 형식으로 작성하여야 한다. 개시 일반기업회계기준 재무상태표에 적용하는 회계정책이 동일한 시점에 적용한 과거 재무보고에서의 회계정책과 다를 수 있다. 이에 따른 조정금액은 일반기업회계기준의 전환일 전에 발생한 거래나 다른 사건 또는 조건에서 비롯된다. 따라서 일반기업회계기준의 전환일에 그 조정금액을 직접 이익잉여금으로(또는 적절하다면 자본의 다른 분류로) 인식한다.

① 계속기업

계속기업을 전제로 재무제표 작성한다. 그렇지 않은 경우는 이유 등을 주석 기재한다.

② 작성책임과 공정한 표시

책임은 경영자에게 있으며 공정표시해야 한다. 기준에 따른 재무제표는 공정하게 작성된 재무제표로 간주한다.

③ 구분 · 통합 표시

중요항목은 본문, 주석에 구분표시, 중요치 않은 항목은 유사 항목에 통합 표시 가능하다.

④ 비교재무재표의 작성

전기 비계량정보라도 당기 재무제표 이해와 관련시 당기정보와 비교하여 주석기재한다.

⑤ 표시와 분류의 계속성

일정사유를 제외하고는 재무제표 항목의 표시와 분류는 매기 동일해야한다.

⑥ 보고양식

재무상태표, 손익계산서, 자본변동표, 현금흐름표, 주석을 재무제표의 명칭, 기업명, 회계기간 또는 보고기간종료일, 통화, 금액 단위와 함께 기재한다.

4. 재무회계의 개념체계 및 재무제표의 목적

① 재무회계의 개념체계

- 재무회계 개념체계 : 재무제표의 작성 및 공시에 기초가 되는 개념, 회계원칙, 재무정보의 질적 특성 등에 관하여 이론적으로 체계화한 것이며, 회계환경변화 등에 따라 개정될 수 있다
- 특정회계기준과 상충되는 경우에는 회계기준이 재무회계 개념체계보다 우선 적용된다.
- **재무회계개념체계상의 재무재표**
  - 재무상태표
  - 손익계산서(K-IFRS : 포괄손익계산서)
  - 현금흐름표
  - 자본변동표
- **재무제표 작성공시의 책임자** : 재무제표 작성책임은 경영자에게 있다.

② 재무제표의 목적

㉠ 정보의 제공

- 재무제표는 투자자와 채권자 등이 기업실체로부터 받게 될 미래현금의 크기, 시기 및 불확실성을 평가하는데 유용한 정보를 제공해야 한다.
- 경영자는 위탁받은 자원을 보전하고 그 효율적인 운용을 통하여 수익을 창출할 책임뿐만 아니라 결과를 정확히 측정하여 진실, 투명하게 보고할 책임을 가지고 있다. 즉 재무제표는 이와 같은 수탁책임의 이행성과와 회계책임을 나타낸다.
- 재무제표는 과거에 발생한 거래나 사건의 재무적 영향을 제공하는데 중점을 두고 있으며 비재무적 정보를 제공하는데 중점을 두고 있는 것은 아니다.

ⓛ 재무상태, 경영성과 및 재무상태의 변동에 관한 정보제공

- 재무상태표 (statement of financial position) : 재무상태표는 일정 시점 현재 기업이 보유하고 있는 경제적 자원인 자산과 경제적 의무인 부채, 그리고 자본에 대한 정보를 제공하는 재무보고서로서, 정보이용자들이 기업의 유동성, 재무적 탄력성, 수익성과 위험 등을 평가하는 데 유용한 정보를 제공한다.
- 손익계산서 : 경영성과에 관한 정보제공한다.

  손익계산서는 일정 기간 동안 기업의 경영성과에 대한 정보를 제공하는 재무보고서이다. 손익계산서는 당해 회계기간의 경영성과를 나타낼 뿐만 아니라 기업의 미래현금흐름과 수익창출능력 등의 예측에 유용한 정보를 제공한다.
- 현금흐름표 : 재무상태의 변동에 관한 정보 제공한다. 일정회계기간동안 기업실체의 영업, 투자, 재무활동을 평가하여 현금 창출 능력에 관한 정보제공한다.
- 자본변동표 : 자본의 크기와 그 변동에 관한 정보를 제공하는 재무보고서로서, 자본을 구성하고 있는 자본금, 자본잉여금, 자본조정, 기타포괄손익누계액, 이익잉여금(또는 결손금)의 변동에 대한 포괄적인 정보를 제공한다.

> **참고 Check!** [K-IFRS] 포괄손익계산서 비용의 분류
>
> 가. 성격별 분류 : 비용을 제품과 재공품, 상품의 변동, 원재료사용액, 상품매입액, 종업원 급여, 감가상각비, 이자비용, 기타비용으로 구분
> 나. 기능별(=매출원가법) 분류(성격별로 분류한 비용의 내용 주석으로 공시)
> 　　비용을 매출원가, 물류활동원가, 관리활동원가, 마케팅비용등 기능별 구분

ⓒ 주석 및 기타 설명자료의 제공

　주석, 부속명세서, 기타 설명자료를 통해 재무상태표, 손익계산서 및 재무상태의 변동에 관한 보고서에 표시된 항목을 이해하는데 도움이 되는 정보, 재무상태표에 계상되지 않은 자원이나 의무에 대한 정보, 회계변경의 효과에 대한 정보, 기업에 영향을 미치는 불확실성이나 위험에 대한 정보 및 부문별정보나 물가변동의 영향 등에 관한 정보 등을 제공한다.

　이익잉여금처분계산서를 재무제표에서 제외하고 상법 등 법규에서 요구하는 경우에 주석으로 공시하도록 하고 있다.([K-IFRS]도 동일)

6. 재무제표의 기본 전제

기업실체를 둘러싼 환경으로부터 도출해낸 회계 이론 전개의 기초가 되는 사실들을 의미하는 것으로 회계공준 또는 환경적 가정이라고도 한다.

① 발생기준[accrual base]

· 발생[accrual]

미수수익과 같이 미래에 수취하게 될 자산을 관련된 수익과 함께 인식하거나, 또는 미지급비용과 같이 미래에 지급할 부채를 관련된 비용과 함께 인식하는 회계과정을 의미한다.

· 이연[defer]

선수수익과 같이 현재의 현금유입액을 미래에 수익으로 인식하기 위해 부채로 인식하거나 선급비용과 같이 현재의 현금유출액을 미래에 비용으로 인식하기 위해 자산으로 인식하는 회계과정을 의미한다.

② 회계공준

· 기업실체공준 : 소유주와 법인이 독립적으로 존재한다
· 계속기업공준 : 기업의 목적과 이익을 달성할수 있을 정도로 충분한 기간동안 존속한다.
· 기간별보고가정 : 존속기간을 회계기간으로 분할하여 적시성있게 보고한다.

7. 재무제표정보의 질적 특성

질적 특성은 정보이용자의 의사 결정에 유용하기 위하여 회계 정보가 갖추어야 할 주요 속성을 말한다.

① 이해가능성[understandability]

정보이용자들이 보다 쉽게 이해할 수 있도록 재무제표가 작성, 제공되어져야 한다는 것으로 재무정보가 유용하기 위한 전제 조건이다.

② 목적적합성

회계정보를 이용함으로써 미래의 예측을 돕거나, 기대치를 확인, 수정하게 함으로써 의사결정의 내용에 차이를 가져올 수 있는 것이다.

· **예측가치** : 미래에 대한 예측능력을 제고시켜 의사 결정에 여향을 미칠 수 있는 질적 특성
· **피드백가치** : 과거기대치를 확인, 수정함으로써 의사 결정에 영향을 미칠 수 있는 질적 특성
· **적시성** : 정보가 의사 결정에 영향을 미칠 수 있는 능력을 상실하기 전에 필요한 정보가 적시에 제공되어져야 한다는 것이다.

③ 신뢰성

회계정보가 오류나 편견으로부터 벗어나 나타내고자 하는 것을 충실하게 나타낼 수 있어야 한다는 속성이다.

- **표현의 충실성** : 특정정보는 그 정보가 나타내고자 하는 것을 충실하게 나타낼 수 있어야 한다는 속성이다.
- **중립성** : 미리 의도된 결과나 성과를 유도할 목적으로 재무제표상에 특정정보를 선택적으로 표시함으로써 의사결정에 영향을 미치지 말아야 한다는 것이다.
- **검증가능성** : 동일한 경제적 사건에 대해 동일측정방법을 적용할 경우 다수의 서로 다른 측정자들이 유사한 결론에 도달할 수 있어야 한다는 것이다.

④ 비교가능성

- **통일성**[unity]

  동일업종에서 동일회계처리한다. 방법선택으로 인한 기업 간의 비교가능성

- **계속성(일관성)**[consistency, 繼續性]

  동일 기업내에서 동일 회계처리 한다. 방법의 계속적용으로 인한 기간별 비교가능성

> **참고 Check!** **원칙이 지켜져야 하는 이유**
>
> - 이익조작 가능성을 억제하고 회계수치의 자의적인 조작을 억제한다.
> - 기간별 비교가능성 제고를 통한 정보의 유용성 제고한다.

---

⑤ 실질우선

재무제표가 목적적합하고 신뢰할 수 있기 위해서는 재무제표 작성시 거래나 사건을 형식보다는 경제적 실질에 따라 회계처리하고 보고해야 한다는 것이다.

⑥ 효익·비용간 균형특정정보로부터 기대되는 효익이 그 정보제공으로 소요되는 비용을 초과해야 한다는 것으로 재무제표 정보의 제공에 대한 포괄적 제약이다.

[질적특성 구조]

기본전제	이해가능성	
목적	의사결정의 유용성	
주요질적특성	목적적합성	신뢰성
주요질적특성의 구성요소	① 예측가치	① 표현의 충실성
	② 피드백가치	② 중립성
	③ 적시성	③ 검증가능성
2차질적특성	비교가능성	
제약요인	효익>비용	
인식의 출발점	중요성	

8. 재무제표 기본요소의 인식

인식이란, 특정거래 또는 경제적 사건의 경제효과를 자산, 부채, 자본, 수익, 비용등으로 구분하여 재무제표에 계상하는 것이다.

재무제표기본요소의 정의에 부합되고 다음의 인식기준 충족시 이를 인식한다.

① 당해 과목과 관련된 미래의 경제적효익이 기업실체에 유입되거나 또는 유출될 가능성이 매우 높고

② 당해 항목에 관한 측정 속성이 있으며 이를 적용하여 당해항목의 금액이 신뢰성있게 측정될 수 있어야 한다.

9. 재무제표 기본요소의 측정

① 측정기준

• **역사적원가(취득원가)**

　자산취득시 대가로 지급한 현금 또는 기타 지급수단의 공정가치

• **현행원가**

　자산은 동일 또는 유사한 자산을 현재시점에서 취득시 지급해야 할 현금이나 현금성자산

• **현행유출가치**

　자산은 현재의 정상적 처분거래에서 수취될 수 있는 현금이나 현금성자산

• **순실현가능가치**

　자산＝(추정판매가－추정비용)

　부채＝(추정상환가＋추정비용)

> **참고 Check!**
>
> 실물자산이 처분으로 유출되면 유출가치이므로 순실현가능가치도 유출가치에 해당한다.

• **기업특유가치(사용가치)**

　자산(부채)를 계속 사용, 보유시 기대되는 미래현금유입(현금유출)의 현재가치

• **상각후 가액**

　유효이자율을 이용하여 당해자산(부채)에 대한 현재가액을 측정한 가액(사용이자율은 역사적 이자율)

② 재무회계개념체계 제정목적

- 회계기준 제정, 개정에 기본적 방향과 일관성 있는 지침을 제공한다.
- 회계기준의 적용 및 재무제표작성, 공시에 통일성 부여한다.
- 감사인의 의견형성의 기초가 되는 일관성 있는 지침을 제공한다.
- 재무제표이용자가 재무제표 작성시 사용된 기본전제와 제 개념에 대한 이해가능성 제고시키고 재무제표 해석하는데 도움을 제공한다.

01 다음 중 회계정보가 갖추어야 할 질적특성에 대한 설명으로 틀린 것은?

① 예측가치란 정보이용자가 기업실체의 미래 재무상태, 경영성과, 순현금흐름 등을 예측하는 데에 그 정보가 활용될 수 있는 능력을 의미한다.

② 피드백가치란 제공되는 회계정보가 기업실체의 재무상태, 경영성과, 순현금흐름 등에 대한 정보이용자의 당초 기대치를 확인 또는 수정되게 함으로써 의사결정에 영향을 미칠 수 있는 능력을 말한다.

③ 중립성이란 동일한 경제적 사건이나 거래에 대하여 동일한 측정방법을 적용할 경우 다수의 독립적인 측정자가 유사한 결론에 도달할 수 있어야 함을 의미한다.

④ 표현의 충실성은 재무제표상의 회계수치가 회계기간말 현재 기업실체가 보유하는 자산과 부채의 크기를 충실히 나타내야 한다는 것이다.

02 다음 중 기업회계기준에서 회계정책의 결정시 회계정보가 가져야할 질적특성으로 제시하는 목적적합성에 대한 설명으로 틀린 것은?

① 회계정보가 기업실체의 재무상태, 경영성과, 순현금흐름, 자본변동 등에 대한 정보이용자의 당초 기대치를 확인 또는 수정되게 함으로써 의사결정에 영향을 미칠수 있는 능력을 말한다.

② 적시에 제공되지 않은 정보는 주어진 의사결정에 이용할 수 없으므로 그 정보가 의사결정에 반영될 수 있도록 적시에 제공되어야 목적적합성이 증가된다.

③ 동일한 경제적 사건이나 거래에 대하여 동일한 측정방법을 적용할 경우 다수의 독립적인 측정자가 유사한 결론에 도달할 수 있어야 한다는 특성을 그 하부특성으로 한다.

④ 정보이용자가 기업실체의 미래 재무상태, 경영성과, 순현금흐름 등을 예측하는 데에 그 정보가 활용될 수 있는 능력을 하부특성으로 한다.

03 소액의 소모품은 구입시점에서 자본화(자산으로처리)하지 않고 비용처리하는 것이 일반적이다. 이와 가장 관련된 회계개념은?

① 수익비용대응   ② 객관성

③ 중요성   ④ 발생주의

04 역사적원가주의의 근거에 속하지 않는 것은?

① 회계정보의 적시성이 높아진다.

② 미실현이익의 계상을 방지할 수 있다.

③ 보다 검증가능한 회계정보를 산출할 수 있다.

④ 객관적인 회계정보를 산출할 수 있다.

05 다음 중 회계상 보수주의의 예로서 가장 거리가 먼 것은?

① 광고비는 미래의 효익이 불확실하므로 무형자산으로 하지 않고 비용으로 처리

② 발생가능성이 높은 우발이익을 이익으로 인식하지 않고 주석으로 보고

③ 회계연도의 이익을 줄이기 위하여 유형자산의 내용연수를 임의단축

④ 연구비와 개발비 중 미래의 효익이 불확실한 것을 연구비(판관비)로 처리

06 다음은 재무제표의 작성과 관련된 설명이다. 올바르지 못한 것은?

① 자산·부채 및 자본은 총액에 의하여 기재함을 원칙으로 하고, 자산의 항목과 부채 또는 자본의 항목을 상계함으로써 그 전부 또는 일부를 재무상태표에서 제외하여서는 아니된다.

② 모든 수익과 비용은 그것이 발생한 기간에 정당하게 배분되도록 처리하여야 한다. 다만, 수익은 실현시기를 기준으로 계상하고 미실현수익은 당기의 손익계산에 산입하지 아니함을 원칙으로 한다.

③ 이익잉여금처분계산서는 자본금과 이익잉여금의 처분사항을 명확히 보고하기 위하여 자본금과 이익잉여금의 총변동사항을 표시하여야 한다.

④ 자산과 부채는 1년을 기준으로 하여 유동자산 또는 비유동자산, 유동부채 또는 비유동부채로 구분하는 것을 원칙으로 한다.

07 재무제표의 작성책임과 공정한 표시에 관한 설명 중 틀린 것은?

① 재무제표는 재무상태, 경영성과, 이익잉여금처분(또는 결손금처리), 현금흐름및 자본변동을 공정하게 표시하여야 한다.

② 기업회계기준에 따라 적정하게 작성된 재무제표는 공정하게 표시된 재무제표로 본다.

③ 재무제표가 기업회계기준에 따라 작성된 경우에는 그러한 사실을 주석으로 기재 하여야 한다.

④ 재무제표의 작성의 작성과 표시에 대한 책임은 대주주와 경영자에게 있다.

08 재무제표정보의 질적특성인 신뢰성에 대한 내용이 아닌 것은?

① 재무정보가 의사결정에 반영될 수 있도록 적시에 제공되어야 한다.

② 재무정보기 특정이용자에게 치우치거나 편견을 내포해서는 안된나.

③ 거래나 사건을 사실대로 충실하게 표현하여야 한다.

④ 동일사건에 대해 다수의 서로 다른 측정자들이 동일하거나 유사한 측정치에 도달하여야 한다.

02 기업의 재무상태

학습목표

▶ 자산, 부채, 자본의 구성인 재무상태의 이해

1. 기업의 재무상태

기업의 재무상태란, 일정시점에 기업이 보유하고 있는 자산, 부채 및 자본의 상태를 말한다.

2. 자산[asset, 資産]

① 자산의 의의

기업의 경영활동을 하기 위해서는 현금, 상품, 건물 등의 재화가 필요하며 또 그 경영활동에 따라서 매출채권, 대여금 등의 채권이 생긴다. 이와 같이 기업이 소유하고 있는 재화와 채권을 회계에서는 자산이라 한다.

② 자산의 분류

다음과 같은 자산은 유동자산으로 분류한다.

• 사용의 제한이 없는 현금 및 현금성자산

• 기업의 정상적인 영업주기 내에 실현될 것으로 예상되거나 판매목적 또는 소비목적으로 보유하고 있는 자산

• 단기매매 목적으로 보유하는 자산

• 위 외에 보고기간종료일로부터 1년 이내에 현금화 또는 실현될 것으로 예상되는 자산은 1년을 기준으로 유동자산과 비유동자산으로 분류한다. 다만, 정상적인 영업주기 내에 판매되거나 사용되는 재고자산과 회수되는 매출채권 등은 보고기간종료일로부터 1년 이내에 실현되지 않더라도 유동자산으로 분류한다.

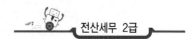

참고 Check !

유동자산	1. 당좌자산 : 현금및현금성자산, 단기금융상품, 단기매매증권, 매출채권, 단기대여금, 미수금, 선급금 등 2. 재고자산 : 상품, 제품, 반제품, 재공품, 원재료 등
비유동자산	1. 투자자산 : 장기금융상품, 매도가능증권, 만기보유증권, 장기대여금, 투자부동산 등 2. 유형자산 : 비품, 토지, 건물, 구축물, 기계장치, 선박, 차량운반구, 건설중인자산등 3. 무형자산 : 소프트웨어, 영업권, 산업재산권, 광업권, 어업권, 개발비 등 4. 기타비유동자산 : 이연법인세자산, 임차보증금, 장기성매출채권등

과 목	내 용
현 금	한국은행에서 발행하는 주화나 지폐 및 통화대용증권(수표등)
당 좌 예 금	기업이 수표를 발행하기 위해서 거래 은행에 예입하는 것
보 통 예 금	개인 및 기업이 은행에 예입하는 예금의 일종
현 금 성 자 산	취득일로부터 만기(상환일)가 3월이내인 금융상품등
현금및현금성자산	통화 및 통화대용증권과 당좌예금 및 기타 제예금을 합한 금액
단 기 매 매 증 권	단기간 보유목적으로 주식이나 사채, 국채, 공채를 구입시
단 기 대 여 금	1년 이내에 회수하기로 하고 빌려준 돈
단 기 금 융 상 품	만기가 결산일로부터 1년이내인 정기예금, 정기적금에 가입시
단 기 투 자 자 산	단기매매증권, 단기대여금, 단기금융상품을 합한 금액
외 상 매 출 금	상품, 제품을 외상으로 매출한 경우
받 을 어 음	상품, 제품을 매출하고 대금을 어음으로 받은 경우
매 출 채 권	외상매출금과 받을어음을 합한 금액
미 수 금	상품, 제품 이외 건물등의 자산을 외상으로 매각(처분)한 경우
선 급 금	매매계약을 맺고 계약금(착수금)조로 먼저 지급한 금액
상 품	판매를 할 목적으로 외부로부터 구입한 물품
소 모 품	사무용 문구류, 장부 등을 구입시
건 물	영업용으로 사용할 목적으로 사무실, 창고, 점포 등을 구입시
비 품	영업용으로 사용할 목적으로 구입한 책상, 컴퓨터, 전화기 등
토 지	영업용으로 사용할 목적으로 땅을 구입시
기 계 장 치	제품생산을 위한 기계를 구입시
차 량 운 반 구	영업용으로 사용하는 승용차, 승합차, 트럭, 오토바이 등을 구입시

3. 부채[liabilities, 負債]

① 부채의 의의

기업이 미래에 타인에게 일정한 금액을 지급하여야 할 의무가 있는 채무를 부채라 한다.

② 부채의 분류

다음과 같은 부채는 유동부채로 분류한다.

- 기업의 정상적인 영업주기 내에 상환 등을 통하여 소멸할 것이 예상되는 매입채무와 미지급비용 등의 부채
- 보고기간종료일로부터 1년 이내에 상환되어야 하는 단기차입금 등의 부채

③ 분류기준

- 부채는 1년을 기준으로 유동부채와 비유동부채로 분류한다. 다만, 정상적인 영업주기 내에 소멸할 것으로 예상되는 매입채무와 미지급비용 등은 보고기간종료일로부터 1년 이내에 결제되지 않더라도 유동부채로 분류한다.
- 보고기간종료일로부터 1년 이내에 상환되어야 하는 채무는, 보고기간종료일과 재무제표가 사실상 확정된 날 사이에 보고기간종료일로부터 1년을 초과하여 상환하기로 합의하더라도 유동부채로 분류한다.
- 보고기간종료일로부터 1년 이내에 상환기일이 도래하더라도, 기존의 차입약정에 따라 보고기간종료일로부터 1년을 초과하여 상환할 수 있고 기업이 그러한 의도가 있는 경우에는 비유동부채로 분류한다.

참고 Check !

유동부채	매입채무, 단기차입금, 미지급금, 선수금, 예수금, 미지급비용, 미지급세금 등
비유동부채	사채, 장기차입금, 퇴직급여충당부채, 이연법인세부채 등

과 목	내 용
외 상 매 입 금	상품, 원재료를 외상으로 매입한 경우
지 급 어 음	상품, 원재료를 매입하고 어음을 발행한 경우
매 입 채 무	외상매입금과 지급어음 금액을 합한 금액
단 기 차 입 금	1년 이내에 지급할 조건으로 현금을 빌려온 경우
미 지 급 금	상품, 원재료 이외의 자산을 외상으로 구입한 경우
장 기 차 입 금	1년 이후에 지급할 조건으로 현금을 빌려온 경우

4. 자본[capital, 資本]

① **자본금**[capital stock, 資本金]

기업이 소유하고 있는 자산총액에서 부채총액을 차감한 잔액을 자본이라 하며, 순자산액이라고도 한다. 자본금은 법정자본금으로 한다.

② **자본잉여금**[capital surplus, 資本剩餘金]

자본잉여금은 증자나 감자 등 주주와의 거래에서 발생하여 자본을 증가시키는 잉여금이다. 예를 들면, 주식발행초과금, 자기주식처분이익, 감자차익 등이 포함된다.

③ **자본조정**[capital adjustment, 資本調整]

자본조정은 당해 항목의 성격으로 보아 자본거래에 해당하나 최종 납입된 자본으로 볼 수 없거나 자본의 가감 성격으로 자본금이나 자본잉여금으로 분류할 수 없는 항목이다. 예를 들면, 자기주식, 주식할인발행차금, 주식선택권, 출자전환채무, 감자차손 및 자기주식처분손실 등이 포함된다.

④ **기타포괄손익누계액**[accumulated other comprehensive income, 其他包括損益累計額]

기타포괄손익누계액은 보고기간 종료일 현재의 매도가능증권평가손익, 해외사업환산손익, 현금흐름위험회피 파생상품평가손익 등의 잔액이다.

⑤ **이익잉여금(또는 이월결손금)**[earned surplus, 利益剩餘金]

이익잉여금(또는 결손금)은 손익계산서에 보고된 손익과 다른 자본항목에서 이입된 금액의 합계액에서 주주에 대한 배당, 자본금으로의 전입 및 자본조정 항목의 상각 등으로 처분된 금액을 차감한 잔액이다.

참고 Check!

자본금(법정자본금)	보통주자본금, 우선주자본금
자본잉여금	주식발행초과금, 기타자본잉여금(감자차익, 자기주식처분이익)
자본조정	주식할인발행차금, 자기주식, 감자차손, 자기주식처분손실, 미교부주식배당금등
기타포괄손익누계액	매도가능증권평가손익, 해외사업환산손익, 현금흐름위험회피 파생상품평가손익등
이익잉여금	이익준비금, 기타법정적립금, 임의적립금, 미처분이익잉여금

01 기업회계기준서상 재무상태표 표시와 관련한 설명 중 거리가 먼 것은?

① 자본은 자본금, 자본잉여금, 이익잉여금, 자본조정의 4가지 항목으로만 구분한다.

② 자산은 유동자산과 비유동자산으로 구분하며, 비유동자산은 투자자산, 유형자산, 무형자산, 기타비유동자산으로 구분한다.

③ 부채는 유동부채와 비유동부채로 구분한다.

④ 자산과 부채는 유동성이 높은 항목부터 배열하는 것을 원칙으로 한다.

02 다음은 재무제표의 작성과 관련된 설명이다. 올바르지 못한 것은?

① 자산·부채 및 자본은 총액에 의하여 기재함을 원칙으로 하고, 자산의 항목과 부채 또는 자본의 항목을 상계함으로써 그 전부 또는 일부를 재무상태표에서 제외하여서는 아니된다.

② 모든 수익과 비용은 그것이 발생한 기간에 정당하게 배분되도록 처리하여야 한다. 다만, 수익은 실현시기를 기준으로 계상하고 미실현수익은 당기의 손익계산에 산입하지 아니함을 원칙으로 한다.

③ 이익잉여금처분계산서는 자본금과 이익잉여금의 처분사항을 명확히 보고하기 위하여 자본금과 이익잉여금의 총변동사항을 표시하여야 한다.

④ 자산과 부채는 1년을 기준으로 하여 유동자산 또는 비유동자산, 유동부채 또는 비유동부채로 구분하는 것을 원칙으로 한다.

03 주식발행회사의 입장에서 주식배당으로 인한 효과로 가장 적절한 것은?

① 자본총액이 주식배당액만큼 감소하며, 회사의 자산도 동액만큼 감소한다.

② 미지급배당금만큼 부채가 증가한다.

③ 자본금은 증가하지만 이익잉여금은 감소한다.

④ 주식배당은 배당으로 인한 회계처리가 불필요하므로 자본항목간의 변동도 없다.

04 다음 자본의 구성요소 중 성격이 다른 하나는 무엇인가?

① 주식할인발행차금   ② 자기주식처분손실

③ 자기주식   ④ 감자차익

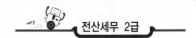

05 다음의 자료에서 자본잉여금에 해당하는 항목의 금액은 얼마인가?

주식발행초과금	200,000원
주식할인발행차금	400,000원
감자차익	200,000원
감자차손	100,000원
자기주식처분이익	500,000원
자기주식처분손실	100,000원
이익준비금	1,000,000원
매도가능증권평가이익	300,000원
기업합리화적립금	500,000원
(예시된 항목의 상계는 고려하지 말것.)	

① 200,000원   ② 300,000원
③ 400,000원   ④ 900,000원

06 다음 중 자산의 종류가 다른 것은 무엇인가?

① 기계장치   ② 건물
③ 임차보증금   ④ 비품

03 기업의 경영성과

1. 수익[revenue, 收益]

자본의 원인이나 추가출자에 의하지 아니하고, 경영활동의 결과로 자본이 증가하는 원인을 수익이라 하며 임대료, 이자수익 등이 있다.

① 매출수익 : 상품매출액, 제품매출액

② 영업외 수익 : 이자수익, 배당금수익, 임대료, 단기매매증권처분이익, 단기매매증권평가이익, 외환차익, 유형자산처분이익, 자산수증이익, 채무면제이익, 보험금수익등

과 목	내 용
상 품 매 출	상품을 판매시 발생하는 판매대가
제 품 매 출	제품을 판매시 발생하는 판매대가
임 대 료	건물이나 토지 등을 대여하고 받은 집세나 지대(=수입임대료)
이 자 수 익	대여금이나 은행예금 등에 대하여 발생한 이자
수 수 료 수 익	용역을 제공하고 받은 수수료(=수입수수료)
잡 이 익	영업활동 이외에서 발생한 비교적 적은 금액의 수익, 내용불명 이익
유형자산처분이익	건물, 비품, 토지 등을 장부가액 이상으로 매각시 생기는 차익

2. 비용[expense, 費用]

자본의 인출 없이 수익을 얻기 위하여 소비 또는 지출한 것으로 자본이 감소하는 원인을 비용이라 하며 급여, 광고선전비, 임차료, 통신비 등이 있다

과 목	내 용
상 품 매 출 원 가	상품을 판매시 판매분 매입원가(=기초상품+당기매입상품-기말상품)
제 품 매 출 원 가	제품을 판매시 판매분 제조원가(=기초제품+당기제품제조원가-기말제품)
급 여	사무직과 관리직 종업원에게 지급되는 월급(제조종사자 외)
통 신 비	전화, 인터넷요금, 팩스, 우표 대금 등 연락을 하기 위하여 지출되는 금액
여 비 교 통 비	택시요금, 버스요금, 지하철요금 시내교통비 등 출장비로 지출되는 금액
접 대 비	업무와 관련하여 특정 거래처에 무상으로 지급한 금품
수 도 광 열 비	수도료, 전기료, 가스료, 부탄가스 등으로 지출되는 금액
소 모 품 비	사무용 장부, 노트, 볼펜 등 단기사용자산 구입시 지출되는 금액
광 고 선 전 비	상품등을 판매하기 위해 지출되는 TV, 신문, 잡지 등의 광고선전비용
수 선 비	건물, 기계장치 등을 수리하고 지급되는 금액
차 량 유 지 비	업무차량에 대한 유지비, 유류비, 수선비등의 지출액
세 금 과 공 과	재산세, 자동차세, 면허세, 종부세, 가산세, 수입인지등
보 험 료	화재보험료, 자동차보험료 등을 지급하면
임 차 료	건물이나 토지를 빌리고 지급되는 집세 및 지대(=지급임차료)
잡 손 실	영업 이외의 활동에서 발생한 원인불명의 손실, 소액손실
유 형 자 산 처 분 손 실	건물, 토지 등의 유형자산을 장부가액이하로 매각시 생기는 손실
이 자 비 용	차입금 등에서 발생하는 이자를 지급시
수 수 료 비 용	용역(=서비스) 등을 제공받고 지급되는 수수료(=지급수수료)
기 부 금	불우이웃 돕기, 수재의연금 등으로 업무와 무관하게 무상 지출되는 금액

01 배당에 관한 설명으로 잘못된 것은?

① 주식배당은 순자산의 유출이 없이 배당효과를 얻을 수 있다.

② 주식배당 후에도 자본의 크기는 변동이 없다.

③ 미교부주식배당금이란 이익잉여금처분계산서상의 주식배당액을 말하며 주식교부시에 자본금계정과 대체된다.

④ 주식배당 후에도 발행주식수는 변동이 없다.

02 다음 중 수익의 인식 및 측정에 대한 설명으로 틀린 것은?

① 용역제공거래에서 발생된 원가와 추가로 발생할 것으로 추정되는 원가의 합계액이 총수익을 초과하는 경우에는 그 초과액과 이미 인식한 이익의 합계액을 전액 당기손실로 인식한다.

② 판매대가가 재화의 판매 또는 용역의 제공이후 장기간에 걸쳐 유입되는 경우에 공정가액은 미래에 받을 현금의 합계액의 현재가치로 측정한다.

③ 상품권의 발행과 관련된 수익은 상품권을 회수한 시점 즉, 재화를 인도하거나 판매한 시점에 인식하고, 상품권을 판매한 때에는 선수금으로 처리한다.

④ 용역의 제공으로 인한 수익을 진행기준에 따라 인식하는 경우 진행률은 총 공사대금에 대한 선수금의 비율로 계산할 수 있다.

03 기업회계기준서상의 재화의 판매로 인한 수익을 인식하기 위한 조건으로 올바르지 못한 것은?

① 재화의 소유에 따른 위험과 효익의 대부분이 구매자에게 이전된다.

② 수익금액을 신뢰성 있게 측정할 수 있다.

③ 수익금액을 판매일로부터 1개월 내에 획득할 수 있어야 한다.

④ 거래와 관련하여 발생했거나 발생할 거래원가와 관련 비용을 신뢰성 있게 측정할 수 있다.

04 매입에누리를 영업외수익으로 회계처리한 경우 나타나는 현상으로 틀린것은?

① 매출총이익이 과소계상된다.

② 영업이익이 과소계상된다.

③ 법인세차감전이익이 과소계상된다.

④ 매출원가가 과대계상된다.

05 다음 중 기업회계기준서상 재화의 판매로 인한 수익인식 조건에 해당되지 않는 것은?

① 재화의 소유에 따른 위험과 효익의 대부분이 구매자에게 이전될 것
② 회수기일이 도래하였을 것
③ 수익금액을 신뢰성 있게 측정할 수 있을 것
④ 거래와 관련하여 발생했거나 발생할 거래원가와 관련 비용을 신뢰성 있게 측정할 수 있을 것

06 다음 자료를 이용하여 영업이익을 구하시오.

• 매출액 : 35,000,000원	• 매출원가 : 25,000,000원
• 임원급여 : 2,000,000원	• 직원급여 : 2,000,000원
• 감가상각비 : 800,000원	• 접대비 : 500,000원
• 세금과공과 : 200,000원	• 이자수익 : 100,000원
• 이자비용 : 300,000원	

① 10,000,000원   ② 6,000,000원
③ 4,500,000원   ④ 4,300,000원

07 다음 중 현행 기업회계기준서상 손익계산서의 구분표시항목에 해당하지 않는 것은?

① 매출액   ② 매출원가
③ 계속사업영업손익   ④ 법인세비용차감전계속사업손익

04 당좌자산

현금, 소유지분에 대한 증서 및 현금(또는 다른 금융자산)을 수취하거나 유리한 조건으로 금융자산을 교환할 수 있는 계약상의 권리이다.

1. 현금 및 현금성자산[cashable assets]

통화 및 타인발행수표 등 통화대용증권과 당좌예금, 보통예금 및 큰 거래비용 없이 현금으로 전환이 용이하고 이자율 변동에 따른 가치변동의 위험이 경미한 금융상품으로서 취득 당시 만기일(또는 상환일)이 3개월 이내인 것을 말한다.

① **통화** : 주화와 지폐

② **통화대용증권** : 자기앞수표, 가계수표, 송금수표, 여행자수표, 타인발행당좌수표, 우편환증서, 전신환증서, 만기도래이자표, 배당통지표, 국고환급금통지서, 일람불어음

③ **요구불예금** : 보통예금, 당좌예금, 자유저축예금

④ **현금성자산** : 취득일로부터 만기(상환일)가 3월이내 도래하는 금융상품과 우선주

거 래 내 용	차	변	대	변
거래처로부터 외상매출금회수시 타인발행당좌수표 10,000원을 수령시	현금	10,000	외상매출금	10,000
거래처로부터 외상매출금 회수시 자기앞수표 20,000원을 수령시	현금	20,000	외상매출금	20,000
상품을 30,000원을 매입후 가계수표를 지급시	상품	30,000	현금	30,000

2. 현금과부족[cash short and over, 現金過不足]

현금의 장부상 잔액과 실제잔액은 항상 일치하여야 한다. 그러나 장부 기입의 누락, 계산상의 착오, 보관부주의로 인한 도난과 분실 등으로 현금의 실제잔액과 장부잔액이 일치하지 않는 경우도 발생하는데 이러한 경우에는 불일치의 원인이 밝혀질 때까지 그 차액을 "현금과부족" 계정에 기입하여 현금의 실제잔액과 장부잔액을 일치시켜야 한다.

현금과부족계정은 일시적으로 처리하는 계정이므로, 다음 연도로 이월하지 못하고 결산시에는 반드시 소멸시켜야 한다. 만약 결산시까지 원인불명일 경우 현금과부족계정을 "잡이익"이나 "잡손실"로 대체하여 소멸시킨다.

① 현금 실제잔액이 장부잔액보다 적은 경우(실제잔액〈장부잔액)

거 래 내 용	차 변		대 변	
현금외 장부잔액이 ₩40,000이고 실제잔액은 ₩30,000이므로 그 원인을 조사 중이다.	현금과부족	10,000	현금	10,000
위의 부족액 중 ₩6,000은 보험료 지급기장 누락으로 판명되다.	보험료	6,000	현금과부족	6,000
결산시까지 부족액 ₩4,000이 원인 불명이다.	잡손실	4,000	현금과부족	4,000

② 현금 실제잔액이 장부잔액보다 많은 경우(실제잔액〉장부잔액)

거 래 내 용	차 변		대 변	
현금의 장부잔액이 ₩20,000이고 실제잔액은 ₩26,000이므로 원인을 조사 중이다.	현금	6,000	현금과부족	6,000
위의 과잉액 중 ₩4,000은 임대료 수입의 기장 누락으로 판명된다.	현금과부족	4,000	임대료	4,000
결산시까지 과잉액 ₩2,000이 원인 불명이다.	현금과부족	2,000	잡이익	2,000

3. 당좌예금[checking accounts]

은행과 당좌거래약정을 맺고 당좌개설보증금을 납입한 후 입금표에 의해 입금하고 출금은 당좌수표에 의해 인출한다. 당좌예금계정은 자산계정으로서 잔액은 항상 차변에 생기며, 이것은 당좌예금의 잔액을 표시한다.

거 래 내 용	차 변		대 변	
현금 ₩100,000을 당좌예입하다.	당좌예금	100,000	현금	100,000
상품을 ₩80,000 매입하고, 대금은 수표발행 하여 지급하다.	상품	80,000	당좌예금	80,000
외상매출금 ₩40,000을 당점발행 수표로 받다.	당좌예금	40,000	외상매출금	40,000

4. 당좌차월[bank overdraft]

당좌차월은 거래 은행과 당좌차월계약을 맺은 후 당좌예금 잔액을 초과하여 수표를 발행하여 자금을 빌리는 것이므로, 부채계정인 단기차입금 또는 당좌차월계정에서 회계 처리한다.

거 래 내 용	차 변		대 변	
현금₩100,000을 당좌예금하다.	당좌예금	100,000	현금	100,000
상품₩130,000을 수표발행하여 매입하다. (당좌예금잔액은 ₩100,000)	상품	130,000	당좌예금 단기차입금 (또는 당좌차월)	100,000 30,000
현금₩70,000을 당좌예금하다. (당좌차월은 ₩30,000)	단기차입금 당좌예금	30,000 40,000	현금	70,000

5. 보통예금[ordinary deposit]

당좌예금이외의 보통예금, 저축예금 등은 예금의 종류별로 계정을 설정하여 회계처리 할 수도 있고, 예금의 금액이 적고 거래가 드문 경우에는 이러한 각종의 예금을 제예금 계정으로 일괄 처리 할 수도 있다.

6. 단기매매증권[trading securities]

단기매매증권은 단기보유목적으로 구입한 유가증권을 말한다. 단기매매증권의 취득시 수수료는 영업외비용인 수수료비용으로 처리한다. 단기매매증권의 경우 기말에 단기매매증권의 공정가액으로 해당 증권의 가치를 평가하고 평가차손익이 발생할 경우 즉시 손익계산서 및 재무상태표에 해당 금액을 반영하여 기말 장부상 가액과 공정가치가 동일하도록 평가 및 결산서에 반영하여야 한다.

구 분	분 류	수수료처리	평 가
단기매매증권	단기매매목적	영업외비용	공정가액법
만기보유증권	만기보유목적, 채권만 가능(주식불가)	취득부대비용	상각후가액
매도가능증권	장기투자목적	취득부대비용	공정가액법

구 분	차 변		대 변	
① 취득시 : 단기보유목적으로 유가증권을 50,000원에 현금구입하고, 수수료 1,000원 현금지급시	단기매매증권 수수료비용(영외)	50,000 1,000	현금	51,000
② 처분시 : 위 주식중 50%를 30,000원에 현금매각시	현금	30,000	단기매매증권 단기매매증권처분이익 (단기투자자산처분이익)	25,000 5,000
③ 처분시 : 위 주식중 20%를 8,000원에 현금매각시	현금 단기매매증권처분손실 (단기투자자산처분손실)	8,000 2,000	단기매매증권	10,000
④ 결산 : (가정1)잔여주식의 30%가 공정가액이 16,000원인 경우에 결산시 회계처리	단기매매증권	1,000	단기매매증권평가이익 (단기투자자산평가이익)	1,000
⑤ 결산 : (가정2)잔여주식의 30%가 공정가액이 13,000원인 경우에 결산시 회계처리	단기매매증권평가손실 (단기투자자산평가손실)	2,000	단기매매증권	2,000

01 다음 중 현금성자산에 관한 설명으로 가장 알맞은 것은?

① 만기가 결산일로부터 3개월 이내에 도래하는 상환우선주
② 만기가 취득일로부터 3개월 이내에 도래하는 상환우선주
③ 만기가 취득일로부터 1년 이내에 도래하는 유가증권
④ 만기가 결산일로부터 1년 이내에 도래하는 정형화된 금융상품

02 다음 중 현금계정에 속하지 않는 것은?

① 당점발행수표   ② 배당금영수증
③ 타인발행수표   ④ 자기앞수표

03 은행과 사전 계약을 체결하고 당좌예금 잔액을 초과하여 발행한 수표금액은 어떤 계정과목으로 기입되는가?

① 현금 및 현금성자산   ② 단기금융상품
③ 선수금   ④ 당좌차월(단기차입금)

04 다음은 기말 자료의 일부이다. 재무상태표에 표시할 현금및현금성자산은?

• 통화 : 330,000원	• 수입인지 : 70,000원
• 우편환증서 : 50,000원	• 타인발행수표 : 200,000원
• 타인발행 약속어음(만기미도래분) : 200,000원	

① 330,000원   ② 580,000원
③ 650,000원   ④ 850,000원

05 다음 중 기업회계기준상 당좌자산에 속하지 않는 것은?

① 일반적 상거래에서 발생한 외상매출금과 받을어음
② 회수기한이 1년내에 도래하는 대여금
③ 상품·원재료 등의 매입을 위하여 선급한 금액
④ 받은 수익 중 귀속시기가 차기 이후에 속하는 금액

06 다음 중 기업회계기준상 "현금 및 현금성자산"의 합계액은 얼마인가?

• 현금 : 200,000원	• 자기앞수표 : 100,000원
• 우편환증서 : 100,000원	• 정기예금(장기보유목적) : 60,000원
• 외상매출금 : 300,000원	• 단기대여금 : 100,000원
• 취득당시 만기일이 3개월이내 환매조건부 채권 : 500,000원	
• 3월전에 가입한 정기적금(만기일: 가입일로부터 1년) : 100,000원	

① 850,000원   ② 900,000원

③ 810,000원   ④ 760,000원

05 매출채권
[Trade Receivables]

매출채권이란 매출처와의 일반적인 상거래에서 발생하는 채권을 말한다. 일반적인 상거래에서 발행한 채권이란, 상품, 제품 등 재화나 용역의 제공에 대한 외상매출금과 매출처로부터 수취한 약속어음이나 환어음에 대한 어음상의 채권을 말한다.

1. 외상매출금[accounts receivable]

거래처의 수가 많은 경우에 외상매출금에 대한 외상매출금계정과 외상매입에 대한 외상매입금계정을 총계정원장에 설정하여 총괄적으로 처리하는 것을 통제계정이라 한다. 각 거래처별 채권, 채무의 명세는 매출처원장이라는 보조원장과 매입처원장이라는 보조원장에서 회계처리한다.

거 래 내 용	차	변	대	변
동부상회에 상품 ₩150,000을 외상으로 매출하다.	외상매출금	150,000	상품매출	150,000
동부상회의 외상매출금 ₩80,000을 현금으로 받다.	현금	80,000	외상매출금	80,000

[매출할인]

구 분	차	변	대	변
외상매출금을 약정기일 이전에 회수한 경우 (500,000원의 외상매출금 회수시 10,000원할인)	현금 매출할인	490,000 10,000	외상매출금	500,000

[매출반품]

거 래 내 용	차	변	대	변
상품을 6,000원을 외상으로 매출하다.	외상매출금	6,000	상품매출	6,000
외상매출하였던 상품 100원을 환입, 에누리해주다.	매출환입및에누리	100	외상매출금	100

2. 받을어음[bills receivable]

① 어음의 종류

어음은 법률상으로 약속어음과 환어음이 있으며 상거래로 발생하는 상업어음과 자금융통 등 금융거래로 발생하는 금융어음이 있다. 상업어음은 일반적인 상거래상 어음상의 채권자는 받을어음 계정을 어음상의 채무자는 지급어음 계정을 설정한다.

- **약속어음** : 약속어음은 발행인(채무자)이 수취인(채권자)에게 약정한 기일에 약정한 장소에서 일정금액을 지급할 것을 약속한 증권이다.

A상점은 B상점으로부터 상품₩100,000을 매입하고, 대금은 약속어음을 발행하다.

거 래 내 용	차 변		대 변	
A상점 (발행인)	상 품	100,000	지급어음	100,000
B상점 (수취인)	받을어음	100,000	상품매출	100,000

A상점은 B상점에 약속어음 대금 ₩100,000을 수표발행하여 지급하다.

거 래 내 용	차 변		대 변	
A상점 (발행인)	지급어음	100,000	당좌예금	100,000
B상점 (수취인)	현 금	100,000	받을어음	100,000

※ 타인발행수표는 통화대용증권이다.

② 받을어음

상품과 제품을 매출하거나, 외상매출금을 어음으로 받은 경우의 채권발생과 채권소멸을 기입하는 자산계정이다.

받을어음 계정 차변에는 약속어음의 수취, 환어음의 수취 등 어음상의 채권을 기입한다. 받을어음 계정 대변에는 어음대금의 회수, 어음의 배서양도, 어음의 할인으로 어음상의 채권 소멸을 기입한다.

거 래 내 용	차 변		대 변	
상품 ₩1,000을 매출하고 어음을 받았다	받을어음	1,000	상품매출	1,000
받을어음 ₩1,000을 만기에 현금으로 회수하다	현 금	1,000	받을어음	1,000

③ 어음의 배서와 할인

어음의 배서는 그 목적에 따라 대금 추심을 위한 추심위임배서, 거래대금결제를 위한 배서양도, 자금융통을 위한 어음의 할인이 있다.

만기일 이전에 소유하고 있던 어음을 은행에 배서양도하고, 일정한 이자 및 할인료를 차감한 잔액(실수금)을 받는 것을 어음의 할인이라 하며, 어음을 할인하는 경우 당해 채권에 대한 권리와 의무가 양도인과 분리되어 실질적으로 이전 되는 매각거래와 담보목적으로 제공하는 차입거래로 구분된다.

④ **배서의 종류**

- **어음의 추심위임배서** : 소지하고 있는 어음 대금을 받기 위하여 거래 은행에 어음 대금을 대신 회수해 줄 것을 의뢰하는 절차를 추심위임배시라한다.

거 래 내 용	차 변		대 변	
소유 약속어음 ₩700,000을 거래은행에 추심의뢰 하고, 추심수수료 ₩10,000을 제외한 금액을 당좌 예입하다.	수수료비용 당좌예금	10,000 690,000	받을어음	700,000

- **어음의 배서양도** : 상품 대금이나 외상매입금을 지급하기 위하여 소지하고 있던 어음을 타인에게 배서양도 하는 경우 당해 채권에 대한 권리와 의무가 양도인과 분리되어 실질적으로 이전되는 때에는 동 금액을 받을어음에서 차감하고, 그 이외의 경우에는 받을어음을 담보로 제공한 것으로 본다. 이와 같은 받을어음의 양도는 그 내용을 주석으로 기재한다.

- **어음의 할인** : 자금융통을 목적으로 소지하고 있던 어음을 만기일까지의 이자를 공제한 실수금을 받고 은행에 양도하여 할인받는 경우 당해 채권에 대한 권리와 의무가 양도인과 분리되어 실질적으로 이전되는 때에는 동 금액을 받을어음에서 차감하고 그 이외의 경우에는 받을어음을 담보로 제공한 것으로 본다. 이와 같은 받을어음의 할인은 그 내용을 주석으로 기재한다.

거 래 내 용	차 변		대 변	
상품 ₩100,000을 매입하고 대금은 소유하고 있던 약속어음을 배서양도하다.	상품	100,000	받을어음	100,000
소유하고 있던 받을어음 ₩100,000을 거래은 행에 매각거래로 할인하고 할인료 ₩10,000을 제외하고 당좌예입하다. (매각거래)	당좌예금 매출채권처분손실	90,000 10,000	받을어음	100,000

⑤ **어음의 부도**[dishonored bill]

어음소지인이 지급 청구를 한 경우 지급이 거절된 어음을 부도어음이라 하며, 부도어음 회계처리는 부도 이전의 회계처리 상황에 따라 다음과 같은 세 가지 경우가 있다.

- 소지하고 있던 어음이 부도된 경우는 부도어음계정 차변과 받을어음 계정 대변에 기입한다.
- 배서양도한 어음이 부도되어 어음대금을 수표 발행한 경우, 부도어음계정 차변과 당좌예금 계정 대변에 기입한다.
- 할인한 어음이 부도되어 어음대금이 당좌예금에서 차감되면 부도어음계정 차변과 당좌예금 계정 대변에 기입한다.

⑥ **대손상각비와 대손충당금** [貸損充當金, allowance for bad debts]

- 결산시 회수 불가능한 매출채권(외상매출금, 받을어음)에 대하여 합리적이고 객관적인 기준에 따라 산출한 대손충당금설정액은 대손상각비 계정 차변에 기입하여 당기의 비용으로 처리하는 동시에 매출채권에 대한 평가계정인 대손충당금계정 대변에 기입한다.

- 결산시 채권에 대한 대손충당금 설정은 대손충당금계정의 잔액에 따라 회계 처리한다.

> 대손충당금 설정액 = 채권잔액 × 대손율(=대손예상액) − 대손충당금잔액

- 대손예상액이 대손충당금계정 잔액보다 큰 경우에는 그 차액을 대손상각비 계정 차변과 대손충당금계정 대변에 기입한다.
- 대손예상액이 대손충당금계정 잔액보다 적은 경우에는 그 차액을 대손충당금 계정 차변과 대손충당금환입(판관비에 − 표시)계정 대변에 기입한다.

거 래 내 용	차 변		대 변	
대손추산액은 ₩1,000이나 대손충당금 잔액은 ₩500이다	대손상각비	500	대손충당금	500
대손추산액은 ₩1,000이나 대손충당금 잔액은 ₩1,200이다	대손충당금	200	대손충당금환입	200

⑦ 채권이 실제로 대손이 되는 경우에도 대손충당금의 계정에 따라 다음과 같이 회계처리 한다.
- 대손액보다 대손충당금계정 잔액이 많은 경우에는 채권에 대한 실제 대손액은 대손충당금계정의 차변과 해당 채권계정의 대변에 기입한다.
- 대손액보다 대손충당금계정 잔액이 적은 경우에는 채권에 대한 실제 대손액은 먼저 대손충당금에서 차감하고, 부족한 금액은 대손상각비계정 차변에 기입한다.

거 래 내 용	차 변		대 변	
외상매출금 ₩1,000이 회수불능이다. 단, 대손충당금잔액은 ₩1,500이 있다.	대손충당금	1,000	외상매출금	1,000
받을어음 ₩1,000이 회수불능이다. 단, 대손충당금잔액은 ₩800이 있다	대손충당금 대손상각비	800 200	받을어음	1,000

⑧ 이미 대손 처리된 채권이 다시 회수된 경우, 당기에 대손 처리된 채권인 경우에는 대손시의 분개와 반대로 분개하여 원상으로 회복시키고, 차기 이후의 시점에서 회수된 경우에는 대손충당금계정 대변에 기입한다.

거 래 내 용	차 변		대 변	
전기에 대손충당금으로 대손 처리한 외상매출금 ₩1,000을 현금으로 회수하다.	현금	1,000	대손충당금	1,000
당기에 대손처리한 외상매출금의 대손충당금 ₩700과 대손상각비 ₩300을 현금으로 회수하다	현금	1,000	대손충당금 대손상각비	700 300

※ 당기분 회수처리를 다음과 같이 하여도 결과는 동일 − 차)현금 1,000 대)대손충당금 1,000

01 기업회계기준에 따라 외상매출금에 대한 대손처리를 할 경우 대손상각비는 얼마인가?

> • 기초 외상매출금에 대한 대손충당금 잔액은 150,000원이다.
> • 7월 1일 : 거래처의 파산으로 외상매출금 120,000원이 회수불능되었다.
> • 12월 31일 : 현재 연령분석법을 통해 파악된 회수불능 외상매출금은 170,000원으로 추정된다.

① 130,000원   ② 210,000원

③ 250,000원   ④ 160,000원

02 매출채권에 대한 설명이다. 다음 중 가장 틀린 것은?

① 기업의 일반적인 상거래에서 발생하는 외상대금을 처리하는 계정이다.

② 제품을 매출한 후 제품의 파손, 부패 등의 사유로 값을 깎아 주는 것을 매출할인이라 한다.

③ 제품의 하자로 인하여 반품된 매출환입은 제품의 총매출액에서 차감한다.

④ 매출채권을 매각할 경우 "매출채권처분손실" 계정이 발생할 수 있다.

03 다음은 결산시 매출채권에 대한 대손충당금을 계산하는 경우의 예이다. 틀린 것은?

	결산전 대손충당금잔액	기말 매출채권잔액(대손율 1%)	회계처리의 일부
①	10,000원	100,000원	(대) 대손충당금환입 9,000원
②	10,000원	1,000,000원	회계처리 없음
③	10,000원	1,100,000원	(차) 대손상각비 1,000원
④	10,000원	1,100,000원	(차) 기타의대손상각비 1,000

06 재고자산

1. 재고자산[inventory, 在庫資産]

상품 매입시 상품계정으로 처리하고, 상품 매출시 상품매출계정으로 처리한다. 그리고 실사한
금액을 재고자산으로 하여 혼합법(실사법＋계속기록법)으로 결산시 매출원가를 계상한다.

구 분	차 변		대 변	
상품을 외상으로 매입(₩50,000)	상품	50,000	외상매입금	50,000
매입상품을 에누리(₩600)	외상매입금	600	매입환출및에누리	600
상품을 외상으로 판매(₩100,000)	외상매출금	100,000	상품매출	100,000
매출상품을 에누리(₩300)	매출환입및에누리	300	외상매출금	300
결산시(매출원가 ₩60,000)	상품매출원가	60,000	상품	60,000

2. 상품 매매에 관한 등식

① 순매입액 ＝ 총매입액 － 매입환출및에누리 － 매입할인액

② 기초상품재고액 ＋ 순매입액 － 기말상품재고액 ＝ 상품매출원가

③ 기초상품재고액 ＋ 순매입액 ＝판매가능액

3. 매입할인과 매출할인

① **매입할인**[discounts on purchase, 買入割引]

외상매입금을 약정 기일 이전에 지급한 경우, 지급일로부터 약정기일까지의 이자 상당액을 할
인받은 매입할인액은 매입액에서 차감한다.

② **매출할인** [sales discounts, 賣出割引]

외상매출금을 약정 기일 이전에 회수하는 경우, 회수한 날로부터 약정기일까지의 이자 상당액
을 할인해준 매출할인은 매출액에서 차감한다.

구 분	차 변		대 변	
외상매입금 10,000원을 약정기일 이전에 지급하여 1,000원 할인 받는 경우	외상매입금	10,000	현금 매입할인	9,000 1,000
외상매출금 10,00원을 약정기일 이전에 회수하고 1,000원을 할인하는 경우	현금 매출할인	9,000 1,000	외상매출금	10,000

4. 수량을 결정하는 방법

재고자산은 기업이 정상적인 영업과정에서 판매를 목적으로 보유하고 있는 자산이거나, 제품을 제조하기 위하여 직접, 간접적으로 소비될 자산을 말한다. 이러한 재고자산에는 상품, 미착상품, 적송품, 제품, 반제품, 재공품, 원재료, 저장품 등이 있다.

① 계속기록법[perpetual inventory method, 繼續記錄法]

재고자산의 종류별로 상품재고장을 작성하여 매입과 매출 등 재고자산이 증감될 때마다 그 증감과 잔액을 계속적으로 장부에 기록하는 방법이다.

> (기초재고수량 + 당기순매입수량) − 당기매출수량 = 기말재고수량(장부)

계속기록법하에서는 장부상에서 언제든지 재고수량과 매출원가를 명확히 파악할 수 있는 장점이 있으나, 기록계산이 번거로운 단점이 있다. 이 방법은 기말재고수량을 실제조사에 의하지 않고 언제든지 알 수 있는 장점이 있지만, 그 재고량이 반드시 실제재고수량과 일치하는 것은 아니다. 보관 중에 감모와 도난 등에 의한 감손부분을 파악하기 위해 정기적으로 실제재고수량을 조사하여 장부상의 재고수량과 대조하여야 한다.

② 실지재고조사법[periodic inventory system]

기업이 소유하고 있는 재고자산의 수량을 실제로 조사하여 실제재고수량을 확정하고, 기초재고수량에 당기매입수량을 합산한 수량에서 실제재고수량을 차감하여 당기매출수량을 계산하는 방법이다.

> (기초재고수량 + 당기순매입수량) − 기말재고수량(실제) = 당기매출수량

이 방법은 계속기록법에서처럼 계속기록하는 번잡성은 없으나 기말에 재고조사를 실시하여야 하며, 보관 중에 발생한 감모와 도난 등에 의하여 발생한 감모분이 매출수량에 포함되는 결점이 있다.

③ 혼합법

계속기록법과 실지재고조사법을 병행하는 방법으로 정확한 감모수량을 파악할 수 있다.

5. 단가를 결정하는 방법

① 개별법[identified cost method, 個別法]

제품매입가격별 판매, 재고관리하는 방법이며, 라벨을 보고 해당원가를 기입한다.

(특징) 귀중품, 골동품 등 소품종 고가품
(장점) 수익, 비용의 대응이 이상적이다. (실제물량흐름과 일치)
(단점) 시간과 노력의 소요가 많다.
    동일종류재고자산의 구입가격이 다른 경우 매출시 인위적인 대응으로 이익조작의 가능성이 있다.

② 선입선출법[first-in first-out, 先入先出法]

먼저 매입한 상품을 먼저 매출한 것으로 보고 인도단가를 결정하는 방법으로 매입순법이라고도 한다.

(특징) 기말재고액이 현행원가와 비슷하다.
    물가상승시 재고자산 평가액이 커진다.
    현재수익에 과거원가의 대응으로 실물자본 유지가 어렵다.
    기말재고상품이 가장 최근의 시가로 표시된다.
    상품매출시 매출원가가 최근 가격이 아닌 과거의 매입가격으로 정확한 수익, 비용의 대응이 아니다. 물가상승시 세무상 불리하다. (가공이익 발생)
(장점) 상품의 실제흐름과 일치한다.
(단점) 인플레이션시에 기말재고가 과대평가되어 매출원가가 과소계상되고 상품매출이익이 과대계상된다.

기본예제

01. 다음의 자료로 상품(TV)의 재고자산수불부를 작성하시오. (선입선출법)

10월 1일	전월이월	1,000개	@₩200
10월 7일	매 출	600개	@₩300
10월 13일	매 입	800개	@₩250
10월 20일	매 출	900개	@₩400

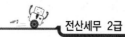

해설

01. 재고자산수불부

（선입선출법）　　　　　　　　　　　　품명 : TV

200X 년도		적 요	인	수		인	도		잔	액	
			수량	단가	금액	수량	단가	금액	수량	단가	금액
10	1	전월이월	1,000	200	200,000				1,000	200	200,000
	7	매 출				600	200	120,000	400	200	80,000
	13	매 입	800	250	200,000				400	200	80,000
									800	250	200,000
	20	매 출				400	200	80,000			
						500	250	125,000	300	250	75,000
			1,800		400,000	1,500		325,000	300		75,000
		기말재고 : 75,000원, 매출원가 : 325,000										

③ **후입선출법**[last-in first-out method, 後入先出法]

최근에 매입한 상품을 먼저 매출한 것으로 보고, 인도단가를 결정하는 방법으로 매입역법이라고도 한다.

> （특징） 기말재고액은 "과거가격", 매출원가는 "최근가격"
>　　　　 물가상승시 재고자산 평가액이 상대적으로 작아진다.
> （장점） 물가상승시 적용하면 절세가 가능하다.
> （단점） 실물흐름과 불일치
>　　　　 물가상승시 재고자산이 과소계상된다. (비밀적립금 발생)
>　　　　 물가상승시 매출이익이 과소계상으로 자금조달 측면에선 불리하다.

기본예제

02. [기본예제 01.]의 자료로 TV의 재고자산수불부를 작성 하시오. (후입선출법)

재고자산수불부

（후입선출법）　　　　　　　　　　　　품명 : TV

200X 년도		적 요	인	수		인	도		잔	액	
			수량	단가	금액	수량	단가	금액	수량	단가	금액
10	1	전월이월	1,000	200	200,000				1,000	200	200,000
	7	매 출				600	200	120,000	400	200	80,000
	13	매 입	800	250	200,000				400	200	80,000
									800	250	200,000
	20	매 출				800	250	200,000			
						100	200	20,000	300	200	60,000
			1,800		400,000	1,500		340,000	300		60,000
		기말재고 : 60,000원, 매출원가 : 340,000원										

④ **이동평균법**[moving average method, 移動平均法]

단가가 다른 상품을 매입할 때마다 그 수량 및 금액을 구입 전에 재고수량과 재고가격에 가산하여 이동평균단가를 구하고, 이 단가를 다음 상품 구입 전까지 인도단가로 사용하는 방법이다.

$$이동평균단가(인도단가) \quad = \quad \frac{직전재고액+당일매입액}{직전재고수량+당일매입수량}$$

(특징) 입고시마다 단가를 재계산한다.
(장점) 기간 중 원가자료 이용이 가능하다.
(단점) 단가적용이 복잡하다. 계속기록법에서 가능하다.

기본예제

03. [기본예제 01.]의 자료로 TV의 재고자산수불부를 작성 하시오.(이동평균법, 소수점이하 절사)

재고자산수불부

(이동평균법)　　　　　　　　　　　　　　품명 : TV

200X 년도		적 요	인	수		인	도		잔		액
			수량	단가	금액	수량	단가	금액	수량	단가	금액
10	1	전월이월	1,000	200	200,000				1,000	200	200,000
	7	매 출				600	200	120,000	400	200	80,000
	13	매 입	800	250	200,000				1,200	233	279,600
	20	매 출				900	233	209,700	300	233	69,900
			1,800		400,000	1,500		330,100	300		69,900
		기말재고 : 69,900원,　매출원가 : 330,100원									

⑤ **총평균법**[periodic average method, 總平均法]

기초 재고액에 일정기간에 매입한 순매입액을 합계하여 판매가능한 총원가를 산출하고, 판매가능한 총원가를 기초재고량과 순매입수량으로 나누어 새로운 단가를 산출하는 방법이다.

$$총평균단가(인도단가) \quad = \quad \frac{기초재고액+당기순매입액}{기초재고수량+당기순매입수량}$$

(특징) 원가계산기간 종료 후 단가 계산한다. 실지재고조사법에서 가능하다.
(장점) 간편하며, 이익조작 가능성이 감소한다.
(단점) 기간 중 원가자료이용이 어렵다.

04. [기본예제 01.]의 자료로 TV의 재고자산수불부를 작성 하시오.(총평균법, 소수점이하절사)

재고자산수불부

(총평균법)   품명 : TV

200X 년도		적 요	인	수		인	도		잔		액
			수량	단가	금액	수량	단가	금액	수량	단가	금액
10	1	전월이월	1,000	200	200,000				1,000		
	7	매 출				600	222	133,200	400		
	13	매 입	800	250	200,000				1,200		
	20	매 출				900	222	199,800	300		
			1,800	222	400,000	1,500	222	333,000	300		67,000
		기말재고 : 67,000원, 매출원가 : 333,000원									

⑥ **소매재고조사법** [retail inventory method]

백화점, 연쇄점, 소매상과 같이 여러 종류의 상품을 취급하기 때문에 원가율에 의해서 계산하는 방법이다.

⑦ 자산과 이익크기(물가상승시): 선입선출법 > 이동평균법 > 총평균법 > 후입선출법

6. 재고자산의 결정

① **미착품**

아직 회사 창고에 입고되지 않은 재고자산을 말한다.

• 선적지인도기준 : 선적시점에서 당사에 소유권이전 → 당사재고
• 도착지인도기준 : 도착시점에서 당사에 소유권이전 → 판매자의 재고

② **위탁품**

위탁자가 수탁자에게 판매를 부탁한 재고자산을 말한다.

이는 수탁자가 판매시에 매출을 인식하므로 판매되지 않은 위탁품을 당사재고에 포함시킨다.

③ **시송품**

시송품은 시험삼아 사용후에 만족하면 구매하는 방식의 매출이다. 구매의사표시점에서 매출액을 인식하므로 구매의사표시전에는 당사의 재고에 포함한다.

④ **할부판매상품**

장단기할부판매 모두 인도기준에 의해 매출을 인식한다. 그리하여 인도가 되면 당사재고에서 제외한다. 단, 중소기업의 경우에는 회수기일도래기준에 의해 처리가능하다.

7. 재고자산감모손실과 재고자산평가손실

① 재고자산감모손실

도난, 분실, 증발, 부패 등에 의해 장부상재고액과 실제재고액이 차이가 발생하는 금액을 재고자산감모손실이라고 한다. 원가성이 있는 정상적인 감모는 매출원가에 반영하고, 원가성이 없는 비정상적인 감모손실은 영업외비용으로 처리한다.

감모손실액＝(장부수량 － 실사수량) × 취득원가

[원가성이 없는 경우의 회계처리]

(차) 재고자산감모손실 ×××   (대) 상품(타계정대체) ×××

② 재고자산평가손실

저가기준(=시가와 장부가액중 낮은가액)에 의해 평가시 발생하는 금액을 재고자산평가손실이라고 하며, 전부 매출원가에 가산처리한다.

회계처리: (차) 재고자산평가손실 ×××   (대) 재고자산평가충당금 ×××

구　　　　　분	차　　　　변		대　　　　변	
상품 장부수량 100, 실사수량 80, 취득원가1,000원, 원가성 없는 비율 40%이면	재고자산감모손실	8,000	상품	8,000
시가(순실현가치)가 800원이면	재고자산평가손실	16,000	상품평가충당금	16,000

감모손실(영업외비용)＝(100 － 80) × 1,000 × 0.4＝8,000원

평가손실(매출원가)＝80개 × (1,000 － 800)＝16,000원

01 다음의 재고자산 평가방법 중 실물흐름에 따른 기말재고자산의 단가결정 방법으로서 수익과 비용의 대응이 가장 정확하게 이루어지는 방법은?

① 개별법   ② 선입선출법

③ 후입선출법   ④ 가중평균법

02 다음은 재고자산의 인식시점에 대한 설명이다. 다음 중 가장 틀린 것은?

① 적송품은 수탁자가 판매하기 전까지 위탁자의 재고자산에 포함한다.

② 시송품은 매입자가 매입의사표시를 하기 전까지 판매자의 재고자산에 포함한다.

③ 할부판매상품은 인도기준으로 매출을 인식하므로 대금회수와 관계없이 인도시점에서 판매자의 재고자산에서 제외한다.

④ 미착품은 도착지 인도조건인 경우 선적시점에서 매입자의 재고자산에 포함한다.

03 다음 상품재고장에 기입된 내용에 따라 8월 중 갑상품의 매출총이익을 계산한 결과로 옳은 것은? (단, 상품은 모두 1개당 300원에 판매되었다.)

상 품 재 고 장

이동평균법   품명 : 상품   (단위:원)

월일		적 요	인 수			인 도			잔 액		
			수량	단가	금액	수량	단가	금액	수량	단가	금액
8	1	전월이월	10개	150	1,500				10개	150	1,500
	10	매 입	20개	180	3,600				30개	170	5,100
	20	매 출				20개	170	3,400	10개	170	1,700
	30	차월이월				10개	170	1,700			
			30개		5,100	30개		5,100			

① 2,000원   ② 2,200원

③ 2,400원   ④ 2,600원

04 다음 재고자산의 원가결정방법에 대한 설명 중 옳지 않은 것은?

① 선입선출법은 가장 최근에 매입한 상품이 기말재고로 남아있다.

② 가중평균법에는 총평균법과 이동평균법이 있다.

③ 성격 또는 용도면에서 차이가 있는 재고자산이더라도 모두 같은 방법을 적용하여야만 한다.

④ 기초재고와 기말재고의 수량이 동일하다는 전제하에 인플레이션 발생시 당기순이익이 가장 적게 나타나는 방법은 후입선출법이다.

05 다음 자료로 기말상품재고액을 계산한 것으로 옳은 것은?

• 기초상품재고액 : 50,000원	• 당기매입액 : 750,000원
• 당기매출액 : 800,000원	• 매출총이익은 당기 매출액의 30%이다

① 240,000원   ② 260,000원

③ 270,000원   ④ 280,000원

06 (주)한수물산의 손익계산서상 매출총이익이 2,600,000원일 경우, 아래 자료를 보고 매출액을 추정하면? 단, (주)한수물산은 상품도매업만 영위하고 있으며, 아래 이외의 자료는 없는 것으로 가정한다.

• 기초 상품재고액 : 4,000,000원
• 당기 상품매입액 : 2,500,000원
• 상품 타계정대체액 : 1,000,000원　 (※접대목적 거래처 증정)
• 기말 상품재고액 : 2,000,000원

① 2,500,000원   ② 3,500,000원

③ 5,100,000원   ④ 6,100,000원

07 재고자산에 대한 설명 중 틀린 것은?

① 선입선출법에 의해 원가배분을 할 경우 기말재고는 최근에 구입한 상품의 원가로 구성된다.

② 재고자산의 가격이 계속 상승하는 경우 재고자산을 가장 낮게 보수적으로 평가하는 방법은 후입선출법이다.

③ 총평균법에 비해 이동평균법은 현행원가의 변동을 단가에 민감하게 반영시키지 못한다.

④ 재고자산을 저가법으로 평가하는 경우 제품, 상품 및 재공품의 시가는 순실현가능가액을 적용한다.

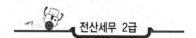

08 (주)선화는 재고자산에 대하여 선입선출법을 적용한다. 다음 자료를 이용한 경우에 기말의 재고액은 얼마인가?

날 짜	내 용	수 량	단 가	금 액
01월 01일	기초재고	100개	10원	1,000원
03월 10일	매 입	50개	12원	600원
05월 15일	매 출	70개		
12월 31일	기말재고	80개	?	?

① 900원   ② 880원

③ 800원   ④ 960원

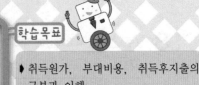
07 유형자산
[tangible assets]

1. 유형자산의 정의

'유형자산'은 재화의 생산, 용역의 제공, 타인에 대한 임대 또는 자체적으로 사용할 목적으로 보유하는 물리적 형체가 있는 자산으로서, 1년을 초과하여 사용할 것이 예상되는 자산을 말한다.

2. 유형자산의 취득원가

유형자산은 최초에는 취득원가로 측정하며, 현물출자, 증여, 기타 무상으로 취득한 자산의 가액은 공정가치를 취득원가로 한다. 취득원가는 구입원가 또는 제작원가 및 경영진이 의도하는 방식으로 자산을 가동하는 데 필요한 장소와 상태에 이르게 하는 데 직접 관련되는 원가인 다음과 같은 관련된 지출 등으로 구성된다. 매입할인 등이 있는 경우에는 이를 차감하여 취득원가를 산출한다.

① 설치장소 준비를 위한 지출

② 외부 운송 및 취급비

③ 설치비

④ 설계와 관련하여 전문가에게 지급하는 수수료

⑤ 유형자산의 취득과 관련하여 국·공채 등을 불가피하게 매입하는 경우 당해 채권의 매입금액과 일반기업회계기준에 따라 평가한 현재가치와의 차액(즉, 국공채매입손실)

⑥ 자본화대상인 차입원가

⑦ 취득세, 등록세 등 유형자산의 취득과 직접 관련된 제세공과금

⑧ 해당 유형자산의 경제적 사용이 종료된 후에 원상회복을 위하여 그 자산을 제거, 해체하거나 또는 부지를 복원하는데 소요될 것으로 추정되는 원가가 충당부채의 인식요건을 충족하는 경우 그 지출의 현재가치(이하 '복구원가'라 한다)

⑨ 유형자산이 정상적으로 작동되는지 여부를 시험하는 과정에서 발생하는 원가. 단, 시험과정에서 생산된 재화(. 장비의 시험과정에서 생산된 시제품)의 순매각금액은 당해 원가에서 차감한다.

3. 유형자산의 철거비용

건물을 신축하기 위하여 사용중인 기존 건물을 철거하는 경우 그 건물의 장부금액은 제거하여 처분손실로 반영하고, 철거비용은 전액 당기비용으로 처리한다. 다만 새 건물을 신축하기 위하여 기존 건물이 있는 토지를 취득하고 그 건물을 철거하는 경우 기존 건물의 철거 관련 비용에서 철거된 건물의 부산물을 판매하여 수취한 금액을 차감한 금액은 토지의 취득원가에 포함한다.

구　　　　　분	차　　　변		대　　　변	
건물(취득원가 1,000원, 감가상각누계액 300원)인 건물을 철거시, 철거비용 10원 발생	감가상각누계액 유형자산처분손실	300 710	건물 현금	1,000 10
건물이 있는 토지를 200원에 현금매입후 철거시, 철거비용 10원 발생	토지	210	현금	210

4. 취득후의 원가

유형자산의 취득 또는 완성 후의 지출이 인식기준을 충족하는 경우(. 생산능력 증대, 내용연수 연장, 상당한 원가절감 또는 품질향상을 가져오는 경우)에는 자본적 지출로 처리하고, 그렇지 않은 경우(. 수선유지를 위한 지출)에는 발생한 기간의 비용으로 인식한다.

이와 같이 유형자산을 구성하는 주요 부품이나 구성요소의 내용연수가 관련 유형자산의 내용연수와 상이한 경우에는 별도의 자산으로 처리한다. 부품이나 구성요소의 교체를 위한 지출이 유형자산 인식기준을 충족하는 경우에는 별도 자산의 취득으로 처리한다. 교체된 자산은 재무상태표에서 제거한다.

① 자본적지출

　내용연수를 증가시키거나 가치를 증가시키는 경우에는 자본적지출로 보아, 자산처리한다.

　(사례) 증축, 개축, 증설, 엘리베이터설치, 에스컬레이터설치 등)

② 수익적지출

　현상유지나 능율유지차원의 지출인 경우에는 수익적지출로 처리한다.

　(사례) 유리교환, 타이어교체, 벽의 도색 등)

구　　　　　분	차　　　변		대　　　변	
2층건물을 3층으로 증설시 현금 10,000원 발생	건물	10,000	현금	10,000
건물의 유리를 3,000원에 현금 교체시	수선비	3,000	현금	3,000

5. 원가의 측정

① 장기후불조건 구입

유형자산을 장기후불조건으로 구입하거나, 대금지급기간이 일반적인 신용기간보다 긴 경우 원가는 취득시점의 현금가격상당액으로 한다. 현금가격상당액과 실제 총지급액과의 차액은 '차입원가자본화'에 따라 자본화하지 않는 한 신용기간에 걸쳐 이자로 인식한다.

② 자산의 교환

다른 종류의 자산과의 교환으로 취득한 유형자산의 취득원가는 교환을 위하여 제공한 자산의 공정가치로 측정한다. 다만, 교환을 위하여 제공한 자산의 공정가치가 불확실한 경우에는 교환으로 취득한 자산의 공정가치를 취득원가로 할 수 있다. 자산의 교환에 현금수수액이 있는 경우에는 현금수수액을 반영하여 취득원가를 결정한다.

> **참고 Check!** **분식회계**
>
> 동종자산에 대한 지분과의 교환으로 유형자산을 매각하는 경우에는 제공된 유형자산으로부터의 수익창출과정이 아직 완료되지 않았기 때문에 교환에 따른 거래손익을 인식하지 않아야 하며, 교환으로 받은 자산의 원가는 교환으로 제공한 자산의 장부금액으로 한다.

③ 정부보조금[government subsidy] 으로 취득

정부보조 등에 의해 유형자산을 무상 또는 공정가치보다 낮은 대가로 취득한 경우 그 유형자산의 취득원가는 취득일의 공정가치로 한다. 정부보조금 등은 유형자산의 취득원가에서 차감하는 형식으로 표시하고 그 자산의 내용연수에 걸쳐 감가상각액과 상계하며, 해당 유형자산을 처분하는 경우에는 그 잔액을 처분손익에 반영한다.

구 분	차 변		대 변	
기계장치 구입조건으로 국가로부터 보조금 50,000원을 보통예금으로 수령시	보통예금	50,000	정부보조금 (보통예금차감)	50,000
기계장치를 60,000원에 취득하고 보통예금으로 자동이체시	기계장치 정부보조금 (보통예금차감)	60,000 50,000	보통예금 정부보조금 (기계장치차감)	60,000 50,000

④ 건설자금이자

이자비용은 원칙적으로 비용이지만, 선택적으로 자본화처리한다.

구 분	차 변		대 변	
현재 완공되지 않은 건물의 대한 이자가 현금지출액 50,000원이 발생하여 자본화함	건설중인자산	50,000	현 금	50,000

⑤ 무상취득

주주등으로부터 무상으로 취득한 자산은 취득시점의 자산의 공정가액으로 처리한다.

구 분	차 변		대 변	
공정가액 10,000원의 토지 수증시	토지	10,000	자산수증이익	10,000

⑥ 국공채매입손실

불가피하게 국가기간에 등록시 매입하는 국공채의 매입손실은 취득자산에 가산한다. 이때 유가증권의 가액은 공정가치로 인식한다.

구 분	차 변		대 변	
자동차등록시 액면가액 10,000원의 지방채(단기매매증권)를 현금구입(공정가치 8,000원)	단기매매증권 차량운반구	8,000 2,000	현 금	10,000

⑦ 토지와 건물의 일괄취득

토지와 건물을 동시에 취득하면서 취득원가를 구분없이 지급하면, 토지와 건물의 공정가액에 의한 상대적비율에 따라 안분하여 취득원가를 처리한다.

구 분	차 변		대 변	
토지와 건물의 일괄취득액이 95,000원 이 현금지급되다.(토지와 건물의 공정가치는 각각 40,000원과 60,000원)	토지 건물	38,000 57,000	현 금	95,000

⑧ 현물출자 취득

출자시 현금대신에 토지와 건물등의 자산을 받은 경우에는 공정가액을 취득원가로 계상한다

구 분	차 변		대 변	
공정가액 20,000원인 토지를 취득하면서 주식(액면 100원) 150주를 발행교부시	토지	20,000	자본금 주식발행초과금	15,000 5,000

6. 인식시점 이후의 측정

인식시점 이후에는 원가모형이나 재평가모형 중 하나를 회계정책으로 선택하여 유형자산 분류별로 동일하게 적용한다.

① 원가[cost]모형

최초 인식 후에 유형자산은 원가에서 감가상각누계액과 손상차손누계액을 차감한 금액을 장부금액으로 한다.

② 재평가[revaluation]모형

- 최초 인식 후에 공정가치를 신뢰성 있게 측정할 수 있는 유형자산은 재평가일의 공정가치에서 이후의 감가상각누계액과 손상차손누계액을 차감한 재평가금액을 장부금액으로 한다. 재평가는 보고기간말에 자산의 장부금액이 공정가치와 중요하게 차이가 나지 않도록 주기적으로 수행한다.
- 일반적으로 토지와 건물의 공정가치는 시장에 근거한 증거를 기초로 수행된 평가에 의해 결정된다. 이 경우, 평가는 보통 전문적 자격이 있는 평가인에 의해 이루어진다. 일반적으로 설비장치와 기계장치의 공정가치는 감정에 의한 시장가치이다.
- 유형자산의 장부금액이 재평가로 인하여 증가된 경우에 "재평가잉여금(재평가차익)"은 기타포괄손익으로 인식한다. 그러나 동일한 유형자산에 대하여 이전에 당기손익으로 인식한 재평가감소액이 있다면 그 금액을 한도로 재평가증가액만큼 당기손익으로 인식한다.
- 유형자산의 장부금액이 재평가로 인하여 감소된 경우에 그 감소액은 "재평가손실"로 하여 당기손익으로 인식한다. 그러나 그 유형자산의 재평가로 인해 인식한 기타포괄손익의 잔액이 있다면 그 금액을 한도로 재평가감소액을 기타포괄손익에서 차감한다.

01 다음은 유형자산 취득시 회계처리를 설명한 것이다. 옳지 않는 것은?

① 유형자산에 대한 건설자금이자는 취득원가에 포함할 수 있다.

② 무상으로 증여받은 건물은 취득원가를 계상하지 않는다.

③ 교환으로 취득한 토지의 가액은 공정가액을 취득원가로 한다.

④ 유형자산 취득시 그 대가로 주식을 발행하는 경우 주식의 발행가액을 그 유형자산의 취득원가로 한다.

02 사옥신축용부속토지를 취득시 납부한 취득세에 대한 적정한 계정과목은?

① 세금과공과   ② 취득세

③ 수수료비용   ④ 토지

03 다음은 유형자산의 보유 중에 발생한 지출이다. 회계처리의 성격이 다른 하나는?

① 오래된 건물의 도색작업   ② 계단식 3층건물의 에스컬레이터 설치

③ 3년동안 사용한 트럭의 배터리 교체   ④ 건물 내부의 조명기구 교환

04 다음 중 유형자산으로 분류하기 위한 조건으로서 가장 부적합한 것은?

① 영업활동에 사용할 목적으로 취득하여야 한다.

② 물리적인 실체가 있어야 한다.

③ 사업에 장기간 사용할 목적으로 보유하여야 한다.

④ 생산 및 판매목적으로 보유하고 있어야 한다.

05 유형자산의 취득원가를 구성하는 항목에 포함되지 않는 것은?

① 외부 운송 및 취급비

② 설치비

③ 매입할인액

④ 취득세, 등록세 등 유형자산의 취득과 직접 관련된 제세공과금

06 다음 중 '유형자산'과 관련한 용어의 설명으로 옳지 않은 것은?

① "유형자산"은 재화의 생산 등에 사용할 목적으로 보유하는 물리적 형체가 있는 자산으로 서, 1년을 초과하여 사용할 것이 예상되는 자산을 말한다.

② "감가상각"은 감가상각대상금액을 그 자산의 내용연수 동안 체계적인 방법으로 각 회계기 간에 배분하는 것을 말한다.

③ "감가상각대상금액"은 취득원가에서 잔존가액을 차감한 금액을 말한다.

④ "내용연수"는 실제 사용시간 또는 생산량의 단위를 말한다.

07 다음 중 자산의 종류가 다른 것은 무엇인가?

① 건설중인 자산　　　　　　　　② 구축물

③ 임차보증금　　　　　　　　　　④ 비품

08 감가상각
[depreciation, 減價償却]

1. 감가상각[depreciation, 減價償却]

유형자산의 가치감소를 산정하여 그 금액을 유형자산의 금액에서 공제함과 동시에 비용으로
계상하는 절차이다. 즉 원가배분 절차이다.

① **감가상각대상금액**

유형자산의 감가상각대상금액은 내용연수에 걸쳐 합리적이고 체계적인 방법으로 배분한다. 각
기간의 감가상각액은 다른 자산의 장부금액에 포함되는 경우가 아니라면 당기손익으로 인식한
다. 예를 들면, 제조공정에서 사용된 유형자산의 감가상각액은 재고자산의 원가를 구성한다.

② **감가상각 시작시점**

유형자산의 감가상각은 자산이 사용가능한 때부터 시작한다. 즉, 경영진이 의도하는 방식으로
자산을 가동하는 데 필요한 장소와 상태에 이른 때부터 시작한다.

③ **내용연수[service life, 耐用年數]**

유형자산의 내용연수는 자산으로부터 기대되는 효용에 따라 결정된다. 유형자산은 기업의 자
산관리정책에 따라 일정기간이 경과되거나 경제적 효익의 일정부분이 소멸되면 처분될 수
있다.

④ **감가상각의 3요소**
- 취득원가=구입금액+취득부대비용 － 할인등
- 내용연수=사용가능한 연수
- 잔존가액=처분가능예상금액 － 처분예상비용

2. 감가상각방법

유형자산의 감가상각방법은 자산의 경제적효익이 소멸되는 형태를 반영한 합리적인 방법이어
야 한다. 내용연수 도중 사용을 중단하고 처분예정인 유형자산은 사용을 중단한 시점의 장부
금액으로 표시한다.

이러한 자산에 대해서는 투자자산으로 재분류하고 감가상각을 하지 않으며, 손상차손 발생여부를 매 보고기간말에 검토한다. 내용연수 도중 사용을 중단하였으나, 장래 사용을 재개할 예정인 유형자산에 대해서는 감가상각을 하되, 그 감가상각액은 영업외비용으로 처리한다.

① 감가상각방법 적용

감가상각방법은 매기 계속하여 적용하고, 정당한 사유 없이 변경하지 않는다. 새로 취득한 유형자산에 대한 감가상각방법도 동종의 기존 유형자산에 대한 감가상각방법과 일치시켜야 한다.

② 감가상각방법 선택

유형자산의 감가상각방법에는 정액법, 체감잔액법(예를 들면, 정률법 등), 연수합계법, 생산량비례법 등이 있다. 정액법은 자산의 내용연수 동안 일정액의 감가상각액을 인식하는 방법이다. 체감잔액법과 연수합계법은 자산의 내용연수 동안 감가상각액이 매 기간 감소하는 방법이다. 생산량비례법은 자산의 예상조업도 혹은 예상생산량에 근거하여 감가상각액을 인식하는 방법이다.

3. 감가상각계산

① **정액법** [straight line method, 定額法]

유형자산의 취득원가를 그 자산의 내용연수로 나누어 감가상각비를 계산하는 방법으로 매 회계기간의 감가상각비는 동일하며 직선법이라고도 한다. 단, 세법은 잔존가액을 인정하지 않는다.

$$감가상각비 \ = \ \frac{취득원가 \ - \ 잔존가액}{내용연수}$$

기본예제

01. 20X1년 1월 1일에 건물을 ₩500,000에 구입하였다. 이 건물의 내용연수는 10년으로 추정되었고 내용연수 종료 후 잔존가액는 0인 경우 정액법으로 감가상각을 하시오.

(500,000 − 0)/10년 =50,000원

② **정률법**[declining balance method, 定率法]

매결산기마다 동일한 상각률(정률)을 미상각잔액에 곱하여 감가상각비를 계산하는 방법으로 자산을 구입한 초기에는 감가상각액을 많이 계상하고, 후반부로 길수록 감가상각비를 낮추어 가는 방법이다.

감가상각비 = 미상각잔액(취득가액 – 감가상각누계액) × 정률(상각률)

$$정률(상각률) = 1 - n\sqrt{\frac{S}{C}}$$ (* n = 내용연수, C = 취득가액, S = 잔존가치)

기본예제

02. 당기 1월 1일에 기계장치를 ₩500,000에 구입하였다. 이 기계의 내용연수는 10년으로 추정되었고 잔존가치는 취득원가의 5%이며 상각률(정률)은 0.259일때 정률법으로 첫해년도와 둘째년도의 감가상각을 하시오.

해설

첫해년도 : 500,000 × 0.259=129,500

둘째년도 : (500,000 – 129,500) × 0.259=95,960(반올림)

③ **생산량비례법**[production method, 生産量比例法]

제조공업의 제조량, 운수업의 주행거리, 광산업의 채광량 등에 비례하여 그 가치가 감소하는 감모성 자산 또는 소모성 자산의 상각액을 계산하는데 이용하는 방법이다.

$$감가상각비 = (취득원가 – 잔존가액) × \frac{실제생산량}{총예정생산량}$$

기본예제

03. 당기 1월 1일에 광산을 ₩500,000에 구입하였다. 추정매장량은 50만 톤이며 당기 생산량은 2만 톤이다. 잔존가치가 없다고 가정했을 때, 생산량비례법으로 감가상각을 하시오.

해설

(500,000 – 0) × 2/50=₩20,000

④ **연수합계법**[sum－of－the－year's digits depreciation, 年數合計法]

취득원가에서 잔존가액을 차감한 금액을 내용연수의 합계로 나누고, 그 금액에 내용연수의 역순을 곱하여 산출하는 방법이다. 이 방법은 정률법과 같이 초기에는 감가상각액이 많고 후반부로 갈수록 감가상각비가 적어진다.

$$\text{감가상각비} = (\text{취득원가} － \text{잔존가액}) \times \frac{\text{내용연수의역순}}{\text{내용연수의합계}}$$

기본예제

04. 당기 1월 1일에 건물을 ₩500,000에 구입하였다. 이 건물의 내용연수는 10년으로 추정되었고 내용연수 종료 후 잔존가액이 0인 경우 연수합계법으로 1,2차년도 감가상각을 하시오.

해설

1차년도 $(500,000 － 0) \times 10/55$년 = 90,909원

2차년도 $(500,000 － 0) \times 09/55$년 = 81,818원

⑤ **초기의 감가상각비의 크기**

정율법 〉 연수합계법 〉 정액법

01 다음 중 감가상각대상자산은?

① 건물 ② 투자부동산
③ 건설중인 자산 ④ 토지

02 다음 조건을 동시에 충족하는 계정과목을 나열한 것으로 옳은 것은?

> • 감가상각 대상인 자산
> • 물리적으로 식별 가능한 유형의 자산
> • 장기간에 걸쳐 영업용으로 계속 사용하는 자산

① 토지, 건물, 기계장치
② 토지, 건물, 차량운반구
③ 건물, 기계장치, 산업재산권
④ 건물, 기계장치, 차량운반구

03 다음 자료는 유형자산의 감가상각에 대한 내용이다. (1), (2)에 알맞은 감가상각 방법은?

구 분	(1)	(2)
계산 공식	장부 가액 × 정률	$\dfrac{\text{취득 원가} - \text{잔존 가액}}{\text{내용 연수}}$
상각 금액	매년 감소함	매년 동일함
특 징	초기에 많은 비용이 계상됨	일정하게 비용이 계상됨

	(1)	(2)
①	정률법	간접법
②	정률법	정액법
③	정액법	간접법
④	생산량비례법	직접법

04 다음은 유형자산에 대한 설명이다. 바르지 않은 것은?

① "유형자산"은 재화의 생산, 용역의 제공, 타인에 대한 임대 또는 자체적으로 사용할 목적으로 보유하는 물리적 형체가 있는 자산으로서, 1년 미만 사용할 것이 예상되는 자산을 말한다.

② "감가상각"은 유형자산의 감가상각대상금액을 그 자산의 내용연수 동안 체계적인 방법에 의하여 각 회계기간에 배분하는 것을 말한다.

③ "내용연수"는 자산의 예상사용기간 또는 자산으로부터 획득할 수 있는 생산량이나 이와 유사한 단위를 말한다.

④ "잔존가액"은 자산의 내용연수가 종료되는 시점에서 그 자산의 예상처분가액에서 예상처분비용을 차감한 금액을 말한다.

05 ㈜뉴젠은 기계장치를 당기 7월 1일에 10,000,000원에 취득하였다. 정액법과 정률법에 의해 감가상각 할 경우, 당기에 계상하여야 할 기계장치에 대한 감가상각비를 계산하면 얼마인가? (단, 월할계산을 가정하고 정률법상각률 : 0.451, 내용년수 : 5년, 잔존가액 : 0으로 한다.)

① 정액법 : 1,000,000원   정률법 : 2,255,000원

② 정액법 : 1,000,000원   정률법 : 2,550,000원

③ 정액법 : 1,000,000원   정률법 : 1,275,000원

④ 정액법 : 2,000,000원   정률법 : 4,510,000원

06 다음 중 기업회계기준(서)상 유형자산의 감가상각에 대한 설명으로 틀린 것은?

① 감가상각비는 다른 자산의 제조와 관련된 경우에는 관련 자산의 제조원가로, 그 밖의 경우에는 판매비와 관리비로 계상한다.

② 유형자산의 잔존가액이 중요할 것으로 예상되는 경우에는 자산의 취득시점에서 잔존가액을 추정한 후 물가변동에 따라 이를 수정하여야 한다.

③ 감가상각방법은 매기 계속하여 적용하고, 정당한 사유 없이 변경하지 않아야 한다.

④ 내용연수란 자산의 예상 사용기간 또는 자산으로부터 획득할 수 있는 생산량이나 이와 유사한 단위를 말한다.

09 무형자산
[intangible asset, 無形資産]

기업이 보유한 자산 중 물리적 실체는 없지만 식별할 수 있는 비화폐성 자산으로서 1년을 초과하여 영업에 사용예상인 자산을 말한다.

1. 무형자산의 인식요건

① 식별가능성

무형자산 [intangible asset, 無形資産] 의 정의에서는 영업권과 구별하기 위하여 무형자산이 식별 가능할 것을 요구한다.

② 통제

무형자산의 미래 경제적 효익을 확보할 수 있고 그 효익에 대한 제3자의 접근을 제한할 수 있다면 자산을 통제하고 있는 것이다.

③ 미래 경제적 효익

무형자산의 미래 경제적 효익은 재화의 매출이나 용역수익, 원가절감, 또는 자산의 사용에 따른 기타 효익의 형태로 발생한다.

2. 무형자산의 인식과 최초측정

다음의 조건을 모두 충족하는 경우에만 무형자산을 인식한다.

① 자산에서 발생하는 미래 경제적 효익이 기업에 유입될 가능성이 매우 높다.

② 자산의 원가를 신뢰성 있게 측정할 수 있다.

3. 취 득

개별 취득하는 무형자산의 원가는 다음 항목으로 구성된다.

① 구입가격(매입할인과 리베이트를 차감하고 수입관세와 환급받을 수 없는 제세금을 포함한다)

② 자산을 의도한 목적에 사용할 수 있도록 준비하는 데 직접 관련되는 원가

4. 내부적으로 창출한 영업권

미래 경제적 효익을 창출하기 위하여 발생한 지출이라도 이 장의 인식기준을 충족하지 못하면 무형자산으로 인식할 수 없다. 그러한 지출은 대부분 내부적으로 영업권을 창출하지만, 내부적으로 창출한 영업권은 원가를 신뢰성 있게 측정할 수 없을 뿐만 아니라 기업이 통제하고 있는 식별가능한 자원도 아니기 때문에 자산으로 인식하지 않는다.

5. 내부적으로 창출한 무형자산

내부적으로 창출한 무형자산이 인식기준에 부합하는지를 평가하기 위하여 무형자산의 창출과정을 연구단계와 개발단계로 구분한다.
무형자산을 창출하기 위한 내부 프로젝트를 연구단계와 개발단계로 구분할 수 없는 경우에는 그 프로젝트에서 발생한 지출은 모두 연구단계에서 발생한 것으로 본다.

① 연구단계

프로젝트의 연구단계에서는 미래 경제적 효익을 창출할 무형자산이 존재한다는 것을 입증할 수 없기 때문에 연구단계에서 발생한 지출은 무형자산으로 인식할 수 없고 발생한 기간의 비용으로 인식한다.

② 개발단계

개발단계에서 발생한 지출은 무형자산인식조건을 모두 충족하는 경우에만 무형자산으로 인식하고, 그 외의 경우에는 발생한 기간의 비용으로 인식한다.

6. 내부적으로 창출한 무형자산의 원가

내부적으로 창출한 무형자산의 원가는 인식기준을 최초로 충족한 이후에 발생한 지출금액으로 한다. 내부적으로 창출한 무형자산의 원가는 그 자산의 창출, 제조, 사용 준비에 직접 관련된 지출과 합리적이고 일관성 있게 배분된 간접 지출을 모두 포함한다.

9. 무형자산 상각[amortization]

① 상각기간

무형자산의 상각대상금액은 그 자산의 추정내용연수 동안 체계적인 방법에 의하여 비용으로 배분한다. 무형자산의 상각기간은 독점적·배타적인 권리를 부여하고 있는 관계 법령이나 계약에 정해진 경우를 제외하고는 20년을 초과할 수 없다. 상각은 자산이 사용가능한 때부터 시작한다.

② **상각방법**

무형자산의 상각방법은 자산의 경제적 효익이 소비되는 행태를 반영한 합리적인 방법이어야 한다. 무형자산의 상각내상금액을 내용연수 동안 합리석으로 배분하기 위해 다양한 방법을 사용할 수 있다. 이러한 상각방법에는 정액법, 체감잔액법(정률법 등), 연수합계법, 생산량비례법 등이 있다. 다만, 영업권과 합리적인 상각방법을 정할 수 없는 경우에는 정액법을 사용한다.

③ **잔존가치**

무형자산의 잔존가치는 없는 것을 원칙으로 한다. 다만, 경제적 내용연수보다 짧은 상각기간을 정한 경우에 상각기간이 종료될 때 제3자가 자산을 구입하는 약정이 있거나, 그 자산에 대한 거래시장이 존재하여 상각기간이 종료되는 시점에 자산의 잔존가치가 거래시장에서 결정될 가능성이 매우 높다면 잔존가치를 인식할 수 있다.

④ **상각기간과 상각방법의 변경**

상각기간과 상각방법은 매기 계속하여 적용하고 정당한 사유 없이 이를 변경할 수 없다. 상각기간과 상각방법의 변경에 따른 회계처리는 '회계정책, 회계추정의 변경 및 오류'를 적용한다. 무형자산을 사용하는 동안 내용연수에 대한 추정이 적절하지 않다는 것이 명백해지는 경우가 있다.

10. 손상차손[Deterioration loss]

자산 진부화등으로 무형자산의 회수가능가액(max[순매각액, 사용가치]이 장부가액에 미달시 장부가와 차액을 손상차손으로 인식한다.

01 다음 중 기업회계기준상 무형자산에 해당되는 항목으로만 묶어 놓은 것은?

a. 광업권	b. 개발비	c. 연구비
d. 개업비	e. 상표권	f. 창업비

① a, c, d
② a, b, d
③ a, b, e
④ a, b, f

02 다음 중 무형자산에 해당되는 것은?

① 산업재산권
② 임차보증금
③ 외상매출금
④ 연구단계의 연구개발비

03 다음 중 기업회계기준상 무형자산에 대한 설명으로 틀린 것은?

① 무형자산으로 정의되기 위한 세 가지 조건은 식별가능성, 자원에 대한 통제 및 미래 경제 적 효익의 존재이다.
② 무형자산의 상각시 잔존가액은 없는 것을 원칙으로 한다
③ 무형자산의 상각은 자산이 사용가능한 때부터 시작한다.
④ 무형자산의 합리적인 상각방법을 정할 수 없는 경우에는 정률법을 사용한다.

04 다음의 무형자산에 관한 내용 중 옳지 않은 것은?

① 개발비는 개별적으로 식별이 가능하고 미래의 경제적 효익을 기대할 수 있어야 한다.
② 연구비는 개발비와 달리 모두 비용으로 처리해야 한다.
③ 개발비상각액은 판매비와관리비로 처리해야 한다.
④ 개발비는 정액법 또는 생산량비례법 등에 의해 관련 제품 등의 판매 또는 사용가능한 시 점부터 20년 이내의 합리적 기간 동안 상각한다.

05 현행 기업회계기준서상 무형자산 상각과 관련한 설명으로 옳은 것은?

① 무형자산의 상각방법에는 정액법, 유효이자율법, 연수합계법, 생산량비례법 등이 있다.

② 부형자산 상각시 잔존가액은 어떠한 경우라도 없는 것으로 한다.

③ 무형자산의 상각기간은 독점적·배타적인 권리를 부여하고 있는 관계 법령이나 계약에 정해진 경우를 제외하고는 20년으로 한다.

④ 무형자산의 상각은 당해 자산이 사용가능한 때부터 시작한다.

06 현행 기업회계기준서에서는 '내부적으로 창출된 무형자산'의 취득원가는 그 자산의 창출, 제조, 사용준비에 직접 관련된 지출과 합리적이고 일관성있게 배분된 간접 지출을 모두 포함하도록 규정하고 있다. 다음 중 '내부적으로 창출된 무형자산'의 취득원가에 포함될 수 없는 것은?

① 무형자산의 창출에 사용된 재료비, 용역비 등

② 무형자산을 운용하는 직원의 훈련과 관련된 지출

③ 무형자산의 창출에 직접 사용된 유형자산의 감가상각비

④ 자본화대상 금융비용

10 투자자산
[investment assets]

학습목표

▶ 투자목적과 영업목적의 자산구분

기업 판매활동 이외의 장기간에 걸쳐 투자이익을 얻을 목적으로 보유하고 있는 자산으로서 투자부동산, 매도가능증권등을 말한다.

1. 유가증권의 정의 및 최초인식

① 유가증권의 정의

'유가증권'은 재산권을 나타내는 증권을 말하며, 실물이 발행된 경우도 있고, 명부에 등록만 되어 있을 수도 있다. 유가증권은 적절한 액면금액단위로 분할되고 시장에서 거래되거나 투자의 대상이 된다. 유가증권에는 지분증권과 채무증권이 포함된다.

② 유가증권의 최초인식

유가증권의 최초 인식에 관한 규정은 '공통사항'을 따른다. 그리고 단기매매증권의 최초취득가액은 공정가치로 측정하며 취득과 관련되는 거래원가는 당기비용(영업외비용)으로 처리한다.

2. 유가증권의 분류

유가증권은 취득한 후에 만기보유증권, 단기매매증권, 그리고 매도가능증권 중의 하나로 분류한다. 만기가 확정된 채무증권으로서 상환금액이 확정되었거나 확정이 가능한 채무증권을 만기까지 보유할 적극적인 의도와 능력이 있는 경우에는 만기보유증권으로 분류한다.

① 단기매매증권은 주로 단기간 내의 매매차익을 목적으로 취득한 유가증권으로서 매수와 매도가 적극적이고 빈번하게 이루어지는 것을 말한다.

② 단기매매증권이나 만기보유증권으로 분류되지 아니하는 유가증권은 매도가능증권으로 분류한다.

구 분	차 변		대 변	
장기보유목적의 유가증권을 500,000원에 현금 취득하였으며, 동시에 취득수수료 50,000원을 현금지급하였다.	매도가능증권	550,000	현금	550,000

3. 유가증권의 최초측정과 공정가치변동

① 유가증권의 최초 측정과 후속 측정

만기보유증권은 상각후원가로 평가하여 재무상태표에 표시한다. 만기보유증권을 상각후원가로 측정할 때에는 장부금액과 만기액면금액의 차이를 상환기간에 걸쳐 유효이자율법에 의하여 상각하여 취득원가와 이자수익에 가감한다. 단기매매증권과 매도가능증권은 공정가치로 평가한다. 다만, 매도가능증권 중 시장성이 없는 지분증권의 공정가치를 신뢰성있게 측정할 수 없는 경우에는 취득원가로 평가한다.

② 공정가치의 변동

단기매매증권에 대한 미실현보유손익은 당기손익항목으로 처리한다. 매도가능증권에 대한 미실현보유손익은 기타포괄손익누계액으로 처리하고, 당해 유가증권에 대한 기타포괄손익누계액은 그 유가증권을 처분하거나 손상차손을 인식하는 시점에 일괄하여 당기손익에 반영한다.

구　　　　분	차　　　변		대　　　변	
결산일 현재 위 매도가능증권(550,000원) 공정가액이 600,000원 경우	매도가능증권	50,000	매도가능증권평가이익 (자본)	50,000
결산일 현재 위 매도가능증권(550,000원) 공정가액이 450,000원 경우	매도가능증권평가손실 (자본)	100,000	매도가능증권	100,000
다음연도에 장부가액이 450,000원이고 매도가능증권평가손실 100,000원이 있는 유가증권이 공정가액이 570,000원 경우	차)매도가능증권	120,000	매도가능증권평가손실 매도가능증권평가이익	100,000 20,000
장부가액 570,000원, 매도가능증권평가이익 20,000원 있던 유가증권을 510,000원에 현금매각, 수수료 10,000원	현금 매도가능증권평가이익 매도가능증권처분손실	500,000 20,000 50,000	매도가능증권	570,000

4. 유가증권의 손상차손

손상차손의 발생에 대한 객관적인 증거가 있는지는 보고기간말마다 평가하고 그러한 증거가 있는 경우에는 손상이 불필요하다는 명백한 반증이 없는 한 회수가능액을 추정하여 손상차손을 인식하여야 한다. 손상차손 금액은 당기손익에 반영한다. 손상차손의 회복이 손상차손 인식 후에 발생한 사건과 객관적으로 관련된 경우에는 다음과 같이 회계 처리한다.

① 만기보유증권 또는 원가로 평가하는 매도가능증권의 경우에는 회복된 금액을 당기이익으로 인식하되, 회복 후 장부금액이 당초에 손상차손을 인식하지 않았다면 회복일 현재의 상각후원가 (매도가능증권의 경우, 취득원가)가 되었을 금액을 초과하지 않도록 한다.

② 공정가치로 평가하는 매도가능증권의 경우에는 이전에 인식하였던 손상차손 금액을 한도로 하여 회복된 금액을 당기이익으로 인식한다.

5. 유가증권의 재분류

유가증권의 보유의도와 보유능력에 변화가 있어 재분류가 필요한 경우에는 다음과 같이 처리한다.

① 단기매매증권은 다른 범주로 재분류할 수 없으며, 다른 범주의 유가증권의 경우에도 단기매매증권으로 재분류할 수 없다. 다만, (단기매매증권이 시장성을 상실한 경우에는 매도가능증권으로 분류하여야 한다.

② 매도가능증권은 만기보유증권으로 재분류할 수 있으며 만기보유증권은 매도가능증권으로 재분류할 수 있다.

③ 유가증권과목의 분류를 변경할 때에는 재분류일 현재의 공정가치로 평가한 후 변경한다.

6. 투자부동산

투자의 목적으로 또는 비영업용으로 소유하는 토지, 건물 및 기타의 부동산을 말하며 그 내용은 재무상태표에 주석으로 기재하도록 되어 있다.

구　　　분	차　　변		대　　변	
투자목적으로 건물을 1억에 취득하고 보통예금으로 지급하였으며, 취득세및등록세로 2천만원을 현금으로 지급하였다.	투자부동산	120,000,000	보통예금 현　　금	100,000,000 20,000,000

01 기업회계기준상 단기시세차익 목적으로 시장성 있는 사채를 취득하는 경우 가장 적합한 계정과목은 무엇인가?

① 만기보유증권   ② 매도가능증권

③ 단기매매증권   ④ 지분법적용투자주식

02 다음은 (주)실적이 단기매매목적으로 매매한 (주)태양가전 주식의 거래내역이다. 기말에 (주)태양가전의 공정가치가 주당 20,000원인 경우 손익계산서상의 단기매매증권평가손익과 단기매매증권처분손익은 각각 얼마인가? 단, 취득원가의 산정은 이동평균법을 사용 한다.

거래일자	매입수량	매도(판매)수량	단위당 매입금액	단위당 매도금액
6월 1일	200주		20,000원	
7월 6일	200주		18,000원	
7월 20일		150주		22,000원
8월 10일	100주		19,000원	

① 단기매매증권평가손실   450,000원   단기매매증권처분이익   350,000원

② 단기매매증권평가이익   450,000원   단기매매증권처분이익   350,000원

③ 단기매매증권평가이익   350,000원   단기매매증권처분손실   450,000원

④ 단기매매증권평가이익   350,000원   단기매매증권처분이익   450,000원

03 다음은 (주)지상의 단기매매증권과 관련된 것이다. 재무제표에 표시될 단기매매증권 및 영업외수익은 각각 얼마인가?

- 2월 8일 : (주)가람전자의 보통주 100주를 5,000,000원에 취득하였다.
- 3월 1일 : (주)가람전자로부터 200,000원의 중간배당금을 수령하였다.
- 12월 31일 : (주)가람전자의 보통주 시가는 5,450,000원이다.

① 5,000,000원   200,000원   ② 5,000,000원   450,000원

③ 5,450,000원   650,000원   ④ 5,450,000원   450,000원

04 다음 중 기업회계기준상 단기투자자산이 아닌 것은?

① 단기매매증권   ② 당좌예금

③ 단기대여금   ④ 단기금융상품

05 매도가능증권의 평가에 대한 설명 중 가장 옳지 않은 것은?

① 매도가능증권평가손익은 영업외손익으로 손익계산서에 반영된다.

② 장부금액이 공정가액보다 높을 경우에는 매도가능증권평가손실로 계상한다.

③ 단기매매증권이나 만기보유증권으로 분류되지 않는 유가증권에 대한 평가이다.

④ 시장성 있는 매도가능증권은 장부상 금액을 공정가액에 일치시켜야 한다.

06 다음 중 '유가증권' 양도에 따른 실현손익을 인식하기 위한 원가산정방법으로서 가장 합리적인 것은?

① 정액법   ② 이동평균법

③ 정률법   ④ 이중체감법

11 유동부채
[current liabilities, 流動負債]

기업이 영업활동을 수행하는 과정에서 장래에 일정한 기간 내에 갚아야 할 각종의 채무로서 1년 이내에 지급해야 할 유동부채[current liabilities]와 1년 이후에 지급해야 할 비유동부채로 구분된다.

다만, 정상적인 영업주기 내에 소멸할 것으로 예상되는 매입채무와 미지급비용 등은 보고기간 종료일로부터 1년 이내에 결제되지 않더라도 유동부채로 분류한다. 이 경우 유동부채로 분류한 금액 중 1년 이내에 결제되지 않을 금액을 주석으로 기재한다.

과 목	내 용
외 상 매 입 금	상품, 원재료를 외상으로 매입한 경우
지 급 어 음	상품, 원재료를 매입하고 어음을 발행한 경우
매 입 채 무	외상매입금과 지급어음 금액을 합한 금액
단 기 차 입 금	1년 이내에 지급할 조건으로 현금을 빌려온 경우
미 지 급 금	상품, 원재료 이외의 자산을 외상으로 구입한 경우

1. 매입채무[Accounts Payable]

매입채무란 매입처와의 일반적인 상거래에서 발생하는 채무를 말한다.

① **외상매입금**[accounts payable]

상품, 원재료등 정상적인 영업활동에서 물품을 외상으로 매입시 기재하는 채무이다.

구 분	통 제 계 정			
	차 변		대 변	
상품을 5,000원에 외상매입시	상 품	5,000	외 상 매 입 금	5,000
상품매출중 하자로 50원 매입환출 및 에누리	외상매입금	50	매입환출및에누리	50
외상대금지급시	외상매입금	4,950	현 금	4,950

② **지급어음**[note payable]

상품등을 매입하거나, 외상매입금 상환을 위해서 약속어음을 발행하거나, 환어음을 인수한 경우의 채무발생과 채무소멸을 기입하는 부채계정이다.

발행인(지급인)이 수취인에게 일정한 장소에서 일정한 금액을 일정한 날짜에 지급할 것을 약속한 증서로써 발행인은 어음상의 채무자가 되고, 수취인은 어음상의 채권자가 된다.

거 래 내 용	차 변		대 변	
상품을 200,000원에 매입하고 약속어음을 발행시	상품	200,000	지급어음	200,000
상품을 200,000원에 매출하고 약속어음을 받으면	받을어음	200,000	상품매출	200,000

2. 미수금과 미지급금

정상적인 상거래와는 관련 없이 건물, 비품, 유가증권 등의 구입, 처분과 관련해서 발생되는 어음거래와 외상거래는 미수금과 미지급금 계정으로 처리한다.

거 래 내 용	차 변		대 변	
토지를 50,000원(장부금액)에 처분하고 약속어음을 수취하다.	미수금	50,000	토지	50,000
영업용 책상을 60,000원에 구입하고 약속어음을 발행하다.	비품	60,000	미지급금	60,000
영업용 책상을 60,000원에 구입하고 외상으로하다.	비품	60,000	미지급금	60,000

3. 유동성장기부채

비유동부채중에 상환일이 보고기간종료일로부터 1년이내 도래하는 채무를 유동성장기부채라고 한다.

거 래 내 용	차 변		대 변	
장기차입금 10,000원이 다음연도에 상환기일이 도래한다	장기차입금	10,000	유동성장기부채	10,000

01 다음 중 부채에 대한 설명으로 가장 옳지 않은 것은?

① 부채는 과거의 거래나 사건의 결과로 현재 기업실체가 부담하고 있고 미래에 자원의 유출 또는 사용이 예상되는 의무이다.

② 유동성장기부채는 유동부채로 분류한다.

③ 부채는 1년을 기준으로 유동부채와 비유동부채로 분류한다.

④ 정상적인 영업주기 내에 소멸할 것으로 예상되는 매입채무와 미지급비용 등이 보고기간 종료일로부터 1년 이내에 결제되지 않으면 비유동부채로 분류 한다.

02 다음 거래처원장 미수금의 미회수액으로 옳은 것은?

서울상회		마린상회	
5/ 1 전월이월 200,000	5/20 현금 400,000	5/ 1 전월이월 300,000	5/17 현금 900,000
5/15 매 각 500,000		5/10 매 각 700,000	

① 200,000원   ② 300,000원   ③ 400,000원   ④ 500,000원

03 다음 (   )안에 들어갈 계정으로 알맞은 것은?

> 일반적으로 상거래와 관련하여 발생하는 채무에 대해서는 외상매입금 계정을 사용하나 그 이외의 거래에서 발생하는 채무에 대하여는 (   )계정을 사용한다.

① 가수금   ② 선수금   ③ 차입금   ④ 미지급금

04 다음 중 아래 분개를 추정한 거래에 대한 설명으로 맞는 것은?

> (차) 당좌예금   ×××   (대) 받을어음 ×××
>   매출채권처분손실   ×××

① 추심의뢰한 어음이 추심되었다는 통지를 받은 경우

② 소유하고 있던 어음을 만기일 이전에 은행에서 할인한 경우

③ 소유하고 있던 어음이 만기일에 어음대금을 회수한 경우

④ 소유하고 있는 어음이 부도가 발생하여 이를 받을어음에서 차감할 경우

12 유사 계정과목 비교

1. 선급금과 선수금

① **선급금**[advanced payments, 先給金]

상품을 인수하기 전에 상품 대금의 일부를 미리 지급한 경우에는 선급금계정 차변에 기입하고, 후일 상품을 인수하면 선급금계정 대변에 기입한다.

② **선수금**[advance from customers, 先受金]

상품을 인도하기 전에 상품 대금의 일부를 미리 받은 경우에는 선수금계정 대변에 기입하고, 후일 상품을 인도하면 선수금계정 차변에 기입한다.

거 래 내 용	차 변		대 변	
상품을 주문하고 계약금조로 5,000원을 현금으로 지급하다.	선급금	5,000	현금	5,000
상품을 주문받고 계약금으로 2,000원을 현금으로 받다.	현금	2,000	선수금	2,000

2. 단기대여금과 단기차입금

① **단기대여금**[short-term loans]

어음을 교부 받고, 대여기간 1년 이내인 금전을 대여한 때에는 단기대여금 차변에 기입하고 이를 회수한 때에는 단기대여금계정 대변에 기입한다. 단기대여금에 대한 이자를 받았을 때에는 이자수익(영업외수익)계정 대변에 기입한다.

② **단기차입금**[short-term borrowings]

차용증서를 발행하고, 차입기간 1년 이내인 금전을 차입한 때에는 단기차입금계정 대변에 기입하고, 이를 상환한 때에는 단기차입금계정 차변에 기입한다. 단기차입금에 대한 이자를 지급하였을 때에는 이자비용(영업외비용)계정 차변에 기입한다.

거 래 내 용	차 변		대 변	
갑 회사에 현금 10,000원을 단기대여하다.	단기대여금	10,000	현금	10,000
을 회사에 현금 5,000원을 단기차입하다.	현금	5,000	단기차입금	5,000

3. 예수금[deposit received, 預收金]

예수금은 소득세, 지방소득세, 건강보험, 국민연금, 고용/산재보험등 일시적으로 보관하고 있을
경우 예수금계정의 대변에 기입하고 이를 납부하는 경우 예수금계정의 차변에 기입한다.

거 래 내 용	차 변		대 변	
급여 5,000원 중 소득세 120원과 대여금 300원을 공제하고 현금 지급하다.	급여	5,000	임직원등단기채권	300
			예수금	120
			현금	4,580

4. 가지급금과 가수금

① 가지급금[suspense payment]

현금을 지급하였으나 처리할 계정과목이나 금액이 확정되지 않은 경우 가지급금계정 차변에
기입하고, 구체적인 계정과목이나 금액이 확정되면 가지급금계정 대변에 기입한다.

② 가수금[suspense receipts]

현금의 수입은 있었으나 처리할 계정과목이나 금액이 확정되지 않은 경우, 가수금계정 대변에
기입하고, 구체적인 계정과목이나 금액이 확정되면 가수금계정 차변에 기입한다.

거 래 내 용	차 변		대 변	
출장비 100원을 현금 지급하다	가지급금	100	현금	100
출장비조로 80원을 사용하였다.(차액은 현금 수취하다)	여비교통비	80	가지급금	100
	현금	20		
출장인 직원으로부터 내용불명의 송금수표 2,000을 받다.	현금	2,000	가수금	2,000
위 송금수표 2,000원은 외상매출금 회수액이다.	가수금	2,000	외상매출금	2,000

5. 상품권선수금과 상품매출

상품권을 발행한 때에는 상품권선수금계정 대변에 기입하고, 상품권과 교환하여 상품을 인도
한때에는 상품권선수금계정 차변에 기입한다.

거 래 내 용	차 변		대 변	
상품권을 5,000원에 발행하고 현금 받다.	현금	5,000	상품권선수금	5,000
상품을 10,000원에 매출하고 5,000원은 상품권을 받고 잔액은 현금으로 받았다.	상품권선수금	5,000	상품매출	10,000
	현금	5,000		

6. 재해손실과 보험금수익

풍수해, 화재 등에 의하여 고정자산이나 재고자산, 현금 등에 발생한 손실을 처리하는 계정이다. 이러한 손실은 영업활동과는 무관한 임시적 가치손실이기 때문에 당연히 영업외비용으로 분류한다. 현재 일반기업회계준은 손상차손(손상, 소실, 포기된 유형자산)과 보상금은 별개의 회계사건으로 본다. 보상금은 수취할 권리가 발생하는 시점에 당기손익에 반영한다.

거 래 내 용	차 변		대 변	
건물 취득가액 ₩1,000(감가상각누계액 ₩400)이 화재가 발생시	감가상각누계액 재해손실	400 600	건물	1,000
보험회사에 보험금을 ₩600 청구하여 확정시	미수금	600	보험금수익 (보험차익)	600
보험회사에서 ₩600을 수령하였다	현금	600	미수금	600

01 다음 ( )에 들어갈 계정과목으로 옳은 것은?

> 현금의 지출이 있었으나, 계정과목이나 금액이 미확정인 경우에는 ( )계정을 사용하여
> 일시적으로 처리한다.

① 선급금 ② 가지급금

③ 가수금 ④ 선수금

02 (1), (2)의 거래를 분개할 때 대변에 기입할 계정 과목을 바르게 짝지은 것은?

> (1) 업무용 책상을 200,000원에 구입하고, 대금은 1개월 후에 지급하기로 하다.
> (2) 상품권 600,000원을 발행하여 판매하고, 대금은 현금으로 받다.

	(1)	(2)
①	미지급금	상품권선수금
②	미지급금	단기매매증권
③	외상매입금	매 출
④	외상매입금	미 수 금

03 다음 중 종업원에게 급여 지급 시 소득세와 지방소득세, 사회보험 등을 납부하기 위하여 일시적으로 보관하는 경우 사용하는 계정과목은 무엇인가?

① 예수금 ② 가수금

③ 선수금 ④ 선급금

13 비유동부채
[long term liability]

1. 사채[corporate bond, 社債]

1년 후에 상환되는 사채의 액면가액으로 하되, 사채는 회사가 일반 투자 대중으로부터 거액의 자금을 장기간 차입, 사용하기 위하여 발행한 기업의 채무증권이다. 사채의 발행가액은 액면가액의 현재가치와 이자의 연금현재가치의 합계이다.

① 사채의 발행방법

- 평가발행(발행가격 100원＝액면가격 100원) (시장이자율＝액면이자율)

  차) 현　　금 100 (발행가격)　　　　　 대) 사　　채　　　100 (액면가격)

- 할인발행(발행가격 70원 < 액면가격 100원) (시장이자율 > 액면이자율)

  차) 현　　금 70 (발행가격)　　　　　　 대) 사　　채　　　　100 (액면가격)
  사채할인발행차금 30

> 사채할인발행차금은 재무상태표상 사채의 액면금액에 대한 차감적평가계정으로 표시하며, 사채의 상환기간 내에 유효이자율법등으로 상각하여 그 상각액을 이자비용 계정에 가산한다.

구　　　　분	차　　변		대　　변	
사채　액면가액　₩1,000,000을 ₩951,963에 현금 발행시 회계처리 시장이자율 12%, 액면이자율 10%	현금 사채할인발행차금	951,963 48,037	사채	1,000,000
이자지급시(이자비용＝ 951,963×12%=114,238원, 액면이자 ₩100,000,사채할인발행차금상각액 ₩14,235인 경우)	이자비용	114,238	현금 사채할인발행차금	100,000 14,235

- 할증발행(발행가격 130원 > 액면가격 100원) (시장이자율 < 액면이자율)

  차) 현　　금 130 (발행가격)　　　　　 대) 사　　채　　　　100 (액면가격)
  사채할증발행차금　30

> 사채할증발행차금은 재무상태표상 사채의 액면금액에 대한 가산적평가계정으로 표시하며, 사채의 상환기간 내에 유효이자율법 등으로 환입(상각)하여 그 환입액을 이자비용 계정에서 차감한다.

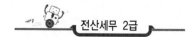

② **사채발행비의 회계처리**

사채 발행시 든 제비용(사채권 인쇄비 등)을 사채발행비라 하며, 이는 사채의 발행가격에서 차감하여 회계 처리한다.

③ **사채이자**

사채를 발행한 후, 매 기간 이자 지급시마다 유효이자율법에 의한 이자금액을 계산한 후 유효이자금액과 액면이자금액의 차액을, 할인발행의 경우에는 사채할인발행차금(상각)액으로 처리하며, 할증발행의 경우에는 사채할증발행차금(환입)액으로 처리한다.

• 평가발행의 경우 이자지급시

　차) 이자비용(유효이자)　　　　　　대) 현　　금(액면이자)

• 할인발행의 경우 이자지급시

　차) 이자비용(유효이자)　　　　　　대) 현　　금(액면이자)
　　　　　　　　　　　　　　　　　　　　사채할인발행차금

• 할증발행의 경우 이자지급시

　차) 이자비용(유효이자)　　　　　　대) 현　　금(액면이자)
　　사채할증발행차금

> 유효(실질)이자 = 사채의 상각 후 장부금액 × 유효이자율
> (사채의 액면금액 ± 사채할인(할증)발행차금 미상각잔액)

2. 퇴직급여충당부채[allowance for severance liability]

퇴직급여충당부채란 임직원이 퇴직할 경우에 지급되는 퇴직금을 예상하여 결산기말에 계상하는 부채성 충당부채이며, 퇴직급여충당부채 한도액은 결산기말 현재 전 임직원이 일시에 퇴직할 경우 지급하여야 할 퇴직금에 상당하는 금액이다. 퇴직급여충당부채는 퇴사시 사용하며, 부족액은 바로 비용처리한다.

전 임직원이 일시에 퇴직할 경우 지급해야할 퇴직금(=추계액)	−	퇴직급여충당부채 계정잔액(설정전)	=	당기에 계상할 퇴직급여충당부채

구　　분	차　　변		대　　변	
결산시 퇴직급여충당부채를 10,000원을 설정한 경우	퇴직급여	10,000	퇴직급여충당부채	10,000
퇴직금을 15,000원을 현금으로 지급한 경우 (퇴직급여충당부채잔액은 10,000원임)	퇴직급여충당부채 퇴직급여	10,000 5,000	현금	15,000

3. 퇴직연금제도[retirement pension]

퇴직연금제도의 종류는 확정급여형퇴직연금제도(Defined Benefit)와 확정기여형퇴직연금제도(Defined Contribution), 그리고 **개인형퇴직연금**(IRP) 세 가지가 있다. 이 셋 중 선택은 근로자 측에서 한다.

① **확정급여형퇴직연금제도**(Defined Benefit)

근로자와 회사가 사전에 연금급여(퇴직금)의 수준내용을 약정하고 근로자가 일정한 연령에 달한 때에 약정에 따른 급여를 지급하는 연금제도이다. 자산의 운용책임이 회사에 있어서 운영소득에 대한 모든 위험을 회사가 부담한다.

- 연금급여예치시 : (차) 퇴직연금운용자산　　　　　(대) 현금 등
- 결산시점 퇴직급여충당부채 계상 : (차) 퇴직급여　(대) 퇴직급여충당부채
- 퇴직시 : (차) 퇴직급여충당부채　　　　(대) 퇴직연금운용자산 (일시금가정)
  　　　　(차) 퇴직급여

② **확정기여형퇴직연금제도**(Defined Contribution)

근로자와 회사가 사전에 부담할 기여금을 확정하고 적립하고 일정한 연령에 달한 때에 그 운용 결과에 기초하여 급여가 지급되는 연금제도이다. 자산의 운영이 근로자 책임하에 위험과 수익이 이루어진다. 회사는 연간 급여총액의 1/12 이상을 부담금으로 납부하여야 한다. 근로자가 자기 책임하에 운용하므로 추가로 부담금의 불입이 가능하고 근로자마다 각자의 계좌가 있어 통산할 수 있다.

- 기여금을 부담할 때마다 : (차) 퇴직급여　×××　　　　　(대) 현금 등　×××

③ **개인형퇴직연금**[individual retirement pension ,IRP]

근로자의 퇴직금을 자신 명의의 퇴직 계좌에 적립해 연금 등 노후자금으로 활용할 수 있게 하는 제도이다.

- 저축시마다 : (차) 퇴직급여　×××　　　　　(대) 현금 등　×××

구　　　분	차　　　변		대　　　변	
확정기여형(DC형) 퇴직연금액 100,000원을 현금납입시	퇴직급여	100,000	현금	100,000
확정급여형(DB형) 퇴직연금액을 100,000원을 납입하고 수수료 2,000원을 현금지급시	퇴직연금운용자산 수수료비용(판)	100,000 2,000	현금	102,000
퇴직연금운용자산에서 운용수익 1,000원발생시	퇴직연금운용자산	1,000	이자수익	1,000

01 사채가 할인발행되고 유효이자율법이 적용되는 경우에 대한 설명 중 틀린 것은?

① 사채할인발행차금 상각액은 매기 증가한다.

② 사채의 장부금액은 기간이 지날수록 금액이 커진다.

③ 매 기간 계상되는 사채이자비용은 기간이 지날수록 금액이 커진다.

④ 사채발행시점에 발생한 사채발행비는 당기 비용으로 처리한다.

02 알통상회는 당기 1월 1일, 액면가액 100,000원의 사채를 발행하고 다음과 같이 회계 처리하였다. 당기 12월 31일, 동 사채의 40%를 37,000원에 상환하였다면 사채상환손익은 얼마인가?

1. 1	(차) 보통예금	96,000원	(대) 사 채		100,000원
	사채할인발행차금	4,000원			
12.31	(차) 이자비용	9,750원	(대) 보통예금		8,400원
			사채할인발행차금		1,350원

① 상환이익 1,060원

② 상환이익 1,940원

③ 상환손실 1,060원

④ 상환손실 1,940원

03 다음 중 기업회계기준상 비유동부채에 해당하지 않는 것은?

① 사채

② 유동성장기부채

③ 장기차입금

④ 퇴직급여충당부채

04 다음 중 사채와 관련된 설명으로 가장 잘못된 것은?

① 사채의 발행가액은 사채의 미래현금흐름을 발행당시의 해당 사채의 시장이자율(유효이자율)로 할인한 가치인 현재가치로 결정된다.

② 사채가 할인(할증)발행되어도 매년 인식하는 이자비용은 동일하다.

③ 사채의 액면이자율이 시장이자율보다 낮은 경우에는 사채는 할인발행된다.

④ 사채발행차금은 유효이자율법에 의하여 상각 또는 환입하도록 되어 있다.

05 다음의 거래에 대한 회계적인 설명으로서 적당하지 않은 것은?

사채를 6억원에 발행하고 발행금액은 사채발행비용을 제외한 599,000,000원을 보통예금으로 입금받았다. 사채의 액면가액은 5억원이고, 만기는 2년 액면이자율은 10%이다.

① 사채는 할증발행 되었다.
② 액면이자율이 시장이자율보다 높다.
③ 액면금액과 발행금액의 차이를 '사채할증발행차금'계정으로 사용한다.
④ 사채발행비용은 영업외비용으로 처리한다.

14 자본

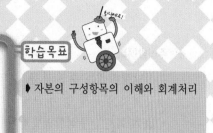

학습목표

▶ 자본의 구성항목의 이해와 회계처리

법인의 자본은 자본금, 자본잉여금, 자본조정, 기타포괄손익누계액, 이익잉여금을 말한다.

1. 자본금[capital stock, 資本金]

자본금은 법정자본금을 말하며, 보통주와 우선주는 배당금 지급 및 청산시의 권리가 상이하기 때문에 보통주자본금과 우선주자본금으로 구분하여 표시한다.

① 주식발행

상법에서는 수권자본제를 도입하여 정관에 발행할 주식의 총수를 정하여 회사설립시에는 일정액 이상을 발행하고 나머지는 자금이 필요할 때 수시로 이사회의 의결로 주식을 발행할 수 있도록 되어 있다. 주식할인발행차금과 주식발행 초과금은 발생순에 관계없이 우선 서로 상계해야 한다.

• 주식의 발행 방법

- 평가발행 : 주식의 발행가격을 액면금액으로 발행하는 방법을 말한다.
- 할증발행 : 주식 발행시 발행가격이 주당 액면금액 이상으로 발행하는 방법을 말한다.

> 액면 10,000원 주식을 12,000원에 발행시
> 차) 현금　12,000　　　　대) 자　본　금　10,000
> 　　　　　　　　　　　　　주식발행초과금　2,000

- 할인발행 : 주식 발행시 발행가격이 주당 액면금액 이하로 발행하는 방법을 말한다.

> 액면 10,000원 주식을 8,500원에 발행시
> 차) 현　　　금　8,500　　대) 자　본　금　10,000
> 　주식할인발행차금　1,500

* 할인발행은 법원의 승인을 받아야 발행할 수가 있으며, 주식발행초과금과 상계후 잔액이 있으면 주식할인발행차금으로 계상한다.

- 무액면주식 발행 : 무액면주식발행시 자본금은 발행금액의 1/2이상, 나머지는 자본준비금으로 처리한다.

② **주식발행비**

주식발행비에는 주권(株券) 등의 인쇄비, 주식모집의 광고비, 금융기관·증권회사의 수수료, 변경등기의 등록세 등이 포함된다. 주식발행가액에서 차감토록 규정하고 있다.
- 할인발행시 : 주식할인발행차금 증액
- 할증발행시 : 주식발행초과금 감액

2. 자본잉여금

자본잉여금이란 증자활동, 감자활동 및 기타 자본과 관련된 거래에서 발생한 잉여금으로서 영업활동과 관련하여 발생한 이익잉여금과 구별되며 손익계산서를 거치지 않고 직접 자본계정에 가감된다.

① **주식발행초과금**[paid-in capital in excess of par value]

주식발행가액이 액면가액 초과시 동 초과액을 말한다. 주식할인발행차금이 발생하는 경우 동 금액과 우선 상계한다.

② **감자차익**[gain on retirement of captipal stock]

감자를 하면서 자본금의 감소액보다 더 적은 돈을 주주에게 주면 발생되는 차익이다.
주식회사에서 사업의 규모를 축소하기 위하여 발행한 주식을 매입소각하거나, 결손금을 보전하기 위하여 자본을 감소시키는 것을 감자라 하며, 이 경우 감소한 자본금이 주금의 환급액 또는 결손금의 보전액을 초과할 때의 초과액 감자차익으로 처리하며 감자차손 잔액이 있는 경우 이를 우선 상계제거 하여야 한다.

③ **자기주식처분이익**

상법에 규정되어 있는 특별한 경우에는 자기회사의 주식을 일시적 보유 목적으로 매입할 수 있으며, 취득시 취득원가는 자기주식계정 차변에 기입하고, 이것을 처분할 때 처분차익이 발생하면, 자기주식처분이익으로 처분차손이 발생하면 자기주식처분손실로 처리하며 자기주식처분이익과 자기주식처분손실을 서로 상계제거대상 항목이다.

④ **기타자본 잉여금**
- 주식결제형주식선택권
- 전환권대가와 신주인수권대가

3. 자본조정과 기타포괄손익누계액

자본조정은 성격상 자본금, 자본잉여금, 이익잉여금으로 분류할 수 없는 성격의 항목을 일시적으로 사본조정으로 분류하었나가 상각 또는 처분손익에 가감되어 소멸한다.

① **자본조정**[capital adjustment]

• **자기주식**[Treasury Stock]

자기주식이란 회사가 보유하고 있는 유가증권 중 자사가 발행한 주식을 말한다. 이는 주식을 발행한 회사가 자사발행주식을 매입 또는 증여에 의하여 보유하고 있는 주식을 말하며, 재취득주식 또는 금고주(金庫株)라고도 한다. 소각하거나 추후 재발행 목적으로 보유하고 있는 경우의 자기발행 주식을 말한다.

• **주식할인발행차금**[discounts on stock issuance]

회사설립의 경우에는 원칙적으로 액면미달의 발행이 금지되어 있으나 회사가 설립 2년 이후에 신주식을 액면가액 이하로 할인발행하였을 경우 액면가액과 발행가액과의 차액을 말한다. 주식발행초과금과 주식할인발행차금은 서로 상계하며, 상계후 잔액은 이익처분하며, 처분할 이익이 없는 경우에는 차기이후의 기간에 이월하여 상각한다.

• **미교부주식배당금**[unissued stock dividend]

이익잉여금처분계산서상의 주식배당액을 말한다. 이익처분계산서에 포함된 배당은 재무상태표에 부채로 인식하지 아니하며, 재무상태표에는 이익잉여금처분 전의 재무상태를 표시한다. 주식배당예정액을 계상하며, 자본 가산항목임에 주의한다.

• **자기주식처분손실·과 감자차손**

감자를 하면서 자본금의 감소액보다 더 많은 돈을 주주에게 주면 발생되는 차손이다
자기주식처분손실은 자기주식처분이익, 감자차손은 감자차익과 우선상계하고 잔액이 있는 경우 처분가능이익잉여금이 생길 때까지 자본조정으로 이연처리한다.

② **기타포괄손익누계액**[accumulated other comprehensive income]

• 해외사업환산손익

해외지점 또는 해외사업소의 외화자산과 부채를 화폐성, 비화폐성법을 적용하여 환산하는 경우 발생하는 것으로서 환산손익의 처리는 본사 소유 외화자산·부채의 환산손익의 처리와 동일하다

• 매도가능증권평가손익

매도가능증권을 공정가액법 평가시 발생한다.

- 파생상품평가손익

  파생상품이란 원자재, 통화, 증권 등의 기초자산에 근거하여 파생된 상품으로 광의로는 기초자산 이외의 모든 상품으로 보기도 하고 협의로는 장래 가격변동에 따른 위험을 소액의 투자로 사전에 방지, 위험을 최소화하는 목적으로 도입된 선도계약, 선물계약, 스왑계약, 옵션계약 등만을 일컫기도 한다. 현금흐름 위험회피유형에서의 평가손익계정으로 처리한다.(위험회피에 효과적인 부분)

4. 이익잉여금

이익잉여금(또는 결손금)은 손익계산서에 보고된 손익과 다른 자본항목에서 이입된 금액의 합계액에서 주주에 대한 배당, 자본금으로의 전입 및 자본조정 항목의 상각 등으로 처분된 금액을 차감한 잔액이다. 이익잉여금은 주주총회의 결의에 의하여 이미 처분된 것이다. 이익잉여금의 처분액은 사외로 지출되는 것(배당금지출, 상여금지출 등)과 사내에 유보(준비금, 적립금)되는 금액이 있다.

① 분류
- 법정적립금 [legal reserve]
  - 이익준비금(금전이익배당의 1/10 이상 금액 매기 적립)
  - 기타법정적립금(기업합리화적립금과 재무구조개선적립금이며, 현재는 적립의무 없음)
- 임의적립금[voluntary reserve]
- 미처분이익잉여금[unappropriated earned surplus]

② 배당
- 배당기준일 : 배당회계처리 없다
- 배당선언일 : 미지급배당금 계상한다.
- 배당금지급일 : 미지급배당금 상계 분개(375.이월이익잉여금 = 미처분이익잉여금)
  - 현금배당 : <배당선언일>　　　차) 미처분이익잉여금　　대) 미지급배당금
    현금배당　<배당금지급일>　차) 미지급배당금　　　　대) 현　　금
  - 주식배당 : <배당선언일>　　　차) 이월이익잉여금　　　대) 미교부주식배당금
    현금배당　<배당금지급일>　차) 미교부주식배당금　　대) 자본금(액면가액법)
  - 중간배당 : 영업연도 도중에 결산이 행해지지 않았음에도 불구하고 이익배당과 유사한 이익분배를 행하는 것을 중간배당이라 한다.
  - 현물배당 : 재산으로 배당가능

③ **이익잉여금처분계산서**[surplus appropriation statement]

- 이익잉여금처분

    이월이익잉여금의 수정사항과 당기이익잉여금의 처분사항을 명확하게 보고하기 위해 작성하는 명세서이다.

- 처분계산서의 명칭

    이익잉여금처분계산서와 결손금처리한 계산서의 명칭은 이익잉여금 처분 여부로 구분(임의적립금을 이입하여 이익잉여금 처분 가능)

- 이익잉여금처분계산서상의 처분내용들은 재무상태표일 후에 발생한 사건으로 주주총회일에 회계처리해야 한다.

    - 재무상태표상 이월이익잉여금으로 최종계산되는 금액＝이익잉여금처분계산서상의 미처분 이익잉여금

01 다음 중 재무상태표의 구성항목 중 자본을 증감시키는 회계거래가 아닌 것은?

① 상품 1,000,000 원(원가 800,000원)을 외상으로 판매하였다.
② 직원회식비로 100,000 원을 카드결제하였다.
③ 외상매출금 500,000 원을 현금으로 수령하였다.
④ 유상증자를 통해 보통주 주식 1억원을 발행하였다.

02 다음은 자본관련 내역이다. 기말자본금은 얼마인가?

1월 1일 : 현금 10,000,000원(주식수:10,000주, 액면가 1,000원)을 출자하여 사업을 시작하다. 7월 1일 : 주당 1,100원(액면가 1,000원)에 5,000주를 유상증자하였다. 단, 신주발행비용 100,000원이 발생하였다.

① 10,000,000원 ② 15,000,000원
③ 15,400,000원 ④ 15,500,000원

03 다음 보기 중에 자본조정과 관련 있는 것을 모두 고른 것은?

ㄱ. 자기주식	ㄴ. 이익준비금
ㄷ. 주식발행초과금	ㄹ. 주식할인발행차금

① ㄱ, ㄴ ② ㄱ, ㄷ
③ ㄱ, ㄹ ④ ㄴ, ㄷ

04 다음에 제시한 자료 중 자본잉여금에 해당하는 것만으로 묶인 것은?

가. 주식발행초과금	나. 이익준비금
다. 주식할인발행차금	라. 감자차익
마. 기업합리화적립금	바. 자기주식처분이익

① 가. 나. 다 ② 가. 라. 바
③ 가. 다. 라 ④ 다. 라. 바

05 다음의 거래 중에서 자본금을 증가시키는 것이 아닌 것은?

① 자기주식을 취득가액보다 높은 가액으로 처분하다.
② 주식을 할인발행하고 현물출자를 받다.
③ 자본잉여금을 재원으로 주식배당을 실시하다.
④ 이익잉여금을 재원으로 주식배당을 실시하다.

06 다음 자료는 자본항목을 열거한 것이다. 이 중 자본조정항목은 얼마인가?

• 주식발행초과금 : 50,000원	• 이익준비금 : 30,000원
• 자기주식처분손실 : 40,000원	• 기업합리화적립금 : 30,000원
• 재무구조개선적립금 : 30,000원	• 감자차손 : 20,000원

① 40,000원　　　　　　　　　　② 60,000원
③ 80,000원　　　　　　　　　　④ 90,000원

07 다음 중 자본이 실질적으로 감소하는 경우로 가장 적합한 것은 무엇인가?

가. 주주총회의 결과에 근거하여 주식배당을 실시하다.
나. 중간결산을 하여 중간배당을 현금배당으로 실시하다.
다. 이익준비금을 자본금에 전입하다.
라. 당기의 결산결과 당기순손실이 발생하다.

① 가, 나　　　　　　　　　　　② 가, 다
③ 다, 라　　　　　　　　　　　④ 나, 라

08 배당에 관한 설명으로 잘못된 것은?

① 주식배당은 순자산의 유출이 없이 배당효과를 얻을 수 있다.
② 주식배당 후에도 자본의 크기는 변동이 없다.
③ 미교부주식배당금이란 이익잉여금처분계산서상의 주식배당액을 말하며 주식교부시에 자본금계정과 대체된다.
④ 주식배당 후에도 발행주식수는 변동이 없다.

15 수익과 비용

수익은 출자에 의하지 않는 자본의 증가원인이고, 비용은 감자에 의하지 않는 자본의 감소원이다.

1. 수익인식의 기준(= 실현주의)

수익은 연속적인 경영활동과정에서 점진적으로 발생한다. 수익을 보고하기 위하여는 이와 같은 수익발생과정중 언제 수익을 인식할 것인가를 결정해야 한다. 수익은 일반적으로 다음 두 가지 요건이 동시에 충족될 때 인식한다.

① **실현기준** : 실현되었거나 실현가능해야 한다.

     (realized or realizable) ⇒ 채권금액의 확정

② **가득기준** : 가득되어야 한다.

     (earned) ⇒ 결정적사건(의무)의 완료

2. 비용의 인식기준(= 수익·비용대응원칙)

① **인과관계에 따른 직접대응**

수익 · 비용대응의 원칙에 의거 직접적인 인과관계에 따라 비용을 관련수익과 대응이 되도록 인식하는 것을 말한다. 이 경우 비용은 관련수익과 동일한 기간에 인식된다.

. 매출원가, 판매수수료

② **체계적이고 합리적인 배분 → 간접대응**

장기적으로 미래 경제적 효익을 창출하는 자산과 같이 각 회계연도의 수익과 관련비용의 명확한 인과관계를 발견하기가 어려운 경우에는 체계적이고 합리적인 배분방식을 통하여 인식한다.

. 감가상각비, 선급비용

③ **즉시인식**

미래수익과 관련성이 없거나 매우 불확실한 경우에는 발생시의 비용으로 인식해야 한다.

. 광고선전비, 관리자급여

3. 수익의 인식시기

수익금액은 일반적으로 판매자와 구매자 또는 자산의 사용자 간의 합의에 따라 결정되며, 판매사에 의해 세공된 매매할인 및 수량리베이트를 고려하여 받았거나 받을 대가의 공정가치로 측정한다. 일반적인 수익의 인식시기는 인도시점이 된다.

① 장기할부매출

이자부분을 제외한 판매가격에 해당하는 수익을 판매시점에 인식한다. 판매가격은 대가의 현재가치로서 수취할 할부금액을 내재이자율로 할인한 금액이다.

② 위탁매출[consignment sale, 委託販賣]

- 수익인식시점 : 수탁자가 고객에게 판매시
- 위탁자의 적송운임, 수탁자의 인수운임 : 적송품의 취득원가로 처리 한다
- 수탁자에게 지급한 판매수수료, 수탁자 판매시 지출한 매출운임과 창고보관비용 : 매출에 대응하는 비용처리 한다.

③ 부동산 판매

재화의 판매에 관한 수익인식기준에 따라 처리한다.
즉, 소유권이전등기일, 사용수익일(또는 인도일), 잔금청산일 중에 빠른날이 수익인식일이 된다.

④ 시용매출[approval sales, 試用賣出]

매입의사 표시한 때

⑤ 상품권 [gift certificate, 商品券]

상품권을 회수하는 때(즉, 상품인도시)

⑥ 금융수익(이자와 배당)

- 이자수익은 원칙적으로 유효이자율을 적용하여 발생기준에 따라 인식한다.
- 배당금수익은 배당금을 받을 권리와 금액이 확정되는 시점에 인식한다.

⑦ 용역매출, 예약매출, 공사매출

진행기준에 의한다.

⑧ 기타 재화판매

- 설치 및 검사 조건부 판매
  - 설치와 검사가 완료된 때

- 반품조건부 판매
  - 반품가능성 불확실로 추정이 어려운 경우 : 구매자가 재화인수를 공식수락한 시점 또는 반품기간이 종료된 시점
  - 반품예상액을 추정 가능한 경우 : 인도시점에 수익인식
- 수수료만을 수익으로 인식하는 경우
  - 수출대행업 : 판매를 위탁하는 회사를 대신하여 수출하는 것이므로 판매수수료만 수익으로 인식
  - 수탁판매[sales on consignment, 受託販賣] : 수탁판매 수수료만 수익으로 인식

4. 외화 채권채무의 평가

① 화폐성 항목(자산/부채)

외화환산은 최초 거래일 이후에는 화폐성 항목에 대해서만 이루어진다. 화폐성 항목은 마치 화폐처럼 확정된 금액을 받을 권리(채권), 또는 지급할 의무(채무)를 나타내는 항목을 말한다. 단기대여금의 경우 그 금액이 얼마인지 채권에 기재되어 있고 이는 화폐성이다. 반면 상품의 경우 향후 시가 변동에 따라 그 가격이 변하며, 금액을 확정할 수 없으므로 비화폐성이다.

② 외화거래 발생시 환산

외화거래가 발생하면 기능통화(=주거래 통화)로 환산한다. 환율은 거래일의 환율을 적용하는 것이 원칙이다.

③ 실현손익(=외환차손익)과 미실현손익(=외화환산손익)

회계에서는 실현손익과 미실현손익을 구분해서 재무제표를 작성해야 한다. 외화 채권및채무가 회수및결제되어 사라진 경우 회수및결제과정에서 발생한 환차익(손)은 실현된 것이며, 실현된 부분은 미래 환율변동의 방향과 무관하게 되돌이킬 수 없다. 기말 현재 보유하고 있는 외화채권및채무에 대해서는 아직 만기가 도래하지 않았으므로 이로부터 발생하는 외화환산이익(손실)은 미실현손익이며 향후 환율의 변동 방향에 따라 그 금액도 달라진다.

구 분	자산인 경우	부채인 경우
환율이 상승시	이익	손실

기본예제

01. [외화환산손익] Micro사에 12월 1일 제품을 판매하고 대금($100,000,환율 1,020)을 3개월 후에 받기로 하였고, 관련 회계처리는 수행하였다. 결산일(1$ = 1,050원) 외화환산 회계처리를 하시오.

해설

12월 31일

(차) 외상매출금(Micro사) 3,000,000원   (대) 외화환산이익 3,000,000원

외화환산손익 = 외화금액 × 적용환율 – 장부가액

= $100,000 × 1,050 – 102,000,000 = 3,000,000(이익)

기본예제

02. [외환차손익] 2월 1일 해외 매출처인 Micro사의 외상매출금 $100,000(적용환율은 1$당 1,050원임)이 전액 외화로 보통예금에 입금 되었다. 입금시점의 적용환율은 1$당 1,000원이다.

해설

2월 1일

(차) 보통예금 100,000,000원   (대) 외상매출금(Micro사) 105,000,000원

외환차손   5,000,000원

외환차손익 = 외화금액 × 적용환율 – 장부가액

= $100,000 × 1,000 – 105,000,000 = 5,000,000(손실)

01 다음 자료에 의한 매출총이익은 얼마인가?

• 총매출액 : 40,400,000원	• 총매입액 : 18,000,000원
• 매입할인 : 300,000원	• 이자비용 : 200,000원
• 매입에누리와환출 : 250,000원	• 복리후생비 : 1,000,000원
• 매출에누리와환입 : 200,000원	• 매출할인 : 200,000원
• 기초상품재고액 : 500,000원	• 기말상품재고액 : 450,000원

① 17,500,000원   ② 17,450,000원

③ 22,500,000원   ④ 22,600,000원

02 다음 중 수익으로 인식하는 경우는?

① 인도된 재화의 결함에 대하여 정상적인 품질보증범위를 초과하여 책임을 지는 경우

② 거래이후 판매자가 소유에 따른 위험을 일부 부담하더라도 위험의 크기가 별로 중요하지 않은 경우

③ 판매대금의 회수가 구매자의 재판매에 의해 결정되는 경우

④ 구매자가 판매계약에 따라 구매를 취소할 권리가 있고, 해당 재화의 반품가능성을 예측하기 어려운 경우

03 매출할인을 당기 총매출액에서 차감하지 않고, 판매비와 관리비로 처리하였을 경우 손익계산서상 매출총이익과 당기순이익에 미치는 영향으로 옳은 것은?

	매출총이익	당기순이익		매출총이익	당기순이익
①	과소계상	과대계상	②	과소계상	불 변
③	과대계상	불 변	④	과대계상	과소계상

04 다음 설명 중 그 내용이 가장 올바르지 못한 것은?

① 매입에누리는 매입한 상품의 파손이나 하자를 이유로 값을 깎아준 것을 말한다.

② 매입환출은 매입한 상품을 반품한 것을 말한다.

③ 매입할인은 상품의 구입대금을 조기에 지급할 때에 상대방이 깎아준 것을 말한다.

④ 상품 구입시 운반비를 구매자가 부담하기로 한 경우 관련 운반비는 운반비계정으로 처리한다.

05 수익에 관한 올바른 내용을 <보기>에서 모두 고른 것은?

> ㄱ. 자본 증가익 원인이 된다.
> ㄴ. 기업이 경영활동으로 지출하는 경제적 가치
> ㄷ. 기업이 일정시점에 소유하고 있는 재화나 권리
> ㄹ. 재화나 용역을 고객에게 제공하고 그 대가로 얻는 금액

① ㄱ, ㄴ   ② ㄱ, ㄹ

③ ㄴ, ㄷ   ④ ㄷ, ㄹ

06 다음 중 현행 기업회계기준서상 '재화의 판매, 용역의 제공, 이자, 배당금, 로열티로 분류할 수 없는 기타의 수익'의 인식조건으로 적합하지 않은 것은?

① 수익가득과정이 완료되었거나 실질적으로 거의 완료되었을 것

② 수익금액을 신뢰성 있게 측정할 수 있을 것

③ 경제적 효익의 유입 가능성이 매우 높을 것

④ 현금의 유입이 있을 것

07 다음 중 진행기준을 적용하여 수익을 인식하는 것이 적합한 판매형태는?

① 위탁매출   ② 시용매출

③ 용역매출   ④ 할부매출

16 회계변경과 오류수정

1. 회계정책의 선택과 적용

① 거래, 기타 사건 또는 상황에 적용되는 회계정책은 일반기업회계기준을 적용하여 결정한다.

② 거래, 기타 사건 또는 상황에 대하여 구체적으로 적용할 수 있는 일반기업회계기준이 없는 경우, 경영진의 판단에 따라 회계정책을 개발 및 적용하여 회계정보를 작성할 수 있다.

2. 회계변경

① 회계변경은 회계정책의 변경과 회계추정의 변경을 말한다. 회계정책의 변경은 재무제표의 작성과 보고에 적용하던 회계정책을 다른 회계정책으로 바꾸는 것을 말한다. 회계정책은 기업이 재무보고의 목적으로 선택한 기업회계기준과 그 적용방법을 말한다. 한편, 회계추정의 변경은 기업환경의 변화, 새로운 정보의 획득 또는 경험의 축적에 따라 지금까지 사용해오던 회계적 추정치의 근거와 방법 등을 바꾸는 것을 말한다. 회계추정은 기업환경의 불확실성하에서 미래의 재무적 결과를 사전적으로 예측하는 것을 말한다.

② 매기 동일한 회계정책 또는 회계추정을 사용하면 비교가능성이 증대되어 재무제표의 유용성이 향상된다. 따라서 재무제표를 작성할 때 일단 채택한 회계정책이나 회계추정은 유사한 종류의 사건이나 거래의 회계처리에 그대로 적용하여야 한다.

3. 회계정책의 변경

① 기업은 다음 중 하나의 경우에 회계정책을 변경할 수 있다.

- 일반기업회계기준에서 회계정책의 변경을 요구하는 경우
- 회계정책의 변경을 반영한 재무제표가 거래, 기타 사건 또는 상황이 재무상태, 재무성과 또는 현금흐름에 미치는 영향에 대하여 신뢰성 있고 더 목적적합한 정보를 제공하는 경우

② 일반기업회계기준 '유형자산'규정에 따라 자산을 재평가하는 회계정책을 최초로 적용하는 경우의 회계정책 변경은 이 장을 적용하지 아니하고 각각 '유형자산'규정에 따라 회계처리한다.

③ 변경된 새로운 회계정책은 소급하여 적용한다. 전기 또는 그 이전의 재무제표를 비교목적으로 공시할 경우에는 소급적용에 따른 수정사항을 반영하여 재작성한다. 비교재무제표상의 최초회계기간 전의 회계기간에 대한 수정사항은 비교재무제표상 최초회계기간의 자산, 부재 및 자본의 기초금액에 반영한다. 또한 전기 또는 그 이전기간과 관련된 기타재무정보도 재작성한다.

④ 규정한 회계정책의 변경에 따른 누적효과를 합리적으로 결정하기 어려운 경우에는 회계변경을 전진적으로 처리하여 그 효과가 당기와 당기이후의 기간에 반영되도록 한다.

⑤ 회계정책 변경을 전진적으로 처리하는 경우에는 그 변경의 효과를 당해 회계연도 개시일부터 적용한다.

⑥ 회계정책의 변경은 재고자산단가결정방법의 변경, 유가증권취득단가 결정방법의 변경, 유형자산의 인식이후의 측정방법인 원가법과 재평가법간의 변경이 여기에 해당한다.

4. 회계추정의 변경

① 회계추정의 변경은 전진적으로 처리하여 그 효과를 당기와 당기이후의 기간에 반영한다.

② 회계추정 변경의 효과는 당해 회계연도 개시일부터 적용한다.

③ 회계추정에는 대손의 추정, 재고자산의 진부화 여부에 대한 판단과 평가, 우발채무의 추정, 감가상각자산의 내용연수 또는 잔존가액의 추정, 비유동자산의 상각방법 변경 등이 있다.

5. 회계정책의 변경과 회계추정의 변경이 동시에 발생시

회계정책의 변경과 회계추정의 변경이 동시에 이루어지는 경우에는 회계정책의 변경에 의한 누적효과를 먼저 계산하여 소급적용한 후, 회계추정의 변경효과를 전진적으로 적용한다.

6. 회계정책의 변경인지 회계추정의 변경인지 모호한 경우

회계변경의 속성상 그 효과를 회계정책의 변경효과와 회계추정의 변경효과로 구분하기가 불가능한 경우에는 이를 회계추정의 변경으로 본다. 예를 들면, 비용으로 처리하던 특정지출의 미래 경제적 효익을 인정하여 자본화하는 경우에는 회계정책의 변경효과와 회계추정의 변경효과를 구분하는 것이 불가능한 것이 일반적이다.

7. 오류수정

① 오류수정은 전기 또는 그 이전의 재무제표에 포함된 회계적 오류를 당기에 발견하여 이를 수정하는 것을 말한다. 중대한 오류는 재무제표의 신뢰성을 심각하게 손상할 수 있는 매우 중요한 오류를 말한다.

② 당기에 발견한 전기 또는 그 이전기간의 오류는 당기 손익계산서에 영업외손익 중 전기오류수정손익으로 보고한다. 다만, 전기 이전기간에 발생한 중대한 오류의 수정은 자산, 부채 및 자본의 기초금액에 반영한다. 비교재무제표를 작성하는 경우 중대한 오류의 영향을 받는 회계기간의 재무제표항목은 재작성한다.

③ 전기 또는 그 이전기간에 발생한 중대한 오류의 수정을 위해 전기 또는 그 이전기간의 재무제표를 재작성하는 경우 각각의 회계기간에 발생한 중대한 오류의 수정금액을 해당기간의 재무제표에 반영한다. 비교재무제표에 보고된 최초회계기간 이전에 발생한 중대한 오류의 수정에 대하여는 당해 최초회계기간의 자산, 부채 및 자본의 기초금액에 반영한다. 또한 전기 또는 그 이전기간과 관련된 기타재무정보도 재작성한다.

구분	내용	사례	회계처리
회계정책의 변경	회계기준의 변경	재고단가결정과 유가증권단가변경	소급법(과거 재무제표 수정)
회계추정의 변경	추정치의 변경	대손율, 내용연수, 감가상각 방법등	전진법(당기와 당기이후에 반영)
오류수정	회계처리의 수정	오류, 누락	중요성○ - 이익잉여금 중요성× - 손실처리

01 다음 중 회계변경의 회계처리 방법 중 당기일괄처리법에 대한 설명으로 가장 옳은 것은?

① 과거와 당기의 재무제표가 동일한 회계방법에 따라 작성되어 공시되므로 재무제표의 기간별비교가능성이 향상된다.

② 과거 재무제표에 대한 신뢰성이 유지되고, 포괄주의에 충실하다.

③ 모든 누적효과를 당기에 일괄하여 처리하므로, 당기손익을 적정하게 표시할 수 있다.

④ 회계변경의 누적효과를 전기이전 재무제표에 반영하지 아니하므로 그 효과를 전혀 알 수 없다.

02 다음 중 오류수정에 의한 회계처리 대상이 아닌 것은?

① 전기말 기말재고자산의 누락

② 전기 미지급비용의 과소계상

③ 전기 감가상각누계액의 과대계상

④ 선입선출법에서 후입선출법으로 재고자산 평가방법의 변경

03 회계변경의 처리방법에는 소급법, 전진법, 당기일괄처리법이 있다. 다음 중 소급법에 관한 설명으로 옳은 것은?

① 과거재무제표에 대한 신뢰성이 유지된다.

② 전기재무제표가 당기와 동일한 회계처리방법에 의하므로 기간별비교가능성이 향상된다.

③ 회계변경의 누적효과를 당기손익에 반영하므로 당기손익이 적정하게 된다.

④ 회계변경의 효과를 미래에 영향을 미치게 하는 방법이므로, 기업회계기준(서)에서는 회계추정의 변경에 사용하도록 하고 있다.

04 다음 중 '회계추정의 변경'에 관한 설명 중 가장 옳지 않은 것은?

① 회계추정의 변경은 전진적으로 회계처리한다.

② 회계추정 변경 전, 후의 손익계산서 항목은 동일한 항목으로 처리한다.

③ 회계추정 변경의 효과는 당해 변경이 발생한 회계연도의 다음 회계연도부터 적용한다.

④ 회계추정에는 대손의 추정, 감가상각자산의 내용연수 추정 등이 있다.

05 다음 중 정당한 회계변경으로 볼 수 없는 경우는?

① 동종산업에 속한 대부분의 기업이 채택한 회계정책 또는 추정방법으로 변경함에 있어서 새로운 회계정책 또는 추정방법이 종전보다 더 합리적이라고 판단되는 경우

② 기업회계기준의 제정, 개정 또는 기존의 기업회계기준에 대한 새로운 해석에 따라 회계변경을 하는 경우

③ 합병, 사업부 신설 등 기업환경의 중대한 변화에 의하여 총자산이나 매출액, 제품의 구성 등이 현저히 변동됨으로써 종전의 회계정책을 적용할 경우 재무제표가 왜곡되는 경우

④ 세법의 규정이 변경되어 회계처리를 변경해야 하는 경우

06 다음 중 기업회계기준서상 정당한 회계변경(회계정책 또는 회계추정)의 사례로 적합한 것은?

① 정확한 세무신고를 위해 세법규정을 따를 필요가 있는 경우

② 기존의 기업회계기준에 대한 새로운 해석이 있는 경우

③ 회사의 상호 또는 대표이사를 변경하는 경우

④ 주식회사의 외부감사에 관한 법률에 의하여 최초로 회계감사를 받는 경우

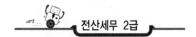
▌재무제표양식

재무상태표 양식 - 일반기업회계기준

재 무 상 태 표
제×기 20××년×월×일 현재
제×기 20××년×월×일 현재

회사명 (단위 : 원)

과 목	당 기	전 기
자 산		
유동자산	×××	×××
당좌자산	×××	×××
현금및현금성자산	×××	×××
단기투자자산	×××	×××
매출채권	×××	×××
선급비용	×××	×××
	×××	×××
……	×××	×××
재고자산	×××	×××
제품	×××	×××
재공품	×××	×××
원재료	×××	×××
……	×××	×××
비유동자산	×××	×××
투자자산	×××	×××
투자부동산	×××	×××
장기투자증권	×××	×××
지분법적용투자주식	×××	×××
……	×××	×××
유형자산	×××	×××
토지	×××	×××
설비자산	×××	×××
(−) 감가상각누계액	(×××)	(×××)
건설중인자산	×××	×××
……	×××	×××
무형자산	×××	×××
영업권	×××	×××
산업재산권	×××	×××
개발비	×××	×××
……	×××	×××
기타비유동자산	×××	×××
이연법인세자산	×××	×××
……	×××	×××
자 산 총 계	×××	×××

과 목	당 기	전 기
부 채		
유동부채	×××	×××
단기차입금	×××	×××
매입채무	×××	×××
당기법인세부채	×××	×××
미지급비용	×××	×××
이연법인세부채	×××	×××
……	×××	×××
비유동부채	×××	×××
사채	×××	×××
신주인수권부사채	×××	×××
전환사채	×××	×××
장기차입금	×××	×××
퇴직급여충당부채	×××	×××
장기제품보증충당부채	×××	×××
이연법인세부채	×××	×××
……	×××	×××
부 채 총 계	×××	×××
자 본		
자본금	×××	×××
보통주자본금	×××	×××
우선주자본금	×××	×××
자본잉여금	×××	×××
주식발행초과금	×××	×××
……	×××	×××
자본조정	×××	×××
자기주식	×××	×××
……	×××	×××
기타포괄손익누계액	×××	×××
매도가능증권평가손익	×××	×××
해외사업환산손익	×××	×××
현금흐름위험회피 파생상품평가손익	×××	×××
……	×××	×××
이익잉여금(또는 결손금)	×××	×××
법정적립금	×××	×××
임의적립금	×××	×××
미처분이익잉여금(또는 미처리결손금)	×××	×××
자 본 총 계	×××	×××
부채 및 자본 총계	×××	×××

참고 Check! 손익계산서 양식 (중단사업손익이 없을 경우)

손익계산서

제×기 20××년×월×일부터   20××년×월×일까지

제×기 20××년×월×일부터   20××년×월×일까지

상호 (단위 : 원)

과 목	당 기	전 기
매출액	×××	×××
매출원가	×××	×××
기초제품(또는 상품)재고액	×××	×××
당기제품제조원가	×××	×××
(또는 당기상품매입액)		
기말제품(또는 상품)재고액	(×××)	(×××)
매출총이익(또는 매출총손실)	×××	×××
판매비와관리비	×××	×××
급여	×××	×××
퇴직급여	×××	×××
복리후생비	×××	×××
임차료	×××	×××
접대비	×××	×××
감가상각비	×××	×××
무형자산상각비	×××	×××
세금과공과	×××	×××
광고선전비	×××	×××
연구비	×××	×××
경상개발비	×××	×××
대손상각비	×××	×××
……	×××	×××
영업이익(또는 영업손실)	×××	×××
영업외수익	×××	×××
이자수익	×××	×××
배당금수익	×××	×××
임대료	×××	×××
단기투자자산처분이익	×××	×××
단기투자자산평가이익	×××	×××
외환차익	×××	×××
외화환산이익	×××	×××
지분법이익	×××	×××
장기투자증권손상차손환입	×××	×××
유형자산처분이익	×××	×××
사채상환이익	×××	×××
전기오류수정이익	×××	×××
……	×××	×××

과 목	당 기		전 기	
영업외비용	×××		×××	
이자비용	×××		×××	
기타의대손상각비	×××		×××	
단기투자자산처분손실	×××		×××	
단기투자자산평가손실	×××		×××	
재고자산감모손실	×××		×××	
외환차손	×××		×××	
외화환산손실	×××		×××	
기부금	×××		×××	
지분법손실	×××		×××	
장기투자증권손상차손	×××		×××	
유형자산처분손실	×××		×××	
사채상환손실	×××		×××	
전기오류수정손실	×××		×××	
……	×××		×××	
법인세비용차감전계속사업손익		×××		×××
계속사업손익법인세비용		×××		×××
계속사업이익(또는 계속사업손실)		×××		×××
중단사업손익		×××		×××
(법인세효과: ×××원)				
당기순이익(또는 당기순손실)		×××		×××

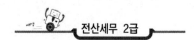

참고 Check!	이익잉여금처분계산서 양식

이익잉여금처분계산서

제 × 기	20××년×월×일부터 20××년×월×일까지	제 × 기	20××년×월×일부터 20××년×월×일까지
처분예정일	20××년×월×일	처분확정일	20××년×월×일

상호 (단위 : 원)

과　　　　　　　　　　목	당 기	전 기
미처분이익잉여금	×××	×××
전기이월미처분이익잉여금 　　(또는 전기이월미처리결손금)	×××	×××
회계정책변경누적효과	－	×××
전기오류수정	－	×××
중간배당액	×××	×××
당기순이익(또는 당기순손실)	×××	×××
임의적립금등의이입액	×××	×××
×××적립금	×××	×××
×××적립금	×××	×××
합　　　　계	×××	×××
이익잉여금처분액	×××	×××
이익준비금	×××	×××
주식할인발행차금상각액	×××	×××
배당금	×××	×××
현금배당		
주당배당금(률) 보통주 : 당기 ××원(%) 　　　　　　　　　　　　　전기 ××원(%)		
우선주 : 당기 ××원(%) 　　　　　　　　　　　　　　전기 ××원(%)		
주식배당		
주당배당금(률) 보통주 : 당기 ××원(%) 　　　　　　　　　　　　　전기 ××원(%)		
우선주 : 당기 ××원(%) 　　　　　　　　　　　　　　전기 ××원(%)		
사업확장적립금	×××	×××
감채적립금	×××	×××
차기이월미처분이익잉여금	×××	×××

결손금처리계산서

제 × 기	20××년×월×일부터 20××년×월×일까지	제 × 기	20××년×월×일부터 20××년×월×일까지
처분예정일	20××년×월×일	처분확정일	20××년×월×일

회사명   (단위 : 원)

과 목	당 기	전 기
미처리결손금	×××	×××
전기이월미처분이익잉여금 （또는 전기이월미처리결손금）	×××	×××
회계정책변경누적효과	―	×××
전기오류수정	―	×××
중간배당액	×××	×××
당기순이익(또는 당기순손실)	×××	×××
결손금처리액	×××	×××
임의적립금이입액	×××	×××
법정적립금이입액	×××	×××
자본잉여금이입액	×××	×××
차기이월미처리결손금	×××	×××

참고 Check! **자본변동표 양식**

자본변동표

제×기 20××년×월×일부터 20××년×월×일까지
제×기 20××년×월×일부터 20××년×월×일까지

회사명 (단위 : 원)

구 분	자본금	자본 잉여금	자본 조정	기타포괄 손익누계액	이익 잉여금	총 계
20××.×.×(보고금액)	×××	×××	×××	×××	×××	×××
회계정책변경누적효과					(×××)	(×××)
전기오류수정					(×××)	(×××)
수성후 이익잉여금					×××	×××
연차배당					(×××)	(×××)
처분후 이익잉여금					×××	×××
중간배당					(×××)	(×××)
유상 증자(감자)	×××	×××				×××
당기순이익(손실)					×××	×××
자기주식 취득			(×××)			(×××)
해외사업환산손익				(×××)		(×××)
20××.×.×	×××	×××	×××	×××	×××	×××
20××.×.×(보고금액)	×××	×××	×××	×××	×××	×××
회계정책변경누적효과					(×××)	(×××)
전기오류수정					(×××)	(×××)
수정후 이익잉여금					×××	×××
연차배당					(×××)	(×××)
처분후 이익잉여금					×××	×××
중간배당					(×××)	(×××)
유상 증자(감자)	×××	×××				×××
당기순이익(손실)					×××	×××
자기주식 취득			(×××)			(×××)
매도가능증권평가손익				×××		×××
20××.×.×	×××	×××	×××	×××	×××	×××

참고 Check! 　포괄손익계산서의 주석 양식

포괄손익계산서
제×기 20××년×월×일부터　20××년×월×일까지
제×기 20××년×월×일부터　20××년×월×일까지

회사명 　　　　　　　　　　　　　　　　　　　　　　　　　　　　　　　　　　(단위 : 원)

과　　　　　　　목	당 기	전 기
당기순손익	×××	×××
회계정책변경누적효과㈜	×××	×××
기타포괄손익	×××	×××
매도가능증권평가손익(법인세효과 : ×××원)		
해외사업환산손익(법인세효과 : ×××원)		
현금흐름위험회피 파생상품평가손익 　(법인세효과 : ×××원)		
……		
포괄손익	×××	×××

㈜회계정책의 변경에 대하여 소급적용하지 않고 회계정책 변경의 누적효과를 기초 이익잉여금에
일시에 반영하는 경우

Chapter

02

원가회계

01 원가회계의 기초

1. 원가회계의 정의와 목적

① 원가회계의 정의

제조기업이 판매할 제품의 원가를 알기 위해서는 제품을 제조하는데 소비된 원가를 집계하여야 한다. 이와 같이 제품 또는 용역의 생산에 소비된 원가를 기록, 계산, 집계 하는 회계를 원가회계(Cost Accounting)이라 한다.

② 원가회계의 목적

원가회계는 재무제표를 작성하는데 필요한 원가자료를 제공하고, 경영자의 의사 결정에 필요한 원가정보를 제공하는 것 등을 목적으로 한다.

• 재무제표 작성에 필요한 원가정보를 제공한다.
  − 손익계산서 작성시 필요한 매출원가에 대한 원가정보를 제공한다.
  − 재무상태표 작성시 필요한 재공품, 제품 등 재고자산의 가액을 결정하는데 필요한 원가정보를 제공한다.

• 원가통제에 필요한 원가정보를 제공한다.
  경영자는 실제로 발생한 원가의 내용과 금액이 사전에 설정해 놓은 내용이나 금액에서 벗어나지 않도록 관리하고, 벗어나는 경우에는 그 원인을 분석하여 적절한 대응을 해야 되는데, 이에 필요한 원가정보를 제공한다.

• 경영 의사결정에 필요한 원가정보를 제공한다.
  경영자가 제품가격 결정, 예산 편성 및 통제, 종업원의 채용 등 다양한 의사결정에 필요한 원가정보를 제공한다.

2. 원가의 분류

① 원가와 비용, 비원가

• 원가와 비용과의 관계
  − 원가와 비용은 기업의 경영활동을 위해 소비되는 경제적 가치인 점에서는 동일하다.
  − 원가는 재화나 용역을 생산하기 위하여 소비된 경제가치이고, 비용은 수익을 얻기 위하여 소비된 경제가치라는 점이 차이가 난다.

② 원가항목과 비원가항목

정상적인 제조과정에서 발생한 것만을 원가라 하고, 그 외 발생한 것은 비원가항목이라하며 회계 처리는 선액 발생기간의 비용이나 손실로 계상해야 한다. 비원가항목에는 다음과 같은 것들이 있다.

- 제조활동과 관계없는 가치의 감소

  판매활동에서 발생하는 광고선전비와 같은 판매비, 기부금, 이자비용, 유가증권처분손실, 법인세 등

- 제조활동과 관계가 있으나 비정상인 상태에서 발생하는 경제적 가치의 감소

  우발적인 기계고장, 파업기간의 임금, 정전으로 발생한 불량품의 제조원가 등

- 화재나 도난 등에 의한 원재료나 제품의 감소액 등

3. 원가회계의 분류

원가는 원가가 어떤 형태로 발생하였는가에 따라 원재료비, 노무비, 경비로 분류하고, 원가와 제품이 얼마나 밀접한 관계를 가지느냐에 따라 직접비와 간접비로 분류하고, 조업도의 변화에 원가가 어떻게 반응하느냐에 따라 고정비와 변동비로 분류한다.

① 발생형태(구성요소)

제품의 원가를 구성하는 원재료비, 노무비, 경비로 분류하는 것으로 원가의 3요소라 한다.

- 원재료비 : 제품 제조에 투입된 원재료의 소비액
- 노무비 : 제품 제조에 투입된 노동력의 소비액
- 경 비 : 제품 제조에 투입된 원재료비와 노무비를 제외한 원가요소로 감가상각비, 수도료, 전기료, 수선비, 보험료 등

② 원가와 제품과의 관련성(추적 가능성)

제품 제조에 소비된 원가를 제품별로 직접 집계할 수 있느냐 없느냐에 따라 직접비와 간접비로 분류한다.

- 직접원가 : 특정의 원가대상에 대하여 소비된 투입량을 분명하게 측정할 수 있는 원가이다. 직접비에는 직접재료비, 직접노무비, 직접경비가 있으나 직접경비에 해당되는 부분은 비교적 적다. 직접비는 원가구성의 가장 주된 기초적 부분을 형성하기 때문에 기초원가라고도 한다.
- 간접원가 : 여러 종류의 제품제조 등에 공통적으로 발생하는 원가로서 일정 한 배부기준을 사용하여 원가대상에 인위적으로 배부하는 원가이다. 간접비에는 간접재료비·간접노무비,간접경비가 있다.

01. 제조원가의 계산에 있어서 직접원가에 대한 설명으로 옳은 것은?

① 재료비와 가공비의 합계
② 제품의 생산과 관련하여 직접적인 인과관계를 추적할 수 있는 원가
③ 제품의 생산수량에 따라 항상 일정하게 발생하는 원가
④ 직접재료비와 간접재료비의 합계

② 제품의 제조에 대하여 직접적인 추적이 가능하거나 그 원가대상 때문에 발생되는 원가는 직접원가이다.

③ 제조활동과의 관련성에 따른 분류

• 제조원가 : 직접비에 간접비를 가산한 것으로 제품의 제조과정에서 발생하는 원가요소 전부를 포함한다. 이 제조원가는 원가의 발생시 제품이라는 자산으로 회계처리하며 제품이 판매될 때 매출원가라는 비용으로 회계처리 한다.

 - 직접재료비 : 완성품을 생산하는데 사용되는 원재료의 원가중 특정제품에 직접적으로 추적할 수 있는 원가

 - 직접노무비 : 특정제품에 대하여 직접 추적할 수 있는 소비된 노무원가

 - 제조간접비 : 직접재료비와 직접노무비를 제외한 모든 제조원가

   (간접재료비, 간접노무비, 간접경비)

  ┌ 변동제조간접비 : 간접재료비, 간접노무비 등의 제조간접비는 조업도의 증감에 따라 변화 한다.
  └ 고정제조간접비 : 공장설비의 감가상각비, 재산세 등은 조업도와 관계없이 일정하게 발생한다.

02. 다음 그림에 대한 설명 중 틀린 것은?

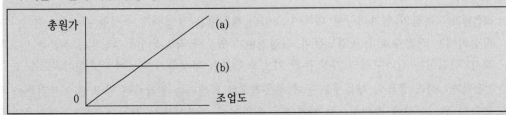

① (a)는 조업도에 따라 비례적으로 변하는 변동원가 그래프이다.
② (b)는 조업도의 변화와 상관없이 총원가가 일정한 고정원가 그래프이다.
③ 세로축 기준인 총원가가 단위당 원가로 바뀐다면 (b)는 단위당 고정원가 그래프가 된다.
④ 위 그래프는 조업도와 원가 사이에 선형관계를 전제하고 있다.

해설

③ 세로축 기준인 총원가가 단위당 원가로 바뀐다면 (b)는 단위당 변동원가 그래프가 된다.

조업도는 기업활동의 정도를 측정하는 데 기준이 되는 활동량(가동률)을 나타낸다. 기준조업도로서는 최고조업도, 최적조업도(평균비용이 최소가 되는 조업도), 정상조업도(과거의 평균조업도를 장래의 경영조건의 변화를 고려하여 수정한 조업도) 등이 있다.

- 비제조원가

  기업의 제조활동 이외의 판매활동, 일반관리활동, 재무활동등에서 발생한 원가로서 기간비용으로 회계처리 한다. 발생 즉시 비용으로 처리한다.

- 기초원가와 가공비

  제조원가중 직접재료비와 직접노무비를 합하여 "직접비" 또는 "기초원가"라 하고, 직접노무비와 제조간접비를 합하여 "가공비" 또는 "전환원가"라고 한다.

④ 원가행태(조업도)에 따른 분류

원가행태는 조업도의 변화에 따른 원가발생액의 움직임 상태를 의미한다. 일반적으로 변동비와 고정비로 구분한다.

- 고정비 : 특정기간동안 조업도의 변동에 관계없이 일정하게 발생하는 원가를 말한다. 예를 들면 공장의 공장장이나 경비 등 관리직사원의 급료, 임대료 등
  - 순수고정비 : 조업도와 관계없이 항상 총원가가 일정하게 발생하는 원가이다. (. 임대료, 감가상각비 등)
  - 준고정비 : 특정범위의 조업도에서는 일정한 금액이 발생하지만 조업도가 이 범위를 벗어나면 원가가 일정액만큼 증감하는 원가이다.(. 경비비용, 공장의 감독자 급료 등)

기본예제

03. 다음 중 조업도의 증감에 관계없이 최대조업도 범위 내에서 그 총액이 항상 일정하게 발생하는 원가요소는?

① 전력비   ② 동력비
③ 수도광열비   ④ 임차료

해설

④ 고정비는 조업도의 변동과 관계없이 원가총액이 변동하지 않고 일정하게 발생하는 원가를 말한다. 보기 중 동력비, 수도광열비, 전력비는 변동비에 해당한다.

- 변동비 : 조업도의 증감에 따라 변동하는 원가로서 비례비, 체감비, 체증비로 구분할 수 있다.
  - 순수변동비 : 조업도의 변동에 따라 직접적으로 비례하여 변동하는 원가로서 조업이 중단되었을 경우는 원가가 발생하지 않는다. (. 원재료비, 노무비)

‒ 준변동비 : 조업도의 변화와 관계없이 발생하는 일정액의 고정비와 조업도의 변화에 따라 단위당 일정비율로 증가하는 변동비 두 부분으로 구성된 원가이다. (＝혼합원가)

   (. 보조재료비, 연료비, 전력비, 수도광열비)

⑤ 발생시점에 따른 분류

• 실제원가 : 역사적원가라고도 하며 재화의 실제소비량에 의해 계산하는 원가

• 예정원가 : 일종의 미래·예정원가로서 재화의 소비량을 추정하여 계산한다.

• 표준원가 : 과거의 경험을 기초로 현재와 미래의 소요비용을 과학적으로 연구·조사한 이상적인 조업상태하에서 표준소비량과 표준소비가격을 기준으로 하여 산출하는 원가를 말한다.

⑥ 계산대상과 범위에 따른 분류

• 전부원가회계 : 제품의 제조에서 판매까지의 모든 원가를 계산하는 방식으로 외부에 공표하는 재무제표를 작성할 때는 전부원가회계 자료를 이용한다.

• 변동원가회계 : 경영 관리의 목적으로 변동비만을 제품의 원가로 계산하는 방식으로 고정제조간접비는 비원가 항목으로 기간비용으로 처리한다. 경영자의 의사결정에는 매우 중요한 원가회계이다.

⑦ 의사결정 관련성에 따른 분류

• 기회원가 : 재화, 용역 또는 생산설비를 현재의 용도 이외의 다른 대체안중 최선의 대체안에 사용하였을 경우 얻을 수 있었던 금액을 포기한 원가, 차선의 대체 안을 선택함으로써 얻을 수 있는 순현금 유입액을 계산함으로써 산출할 수 있다.

기본예제

04. ㈜뉴젠은 플라스틱을 이용하여 A,B,C,D 네 종류의 제품을 생산하고 있다. 플라스틱의 현재 재고량은 50kg이다. ㈜뉴젠이 플라스틱을 이용하여 네 가지 제품 중 한 가지 제품만을 생산한다면 다음과 같은 수익과 원가가 발생할 것으로 기대된다.

구 분	A제품	B제품	C제품	D제품
단위당 판매가격	30,000원	28,000원	23,000원	20,000원
단위당 제조원가	20,000원	15,000원	14,000원	12,000원

그런데 회사가 플라스틱으로 제품을 생산하지 않고 중간제품의 형태로 전부 판매하면 8,500원을 받을 수 있다. 이런 경우 회사가 최선안을 선택한다면 단위당 기회비용은 얼마가 되는가?

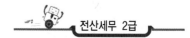

해설

구 분	A제품	B제품	C제품	D제품	중간제품
판매가격	30,000원	28,000원	23,000원	20,000원	8,500원
제조원가	20,000원	15,000원	14,000원	12,000원	-
이 익	10,000원	13,000원	9,000원	8,000원	8,500원

최선안은 이익이 가장 높은 B제품을 생산하는 것이다.
회사가 B제품을 생산하는 경우 기회비용은 최선안을 선택함으로써 포기해야하는 차선안이 곧 기회비용이므로
A제품의 10,000원이 된다

- 매몰원가 : 이미 발생한 과거의 원가로서 의사결정과정에 영향을 주지 못하는 원가 즉 과거의
  의사결정에 의해서 이미 발생한 원가이기에 경영자가 통제할 수 없는 통제불가능원가이며
  미래의 의사결정에 무관한 원가이다. (＝기발생원가)
- 관련원가 : 의사결정에 영향을 미치는 원가로 의사결정시에 고려해야 할 원가이다. 대체안 간
  에 차이가 있으면서 기대되는 미래원가이다. 매몰원가와 대응되는 개념이며 선택에 따라 변
  화가 가능한 원가이며 회피 가능한 원가
- 차액원가 : 두 의사결정대체안간의 총원가의 차액, 즉 증분원가
- 회피가능원가 : 특정대체안을 선택시 발생되지 않는 원가
- 회피불가능원가 : 특정대체안을 선택하는것과 관계없이 계속발생하는 원가

기본예제

05. 다음의 원가에 대한 설명 중 틀린 것은?

① 회피가능원가는 현재의 의사결정에 반드시 고려되어야 한다.
② 매몰원가는 현재의 의사결정에 반드시 고려되어야 한다.
③ 기회원가는 현재의 의사결정에 반드시 고려되어야 한다.
④ 관련원가는 현재의 의사결정에 반드시 고려되어야 한다.

해설

② 매몰원가는 과거에 발생한 원가로 현재의 의사결정과정에 영향을 미치지 않는다.

기본예제

06. 원가의 분류에 대한 설명으로 타당하지 않은 것은?

① 고정원가, 변동원가의 분류는 원가의 행태에 따른 분류이다.
② 생산수준과의 관련성에 따라 제조원가, 비제조원가로 분류한다.
③ 의사결정과의 관련성에 따라 관련원가, 비관련원가로 분류한다.
④ 직접원가, 간접원가의 분류는 원가의 추적가능성에 따른 분류이다.

해설

② 제조원가, 비제조원가의 분류는 제조활동과의 관련성에 따른 분류이다

3. 원가의 구성 및 절차

① 원가의 구성

제품의 원가를 형성하는 각 요소는 다음의 단계를 거쳐 판매가격이 구성된다.

원가의 구성도					
					이 익
			판매비 및 관리비		
	제조간접비			총원가	판매가격
직접재료비	직접원가	제조원가			
직접노무비	=기초원가				
직접제조경비	=기본원가				

② 원가회계의 절차

원가회계란 제품이나 용역의 생산에 소비된 원가를 집계하는 분야로서, 요소별 원가회계, 부문별 원가회계, 제품별 원가회계의 3가지 절차로 진행되어 진다.

- 요소별 원가회계

  원가의 3요소인 원재료비, 노무비, 경비의 소비액을 집계하는 절차이다.

- 부문별 원가회계

  요소별로 집계된 원가 요소 중에서 제조간접비를 그 발생장소(원가부문)별로 집계하는 절차이다.

- 제품별 원가회계

  최종적으로 만들어진 제품별로 제조원가를 집계하는 절차이다.

4. 원가의 흐름

제조기업에는 상기업에 비하여 다양한 형태의 재고자산계정과 원가계산 관련 계정이 있다.

⑴ 재고자산계정

제조기업의 재고자산의 형태는 원재료, 재공품, 제품 등이 있다.

① 원재료계정

제조과정에 사용되는 주요재료, 보조재료, 부품, 소모공구기구비품 등의 원가를 기록하는 계정이다.

재료의 형태별로 계정을 설정하여 재료를 구입하면 원재료계정의 차변에 기입하고, 재료가 제조공정에 투입되면 대변에 기입한다.

- 재료를 외상으로 매입하다.

    (차) 원재료　　　　　　　　　　　(대) 외상매입금

- 재료를 제조활동에 투입(또는 창고에서 출고)하다.

    (차) 원재료비　　　　　　　　　　(대) 원재료

② 재공품계정

재공품이란 제조과정에 있는 미완성 제품을 의미하며, 재공품계정은 제품 제조에 소비된 모든 원가를 집계하는 계정으로 차변에는 직접재료비, 직접노무비, 직접경비, 제조간접비 배부액을 기입하고, 제품이 완성되면 완성품 제조원가를 재공품 계정 대변에서 제품계정 차변에 대체한다.

- 직접재료비, 직접노무비, 직접경비를 소비하다.
   (차) 재공품   (대) 원재료비
                                      노무비(임금)
                                      경비(보험료, 감가상각비등)

- 제품이 완성되다.
   (차) 제품   (대) 재공품

(2) 원가회계 관련 계정

원가회계 관련 계정에는 원재료비계정, 노무비계정, 경비계정, 제조간접비계정이 있다.

① 노무비계정

노무비는 제품의 제조를 위하여 노동력을 소비했을 때 발생하는 원가요소로, 노무비의 발생액을 노무비계정에 기입한다.

임금, 급료, 종업원 상여수당 등 노무비 지급시 급여계정을 설정하여 차변에 기입하고, 원가계산 기말에 노무비의 당월발생액을 계산하여 급여계정 대변에서 노무비계정 차변에 대체하며, 노무비계정 차변에 기입된 소비액 중 직접노무비는 재공품계정 차변에 대체하고, 간접노무비는 제조간접비계정 차변에 대체한다.

- 노무비가 발생한 경우(회계프로그램상에서는 자동 노무비대체가 이루어진다)
   급여지급시   (차) 임   금   (대) 현   금
   노무비로 대체시 (차) 노 무 비   (대) 임   금

- 노무비를 소비하다.(직접비, 간접비로 구분)
   (차) 재 공 품   (대) 노무비
   (차) 제조간접비

② 경비 (제조경비) 계정

원재료비와 노무비를 제외한 나머지 모든 원가요소를 경비라 한다.

경비계정은 생산설비에 대한 감가상각비, 화재보험료, 임차료, 수선비, 생산설비 가동을 위한 전력비, 가스수도비 등과 같은 제조과정에서 발생한 경비항목의 소비액을 기입하는 집합계정이다.

경비항목의 소비액이 발생하면 경비항목계정 대변에서 경비계정 차변에 대체한다.

이때 본사(영업부)의 소비액은 판매비와 관리비로 결산시 월차손익계정 차변에 대체한다.

그리고 경비계정 차변에 기입된 소비액 중 직접경비는 재공품계정 차변에 대체하고, 간접경비는 제조간접비계정 차변에 대체한다.

보험료(경비항목)이 발생한 경우(반이 본사 부담)

(차) 보험료(제조경비)   (대) 현금

      보험료(판관비)

③ 제조간접비

여러종류의 제품을 개별적으로 제조하는 경우에는 각 제품의 종류별로 재공품계정을 설정해야 한다. 이때, 직접비는 각 제품별로 집계가 가능하기 때문에 해당 재공품계정 차변에 기입한다.(부과) 제조간접비는 여러 제품 제조에 공통으로 발생하는 원가로 각 제품별로 집계할 수 없다. 따라서 간접재료비, 간접노무비, 간접경비 등은 제조간접비계정을 설정하여 차변에 집계하고, 그 합계액을 일정한 기준에 따라 각 제품(해당 재공품계정)에 나눠주어야 한다.(배부)

기본예제

07. 다음은 ㈜뉴젠의 2011년 10월의 자료를 이용하여 10월에 발생한 제조간접비를 산출하면 얼마인가?

보험료	6개월 계약액 1,200,000원, 당월지급액 240,000원(제조부 80%, 영업부 20%)
감가상각비	1년분 600,000원 계상(제조부 60%, 영업부 40%)
전력비	당월지급액 100,000원, 당월측정액 120,000원(제조부 70%, 영업부 30%)

해설

160,000원(=1,200,000/6 × 80%) + 30,000원(=600,000/12 × 60%) + 84,000원(=120,000×70%)=274,000원

▌원가흐름 회계처리

원재료 외상구입시	(차)원재료　　　　(대)외상매입금
원재료 출고시	(차)원재료비　　　(대)원재료 **원재료비(직접재료비) = 기초원재료 + 순매입액 − 기말원재료**
인건비 발생시	(차)임금　　　　(대)현금
경비(임차료)발생시	(차)임차료　　　(대)현금　　※임차료만 있다고 가정
재공품대체시(소비시)	(차)재공품　　　(대)원재료비 　　　　　　　　　　　임금 　　　　　　　　　　　임차료 **제조원가=원재료비+노무비+경비=직접재료비+직접노무비+제조간접비**
완성시	(차)제품　　　　(대)재공품 **당기제품제조원가=기초재공품 + 제조원가(투입원가) − 기말재공품**
판매시	(차)제품매출원가　(대)제품 **제품매출원가=기초제품 +당기제품제조원가 − 기말제품**

01 다음 중 원가의 분류에 대한 설명 중 틀린 것은?

① 조업도가 증가하는 경우 총고정비와 단위당고정비는 일정하다.

② 조업도가 증가하는 경우 총원가가 증가하지만 조업도가 0인 경우에도 일정액이 발생하는 원가를 준변동비 또는 혼합비라고 한다.

③ 임금, 급여, 상여금 등 명칭에 불구하고 제품제조를 위해 투입된 노동력에 대하여 지급된 원가를 노무비라고 한다.

④ 여러 종류의 제품제조를 위하여 공통적으로 소비되어 특정 제품에 추적할 수 없는 원가를 간접원가라고 한다.

02 다음 중 원가회계에 대한 설명으로 틀린 것은?

① 표준원가회계는 사전에 설정된 표준가격, 표준사용량을 이용하여 제품원가를 계산하는 방법으로서 주로 대외적인 보고목적으로 사용되는 원가회계방법이다.

② 전부원가회계에서는 변동비뿐만 아니라 고정비까지도 포함하여 원가계산을 하는 방법이다.

③ 개별원가회계는 건설업, 조선업 등 다품종소량생산 업종에서 주로 사용되는 원가계산 방법이다.

④ 예정원가회계는 과거의 실제원가를 토대로 예측된 미래원가에 의하여 원가계산을 하므로 사전원가회계라고 할 수 있다.

03 다음 중 제조원가 구성항목과 거리가 먼 것은?

① 제조용 기계설비의 감가상각비

② 제품 광고선전비

③ 공장구내 전력비

④ 제조부문용 차량운반구 감가상각비

04 직접노무비는 다음 중 어느 원가에 해당하는가?

	기본원가	가공비	제품원가	기간비용
①	예	예	예	아니오
②	예	아니오	예	아니오
③	예	아니오	예	예
④	아니오	예	예	아니오

05 다음 중 제조원가명세서에 포함되지 않는 항목은 무엇인가?

① 당기 가공원가
② 당기 총제조원가
③ 당기 매출원가
④ 당기 제품제조원가

06 원가의 관련 범위내에서 단위당 변동비의 행태를 바르게 설명한 것은?

① 각 생산량 수준에서 일정하다.
② 생산량이 증가할수록 증가한다.
③ 생산량이 증가할수록 감소한다.
④ 생산량과 관련성이 없다.

07 관련 범위내에서 조업도의 변화에 따라 총원가가 어떻게 변화하느냐를 구분하는 것을 원가형태(원가행태)에 따른 분류라고 한다. 다음 중 원가형태(원가행태)에 따른 원가의 구분(분류)으로 적당한 것은?

① 제품원가, 기간비용
② 변동원가, 고정원가
③ 직접원가, 간접원가
④ 기초원가, 전환원가

02 요소별 원가회계

학습목표

▶ 재료비, 노무비, 제조경비의 구분과 이해

1. 원재료비

① 원재료비의 개념

기업이 제품을 제조할 목적으로 외부로부터 매입한 물품을 재료라 하며, 제품 제조를 위해 재료를 소비함으로써 발생하는 원가요소를 원재료비라 한다.

따라서 재료는 자산계정으로 재무상태표상에 표시하며, 원재료비는 제조원가의 일부를 구성하는 원가요소로 구별되는 개념이다.

② 원재료비의 분류

원재료비는 제조활동에 어떤 형태로 사용되는가 또는 제품과의 관련성에 따라 다음과 같이 분류한다.

㉠ 제조활동에서 사용되는 형태에 따른 분류

- 주요재료비 : 제품의 제조에 주요부분을 차지하는 재료를 소비함으로써 발생하는 원가요소이다.
- 부품비 : 제품에 부착하여 제품의 일부분을 형성하는 물품의 소비액
- 보조재료비 : 제품의 제조에 보조적으로 사용되는 재료의 소비액
- 소모공구기구비품비 : 내용 연수가 1년미만이거나 그 가액이 크지 않은 소모성공구기구비품의 소비액을 말한다.

㉡ 제품과의 관련성에 따른 분류

- 직접재료비 : 재료가 특정 제품의 제조에만 사용되었다는 것이 확인할 수 있는 재료비로, 주요재료와 부품의 소비액이 이에 속한다.
- 간접재료비 : 제품별로 재료의 소비액을 직접 확인할 수 없고, 여러 제품 제조에 공통적으로 소비되는 재료비로 보조재료와 소모공구기구비품의 소비액이 이에 속한다.

2. 노무비

① 노무비의 개념

노무비란 제품의 제조를 위하여 노동력을 소비함으로 발생하는 원가요소이다.

② 노무비의 분류

ㄱ 지급형태에 따른 분류

노무비는 지급형태에 따른 임금, 급료, 잡급, 종업원 상여수당 등으로 분류한다.

ㄴ 제품과의 관련성에 따른 분류

노무비는 특정 제품에 직접 부과할 수 있느냐, 없느냐에 따라 직접노무비와 간접노무비로 분류한다.

- 직접노무비 : 특정 제품에 개별 집계가 가능한 노무비로 제품 제조에 직접 종사하는 종업원의 임금은 대부분 직접노무비에 속한다.
- 간접노무비 : 특정 제품에 개별 집계가 불가능한 노무비로, 여러 제품 제조에 노동력을 제공하는 수리공, 운반공 등의 임금과 제품의 제조에 직접관련이 없는 공장장, 경비원 등의 임금은 간접노무비에 속한다.

③ 노무비의 계산

개인별 임금 총액은 기본임금과 할증급, 그 밖의 수당 등으로 구성된다.

$$\text{임금} = \text{기본임금} + \text{할증급} + \text{각종수당}$$

할증급과 각종 수당은 기본임금을 기초로 산정하며, 기본임금의 계산 방법은 크게 시간급제와 성과급제로 나눌 수 있다.

3. 경 비

① 경비의 개념

제품의 제조를 위하여 소비되는 원재료비와 노무비를 제외한 모든 원가요소를 경비라 한다. 제조경비는 제조과정에서 발생하는 원가로 대부분이 간접비이다.

② 경비의 분류

ㄱ 발생형태에 따른 분류

전력비, 가스수도료, 감가상각비, 수선비, 소모품비, 세금과공과, 임차료, 보험료, 잡비 등으로 구분되며 이 중 공장부분 발생액은 경비로, 본사부분 발생액은 판매비와관리비로 분류한다.

ⓒ 제품과의 관련성에 따른 분류

경비는 특정 제품에 직접 부과할 수 있느냐, 없느냐에 따라 직접경비와 간접경비로 분류한다.

- 직접경비 : 특정 제품의 제조를 위해서만 발생하는 것으로, 특정 제품의 설계비, 특허권사용료, 외주가공비 등이 있다.
- 간접경비 : 여러 제품의 제조를 위하여 공통적으로 발생하는 것으로 대부분의 경비가 여기에 속한다.

ⓒ 원가에 산입하는 방법에 따른 분류

경비는 제조원가에 산입하는 방법에 따라 월할경비, 측정경비, 지급경비, 발생경비로 분류한다.

③ **경비의 계산**

- 월할경비

일정기간을 기준으로 지급액 또는 발생액이 결정되는 경비로 감가상각비, 보험료, 임차료, 세금과공과, 특허권사용료 등이 있다.

월할경비는 일정기간 지급액 또는 발생액을 일정기간으로 나누어 1개월 간의 경비 소비액을 계산한다.

- 측정경비

원가계산기간 중 제품 제조에 소비된 원가를 공장에 설치된 계량기에 의하여 측정되는 경비로 전력비, 가스수도비 등이 있다. 당월검침량에서 전월검침량을 차감하여 당월 소비량을 계산하고 여기에 단위당 가격을 곱하여 당월소비액을 계산한다.

> 당월검침량 − 전월검침량 = 당월소비량
> 당월소비량 × 단위당가격 = 당월소비액

- 지급경비

당월의 현금지급액이 그대로 소비액이 되는 것으로 외주가공비, 수선비, 운반비, 잡비 등이 있다. 지급일과 원가계산일이 달라 선급액이나 미지급액이 있을 경우에는 다음 식을 이용하여 소비액을 계산한다.

> 당월지급액 +(전월선급액 + 당월미지급액)−(당월선급액 + 전월미지급액)= 당월소비액

- 발생경비

재료감모손실 등과 같이 현금의 지출이 없이 발생하는 경비이다.

> 발생액 = 장부재고액 − 실제재고액

④ 경비의 회계 처리

경비의 소비액이 계산되며 특정 제품 제조에서 발생하는 특허권사용료, 외주가공비 등과 같은 직접경비는 재공품계정 차변에 대체하고, 그 밖의 모든 간접경비는 제조간접비계정 차변에 대체한다.

4. 제조간접비

① 제조간접비의 개념

제품의 전체 또는 두 종류 이상의 제품을 제조하기 위하여 공통적으로 발생하는 원가요소인 간접재료비, 간접노무비, 간접경비(제조경비)를 제조간접비라 한다. 제조간접비는 각 제품별로 추적하여 부과할 수 없기 때문에 원가계산기간에 발생한 제조간접비를 집계하여 일정한 배부기준에 의하여 특정 제품에 나누어주는데 이것을 제조간접비의 배부라 한다.

② 제조간접비의 배부

제조간접비의 배부방법에는 실제배부법과 예정배부법이 있다.

㉠ 실제배부법

실제배부법이란 원가계산기말에 실제로 발생한 제조간접비를 각 제품에 배부하는 방법으로 가액법과 시간법이 있다.

• 가액법

가액법이란 제품 제조에 소비된 직접비를 기준으로 제조간접비를 배부하는 방법으로 직접재료비법, 직접노무비법, 직접원가법이 있다.

− 직접재료비법

$$\frac{제조간접비총액}{직접재료비총액} = 배부율$$

$$특정\ 제품의\ 직접재료비\ \times\ 배부율 = 제조간접비\ 배부액$$

− 직접노무비법

$$\frac{제조간접비총액}{직접노무비총액} = 배부율$$

$$특정\ 제품의\ 직접노무비\ \times\ 배부율 = 제조간접비\ 배부액$$

- 직접원가(직접재료비＋직접노무비)법

$$\frac{제조간접비총액}{직접원가총액} = 배부율$$

특정 제품의 직접원가 × 배부율＝제조간접비 배부액

• 시간법

시간법이란 각 제품 제조에 소비된 시간을 기준으로 제조간접비를 배부하는 방법으로 직접노동시간법과 기계작업시간법이 있다.

- 직접노동시간법

$$\frac{제조간접비총액}{직접노동시간총수} = 배부율$$

특정 제품의 직접노동시간 × 배부율＝제조간접비 배부액

- 기계작업시간법

$$\frac{제조간접비총액}{기계작업시간총수} = 배부율$$

특정 제품의 기계작업시간 × 배부율＝제조간접비 배부액

ⓛ **예정배부법**

실제배부법에 의하여 제조간접비를 배부하는 방법은 다음과 같은 문제점이 있다.

- 제조간접비의 실제 발생총액은 월말에야 집계되므로 월 중에 제품이 완성되더라도 월말이 되어야만 제품의 제조원가를 계산할 수 있다.
- 보험료, 임차료 등과 같이 매월 일정한 금액이 발생하는 것은 월별 또는 계절별 생산량이 큰 차이가 있는 경우에 제품의 단위당 원가가 매월 또는 계절별로 다르게 된다.

따라서 연초에 미리 제조간접비 예정배부율을 산정해 두었다가 제품이 완성되면 이 예정배부율을 사용하여 각 제품에 배부할 제조간접비 배부액을 결정하는 방법을 예정배부법이라 한다.

$$\text{제조간접비 예정배부율} = \frac{\text{제조간접비예상액(=예정액)}}{\text{배부기준의예상액(=예정액)}}$$

배부기준의 예상액: 가액법과 시간법에 의함

제조간접비 예정배부액 = 제품별 배부기준의 실제발생액 × 제조간접비 예정배부율

제조간접비 예정배부액이 계산되면 제조간접비계정의 대변과 재공품계정 차변에 기입한 후, 원가계산 기말에 제조간접비 실제발생액이 파악되면 제조간접비계정 차변에 기입한 다. 이때 예정배부액이 실제발생액보다 많으면 과대배부라 하여 차액을 제조간접비계정 차변에서 제조간접비배부차이계정 대변에 대체하고 반대로 예정배부액이 실제발생액보다 적으면 과소배부라 하여 제조간접비계정 대변에서 제조간접비배부차이계정 차변에 대체 한다

회계처리 차)재공품   대)제조간접비

③ **제조간접비의 배부차이**

배부차이 = 실제제조간접비 − 예정제조간접비 = +면 과소배부, −면 과대배부

과소배부시 회계처리   차) 제조간접비배부차이   대) 제조간접비
과대배부시 회계처리   차) 제조간접비   대) 제조간접비배부차이

④ **제조간접비의 배부차이조정**
  － 매출원가조정법 : 배부차이를 매출원가에서 가감

과소배부시   차) 제품매출원가   대) 제조간접비배부차이
과대배부시   차) 제조간접비배부차이   대)제품매출원가

  － 영업외손익법 : 배부차이를 영업외비용과 영업외수익으로 조정
  － 비례배분법 : 배부차이를 재공품, 제품, 제품매출원가의 금액비율기준으로 배부

기본예제

01. 다음 자료에 의하여 기계시간기준으로 당월의 제조간접비예정배부액과 배부차이를 구하시오.

당년의 제조간접비예산액	2,000,000원
당년의 예상기계시간	5,000시간
당년의 실제기계시간	4,800시간
실제제조간접비	2,010,000원

해설

제조간접비예정배부율 = 제조간접비예산액 ÷ 예상기계시간
= 2,000,000 ÷ 5,000시간 = 400원

제조간접비예정배부액 = 실제기계시간 × 제조간접비예정배부율
= 4,800시간 × 400원
= 1,920,000원

배부차이 = 실제제조간접비 - 예정배부액
= 2,010,000 - 1,920,000 = 90,000원 과소배부(+)

01 다음 분개내용을 바르게 추정한 것은?

(차변) 제조간접비 110,000원 　　　　　 (대변) 제조간접비배부차이 110,000원

① 제조간접비 실제소비액이 예정배부액보다 110,000원 적다.
② 제조간접비 예정배부액이 실제소비액보다 110,000원 적다.
③ 제조간접비 실제소비액은 110,000원이다.
④ 제조간접비 예정배부액은 110,000원이다.

02 다음은 당월 원가자료의 일부이다. 자료에 의하여 당월에 완성된 제품#500의 제조원가를 계산하면 얼마인가? 단, 당사는 제조간접비를 직접노무비법을 사용하여 예정배부하고 있다.

- 당월 제조간접비 발생총액 : 8,200,000원
- 당월 직접노무비 발생총액 : 10,250,000원
- 제조간접비 예정배부율 : 직접노무비 1원당 0.5원
- 제품#500의 직접원가 : 직접재료비 900,000원, 직접노무비 800,000원

① 1,330,000원　　　　　　　　　　② 1,680,000원
③ 1,890,000원　　　　　　　　　　④ 2,100,000원

03 원가 및 재고자산에 관련된 자료가 다음과 같을 때, 제품제조원가는 얼마인가?

	1. 1 재고	매입	12. 31 재고
원　재　료	38,000원	320,000원	45,000원
재　공　품	150,000원		180,000원
직접 노무비 발생		150,000원	
제조 간접비 발생		270,000원	
제　　　품	200,000원		310,000원

① 703,000원　　　　　　　　　　② 623,000원
③ 593,000원　　　　　　　　　　④ 815,000원

03 부문별 원가회계

1. 부문별원가회계 기초

① 부문별 원가회계의 의미

부문별 원가회계란 제품의 제조원가를 계산하는데 있어 제조간접비를 각 제품에 보다 더 정확하게 배부하기 위하여 제조간접비를 발생 장소인 부문별로 분류, 집계하는 절차를 말한다. 부문별 원가회계는 각 제품의 제조원가를 보다 정확하게 산정할 수 있고, 원가의 관리 및 통제에 필요한 자료를 얻는데도 유용하다.

② 원가부문의 설정

원가부문이란 원가가 발생하는 장소로, 작업장소, 생산기술, 경영조직 등에 따라 구할 수 있으나, 일반적으로 제조활동에 직접 참여하는 제조부문과 제조활동에는 직접 참여하지 않는 보조부문으로 나눌 수 있다.

• 제조부문

제조기업의 경영목적인 제품을 직접 제조하는 부문으로 절단부문, 조립부문, 선반부문, 주조부문 등을 설정할 수 있다.

• 보조부문

제조활동에는 직접 참여하지 않고, 제조부문의 활동을 보조하는 부문으로 동력부문, 수선부문, 공장사무부문 등을 설정할 수 있다.

2. 부문별원가회계 절차

① 부문별 원가회계의 절차

제조부문과 보조부문이 있는 제조기업의 부문별 원가회계의 절차는 다음과 같다.

제 1단계 : 부문 개별제조간접비(=부문개별비)를 각 부문에 부과
제 2단계 : 부문 공통제조간접비(=부문공통비)를 각 부문에 배부
제 3단계 : 보조부문비를 제조부문에 배부
제 4단계 : 제조부문비를 각 제품에 배부

② 부문개별비의 부과

부문개별비는 특정 부문에서 개별적으로 발생하는 제조간접비로 부문직접비라고도 하며 해당 부문에 직접 부과할 수 있다. 특정 부문의 책임자 급료나 특정 부문에서만 사용하는 기계의 감가상각비 등이 있다.

③ 부문공통비의 배부

부문공통비는 여러 부문에 공통적으로 발생하는 제조간접비로 부문간접비라고도 하며 특정 부문의 발생액을 파악할 수 없으므로 일정한 배부기준에 따라 제조부문과 보조부문에 배부하여야 한다.

부문공통비	배 부 기 준
간접재료비	각 부문의 직접재료비
간접노무비	각 부문의 직접노무비, 종업원수, 직접노동시간 등
감가상각비	기계의 경우 : 각 부문의 기계사용시간 또는 기계가격 건물의 경우 : 각 부문의 면적
동 력 비	각 부문의 전력소비량 또는 기계마력수 × 운전시간
수 선 비	각 부문의 수선횟수 또는 수선가액
가스수도비	각 부문의 가스, 수도사용량
운 반 비	각 부문의 운반 물품 무게, 운반 거리, 운반 횟수 등
복리후생비	각 부문의 종업원 수
임차료, 화재보험료	각 부문이 차지하는 면적 또는 기계의 가격

기본예제

01. 회사는 3개의 제조부문을 통하여 제품A를 생산하고 있다. 부문1,2,3에서는 직접노동시간을 기준으로 부문원가를 제품에 배부하고 있으며, 예정된 배부율표는 아래와 같다. 제품A는 실제로는 부문1에서 10시간, 부문2에서 100시간, 부문3에서 200시간의 직접노동시간을 소비한다면, 제품A에 대한 부문원가 배부액은 얼마인가?

	부문1	부문2	부문3
부문원가	9,000원	10,000원	12,000원
직접노동시간	450시간	500시간	1,200시간

① 3,800원 ② 3,950원
③ 4,100원 ④ 4,200원

해설

④ 9,000원/450시간 × 10시간 + 10,000원 / 500시간 × 100시간 + 12,000원 / 1,200시간 × 200시간＝4,200원

④ 보조부문비의 배부

제조부문의 부문비 발생액과 보조부문의 부문비 발생액이 집계되면, 복수의 보조부문비는 제조(생산)부문을 보조해 주는 부서의 비용으로 다시 제조부문에 배부하여야 하는데 배부방법에는 직접배부법, 단계배부법, 상호배부법 등이 있다. 보조부문이 하나인 경우 변동제조간접비와 고정제조간접비의 구분에 따라 단일배부율법과 이중배부율법(변동제조간접비는 실제조업도, 고정제조간접비는 최대조업도기준 배부)이 있다.

• 직접배부법

보조부문 상호간의 용역 수수 관계가 적은 경우에 보조부문 상호간의 용역 수수를 완전히 무시하고 모든 보조부문을 제조부문에 제공하는 용역 비율에 따라 제조부에만 직접 배부하는 방법이다.

기본예제

02. (주)뉴젠은 직접배부법을 이용하여 보조부문 제조간접비를 제조부문에 배부하고자 한다. 각 부문별 원가발생액과 보조부문의 용역공급이 다음과 같은 경우 전력부문에서 절단부문으로 배부될 제조간접비는 얼마인가?

구 분	제조부문		보조부문	
	조립부문	절단부문	전력부문	수선부문
자기부문원가(원)	200,000	320,000	90,000	45,000
동력부문 동력공급(kw)	300	150	–	150
수선부문 수선공급(시간)	24	24	24	–

① 25,200원　　　　　　　　　　② 30,000원
③ 33,500원　　　　　　　　　　④ 12,400원

배부제조간접비＝90,000원 × 150kW/(300kW＋150kW)＝30,000원

• 단계배부법

보조부문들 간에 일정한 배부순서를 정한 다음 그 순서에 따라 보조부문비를 단계적으로 다른 보조부문과 제조부문에 배부하는 방법으로, 계단식 배부법이라고도 한다. 단계배부법은 보조부문 상호간의 용역 수수 관계를 일부만 반영하는 방법이다.

03. 다음 자료를 통하여 보조부문에 대한 용역제공비율의 크기에 따라 배부순서를 정한다고 가정할 경우 단계배부법에 의하여 보조부문원가를 배부한다면, 제조부문 S1에 배부되는 보조부문의 원가는?

	제조부문		보조부문		계
	S1	S2	M1	M2	
부문비 합계	800,000원	650,000원	100,000원	200,000원	1,750,000원
용역제공비율					
M1	0.30	0.50	−	0.20	
M2	0.35	0.35	0.30	−	

① 130,000원
② 132,500원
③ 135,500원
④ 137,500원

해설

① 1단계 배부순서의 결정

　　보조부문 중 M1과 M2 중 우선순위는 용역제공비율에 따라 M2가 우선순위가 된다.

	제조부문		보조부문		계
	S1	S2	M2	M1	
부문비 합계	800,000원	650,000원	200,000원	100,000원	1,750,000원
용역제공비율					
M2	0.35	0.35	−	0.30	
M1	0.30	0.50	0.20	−	

2단계　S1에 배부되는 M2의 원가＝200,000원 × 0.35＝70,000원

　　　　M1에 배부되는 M2의 원가＝200,000원 × 0.3＝60,000원

　　　　M1의 부문비＝100,000원＋ 60,000원＝ 160,000원

　　　　S1에 배부되는 M1의 원가＝160,000원 × 0.3/(0.3＋0.5)＝60,000원

　　　　S1에 배부되는 보조부문 원가＝70,000원＋ 60,000원＝ 130,000원

• 상호배부법

　보조부문 상호간의 용역 수수 관계를 완전하게 고려하는 방법으로, 보조부문비를 제조부분뿐만 아니라 보조부문 상호간에도 배부하는 방법이다. 상호배부법은 원가배부가 정확하며 보조부문비의 배부가 배부순서에 의해 영향을 받지 않는다.

⑤ 보조부문비의 제조부문에 대한 배부기준

－ 단일배부율법: 변동비와 고정비 구분없이 하나의 배부기준에 의해 배부
－ 이중배부율법: 변동비는 실제사용량기준으로 하고, 고정비는 최대사용량기준으로 배부

⑥ 제조부문비의 제품에의 배부

　각 제조부문에 집계된 제조부문비는 적절한 배부기준에 따라 각 제조부문을 거쳐간 각 제품에 배부하여 제품원가를 계산한다. 배부기준에는 가액법이나 시간법 등이 있으며, 배부방법에는 공장전체배부율법(하나의 배부기준)과 부문별배부율법이 있다.

01 다음 자료를 보고 부문별원가계산 절차를 순서대로 나열한 것은?

> ⓐ 보조부문비를 제조부문에 배부한다. ⓑ 부문공통비를 각 부문에 배부한다.
> ⓒ 제조부문비를 각 제품에 배부한다. ⓓ 부문개별비를 각 부문에 부과한다.

① ⓐ－ⓑ－ⓒ－ⓓ
② ⓑ－ⓐ－ⓒ－ⓓ
③ ⓒ－ⓓ－ⓐ－ⓑ
④ ⓓ－ⓑ－ⓐ－ⓒ

02 다음 중 보조부문 원가를 제조부문에 배부하는 방법에 대한 설명으로 틀린 것은?

① 직접배부법을 사용하는 경우에는 특정 보조부문 원가가 다른 보조부문에 배부되지 아니한다.

② 단계배부법을 사용하는 경우 가장 먼저 배부되는 보조부문 원가는 다른 보조부문에도 배부될 수 있다.

③ 상호배부법을 사용하는 경우에는 배부순서에 따라 특정 제조부문에 대한 배부액이 달라지게 된다.

④ 직접배부법, 단계배부법, 상호배부법의 차이는 보조부문 상호간의 용역수수를 인식할 것인지 무시할 것인지의 차이라고 할 수 있다.

03 다음 중 부문별원가계산시 각 보조부문원가를 제조부문에 배부하는 기준으로 가장 적합한 것은?

① 식당부문비 : 매출액
② 전력부문비 : 전력사용량
③ 감가상각비 : 종업원 수
④ 창고부문비 : 기계사용시간

04 (주)구르미의 보조부문에서 발생한 변동제조간접원가는 1,500,000원이, 고정제조간접원가는 3,000,000원이 발생하였다. 이중배분율법에 의하여 보조부문의 제조간접원가를 제조부문에 배분할 경우 절단부문에 배분할 제조간접원가는 얼마인가?

	실제기계시간	최대기계시간
절단부문	2,500시간	7,000시간
조립부문	5,000시간	8,000시간

① 1,500,000원　　　　　　　② 1,700,000원
③ 1,900,000원　　　　　　　④ 2,100,000원

04 개별원가계산

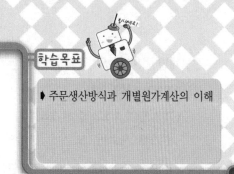

▶ 주문생산방식과 개별원가계산의 이해

1. 개별원가계산의 기초

① 개별원가계산의 의미

개별원가계산은 성능, 규격, 품질이 다른 여러 종류의 제품을 고객의 주문에 의해 소량씩 개별적으로 생산하는 건설업, 조선업, 항공기 제조업, 기타주문생산업 등에 사용된다.

개별원가회계에서는 제품의 제조를 위하여 소비된 원가요소를 특정제품에 부과할 수 있느냐 없느냐에 따라 직접비와 간접비로 구분하는 것이 중요하다.

② 제조지시서와 원가계산표

• 제조지시서

제조지시서는 고객이 주문한 특정 제품의 제조를 제조부서에 지시하는 명령서로 특정제조지시서와 계속제조지시서가 있다.

－ 특정 제조지시서 : 특정 제품의 제조 또는 작업에 대하여 개별적으로 발행되는 지시서로 해당 제조작업이 완료되면 제조지시서의 효력도 없어지게 된다. 주로 개별원가회계에서 발행된다.

－ 계속제조지시서 : 일정한 기간에 걸쳐서 동일 종류·동일 규격의 제품을 계속하여 제조할 것을 지시하는 명령서로 주로 종합원가회계에서 발행된다.

• 원가계산표

원가계산표는 제품의 제조원가를 계산하기 위하여 소비된 모든 원가요소를 집계하는 명세서로 직접재료비, 직접노무비, 제조간접비가 상세히 기록된다. 각 제조지시서별 원가계산표를 모아 놓은 장부는 원가원장이라 한다. 원가원장을 보면 재공품 내역을 각 제품별로 알 수 있으므로 재공품계정에 대한 보조원장의 역할을 한다.

2. 개별원가계산의 절차와 방법

① 개별원가계산의 절차

- 제 1 단계 : 요소별 원가회계

원가를 재료비, 노무비, 경비의 요소별로 집계한다.

- 제 2 단계 : 제조직접비와 제조간접비의 분류 및 제조직접비의 부과

요소별로 집계한 원가를 다시 제조직접비와 제조간접비로 분류하여, 제조직접비는 제품에 직접 부과하고, 제조간접비는 제조간접비계정에 집계하여 일정한 배부기준에 따라 배부하여 각 지시서별 원가계산표에 기입한다.

- 제 3 단계 : 부문별 원가회계

부문별 원가회계는 제조간접비 중에서 각 부문에 대하여 추적 가능한 부문직접비는 각 부문에 직접 부과하고, 추적 불가능한 부문간접비는 일정할 기준에 따라 각 부문에 배부한다. 보조부문비는 용역 제공 비율 등에 따라 제조부문에 배부하여 제조부문비 총액을 결정한다.

- 제 4 단계 : 원가계산표의 마감

제품의 생산이 완료되면 각 지시서별로 원가의 합계액을 기록하여 원가계산표를 마감한다.

- 제 5 단계 : 재공품계정의 기입

원가계산표에 집계된 금액은 원가원장의 통제계정인 재공품계정에 집계하여, 이 중 완성된 것은 제품 계정에 대체하고 미완성인 것은 차월로 이월하여 차월의 월초재공품으로 처리한다.

- 제 6 단계 : 제품계정의 기입

제조공정을 거쳐 제품을 완성하면, 완성품의 원가는 재공품계정 대변에서 제품계정 차변으로 대체한다.

- 제 7 단계 : 매출원가계정에의 대체

제품을 고객에서 판매하는 경우에는 판매된 제품의 원가를 제품계정 대변에서 매출원가계정 차변에 대체한다.매된 제품의 원가를 제품계정 대변에서 매출원가계정 차변에 대체한다.

01 다음 내용은 개별원가계산의 제조간접비에 관한 내용이다. 가장 옳지 않은 것은 무엇인가?

① 제조간접비의 예정배부액이 실제 발생액보다 작은 경우가 발생할 수 있으며, 이때에는 과소배부액이 발생한다.
② 제조간접비의 배부율은 공장전체배부율을 적용할 수도 있고, 부문별로 적용 할 수도 있다.
③ 재료비는 직접원가이므로 제조간접비를 구성하지 않는다.
④ 제조간접비의 배부율은 노동시간 또는 기계시간 등 가장 합리적인 기준을 적용할 수 있다.

02 제품 제조와 관련한 다음의 자료에 의한 당기말 재무제표에 반영될 재고자산은 총 얼마인가?

① 당기총제조원가 : 6,000,000원
② 당기제품제조원가 : 4,900,000원
③ 제조간접원가는 직접재료비의 60%가 배부되었는데 이는 당기총제조원가의 25%에 해당한다.
④ 당기 원재료 매입액과 매출원가는 각각 3,000,000원과 4,000,000원이다.
⑤ 모두 기초재고자산은 없다.

① 900,000원   ② 2,000,000원
③ 2,500,000원   ④ 1,100,000원

03 직접원가를 기준으로 제조간접비를 배부한다. 다음 자료에 의해 작업지시서 No.100의 제조간접비 배부액은 얼마인가?

	공장전체발생원가	작업지시서 No.1
직접재료비	1,000,000	300,000
직접노무비	1,500,000	400,000
기계시간	150시간	15시간
제조간접비	7,500,000	( )

① 700,000원   ② 2,100,000원
③ 3,000,000원   ④ 3,651,310원

05 종합원가계산

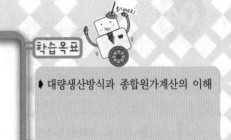

1. 종합원가계산의 기초

① 종합원가계산의 의미

성능, 규격 등이 동일한 한 종류의 제품을 연속적으로 대량 생산하는 정유업, 제지업, 제분업, 제당업, 화학공업, 시멘트제조업 등에 적용되는 원가회계방법으로, 일정 원가계산기간에 발생한 제조원가 총액을 집계한 다음, 같은 기간의 완성품 수량으로 나누어 제품의 단위당 원가를 계산하는 방법을 말한다. 종합원가계산에서는 제조원가를 직접재료비와 가공비로 구분하여 원가계산을 한다.

② 종합원가계산(5단계법)의 절차

- 1단계 : **물량의 흐름을 파악한다.**

  기초재공품수량＋당기투입(착수)량－기말재공품수량＝완성품수량

- 2단계 : **완성품환산량을 계산한다**(직접재료가 작업시점에 투입시)

  − 직접재료비

  평균법 ＝ 완성수량 ＋ 기말재공수량

  선입선출법 ＝ 당기투입완성량(＝완성수량－기초재공품수량) ＋ 기말재공수량

  − 가공비

  평균법＝완성수량 ＋ 기말재공수량 × 당기완성도

  선입선출법＝(완성수량 －기초재공품수량 × 완성도) ＋ 기말재공수량 × 당기완성도

  ※ 완성수량 － 기초재공품수량 × 전기완성도 ＝ 기초재공수량 × (1 － 전기완성도) ＋ 당기투입완성량

- 3단계 : **총원가를 요약하고 배분대상원가를 계산한다.**

  − 총평균법 : 기초재공품원가 ＋ 당기제조원가

  − 선입선출법 : 당기제조원가

- 4단계 : **단위당 원가를 계산한다.**

  단위당원가＝총원가(3단계)/완성품환산량(2단계)

- 5단계 : **원가배분한다.**
  - 완성품원가

$\begin{cases} \text{평균법} - \text{완성수량} \times \text{단위당원가} \\ \text{선입선출법} = \text{기초재공품원가} + \text{당기투입완성수량} \times \text{단위당원가} \end{cases}$

  - 기말재공품원가 = 기말재공품환산수량 × 단위당원가

③ **완성품 환산량**

- 완성도

완성도란 현재 제조과정에 있는 제품이 어느 정도 완성되었는가를 나타내는 수치로서 퍼센트(%)로 표현된다. 직접재료비와 가공비로 나누어 파악한다.

- 완성품 환산량

완성품 환산량이란 생산활동에 투입한 모든 노력을 제품을 완성하는 데에만 투입하였더라면 완성되었을 완성품 수량으로 환산한 것으로, 재공품 수량에 완성도를 곱하여 계산한다.

> 기초재공품 완성품환산량 = 기초재공품수량 × (1 - 전기완성도)
> 기말재공품 완성품환산량 = 기말재공품수량 × 당기완성도

④ **기말재공품의 평가방법**

- 평균법

기말재공품 중에는 기초재공품과 당기에 제조 착수한 것이 모두 포함되어 있다는 것을 전제로 계산하는 방법이다.

재　공　품

기초재공품	×××	제　　품	×××
당기총제조비용	×××	기말재공품	×××
계	×××	계	×××

- 재료가 제조 착수와 동시에 소비되는 경우

기말재공품 직접재료비 = 기말재공품수량 ×
$$\frac{\text{기초재공품직접재료비} + \text{당기직접재료비투입액}}{\text{완성품수량} + \text{기말재공품수량}} \quad (= \text{단위당원가})$$

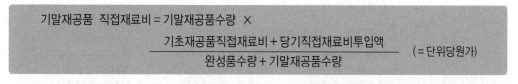

기말재공품 가공비 = 기말재공품 완성품환산량 ×
$$\frac{\text{기초재공품가공비} + \text{당기가공비투입액}}{\text{완성품수량} + \text{기말재공품완성품환산량}} \quad (= \text{단위당원가})$$

$$\boxed{\text{기말재공품원가} = \text{기말재공품 직접재료비} + \text{기말재공품 가공비}}$$

― 재료와 가공비가 제조 진행에 따라 소비되는 경우

기말재공품 직접재료비

$= \text{기말재공품 완성품환산량} \times \dfrac{\text{기초재공품직접재료비} + \text{당기직접재료비투입액}}{\text{완성품수량} + \text{기말재공품완성품환산량}}$

기말재공품 가공비

$= \text{기말재공품 완성품환산량} \times \dfrac{\text{기초재공품가공비} + \text{당기가공비투입액}}{\text{완성품수량} + \text{기말재공품완성품환산량}}$

$$\text{기말재공품원가} = \text{기말재공품 직접재료비} + \text{기말재공품 가공비}$$

기본예제

01. (주)뉴젠의 종합원가계산하의 물량흐름에 관한 자료를 참고하여 완성품과 기말재공품의 원가를 계산하라.

- 재료비는 공정초기에 모두 발생하며 가공비는 공정전체에 균일하게 발생한다.
- 기초재공품 : 1,000단위, 당기 착수량 : 4,000단위, 당기 완성품 : 3,000단위
- 제조원가 발생액 내역

	재료비	가공비
기초재공품원가	5,000원	4,000원
당기제조원가	20,000원	12,000원

- 기말재공품의 가공비 완성도 50%, 평균법에 의하여 계산한다.

해설

1.물량흐름파악		2.완성품환산량(평균법)	
		직접재료비	가공비
기초재공품 1,000	완성수량 3,000	3,000단위	3,000단위
당기착수량 4,000	기말재공품 2,000(50%)	2,000단위	1,000단위(=2,000단위×0.5)
합계 5,000	합계 5,000	5,000단위	4,000단위
3.원가집계	(기초원가+당기제조원가)	5,000+20,000	4,000+12,000
4.단위당원가	(원가/완성품환산량)	25,000원/5,000단위=5원	16,000원/4,000단위=4원
5.원가배분	완성품원가(=27,000)	3,000*5=15,000	3,000*4=12,000
	기말재공품(=24,000)	2,000× 5원=10,000	1,000× 4=4,000

• 선입선출법

기초재공품은 전부 당기에 완성되므로 기말재공품은 전부 당기에 제조 착수한 것이라는 전제로 계산하는 방법이다.

재 공 품

기 초 재 공 품	×××	제 품	×××
당기총제조비용	×××	기말재공품	×××
계	×××	계	×××

― 재료가 제조 착수와 동시에 소비되는 경우

기말재공품 직접재료비

$$= 기말재공품수량 \times \frac{당기투입직접재료비}{완성품수량 - 기초재공품수량 + 기말재공품수량}$$

$$기말재공품 \ 가공비 = 기말재공품 \ 완성품환산량 \ \times \frac{당기투입가공비}{완성품수량 - 기초재공품완성품환산량 + 기말재공품완성품환산량}$$

기말재공품원가 = 기말재공품 직접재료비 + 기말재공품 가공비

― 재료와 가공비가 제조 진행에 따라 소비되는 경우

$$기말재공품 \ 직접재료비 = 기말재공품 \ 완성품환산량 \ \times \frac{당기투입직접재료비}{완성품수량 - 기초재공품완성품환산량 + 기말재공품완성품환산량}$$

$$기말재공품 \ 가공비 = 기말재공품 \ 완성품환산량 \ \times \frac{당기투입가공비}{완성품수량 - 기초재공품완성품환산량 + 기말재공품완성품환산량}$$

기말재공품원가 = 기말재공품 직접재료비 + 기말재공품 가공비

02. 다음 자료를 보고 종합원가 계산 시 선입선출법에 의한 완성품원가와 당기말재공품원가를 계산하면?
단, 재료는 제조착수 시 전부 투입되며, 가공비는 제조진행에 따라 발생하는 것으로 가정한다.

- 기초재공품
  - 수량 : 1,000개(완성도 : 30%)
  - 원가 : 직접재료비(220,000원), 가공비(80,000원)
- 당기총제조비용
  - 직접재료비(1,000,000원), 가공비(820,000원)
- 당기말 재공품 수량 : 1,000개(완성도 : 50%)
- 당기말 완성품 수량 : 8,000개

해설

1.물량흐름파악		2.완성품환산량(선입선출법)	
		직접재료비	가공비
기초재공품 1,000(30%)	완성수량 8,000	8,000-1,000=7,000	8,000-1,000×30%=7,700
당기착수량 8000	기말재공품 1,000(50%)	1,000	500(=1,000×0.5)
합계 9,000	합계 9,000	8,000	8,200단위
3.원가집계	(당기제조원가)	1,000,000	820,000
4.단위당원가	(원가/환성품환산량)	1,000,000/8,000=125	820,000/8,200단위=100
5.원가배분	완성품원가(=1,945,000)	220,000+875,000	80,000+770,000
	기말재공품원가(=175,000)	1,000*125=125,000	500×100=50,000

⑤ **완성품과 기말재공품 이외의 항목**

- **종 류**

  - 공손 : 폐물이 되어서 처분가치로 매각되는 불합격된 생산품

  - 감손 : 산출물이 되지 못한 투입분으로 증발을 예를 들 수 있다. 이는 공손과 동일하게 처리되는데 공손과의 차이점은 공손은 실체가 존재하여 육안으로 확인할 수 있는데 반하여 감손은 실체가 존재하지 않아 육안으로 확인할 수 없다.

  - 재작업품 : 차후에 재작업을 하여 합격된 완성품으로 매각될 수 있는 불합격된 생산품이다.

  - 작업폐물 : 산출의 일부분으로 되지는 못하지만 비교적 적은 경제적 가치를 가지는 투입분이다.

- **공손과 감손의 회계처리**

  - 정상공손과 정상감손의 회계처리 : 정상공손이나 정상감손은 일정한 작업조건(능률적인 작업조건) 하에서도 발생하게 되는 공손이나 감손을 말한다. 즉 이것은 특정공정을 선택한 결과이며 따라서 단기적으로 통제가 불가능하다. 이러한 이유는 양품을 생산하려면 동시에 공손품이 발생하기 때문이다.

정상공손이나 정상감손은 주어진 생산요소의 선택으로 경영자가 기꺼이 받아들일 공손률을 수반하게 된다는 의미에서 계획된 공손과 감손이다.

— 비정상적공손과 비정상적 감손의 회계처리 : 이는 능률적인 작업조건하에서 발생하지 않을 것으로 기대되는 공손이나 감손을 말한다. 즉, 이러한 공손이나 감손의 대부분은 보통 통제할 수 있다고 간주되는데 이러한 의미에서 비정상적공손이나 감손의 원가는 이것이 발견되는 즉시 손실로 직접 상계되어야 할 원가이다.

손실로 회계처리 할 경우에는 천재지변과 같은 우발적인 원인에 의하거나 그 금액이 클 경우에는 영업외비용으로 처리한다.

2. 종합원가계산의 종류

① 단일 종합원가계산

하나의 제품을 하나의 제조공정만을 가지고 단일 제품을 연속적으로 생산하는 제빙업, 광산업, 제염업, 벽동제조업 등에서 쓰여지는 원가회계 방법이다.

② 공정별 종합원가계산

화학공업, 제당업, 제지업 등과 같이 하나의 제품을 2개 이상의 제조공정을 거쳐 대량 생산하는 기업에 적용되는 원가회계 방법이다.

③ 조별 종합원가계산

식료품제조업, 제과업, 통조림제조업, 자동차제조업, 직물업 등과 같이 종류가 다른 제품을 연속적으로 조별 대량 생산하는 제조기업에 적용되는 원가회계 방법이다. 조별원가회계에서는 제품의 종류별로 조 또는 반을 설정하여 원가계산을 한다.

④ 등급별 종합원가계산

동일한 재료를 사용하여 동일 공정에서 질이 다른 제품을 계속적으로 생산하는 것으로 규격, 중량, 품질, 순도가 서로 다른 제품을 등급품이라 하며, 제분업에서 품질이 다른 밀가루, 양조업에서 순도가 다른 술 등이 있다. 이러한 등급품에 대하여 전체 제조원가를 계산하고, 그것을 다시 각 등급품에 배부하여 단위당 원가를 계산하는 방법을 등급별 종합원가회계라 한다.

⑤ 연산품 종합원가계산

동일한 재료를 동일 공정에서 제조시 주산물과 부산물을 명확히 구별할 수 없는 두 종류 이상의 제품이 생산되는 경우, 이 제품을 연산품이라 하며, 정유업에서의 휘발유, 경유, 등유 등과 제련업에서의 금, 은, 구리 등이 있다.

연산품은 일정한 생산단계에 도달하기 전에는 개별 제품으로 식별되지 않으며, 분리점 이후에야 개별 제품으로 식별될 수 있다. 분리점에 도달하기 전까지 연산품을 생산하는 과정에서 발생한 모든 원가를 결합원가라 하며, 분리점 이후의 추가 가공과정에서 발생하는 원가를 추가가공비 또는 분리원가라 한다.

연산품이 개별 제품으로 분리되기 전까지의 결합원가를 각 제품에 배분한 다음, 이 결합원가 배분액과 추가가공비를 합계한 금액을 개별제품의 완성량으로 나누어 단위당 원가를 계산한다.

기본예제

03. 제1공정에서 A,B제품을 생산하고 있다. 제1공정은 결합공정이며 결합원가는 1,500,000원(직접재료비는 500,000원, 가공비는 1,000,000원)이다. A제품은 제1공정을 거친 후에 곧바로 판매가능하며, B제품은 추가로 제2공정을 거친다면 C제품으로 전환되어 판매될 수 있다. 제2공정의 추가가공비는 500,000원이다. A제품의 판매가격은 1,000,000원, C제품의 판매가격이 2,000,000원일 경우 순실현가치법에 의한 A, C제품에 배분될 결합원가는 얼마인가?

해설

제품	순실현가치	배분비율	결합원가배분액
A	1,000,000원	40%	600,000원
C	1,500,000원	60%	900,000원
합계	2,500,000원	100%	1,500,000원

01 제조활동과 관련된 물량흐름이 다음과 같을 때 다음 중 잘 못된 것은?

> • 기초재공품 : 200개   • 당기완성수량 : 800개
> • 당기착수량 : 800개   • 기말재공품 : 50개

① 공손품 물량은 150개이다.
② 정상공손품의 기준을 완성품의 10%라고 할 경우에는 비정상공손의 수량은 70개이다.
③ 정상공손원가는 완성품 또는 재공품에 배분한다.
④ 비정상공손원가는 작업폐물로 처리되므로 제조원가에 가산되면 안 된다.

02 다음 자료를 보고 선입선출법에 의한 가공비의 완성품환산량을 계산하면 얼마인가?

> • 기초재공품 : 10,000단위 (완성도 : 60%)
> • 기말재공품 : 20,000단위 (완성도 : 50%)
> • 착 수 량 : 30,000단위
> • 완성품수량 : 20,000단위
> • 원재료는 공정 초에 전량 투입되고, 가공비는 공정전반에 걸쳐 균등하게 발생 한다.

① 10,000단위   ② 20,000단위
③ 24,000단위   ④ 30,000단위

03 다음 공손에 대한 설명 중 틀린 것은?

① 공손품은 품질이나 규격이 일정한 기준에 미달하는 불량품이다.
② 정상공손원가는 완성품 혹은 기말재공품에 배분한다.
③ 비정상공손원가의 대표적인 예로 작업폐물을 들 수 있다.
④ 비정상공손원가는 영업외비용으로 처리한다.

04 종합원가계산을 채택하고 있다. 재료비는 공정초기에 전량 투입되며, 가공비는 공정기간 동안 균등하게 투입이 될 경우에 평균법에 의하여 완성품환산량을 구하면 얼마인가?

구 분	물 량	완성도	구 분	물 량	완성도
기초재공품	300개	70%	완성품	1,300개	―
당기투입	1,500개	―	기말재공품	500개	40%
계	1,800개	―	계	1,800개	―

	재료비	가공비		재료비	가공비
①	1,800개	1,500개	②	1,800개	1,800개
③	1,500개	1,500개	④	1,500개	1,800개

05 종합원가계산하의 물량흐름에 관한 자료를 참고하여 기말재공품의 원가를 계산하라.

- 재료비는 공정초기에 모두 발생하며 가공비는 공정전체에 균일하게 발생한다.
- 기초재공품 : 1,000단위, 당기 착수량 : 4,000단위, 당기 완성품 : 3,000단위
- 제조원가 발생액 내역

	재료비	가공비
기초재공품원가	5,000원	4,000원
당기제조원가	20,000원	12,000원

- 기말재공품의 가공비 완성도 50%, 평균법에 의하여 계산한다.

① 11,000원 ② 12,000원
③ 13,000원 ④ 14,000원

06 동일한 원재료를 투입하여 동일한 공정에서 A, B, C 세 가지의 등급품을 생산하고 있다. 세 가지 제품에 공통적으로 투입된 결합원가 8,000,000원을 물량기준법에 의하여 각 제품에 배부하고자 한다. 다음 자료에 의하여 결합원가 중 B등급품에 배부될 결합원가를 계산한 것으로 맞는 것은 얼마인가?

구분	생산량(개)	단위당무게(g)	단위당판매가격(원)	총무게(g)	총판매가격(원)
A	150	300	30,000	45,000	4,500,000
B	450	400	25,000	180,000	11,250,000
C	300	250	22,500	75,000	6,750,000

① 4,800,000원 ② 3,000,000원
③ 2,700,000원 ④ 4,200,000원

Chapter

03

부가가치세

01 부가가치세의 기초

1. 부가가치세의 개요

① **부가가치세(Value-Added Tax)의 의의**

재화나 용역의 생산 및 유통단계에서 새로이 창출된 부가가치를 과세대상으로 하는 조세이다.

② **우리나라 부가가치세 과세방법의 특징**

- 국세 : 과세권자가 국가이다.
- 보통세 : 부가가치세는 국가의 일반재정에 사용된다.
- 단일비례세율 : 부가가치세는 금액에 관계없이 10%의 단일세율을 적용한다.
- 전단계세액공제방법 : 매출세액에서 매입세액을 차감하여 납부세액을 계산하고 있다.
- 간접세 : 납세의무자(사업자)와 부담하는 자(소비자)가 서로 다르다.

  즉, 세금을 납부할 의무가 있는 납세의무자와 세금을 최종적으로 부담할 담세자가 일치하지 않는 조세를 말하는데, 대부분의 물세(物稅)는 간접세에 속한다.
- 유통단계별 과세원칙 : 부가가치세는 유통단계별로 각사업자가 거래 징수하게 된다.
- 소비지국 과세원칙 : 생산지국에서는 수출하는 재화에 대하여 부가가치세를 과세하지 아니하고 해당 재화를 수입하여 소비하는 국가가 부가가치세를 과세한다는 원칙을 말한다.
- 역진성 완화의 원칙 : 저소득층의 기초생활 필수품 등에 대한 부가가치세 면세제도를 규정하고 있다.
- 일반소비세 : 소비에 대해 과세를 하며 영세와 면세 적용분을 제외하고 모두 과세대상이다.
- 물세 : 납세자의 인적사정이 고려되지 않고 물건(용역)을 과세대상으로 한다.

③ **과세대상**

과세대상에는 재화의 공급, 용역의 공급, 재화의 수입이 있다.
단, 용역의 수입은 저장 등이 불가능하고 형체가 없으므로 과세대상에서 제외한다.

④ **납세의무자**

부가가치세의 납세 의무자는 사업자이다.(사업자란, 영리목적 유무에 불구하고 사업상 독립적으로 재화 또는 용역을 공급하는 자를 말한다)

- 납세의무자의 범위 : 사업자 및 수입자

  부가가치세의 납세의무자는 사업자이며 일반과세자와 간이과세자로 나누어진다.

- 납세의무자의 구분

  - 일반과세자 : 과세사업자 중 간이과세 적용대상 이외의 모든 사업자

  - 간이과세자 : 연간 공급대가가 4,800만원에 미달하는 사업자

  - 면세사업자 : 부가가치세법상 사업자가 아니다.

- 납세의무자의 요건

  - 영리목적의 유무와는 무관하다.(비영리법인도 납세의무를 진다)

  - 사업성을 갖추어야 한다.(계속, 반복적으로 재화 또는 용역을 공급하는 것을 말한다)

  - 사업상 독립적이어야 한다.(고용된 지위의 종사자는 제외)

  - 과세 대상인 재화 또는 용역을 공급하여야 한다.(면세대상인 재화 또는 용역의 공급은 제외된다)

⑤ 과세기간

세법에 의하여 국세의 과세표준의 계산에 기초가 되는 기간을 말한다.

과세기간	1기 과세기간		2기 과세기간	
신고기간	1기예정	1기확정	2기예정	2기확정
	1월1일~3월31일	4월1일~6월30일	7월1일~9월30일	10월1일~12월31일
신고및납부기한	4월 25일	7월 25일	10월 25일	다음년도 1월 25일

단, 간이과세자를 제외한 개인사업자는 직전과세기간 납부세액의 1/2를 예정고지(**예정고지금액이 50만원**미만과 간이에서 일반으로 유형전환사업자 예정고지면제, 1,000원미만 소액부징수), 개인사업자의 예정신고의무는 폐지되었으며, 간이과세자는 1년을 과세기간으로 한다.

- 법인 기업 : 예정신고, 확정신고와 납부 필수

- 신규사업자 : 사업개시일 ~ 과세기간종료일

- 폐업자 : 과세기간 개시일 ~ 폐업일

⑥ 사업유형별 사업장(=납세지)

사업장이라 함은 사업을 영위하기 위하여 필요한 인적·물적설비를 갖추고 계속하여 사업 또는 사무가 이루어지는 장소(사무소 또는 사업소를 포함)를 말한다.

구 분	사 업 장
광업	광업사무소의 소재지
제조업	최종제품 완성장소(단, 제품포장, 용기충전만 하는 장소는 제외)
건설업·운수업·부동산매매업	법인 : 법인 등기부상의 소재지(지점포함) 개인 : 업무 총괄장소

| 부동산임대업 | 부동산의 등기부상 소재지 (단, 전대업 및 일부 사업자 : 업무총괄장소) |
| 무인판매기를 통한 판매업 | 업무를 총괄하는 장소 |

2. 사업장

① **직매장 ⇒ 사업장으로 봄**

- 사업의 종류와 관계없이 자기의 사업과 관련하여 생산 또는 취득한 재화를 직접 판매하기 위하여 특별히 판매시설을 갖춘 장소를 말하며 이러한 직매장은 별개의 사업장으로 본다.
- 다만, 제조업자가 제조장 내에 판매시설을 갖추어 직접 판매한 경우에는 동일한 사업장이므로 별도의 사업장인 직매장으로 보지 아니한다.

② **하치장 ⇒ 사업장이 아님**

- 사업의 종류와 관계없이 사업자가 단순히 재화를 보관·관리하기 위하여 시설만을 갖춘 장소로서 관할세무서에 설치신고를 한 장소
- 하치장을 설치한 사업자는 하치장을 설치한 날로부터 10일이내에 「하치장설치신고서」를 하치장 관할세무서장에게 제출하여야 한다.
- 하치장 폐쇄 시 별도의 신고 의무는 없음.
- 하치장설치신고를 하지 아니한 경우에도 하치장으로 봄.

③ **기타 사업장**

사업장을 설치하지 아니한 미등록사업자에 대하여는 결정(경정) 당시의 주소 또는 거소

④ **임시 사업장**

사업자가 기존사업장외에 각종 경기대회·박람회·국제회의 기타 이와 유사한 행사가 개최되는 장소에 일시적으로 설치한 사업장

- **개설신고** : 사업개시일로부터 10일 이내 「임시사업장 개설신고서」 제출
- **폐쇄신고** : 폐쇄일로부터 10일 이내 「임시사업장 폐쇄신고서」 제출
- 설치기간이 10일이내인 경우에는 개설신고를 하지 않아도 된다.

⑤ **무인자동판매기을 통한 판매업**

- 그 사업에 관한 업무를 총괄하는 장소 (설치 장소별로 등록할 수 없음)
- 종전에는 무인자동판매기 설치장소를 사업장으로 보아왔으나, 무인자동판매기의 특성상 사업자가 상시 주재하지 않아 납세관리가 어렵고, 수입금액이 분산되어 간이과세가 적용되거나 납부면제에 해당하여 부가가치세를 회피하는 수단으로 이용되는 것을 방지하기 위해 개정되었음.

3. 사업자단위과세

① 의의

- 사업장별 과세원칙에 따라 각 사업장별로 사업자등록을 하고 신고·납부하게 되면 과세관청 이나 납세자 모두 불편하므로 이를 본점 또는 주사무소 한 곳만 사업자등록을 하여 세금계산 서 교부 및 신고·납부를 사업자단위로 일괄하여 하도록 하여 납세편의를 도모하기 위한 제도이다.

- 사업자단위과세의 승인을 받은 사업자는 부가가치세 납부, 세금계산서 발행, 직매장반출시 재화의 공급여부 등에서 승인을 받지 아니한 사업자와 세법 적용에 차이가 있다.

- 모든 지점 사업장은 사업자등록을 하지 아니하며, 세금계산서 비고란에 재화나 용역을 공급 하거나 공급받는 사업장의 소재지 및 상호를 기재하여야 한다.

② 사업자단위과세 요건

- 사업자단위과세 대상자

사업자단위과세를 적용받을 수 있는 사업자는 2개 이상의 사업장이 있는 법인과 개인을 말한다.

③ 사업자단위과세 승인신청 및 승인

- 승인신청

사업자단위과세를 적용받고자 하는 경우 본점 또는 주사무소 관할세무서에 승인신청을 하여 그 승인을 얻어야 한다.

구 분	주 된 사 업 장
법 인	본점(비영리법인 : 주사무소)
개 인	주사무소

- 사업자단위과세 절차
  - 사업자단위과세 신청

계속사업자	사업자단위과세를 하고자 하는 과세기간 개시 20일 전에 본점 또는 주사 무소(총괄사업장) 관할 세무서장에게 「사업자단위과세승인신청서」를 제출
신규사업자	사업자단위과세 적용사업장의 사업자등록증을 받은 날부터 20일 이내에 신청

  - 사업자단위과세의 승인

사업자단위과세의 승인신청을 받은 총괄사업장 관할세무서장은 요건을 검토한 후 신청 일로부터 20일 이내에 승인여부를 통지하여야 한다.

신청일로부터 20일 이내에 승인여부를 통지하지 아니한 때에는 신청일부터 20일이 되 는 날에 승인한 것으로 본다.

- 사업자단위과세 포기

  포기신청일이 속한 과세기간까지는 사업자단위과세 적용하고, 다음 과세기간부터 사업장 단위 과세로 전환한다.

4. 주사업장 총괄납부

① 의의

사업장별 과세원칙에 따라 각 사업장별로 납부(환급)세액을 납부(환급)하게 되면 과세관청이나 납세자 모두 불편하므로 이를 주사업장에서 총괄하여 납부함으로써 납세편의도모 및 불편해소를 위한 제도이다.(신고는 각 사업장별로 하고 세액 납부만 총괄하여 납부한다)

총괄납부를 신청한 사업장은 부가가치세 납부, 세금계산서 발행, 직매장반출시 재화의 공급여부 등에서 신청하지 아니한 사업장과 세법 적용에 차이가 있다.

② 총괄납부 요건

• 총괄납부대상자

주사업장 총괄납부를 할 수 있는 사업자는 2개 이상의 사업장이 있는 법인과 개인을 말하며, 신청만 하면 총괄납부 가능하다

구 분	내 용
총괄납부	본점(비영리법인 : 주사무소), 지점(비영리법인 : 분사무소)중 선택
	납부만 선택한 곳에서 함
사업자단위과세제도	본점(비영리법인 : 주사무소)에서만 가능
	납부, 신고, 사업자등록, 세금계산서발행을 본점에서 가능

01 다음 중 부가가치세법상 업종별 사업장에 대한 설명으로 틀린 것은?

① 광업에 있어서는 광업사무소의 소재지를 사업장으로 한다.

② 제조업에 있어서는 최종제품을 완성하는 장소를 사업장으로 한다. 다만, 따로 제품의 포장만을 하는 장소는 제외한다.

③ 건설업에 있어서는 사업자가 법인인 경우 각 현장사무소를 사업장으로 한다.

④ 부동산임대업에 있어서는 그 부동산의 등기부상의 소재지를 사업장으로 한다.

02 다음 중 부가가치세법상 사업장에 대한 설명으로 틀린 것은?

① 주사업장 총괄납부를 하고자 하는 자는 그 납부하고자 하는 과세기간개시 20일전에 주사업장총괄납부승인신청서를 주된 사업장 관할세무서장에게 제출하여야 한다.

② 주사업장 총괄납부의 승인을 얻은 자가 종된 사업장을 신설하는 경우에는 주사업장총괄납부승인변경신청서를 주된 사업장 관할세무서장에게 제출하여야 한다.

③ 2 이상의 사업장이 있는 사업자로서 전사적기업자원관리방식을 도입하는 등 일정한 요건을 갖춘 경우에는 사업자단위로 신고 및 납부를 할 수도 있다.

④ 신규로 사업을 개시하는 자가 사업자단위 신고 및 납부승인을 얻은 경우에는 당해 승인을 얻은 날이 속하는 과세기간부터 사업자단위로 신고 및 납부한다.

03 다음 중 현행 부가가치세법상 특징과 거리가 먼 것은?

① 영세율을 제외한 모든 부가가치세 과세대상에 대하여 10%의 단일세율을 적용한다.

② 이익이 발생하지 않았을 경우에는 부가가치세가 발생하지 않아 납부할 필요가 없다.

③ 최종소비하는 자가 실질적인 세부담을 하는 소비세이다.

④ 수출을 장려하기 위한 취지에서는 면세제도 보다는 영세율제도가 더 적합하다.

04 다음 중 우리나라 부가가치세의 특징이 아닌 것은?

① 학교와 같은 비영리단체는 부가가치세의 납세의무자가 될 수 없다.

② 과세재화와 용역을 최종소비하는 자가 부가가치세를 부담한다.

③ 사업장마다 사업자등록을 하는 것이 원칙이다.

④ 법인의 본점에서 전체지점에 대한 세금계산서를 일괄발행하는 제도가 있다.

02 과세거래

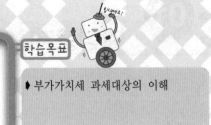

▶ 부가가치세 과세대상의 이해

1. 실질공급과 간주공급

재화의 공급이란 계약상 또는 법률상의 모든 원인에 의하여 재화를 인도 또는 양도하는 것을 말하며, 부가가치세는 재화와 용역의 공급 및 재화의 수입을 과세대상 거래로 하고 있어, 「재화의 공급」 해당여부는 곧 과세대상 여부를 판단하는 중요한 기준이다.

① 실질공급

- 계약상
  - 매매계약 : 현금·외상·할부판매·장기할부판매·조건부 및 기한부판매·위탁판매 기타 매매계약에 의하여 재화를 인도 또는 양도하는 것
  - 가공계약 : 자기가 주요자재의 전부 또는 일부를 부담하고 상대방으로부터 인도 받은 재화에 공작을 가해 새로운 재화를 만들어 인도하는 것
  - 교환계약 : 재화의 인도대가로서 다른 재화를 인도받거나 용역을 제공받는 것
  - 현물출자 등 기타 계약상의 원인
- 법률상 : 사적경매, 수용

  계약상·법률상 원인이 아닌 도난, 유실 등과 같은 경우와 재해 등에 의한 감모손, 멸실 등은 재화의 공급으로 보지 아니한다.

② 간주공급

매입세액공제후 매출세액이 없는 경우에는 공급으로 의제하게 된다.

- 자가 공급
  - 면세사업에 전용 : 과세사업을 위하여 생산, 취득한 재화를 면세사업을 위하여 사용하는 경우
  - 비영업용 소형승용차와 그 유지, 임차를 위한 재화 : 과세사업을 위하여 취득한 재화를 비영업용 소형승용차로 사용하거나 그 유지를 위하여 소비하는 경우 과세대상으로 본다. 단, 매입세액이 공제되지 아니한 것은 제외

- 타사업장 반출(직매장반출) : 2인 이상의 사업장이 있는 사업자가 자기사업과 관련하여 생산, 취득한 재화를 타인에게 판매할 목적으로 다른 사업장에 반출하는 것은 재화의 공급으로 본다. 단, 주사업장총괄 납부승인 또는 사업자 단위 총괄납부 적용사업자는 공급으로 보지 않는다.

- 다음의 경우는 자가 공급으로 보지 않는다.
  - 가. 다른 사업장에서 원료, 자재 등으로 사용, 소비하기 위하여 반출하는 경우
  - 나. 기술 개발을 위하여 시험용으로 사용, 소비하는 경우
  - 다. 수선비 등에 대체하여 사용, 소비하는 경우
  - 라. 사후 무료 서비스를 위하여 사용, 소비하는 경우
  - 마. 불량품교환 또는 광고선전을 위한 전시 등의 목적으로 자기의 다른 사업장으로 반출하는 경우
  - 바. 해외 건설용 자재의 국외 반출
  - 사. 국외 위탁가공용 원자재의 국내반입 조건부 무상 반출

• 개인적 공급

사업자가 자기사업과 관련하여 생산 취득한 재화를 사업과 직접 관계없이 사용 소비하는 것으로 그 대가를 받지 아니하거나 시가보다 낮은 대가를 받는 것은 재화의 공급으로 본다. 단, 매입세액이 공제되지 아니한 재화는 재화와 임직원의 작업복, 작업모, 작업화, 직장체육비, 직장문화예술비지출액, 1인당 10만원 이내의 경조사(설, 추석선물)관련 물품은 과세제외

• 사업상 증여

사업자가 자기사업과 관련하여 생산 취득한 재화를 자기의 고객이나, 불특정 다수인에게 증여하는 것은 재화의 공급으로 본다.

단, 사업을 위하여 대가를 받지 아니하고 다른 사업자에게 인도 또는 양도하는 무상 견본품과 매입세액이 공제되지 아니하는 것은 과세되는 재화의 공급으로 보지 않는다.(광고선전물로 배포하는 것 등)

 기본예제

01. 자사의 생산 제품을 판매대리점인에 기증한 경우(제조원가 800,000, 판매가격 900,000)

해설

차) 접대비 890,000   대) 제품   800,000(타계정대체)
                               부가세예수금   90,000

02. 자사의 생산 제품을 홍보하기 위하여 불특정 다수인에게 무상으로 기증한 경우 (제조원가 500,000, 판매가격 650,000원)

해설

차) 광고선전비 500,000　　　　　　대) 제품　　　　　　　　500,000(타계정대체)

- 폐업시 잔존재화

  사업자가 사업을 폐업하는 때에는 사업장에 잔존하는 재화는 사업자 자신이 비사업자인 자신에게 공급하는 것으로 본다.

2. 재화의 수입

재화의 수입이란 다음에 해당하는 물품을 우리나라에 인취하는 것(보세구역을 경유하는 것은 보세구역으로부터 인취하는 것)으로 한다.

① 외국으로부터 우리 나라에 도착된 물품(외국의 선박에 의하여 공해에서 채포된 수산물을 포함)
② 수출신고가 수리된 물품. 다만, 선(기)적되지 아니한 물품을 보세구역으로부터 인취하는 경우 제외.

부가가치세법상 수출재화의 공급시기는 수출면허일이 아니고 선적일이므로 수출신고 후 선적이 완료되지 않는 재화는 관세법상으로는 외국물품에 해당되지만 부가가치세법상으로는 내국물품에 해당되므로 수입의 대상이 되지 않는다.

3. 재화, 용역의 공급으로 보지 않는 거래(과세안함)

① 재화공급으로 보지 않는 거래

- 담보제공

  질권·저당권·양도담보의 목적으로 동산·부동산 및 부동산상의 권리를 제공하는 것은 재화의 공급으로 보지 아니한다. 채무보증을 위한 담보로 동산 또는 부동산을 제공하는 것은 외형상 인도 또는 양도가 이루어지는 것처럼 보이지만 실질이 담보권자가 채권의 우선변제권을 가질 뿐 재화 자체를 사용·소비할 수 있는 것은 아니므로 재화의 공급으로 보지 아니한다.

- 사업양도

- 공매와 강제경매

  국세징수법 규정에 의한 공매(동법에 의한 수의계약에 의하여 매각하는 것을 포함) 및
  민사집행법에 따른 경매(같은 법에 따른 강제경매, 담보권실행을 위한 경매, 민법·상법
  등 그 밖의 법률에 따른 경매를 포함한다)에 따라 재화를 인도 또는 양도하는 것은 법률
  상 원인에 의한 것이라 할지라도 재화의 공급으로 보지 아니한다.

- 물납

  법률에 의하여 조세를 물납하는 경우로서 다음에 해당하는 것에 대하여는 재화의 공급으
  로 보지 않는다.
  - 상속세및증여세법에 의한 물납등

② **용역의 공급으로 보지 않는 거래**

- 용역의 무상공급

  대가를 받지아니 하고 타인에게 용역을 공급하는 것은 용역의 공급으로 보지 아니한다.

- 근로의 제공

  고용관계에 의하여 근로를 제공하는 것은 용역의 공급으로 보지 아니한다.

01 다음 중 현행 부가가치세법상 과세대상거래와 거리가 먼 것은?

① 재화의 사업상 증여   ② 토지의 무상임대

③ 폐업시 잔존재화   ④ 재화의 개인적 공급

02 다음 중 부가가치세법상 재화의 공급에 대한 설명으로 틀린 것은?

① 과세사업을 위하여 취득한 재화를 면세사업을 위하여 사용 또는 소비하는 경우에는 자가 공급으로 보아 부가가치세가 과세된다.

② 총괄납부승인을 얻은 사업자가 총괄납부 승인 기간 중에 다른 사업장으로 반출하는 재화는 재화의 공급으로 보지 아니하는 것을 원칙으로 한다.

③ 사업을 위해 취득하여 매입세액공제를 받은 재화를 고객에게 무상으로 증여하는 것은 원칙적으로 재화의 공급에 해당하는 것으로 본다.

④ 개인사업자가 사업용 자산을 증여세 납부 시에 물납하는 경우에도 면세재화인 경우를 제외하고는 재화의 공급으로 보아 부가가치세를 과세한다.

03 다음 중 부가가치세법상 과세거래에 해당하는 것은?

① 재화를 질권, 저당권 또는 양도담보의 목적으로 동산 등의 권리를 제공하는 경우

② 본점과 지점의 총괄납부승인을 얻은 사업자가 본사에서 지점으로 재화를 공급하고 세금계산서를 교부한 경우

③ 사업을 사업장별로 그 사업에 관한 모든 권리와 의무를 포괄적으로 승계시키는 것

④ 상속세 및 증여세법 또는 지방세법에 따라 조세를 물납하는 것

04 다음 중 부가가치세법상 재화가 아닌 것은?

① 전력   ② 기계장치

③ 선박   ④ 어음

05 다음 중 부가가치세가 과세되지 않는 거래는?

① 부동산임대업을 하는 사업자가 상가건물을 사무실로 임대한 경우

② 주택임대사업자가 부수토지를 제외한 주택을 임대하고 있는 경우

③ 냉장고 제조회사에서 제품인 냉장고를 직원에게 생일선물로 선물하는 경우

④ 건설회사가 상가건물을 분양하는 경우

03 공급(=거래)시기

1. 재화와 용역의 공급시기

재화 또는 용역의 공급시기는 재화·용역의 공급이 어느 과세기간에 귀속되는가를 결정하는 기준이 되며, 공급시기가 도래하면 거래상대방에게 세금계산서를 교부하여야 하므로 세금계산서 교부시기를 결정하는 중요한 의의를 지닌다. **일반적인 재화의 공급시기는 인도시, 용역의 공급시기는 용역제공완료시**가 된다.

① **현금, 외상, 할부판매** : 인도 또는 이용가능시

② **장기할부판매** : (부불횟수 2회이상, 기간이 1년이상), 완성도기준, 중간지급조건부(계약금, 중도금, 잔금형식으로 받고 기간이 6월이상), 계속적공급인 동력등 - 대가의 각 부분을 받기로 한 때. 단, 중간지급의 경우 계약금이외 대가를 일시지급시 - 재화의 인도 또는 용역 제공완료시

③ **조건부판매, 기한부판매** : 조건성취 또는 기한이 경과시

④ **재화의 공급으로 보는 가공** : 인도시

⑤ **간주공급** : 사용소비시 단, 직매장반출은 반출시, 사업상증여는 증여시, 폐업시 잔존재화는 폐업시

⑥ **무인판매기** : 현금 인취시

⑦ **직수출, 중계무역수출** : 선적일

⑧ **원양어업, 위탁판매수출** : 공급가액이 확정시

⑨ **위탁가공무역, 외국인도수출** : 인도시

⑩ **보세구역내에서 국내로 공급시(수입재화)** : 수입신고수리일

⑪ **간주임대료** : 예정신고기간 또는 과세기간의 종료일

⑫ **통상적인 용역의 공급** : 역무의 제공이 완료시

⑬ **대가를 받고 공급시기 도래전 세금계산서의 교부시(선수금 수령시)** : 세금계산서 교부시

⑭ **통신판매, 전자상거래판매** : 우편 또는 택배발송일

2. 세금계산서

① 발급의무자

부가가치세 납세의무자(일반과세자)로 등록한 사업자가 부가가치세가 과세되는 재화·용역 공급시에 발급한다. 위탁판매·대리인 판매 등의 경우에는 수탁자 등이 공급자 명의로 발급하고 비고란에 수탁자 등의 등록번호를 부기하여 발행한다.

② 세금계산서 발급시기

재화나 용역의 공급시기에 발급(공급시기 이전에 대금을 지급받은 경우 받은 대가에 대하여 발급가능) 한다.

③ 세금계산서 발급의무 면제

다음 각 호의 경우에는 세금계산서 발급의무가 면제되며, 일반사업자 중 열거된 사업을 하는 자와 간이과세자는 영수증을 발급할 수 있다.

- 택시운송·노점·행상·무인판매기 사업자
- 소매업 또는 목욕·이발·미용업을 영위하는 자가 공급하는 재화 또는 용역. 다만, 소매업의 경우에는 공급받는 자가 세금계산서의 발급을 요구하지 아니하는 경우에 한한다.
- 전력이나 도시가스를 실제 공급받는 소비자가 부가가치세법상 사업자가 아닌 경우에는 공급받는 명의자의 세금계산서 발급의무 면제
- 자가공급(타 사업장에 판매목적 반출 제외), 사업상증여, 폐업시 잔존재화에 해당하는 재화
- 일반과세자(아래 세금계산서를 발행할 수 없는 업종 제외)가 세금계산서 발급시기에 신용카드매출전표 등을 발급한 경우
- 도로 및 관련시설 운영용역(공급받는자가 세금계산서 발급을 요구하지 않는 경우에 한함)
- 부동산임대용역 중 간주임대료

④ 수입세금계산서

수입하는 재화에 대하여는 관세청장이 정하는 바에 의하여 세관장이 발급한다.

⑤ 세금계산서 필수적기재사항

- 공급하는 사업자의 등록번호와 성명 또는 명칭
- 공급받는 자의 등록번호
- 공급가액과 부가가치세액
- 작성연월일

⑥ 전자세금계산서 발행 및 전송기한

법인과 직접사업연도 사업장별 과세와 면세 공급가액합이 3억이상인 개인은 종이 세금계산서를 발급하는 성우와 동일하게 재화 또는 용역을 공급할 때에 선자세금계산서를 공급받는 자에게 발급해야 한다. 월합계로 발급하는 세금계산서에 의하는 경우에는 재화 또는 용역의 공급일이 속하는 달의 다음달 10일까지(토요일과 공유일인 경우 다음영업일) 발급할 수 있다. 전자세금계산서를 발급한 후 즉시 국세청에 전송함을 원칙으로 하되, 재화 또는 용역의 공급일의 다음날(특례는 다음달 11일)까지 국세청에 전송되어야 한다.

3. 공급시기 특례

① 공급시기후 발행 세금계산서(후발행)

다음의 경우는 재화·용역의 공급일이 속하는 달의 다음달 10일까지 세금계산서를 교부할 수 있다.

• 거래처별로 1역월의 공급가액을 합계하여 당해 월의 말일자를 발행일자로 하여 세금계산서를 교부하는 경우
  . 1월 거래분을 1월 31일을 발행일자로 하여 2월 10일까지 교부

• 거래처별로 1역월 이내에서 사업자가 임의로 정한 기간의 공급가액을 합계하여 그 기간의 종료일자를 발행일자로 하여 세금계산서를 교부하는 경우
  . "1월 1일 ~ 1월 15일", "1월 16일 ~ 1월 31일"의 경우 : "1월 15일", "1월 31일"을 발행일자로 하여 2월 10일까지 교부

• 관계 증빙서류 등에 의하여 실제거래사실이 확인되는 경우로서 당해 거래일자를 발행일자로 하여 세금계산서를 교부하는 경우
  . "1월 5일 거래 하였으나 세금계산서를 교부하지 못한 경우 : "1월 5일"을 발행일자로 하여 2월 10일까지 교부

② 공급시기이전 발행 세금계산서(선발행)

• 재화·용역의 공급시기 이전(다른 과세기간 포함)에 세금계산서를 교부하고 그 세금계산서 교부일로부터 7일 이내에 대가를 지급받는 경우에는 그 교부한 때를 세금계산서의 교부시기로 본다.

• 재화 또는 용역의 공급시기 이전에 세금계산서를 교부하고 그 세금계산서 교부일부터 7일 경과 후 대가를 지급받더라도 아래의 요건을 모두 갖춘 경우
  − 거래 당사자 간의 계약서·약정서 등에대금 청구시기(세금계산서 발급일을 말함)와 지급시기를 따로 적고, 대금청구시기와 지급시기 사이의 기간이 30일 이내인 경우
  − 세금계산서 발급일이 속하는 과세기간(조기환급을 받은 경우에는 세금계산서발급일부터 30일 이내)에 재화·용역의 공급시기가 도래하고 세금계산서에 적힌 대금을 지급받은 것이 확인되는 경우

01 부가가치세법상 재화공급시기가 잘못된 것은?

① 반환조건부등 기타조건부판매의 경우 : 조건이 성취되는 때
② 완성도기준지급에 의한 경우 : 대가의 각부분을 받기로 한 때
③ 보세구역내에서 보세구역외로 공급하는 경우 : 수입신고수리일
④ 위탁매매의 경우 : 위탁자가 수탁자에게 재화를 인도 하는 때

02 다음 중 부가가치세법상 거래시기에 대한 설명으로 틀린 것은?

① 장기할부판매의 경우에는 대가의 각 부분을 받기로 한 때
② 사업자가 보세구역내에서 보세구역 이외의 국내에 재화를 공급하는 경우에 당해 재화가 수입재화에 해당하는 때에는 수입신고수리일
③ 위탁매매 또는 대리인에 의한 매매의 경우에는 수탁자 또는 대리인의 거래시기
④ 임대보증금 등에 대한 간주임대료의 경우에는 그 대가의 각 부분을 받기로 한 때

03 다음에 열거한 것 중에서 부가가치세법상 세금계산서 교부의무가 면제되지 않는 것은?

① 수출대행수수료를 지급받는 경우
② 자가공급, 개인적 공급, 사업상 증여에 의한 재화의 공급
③ 국내에 주재하는 외국정부기관 등에 공급하는 재화의 공급
④ 목욕, 이발, 미용업자가 공급하는 용역의 공급

04 영세율과 면세

1. 영세율대상

세율이라 함은 세액을 산출하기 위하여 과세표준에 곱하는 비율(종가세의 경우) 또는 과세표준의 단위당 금액(종량세의 경우)을 말하는 것으로, 이러한 세율이 영(zero)인 것을 영세율이라 한다. 따라서 영세율이 적용되는 경우에는 당해 과세표준의 크기에 관계없이 산출한 세액은 항상 영이 된다.

① **수출하는 재화**
- 내국물품(우리나라 선박에 의하여 채포된 수산물을 포함한다)을 외국으로 반출하는 것
- 국내의 사업장에서 계약과 대가수령 등 거래가 이루어지는 것으로서 중계무역 방식의 수출, 위탁판매수출, 외국인도수출, 위탁가공무역방식의 수출
- 사업자가 내국신용장 또는 구매확인서에 의하여 공급하는 재화등도 수출에 포함됨

② **국외에서 제공하는 용역**

해외건설용역 등이 이에 해당한다.

③ **선박 또는 항공기의 외국항행용역**
- 선박 또는 항공기에 의하여 여객이나 화물을 국내에서 국외로, 국외에서 국내로 또는 국외에서 국외로 수송하는 것과 당해 선박, 항공기에 공급하는 부수재화·용역에 대해서는 영의 세율을 적용한다.
- 운송주선업자의 국제복합운송용역과 「항공법」에 의한 상업서류 송달용역은 외국항행용역에 포함된다.

④ **기타의 외화획득사업**
- 국내에서 비거주자, 외국법인에게 제공하는 재화 또는 일부용역
- 외교관등에게 공급하는 재화 또는 용역

⑤ 국가 등에 공급하는도시철도 건설용역(2023년 12월31일까지)

2. 면세대상

면세란 법률상의 납세의무를 면제하는 것으로 조세의 보편원칙에 따라 모든 사람에게 적용하고 있다. 면세제도는 조세(租稅)의 전부에 대한 납부의무를 면제하는 것으로서 조세의 일부에 대한 납부의무를 면제하는 감세제도(減稅制度)와 더불어 조세감면제도를 이룬다. 면세제도는 일단 과세대상에 포함되어 발생한 조세의 납부의무를 특정한 경우에 해제하는 것이라는 점에서 처음부터 과세대상에 포함되지 않는 것으로 하여 조세의 납부의무가 발생하지 않는 비과세제도(非課稅制度)와 구별된다.

구 분			면 세 대 상
부가가치세법 12조	재화·용역의 공급	기초생활 필수품 및 용역	• 식용미가공식료품과 국내산 농·축·수·임산물(국내산과 수입산 모두) • 비식용 국산 농·축·수·임산물(국내산만) • 수돗물(단,생수는 과세) • 연탄 및 무연탄(단, 착화탄, 갈탄, 유연탄은 과세) • 주택과 부수토지의 임대용역, 공동주택관리용역(단, 국민주택초과 주택공급과 토지의 임대, 상가의 공급및 임대는 과세) • 대중여객운송용역(단, 택시, KTX, 항공기, 우등고속은 과세) • 천연가스 시내버스(CNG버스) (2023년 12월31일까지) • 여성용생리처리 위생용품, 분유, 기저귀
		국민후생관련	• 의료보건용역과 혈액, 간병, 산후조리원등(단, 미용목적 성형수술, 애완동물 진료용역은 과세)
		교육관련	• 교육용역(단, 무도학원과 자동차운전학원교육용역은 과세) • 도서·신문 등 언론 매체(단, 광고는 제외)
		문화관련	• 문화·예술·체육분야(단, 서화, 골동품은 제외) • 도서관등의 입장용역
		부가가치의 생산요소 및 인적용역	• 금융·보험용역 • 토지의 공급 • 인적용역

기타 국가등에 무상으로 기부하는 물품도 면세에 해당

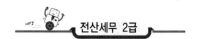

3. 면세와 영세율비교

구 분	면 세	영 세 율
개 념	일정한 재화·용역의 공급에 대해 납세의무를 면제하는 제도	일정한 재화·용역의 공급에 대한 과세표준에 영(0)의 세율을 적용
대 상	기초생필품, 조세정책 목적 등	수출하는 경우, 조세정책 목적 등
취 지	부가가치세의 세부담 역진성 완화	소비지국 과세원칙 실현
납세의무	부가가치세법상 납세의무 없음	납세의무 있음
납세자 협력의무	세금계산서합계표 제출의무, 대리납부의무	부가가치세법상 각종 권리·의무 있음
중간단계에서 적용시	환수효과 및 누적효과 발생	환수효과 발생

01 다음 중 부가가치세가 면세되는 재화 또는 용역의 개수는?

> ⓐ 도서, 잡지 ⓑ 수집용우표 ⓒ 복권 ⓓ 토지의임대 ⓔ 과일 ⓕ 보험용역

① 2개　　　　　　　　　　　　② 3개
③ 4개　　　　　　　　　　　　④ 5개

02 다음 중 부가가치세법상 면세대상에 해당하는 것은?

① 도서 대여　　　　　　　　　② 건물 임대
③ 비디오 대여　　　　　　　　④ 승용차 대여

03 다음 중 부가가치세법상 면세에 대한 설명으로 틀린 것은?

① 가공되지 아니한 식료품 및 우리나라에서 생산된 식용에 공하지 아니하는 농산물은 부가가치세를 면세한다.
② 면세대상이 되는 재화 또는 용역만을 공급하는 경우 부가가치세법상 사업자등록의무를 부담하지 아니하여도 된다.
③ 면세대상이 되는 재화가 영세율적용의 대상이 되는 경우에는 면세포기신청서를 제출하고 승인을 얻은 경우에 한하여 면세포기가 가능하다.
④ 면세포기신고를 한 사업자는 신고한 날로부터 3년간은 부가가치세의 면세를 받지 못한다.

04 다음 중 부가가치세법상 영세율 적용대상으로 틀린 것은?

① 사업자가 내국신용장 또는 구매확인서에 의하여 공급하는 재화
② 외국항행사업자가 자기의 승객만이 전용하는 호텔에 투숙하게 하는 행위
③ 수출대행업자가 수출품생산업자로부터 받는 수출대행수수료
④ 수출업자와 직접 도급계약에 의하여 수출재화를 임가공하는 수출재화임가공용역

05 과세표준

1. 과세표준

과세표준이라 함은 세법에 의하여 직접적으로 세액산출의 기초가 되는 과세물건의 수량 또는 가액을 말한다. 즉 과세표준이란 과세물건의 세액을 계산하기 위해 가격, 수량, 중량, 용적 등으로 수치화한 것으로 각 세목의 세액 계산의 기준이 된다. 이는 각 세법이 정하는 바에 따라 계산된다. 따라서 과세표준에 세율을 곱하면 산출세액이 계산된다.

구 분	대 상 금 액

과세표준	재화 또는 용역의 공급에 대한 다음 각 호 가액의 합계액
	(단, 부가가치세는 포함하지 아니한다)
	① 금전으로 대가를 받는 경우 → 그 대가
	② 금전 이외의 대가를 받는 경우 → 자기가 공급한 재화 또는 용역의 시가
	③ 재화의 공급에 대하여 부당하게 낮은 대가를 받거나 대가를 받지 아니하는 경우
	    → 자기가 공급한 재화의 시가
	④ 용역의 공급에 대하여 부당하게 낮은 대가를 받는 경우
	    → 자기가 공급한 용역의 시가
	⑤ 폐업하는 경우의 재고재화 → 시가

과세표준에포함하지 않는금액(또는 차감)	① 매출환입, 매출에누리, 매출할인 ② 공급받는 자에게 도달하기 전에 파손·훼손 또는 멸실된 재화의 가액 ③ 재화 또는 용역의 공급과 직접 관련되지 않는 국고보조금과 공공보조금 ④ 공급대가의 지급지연으로 인하여 지급받는 연체이자 ⑤ 재화 또는 용역을 공급한 후의 그 공급가액에 대한 할인액(매출할인) ⑥ 구분 기재된 종업원의 봉사료 ⑦ 반환조건부의 용기대금과 포장비용 ⑧ 마일리지 결제액
과표에서 차감하지 않는것	재화 또는 용역을 공급한 후의 그 공급가액에 대한 대손금·장려금(단, 판매장려품은 간주공급), 하자보증금등
과세표준에포함하는 금액	① 개별소비세·교통에너지환경세 또는 주세가 과세되는 경우에 당해 개별소비세·교통에너지환경세·주세·교육세 및 농어촌특별세 상당액 ② 할부판매의 이자상당액 ③ 대가의 일부로 받는 운송비·포장비·하역비·운송보험료·산재보험료 등
수입시 과표	관세의 과세가격과 관세·개별소비세·주세·교육세·교통에너지환경세 및 농어촌특별세의 합계액

2. 사례별 과세표준

구 분	외 화 환 산 액
공급시기 도래전에 원화로 환가한 경우	그 환가한 금액
공급시기 이후에 외화통화 기타 외국환 상태로 보유하거나 지급받는 경우	공급시기의 외국환거래법에 의한 기준환율 또는 재정환율에 의하여 계산한 금액

※수출시 과세표준 = 선수금환가액 + 나머지 외화 × 선적시점의 기준환율(또는 재정환율)

구 분	과 세 표 준
외상판매 및 할부판매	공급한 재화의 총가액(이자 상당액 포함)
장기할부판매	계약에 따라 받기로 한 대가의 각 부분 (이자상당액 포함)
완성도지급기준·중간지급조건부 공급 및 계속적으로 재화·용역을 공급하는 경우(열, 전기, 가스등)	계약에 따라 받기로 한 대가의 각 부분
자가공급·개인적 공급	자기가 공급한 재화의 시가
사업상 증여	자기가 공급한 재화의 시가
폐업시 잔존재화	① 상품·원재료 등 : 시가 ② 감가상각자산 : 간주시가
위탁가공무역 수출	완성제품의 인도가액
보세구역에서 공급하는 재화	당해 재화가 수입재화에 해당되는 경우 법 제13조 제4항에 규정하는 금액을 제외한 금액
위탁가공무역 수출	완성제품의 인도가액

3. 재화의 간주공급시 과세표준

사업자가 부동산임대용역을 제공하고 월정임대료와는 별도로 전세금 또는 임대보증금을 받는 경우에, 전세금 등에 일정한 이율(利率)을 곱하여 계산한 금액을 말한다. 간주임대료 또는 의제임대료라고 부른다. 간주임대료는 과세표준에 포함된다.

① **재화의 간주공급(공급의제)에 대한 과세표준**

구 분	부당하게 낮은 대가를 받은 경우		대가를 받지 않는 경우	
	특수관계자	특수관계 없는 자	특수관계자	특수관계 없는 자
재 화	시 가	거래금액	시 가	시 가
용 역	시 가	거래금액	과세안함	과세안함

② **일반적인 경우** : 당해 재화의 시가

③ **감가상각자산** : 과세표준=당해 재화의 취득가액 × (1-체감률×경과된 과세기간의 수)

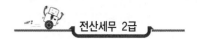

█ 체감률

구　　분	2002.1.1 이후 취득분
건물 · 구축물	5%
기타의 감가상각자산	25%

█ 경과된 과세기간의 수(한도)

구　　분	2002.1.1 이후 취득분
건물 · 구축물	20
기타의 감가상각자산	4

※ 경과된 과세기간의 수를 산정함에 있어서 "취득한 날"이라 함은 당해 재화가 실제로 사업에 사용되는 날을 말한다. (매매계약일이 아님.) 그리고 취득과세기간은 무조건 1과세기간에 산입하며, 재계산기간은 제외한다.

④ 과세사업에 공한 감가상각자산을 면세사업에 일부 사용하는 경우

→ 면세공급가액 비율이 5% 미만인 경우 과세표준이 없는 것으로 본다.

- **건물 또는 구축물**

$$과세표준 = 당해 재화의 취득가액 \times (1 - \frac{5}{100} \times 경과된\ 과세기간의\ 수)$$
$$\times \frac{면세사업에\ 일부\ 사용한\ 날이\ 속하는\ 과세기간의\ 면세공급가액}{면세사업에\ 일부\ 사용한\ 날이\ 속하는\ 과세기간의\ 총공급가액}$$

※ 2001.12.31 이전 취득분은 5/100를 10/100으로 적용한다.

- **기타의 감가상각자산**

$$과세표준 = 당해 재화의 취득가액 \times (1 - \frac{25}{100} \times 경과된\ 과세기간의\ 수)$$
$$\times \frac{면세사업에\ 일부\ 사용한\ 날이\ 속하는\ 과세기간의\ 면세공급가액}{면세사업에\ 일부\ 사용한\ 날이\ 속하는\ 과세기간의\ 총공급가액}$$

⑤ **판매목적 타사업장 반출의 경우** : 당해 재화의 취득가액 또는 일정액을 가산하여 공급하는 경우 그 가액

4. 과세표준 안분계산

하나의 거래가 2 이상(과세와 면세)의 과세방법을 달리하는 거래에 해당되는 경우, 그 거래의 금액을 일정한 방법에 따라 각각의 과세방법을 달리하는 거래의 금액으로 나누어 계산하는 것을 말한다.

① 과세표준

= 공급가액*직전과세기간의 과세공급가액/직전과세기간의 총공급가액

안분계산 배제 (즉 당해 재화의 공급가액을 과세표준으로 한다)

- 직전과세기간의 총공급가액 중 면세공급가액이 5%미만
- 재화의 공급가액이 50만원 미만
- 신규로 사업을 개시하여 직전과세기간이 없는 경우

단, 면세비율이 5%미만이더라도 공급가액이 5천만원이상인 경우에는 안분계산한다.

② 토지와 건물등을 일괄 공급하는 경우

- 토지 · 건물가액이 구분되는 경우

→ 구분된 실지거래가액에 의하여 토지 · 건물가액을 구분하여 과세한다.

- 토지 · 건물가액이 구분되지 않는 경우

→ 실지거래가액 중 토지와 건물 등의 가액의 구분이 불분명한 경우

구 분	안 분 계 산 방 법
감정평가가액이 있는 경우	감정평가가액에 비례하여 안분계산

- 실지거래가액을 알 수 없는 경우 토지 · 건물가액의 안분계산기준 적용순서

감정평가가액 ⇒ 기준시가 ⇒ (장부가액 ⇒ 취득가액)

③ 부동산 임대용역을 공급하는 경우

사업자가 부동산 임대용역을 공급하고 전세금 또는 임대보증금을 받는 경우에는 금전외의 대가를 받는 것으로 보아 다음과 같이 계산한 금액을 과세표준으로 한다.

$$\text{과세표준(간주임대료)} = \text{당해기간의 전세금또는 임대보증금} \times (\text{과세대상기간의 일수})$$

$$\times \frac{\text{계약기간 1년의 정기예금이자율 2.1\%}(\text{당해 예정신고기간 또는 과세기간종료일 현재})}{365(\text{윤년일 때 366})}$$

01 다음 중 부가가치세법상 과세표준에 포함되는 것은?

① 국고보조금
② 공급받는 자에게 인도된 이후에 멸실된 재화의 가액
③ 에누리액
④ 환입된 재화의 가액

02 다음 자료에 의해 부가가치세 과세표준을 계산하면? 단, 당해 사업자는 주사업장총괄납부승인을 받지 아니하였다.

- 상품 외상판매액(공급가액) : 50,000,000원
- 자기의 타사업장으로의 반출액 (공급가액) : 3,000,000원
- 판매처로 운송하는 도중 교통사고로 인해 파손된 상품(원가) : 1,000,000원
  ※단, 위 외상판매액에는 반영되어 있지 않다.
- 판매실적에 따라 거래처에 현금으로 지급한 장려금 : 5,000,000원

① 48,000,000원   ② 49,000,000원
③ 53,000,000원   ④ 54,000,000원

06 매입세액불공제와 안분계산

1. 매입세액불공제대상

사업자가 자기의 사업을 위하여 사용되었거나 사용될 재화 또는 용역의 공급 및 재화의 수입에 대한 매입세액은 매출세액에서 공제되지만, 아래의 경우에는 거래징수당한 사실이 세금계산서 등에 의하여 입증된다 하더라도 그 매입세액은 자기의 매출세액에서 공제받지 못한다.

① 세금계산서 미수취, 부실기재

• 세금계산서를 교부받지 않은 경우

재화·용역을 공급받거나 재화의 수입시 세금계산서를 교부받지 아니한 것을 말하는 것으로 세금계산서 이외에 영수증이나 기타 증빙서류에 의하여 부가가치세를 거래징수당한 사실이 확인된다 하더라도 매입세액으로서 공제받지 못한다.

• 세금계산서를 부실기재한 경우

사업자가 교부받은 세금계산서에 필요적 기재사항의 전부 또는 일부가 기재되지 아니하였거나 사실과 다르게 기재된 경우

• 필요적기재사항

　－ 공급하는 사업자의 등록번호와 성명 또는 명칭

　－ 공급받는 자의 등록번호

　－ 공급가액과 부가가치세액

　－ 작성연월일

② 매입처별세금계산서합계표 미제출, 부실기재분

③ 사업무관자산 구입

사업과 직접 관련이 없는 지출에 대한 매입세액은 매출세액에서 공제하지 아니하며, "사업과 직접 관련이 없는 지출"의 범위는 아래와 같다.

• 공동경비 중 분담금액을 초과하는 비용에 대한 매입세액 불공제

- 사업과 직접관련없는 매입세액의 범위
  - 사업자가 그 업무와 관련없는 자산을 취득·관리함으로써 발생하는 취득비·유지비
  - 수신비와 이와 관련되는 필요경비
  - 사업자가 그 사업에 직접 사용하지 아니하고 타인(종업원 제외)이 주로 사용하는 토지·건물 등의 유지비·수선비·사용료와 이와 관련되는 지출금
  - 사업자가 그 업무와 관련없는 자산을 취득하기 위하여 차입한 금액에 대한 지급이자
  - 사업자가 사업과 관련없이 지출한 접대비

    단, 사업과 관련하여 사용인에게 실비변상적이거나 복지후생적인 목적으로 지급되는 재화에 대하여는 재화의 공급으로 보지 아니하며, 당해 재화의 구입과 관련된 매입세액은 공제됨

    직원들의 야유회, 어버이날 위안잔치와 관련된 매입세액

    사용인에게 무상으로 공급된 작업복, 작업모, 면장갑 등과 관련된 매입세액은 제외

④ 비영업용소형승용차관련

사업자가 비영업용소형승용차를 구입 또는 임차하거나 당해 비영업용 소형승용차의 유지에 관련된 매입세액은 공제되지 아니한다.

- 비영업용 : 비영업용이라 함은 운수업·자동차 판매(대여)업 등과 같이 승용차가 직접 자기사업의 목적물이 되는 것을 제외한 모든 것을 말함
- 소형승용차 : 소형승용자동차는 「개별소비세법」 제1조 제2항 제3호에 규정하는 승용자동차를 말함
  - 8인승 이하의 일반형 승용자동차(1000cc 이하의 것으로서 길이가 3.6미터 이하이고, 폭이 1.6미터 이하인 경차 제외)
  - 125cc 초과 2륜 자동차
  - 캠핑용 자동차(캠핑용 트레일러 포함)

⑤ 접대비관련

접대비는 교제비·사례금 기타 명목 여하에 불구하고 이와 유사한 성질의 비용을 사업자가 업무와 관련하여 지출한 금액으로서, 접대비 등의 지출에 관련된 매입세액은 정책적인 목적에서 일률적으로 매입세액을 공제하지 아니하여 접대비 및 이와 유사한 비용의 지출을 억제하고자 하는데 목적이 있다고 할 것이다.

⑥ 면세사업관련

면세사업자는 부가가치세 납부의무가 없는 사업자이므로 공급받을 때 거래징수당한 매입세액을 공제 받지 못한다. 단 매입세액은 취득원가를 구성하여 감가상각을 통해 제조원가 또는 매출원가에 산입하여 최종소비자에 전가된다.

⑦ 토지관련 매입세액

토지의 조성등을 위한 자본적지출에 관련된 다음에 해당하는 매입세액은 공제되지 않는다.
- 토지의 취득 및 형질변경, 공장부지 및 택지의 조성 등에 관련된 매입세액
- 건축물이 있는 토지를 취득하여 그 건축물을 철거하고 토지만을 사용하는 경우 철거한 건축물의 취득 및 철거비용에 관련된 매입세액
- 토지의 가치를 현실적으로 증가시켜 토지의 취득원가를 구성하는 비용에 관련된 매입세액

⑧ 등록전 매입세액

다만, 공급시기가 속하는 과세기간이 끝난 후 20일 이내에 등록을 신청한 경우 등록 신청일부터 공급시기가 속하는 과세기간 개시일(1.1. 또는 7.1.)까지 역산한 기간 이내의 매입세액은 공제 가능하다.

⑨ 금거래계좌 미사용 관련 매입세액

2. 공통매입세액 안분－3개월분으로 안분

① 과세사업과 면세사업을 겸영

면세사업에 관련된 매입세액의 계산은 실지귀속에 따라 하되, 과세사업과 면세사업에 공통으로 사용되어 실지귀속을 구분할 수 없는 공통매입세액은 다음 산식에 의하여 계산한다.
다만, 예정신고를 하는 때에는 예정신고기간에 있어서 총공급가액에 대한 면세공급가액의 비율에 의하여 안분계산하고, 확정신고를 하는 때에 정산한다.

$$\text{면세사업에 관련된 매입세액} = \text{공통매입세액} \times \frac{\text{당해신고기간 면세공급가액}}{\text{당해신고기간 총공급가액}}$$

※ 공통매입세액과 관련이 없는 고정자산의 매각금액은 총 공급가액 및 면세 공급가액에서 제외한다.

② 다음의 경우에는 전액 공제되는 매입세액으로 한다.

- 당해 과세기간의 총공급가액 중 면세공급가액이 100분의 5 미만인 경우
- 당해 과세기간 중의 공통매입세액이 5만원 미만인 경우의 매입세액
- 신규로 사업을 개시한 자가 당해 과세기간 중에 공급받은 재화를 당해 과세기간 중에 공급하는 경우

단, 면세비율이 5%미만이더라도 매입세액이 5백만원이상인 경우에는 안분계산한다.

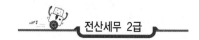

③ 당해 과세기간 중 과세사업과 면세사업의 공급가액이 없거나 그 어느 한 사업의 공급가액이 없는 경우에 당해 과세기간에 있어서의 안분계산은 다음 각호의 순(다만, 건물을 신축 또는 취득하여 과세사업과 면세사업에 제공할 예정면적을 구분할 수 있는 경우에는 제3호를 제1호 및 제2호에 우선하여 적용한다)에 의하여 계산하고, 과세사업과 면세사업의 공급가액 또는 사용면적이 확정되는 경우에는 공통매입세액을 정산한다.

> • 총매입가액(공통매입가액을 제외한다)에 대한 면세사업에 관련된 매입가액의 비율
> • 총예정공급가액에 대한 면세사업에 관련된 예정공급가액의 비율
> • 총예정사용면적에 대한 면세사업에 관련된 예정사용면적의 비율

3. 공통매입세액의 정산−6개월분으로 안분

사업자가 공통매입세액을 안분계산한 경우에는 당해 재화의 취득으로 과세사업과 면세사업의 공급가액 또는 사용면적이 확정되는 과세기간에 대한 납부세액을 확정신고하는 때에 아래 산식에 의하여 정산한다.

다만, 예정신고 경우에는 예정신고기간의 총공급가액에 대한 면세공급가액의 비율 또는 총사용면적에 대한 면세사용면적의 비율에 의하여 안분계산하고, 확정신고 하는 때에 정산한다.

① 공급가액의 규정에 의하여 매입세액을 안분계산한 경우

$$\text{가산 또는 공제되는 세액} = \text{총공통매입세액} \times \left(1 - \frac{\text{과세사업과 면세사업의 공급가액이 확정되는 과세기간의 면세공급가액}}{\text{과세사업과 면세사업의 공급가액이 확정되는 과세기간의 총공급가액}}\right) - \text{기공제세액}$$

② 예정사용면적 의 규정에 의하여 매입세액을 안분계산한 경우

$$\text{가산 또는 공제되는 세액} = \text{총공통매입세액} \times \left(1 - \frac{\text{과세사업과 면세사업의 사용면적이 확정되는 과세기간의 면세사용면적}}{\text{과세사업과 면세사업의 사용면적이 확정되는 과세기간의 총사용면적}}\right) - \text{기공제세액}$$

4. 납부 · 환급세액 재계산

① 매입세액이 공제된 감가상각자산을 부가가치세가 면제되는 재화 또는 용역을 공급하는 사업 또는 기타의 목적을 위하여 사용하거나 소비하는 때에는 당해 과세기간에 납부 · 환급세액을 재계산하여 신고 납부하여야 한다.(면세비율의 차가 5/100 이상인 경우에 한하여 적용)

② 건물 또는 구축물

가산 또는 공제되는 세액 = 당해 재화의 매입세액 × $(1 - \dfrac{5}{100} \times$ 경과된 과세기간의 수$)$

　　　× 증가되거나 감소된 면세공급가액의 비율 또는 증가되거나 감소된 면세사용면적의 비율

※ 2001.12.31 이전 취득분은 5/100를 10/100으로 적용

③ 기타의 감가상각자산

가산 또는 공제되는 세액 = 당해 재화의 매입세액 × $(1 - \dfrac{25}{100} \times$ 경과된 과세기간의 수$)$

　　　× 증가되거나 감소된 면세공급가액의 비율 또는 증가되거나 감소된 면세사용면적의 비율

※ 면세관련매입세액 = 공통매입세액 * 면세공급가액 / 총공급가액(단, 공급받은 과세기간에 공급하는 경우에는 직전 과세간의 공급가액)

01 다음 중 부가가치세법상 납부세액 또는 환급세액의 재계산에 대한 설명으로서 틀린 것은?

① 감가상각자산에 대해서만 납부세액 재계산을 한다.

② 취득일 또는 그후 재계산한 과세기간의 면세비율이 당해과세기간의 면세비율과 5% 이상 차이가 나는 경우에 한해서 납부세액 재계산을 한다.

③ 예정신고때도 면세비율의 증감이 있으면 납부세액을 재계산하고, 확정신고시 다시 정산한다.

④ 취득후 2년이 지난 기계장치의 경우 면세비율이 5%이상 증감하였다 하더라도 납부세액의 재계산을 할 필요가 없다.

02 다음 중 부가가치세법상 일반과세사업자가 당해 과세기간분 부가가치세 확정신고시 공제받을 수 있는 매입세액은?

① 접대비 관련 매입세액

② 직전 과세기간 부가가치세 확정신고시 누락된 세금계산서상의 매입세액

③ 세금계산서 대신에 교부받은 거래명세표상의 매입세액

④ 당해 과세기간 부가가치세 예정신고시 누락된 상품매입 세금계산서상의 매입세액

07 부속명세서

1. 신용카드수취명세서

일반과세자로부터 재화나 용역을 공급받고 부가가치세액이 별도로 구분 가능한 신용카드 매출전표 등을 교부받은 경우 동 부가가치세액은 매입세액으로 공제한다.(이면확인 없이 공제가능)

① 일반과세자

일반과세자는 세금계산서를 교부할 수 없는 아래 사업을 영위하는 사업자를 제외한 모든 일반과세 사업자를 말한다. 간이과세자와 면세사업자로부터 수취도 공제대상이 아니다.

• 목욕 · 이발 · 미용업
• 여객 운송업(전세버스 제외)
• 입장권 발행 사업자

② 공제요건

• 「신용카드매출전표 등 수취명세서」를 제출하고
• **신용카드매출전표등을 5년간 보관할 것**(아래의 경우 매출전표 등을 보관한 것으로 봄)
  - 신용카드 등의 월별 이용대금명세서를 보관
  - 신용카드 등의 거래정보를 전송받아 ERP(전사적 자원관리시스템)에 보관

③ 공제대상 신용카드매출전표 등

• 사업과 관련하여 매입한 금액에 대하여 신용카드 등으로 결제한 경우 세금계산서의 수취없이 신용카드매출전표 등에 의하여 매입세액으로 공제
  - 신용카드매출전표(결제대행업체 통한 거래 포함), 직불카드영수증, 선불카드(실지명의가 확인되는 것), 규정에 의한 현금영수증
  - 현금영수증을 소득공제용으로 수취한 경우 현금영수증 발급일로부터 18개월 이내의 거래분에 대하여는 지출증빙용으로 정정 가능하다.
• 사업자 본인 · 가족 및 종업원 명의 신용카드사용분 공제가능

④ 매입세액 불공제 대상 신용카드매출전표 등

- 비영업용 소형승용차 관련 매입세액(유대 등)·접대비 관련 매입세액·사업과 관련없는 매입세액(가사용 매입 등)을 신용카드매출전표 등으로 수취한 경우
- 간이과세자·면세사업자로부터 신용카드매출전표 등을 수취한 경우
- 타인(종업원 및 가족 제외) 명의 신용카드를 사용한 경우
- 외국에서 발행된 신용카드

2. 의제매입세액공제

농·축·수·임산물을 면세로 구입하여 부가가치세가 과세되는 재화를 제조·가공하거나 용역을 창출하는 사업자에 대하여 일정금액을 매입세액으로 공제한다.

① 공제대상 품목

- 농·축·수·임산물
- 김치·두부 등 단순가공식품과 광물인 소금
- 농·축·수·임산물의 1차 가공 과정에서 발생하는 부산물

② 공제대상 사업자

- 면세농산물 등을 원재료로 하여 제조·가공하여 공급하는 재화·용역이 국내에서 부가가치세가 과세되는 경우
- 농·어민 등으로부터 직접 농산물 등을 구입하는 경우에는 제조업자 및 간이과세 음식업자에 한하여 공제된다. (법인음식점은 농. 어민으로 구입한 것은 공제대상 안됨)

③ 공제율

- **일반업종** : 매입가액(부대비용 제외)의 2/102
- **음식점업** : 법인사업자의 경우 6/106(개인사업자의 경우 8/108) 개인음식점업자 중 연매출 2억원 이하인 자의 공제율을 9/109
- 중소제조업(개인사업자포함)인 경우 4/104
- **제조업중 과자점, 도정업, 제분업 및 떡방앗간 6/106**

④ 매입가액

- 의제매입세액의 공제대상이 되는 원재료의 매입가액은 운임 등의 부대비용을 제외한 매입원가로 한다.
- 과세사업과 면세사업을 겸영하는 사업자가 제조·채취·채굴·재배·양식 기타 이와 유사한 방법에 의하여 취득한 면세원재료가액은 취득가액으로 한다.
- 수입한 면세농산물의 의제매입가액은 관세의 과세가격으로 한다.

⑤ **관련서류의 제출**

- **의제매입세액 공제신고서에 아래 서류를 첨부하여 제출**
  - 매입처별계산서합계표
  - 신용카드매출전표 등 수취명세서
- 제조업 및 간이과세 음식업을 영위하는 사업자가 농·어민으로부터 면세농산물 등을 직접 공급받는 경우에는 「의제매입세액공제신고서」만 제출한다. → 영수증 등 증빙서류 제출 생략
  ※ 무신고시 수정신고·경정청구·경정기관의 확인을 거쳐 제출하는 경우 공제가능
- **의제매입세액 재계산**

  과세사업에 사용할 목적으로 의제 매입세액 공제를 받은 농산물 등을 그대로 양도하거나, 면세사업에 사용하는 경우에는 전용한 날이 속하는 예정·확정신고시 공제 받은 의제매입세액을 재계산하여 납부세액에 가산하거나 환급세액을 공제한다.

3. 재활용폐자원 등 매입세액공제

재활용폐자원 및 중고품을 수집하는 사업자(일반과세자)가 국가·지방자치단체 또는 개인 등 사업자가 아닌 자와 간이과세자 및 면세사업자로부터 재활용폐자원 및 중고품을 취득하여 제조 또는 가공하거나 이를 공급하는 경우 일정금액을 매입세액으로 공제할 수 있다.

① **공제율 및 공제시기**

- **재활용폐자원** : 취득가액 × 3/103 (2023년 12월31일까지)
- **중고자동차** : 취득가액 × 10/110
- 재활용폐자원을 취득한 날이 속하는 과세기간의 부가가치세 신고시 공제

② **공제대상 품목**

- 재활용 폐자원
- **중고품** : 자동차관리법에 의한 자동차(중고자동차에 한하며, 제작일로부터 수출신고수리일까지 1년미만인 경우에는 제외)

4. 대손세액공제

사업자가 부가가치세가 과세되는 재화·용역을 공급하였으나, 공급받는 자의 파산 등으로 매출채권(부가가치세 포함)의 전부 또는 일부를 회수할 수 없는 경우에는 대금을 회수하지 못한 매출액에 대하여 부가가치세액만 납부하는 경우가 발생할 수 있다.

따라서 회수하지 못한 매출채권에 대한 세액을 이미 신고한 경우에는 그 대손이 확정된 날이 속하는 과세기간의 매출세액에서 이를 차감하여 신고할 수 있다.

또한, 변제받지 못할 매출채권으로 확정하여 대손세액공제를 하였으나 이후 대손금액의 전부 또는 일부를 회수한 경우에는 대손금액을 회수한 날이 속하는 과세기간의 매출세액에 가산하여 신고하여야 한다. 그리고, <u>사업자가 부가가치세 과세되는 재화 또는 용역을 공급한 후 그 공급일로부터 10년이 지난 날이 속하는 과세기간 확정신고기한까지 공제가능</u>

① 대손세액 공제사유

* 소멸시효가 완성된 외상매출금 및 미수금등(중소기업 외상매출금으로서 회수기일로부터 2년이 경과한 외상매출금 및 미수금- 다만, 특수관계인과의 거래는 제외)
* 회생계획인가의 결정 또는 법원의 면책결정에 따라 회수불능으로 확정된 채권
* 채무자의 재산에 대한 경매가 취소된 압류채권
* 채무자의 파산, 강제집행, 형의 집행, 사업의 폐지, 사망, 실종, 행방불명으로 인하여 회수할 수 없는 채권
* 부도발생일부터 6월이상 경과한 수표 또는 어음상의 채권 및 외상매출금(중소기업의 외상매출금으로서 부도발생일이전의 것). 다만, 당해 법인이 채무자의 재산에 대하여 저당권을 설정하고 있는 경우 제외
* 회수기일을 6월이상 경과한 채권중 30만원 이하(채무자별 채권가액의 합계액을 기준)의 채권
* **회생계획인가결정에 따라 채권을 출자전환시**

② 대손세액의 계산 : 대손세액 = 대손금액(부가가치세 포함) × 10/110

③ 대손세액의 처리 : 대손이 확정(변제)된 경우 확정신고시 매출·매입세액에 차가감하여 신고한다.

구 분	공 급 자	공 급 받 은 자
대손이 확정된 경우	대손세액을 매출세액에서 차감	대손세액을 매입세액에서 차감
대손금을 변제한 경우	대손세액을 매출세액에 가산	대손세액을 매입세액에 가산

④ 대손세액을 공제받지 못하는 경우

* 재화·용역의 공급일로부터 10년이 경과한 날이 속하는 과세기간에 대한 확정신고 기한까지 대손이 확정되지 아니한 경우
* 대손이 확정되는 날 이전에 폐업한 경우와 대여금이 대손된 경우
* 법원의 회사정리계획인가 결정으로 외상매출금을 분할하여 전액 지급받기로 한 경우

⑤ 대손세액을 변제한 경우

대손세액 공제규정에 의하여 매입세액을 차감(세무서장이 경정한 경우 포함)한 사업자가 대손금액의 전부 또는 일부를 변제한 경우, 변제한 대손금액에 관련된 대손세액을 변제한 날이 속하는 과세기간의 매입세액에 가산하여 공제한다.

5. 신용카드매출전표 등 매출에 대한 세액공제

개인사업자로서 부가가치세가 과세되는 재화 또는 용역을 공급하고 세금계산서의 교부시기에 신용카드매출전표 등을 발행하거나, 전자적 결제수단에 의하여 대금을 결제받는 경우 및 현금영수증을 발행하는 경우에는 그 발행금액 또는 결제금액의 100분의 1.3(음식점 및 숙박업은 2.6%)에 상당하는 금액(**연간 1,000만원 한도**) 단, 직전수입금액 10억초과개인 제외

6. 가산세

종 류	사 유	가산세액 계산
전자세금계산서미발급가산세(확정신고기한까지 미발급시) 미교부 및 위장·가공세금계산서 교부 가산세 <small>수취분도 포함, 실제공급자·공급받는자가 아닌 타인을 기재시</small>		공급가액 × 2%(종이 1%) 사실과 다른 경우-공급가액× 2% 가공인 경우-공급가액× 3%
전자세금계산서 지연발급가산세 (공급일의 다음달 11일 - 확정신고기한까지 발급시)		공급가액 × 1%(지연수취는 0.5%)
전자세금계산서미전송가산세(확정신고기한까지 미전송시)		**공급가액 × 0.5%**
전자세금계산서지연전송가산세 (발급일의 다음날이후부터 - 확정신고기한)		**공급가액 × 0.3%**
영세율신고 불성실가산세	과세표준의 무신고·과소신고	공급가액 × 0.5% × 감면
	영세율첨부서류 미제출	
납부·환급불성실 가산세	납부세액의 무납부·과소납부	미달납부(초과환급)세액 × **(22/100,000)** × 미납일수
	초과환급받은 세액	※초과환급세액은 환급 다음날부터 계산, 자진납부일 또는 고지일 포함
신고불성실가산세 (부당은 모두 40%)	무신고	해당세액 × 20% × 감면
	과소신고	해당세액 × 10% × 감면
	초과환급신고	해당세액 × 10% × 감면

☆ 수정신고시 신고불성실가산세 감면: 1개월내 신고시 90%, 3개월내 신고시 75%, 6개월내 50%, 1년내 30% , 1년 6개월내 20%, 2년내 신고시 10%감면
기한후신고시 1개월내신고시 50%, 3개월내신고시 30%, 6개월내신고시 20%감면

☆소액 체납에 대한 납부지연가산세 면제확대 150만원

08 간이과세

1. 간이과세자

간이과세자란 1년간 매출액이 8,000만원미만인 소규모 개인 사업자를 말하는 것입니다. 단 소규모라고 모두 간이과세를 적용할수 있는 것은 아니라, 아래의 간이과세 배제기준에 해당되는 사업자의 경우는 소규모이더라도 간이과세자를 적용할 수 없다.

예외--4800만원이상 8,000만원미만인 경우에는 세금계산서를 발행해야 한다.

(부동산 임대업과 과세유흥장소는 4,800미만 유지)

[간이과세 배제기준]

• 법인사업자(개입사업자만 간이과세가 될 수 있음)

• 광업

• 제조업(단 과자점, 떡방앗간, 도정/제분업, 양복/양장/양화점 은 가능)

• 도매업(소매업 겸업시 도/소매업 전체)

• 부동산 매매업

• 시 이상 지역의 과세유흥장소

• 전문직사업자(변호사, 변리사 등)

• 일반과세 적용을 받는 다른 사업장이 있는 경우(단 개인택시,이미용업 등은 가능)

• 일반과세자로부터 포괄적으로 양수 받은 사업

2. 일반과세자와 차이점

적용대상	일반과세자	간이과세자
적용대상	1년간 매출액이 4,800만원 이상이거나 간이과세 배제업종 지역인 경우	아래요건 모두 충족해야 함. ① 1년간 매출액이 8,000만원 미만 ② 간이과세 배제업종 지역이 아니어야 함.
매출세액	공급가액×10%	공급대가×업종별 부가가치세율×10%
세금계산서 발행	의무적 발행	발행할 수 없음
매입세액 공제	전액공제	매입세액×업종별 부가가치세율
의제매입세액 공제	모든 업종 공제	음식사업자만 공제

① 간이과세자 납부의무 면제 : 해당과세기간에 대한 공급대가의 합계액이 4,800만원 미만시 납부의무 면제
② 제조업의 의제매입세액공제율 : 6/106

01 다음 중 부가가치세법상 의제매입세액공제와 관련된 설명 중 틀린 것은?

① 음식점에서 양념하지 않은 돼지고기를 구입해 계산서를 받은 경우 의제매입세액공제대상이다.

② 의제매입세액공제는 법인사업자에게도 적용된다.

③ 의제매입세액의 공제시기는 면세농산물 등을 구입하여 과세사업에 사용하는 시점이다.

④ 예정신고시에도 의제매입세액공제를 적용한다.

02 다음 중 부가가치세신고시 수입금액명세서 제출대상이 아닌 것은 ?

① 음식점업

② 경영지도사업

③ 감정평가사업

④ 법무사업

03 다음 중 부가가치세법의 내용으로 틀린 것은?

① 부가가치세의 면제를 받아 공급받은 농산물 등을 원재료로 하여 과세재화를 생산하는 경우 의제매입세액으로 공제한다.

② 음식점업 사업자의 신용카드매출전표 등 발행세액공제액은 공급가액의 1.3%이다.

③ 법인이 부가가치세가 과세되는 재화를 공급하고 신용카드매출전표를 발행한 경우 신용카드매출전표 등 발행세액공제를 받을 수 없다.

④ 예정신고 미환급세액은 확정신고시 납부(환급)할 세액에서 공제(가산)한다.

Winners make it happen, losers let it happen.

Chapter

04

소득세

01 소득세 총설

1. 소득세 특징

소득세는 개인의 수입을 종합적으로 파악하여 이것을 그 개인의 소득으로 하고 그 소득을 직접 과세객체로 하여 과세하는 조세를 말한다.

① 소득세특징

- **열거주의 원칙과 제한적 포괄주의**

  소득세법은 근로·재산·사업 등과 같이 특정의 소득원천으로부터 주기적·반복적으로 발생되는 소득을 한정적으로 열거하는 방식으로 과세소득의 범위를 정하고 있다. 그 열거에 누락된 소득은 과세되지 않는다. 그러나 열거주의방식을 채택할 경우 경제발전에 따라 새로운 소득이 발생하더라도 세법을 개정하여 과세소득으로 열거하기 전에는 과세를 할 수 없는 문제가 있다. 따라서 이자소득, 배당소득 및 연금소득의 경우 제한적인 포괄주의를 채택하여 새로운 형태의 소득에도 과세할 수 있도록 하고 있다.

- **종합과세**

  소득세법은 이자소득·배당소득·사업소득(부동산임대소득포함)·근로소득·연금소득 및 기타소득의 6가지 소득을 종합소득으로 합산하여 과세하는 종합과세제도를 채택하고 있다. 퇴직소득, 양도소득은 개별적으로 과세하는 분류과세제도를 채택하고 있다.

- **역년과세**

  소득세법은 소득세는 1월 1일부터 12월 31일까지의 1년분의 소득금액에 대하여 과세한다. 그러나 일정한 경우에는 소득이 지급될 때 원천징수로써 과세를 종결하는 예외가 인정되는데, 이러한 경우의 원천징수를 '완납적 원천징수'라 한다.

- **개인별과세**

  소득세법은 개인을 단위로 하여 소득을 종합하고 있으며, 원칙적으로 생계를 같이하는 동거가족의 소득을 합산하여 과세하지 않는다. 그러나 부동산임대소득과 사업소득에 대하여는 예외적으로 일정요건을 충족하는 경우 거주자와 그 특수관계자를 하나의 단위로 하여 공동사업합산과세를 하고 있다.

- **7단계 초과 누진과세**

  소득세법은 원칙적으로 6%~42%의 초과누진세율구조를 채택하고 있다.

· **신고납세과세**

소득세는 신고납세방식을 취하고 있는 세목이다. 그러므로 납세의무자가 과세기간의 다음연도 5월 1일부터 5월 31일까지 과세표준확정신고를 함으로써 그 납세의무가 확정되며, 정부의 결정은 원칙적으로 필요하지 아니하다.

· **최저생계비보장**

부양가족 등의 사정을 감안하여 소득공제 방식의 인적공제제도를 채택하고 있다.

② **납세의무자** : 소득세의 납세의무자는 소득세 과세대상이 되는 소득이 귀속된 자연인이며. 거주자와 비거주자로 구분된다.

· **거주자** : 국내에 주소를 두거나 183일이상 국내에 거소를 둔 개인을 말한다.

· **비거주자** : 거주자가 아닌 자를 말한다.

　－ 거주자 · 비거주자 여부는 대한민국 국민이라는 개념과는 상이한 것이며, 당해 개인의 국적이나 외국영주권의 취득여부와도 관련이 없다.

　－ 공무원은 외국에서 계속하여 근무함으로써 국내에 주소가 없게되는 때에도 거주자로 본다.

③ **과세기간** : 과세기간은 국세의 과세표준의 계산의 기초가 되는 기간을 말하는 것으로 소득세의 과세기간은 아래와 같다.

· 역년과세(1/1 – 12/31)

· 예외 : 사망과 출국시

④ **납세지**

· **거주자** : 주소지, 주소지 없으면 거소지

· **비거주자** : 국내사업장소재지

⑤ **과세방식**

과세방법	소득종류	적용기준
종합과세	이자 · 배당 소득	합산소득이 2천만원을 초과해야 종합과세
	근로 · 사업 · 부동산임대	무조건 종합과세
	연금소득	사적연금 1,200백만원을 초과해야 종합과세 공적연금은 무조건 종합과세
	기타소득	소득금액이 3백만원을 초과해야 선택 종합과세
분류과세	양도소득	양도차익에 대해서 별도 과세
	퇴직소득	퇴직소득에 대해서 별도 과세
분리과세	원천징수대상소득	완납적 원천징수

2. 종합소득금액

소득세법은 이자소득·배당소득·사업소득(부동산임대소득포함)·근로소득·연금소득 및 기타소득의 6가지 소득을 종합소득으로 합산하여 과세하는 종합과세제도를 채택하고 있다. 결손금이 발생한 사업소득은 근로소득, 연금소득, 기타소득, 이자소득, 배당소득순으로 공제하고, 사업소득의 이월결손금은 사업소득, 근로소득, 연금소득, 기타소득, 이자소득, 배당소득순으로 공제하며, 부동산임대소득의 결손금과 이월결손금은 다른소득에서 차감하지 못한다.

	총 수 입 금 액 계 산	필요경비	소득금액
①	이자소득－비과세, 분리과세	×	이자소득금액
	은행이자, 채권증권이자, 10년미만 보험차익(10년 이상은 비과세), 직장공제회초과반환금, 비영업대금이익 / 비과세－ 공익신탁이익		
②	배당소득－비과세, 분리과세	×(+gross up)	배당소득금액
	잉여금배당, 건설이자배당, 인정배당, 신탁이익, 의제배당		
③	부동산임대소득(사업)－비과세,분리과세	○	사업소득금액
	부동산 또는 부동산상권리대여, 공장재단및광업재단대여, 채굴권대여 / 비과세－전답대여, 주택임대		
④	사업소득(부동산임대이외)	○	사업소득금액
	영리성, 계속성, 독립성있는 소득 / 비과세 － 연 3,000만원이하 농가부업소득등은 비과세		
⑤	근로소득－비과세,분리과세	근로소득공제	근로소득금액
⑥	연금소득－비과세,분리과세	연금소득공제	연금소득금액 (2002.1/1이후불입분)
⑦	기타소득－비과세,분리과세	법정필요경비또는 실제경비	기타소득금액

01 다음 중 소득세법상 소득의 구분으로 틀린 것은?

① 국내에서 받는 배당부투자신탁수익의 분배금 － 배당소득
② 공익목적외 지역권, 지상권을 대여하고 받는 소득 － 부동산임대소득
③ 산업재산권의 양도로 인하여 발생하는 소득 － 기타소득
④ 외국법인이 발행한 채권의 이자와 할인액 － 이자소득

02 다음 중 소득세법상 이자소득의 수입시기로 틀린 것은?

① 저축성보험의 보험차익 － 보험금 또는 환급금의 지급일
② 보통예금의 이자로서 계약기간을 연장하는 경우 － 그 연장하는 날
③ 직장공제회 초과반환금 － 근로계약이 종료되는 날
④ 통지예금의 이자 － 인출일

03 다음 중 소득세법상 종합소득과세표준에 합산대상이 아닌 것은?

① 퇴직소득이 있는 경우
② 연간 기타소득금액의 합계액이 300만원을 초과하는 경우
③ 부동산임대소득이 있는 경우
④ 사업소득이 있는 경우

04 다음 중 소득세법상 소득의 구분이 틀린 것은?

① 공익목적외 지역권, 지상권의 대여소득 － 부동산임대소득
② 종업원이 주택 구입자금을 무상으로 대여받음으로써 얻는 이익 － 근로소득
③ 계약의 위약 또는 해약으로 인하여 받는 위약금과 배상금 － 기타소득
④ 국내에서 받는 투자신탁수익의 분배금 － 배당소득

05 다음 중 소득세법상 종합소득으로 과세되지 않는 것은?

① 법인세법상 상여로 소득처분된 금액

② 토지를 매각함에 따른 유형자산처분이익

③ 부동산임대업에서 발생하는 임대소득

④ 부동산매매업에서 발생하는 부동산매매소득

06 다음 자료에 의하여 제조업을 영위하는 개인사업자 이희성씨의 사업소득 총수입금액을 계산하면?

• 총매출액 : 20,000,000원
• 매출에누리 : 2,000,000원
• 매출할인 : 500,000원

① 13,500,000원   ② 10,500,000원

③ 17,500,000원   ④ 20,500,000원

07 다음 중 소득세법상의 소득구분으로 옳지 않는 것은?

① 사업자의 은행이자수입 : 사업소득

② 부동산매매업과 주택신축판매업 소득: 사업소득

③ 공익목적외 지역권을 설정하고 받는 금품 또는 소득: 사업소득

④ 농업(작물재배업 제외)소득: 사업소득

08 다음 중 소득세법상 사업소득금액 계산시 필요경비에 산입되는 항목은?

① 대표자의 급여와 퇴직급여

② 부가가치세

③ 부가가치세의 가산세

④ 거래수량에 따라 지급하는 판매장려금

09 다음 사례에서 소득세법상 원천징수세액이 가장 큰 경우는?

① 이만복씨가 로또복권에 당첨된 1,000,000원

② 세무사업을 하는 이세무씨가 일시적인 강의를 하고 받은 1,000,000원

③ 호텔종업원이 봉사료로 받은 사업소득금액 1,000,000원

④ 이금융씨가 은행에 예금을 하고 이자로 받은 1,000,000원

10 다음 중 소득세법상 사업소득의 필요경비에 산입되지 않은 것은?

① 종업원의 급여

② 사업용 고정자산의 감가상각비 중 범위한도내의 금액

③ 부가가치세 신고시 공제된 일반과세자의 부가가치세 매입세액

④ 부동산매매업자의 부동산의 양도당시 장부가액

11 다음 중 소득세법상 과세표준 확정신고를 반드시 해야만 하는 경우는?

① 기타소득금액이 2,000,000원 있는 경우

② 퇴직소득이 50,000,000원 발생한 경우

③ 한 과세기간에 근로소득이 두 군데 사업장에서 발생했는데 연말정산시 합산해서 신고하지 않은 경우

④ 분리과세되는 이자소득만 있는 경우

12 소득세법상 종합소득금액을 계산함에 있어서 옳은 것은?

① 사업소득(부동산임대제외)에서 발생한 결손금에 대해서는 다른 종합소득금액에서 공제한다.

② 부동산임대소득에서 발생한 결손금에 대해서는 다른 종합소득금액에서 공제한다.

③ 이자소득, 배당소득, 부동산임대소득, 사업소득, 근로소득, 연금소득, 기타소득은 반드시 모두 합산하여 종합소득금액으로 신고해야 한다.

④ 아버지와 아들이 공동으로 사업을 하는 경우에는 당연히 합산하여 소득금액을 계산하다.

13 다음은 소득세법상 결손금과 이월결손금에 관한 내용이다. 옳지 않은 것은?

① 소득금액의 추계시에는 원칙적으로 이월결손금의 공제를 할 수 없다.

② 사업소득의 결손금은 5년간만 이월공제 가능하다.

③ 결손금은 소득세법상 사업소득(부동산임대소득 포함),양도소득에 대하여 인정된다.

④ 중소기업의 경우에는 결손금 소급공제가 가능하다.

14 다음 중 소득세법상 소득의 구분이 다른 하나는?

① 영업권의 대여   ② 공장재단의 대여

③ 점포임차권의 양도   ④ 특허권의 대여

15 소득세법상 사업소득과 관련된 다음 설명 중 적절하지 않은 것은?

① 사업용고정자산의 양도로 인해 발생한 양도차익은 총수입금액에 포함시킨다.

② 사업소득에 대해서도 원천징수하는 경우가 있다.

③ 사업소득(부동산임대제외)의 이월결손금은 당해 연도의 다른 종합소득에서 공제될 수 있다.

④ 사업소득에서 발생한 은행예금에 대한 이자수익은 영업외수익으로 총수입금액에 산입 된다.

16 우리나라 소득세에 대한 설명으로 옳은 것은?

① 개인단위로 과세하는 것을 원칙으로 한다.

② 2단계 비례세율구조에 의해 세액을 계산한다.

③ 순자산증가설에 따라 소득범위를 제한한다.

④ 원천징수된 소득에 대해서는 확정신고의무가 없다.

17 다음 중 소득세법상 거주자에 대한 과세대상 소득이 아닌 것은?

① 근로자의 경조금   ② 복권당첨금

③ 도매업에서 발생하는 매출   ④ 근로제공에 대한 대가

18 소득세법상 납세지에 대한 설명이다. 잘못된 것은?

① 거주자에 대한 소득세의 납세지는 주소지로 한다.

② 원천징수하는 자가 법인인 경우에는 원칙적으로 그 법인의 사업장의 소재지로 한다.

③ 사업소득이 있는 거주자가 사업상 소재지를 납세지로 신청할 수 있다.

④ 비거주자의 납세지는 주된 국내사업장으로 한다.

19 소득세법상 무조건 종합과세대상인 금융소득은?

① 비실명금융소득   ② 국외에서 받은 금융소득

③ 직장공제회 초과반환금   ④ 비영업대금의 이익

02 금융소득

학습목표

▶ 이자소득과 배당소득의 종류와 소득금액의 이해

1. 이자소득

소득세법에 따른 이자소득이란 해당 과세기간에 발생한 다음과 같은 소득을 말한다. 이자소득에 대해서는 필요경비를 인정하지 않기 때문에 해당과세기간의 총수입금액이 곧 이자소득금액이 된다.

① **채권 또는 증권의 이자와 할인액**

② **예금의 이자와 할인액**

③ 채권 또는 증권의 환매조건부 매매차익

④ 보험계약기간이 10년 미만인 저축성 보험의 보험차익(10년이상은 과세제외)

⑤ 직장공제회 초과반환금

⑥ 비영업대금의 이익

⑦ 위와 유사한 소득으로서 금전사용에 따른 대가로서의 성격이 있는 것 − 이자소득에 대해 부분적 포괄주의가 적용된다.

2. 배당소득

배당소득은 주식 또는 출자지분을 취득하여 보유함에 따라 분배받는 이익을 말한다. 소득세법에 규정된 배당소득은 다음과 같다.

① **이익배당 또는 건설이자의 배당**

② 국내 또는 국외에서 받는 집합투자기구로부터의 이익

③ 의제배당

④ 법인세법에 따라 배당으로 소득처분된 금액(인정배당)

⑤ 「국제조세조정에 관한 법률」에 따라 배당받은 것으로 간주된 금액

⑥ 공동사업에서 발생한 소득금액 중 출자공동사업자의 손익분배비율에 상당하는 금액

⑦ 위와 유사한 소득으로서 수익분배의 성격이 있는 것 - 배당소득에 대해 부분적 포괄주의가 적용된다.

3. 이자소득과 배당소득의 과세방법

이자소득과 배당소득을 일컫는 금융소득은 과세대상인 경우 분리과세 또는 종합과세 된다. 분리과세되는 금융소득과 종합과세되는 금융소득을 구분하여 정리하면 다음과 같다.

① 분리과세되는 금융소득

구 분		요 건	원천징수세율	분리과세	종합과세
비실명 이자·배당		금융회사가 지급(실명제법위반)	90%	○	
		그 밖의	42%	○	
직장공제회 초과반환금		연분연승법	기본세율	○	

구 분	원천징수세율	분리과세	종합과세
비영업대금이익	25%		◎
출자공동사업자의 배당소득	25%		◎
상장기업 대주주배당	14%		◎
비상장기업의 배당	14%		◎
그 밖의 이자	14%	※	※
그 밖의 배당	14%	※	※

② 종합과세대상 이자소득과 배당소득

다음의 금융소득은 종합과세기준금액인 2천만원과 관계없이 항상 종합소득에 합산하여 종합과세 한다.

- 비영업대금의 이익
- 공동사업에서 발생한 소득금액 중 출자공동사업자에 대한 손익분배비율에 상당하는 금액
- 주권상장법인 또는 협회등록법인의 대주주가 받는 배당소득
- 비상장·비등록법인의 주주가 받는 배당소득
- 소득세법상 원천징수되지 아니한 금융소득

③ 그 밖의 이자소득과 배당소득에 대한 분리과세 또는 종합과세 구분

분리과세대상 또는 종합과세대상인 이자소득과 배당소득을 제외한 그 밖의 금융소득은 동 그 밖의 금융소득과 종합과세대상 금융소득을 합한 금액이 2천만원 이하이면 분리과세되고, 2천만원을 초과하면 종합과세 된다.

01 다음 중 금융소득 종합과세대상인 배당소득만이 있는 거주자로서, 종합소득세 확정신고시 적용받을 수 있는 세액공제는?

① 외국납부세액공제
② 배당세액공제
③ 재해손실세액공제
④ 근로소득세액공제

02 다음 중 소득세법상 소득의 종류가 다른 하나는?

① 내국법인으로부터 받은 이익이나 잉여금의 분배금
② 비영업대금의 이익
③ 저축성보험의 보험차익
④ 국가가 발행한 채권의 할인액

03 다음 중 소득세법상 소득의 구분이 잘못된 것은?

① 법인세법상 상여로 소득처분된 금액 : 근로소득
② 비영업대금의 이익 : 이자소득
③ 광업권을 양도하고 받는 금품 : 기타소득
④ 토지의 처분으로 인하여 발생하는 처분이익 : 사업소득

04 다음 중 소득세법상 이자소득으로 과세되는 것은?

① 물품을 매입할 때 대금의 결제방법에 따라 에누리되는 금액
② 외상매입금을 약정기일 전에 지급함으로써 받는 할인액
③ 건물의 처분으로 인하여 발생하는 처분이익
④ 비영업대금이익

05 다음 중 소득세법상 배당소득에 해당하지 않는 것은?

① 법인으로 보는 단체로부터 받는 분배금
② 공동사업에서 발생한 소득금액 중 출자공동사업자의 손익분배비율에 해당하는 금액
③ 법인세법에 따라 배당으로 처분된 금액
④ 저축성보험의 보험차익

06 다음은 소득세법상 이자소득에 대한 설명이다. 현행 소득세법상 이자소득에 해당하지 않는 것은?

① 채권·증권의 환매조건부 매매차익
② 비영업대금의 이익
③ 개인연금저축 중 연금형태로 지급받는 이익
④ 저축성보험의 보험차익

07 다음은 소득세법상 이자소득 및 배당소득의 수입시기와 관련된 설명이다. 가장 옳지 않는 것은?

① 기명채권의 이자 : 실제 이자지급일
② 정기예금의 이자 : 실제 이자지급일
③ 직장공제회초과반환금 : 약정에 의한 지급일
④ 집합투자기구로부터의 이익 : 이익을 지급받은 날

03 사업소득

학습목표

▶ 계속적, 반복적 소득인 사업소득의 이해

1. 사업소득의 범위

① 사업소득

사업소득이란 독립적·반복적인 재화 또는 용역의 제공을 통해 얻는 소득을 말한다. 따라서 독립적이지 않은 고용관계에 의한 인적용역의 제공은 사업소득이 아니라 근로소득에 해당하는 것이며, 일시적이고 비반복적인 전속계약금 수입은 기타 소득에 해당하나 독립적·반복적인 배우 등의 전속계약금은 사업소득으로 구분된다. 공익목적 아닌 지상권과 지역권의 설정 및 대여소득도 사업소득으로 본다.

② 비과세사업소득

• 논·밭을 작물 생산에 이용하게 함으로써 발생하는 소득

• **농가부업소득** : 농어민이 부업으로 영위하는 축산·양어·고공품제조·민박·음식물판매·특산물제조·전통차 제조 그 밖의 이와 유사한 활동에서 발생하는 농가부업소득 중 다음의 소득은 소득세를 과세하지 아니한다.

> • 농가부업규모의 축산에서 발생하는 소득 : 농가부업규모의 축산인지 여부는 가축별로 적용한다. 또한, 농가부업규모를 초과하는 사육두수에서 발생한 소득과 그 밖의 부업에서 발생한 소득이 있는 경우에는 이를 합산한 소득금액에 대하여 연간 3,000만원까지 비과세된다.
> • 그 외의 농어민 부업소득으로 연 3,000만원 이하의 금액(초과분은 과세됨)

• **전통주의 제조에서 발생하는 소득** : 다음의 어느 하나에 해당하는 주류를 수도권 밖의 읍·면지역에서 제조함으로써 발생하는 소득으로서 소득금액의 합계액이 연 1천 200만원 이하인 것을 말한다.

• 조림기간 5년 이상인 임지의 임목의 벌채 또는 양도로 발생하는 소득으로서 필요경비를 차감한 후 연 600만원 이하의 소득금액은 소득세를 과세하지 아니한다.

2. 사업소득금액의 계산

사업소득금액은 다음과 같이 세무조정의 과정을 거쳐 산출된다. 손익계산서상의 당기순손익은 사업자가 작성한 손익계산서상에 나타난 금액으로 총수입금액에서 필요경비를 차감한 금액이다.

> 사업소득금액 = 총수입금액(비과세소득 제외) − 필요경비

	손익계산서상의 당 기 순 손 익
(+)	총수입금액산입 · 필요경비불산입
(−)	필요경비산입 · 총수입금액불산입
	차 가 감 소 득 금 액
(+)	기 부 금 한 도 초 과 액
(−)	기부금한도초과이월액필요경비산입
	사 업 소 득 금 액

3. 사업소득의 과세방법

① 원천징수

대부분의 사업소득은 원천징수가 적용되지 않지만 의료보건용역 및 부가가치세 면세대상 인적용역과 봉사료수입금액에 대하여는 원천징수를 적용한다. 의료보건용역 및 부가가치세 면세대항 인적용역은 3%, 음식 · 숙박용역 등의 공급가액의 20%를 초과하는 봉사료는 5% 원천징수한다.

② 종합과세

사업소득은 원천징수여부에 상관없이 분리과세 되지 않으며, 비과세소득을 제외한 모든 사업소득은 종합과세 한다.

01 다음 중 소득세법상 사업소득의 필요경비에 산입되지 않은 것은?

① 종업원의 급여

② 사업용 고정자산의 감가상각비 중 범위한도내의 금액

③ 부가가치세 신고시 공제된 일반과세자의 부가가치세 매입세액

④ 부동산매매업자의 부동산의 양도당시 장부가액

02 소득세법상 사업소득금액을 계산할 때 총수입금액에 산입하는 것은?

① 제품판매액　　　　　　　　　② 소득세의 환급액

③ 매출할인　　　　　　　　　　④ 사업과 무관한 채무면제이익

03 소득세법상 종합소득금액을 계산함에 있어서 옳은 것은?

① 사업소득에서 발생한 결손금에 대해서는 다른 종합소득금액에서 공제한다.

② 부동산임대소득에서 발생한 결손금에 대해서는 다른 종합소득금액에서 공제한다.

③ 이자소득, 배당소득, 부동산임대소득, 사업소득, 근로소득, 연금소득, 기타소득은 반드시 모두 합산하여 종합소득금액으로 신고해야 한다.

④ 아버지와 아들이 공동으로 사업을 하는 경우에는 당연히 합산하여 소득금액을 계산하다.

04 소득세법상 사업소득과 관련된 다음 설명 중 적절하지 않은 것은?

① 사업용고정자산의 양도로 인해 발생한 양도차익은 총수입금액에 포함한다.

② 사업소득에 대해서도 원천징수하는 경우가 있다.

③ 사업소득의 이월결손금은 당해 연도의 다른 종합소득에서 공제될 수 있다.

④ 사업소득에서 발생한 은행예금에 대한 이자수익은 영업외수익으로 총수입금액에 산입된다.

05 다음 중 소득세법상 사업소득금액 계산시 총수입금액에 산입되는 항목은?

① 사업무관자산의 자산수증이익　　　② 소득세의 환급액

③ 부가가치세 매출세액　　　　　　　④ 거래상대방으로부터 받은 판매장려금

06 다음 중 소득세법에 관련된 설명 중 틀린 것은?

① 미술품을 사업적으로 판매하는 개인사업자인 화랑의 미술품을 양도하는 경우 기타소득으로 과세된다.

② 당기 개시일 전 10년이내에 사업소득에서 발생한 세무상 결손금 중 미소멸분은 당기 사업소득에서 공제할 수 있다.

③ 일용근로자가 하루 150,000원의 일당을 받는 경우 원천징수할 금액은 없다.

④ 법정기부금에 대해서도 이월공제가 허용된다.

04 근로소득

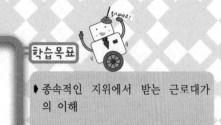
근로소득이란 고용관계 기타 이와 유사한 계약에 의해 근로를 제공하고 그 명칭에 관계없이 지급받는 봉급·상여·수당 등 모든 대가로서 근로소득이 모두 과세되는 것은 아니다. 세법상 근로소득으로 보지 아니하는 소득과 근로소득 중 비과세되는 소득은 근로소득 과세대상에서 제외된다.

1. 근로소득의 범위

근로소득이란 명칭여하에 불구하고 근로를 제공하고 지급받는 모든 대가로서 당해 연도에 발생한 소득을 포함한다.

2. 근로소득의 종류

① 원천징수대상 근로소득

- 근로의 제공으로 인하여 받는 봉급·급료·보수·세비·임금·상여·수당과 이와 유사한 성질의 급여
- 법인의 주주총회·사원총회 또는 이에 준하는 의결기관의 결의에 의하여 상여로 받는 소득
- 법인세법에 의하여 상여로 처분된 금액

② 원천징수대상이 아닌 근로소득

- 외국기관 또는 우리나라에 주둔하는 국제연합군(미국군 제외)으로부터 받는 급여
- 국외에 있는 외국인 또는 외국법인(국내지점 또는 국내영업소 제외)으로부터 받는 급여

③ 일용근로소득

- 근로를 제공한 날 또는 시간에 따라 근로대가를 계산하거나, 근로를 제공한 날 또는 시간의 근로성과에 따라 급여를 계산하여 받는 소득으로서 다음에 해당되는 자가 받는 소득을 말한다.

- 건설공사 종사자. 다만 다음의 경우에는 제외한다. 이 경우 다음의 근로자가 근로계약에 따라 일정한 고용주에게 3월(건설의 경우 1년)이상 계속하여 고용되어 있지 아니하고, 근로단체를 통하여 여러 고용주의 사용인으로 취업하는 경우에는 이를 일용근로자로 본다.
- 하역(항만)작업 종사자(항만근로자 포함). 다만, 다음의 경우에는 제외한다. 이 경우 다음의 근로자가 근로계약에 따라 일정한 고용주에게 3월 이상 계속하여 고용되어 있지 아니하고, 근로단체를 통하여 여러 고용주의 사용인으로 취업하는 경우에는 이를 일용근로자로 본다.
- 위외의 업무에 종사하는 자로서 근로계약에 따라 동일한 고용주에게 3월 이상 계속하여 고용되어 있지 아니한 자.

- 일용근로소득은 아래와 같이 근로소득에 대해 원천징수를 하며, 근로소득 연말정산을 하지 않는다. 납부세액 = (일당－**150,000원**) × 6% × (1－55%), 1,000원 미만은 소액부징수

3. 근로소득에서 제외되는 소득

① 사회통념상 인정되는 경조금

② 70만원이하 단체보험 등

단체순수보장성보험과 만기에 납입보험료를 초과하지 아니하는 범위 안에서 환급하는 단체환급부보장성보험의 보험료 중 연 70만원 이하의 금액

③ 사택제공이익

주주 또는 출자자가 아닌 임원과 임원이 아닌 종업원 및 국가·지방자치단체로부터 근로소득을 지급받는 자가 다음의 사택을 제공받음으로써 얻는 이익
- 사용자가 소유하고 있는 주택을 무상 또는 저가로 제공
- 사용자가 직접 임차하여 무상으로 제공하는 주택

4. 비과세되는 근로소득

① 실비변상적인 급여

- 일직·숙직료 또는 여비로서 실비변상정도의 지급액
- 종업원 소유차량(본인 명의로 임차한 차량포함)을 종업원이 직접 운전하여 사용자의 업무수행에 이용하고 시내출장 등에 소요된 실제여비를 지급받는 대신에 그 소요경비를 당해 사업체의 규칙 등에 의하여 정하여진 지급기준에 따라 지급받는 금액 중 월 20만원 이내의 금액

  ※ 종업원이 부부 공동명의로 된 차량을 업무에 이용하고 지급기준에 따라 받은 월 20만원 이내의 금액은 비과세된다.

- 연구보조비 또는 연구활동비 중 월 20만원 이내의 금액
- 취재수당을 급여에 포함하여 받는 경우에는 월 20만원에 상당하는 금액
- 근로자가 법령에서 규정한 벽지에 근무함으로 인하여 받는 벽지수당(월20만원이내)
- 근로자가 천재·지변·기타 재해로 인하여 받는 급여

② 국외근로자의 비과세급여

- 일반국외근로소득은 월 100만원, 원양어업선박 또는 국외 등을 항행하는 선박, 국외건설현장 (감리와 **설계업무** 수행포함)에서 근로를 제공하고 받는 보수의 경우에는 월 300만원이내의 금액
- 공무원등은 국외 등에서 근무하고 받는 수당 중 당해 근로자가 국내에서 근무할 경우에 지급받을 금액상당액을 초과하여 받는 금액. 이 규정을 적용받는 공무원 등은 비과세규정이 적용되지 않는다.
- "국외에서 근로를 제공하고 받는 보수"는 해외에 주재하면서 근로를 제공하고 받는 급여를 말하므로 출장, 연수 등을 목적으로 출국한 기간 동안의 급여상당액은 국외근로소득으로 보지 아니한다.

③ 생산직근로자가 받는 야간근로수당 등

생산 및 그 관련직에 종사하는 근로자로서 급여수준 및 직종 등을 감안하여 월정액급여 **210만원** 이하이고, 직전년도 총급여액이 3천만원이하인 생산직근로자(일용근로자 포함)가 연장시간근로·야간근로 또는 휴일근로로 인하여 받는 급여에 대해 비과세한다.

- **월정액급여의 계산.**

  월정액급여 = 급여총액 − (상여 등 부정기적인 급여 + 실비변상적인 금액+연장근로수당)

④ 비과세되는 식사대 등

- 근로자가 사내급식 또는 이와 유사한 방법으로 제공받는 식사 기타 음식물은 통상적으로 급여에 포함되지 아니하고, 음식물의 제공 여부로 급여에 차등이 없으며, 사용자가 추가부담으로 제공하는 경우 비과세되는 근로소득에 포함된다.
- 식사·기타 음식물을 제공받지 아니하는 근로자가 받는 월 10만원이하 식사대는 비과세되는 근로소득에 포함된다.

5. 기타비과세

① 종군한 군인·군무원이 전사(전상으로 인한 사망 포함)한 경우 그 전사한 날이 속하는 연도의 급여

② 국민건강보험법, 고용보험법, 국민연금법, 공무원연금법·사립학교교직원 연금법·군인연금법 또는 근로자퇴직급여보장법에 따라 국가·지방자치단체 또는 사용자가 부담하는 부담금

③ 근로자 또는 그 배우자의 출산이나 6세 이하의 자녀의 보육과 관련하여 사용자로부터 지급받는 급여로서 월 10만원 이내의 금액

※ 근로자가 6세 이하의 자녀 2인을 둔 경우에는 자녀수에 상관없이 월10만원 이내의 금액을 비과세하며, 사용자가 분기마다 보육수당을 지급하는 경우에는 지급월에 10만원이내의 금액을 비과세한다.

④ 500만원이하의 직무발명보상금

6. 외국인 근로자에 대한 과세특례

- 근로소득세액의 연말정산를 하는 때에 근로소득자소득공제신고서에 「외국인근로자단일세율적용신청서」를 첨부하여 원천징수의무자·납세조합에 제출한다.

- 근로소득이 있는 외국인 근로자가 당해 근로소득에 대하여 100분의 19을 곱한 금액을 세액으로 선택하여 각각 연말정산을 한 때에는 종합소득과세표준의 계산에 있어서 이를 합산하지 않는다.

7. 근로소득의 수입(귀속)시기

근로소득 연말정산은 당해연도에 발생한 근로소득을 대상으로 하며, 근로소득의 발생 원인에 따라 수입(귀속)시기는 다음과 같습니다.

① **급여** : 근로를 제공한 날

② **잉여금처분에 의한 상여** : 당해 법인의 잉여금처분결의일

8. 근로소득의 지급시기의제

① 근로소득을 지급하여야 할 원천징수의무자는 1월부터 11월까지의 급여액을 당해연도 12월 31일까지 지급하지 아니한 때에는 그 급여액을 12월 31일에 지급한 것으로 본다.

② 원천징수의무자가 12월분 급여액을 다음 연도 2월 28일까지 지급하지 아니한 때에는 그 급여액을 2월 28일에 지급한 것으로 본다.

③ 법인이 이익 또는 잉여금처분에 의하여 지급하여야 할 상여를 그 처분을 결정한 한 날로부터 3월이 되는 날까지 지급하지 아니한 때에는 그 3월이 되는 날에 지급한 것으로 본다. 다만, 그 처분이 11월 1일부터 12월 31일까지의 사이에 결정된 경우에 다음 연도 2월 28일까지 그 상여를 지급하지 아니한 때에는 그 상여는 2월 28일까지 지급한 것으로 본다.

④ 법인세법에 의해 처분되는 상여는 소득금액변동통지서를 받은 날에 지급한 것으로 본다.

01 다음 중 소득세법상 근로소득 비과세 대상이 아닌 것은?

① 광산근로자가 받는 입갱수당 및 발파수당
② 근로자가 천재, 지변 기타 재해로 인하여 받는 급여
③ 공장직원에게 무상으로 지급되는 작업복
④ 출장여비 등의 실제비용을 별도로 받는 직원에 대한 자가운전보조금 월 20만원 금액

02 근로소득자 이주서 씨의 10월 급여내역이다. 소득세법상 과세되는 근로소득은?

> (1) 기본급 : 3,000,000원
> (2) 식　대 : 300,000원(회사에서 식사를 제공하지 않음)
> (3) 휴가비 : 800,000원
> (4) 자가운전보조금 : 400,000원(본인의 차량으로서 회사업무를 위해 개인차량을 사용 중이다)

① 3,000,000원　　　　　　　　　　② 3,300,000원
③ 4,000,000원　　　　　　　　　　④ 4,200,000원

03 다음은 7월분 급여명세이다. 소득세법상 7월분 근로소득 '총급여액'을 계산하면?

> • 기본급 : 4,000,000원　　　　　• 직책수당 : 1,000,000원
> • 상여금 : 800,000원　　　　　　• 보육수당 : 100,000원(만5세 자녀 보육수당)
> • 식대 : 200,000원(회사에서 식사제공 없음)
> • 자가운전보조금 : 300,000원(본인명의 차량을 회사업무용으로 사용하고, 실비를 지급받지 않음)

① 6,000,000원　　　　　　　　　　② 6,100,000원
③ 6,200,000원　　　　　　　　　　④ 6,300,000원

04 일용근로자 금일 일당이 200,000원일 경우, 당해 일당 지급시 원천징수하여야 할 소득세액은?

① 15,000원　　　　　　　　　　　② 16,500원
③ 1,350원　　　　　　　　　　　　④ 2,770원

05 연금소득

연금소득은 연금계약자 또는 연금수혜자 등이 사전에 불입한 금액 등을 토대로 하여 일정기간 또는 종신에 걸쳐서 약정된 금액을 정기적으로 지급받는 연금수입을 말한다. 연금소득의 일부 또는 전부를 지연 지급하여 지연지급에 따른 이자를 함께 지급하는 경우 당해 이자도 연금소득이다.

1. 연금소득의 범위

① 공적연금

- 국민연금법에 따라 받는 각종 연금
- 공무원연금법·군인연금법·사립학교교직원연금법 또는 별정우체국법에 따라 받는 각종 연금

② 사적연금

- 퇴직보험의 보험금을 연금형태로 퇴직자가 받는 연금
- 연금저축에 가입하고 연금형태로 받는 소득 또는 해당 연금저축에 가입하고 저축 납입계약기간 만료 전에 사망하여 계약이 해지되거나 만료 후 사망하여 연금 외의 형태로 받는 소득
- 「근로자퇴직급여 보장법-중소기업퇴직연금추가2022년개정」 또는 「과학기술인 공제회법」에 따라 받는 연금

2. 연금소득금액의 계산

종합소득에 합산되는 연금소득금액은 비과세연금소득을 제외한 총연금액에서 연금소득공제를 자감하여 산출된다.

> 연금소득금액 = 연금소득 총수입금액 − 연금소득공제

① 연금소득공제

연금소득이 있는 거주자에 대하여는 해당 과세기간에 받은 총연금액에서 다음의 금액을 공제한다. 다만, 공제액이 900만원을 초과하는 경우에는 900만원을 공제한다.

연 금 총 액	공 제 액
350만원 이하	연금총액
350만원 초과 700만원 이하	350만원＋350만원을 초과하는 금액의 40%
700만원 초과 1,400만원 이하	490만원＋700만원을 초과하는 금액의 20%
1,400만원 초과	630만원＋1,400만원을 초과하는 금액의 10%

(총연금액이 41,000,000원 이상인 경우에는 연금소득공제 한도액인 900만원을 초과하기 때문에 900만원을 연금소득공제로 한다.)

② 연금소득의 수입시기

연금소득의 수입시기는 공적연금은 받기로 한 날이고, 그 외 연금은 지급받기로한날로 한다.

③ 비과세 연금소득

연금소득 중 다음의 항목에 대해서는 소득세가 과세되지 아니한다.

- 「국민연금법」에 따라 받는 유족연금 및 장애연금
- 「공무원연금법」, 「군인연금법」, 「사립학교교직원 연금법」 또는 「별정우체국법」에 따라 받는 유족연금, 장해연금 또는 상이연금
- 「산업재해보상보험법」에 따라 받는 각종 연금
- 「국군포로의 송환 및 대우 등에 관한 법률」에 따른 국군포로가 받는 연금
- 「국민연금과 직역연금의 연계에 관한 법률」에 따라 받는 연계노령유족연금 및 연계퇴직유족연금

④ 연금소득의 과세방법

- **선택적 분리과세** : 연간 수령한 사적연금총액이 1,200만원 이하인 경우에는 지급자가 연금소득에 대한 소득세를 원천징수하여 납부함으로써 납세의무가 종결된다.

06 기타소득금액

학습목표

▶ 독립적,일시적인 용역의 대가인 기타소득의 이해

1. 기타소득의 개념

기타소득이란 종합과세될 소득 중에서 이자, 배당, 부동산임대, 사업, 근로, 연금소득에 해당하지 않는 일시적·우발적으로 발생하는 소득을 말한다. 개인에게 상금이나 강연료 등 기타소득을 지급하는 경우에는 지급하는 자가 원천징수하고 그 금액을 신고납부하여야 한다.

기타소득금액 = 기타소득 − max(실제경비, 법정필요경비)

[법정 필요경비−60%]

- **광업권**·어업권·산업재산권·산업정보, 산업상 비밀, 상표권·영업권, 이와 유사한 자산이나 권리를 양도하거나 대여하고 그 대가로 받는 금품
- **공익사업과 관련된 지역권·지상권**(지하 또는 공중에 설정된 권리 포함)을 설정하거나 대여하고 받는 금품
- 문예·학술·미술·음악 또는 사진에 속하는 **창작품** 등에 대한 원작자로서 받는 **원고료**, 인세 등의 소득
- 인적용역을 일시적으로 제공하고 지급받는 대가-세무사, 공인회계사, 변호사등

[법정 필요경비−80%]

- 공익법인의 설립·운영에 관한 법률의 적용을 받는 공익법인이 주무관청의 승인을 받아 시상하는 상금 및 부상과 다수가 순위 경쟁하는 대회에서 입상자가 받는 **상금 및 부상**
- 계약의 위약 또는 해약으로 인하여 받는 위약금과 배상금 중 주택입주 **지체상금**

2. 기타소득의 원천징수

① 세율 및 원천징수시기

- 연 300만원 이하의 기타소득금액

> • 20%
> • 필요경비를 공제한 금액이 연 300만원 이하인 소득은 거주자가 종합소득과세표준 계산에 있어서 이를 합산하고자 하는 경우를 제외하고는 필요경비를 공제한 금액의 20%의 원천징수로 분리과세 한다.

- 복권당첨소득

> • 20%(3억원을 초과하는 분에 대하여는 30%)
> • 복권, 경마, 경륜, 슬러트머신, 신용카드

② 기타소득금액의 과세최저한

- **승마투표권 또는 승자투표권** : 10만원 이하이고 단위투표금액당 환급금이 100배 이하
- **슬러트머신 등의 당첨금품** : 매건마다 500만원 미만
- **기타소득금액** : 매건마다 5만원 이하

3. 기타소득의 과세방법

① **무조건 분리과세(완납적 원천징수)**

다음의 기타소득은 원천징수에 의해 납세의무 종결

- 서화·골동품의 양도로 발생하는 기타소득
- 복권 및 복권기금법 제2조에 규정된 복권의 당첨금
- 승마투표권, 승자투표권, 체육진흥투표권 등의 구매자가 받는 환급금
- 슬롯머신 등을 이용하는 행위에 참가하여 받는 당첨금품 등
- 연금외수령한 기타소득

② **선택적 분리과세**

무조건 분리과세·종합과세 대상을 제외한 기타소득금액의 합계액이 300만원 이하이면서 원천징수된 경우 종합소득 과세표준에 합산할 것인지 분리과세로 납세의무를 종결할 것인지 선택 가능

③ **무조건 종합과세**

다음의 기타소득은 원천징수 대상이 아니므로 종합소득 과세표준을 계산할 때 합산

- 계약의 위약 또는 해약으로 인하여 받는 위약금·배상금으로 계약금이 위약금·배상금으로 대체되는 경우
- 뇌물, 알선수재 및 배임수재에 의하여 받는 금품

07 종합소득금액의 과세표준

종합소득공제는 소득세법상의 종합소득공제와 조세특례제한법상의 소득공제로 구분된다.

1. 인적공제

근로소득금액에서 근로자와 생계를 같이하는 부양가족 중 기본공제대상자에 대한 기본공제, 추가공제 및 다자녀추가공제에 해당하는 금액을 공제한다.(위탁아동의 경우 6월이상 보호포함)

항목	구 분	공 제 금 액
인적공제	기본공제	기본공제대상자 1인당 150만원 본인, 배우자 및 생계를 같이하는 부양가족(연간소득금액 100만원 이하,근로소득만 있는 경우에는 총급여가 500만원이하)
	추가공제	다음에 해당되는 경우에는 아래 금액을 추가 공제 • 기본공제대상자가 장애인의 경우 1인당 연 200만원 • 기본공제대상자가 경로우대자(70세 이상)의 경우 1인당 연 100만원 • 근로자가 배우자가 없는 여성으로서 기본공제대상부양가족이 있는 세대주이거나, 배우자가 있는 여성인 경우 연 50만원(종합소득금액이 3천만원이하시) • 한부모소득공제(20세이하 직계비속 있고 부모가 한쪽만 있는 경우) 100만원

① 기본공제

종합소득이 있는 거주자(자연인에 한함)에 대하여는 기본공제대상자에 해당하는 인원수에 1명당 연 150만원을 곱한 금액을 종합소득금액에서 공제한다.

기본공제액 = 기본공제대상자의 수 × 150만원

구 분	기 본 공 제
공제금액	공제대상 1명당 150만원(인원수에 제한 없음)
공제대상 부양가족	- 해당 거주자 - 거주자의 배우자 - 거주자(배우자 포함)와 생계를 같이하는 부양가족(연간 소득금액 100만원 이하, 근로소득만 있는 경우에는 총급여가 500만원이하) • 거주자와 배우자의 직계존속(60세 이상) • 거주자와 배우자의 직계비속과 입양자(20세 이하) • 거주자와 배우자의 형제자매(20세 이하 또는 60세 이상) • 국민기초생활보장법상 수급권자 • 아동복지법상 위탁아동(연령 18세미만과 6개월이상 위탁보호)

• **생계를 같이하는 부양가족**

> • 장애인의 경우에는 연령의 제한을 받지 아니하나 연간소득금액의 합계액이 100만원 초과하는 경우 (근로소득만 있는 경우에는 총급여가 500만원이하)기본공제 대상에 해당되지 않는다.
> • 직계존속에는 배우자의 직계존속(장인, 장모 등)과 직계존속이 재혼한 경우 직계존속의 배우자로서 혼인(사실혼 제외) 중임을 증명되는 자를 포함한다.
> • 근로자 및 배우자의 형제자매는 기본공제 대상에 포함될 수 있으나 직계비속의 배우자(며느리, 사위 등) 및 형제자매의 배우자(제수, 형수 등)은 기본공제 대상에 포함되지 않는다. (단, 직계비속이 장애인이고 그 배우자가 장애인인 경우 공제가능)
> • 직계비속에는 근로자의 배우자가 재혼한 경우로서 당해 배우자가 종전의 배우자와의 혼인 중에 출산한 자를 포함한다.
> • 동거입양자라 함은 민법 또는 입양촉진 및 절차에 관한 특례법에 의하여 입양한 양자 및 사실상 입양상태에 있는 자로서 거주자와의 생계를 같이하는 자를 말한다.
> • 종합소득이 있는 거주자(자연인에 한함)의 계부의 모는 당해 거주자의 기본공제대상자에 포함되지 않는다.

• **생계를 같이하는 부양가족 판단** : 생계를 같이하는 부양가족은 주민등록표상 동거가족으로서 당해 근로자의 주소 또는 거소에서 현실적으로 생계를 같이하여야 한다. 다만, 직계비속의 경우에는 그러하지 아니한다.

② **추가공제**

추가공제란 기본공제 외에 특정 사유별로 추가적인 공제를 적용하는 것을 말한다. 기본공제대상자 중 다음의 사유에 해당하는 경우에 적용되는 추가공제는 다음과 같다.

추가공제 대상사유(기본공제대상자 중)	추가공제금액
• 경로우대공제 : 70세 이상	1명당 100만원
• 장애자공제 : 심신상실자·청각장애자·시각장애자·중증환자 등	1명당 200만원
• 부녀자공제 : 거주자 본인이 배우자가 없는 여성으로서 기본공제대상 부양가족이 있는 세대주인 경우, 배우자가 있는 여성, 종합소득금액 3,000만원 이하자에 한해 적용	50만원
• 한부모가공공제 : 배우자 없이 자녀를 키우는 한부모 가족	100만원

> • 추가공제의 계산에서 인원수에 제한이 없으며, 추가공제사유의 중복적용도 가능하다. 따라서 장애자이면서 경로우대자이면 장애자공제와 경로우대공제를 각각 적용한다.
> • 공제대상여부에 대한 판단은 해당 과세기간의 과세기간 종료일 현재의 상황에 의하는 것이다. 다만 과세기간 종료일 전에 사망한 자 또는 장애가 치유된 자에 대해서는 사망일 전일 또는 치유일 전일의 상황에 의하는 것이기 때문에 추가공제의 대상이 된다.

③ 인적공제대상 판정 기준

[공제대상자의 판정시기]

- 공제대상 배우자·공제대상 부양가족·공제대상 장애인 또는 공제대상 경로우대자에 해당하는지 여부의 판단은 당해 연도의 과세기간종료일인 12월 31일 현재의 상황에 의한다. 다만, 과세기간 종료일 전에 사망한 자 또는 장애가 치유된 자에 대하여는 사망일 전일 또는 치유일 전일의 상황에 의한다.
- 인적공제 적용 대상 연령이 정하여진 경우에는 당해 연도의 과세기간 중에 당해 연령에 해당되는 날이 있는 경우에는 공제대상자로 한다.

[인적공제 한도]

- 기본공제와 추가공제 및 다자녀 추가공제를 인적공제라 하고, 인적공제 합계액이 종합소득금액(총급여액에서 근로소득공제를 차감한 금액)을 초과하는 경우 그 초과하는 공제액은 없는 것으로 한다.
- 과세기간 및 부양기간이 1년 미만인 경우의 인적공제금액 계산
  과세기간 또는 부양기간이 1년 미만인 경우에 인적공제는 월할 계산 하지 않고 연액으로 공제한다.

2. 특별소득공제

근로소득이 있는 거주자(일용근로자는 제외함)에게 적용되는 보험료공제와 주택자금공제를 특별소득공제라 한다. 이러한 특별소득공제는 해당 거주자가 신청한 경우에 적용하며, 공제액이 그 거주자의 해당 과세기간의 합산과세되는 종합소득금액(종합소득금액 – 원천징수세율 적용 금융소득)을 초과하는 경우 그 초과하는 금액은 없는 것으로 한다.

① 보험료공제

근로소득이 있는 거주자(일용근로자는 제외한다. 이하 이 조에서 같다)가 해당 과세기간에 「국민건강보험법」, 「고용보험법」 또는 「노인장기요양보험법」에 따라 근로자가 부담하는 보험료를 지급한 경우 그 금액을 해당 과세기간의 근로소득금액에서 공제한다

② 주택자금공제

- 주택임차차입금 원리금상환액의 40% 공제 : 주택마련저축과 합하여 연 300만원 한도
- 장기주택저당차입금 이자상환액 공제 : 연 300만원~1,800만원 한도,
※ 주택자금공제와 주택마련저축공제를 합하여 한도금액 계산(2014.12.31. 이전 차입분 종전 한도 적용)

3. 그밖의 소득공제

① 연금보험료공제

종합소득이 있는 거주자가 공적연금 관련법에 따른 기여금 또는 개인부담금(이하 "연금보험료"라 한다)을 납입한 경우에는 해당 과세기간의 종합소득금액에서 그 과세기간에 납입한 연금보험료를 공제한다.

> • 국민연금법에 의하여 거주자 본인이 부담하는 연금보험료(사용자부담금은 제외한다)
> • 공무원연금법 · 군인연금법 · 사립학교교직원 연금법 또는 별정우체국법에 의하여 근로자 본인이 부담하는 기여금 또는 부담금

② 신용카드 등 사용금액 소득공제(나이제한 없지만 형제자매는 공제안됨)

근로소득이 있는 거주자(일용근로자 제외)가 사업자로부터 재화나 용역을 제공받고 신용카드 등을 사용한 금액이 있는 경우에는 다음의 금액을 해당 과세연도의 근로소득금액에서 공제한다.

• 신용카드 등 사용금액

신용카드 등의 사용금액이란 다음 금액의 연간합계액을 말하는 것이며, 국외에서 사용한 금액은 제외된다.

> • 신용카드를 사용하여 그 대가로 지급하는 금액
> • 현금영수증(조세특례제한법에 따라 현금거래사실을 확인받은 것 포함)에 기재된 금액
> • 직불카드 또는 선불카드(실지명의가 확인되는 기명식선불카드만 해당), 직불전자지급수단, 선불전자지급수단(실지명의가 확인되는 기명식선불전자지급수단만 해당) 또는 전자화폐(실지명의가 확인되는 기명식전자화폐만 해당)를 사용하여 그 대가로 지급하는 금액

• 공제대상 신용카드 사용액

– 신용카드 등의 사용자 : 거주자 본인과 배우자 및 직계존비속(배우자의 직계존속 포함)과 동거입양자가 사용한 금액을 대상으로 한다. 사용대상자 중 본인 이외의 자 중에서 연간소득금액이 100만원을 초과하는 자의 사용액은 제외된다. 기본공제의 대상이 된 생계를 같이 하는 부양가족 중 형제자매 등이 사용한 금액은 제외된다.

－ 신용카드사용액 중 공제대상에서 제외되는 항목은 다음과 같다.

- 사업소득과 관련된 비용 또는 법인의 비용에 해당하는 경우
- 물품의 판매 또는 용역의 제공을 가장하는 등 신용카드, 직불카드, 직불전자지급수단, 기명식선불카드, 기명식선불전자지급수단, 기명식전자화폐 또는 현금영수증의 비정상적인 사용행위에 해당하는 경우
- 신규로 출고되는 자동차를 신용카드, 직불카드, 직불전자지급수단, 기명식선불카드, 기명식선불전자지급수단, 기명식전자화폐 또는 현금영수증으로 구입하는 경우(**중고자동차는** 10% **공제가능**)
- 건강보험료, 연금보험료, 그 밖의 각종 보험계약의 보험료 또는 공제료
- 학교(대학원 포함) 및 보육시설에 납부하는 수업료·입학금·보육비용 기타 공납금
- 정부 또는 지방자치단체에 납부하는 국세·지방세, 전기료·수도료·가스료·전화료(정보사용료·인터넷이용료 등 포함)·아파트관리비·텔레비전시청료(「종합유선방송법」에 의한 종합유선방송의 이용료를 포함한다) 및 고속도로통행료
- 상품권 등 유가증권 구입비
- 리스료(자동차대여사업의 자동차대여료 포함)
- 취득세 또는 등록세가 부과되는 재산의 구입비용
- 부가가치세 과세업종 외의 업무를 수행하는 국가·지방자치단체 또는 지방자치단체조합(의료기관 및 보건소 제외)에 지급하는 사용료·수수료 등의 대가
- 차입금 이자상환액, 증권거래수수료 등 금융·보험용역과 관련한 지급액, 수수료, 보증료 및 이와 비슷한 대가
- 정당(후원회 및 각 급 선거관리위원회 포함)에 신용카드 또는 직불카드로 결제하여 기부하는 정치자금(세액공제 및 소득공제를 적용받은 경우에 한한다)
- 그 밖에 위와 비슷한 것

③ 소득공제 종합한도

거주자의 종합소득에 대한 소득세를 계산할 때 일정 공제금액 및 필요경비의 합계액이 2천500만원을 초과하는 경우에는 그 초과하는 금액은 없는 것으로 한다.

08 종합소득세의 계산

1. 기본세율

종합소득세 산출세액은 종합소득 과세표준에 6단계 초과누진세율로 구성되어 있는 기본세율을 적용하여 산출된다. 소득세법상의 기본세율은 다음과 같다.

과 세 표 준	적 용 세 율
1천 200만원 이하	과세표준의 6%
1천 200만원 초과 4천 600만원 이하	72만원+1천 200만원을 초과하는 금액의 15%
4천 600만원 초과 8천 800만원 이하	582만원+4천 600만원을 초과하는 금액의 24%
8천 800만원 초과 1억5천만원 이하	1,590만원+8천 800만원을 초과하는 금액의 35%
1억 5천만원 초과 3억원 이하	3,760만원+1억 5천만원을 초과하는 금액의 38%
3억 초과 5억원 이하	9,460만원+3억초과하는 금액의 40%
5억원 초과 10억이하	17,460만원+5억원 초과하는 금액의 42%
10억초과	38,460만원+45%

2. 세액감면

세액감면이란 조세정책적인 목적 등에 의해 소득세를 면제하거나 감면하는 것을 말한다.
소득세의 감면을 받고자 하는 거주자는 세액감면신청서를 납세지 관할세무서장에게 신청하여야 한다.

구 분	내 용
사업소득에 대한 세액감면	거주자 중 대한민국의 국적을 갖지 않는 자와 비거주자가 선박·항공기의 외국항행사업으로부터 얻는 소득(상호면세주의에 의함)
근로소득에 대한 세액감면	정부 간의 협약에 의하여 우리나라에 파견된 외국인이 그 쌍방 또는 일방 당사국의 정부로부터 받는 급여

$$감면세액 = 종합소득\ 산출세액 \times \frac{감면대상\ 소득금액}{종합소득금액} \times 감면율$$

3. 일반 세액공제

① 연금계좌세액공제

본인의 보장성 보험이나 연금계좌는 보험료나 연금계좌 납입액의 일정율을 세액공제한다.

> 연금계좌세액공제 : Min[연금계좌 납입액, 연 400만원]×12%

※ 퇴직연금·연금저축 납입액의 12% 세액공제 (총급여액 5천5백만원 이하는 15%)
　연 700만원 한도(연금저축은 400만원, 단, 총급여 1.2억원 또는 종합소득금액 1억원 초과자 300만원))

[개인연금저축 및 연금저축공제]

근로자가 **본인 명의**로 개인연금저축 또는 연금저축에 가입한 경우 당해 연도의 저축불입액에 대해 당해 연도의 종합소득금액에서 공제한다.

구 분	개인연금저축	연금저축
가입기간	2000.12.31 이전 가입	2001.1.1 이후 가입
가입대상	만 20세 이상	만 18세 이상
불입금액	분기마다 300만원 이내에서 불입	좌 동
불입기간	10년 이상	좌 동
만 기 후 지급조건	계약기간 만료 후 만 55세 이후부터 5년 이상 연금으로 지급받는 저축	좌 동

4. 특별세액공제

① 보험료세액공제

근로소득이 있는 거주자가 다음에 해당하는 보장성보험의 보험료를 지급한 경우 다음의 금액을 종합소득산출세액에서 공제한다.

> 보험료세액공제액 = ㉠ + ㉡
> ㉠ 장애인전용 보장성보험료 : Min[보험료 지급액, 연 100만원] × 15%
> ㉡ 일반 보장성보험료 : Min[보험료 지급액, 연 100만원] × 12%
>
> • 장애인전용 보장성보험료 : 기본공제대상자 중 장애인을 피보험자 또는 수익자로 하는 보험료
> • 일반 보장성 보험료 : 기본공제대상자를 피보험자로 하는 법 소정의 보장성보험료(위 ㉠에 따른 장애인전용보장성보험료는 제외함)

② 의료비세액공제

근로소득이 있는 거주자가 기본공제대상자(연령 및 소득의 제한을 받지 아니한다)를 위하여 법 소정의 의료비를 지급한 경우 다음의 금액을 종합소득산출세액에서 공제한다.

> 의료비세액공제액 = [㉠ + ㉡] × 15%, 난임시술비는 20%
> ㉠ 본인·과세기간 종료일 현재 65세 이상인 자·장애인(중증환자,백혈병, 결핵환자, 희귀성난치질환포함), 난임시술비를 위한 의료비
> ㉡ Min[㉠의 의료비 - 총급여액 × 3%, 700만원]
> ㉡의 금액이 부(-)인 경우에는 의료비세액공제액 계산시 ㉠의 금액에서 차감한다.

- **공제대상 의료비의 범위**

  - 진찰·진료·질병예방을 위하여 규정에 의한 의료기관(종합병원·병원·치과병원·한방병원·요양병원·의원·치과의원·한의원 및 산후조리원)에 지급하는 비용
  - 치료·요양을 위하여 약사법의 규정에 의한 의약품(한약 포함)을 구입
  - 장애인보장구를 직접 구입 또는 임차하기 위하여 지출한 비용
  - 의사·치과의사·한의사 등의 처방에 따라 의료기기를 직접 구입 또는 임차
  - **시력보정용 안경 또는 콘택트렌즈 구입의 1인당 연 50만원 이내**의 금액
  - 보청기 구입을 위하여 지출한 비용
  - 난임시술비(30%) 및 미숙아.선천성 이상아(20%)에 대한 세액공제

- **의료비 불공제사례**

  - 근로자가 사내근로복지기금으로부터 지급받은 의료비
  - 근로자가 당해연도에 지급한 의료비 중 근로자가 가입한 상해보험 등에 의하여 보험회사에서 수령한 보험금으로 지급한 의료비
  - 의료법에서 규정하는 의료기관에 해당되지 아니하는 외국의 의료기관에 지출한 비용
  - 실제 부양하지 아니하는 직계존속이나 생계를 같이하지 아니하는 형제자매의 의료비
  - 건강기능식품에 관한 법률에 의한 건강기능식품을 구입하고 지급하는 비용

③ **교육비세액공제**

- **교육비**

  근로자가 기본공제대상자(연령의 제한을 받지 않음)를 위하여 공제대상 교육기관 등에 지급한 수업료, 입학금, 보육비용, 수강료, 방과후학교 수업료, 교재대, 식대, 학자금대출상환액 등의 합계액을 일정금액 한도 내에서 공제받을 수 있다.

- **교육비 공제금액에서 제외되는 금액**

  - 당해 연도에 지급한 교육비 중에 소득세 또는 증여세가 비과세되는 수업료
  - 소득세 또는 증여세가 비과세되는 장학금 또는 학자금

- **교육비 공제대상**

  - 기본공제대상자인 배우자·직계비속·형제자매 및 입양자를 위하여 지급한 수업료 등
  - 국외교육기관의 학생을 위하여 수업료 등을 지급하는 경우에는 다음의 요건을 갖춘 학생에 한한다. 단, 고등학교와 대학교는 유학규정 적용하지 아니한다.

공 제 대 상 자
• 국외유학에 관한 규정 제5조에 의해 자비유학의 자격이 있는 학생 • 국외유학에 관한 규정 제15조에 의해 유학을 하는 자로서 부양의무자와 국외에서 동거한 기간이 1년 이상인 학생

- 당해 근로자를 위하여 근로자직업능력개발법의 규정에 의한 직업능력개발훈련시설에서 실시하는 직업능력개발을 위하여 지급한 수강료. 다만, 고용보험법의 규정에 의한 근로자 수강지원금을 받는 경우에는 이를 차감한 금액으로 한다.
- 기본공제대상자인 장애인(소득금액의 제한을 받지 아니함)을 위하여 시설 등에 장애인의 재활교육을 위하여 지급하는 비용
- 교과서대, 급식대, 학교 활동비, 특별 학교, 방과후수업료(도서구입비 포함) **현장학습비(초중고생 30만원 이내)**
- **중고생의 교복구입비(50만원 이내)**
- 취학전 아동을 위하여 영유아보육법에 따른 보육시설, 학원, 체육시설에1주 1회 이상 실시하는 교습과정의교습을 받고 지출한 수강료

• 교육비 불공제사례
- 직계존속에 대한 교육비(단. 장애인특수교육비를 제외)
- 수업료와는 별도로 정규수업시간 이외의 시간에 실시하는 실기지도에 따른 외부강사의 보수를 지급하기 위한 실기지도비
- 학교버스이용료, 기숙사비, 재료비
- 초·중등교육법에 의하여 교육감으로부터 학교로 인가받지 아니한 국내 외국인학교에 지출한 교육비
- 국외교육기관에 해당되지 아니하는 외국의 대학부설 어학연수과정에 대한 수업료

④ 기부금세액공제(나이제한없음)

기부금이 1천만원 이하인 경우에는 지급액의 15%를 세액공제
기부금이 1천만원 초과하는 경우에는 초과분에 대해 지급액의 30%를 세액공제한다.

세액공제대상 기부금 금액 = 법정기부금 + Min[지정기부금, 한도액]

• 정치자금 기부금
- 정치자금법에 따라 정당(후원회 및 선거관리위원회 포함)에 기부한 정치자금

• 법정 기부금
- 국가 또는 지방자치단체(지방자치단체 조합 포함)에 무상으로 기증하는 금품의 가액
- 국방헌금과 위문금품
- 천재·지변, 특별재난지역으로 선포된 사유로 생긴 이재민을 위한 구호금품

− 특별재난지역의 복구를 위하여 자원봉사한 경우 그 자원봉사용역의 가액

> 자원봉사용역의 가액 산정 (㉠ + ㉡)
> ㉠ 자원봉사용역의 가액 = 봉사일수 × 5만원
>   (봉사일수 = 총 봉사시간 ÷ 8시간, 소수점 이하 부분은 1일로 보아 계산)
> ㉡ 당해 자원봉사용역에 부수되어 발생하는 유류비·재료비 등 직접 비용은 제공할 당시
>   의 시가 또는 장부가액

− 사회복지공동모금회법에 의한 사회복지공동모금회, 바보의 나눔에 지출
− 학교 등에 시설비·교육비·장학금 또는 연구비로 기부한 금액
− 공공 의료기관에 시설비·교육비·연구비로 지출한 금액

• **우리사주조합에 지출하는 기부금**

우리사주조합원이 그가 속한 우리사주조합에 지출하는 기부금 제외

• **공익성 기부금** : 사회·복지·문화·예술·교육·종교·자선 등 공익성기부금

− 지정기부금단체 등의 고유목적사업비로 지출하는 기부금
− 공공기관(공기업은 제외) 및 개별법에 설립근거가 있는 기관으로서 법정 요건을 갖춘
  법인·단체에 지출하는 기부금
− 학교장이 추천하는 개인에게 지출하는 교육비·연구비·장학금
− 불우이웃돕기, 지역새마을 사업을 위하여 지출한 비용 등
− 영업자 조직단체의 특별회비, 임의 조직된 조합 등의 회비
− 무료·실비 사회복지시설, 해외지정기부금단체 등
− 법률에 따라 설립된 노동조합·교원단체·공무원 직장협의회·공무원 노동조합에 가
  입한 사람이 납부한 회비
− 사망 등으로 공익법인 등에 기부될 조건으로 설정한 신탁 금액
− 기부금대상민간단체에 지출하는 기부금

5. 월세세액공제

총급여액 7천만원 이하 무주택 세대주가 지급한 월세액(연 750만원 한도), 고시원비, 오피스텔
비 등의 10% 세액공제(총급여액 5천5백만원 이하는 12%)

6. 표준세액공제

근로소득자가 특별소득공제(건강보험료 등, 주택자금공제, 기부금 이월분), 특별세액공제(보험
료, 의료비, 교육비, 기부금) 및 월세액 세액공제를 신청하지 아니한 경우 연 13만원을 산출세액
에서 공제한다.

01 다음 중 소득세법상 거주자의 소득공제(추가공제)에 대한 설명으로 옳은 것은?

① 기본공제대상자 중 65세 이상인 자가 있는 경우 : 1인당 100만원

② 기본공제대상자 중 장애인이 있는 경우 : 1인당 150만원

③ 종합소득금액이 3,000만원이하인 배우자 있는 여성의 경우 : 1인당 50만원

④ 기본공제대상자 중 직계비속의 부모가 한부모만 있는 경우 : 1인당 150만원

02 소득세법상 거주자의 기본공제대상자 판정시, 생계를 같이하는 부양가족의 범위에 대한 설명으로 틀린 것은?

① 주민등록표상의 동거가족으로서, 해당 거주자의 주소 또는 거소에서 현실적으로 생계를 같이 하는 사람으로 한다.

② 공제대상 부양가족 여부의 판정은 원칙적으로 해당 과세기간의 종료일 현재의 상황에 따른다.

③ 동거가족이 사업상 형편에 따라 본인의 주소 또는 거소에서 일시 퇴거한 경우에는 생계를 같이하는 부양가족으로 보지 않는다.

④ 부양가족 중 거주자의 직계존속이 주거 형편에 따라 별거하고 있는 경우에는 주민등록 여부에 불구하고 생계를 같이 하는 가족으로 본다.

03 소득세법에 의한 종합소득세 차감납부세액의 계산 산식으로 잘못된 것은?

① 산출세액 = 과세표준 × 세율

② 차감납부세액 = 총 결정세액 − 기납부세액

③ 결정세액 = 산출세액 − 세액감면 − 세액공제

④ 총 결정세액 = 결정세액 − 가산세

04 소득세법상 세액공제 중 이월공제를 적용 받을 수 있는 것은?

① 기부금세액공제   ② 기장세액공제

③ 외국납부세액공제   ④ 근로소득세액공제

09 신고와 납부

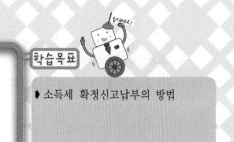

학습목표

▶ 소득세 확정신고납부의 방법

1. 세액의 신고납부

① 연말정산 세액 납부 방법

- 근로소득 원천징수의무자는 연말정산결과 납부할 세액이 환급할 세액보다 큰 경우에는 다음년도 2월에 지급분 급여에 대한 소득세와 연말정산분 소득세를 납부서에 작성하여 다음년도 3월 10일까지 금융기관에 납부한다.

- 연말정산결과 환급할 소득세가 연말정산하는 달에 원천징수하여 납부할 소득세를 초과하는 경우에는 다음달 이후에 납부할 소득세에서 조정하여 환급한다.

- 소득세의 환급을 받고자 하는 때에는 원천징수세액환급신청서를 원천징수관할세무서장에게 제출하여야 한다.

② 원천징수이행상황신고서 제출

- **월별납부자**

  - 근로소득은 다음년도 2월 지급분에 대한 원천징수이행신고서의 연말정산란에 연말정산 결과를 기재하여 다음년도 3월 10일까지 제출하여야 한다. 이 경우 [소득지급]의 인원란 및 총지급액란에는 과세미달·비과세 인원 및 금액을 포함하여 기재한다.

  - 법인의 지점·영업소 기타 사업장이 독립채산제에 의하여 독자적으로 회계사무를 처리하는 경우 각 지점별로 원천징수이행상황신고서를 제출하여야 하고, 세액납부 및 조정환급도 지점별로 이루어져야 한다.

    ※ 조정환급이 있는 경우에는 신고서 상에 조정내역을 기재하여 제출하여야 하며, 조정환급내역을 기재하지 않고 납부할 세액을 납부하지 않은 경우 무납부 처리되어 납부불성실 가산세를 부담하게 되므로 주의하여야 한다.

- **반기별 납부 원천징수의무자**

  반기별 납부 원천징수의무자는 사업자는 연말정산분 소득세를 상반기 지급분에 대한(1월부터 6월까지 지급 기준) 원천징수 내역을 기재한 원천징수이행상황신고서의 연말정산 (A04)란에 기재하여 다음년도 7월 10일까지 제출한다.

- **원천징수이행상황신고서 작성방법**

  근로소득에 대한 연말정산분 원천징수이행상황신고서는 다음과 같이 작성한다.
  - 원천징수이행상황신고서 「귀속연월」란에 "다음년도 2월", 「지급연월」란에 "다음년도 2월"을 기재한다.
  - 반기별 납부 원천징수의무자 중 연말정산 결과 소득세 납부하거나 환급할 소득세가 있으나 다음년도 2월에 소득세 환급을 신청하지 않고 7월 10일까지 제출하는 경우 원천징수이행상황신고서의 「귀속연월」란에 "다음년도 1월", 「지급연월」란에 "다음년도 6월"로 기재한다.

신고 구분	귀속연월	지급연월	제출연월일
매월	1월	2월	3월 10일
연말정산	2월	2월	3월 10일

[원천징수이행상황신고서(연간 합계)와 지급명세서 비교]

	원천징수이행상황신고서의 [연말정산란(A04)]＋[중도퇴사(A02)]	근로소득지급명세서 (계속근무자 및 중도퇴사자)
소득 지급	1. 인원	근로소득 원천징수영수증의 제출 건수
	2. 총지급액	[총급여⑯ 또는 ㉑] 합계＋[비과세소득⑳]합계
징수 세액	3. 소득세 등	차감징수세액의 소득세(⑰) 합계
	4. 농어촌특별세	차감징수세액의 농어촌특별세(⑰) 합계

※ 원천징수이행상황신고서와 지급명세서 상호대사시 종근무지의 총급여 및 비과세소득을 포함하여 검토하여야 한다.

② 과세표준확정신고와 자진납부

- **과세표준확정신고**

  당해연도의 소득(종합, 퇴직, 양도소득)이 있는 거주자는 각 소득의 과세표준을 다음 연도의 5월31일까지 납세지 관할세무서장에게 신고하고 자진납부세액을 납부하여야 한다.

- **확정신고의 예외**

  - 근로소득만이 있는 자
  - 퇴직소득만이 있는 자
  - 연말정산되는 사업소득만 있는 자
  - 연말정산되는 사업소득 및 퇴직소득만 있는 자
  - 공적연금소득만 있는 자
  - 근로소득 및 퇴직소득만 있는 자
  - 공적연금소득 및 퇴직소득만 있는 자
  - 분리과세소득만이 있는 자

• **분납**

자진 납부할세액 또는 중간예납세액이 1,000만원을 초과하는 경우에는 다음의 금액을 납부기한 경과 후 2개월 이내에 분납할 수 있다.

구 분	분납할 수 있는 금액
납부할세액이 2,000만원 이하인 경우	1,000만원을 초과하는 금액
납부할세액이 2,000만원 초과하는 경우	납부할세액의 50% 이하 금액

• **소액부징수**

다음에 해당하는 경우에는 소득세를 징수하지 아니한다.

구 분	기준금액
• 원천징수세액(이자소득 제외)	1천원 미만
• 납세조합 징수세액	
• 중간예납세액	50만원 미만

01 다음 중 종합소득과세표준 확정신고기한으로 옳은 것은?

① 거주자가 사망한 경우 : 그 사망일이 속한 달의 말일로부터 6개월이 되는 날
② 거주자가 출국한 경우 : 그 출국일이 속한 달의 말일로부터 6개월이 되는 날
③ 거주자가 폐업한 경우 : 그 폐업일이 속한 달의 말일로부터 2개월이 되는 날
④ 거주자가 휴업한 경우 : 그 휴업일이 속한 달의 말일로부터 2개월이 되는 날

02 소득세법상 지급명세서 제출기한이 나머지와 다른 하나는?

① 기타소득   ② 근로소득
③ 퇴직소득   ④ 원천징수대상 사업소득

03 다음 중 소득세법상 연말정산대상자가 아닌 것은?

① 근로소득이 있는 자
② 직전 사업소득 총수입금액이 7,500만원 이하인 보험모집인
③ 학원에서 독립적으로 계속하여 강의하고 강사료를 받는 강사
④ 방문판매원 중 간편장부대상자

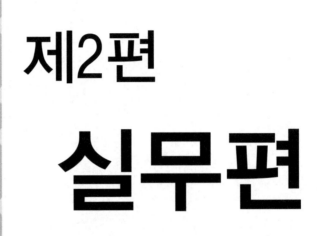

제2편

실무편

Chapter

01

프로그램설명

01 기초정보 입력

1. 메뉴의 구성

(I) 기초정보등록

① 회사등록 : 사업자등록증에 의해 사업자등록번호, 상호명, 기수, 회계기간, 업태와 종목 등의 회사정보를 등록한다.

② 거래처등록 : 상품, 원재료의 매입처와 상품 및 제품의 매출처, 은행거래처, 신용카드가맹점 등에 대한 거래처의 정보를 등록한다.

③ 계정과목 및 적요등록 : 프로그램사용을 위한 기본적인 계정과목은 이미 등록되어 있으나 기장하는 회사의 특성에 따른 계정과목의 추가 및 수정작업과 적요의 수정 및 등록을 한다.

④ 환경등록 : 회사의 공통적인 사항등을 사전에 등록하여 반복 입력하는 불편함을 없애준다.

(2) 전기분재무제표등

① 전기분재무상태표 : 계속기업에 대한 전년도 재무상태표를 이월하는 작업이다.

② 전기분원가명세서 : 계속기업에 대한 전년도 제조원가명세서를 입력하는 작업이다.

③ 전기분손익계산서 : 계속기업에 대한 전년도 손익계산서를 입력하는 작업이다.

④ 전기분잉여금처분계산서 : 계속기업에 대한 전년도 이익잉여금처분계산서를 입력하는 작업이다.

⑤ 거래처별초기이월 : 전년도 재무상태표상의 일부 관리계정에 대한 거래처잔액을 이월하는 작업이다.

(3) 거래자료의 입력

① 일반전표입력 : 부가가치세와 관련 없는 일반적인 거래자료를 입력한다.

② 매입매출전표입력 : 부가가치세와 관련있는 거래자료를 입력한다.

③ 전자세금계산서발행 : 법인사업자의 경우 전자세금계산서발행이 의무화되어 있다. 매입매출전표입력후 전자세금계산서를 발행하여 국세청과 거래처에 전송하는 메뉴이다.

(4) 장부관리

① 거래처원장   ② 거래처별계정과목별원장

③ 계정별원장   ④ 현금출납장

⑤ 일계표(월계표)   ⑥ 분개장

⑦ 총계정원장   ⑧ 매입매출장

⑨ 세금계산서현황   ⑩ 전표출력

(5) 결산/재무제표확인

① 결산자료입력   ② 합계잔액시산표

③ 재무상태표   ④ 손익계산서

⑤ 제조원가명세서   ⑥ 이익잉여금처분계산서

(6) 고정자산및감가상각

① 고정자산등록   ② 미상각분감가상각비

③ 양도자산감가상각비   ④ 고정자산관리대장

2. 회사등록

회사등록은 회계처리를 하고자 하는 회사를 등록하는 작업으로 가장 기본적이고 우선되어야 하는 작업이라 할 수 있다. 특히 본 메뉴에서 등록된 내용이 각종 출력물(인쇄물)상의 회사기본사항에 자동 표시됨은 물론 각종 계산(특히 세무조정)에 영향을 주게 되므로 정확히 입력되어야 한다.

사업자가 세무서에 사업자등록 신청을 하면 사업자등록증을 교부 받게 되며, 회사의 대외적인 업무와 관련하여 기재되는 회사기본사항은 이 사업자등록증의 내용으로 작성되어 진다. 즉, 각종 세무신고나 세무관련 증빙작성, 계약서작성, 각종 기관에 제출되는 서류 등의 작성 시 회사 인적사항은 사업자등록증 내용으로 쓰이게 된다. 아래 실무예제를 보면서 검토하기로 한다.

> **기본예제**
>
> 01. ㈜지성상사는 원재료를 구입하여 전자제품을 제조 및 판매하는 중소기업이며, 당기(제8기) 회계기간 2022.1.1~2022.12.31이다. 다음의 사업자 등록증을 보고 회사코드 6001번으로 등록하시오.
>
> | 사업자등록증 |
> | --- |
> | (법인사업자용) |
> | 등록번호 : 105-81-50105 |
>
> ① 상　　　　호　　　명 : ㈜지성상사
> ② 대　　표　　자　　명 : 박지성
> ③ 개 업 연 월 일 : 2015년 1월 15일
> ④ 법 인 등 록 번 호 : 201111-2197063
> ⑤ 사 업 장 소 재 지 : 서울시 영등포구 영중로 159 우송 B/D
> ⑥ 본 점 　 소 재 지 : 상동
> ⑦ 사 업 의 　 종 류 : [업태] 제조, 도소매　[종목] 전자제품 등
> ⑧ 교 　 부 　 사 　 유 : 신규
> ⑨ 공 　 동 　 사 업 장 : 부
> ⑩ 사업자단위과세여부 : 부
>
> 2015년 1월 20일
>
> 영등포 세무서장

● 코 드

등록할 회사의 회사코드를 부여하며, 0101~9999까지 사용이 가능하다.

「전산회계는 모든 작업이 코드화 되어 집계된다. 본 프로그램에서는 회사코드 거래처코드, 계정코드, 적요코드 등이 사용되며, 각종 데이터 파일이 코드별로 집계되므로 코드는 아주 중요하다.」

● 회사명

사업자등록증에 기재된 상호명을 입력한다.

● 구 분

법인의 경우는 "1"(자동으로 선택된다.)

개인의 경우는 "2"을 선택한다.

◐ 미사용 : 기본이 "0.사용"으로 되어 있으며, 미사용체크시 회사 코드도움에 나타나지 않게된다.

(1) 기본사항

① 회계연도

작업할 회사의 기수와 회계연도를 입력한다. 회사에서 일정기간 동안의 경영성과를 명백히 계산하기 위하여 1년 이내의 일정기간을 설정하는데, 이를 회계연도 또는 회계기간이라고 한다. 개인사업자의 경우 매년 1.1~12.31까지를 1회계연도로 정하고 있으며, 신규로 사업을 개시하였을 경우 사업 개시 일부터 12.31까지를 1회계연도로 정하고 있다. 법인사업자의 회계기간을 회사 정관에서 규정하며, 회계기간 종료일에 따라 12월말 법인(1월 1일~12월 31일), 3월말 법인(4월 1일~다음해 3월 31일)등으로 부르고 있다.

② 사업자등록번호

사업자등록증상의 사업자등록번호를 입력한다. 사업자등록번호는 일정규칙에 의해 부여된 번호이므로, 정확히 입력되어야 한다. 프로그램 내에는 사업자등록번호 자동체크 기능이 있어 오류입력의 경우 빨간색 BOX로 표시된다.

③ 법인등록번호

법인에 대한 등록번호는 법인의 설립등기(외국법인의 경우 국내에서 최초로 영업소 또는 사무소 설치등기)를 하는 때에 이를 부여한다. 앞 4자리는 등기관서 분류번호, 그 다음 2자리는 법인종류별 분류번호, 그 다음 6자리는 일련번호, 마지막 1자리는 오류검색번호이다.

④ 대표자성명

사업자등록증상의 대표자를 입력한다. 대표자가 2인 이상일 때는 대표자 1명만을 입력하고 그 밖의 대표자는 '외 몇 명'(. 홍길동외1)으로 입력한다.

⑤ 대표자주민번호 및 대표자외국인여부

사업자등록증상의 대표자 주민등록번호를 입력한다. 그리고 대표자가 외국인 여부를 체크한다. 시험과는 무관하다.

⑥ 사업장주소

주소를 조회(F2)하여 사업장 소재지를 입력한다. 현재는 신주소를 사용한다.

⑦ 본점주소

본점 소재지를 입력한다. 현재는 신주소를 사용하며, 시험과는 무관하다.

⑧ 업 태

사업자등록증상에 기재된 업태를 입력한다.

⑨ 종 목

사업자등록증상에 기재된 종목을 입력한다.

  ㉠ 업태란

   사업 형태를 말하며, 제조업, 도소매업, 음식, 숙박업, 보건업, 농업, 수산업, 공업, 서비스업, 임대업 등으로 분류된다.
   업태에 따라 취급하는 주된 품목을 말한다.

  ㉡ 종목이란

   제조업 → 무엇을 제조하는지, 도소매업 → 무엇을 판매하는지, 숙박업 → 어떤 종류의 숙박시설인지를 의미한다.

  ㉢ 업종은

   일반적으로 업종이라 말하는 것은 업태와 종목을 합친 용어이다. 예로 컴퓨터 소매업이라면 업태는 소매, 종목은 컴퓨터가 되는 것이다.

⑩ 주업종코드

수입금액이 가장 큰 업태종목의 기준경비율코드를 입력한다. 시험과는 무관하다.

⑪ 사업장 전화번호

사업장 전화번호를 입력한다. 시험과는 무관하다.

⑫ 사업장 팩스번호

사업장 팩스번호를 입력한다. 시험과는 무관하다.

⑬ 법인구분

본점소재지를 기준으로 본점이 국내에 있으면 내국법인을 입력한다. 시험과는 무관하다.

⑭ 법인종류별구분

상장여부, 영리와 비영리구분등에 따른 종류별번호를 입력한다. 시험과는 무관하다.
이는 법인서식중에 수식능변농상황명세서 작성시 필요한 법인구분이다.

⑮ 중소기업여부

중소기업기준검토표에 따른 중소기업여부를 입력한다. 시험과는 무관하다.
중소기업에 해당되면 법인서식에서 중소기업혜택을 받을수 있다.

⑯ 설립연월일

법인등기부상의 설립연월일을 입력한다. 시험과는 무관하다.

⑰ 개업연월일

사업자등록증상의 개업 연 / 월 / 일을 입력한다. 영업(사업)을 처음 시작하는 날을 말한다. 세법용어로서 사업개시일과 같은 뜻이다. 세법에서는 제조업의 경우에는 제조장별로 재화의 제조를 개시하는 날, 광업의 경우에는 사업장별로 광물의 채취ㆍ채광을 개시하는 날, 기타 사업의 경우에는 재화 또는 용역의 공급을 개시하는 날을 개업일로 규정하고 있다. 신규로 사업을 개시하고자 하는 자는 사업장마다 사업개시일로 부터 20일 이내에 소관 세무서장에 등록하도록 하여야 하며, 또한 사업개시일 전이라도 등록할 수 있도록 규정하고 있다. 이는 상단의 기수와 연관관계가 있다.

⑱ 폐업년월일

부가세법상 폐업년월일을 입력한다. 입력시 사업개시일부터 폐업년월까지를 확정신고기간으로 하며, 시험과는 무관하다.

⑲ 사업장동코드

국세청에서 제공하는 법정동코드를 입력한다. 이는 해당 시군구에 해당하는 고유코드 이다. 전자신고시 이 데이타가 반영되며, 시험과는 무관하다.

⑳ 본점동코드

국세청에서 제공하는 법정동코드를 입력한다. 이는 해당 시군구에 해당하는 고유코드 이다. 전자신고시 이 데이타가 반영되며, 시험과는 무관하다.

㉑ 사업장관할세무서

[F2]-코드도움 또는 툴바의"코드"아이콘 또는 버튼을 이용하여 반드시 코드 번호로 입력한다.

㉒ 본점관할세무서

[F2]-코드도움 또는 툴바의"코드"아이콘 또는 버튼을 이용하여 반드시 코드 번호로 입력한다.

㉓ 지방소득세납세지

이는 법인세의 10%를 지방소득세로 납부하는 경우의 시군구를 기재한다. 시험과는 무관하다.

(2) 추가사항

① 부가세신고방법

부가가치세는 각 사업장마다 사업자등록을 하는 것이 원칙이나, 두 개 이상의 사업장을 가지고 있는 사업자는 사업자 단위로 등록할 수 있는 것으로서 사업자등록, 세금계산서의 교부 등도 주된 사업장 1곳에서 하도록 하는 제도를 "사업자단위과세"라 한다. 반면 총괄납부는 납부만 총괄하여 한 사업장에서 할 수 있는 제도이다. 시험과는 무관하다.

② 반기별납부여부

원천징수이행상황신고서는 원칙적으로 지급한 달의 다음달 10일까지 납부하는 것이 원칙이지만, 예외적으로 반기납부소득 지급일이 속하는 반기(1월~6월, 7월~12월) 의 다음 달 10일까지 납부할 수 있다. 시험과는 무관하다.

> **참고 Check!**
>
> 1. 회사코드 재생성 : 다른 PC에서 생성된 데이터를 본 PC에서 보고자 할 때 회사코드재생성을 실행하여 준다.
> 2. 회사명 되돌리기 : 실수로 삭제되거나 입력된 회사명을 직전 회사명으로 돌려놓는 기능이다.

[입력 후 화면]

3. 환경등록

시스템 환경을 설정하는 메뉴이다. 시스템 환경 설정은 부가세소수점관리, 분개유형설정, 추가계정설정, 금액에 부가세포함여부 등 회계 전반에 걸쳐 영향을 미치기 때문에 초기 설정값을 신중하게 고려하여 결정하고 기입 한다. 이 메뉴는 시험과는 무관하다.

[환경등록]

회계	원천	법인

1 부가세 소수점 관리

		자 리 수	끝 전 처 리
수	량	0	
단	가	0	1.절사
금	액		2.올림

2 분개유형 설정

매 출	0401	상품매출
매 출 채 권	0108	외상매출금
매 입	0146	상품
매 입 채 무	0251	외상매입금
신용카드매출채권	0120	미수금
신용카드매입채무	0253	미지급금

3 추가계정 설정

구 분	유 형	계 정 과 목	추 가
매 출	매 출		
	매출채권		
매 입	매 입		
	매입채무		

※ 추가계정 설정은 매출과 매입 모두 등록되어야 반영됩니다.

4 부가세 포함 여부

카과, 현과의 공급가액에 부가세 포함	1.포함
건별 공급가액에 부가세 포함	1.포함
과세 공급가액에 부가세 포함	0.미포함

5 봉사료 사용 여부 | 0.사용안함

6 유형:불공(54)의 불공제 사유 | 2
유형:영세율매출(12.16) 구분 |

7	단가 표시	1.사용
8	성실신고사업자	0.부
9	표준(법인세)용 재무제표	1.일반법인
10	건물외 유형고정자산 상각방법	1.정률법
11	고정자산 간편자동등록 사용	1.사용
12	현장코드 엔터키 자동복사	0.사용안함
13	부서사원코드 엔터키 자동복사	0.사용안함
14	프로젝트코드 엔터키 자동복사	0.사용안함
15	세금계산서 인쇄시 복수거래 정렬 방법	1.입력순
16	면세류 입력 설정	
	의제류 자동 설정	0.없음
	의제매입공제율	6 / 106
	재활용매입공제율	6 / 106

(1) 부가세소수점 관리

매입매출전표 입력 시 수량, 단가 및 금액의 소수점관리를 위한 항목이다.
수량 및 단가는 소수점자리수의 입력과 이에 따른 이하 자릿수의 처리방법을 선택한다.
금액은 소수점 첫째 자리에서의 처리방법을 선택 한다.

1 부가세 소수점 관리

		자 리 수	끝 전 처 리
수	량	0	
단	가	0	1.절사
금	액		2.올림

(2) 분개유형설정

① 구분 : 매입, 매출

매입매출전표 입력시 자동분개되는 매입 매출계정코드이며 기본값이 **"0146(상품)"**, **"0401(상품매출)"**으로 설정되어 있으므로 제품매출, 원재료매입이거나, 다른 매출, 매입 해당코드로 수정·입력한다.

② 구분 : 매입채무, 매출채권

매입매출전표 입력시 자동분개되는 매입채무 매출채권코드이며 기본값이 **"0251(외상매입금)"**, **"0108(외상매출금)"**으로 설정되어 있으므로 주 매입채무계정이 외상매입금, 주 매출채권계정이 외상매출금이 아닌 경우는 사용자가 해당코드로 수정·입력한다.

③ 구분 : 매입채무, 매출채권

자동분개되는 신용카드 매출채권 기본값이 **0120.미수금, 매입채무 0252.미지급금**으로 되어 있으며, 다른 계정을 사용하고자 하는 경우에는 바꾸어 입력한다.

2 분개유형 설정		
매 출	0404	제품매출
매 출 채 권	0108	외상매출금
매 입	0153	원재료
매 입 채 무	0251	외상매입금
신용카드매출채권	0108	외상매출금
신용카드매입채무	0253	미지급금

(3) 추가계정설정

업태종목이 여러개인 경우 분개유형설정에서 설정한거이외의 매출(매입)과 매출채권(매입채무)를 추가로 설정하여 분개를 자동으로 하고자 함이다.

3 추가계정 설정		
구 분 유 형 계 정 과 목 추 가		
매 출 매 출		
매출채권		
매 입 매 입		
매입채무		

※ 추가계정 설정은 매출과 매입 모두 등록되어야 반영됩니다.

(4) 부가세 포함 여부

① 카드입력방식 : 부가세 **"1.포함"**으로 설정된 경우 매입매출전표에서 유형 17.카과, 57.카과 입력시 공급가액란에 부가세를 포함한 금액을 입력하면 그 입력한 금액에서 부가세를 제외한 금액($100/110$)이 자동 산출된다. **"0.미포함"**으로 설정된 경우 매입매출전표에서 유형 17.카과, 57.카과 입력시 공급가액란에 부가세를 제외한 금액을 입력하면 된다. 기본계정은 **"0.미포함"**으로 설정되어 있다.

② 건별공급가액에 부가세 포함 : 카드입력방식과 동일하다.

③ 과세 공급가액에 부가세 포함 : 세금계산서의 공급가액에 부가세포함여부표시한다.

4 부가세 포함 여부	
카과, 현과의 공급가액에 부가세 포함	1.포함
건별 공급가액에 부가세 포함	1.포함
과세 공급가액에 부가세 포함	0.미포함

(5) 봉사료사용여부

신용카드에 구분기재한 봉사료가 있는 경우에 사용으로 한다.

```
5   봉사료 사용 여부              1.사용
```

(6) 유형

불공(54)의 불공제 사유와 영세율매출명세서의 영세율구분을 입력한다

```
6   유형:불공(54)의 불공제 사유          2    💬
    유형:명세율매출(12.16) 구분               💬
```

(7) 단가 표시

수량과 공급가액을 입력하면 자동으로 공급가액을 수량으로 나누어 단가를 표시한다.

```
7   단가 표시                    1.사용
```

(8) 성실신고사업자

소득세법상 성실신고기준은 "해당 과세연도의 수입금액을 직전 과세연도의 수입금액보다 100분의 10 이상 신고하고, 해당 과세연도의 소득금액을 직전 과세연도의 소득금액 이상 신고할 것"으로 한다.

```
8   성실신고사업자                0.부
```

(9) 표준(법인세)용 재무제표

법인세상 재무제표 작성시 일반법인용과 금융기관용중 선택한다.

```
9   표준(법인세)용 재무제표         1.일반법인
```

(10) 건물외유형자산 상각방법

고정자산 간편 등록시 세팅할 상각방법 선택한다. 무신고시 정률법으로 한다.

```
10   건물외 유형고정자산 상각방법     1.정률법
```

(11) 고정자산 간편등록사용

전표입력에서 비유동자산(건물, 차량운반구등) 계정과목을 간편등록으로 등록여부 선택하며, 사용으로 선택시 간편등록화면이 나타나게 된다. 시험때는 미사용으로 세팅된다.

```
11   고정자산 간편자동등록 사용      1.사용
```

(12) 자동복사기능(현장,부서,프로젝트코드)

전표입력시 해당코드를 엔터입력으로 자동복사를 안하고자 할 때 선택한다.

```
12   현장코드 엔터키 자동복사       0.사용안함
13   부서사원코드 엔터키 자동복사     0.사용안함
14   프로젝트코드 엔터키 자동복사     0.사용안함
```

(13) **세금계산서 인쇄시 복수거래 정렬방법설정**

복수거래입력시 입력순 또는 금액순으로 입력하고자 할때 선택한다.

15	세금계산서 인쇄시 복수거래 정렬 방법	1.입력순

(14) **면세류 입력설정**

의제매입세액공제율과 재활용폐자원매입세액공제율을 선택한다.

16	면세류 입력 설정	
	의제류 자동 설정	0.없음
	의제매입공제율	6 / 106
	재활용매입공제율	6 / 106

4. 거래처등록

상품, 제품의 외상거래나 기타 채권, 채무에 관한 거래가 발생했을 때 외상매출금계정이나 외상매입금계정 등의 보조장부로서 거래처별 장부를 만들게 되는데, 이렇게 각 거래처별 장부를 만들기 위해서는 장부를 만들고자 하는 거래처를 등록하여야 한다. 각 계정원장에 대한 보조부로서의 거래처장부를 만들 수 있으며, 이 장부를 거래처 원장이라 한다.

거래처 등록은 회사기본사항등록과 마찬가지로, 거래처의 사업자등록증 사본을 받아 등록하는 것이 가장 정확하지만, 사업자등록증의 내용이 그대로 반영되는 세금계산서나 일반영수증을 보고 입력해도 된다.

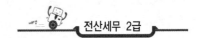

사례 501.㈜한신상사(매출거래처), 사업자등록번호 : 312-81-45646, 대표자: 이수연, 업종: 제조/
전자제품등, 주소 : 서울시 동대문구 제기로 131

• 코 드

"00101~97999"의 범위 내에서 코드번호를 부여한다.

• 거래처명

거래처로부터 받은 사업자등록증상의 상호를 입력한다.

• 유 형

유형은 매출거래이면 "1.매출", 매입거래처인 경우에는 "2.매입", 매출거래처와 매입거래처에
동시에 해당된다고 그러면 "3.동시"를 선택한다.

(I) 일반거래처 등록사항

① 사업자등록번호

해당 거래처의 사업자등록번호를 입력한다.

② 주민등록번호

거래처가 기업이 아닌 일반인인 경우는 세금계산서합계표상 주민등록기재분으로 표시하
여야 하므로 본 프로그램에서 주민등록번호를 입력한 후 우측의 주민등록기재분 여 부
입력란에 숫자 1. 주민기재분을 입력한다.

③ 대표자성명

거래처의 대표자성명을 입력한다. 종사업장번호는 부가가치세법상 사업자단위과세를 적
용받는 종사업장의 구분코드이며 시험과는 무관하다.

④ 업 종

거래처의 사업자등록증상 업태와 종목을 입력한다.

⑤, ⑥ 우편번호와 사업장주소

거래처의 우편번호와 사업장 소재지를 검색하여 입력한다. 신주소를 사용하여 입력한다.
시험에서는 코드도움을 사용하여 우편번호와 같이 입력하여도 되고, 우편번호 없이 직
접 입력 하여도 무방하다.

참고 Check!

상세입력안함 : 상세입력안함을 체크시 아래쪽으로 더 이상 커서가 이동하지 않고 다음 거래처등록을 할 수
있게 하는 기능이다. 이하 하단은 시험과는 무관하다.

☑ ##### 상세 입력 안함 #####

⑦ 연락처

거래처의 전화번호와 팩스번호를 입력한다.

⑧ 담당사원(당사)

해당거래처를 담당하는 우리 회사 담당 사원을 입력한다.

⑨ 인쇄할 거래처명

세금계산서에 인쇄할 거래처명을 입력한다. 기본은 거래처명이 세팅된다.

⑩ 담보설정액

담보설정액이 있으면 입력한다.

⑪ 여신한도액

해당거래처에 대출여신한도액을 입력한다.

⑫ 주류코드

거래처가 주류업체의 경우 세금계산서합계표 비고란에 "주류"라고 표기하기 위해 입력한다.

⑬ 입금계좌번호

거래대금 입금계좌번호를 입력한다.

⑭ 업체담당자연락처

전자세금계산서 발송 시 수신담당자를 입력한다.

⑮ 거래처분류명

거래처를 일정기준에 의해 분류하고자는 하는 경우에 입력한다.

⑯ 거래처시작(종료)일

거래처 거래시작일과 종료일을 입력한다.

⑰ 비고

거래처에 대한 특이사항을 표시하고자 하는 경우에 입력한다.

⑱ 사용여부

거래처를 사용하고자 하는 경우에는 여, 미사용시에는 부를 입력한다. 거래처코드를 미사용으로 세팅시 코드도움에서 나타나지 않게 된다.

(2) 금융기관거래처

금융기관거래처는 98000부터 99599번까지 입력가능하며, 보통예금, 당좌예금, 정기예금, 정기적금유형으로 나누어 입력한다. 순차적으로 코드를 부여하고자 하는 경우에는 98001의 경우 숫자 "1"입력, 98002의 경우는 "2"입력으로 간편등록이 가능하다.

일반거래처	금융기관	신용카드		
No	□	코드	거래처명	계좌번호	유형
1	□	98001	신한은행		보통예금
2	□				

(3) 신용카드거래처

신용카드거래가 있는 매출(가맹점번호), 매입(카드번호)을 관리하고자 할 때 신용카드 거래처를 입력한다. 신용카드거래처는 99600부터 99999까지 입력가능하다.

No	☐	코드	거래처명	가맹점(카드)번호	유형
1	☐	99604	하나카드(매출)	769821674	매출
2	☐	99605	비씨카드(매출)	567123123	매출
3	☐	99700	국민카드(매입)	4802-1081-1234-3021	매입

기본예제

02. 다음의 ㈜지성상사의 거래처를 거래처등록에 입력하시오.(거래처유형은 동시)

①코드	②상호명	③대표자	④사업자등록번호	⑤주　　　소(신)	⑥업태	⑦종목
101	㈜찬호전자	최한일	123-81-10829	경기 고양 일산동구 식사로 2	도매	전자제품
102	현진상사	김현호	102-81-25214	서울 영등포 문래로 110	도매	전자제품
103	승협상회	박정숙	129-81-02161	서울 종로 효자로13길 20	도매	전자
104	㈜승범상사	이한수	119-81-29163	서울 강남 삼성로100길 12	제조	전기용품
105	㈜동렬전기	최규진	137-81-25151	서울 중구 남대문시장길 17	제조	반도체
106	㈜태수	김영신	212-81-15162	서울 금천구 독산로 326	제조	기계
107	신수사	민영환	106-29-99836	서울 강남구 광평로51길 46	도매	반도체
98000	신한은행	보통예금				
98001	국민은행					
99601	국민카드(매출)	나머지 생략				
99602	국민카드(매입)					

해설

1. 일반거래처 입력화면

No	☐	코드	거래처명	등록번호	유형
1	☐	00101	(주)찬호전자	123-81-10829	동시
2	☐	00102	현진상사	102-81-25214	동시
3	☐	00103	승협상회	129-81-02161	동시
4	☐	00104	(주)승범상사	119-81-29163	동시
5	☐	00105	(주)동렬전기	137-81-25151	동시
6	☐	00106	(주)태수	212-81-15162	동시
7	☐	00107	신수사	106-29-99836	동시
8	☐				

1. 사업자등록번호 106-29-99836 [NTS 사업자등록상태조회]
2. 주 민 등 록 번 호 _____-_____ 주 민 기 재 분 부 0:부 1:여
3. 대 표 자 성 명
4. 업　　　종 업태 [　　] 종목 [　　]
5. 주　　　소 [💬]

☑ ##### 상세 입력 안함 #####

6. 연　락　처 전화번호 [　]) [　] - [　] 팩스번호 [　]) [　] -
7. 담당(부서)사원 [💬] [　　] + 키 입력 시 신규 등록 가능
8. 인쇄할거래처명 신수사
9. 담 보 설 정 액 10. 여 신 한 도 액
11. 주 류 코 드
12. 입금 계좌 번호 은 행 [💬]
　　　　　　　예금주 계좌번호
13. 업체담당자연락처 [조회/등록] 보내기
14. 거래처 분류명 [💬]
15. 주 신고거래처 [💬] 종 사업장 번호
16. 거래시작(종료)일 시작 2017-01-01 [💬] ~ 종료: ____-__-__ [💬]
17. 비　　　고
18. 사 용 여 부 여 0:부 1:여

2. 금융기관(코드난에서 "0"과 "1"를 입력하면 98000과 98001로 자동코드 부여)

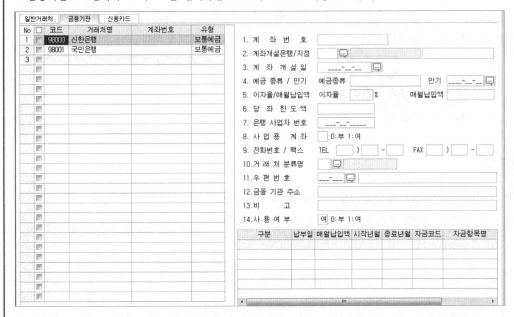

No	□	코드	거래처명	계좌번호	유형
1	□	98000	신한은행		보통예금
2	□	98001	국민은행		보통예금
3	□				

1. 계 좌 번 호
2. 계좌개설은행/지점
3. 계 좌 개 설 일
4. 예금 종류 / 만기   예금종류   만기
5. 이자율/매월납입액   이자율   %   매월납입액
6. 당 좌 한 도 액
7. 은행 사업자 번호
8. 사 업 용 계 좌   0:부 1:여
9. 전화번호 / 팩스   TEL   )   -   FAX   )   -
10.거 래 처 분류명
11.우 편 번 호
12.금융 기관 주소
13.비   고
14.사 용 여 부   여 0:부 1:여

구분	납부일	매월납입액	시작년월	종료년월	자금코드	자금항목명

3. 카드거래처(코드난에서 "1"과 "2"를 입력하면 99601과 99602로자동코드 부여)

No	□	코드	거래처명	가맹점(카드)번호	유형
1	□	99601	국민카드(매출)		매출
2	□	99602	국민카드(매입)		매입
3	□				

1. 사업자등록번호
2. 가 맹 점 번 호
3. 카드번호(매입)
4. 카드종류(매입)
5. 카드 소유 담당   + 키 입력시 신규등록가능
6. 전 화 번 호   )   -
7. 결 제 계 좌   은행명
              계좌번호
8. 신용카드사코드
9. 수   수   료   %
10.결   제   일   일
11.담   당   자
12.홈 페 이 지
13.거래처 분류명
14.사 용 한 도
15.비   고
16.사 용 여 부   여 0:부 1:여

5. 계정과목 및 적요등록

본 메뉴는 회사에서 사용할 계정과목을 정의하고, 해당과목의 특성에 따른 구분을 규정하며 전표입력 편의와 능률향상을 위해 빈번히 사용되는 적요를 입력하는 메뉴이다. 본 프로그램에는 일반적으로 사용되는 계정과목과 적요가 이미 입력되어 있는 상태이므로 회사 특성에 따라 필요한 계정과목명과 적요의 신규등록 또는 수정작업만 행하면 된다. 계정과목은 0101부터 10100번까지의 코드로 구성되어 있으며 거래자료입력 작업시 거래의 내용을 명확히 파악하여 이에 따른 적정한 계정과목을 선택 사용하여야 한다. 특히 동일한 명칭을 가지고 있는 계정과목이 제조원가, 보관원가, 도급원가, 운송원가, 분양원가, 판매비와 일반관리비의 항목에서 코드를 달리하여 사용되고 있다.

(1) 계정체계

0101부터 1010번까지 부여된 계정과목코드가 어떤 순서에 의해 정리되어 있는지를 보여준다. 이는 코드체계와 계정과목이 어떻게 연결되어 있는지를 보여주고 있는 것이다. 코드체계의 범위를 벗어나서 사용하는 경우에는 재무제표가 자동으로 작성될 때 항목간 수치가 잘못 계산되므로 유의해야 한다.

(2) 계정과목의 신규등록

계정과목의 신규등록은 코드체계 범위 내에서 "사용자설정계정과목"란에 추가로 등록하여 사용할 수 있다. 예를 들어 0249번 코드의 사용자설정계정과목에 "댐사용권"이라는 계정과목을 추가로 등록하여 사용하고자 한다면 커서를 0249코드에 위치시키고 "사용자설정계정과목"에 "댐사용권"이라고 덧씌워 입력하면 된다.

계 정 체 계	코드/계정과목	성격	관계
당 좌 자 산 : 0101-0145	0246 부 도 어 음 과 수 표	3.일 반	
재 고 자 산 : 0146-0175	0247 대 손 충 당 금	4.차 감	0246
투 자 자 산 : 0176-0194	0248 전 신 전 화 가 입 권	3.일 반	
유 형 자 산 : 0195-0217	0249 사 용 자 설 정 계 정 과 목		
무 형 자 산 : 0218-0230	0250 사 용 자 설 정 계 정 과 목		
기타비유동자산 : 0231-0250	유 동 부 채		
유 동 부 채 : 0251-0290	0251 외 상 매 입 금	2.일 반	
	0252 지 급 어 음	6.지 급 어 음	

계정코드(명)	0249 댐사용권
성격	
관계코드(명)	
영문명	User setup accounts
과목코드	0249 사용자설정계정과목
사용여부	1 (1:사용 / 2.미사용)
계정수정구분	계정과목명, 성격 입력/수정 가능

(3) 계정과목의 수정

화면을 보면 계정과목명이 검정색 과목과 빨간색 과목이 있다. 검정색 과목은 코드 범위 내에서 과목을 고쳐야 할 때 바로 수정해서 사용할 수 있다. 그러나 빨간색 과목은 계정과목이 갖고 있는 특수한 성격이 있으므로 바로 수정할 수가 없다. 부득이 꼭 수정을 해야 할 때에는 계정과목의 명칭만을 수정할 수가 있으며, 이때에는 키보드의 Ctrl 키를 누른 상태에서 F2 키를 누르면 빨간색 계정과목을 수정할 수 있는 상태가 된다.

(4) 성 격

일반적인 항목으로 초기값이 설정되어 있으며, 계정과목에 따라 성격이 다르므로 사용자가 선택한다.

① 예금 : 예금계정과목으로서 자금항목에 예금으로 설정시 선택

② 적금 : 적금계정과목으로 자금항목에 적금으로 설정시 선택

③ 일반 : 일반적인 성질의 계정과목

④ 차감 : 차감은 본계정의 차감성질로서 재무제표등에 차감하는 형식으로 표시가능

⑤ 유가증권 : 유가증권

⑥ 가지급금 : 임직원에게 대여한 자금으로서 가지급금인정이자 계산이 필요한 계정

⑦ 받을어음 : 어음관리가 필요한 계정에 받을어음을 세팅하면 자금관리가 가능

⑧ 대여금 : 자금관리가 필요한 계정에 설정시 대여금으로 표시

⑨ 일반재고 : 매입, 제조한 재고자산

⑩ 공정재고 : 제조과정에 있는 재고자산

⑪ 환출차감 : 재고자산에 차감성격인 매입환출등

⑫ 할인차감 : 재고자산에 차감성격인 매입할인등

⑬ 관세차감 : 수출을 전제로 수입한 원재료에 대해 관세환급금 발생시 제품차감으로 설정

⑭ 평가충당금 : 재고자산에 대한 평가손실의 누계액

⑮ 상각 : 감가상각이 필요한 자산

⑯ 비상각 : 감가상각이 불필요한 토지등의 자산

⑰ 임시 : 건설중인자산과 같은 임시적인 자산, 차후 상각자산으로 대체가능

⑱ 차입금 : 자금관리가 필요한 계정을 차입금으로 표시

⑲ 가수금 : 임직원등으로부터 일시적으로 받은 자산중에 가지급금인정이자계산시 가지급금에서 차감가능한 가수금인 경우에 선택

⑳ 지급어음 : 어음관리가 필요한 계정인 경우에 선택

㉑ 준비금 : 세법상 적립성질의 계정인 경우에 선택

㉒ 충당금 :기업회계기준 또는 세법상 적립성질의 계정인 경우에 선택

㉓ 사채차입금 : 회사채 계정과목인 경우에 선택

㉔ 증가 : 본계정에 증가로 표시되는 사채할증발행차금과 같은 계정인 경우 선택

㉕ 자본금 : 회사 자본금으로 보는 계정인 경우에 선택

㉖ 자본잉여금 : 주식거래로 인한 잉여금

㉗ 평가이익 : 기타포괄손익누계액에서 자본의 증가항목

㉘ 평가손실 : 기타포괄손익누계액에서 자본의 감소항목

㉙ 법정적립금 : 법적으로 적립이 의무화된 계정인 경우에 선택

㉚ 임의적립금 : 회사 임의로 적립한 계정인 경우에 선택

㉛ 미처분이익 : 주주총회, 이사회등에서 처분하지 않은 잉여금

(5) 관 계

계정과목중에 차감계정이 필요하거나, 재고자산에 의해 소비액이나 매출원가를 계산할 필요가 있는 경우, 관계코드를 입력하여 표시한다.

① 차감계정

매출채권과 감가상각자산인 비유동자산의 경우 차감계정이 필요하다.

| 0108 | 외 상 매 출 금 | 3.일 | 반 | |
| 0109 | 대 손 충 당 금 | 4.차 | 감 | 0108 |

위의 경우처럼 외상매출금계정과목 아래 대손충당금을 차감하는 형식으로 표시가 필요한 경우라면, 109.대손충당금난의 관계코드에 108.외상매출금을 입력하여야 한다.

② 매출원가 계산

제품매출원가처럼 제품소비액에 의해 매출원가를 계산하다면 150.제품을 455.제품매출원가에 입력하여야 한다.

| 0455 | 제 품 매 출 원 가 | 2.제 조 판 매 | 0150 |

위와 같이 입력하면 다음과 같은 box에서 150.제품에 의해 매출원가가 계산되어 진다.

(6) 적요등록

적요란 거래내역을 간략하게 요약한 것이다. 매일 매일의 거래내역을 전표로 발행하다 보면 같은 내용의 거래가 반복되는 경우가 많이 있다. 이렇게 반복되는 내용을 적요번호로 등록해 놓았다가 전표입력시 등록된 내용의 번호를 선택하여 입력하면 시간이 많이 절약된다.

일반 적요는 수정이 가능하나 빨간색으로 표시된 고정적요(타계정으로 대체, 타계정에서 대체 등)는 수정이 불가능하다. 시험에서는 띄워쓰기 무시하고 입력하면 된다.

기본예제

03. ㈜지성상사(회사코드6001)를 선택하여 다음 작업을 하시오.

1. "0127.사용자설정계정과목" 계정을 '정부보조금' 현금차감으로 수정하시오

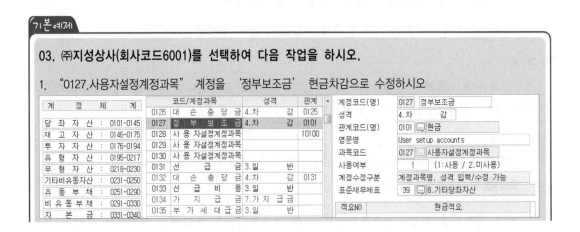

2. "165.건설용지" 계정과목을 "건설부지" 계정으로 수정하시오.
   CTRL 키를 누른 상태에서 F2 키를 누르면 빨간색 계정과목을 수정

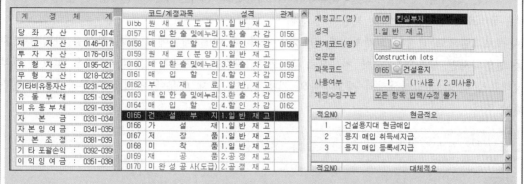

3. 제조경비 코드범위내에서 "설치비" 계정을 추가로 등록하시오.

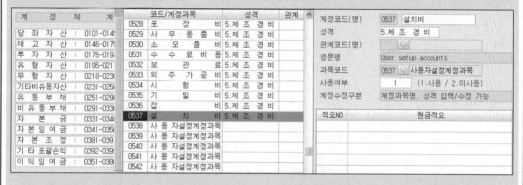

4. 814.통신비계정의 현금적요 5번 등록된 내용을 "스마트폰 사용료" 추가입력 하시오.

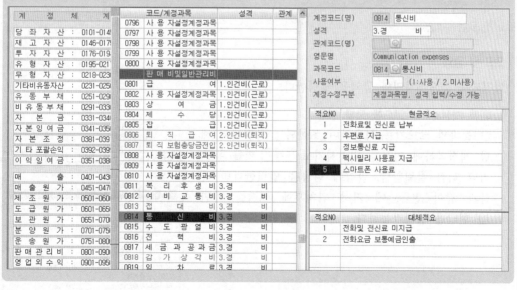

6. 전기분재무상태표

본 항목은 전기의 재무상태표를 입력하여 각 계정별로 전기잔액을 이월시킴과 동시에 비교식 재무상태표의 전기분 자료를 제공하게 된다.

본 프로그램으로 전기의 회계처리를 한 경우 마감 후 이월 메뉴에서 전기 장부를 마감하면 자동 반영되지만, 당해연도 중에 처음으로 본 프로그램으로 회계처리를 하는 경우 비교식 재무상태표의 작성, 손익계산서의 재고자산의 기초재고액 표시 때문에 전기분 재무상태표를 입력해야 한다.

(1) 코드 및 금액

계정과목 코드 3자리와 금액을 입력한다.

① 이때 계정과목의 코드를 모를 경우

㉠ 툴바의 코드키를 이용하여 조회되는 화면에서 해당 계정과목에 커서를 위치시키고 [Enter↵] 키를 누르거나 더블 클릭한다. 만약에 현금을 입력한다면 다음과 같이 현금난에 커서 위치후에 엔터를 치면 101.현금을 입력가능하다.

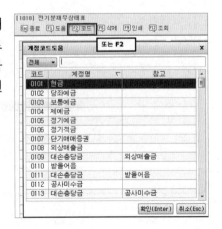

ⓛ 코드란에 커서를 위치시키고 입력하고자 하는 계정과목명의 앞 글자 2자를 입력하고 Enter↵키를 누르면, 해당 글자가 포함되어 있는 계정과목명이 조회되므로, 해당 계정과목에 커서를 위치시키고 Enter↵키를 누르면 입력된다. 만약에 108.외상매출금계정을 입력한다면 다음과 같이 "외상"을 입력하면 외상매출금을 조회입력가능하다.

자산		
코드	계정과목	금액
외상		

(2) 가지급금과 가수금계정의 입력

0134.가지급금과 0257.가수금을 입력시 해당 임직원에 대해 사용된 지급(가수)과 회수(지급)의 적요번호를 입력한다. 단, 현금적요와 대체적요를 같은 번호로 사용해야 한다.

자산			부채 및 자본			가지급금				
코드	계정과목	금액	코드	계성과복	금액	직책	성명	지급 적요	회수 적요	금액
0134	가지급금	6,000,000				대표자	김대표	1	4	3,000,000
						전무	이전무	2	5	2,000,000
						상무	정상무	3	6	1,000,000

자산			부채 및 자본			가수금				
코드	계정과목	금액	코드	계정과목	금액	직책	성명	반제 적요	지급 적요	금액
0134	가지급금	6,000,000	0257	가수금	350,000	대표자	김대표	1	4	200,000
						전무	이전무	2	5	150,000

(3) 퇴직급여충당부채와 퇴직연금충당부채의 입력

퇴직급여충당부채 전기말잔액을 원가경비별로 구분하여 입력한다. 이렇게 입력된 잔액은, 기초충당금잔액에서 당기지급액(퇴직급여충당부채 차변입력시 적요체크로 지급액결정)을 차감한 잔액이 결산시 퇴직급여충당부채 설정전 잔액으로 사용되어 진다. 즉 결산자료입력에 자동반영된다. 하단 금액수정시 반드시 295.코드난에 커서 놓고 엔터로 입력가능하다.

퇴직급여충당부채(295) :	제 조		도 급		보 관	
	분 양		운 송		판 관 비	
퇴직연금충당부채(329) :	제 조		도 급		보 관	
	분 양		운 송		판 관 비	

(4) 개인사업자의 자본금계정 입력

개인회사의 자본금(출자금)은 기초자본금(출자금) ± 대표자인출금 ± 당기순손익의 합계금액을 입력한다.

(5) 법인사업자의 미처분이익잉여금 입력

법인사업자의 미처분이익잉여금은 377.미처분이익잉여금이 아닌, 0375.이월이익잉여금으로 입력한다.

(6) 입력오류의 자동검색

각 계정과목과 금액을 입력하면 하단에 차변금액과 대변금액이 자동 집계되며 대차차액이 표시된다. 메시지가 나타나는데, 이는 입력도중에 작업을 중단하는 경우가 아니면 입력이 잘못된 상태이므로 확인하라는 메시지이다.

04. ㈜지성상사의 전기재무상태표는 다음과 같다. 전기분재무상태표 메뉴에 입력하시오.

재무상태표
2021 .12. 31 현재

㈜지성상사 (단위 : 원)

과 목	금 액		과 목	금 액
현 금		50,000,000	외 상 매 입 금	26,000,000
당 좌 예 금		37,000,000	지 급 어 음	32,000,000
보 통 예 금		43,000,000	미 지 급 금	10,000,000
외 상 매 출 금	10,200,000		단 기 차 입 금	35,650,000
대 손 충 당 금	(200,000)	10,000,000	퇴 직 급 여 충 당 부 채	20,000,000
받 을 어 음	5,000,000		자 본 금	200,000,000
대 손 충 당 금	(350,000)	4,650,000	미처분이익잉여금 (당기순이익 9,000,000)	60,000,000
제 품		5,000,000		
원 재 료		20,000,000		
재 공 품		10,000,000		
건 물	190,000,000			
감 가 상 각 누 계 액	(42,000,000)	148,000,000		
기 계 장 치	50,000,000			
감.가상각누계액	(12,000,000)	38,000,000		
차 량 운 반 구	20,000,000			
감 가 상 각 누 계 액	(2,000,000)	18,000,000		

(퇴직급여충당부채 : 제조 12,000,000원, 판관비 : 8,000,000원)

해설

자산			부채 및 자본			계정별 합계	
코드	계정과목	금액	코드	계정과목	금액	1. 유동자산	179,650,000
0101	현금	50,000,000	0251	외상매입금	26,000,000	①당좌자산	144,650,000
0102	당좌예금	37,000,000	0252	지급어음	32,000,000	②재고자산	35,000,000
0103	보통예금	43,000,000	0253	미지급금	10,000,000	2. 비유동자산	204,000,000
0108	외상매출금	10,200,000	0260	단기차입금	35,650,000	①투자자산	
0109	대손충당금	200,000	0295	퇴직급여충당부	20,000,000	②유형자산	204,000,000
0110	받을어음	5,000,000	0331	자본금	200,000,000	③무형자산	
0111	대손충당금	350,000	0375	이월이익잉여금	60,000,000	④기타비유동자산	
0150	제품	5,000,000		전기분잉여금처분계산서의 미처분이익잉여금과 일치		자산총계(1+2)	383,650,000
0153	원재료	20,000,000				3. 유동부채	103,650,000
0169	재공품	10,000,000				4. 비유동부채	20,000,000
0202	건물	190,000,000		150.제품 ->전기분손익계산서의 기말재고로 반영		부채총계(3+4)	123,650,000
0203	감가상각누계액	42,000,000		153.원재료->전기분원가명세서에 기말원재료로 반영		5. 자본금	200,000,000
0206	기계장치	50,000,000		169.재공품->전기분원가명세서의 기말재공품재고액 으로 반영		6. 자본잉여금	
0207	감가상각누계액	12,000,000				7. 자본조정	
0208	차량운반구	20,000,000				8. 기타포괄손익누계액	
0209	감가상각누계액	2,000,000				9. 이익잉여금	60,000,000
						자본총계(5+6+7+8+9)	260,000,000
차 변 합 계		383,650,000	대 변 합 계		383,650,000	부채 및 자본 총계	383,650,000
						대 차 차 액	

퇴직급여충당부채(295) :	제 조	12,000,000	도 급		보 관	
	분 양		운 송		판 관 비	8,000,000
퇴직연금충당부채(329) :	제 조	295코드에서 엔터시 원가경비대별로 입력가능		보 관	
	분 양			판 관 비	

7. 전기분원가명세서

원가명세서를 비교식으로 작성코자 할 때 전년도 원가명세서를 입력하는 메뉴이다.

전기분 재무상태표와 미친가지로 마감후 이월 메뉴에서 진년도 장부를 마감하면 자동 이월된다. 전기분 원가명세서를 실행하면 매출원가 및 원가경비선택이라는 창이 열리는데 이때 매출원가 코드 및 계정과목에서 "편집"을 클릭하여 해당 원가코드의 "사용여부"에서 "0.부:를 "1.여"로 바꾼 후, 확인버튼을 클릭하면, 전기분 제조원가명세서 입력창이 나타난다.

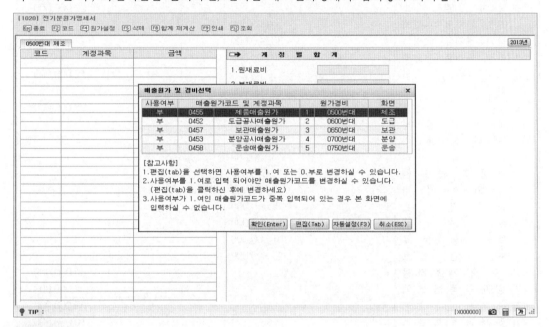

유형보기

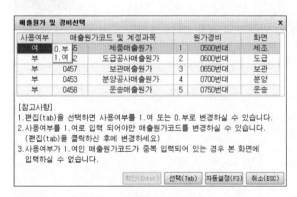

입력시 주의할 점은 재료비 입력이다.

계정코드 0501. 원재료비를 선택하면 우측에 재료비 산출내역의 보조화면이 나타난다. 기초원재료와 매입액을 해당란에 입력하고, 기말원재료 금액은 전기분 재무상태표에 입력된 금액이 자동반영되며, 이를 수정할 수는 없다.(반드시 전기분 재무상태표에서 수정가능)

05. ㈜지성상사(회사코드 06001)의 전기분원가명세서를 입력하시오.

제조원가명세서

(제7기) 2021. 1. 1 ~ 2021 .12. 31

㈜지성상사　　　　　　　　　　　　　　　　　　　　　　　　　　　　　　　(단위 : 원)

과 목	금 액	
원 재 료 비		20,000,000
기 초 원재료 재 고 액	10,000,000	
당 기 원재료 매 입 액	30,000,000	
기 말 원재료 재 고 액	20,000,000	
노 무 비		12,000,000
임 금	12,000,000	
경 비		28,000,000
복 리 후 생 비	5,000,000	
여 비 교 통 비	2,000,000	
접 대 비	3,500,000	
세 금 과 공 과 금	1,500,000	
감 가 상 각 비	3,000,000	
임 차 료	7,000,000	
수 선 비	4,000,000	
보 험 료	1,200,000	
보 관 료	800,000	
당 기 총 제 조 비 용		60,000,000
기 초 재 공 품 재 고 액		4,000,000
합 계		64,000,000
기 말 재 공 품 재 고 액		10,000,000
타 계 정 으 로 의 대 체 액		0
당 기 제 품 제 조 원 가		54,000,000

▶ [매출원가및 원가경비선택] ─ 0455.제품매출원가, 1.500번대 제조 선택

매출원가 및 경비선택　　　　　　　　　　　　　　　　　　　　　　x

사용여부	매출원가코드 및 계정과목		원가경비	화면
여	0.부 5	제품매출원가	1	0500번대	제조
부	1.여 2	도급공사매출원가	2	0600번대	도급
부	0457	보관매출원가	3	0650번대	보관
부	0453	분양공사매출원가	4	0700번대	분양
부	0458	운송매출원가	5	0750번대	운송

[참고사항]
1.편집(tab)을 선택하면 사용여부를 1.여 또는 0.부로 변경하실 수 있습니다.
2.사용여부를 1.여로 입력 되어야만 매출원가코드를 변경하실 수 있습니다.
　(편집(tab)을 클릭하신 후에 변경하세요)
3.사용여부가 1.여인 매출원가코드가 중복 입력되어 있는 경우 본 화면에
　입력하실 수 없습니다.

　　　　확인(Enter)　선택(Tab)　자동설정(F3)　취소(ESC)

① 첫 번째 라인에 커서 위치 ─ 0455.제품매출원가, 1.500번대 제조
② 하단의 "선택(tab)"클릭
③ 사용여부를 "1.여"로 체크
④ 하단의 "확인(enter)"클릭

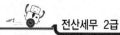

[입력 후 화면]

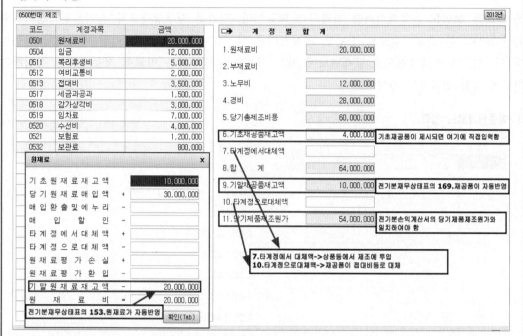

① 기초재공품재고액은 직접 오른쪽 화면에서 입력하며, 기말재공품은 전기분재무상태표의 "169.재공품" 금액이 반영된다.

② 전기분원가명세서의 당기제품제조원가와 손익계산서의 매출원가에 당기제품제조원가는 서로 일치해야 한다.

8. 전기분손익계산서

본 항목은 전년도 손익계산서를 입력하는 메뉴이다. 전기분 재무상태표와 전기분원가명세서와 마찬가지로, 본 프로그램으로 전년도 회계처리를 한 경우에는 마감 후 이월 메뉴에서 자동반영 되지만, 본 프로그램으로 당해년도에 처음 입력하는 경우에는 비교식 재무제표를 작성하기 위하여 직접 입력하는 것이다.

(1) 매출원가코드 입력

코드	계정과목	금액

⟹ 계정별합계

1. 매출

2. 매출원가

3. 매출총이익(1-2)

4. 판매비와관리비

5. 영업이익(3-4)

6. 영업외수익

7. 영업외비용

8. 법인세비용차감전순이익(5+6-7)

9. 법인세비용

10. 당기순이익(8-9)

11. 주당이익(10/주식수)

전기분 손익계산서를 보고 계정코드와 금액을 입력하되, 매출원가부분은 매출원가코드를 입력하면 우측에 보조화면이 나타나며, 동시에 기말 재고액은 전기분 재무상태표에 입력된 재고자산계정 금액이 자동으로 표시된다.

(2) 계정과목 코드를 모르는 경우

① 툴바의 코드키를 누르면 계정과목 조회화면이 나타나며, 해당계정과목에 커서를 위치시키고 Enter↵ 키를 누르면 입력된다.

② 코드에 커서를 위치시키고 찾고자하는 계정과목명의 앞글자 2자리를 입력한 후 Enter↵ 키를 누르면 해당 글자가 들어있는 계정과목명이 모두 조회되므로 해당란에서 Enter↵ 키를 누르거나 더블클릭한다.

기본예제

06. ㈜지성상사(회사코드 06001)의 전기(2021.1.1~2021.12.31)손익계산서는 다음과 같다. 다음 자료를 이용하여 전기분손익계산서를 입력하시오.

손 익 계 산 서

2021. 1 .1 ~ 2021. 12 .31

㈜지성상사 (단위 : 원)

과　목	금　액	과　목	금　액
매　출　액	120,000,000	감 가 상 각 비	3,000,000
제 품 매 출 액	120,000,000	임　차　료	700,000
매 출 원 가	79,000,000	대 손 상 각 비	220,000
제 품 매 출 원 가	79,000,000	영 업 이 익	24,130,000
기 초 제 품 재 고 액	30,000,000	영 업 외 수 익	1,250,000
당 기 제 품 제 조 원 가	54,000,000	이 자 수 익	1,000,000
기 말 제 품 재 고 액	5,000,000	채 무 면 제 이 익	250,000
매 출 총 이 익	41,000,000	영 업 외 비 용	1,900,000
판 매 비 와 관 리 비	16,870,000	이 자 비 용	7,180,000
급　여	9,000,000	기 부 금	700,000
복 리 후 생 비	1,320,000	법인세비용차감전순이익	17,500,000
여 비 교 통 비	1,180,000	법 인 세 비 용	8,500,000
접 대 비	800,000	당 기 순 이 익	9,000,000
통 신 비	300,000		
수 도 광 열 비	350,000		

해설

코드	계정과목	금액
0404	제품매출	120,000,000
0455	제품매출원가	79,000,000
0801	급여	9,000,000
0811	복리후생비	1,320,000
0812	여비교통비	1,180,000
0813	접대비	800,000
0814	통신비	300,000
0815	수도광열비	350,000
0818	감가상각비	3,000,000
0819	임차료	700,000
0835	대손상각비	220,000
0901	이자수익	1,000,000
0918	채무면제이익	250,000
0951	이자비용	7,180,000
0953	기부금	700,000
0998	법인세비용	8,500,000

Col:1 Row:2

▶ 계 정 별 합 계	
1.매출	120,000,000
2.매출원가	79,000,000
3.매출총이익(1-2)	41,000,000
4.판매비와관리비	16,870,000
5.영업이익(3-4)	24,130,000
6.영업외수익	1,250,000
7.영업외비용	7,880,000
8.법인세비용차감전순이익(5+6-7)	17,500,000
9.법인세비용	8,500,000
10.당기순이익(8-9)	9,000,000
11.주당이익(10/주식수)	90

전기분손익계산서의 당기순이익과 전기분 잉여금처분계산서의 당기순이익이 일치해야 한다.

9. 전기분잉여금처분계산서

전기분잉여금처분계산서는 비교식 이익잉여금처분계산서를 작성하기 위하여 입력하는 메뉴이며, 본 프로그램으로 전년도 회계처리를 한 경우에는 마감 후 이월 메뉴에서 장부마감을 하면 다음 기수의 초기이월 메뉴로 자동 반영된다. 문제에 제시된 전년도 이익잉여금처분계산서 또는 결손금처리계산서를 보고, 그대로 해당란에 입력하며, 화면에 항목이 없을 경우 화면상단의 추가(F7)키를 클릭하면 빈칸이 생기는데 여기에 과목과 계정코드 및 과목명을 입력하며, 전기분손익계산서의 당기순이익은 자동반영된다.

	코드	계정과목	입력금액	합계
Ⅰ.미처분이익잉여금				
1.전기이월미처분이익잉여금				
2.회계변경의 누적효과	0369	회계변경의누적효과		
3.전기오류수정이익	0370	전기오류수정이익		
4.전기오류수정손실	0371	전기오류수정손실		
5.중간배당금	0372	중간배당금		
6.당기순이익				
Ⅱ.임의적립금 등의 이입액				
1.				
2.				
합계(Ⅰ + Ⅱ)				
Ⅲ.이익잉여금처분액				
1.이익준비금	0351	이익준비금		
2.재무구조개선적립금	0354	재무구조개선적립금		
3.주식할인발행차금상각액	0381	주식할인발행차금		
4.배당금				
가.현금배당	0265	미지급배당금		
주당배당금(률)		보통주(원/%)		
		우선주(원/%)		
나.주식배당	0387	미교부주식배당금		
주당배당금(률)		보통주(원/%)		
		우선주(원/%)		
5.사업확장적립금	0356	사업확장적립금		
6.감채적립금	0357	감채적립금		

기본예제

07. ㈜지성상사(회사코드 06001)의 전기분잉여금처분계산서를 입력하시오.

이 익 잉 여 금 처 분 계 산 서

(제7기) 2021. 1.1 ~ 2021. 12. 31

㈜지성상사　　　　　　　　　　　　　처분확정일 2022년 3월 6일　　　　　　　　　　　　　(단위 : 원)

과　목	금　액	
미 처 분 이 익 잉 여 금		60,000,000
전 기 이 월 미 처 분 이 익 잉 여 금	51,000,000	
회 계 변 경 의 누 적 효 과	0	
전 기 오 류 수 정 이 익	0	
전 기 오 류 수 정 손 실	0	
당 기 순 이 익	9,000,000	
임 의 적 립 금 이 입 액		0
	0	
	0	
합　계		60,000,000
이 익 잉 여 금 처 분 액		0
이 익 준 비 금	0	
기 업 합 리 화 적 립 금	0	
배 당 금		
현 금 배 당	0	
주 식 배 당	0	
사 업 확 장 적 립 금	0	
배 당 평 균 적 립 금	0	0
차 기 이 월 미 처 분 이 익 잉 여 금		60,000,000

해설

	코드	계정과목	입력금액	합계
I.미처분이익잉여금				60,000,000
1.전기이월미처분이익잉여금			51,000,000	
2.회계변경의 누적효과	0369	회계변경의누적효과		
3.전기오류수정이익	0370	전기오류수정이익		
4.전기오류수정손실	0371	전기오류수정손실		
5.중간배당금	0372	중간배당금		
6.당기순이익			9,000,000	
II. 임의적립금 등의 이입액				
1.				
2.				
합계(I + II)				60,000,000
III.이익잉여금처분액				
1.이익준비금	0351	이익준비금		
2.재무구조개선적립금	0354	재무구조개선적립금		
3.주식할인발행차금상각액	0381	주식할인발행차금		
4.배당금				
가.현금배당	0265	미지급배당금		
주당배당금(률)		보통주(원/%)		
		우선주(원/%)		
나.주식배당	0387	미교부주식배당금		
주당배당금(률)		보통주(원/%)		
		우선주(원/%)		
5.사업확장적립금	0356	사업확장적립금		
6.감채적립금	0357	감채적립금		

처분확정일을 2020년 3월 6일로 입력

전기분재무상태표의 0375.이월이익잉여금과 전기분잉여금처분계산서의 미처분이익잉여금이 서로 일치해야 한다.

전기분재무상태표

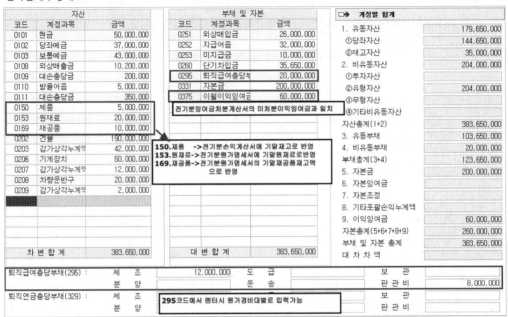

코드	자산 계정과목	금액
0101	현금	50,000,000
0102	당좌예금	37,000,000
0103	보통예금	43,000,000
0108	외상매출금	10,200,000
0109	대손충당금	200,000
0110	받을어음	5,000,000
0111	대손충당금	350,000
0150	제품	5,000,000
0153	원재료	20,000,000
0169	재공품	10,000,000
0202	건물	190,000,000
0203	감가상각누계액	42,000,000
0206	기계장치	50,000,000
0207	감가상각누계액	12,000,000
0208	차량운반구	20,000,000
0209	감가상각누계액	2,000,000
	차 변 합 계	**383,650,000**

코드	부채 및 자본 계정과목	금액
0251	외상매입금	26,000,000
0252	지급어음	32,000,000
0253	미지급금	10,000,000
0260	단기차입금	35,650,000
0295	퇴직급여충당부채	20,000,000
0331	자본금	200,000,000
0375	이월이익잉여금	60,000,000
	대 변 합 계	**383,650,000**

전기분잉여금처분계산서의 미처분이익잉여금과 일치

150.제품 ->전기분손익계산서에 기말재고로 반영
153.원재료->전기분원가명세서에 기말원재료로반영
169.재공품->전기분원가명세서의 기말재공품재고액
　　　　으로 반영

➡ 계정별 합계	
1. 유동자산	179,650,000
①당좌자산	144,650,000
②재고자산	35,000,000
2. 비유동자산	204,000,000
①투자자산	
②유형자산	204,000,000
③무형자산	
④기타비유동자산	
자산총계(1+2)	383,650,000
3. 유동부채	103,650,000
4. 비유동부채	20,000,000
부채총계(3+4)	123,650,000
5. 자본금	200,000,000
6. 자본잉여금	
7. 자본조정	
8. 기타포괄손익누계액	
9. 이익잉여금	60,000,000
자본총계(5+6+7+8+9)	260,000,000
부채 및 자본 총계	383,650,000
대 차 차 액	

퇴직급여충당부채(295) :	제 조	12,000,000	도 급		보 관	
	분 양		운 송		판 관 비	8,000,000
퇴직연금충당부채(329) :	제 조	295코드에서 엔터시 원가경비대별로 입력가능			보 관	
	분 양				판 관 비	

전기분원가명세서

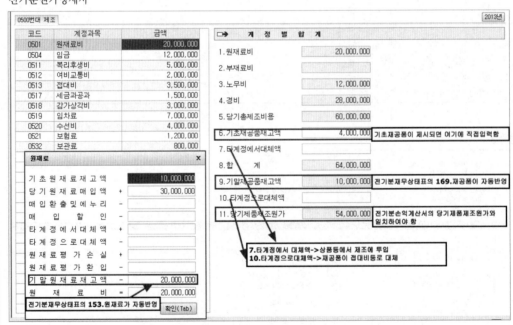

0500번대 제조　　　　　　　　　　　　　　　　2013년

코드	계정과목	금액
0501	원재료비	20,000,000
0504	임금	12,000,000
0511	복리후생비	5,000,000
0512	여비교통비	2,000,000
0513	접대비	3,500,000
0517	세금과공과	1,500,000
0518	감가상각비	3,000,000
0519	임차료	7,000,000
0520	수선비	4,000,000
0521	보험료	1,200,000
0532	보관료	800,000

➡ 계 정 별 합 계	
1.원재료비	20,000,000
2.부재료비	
3.노무비	12,000,000
4.경비	28,000,000
5.당기총제조비용	60,000,000
6.기초재공품재고액	4,000,000
7.타계정에서대체액	
8.합 계	64,000,000
9.기말재공품재고액	10,000,000
10.타계정으로대체액	
11.당기제품제조원가	54,000,000

기초재공품이 제시되면 여기에 직접입력함

전기분재무상태표의 169.재공품이 자동반영

전기분손익계산서의 당기제품제조원가와 일치하여야 함

7.타계정에서 대체액->상품등에서 제조에 투입
10.타계정으로대체액->재공품이 접대비등로 대체

원재료　　　　　　　　　　×

기 초 원 재 료 재 고 액	10,000,000
당 기 원 재 료 매 입 액 +	30,000,000
매 입 환 출 및 에 누 리 -	
매 입 할 인 -	
타 계 정 에 서 대 체 액 +	
타 계 정 으 로 대 체 액 -	
원 재 료 평 가 손 실 +	
원 재 료 평 가 환 입 -	
기 말 원 재 료 재 고 액 -	20,000,000
원 재 료 비 =	20,000,000

전기분재무상태표의 153.원재료가 자동반영　확인(Tab)

전기분손익계산서

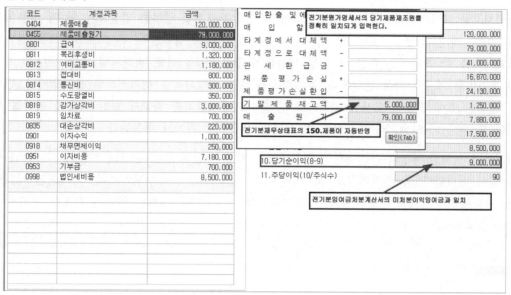

코드	계정과목	금액
0404	제품매출	120,000,000
0455	제품매출원가	79,000,000
0801	급여	9,000,000
0811	복리후생비	1,320,000
0812	여비교통비	1,180,000
0813	접대비	800,000
0814	통신비	300,000
0815	수도광열비	350,000
0818	감가상각비	3,000,000
0819	임차료	700,000
0835	대손상각비	220,000
0901	이자수익	1,000,000
0918	채무면제이익	250,000
0951	이자비용	7,180,000
0953	기부금	700,000
0998	법인세비용	8,500,000

매입환출및에 | 전기분원가명세서의 당기제품제조원을 정확히 일치되게 입력한다.

매 입 합		120,000,000
타계정에서대체액 +		79,000,000
타계정으로대체액 -		41,000,000
관 세 환 급 금 -		16,870,000
제 품 평 가 손 실 +		24,130,000
제품평가손실환입 -		
기 말 제 품 재 고 액 -	5,000,000	1,250,000
매 출 원 가 =	79,000,000	7,880,000

전기분재무상태표의 150.제품이 자동반영

		17,500,000
		8,500,000
10.당기순이익(8-9)	9,000,000
11.주당이익(10/주식수)	90

확인(Tab)

전기분잉여금처분계산서의 미처분이익잉여금과 일치

전기분잉여금처분계산서

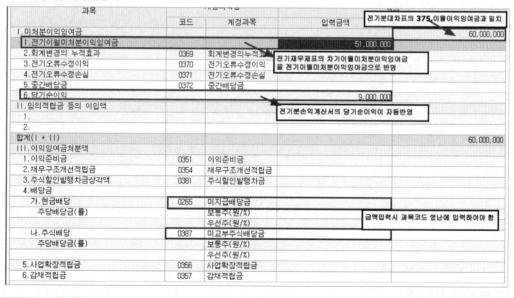

과목	코드	계정과목	입력금액	
I.미처분이익잉여금				60,000,000
1.전기이월미처분이익잉여금			51,000,000	
2.회계변경의 누적효과	0369	회계변경의누적효과		
3.전기오류수정이익	0370	전기오류수정이익		
4.전기오류수정손실	0371	전기오류수정손실		
5.중간배당금	0372	중간배당금		
6.당기순이익			9,000,000	
II.임의적립금 등의 이입액				
1.				
2.				
합계(I + II)				60,000,000
III.이익잉여금처분액				
1.이익준비금	0351	이익준비금		
2.재무구조개선적립금	0354	재무구조개선적립금		
3.주식할인발행차금상각액	0381	주식할인발행차금		
4.배당금				
가. 현금배당	0265	미지급배당금		
주당배당금(률)		보통주(원/%)		
		우선주(원/%)		
나.주식배당	0387	미교부주식배당금		
주당배당금(률)		보통주(원/%)		
		우선주(원/%)		
5.사업확장적립금	0356	사업확장적립금		
6.감채적립금	0357	감채적립금		

전기분대차표의 375.이월이익잉여금과 일치

전기재무제표의 차기이월미처분이익잉여금을 전기이월미처분이익잉여금으로 반영

전기분손익계산서의 당기순이익이 자동반영

금액입력시 과목코드 옆난에 입력하여야 함

10. 거래처별초기이월

채권채무등 대하여 또는 특정한 계정과목에 대하여 거래처별 장부를 만들고자 할 때 사용하는 메뉴이며, 계정과목별로 관리대상 거래처와 전기말 잔액을 입력한다. 본 프로그램으로 전년도 회계처리를 한 경우에는 마감 후 이월 메뉴에서 장부마감을 하면 거래처별 잔액이 다음 기수의 초기이월 메뉴로 자동 반영된다. 관리하고자 하는 계정과목을 선택적으로 불러오거나, 전체를 불러온 후에 좌측에 표시된 계정과목 중에서 거래처관리를 하고자 하는 과목에 커서를 위치한 후 Enter↵키를 치거나 더블클릭 하면 화면 우측으로 커서가 이동한다.

여기에서 선택한 계정과목에 대한 거래처코드는 화면 상단의 툴바 중 도움키를 눌러 코드도움을 받아 입력한다. 물론 거래처코드는 거래처코드등록 메뉴에 등록되어 있는 거래처만 나타난다. 거래처별로 금액을 입력하면 화면 우측하단에 거래처별로 입력된 금액의 합계가 표시된다.

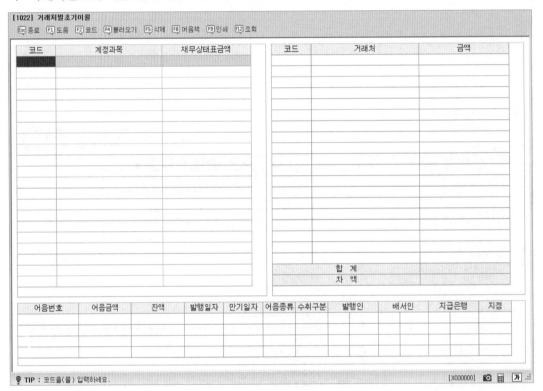

(1) 입력오류의 자동검색

각 계정과목의 재무상태표 금액과 거래처별 합계금액이 자동 집계되며 입력이 완료되었을 때 서로의 금액이 일치되어야 하며 우측 상단의 차액란에 차액이 발생된 상태로 Esc키를 눌렀을(완료) 경우, 메시지가 나타나는데 이는 입력 도중에 작업을 중단하는 경우가 아니면 입력이 잘못된 상태이므로 확인하라는 것이다. 즉, 좌측의 해당계정과목 재무상태표 금액과 우측하단의 거래처 합계액과 일치하지 않으면 발생하는 것이다.

기본예제

08. ㈜지성상사(회사코드 6001)의 다음 자료를 이용하여 거래처별 초기이월을 입력하시오.

번호	계정과목	거래처명	금 액(원)
1	외상매출금	찬호전자	4,000,000
		현진상사	3,000,000
		승협상회	3,200,000
2	외상매입금	㈜승범상사	24,000,000
		㈜동렬전기	1,200,000
		㈜태수	800,000

해설

1. 외상매출금

코드	계정과목	재무상태표금액
0108	외상매출금	10,200,000
0251	외상매입금	26,000,000

코드	거래처	금액
00101	찬호전자	4,000,000
00102	현진상사	3,000,000
00103	승엽상회	3,200,000

2. 외상매입금

코드	계정과목	재무상태표금액
0108	외상매출금	10,200,000
0251	외상매입금	26,000,000

코드	거래처	금액
00104	(주)승범상사	24,000,000
00105	(주)동렬전기	1,200,000
00106	(주)태수	800,000

11. 마감후이월

전산회계프로그램에서는 모든 회계처리가 입력작업으로 사실상 결산까지 완료되므로 수기기장에서처럼 구체적인 장부 마감 절차가 필요하지 않으며, 마감이란 자료의 추가입력이 불가능하고 입력한 자료가 안전하게 보존되도록 LOCK이 설치되고 다음 회계연도로 회계정보의 이월이 가능한 상태를 말하는 것이라 할 수 있다.

본 프로그램을 사용하여 당해년도분 회계작업을 완료한 후, 다음해의 초기이월로 재무상태표, 손익계산서 등 재무제표를 이월시킬 때 사용한다.

⑴ "마감"을 선택하면 제 장부가 마감된다.

⑵ 마감이 되면 전표입력화면 상단에 "마감"이라고 표시된다.

거래처등록, 부서/사원등록, 계정과목 및 적요등록 등은 전기수에 공통이므로 이월하지 않아도 사용가능하다.

02 거래자료 입력

전표나 증빙을 보고 전산회계프로그램이 요구하는 형식에 맞추어 입력하는 작업이다. 이는 전산회계프로그램으로 회계정보를 처리함에 있어 가장 핵심적인 작업이다. 그 다음의 분류, 정리, 계산, 집계, 보관 등의 업무는 전산시스템이 프로그램에 의해 자동으로 수행해 주기 때문이다.

오늘날 기업의 회계처리 실무를 보면 거래의 발생 전·후에 지출결의나 결재라는 의사결정 과정을 거쳐야 하므로 장부조직인 전표에 기표까지는 수작업에 의해 이루어지고 전표를 보고 전산회계프로그램에 입력하는 절차를 거치는 것이 일반적 실무흐름이다. 그러므로 이러한 실무흐름에서 거래 자료의 입력이란 전표의 입력이라 할 수 있다.

그러나 점차 기업의 관리적인 분야가 전산화되면서 지출결의까지 포함한 현업부서전표를 전산에 의해 작성하여 결재에서 최종 회계전표로의 확정까지의 구체적 회계정보를 만드는 과정을 모두 전산 시스템으로 수행하는 단계에 와 있으므로 이러한 전산환경하에서의 거래 자료의 입력이란 거래분개 관리에 필요한 요소를 추가하여 관련 프로그램에 입력하는 작업이라고 할 수 있다.

1. 일반전표입력

일반전표입력은 모든 거래자료를 입력할 수 있는 곳이다. 특히 부가가치세 신고와 무관한 거래승빙인 전표, 지출결의서등의 자료입력을 하게 된다.

① 월

작업하고자하는 월을 입력한다. 연단위로 입력하고자 한다면 "변경" 또는 "일괄삭제 및 기타"의 "입력방식"에서 입력방식을 "년월일"을 "년월~년월"을 선택한 후 입력한다.

사례 6001.㈜지성상사는 1월 1일 811.복리후생비(판)인 직원식대 100,000원을 현금지출하다. 또한 1월 1일 대여금에 대한 901.이자수익 30,000원이 현금 입금되었다.

② 일

거래일자를 두 자리로 입력한다. 일단위가 아니라 월단위로 입력하고자 하는 경우에는 일자 입력없이 엔터를 치면 선택월의 모든 일자가 입력이 가능하며, 일자를 입력하면 선택일자만 입력 가능하다.

01 ▼ 월	1 [...] 일	현금잔액:	50,000,000	대차차액:	

③ 번호

전표번호를 말하는데, 이는 00001번부터 일자별로 자동 부여된다. 즉, 일자가 바뀌면 새로이 00001번부터 부여된다. 대체분개는 1개의 전표로 보아 동일한 번호가 부여되며, 차·대변의 합계가 일치되면 다음번호로 부여된다. 사례의 1월1일 날짜에 입력된 출금전표 1번부여, 입금전표가 2번으로 자동부여 되어 있는 것을 확인가능하다. 전표번호를 수정하고 하면 "번호수정 (SHIFT+F2)"클릭후 덮씌워 입력하면 된다.

□	일	번호	구분	계 정 과 목	거 래 처	적 요	차 변	대 변
□	1	00001	출금	0811 복리후생비		2 직원식대및차대 지급	100,000	(현금)
□	1							

□	일	번호	구분	계 정 과 목	거 래 처	적 요	차 변	대 변
□	1	00001	출금	0811 복리후생비		2 직원식대및차대 지급	100,000	(현금)
□	1	00002	입금	0901 이자수익		2 대여금이자 수령	(현금)	30,000
□	1							

④ 구분

전표의 유형을 입력하는 란이다.

현금전표 = 1. 출금 2. 입금

대체전표 = 3. 차변 4. 대변 5.결산차변 6.결산대변

[1: 출금]

현금감소거래를 선택한다. 현금감소의 거래이므로 대변에 자동으로 현금계정이 표시되며 차변계정과목만 선택하면 된다.

[(차) 계정과목 ×××   (대) 현금 ×××]

사례 1월 1일 811.복리후생비(판)인 직원식대 100,000원을 현금지출하다.

□	일	1.출금	구분	계 정 과 목	거 래 처	적 요	차 변	대 변
□	1	00001	출금	0811 복리후생비		2 직원식대및차대 지급	100,000	(현금)
□	1							

[2: 입금]

현금증가거래를 선택한다. 현금증가의 거래이므로 차변에 자동으로 현금계정이 표시되며 대변계정과목만 선택하면 된다.

[(차) 현금 ×××   (대) 계정과목 ×××]

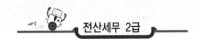

사례 1월 1일 901.이자수익 30,000원이 현금 입금되었다.

□	일	번호	구분	계 정 과 목	거 래 처	적 요	차 변	대 변
□	1	**2.입금**	출금	0811 복리후생비		2 직원식대밋차대 지급	100,000	(현금)
□	1		입금	0901 이자수익		2 대여금이자 수령	(현금)	30,000
□	1							

[3: 차변] [4: 대변]과 [5: 결산차변]과 [6: 결산대변]

현금이 포함되지 않은 거래, 또는 현금이 일부만 포함된 경우에 선택하며 차변과 대변의 계정과목을 모두 선택한다.

[(차) 계정과목 ×××   (대) 계정과목 ×××]

[(차) 계정과목 ×××   (대) 계정과목 ×××]

사례 1월 2일 153.원재료(제)를 50,000원에 ㈜찬호전자에서 매입하고 101.현금 30,000원 지급하고, 나머지 20,000원은 외상(251.외상매입금)으로 하였다.

□	일	번호	구분	계 정 과 목	거 래 처	적 요	차 변	대 변
□	2	00001	차변	0153 원재료		1 원재료 외상매입	50,000	
□	2	00001	대변	0101 현금		원재료 외상매입		30,000
□	2	00001	대변	0251 외상매입금	00101 (주)찬호전자	5 원부재료 외상매입		20,000
□	2							

- 입출금전표 입력방법선택

현금거래라고 해서 반드시 출금, 입금전표를 선택해야 하는 것은 아니고 대체전표로 입력해도 상관없다. 위 사례의 복리후생비 100,000원 지출을 대체전표로 입력하면 다음과 같다.

☑	1	00003	차변	0811 복리후생비		직원식대 현금지급	100,000	
☑	1	00003	대변	0101 현금		직원식대 현금지급		100,000

- 분개대차차액

대체전표 입력시에 차변금액은 양수(＋)로 표시되고 대변금액은 음수(－)로 표시된다. 이는 차변과 대변의 금액이 차이가 발생하지 않게 확인하는 것이며, 대차차액이 발생한 상황에서 종료하는 경우에는 오류메세지가 나타나므로 확인하고 종료해야 한다. 대차차액의 수정은 과부족난에 커서놓고 스페이스바를 치면 차액이 조정된다.

- "분개대차차액"을 이용한 금액입력

전표입력 차대변에서 대차차액이 발생시 스페이스바를 이용하여 나머지 금액을 자동입력 가능하다. 단, 일반전표입력의 화면에서 우클릭하여 환경설정에서 아래화면처럼 자동계산 체크를 없애야 가능하며, 체크를 그대로 두면 스페이스바를 누르지 않아도 자동으로 대차차액만큼 자동입력하여 준다.

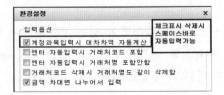

년 01 ▼ 월	2 💬 일 변경 현금잔액 :			49,870,000	대차차액 :		-10,000	

	번호	구분		계 정 과 목			차 변	대 변
2	00001	차변	0153	원재료	대변에 외상매입금을 실수로 30,000원을 부족하 입력시 -10,000원의 대차차액이 표시될때 20,00 으로 맞출려면 30,000원난에 커서 놓고 스페이스 를 치면 대차라 자동으로 일치하게 될		50,000	
2	00001	대변	0101	현금				30,000
2	00001	대변	0251	외상매입금		상매입		30,000

	일	번호	구분		계 정 과 목	거 래 처	적 요	차 변	대 변
☐	2	00001	차변	0153	원재료		1 원재료 매입	50,000	
☐	2	00001	대변	0101	현금		원재료 매입	스페이스바후의 일치된 금액	30,000
☐	2	00001	대변	0251	외상매입금	00101 (주)미소전자	5 원부재료 외상매입		20,000

⑤ 계정과목

계정과목코드 3자리를 입력한다.

계정과목, 적요등록 메뉴에서 등록되어있는 계정과목코드를 입력하는 곳이며, 코드번호를 알고 있으면 직접입력을 한다. (전기분 재무상태표의 계정과목 등록방법)

계정과목코드도움을 이용하여 조회시 관련계정과목의 차감계정, 경비구분등을 알기 쉽게 표시하여 조회의 편의성을 높였다.

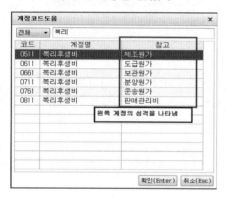

⑥ 거래처코드

외상매출금, 외상매입금등 채권·채무관련계정 등의 거래처별 잔액 또는 거래내역을 관리하기 위해 거래처별 코드를 입력하는 란이다.

거래처코드를 입력하는 방법은 다음과 같다.

㉠ 거래처코드를 알고 있는 경우

해당 거래처코드를 입력한다.(코드를 입력하면 거래처명은 자동으로 입력된다.)

☐	일	번호	구분		계 정 과 목	거 래 처	적 요	차 변	대 변
☐	2	00001	차변	0153	원재료		1 원재료 매입	50,000	
☐	2	00001	대변	0101	현금		원재료 매입		30,000
☐	2	00001	대변	0251	외상매입금	101	5 원부재료 외상매입		20,000

㉡ 거래처코드를 모르는 경우

툴바의 코드(F2)를 누르면 이미 등록된 거래처코드와 거래처명이 있는 보조화면이 나타난다. 또는 거래처코드난에 검색하고자 하는 거래처명 한자리 이상입력하면 해당자구가 있는 거래처는 모두 조회가능하며, 선택하고자 하는 거래처를 선택하여 입력한다.

	일	번호	구분	계 정 과 목	거 래 처	적 요	차 변	대 변
☐	2	00001	차변	0153 원재료		1 원재료 매입	50,000	
☐	2	00001	대변	0101 현금		원재료 매입		30,000
☐	2	00001	대변	0251 외상매입금	미소	5 원부재료 외상매입		20,000
☐	2							

거래처코드가 등록되어 있지 않은 경우 거래처 코드란에 커서가 위치할 때 "+"키를 치거나 "00000"을 치고 거래처명을 입력한 후 Enter↵ 키를 치면 이미 등록되어 있는 거래처인 경우는 코드가 자동 입력된다.

	일	번호	구분	계 정 과 목	거 래 처	적 요	차 변	대 변
☐	2	00001	차변	0153 원재료		1 원재료 매입	50,000	
☐	2	00001	대변	0101 현금	+를 입력하면 00000이 자동입력	원재료 매입		30,000
☐	2	00001	대변	0251 외상매입금	00000	5 원부재료 외상매입		20,000

- 코드는 순서대로 자동 부여되며 등록(Enter)버튼을 누르면 자동 부여된 코드에 의해 거래처가 자동으로 등록되어 코드가 입력된다.
- 등록하고자 하는 거래처의 인적사항과 자동부여된 코드를 다른 코드로 등록하고자 할 때는 수정(TAB ⇥) 버튼을 누른 후 원하는 코드와 인적사항을 입력한다.
- 다른 코드로 등록하고자할 때는 선택(Space)버튼을 누른 후 원하는 코드로 입력한다.
- 코드등록을 원하지 않는 경우 취소(ESC) 버튼을 클릭한다.

⑦ **거래처명**

거래처는 다음 두 가지 방법으로 입력 할 수 있다.
- 등록된 거래처코드를 입력하면 거래처명은 자동 입력된다.
- 거래처코드를 사용하지 않을 경우에는 거래처코드란에서 Enter↵ 키로 넘어 간 후 거래처명을 입력하면 된다.

⑧ **적요**

적요는 거래내역을 간단히 요약하여 원장과 전표에 표시해 주는 부분으로 적요를 입력하는 방법은 3가지가 있다.

㉠ 저장된 코드의 이용

반복되는 거래내역이 있을 때 건건이 내역을 입력하는 번거로움을 덜고 간단히 등록된 적요의 번호만을 선택함으로써, 적요 내용이 기록될 수 있도록 내장된 적요를 이용할 수 있다. 커서가 적요(N)에 있을 때 화면하단을 보면 자주 사용되는 적요의 내용이 등록 되어있다.

이 내용은 [계정과목 및 적요등록]메뉴에 등록되어 있는 내용이다. 복리후생비의 적요는 다음과 같다. 811.복리후생비 적요난에 커서 위치후 하단에 나타난 적요이다.

⇨ 적 요	
1 일 숙직비 지급	6 회사부담 국민건강보험료 지급
2 직원식대및차대 지급	7 임직원경조사비 지급
3 직원야유회비용 지급	8 임직원피복비 지급
4 직원식당운영비 지급	
5 직원회식대 지급	

ⓛ 내장된 내용의 수정

툴바의 "적요수정(F8)" 키를 마우스로 선택하여 수정입력하면 된다. 이때 등록된 내용을
삭제하거나 새로 등록을 하고 Enter↵ 키를 누르면 이전 화면으로 돌아가며 자동 저장된다.

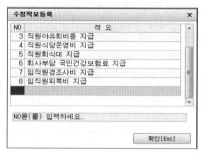

ⓒ 직접입력

번호 선택없이 적요명난에서 한글 또는 영문으로 직접 입력한다.

⑨ **금액**

거래금액을 입력한다.

본 프로그램에서는 "+"키를 치면 "000"이 입력된다.(. 1,000,000 이면 → 1 "+"   "+")

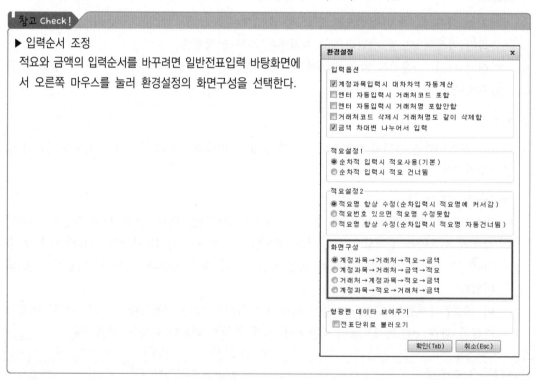

▶ 입력순서 조정

적요와 금액의 입력순서를 바꾸려면 일반전표입력 바탕화면에
서 오른쪽 마우스를 눌러 환경설정의 화면구성을 선택한다.

⑩ **전표수정**

입력된 자료를 수정하고자 할 경우에는 수정하고자 하는 란으로 커서를 이동하여 덧씌워 입력
한다.

⑪ 기타 기능설명(참고)

- **자금관리(F3)** : 계정과목 및 적요등록에서 계정과목 성격이 받을어음, 지급어음, 차입금인 경우에 해당 계정을 소멸시 까지 관리하고자 하는 경우에 사용한다. 해당계정과목에 커서 위치 후 자금관리(F3)클릭시 도움박스가 나오며, 여기에 상세를 입력하여 관리한다.

- **복사(F4) /이동(SHIFT+F3)** : 복사(이동)하고자하는 전표를 선택 후 대상월일을 입력하면 복사(이동)이 가능하다. 단, 전기분전표조회에서는 복사만 가능하다.

- **대차차액(SHIFT+F8)** : 전표번호내서 차변합계와 대변합계가 일치하지 않은 경우를 찾아 수정 가능하게 하는 기능이다.

- **카드매출(F7)** : 카드매출은 세금계산서, 영세율세금계산서, 계산서중 하나의 정규증빙을 사용했는데, 사용자가 결제수단으로 카드를 사용하면 증빙이 중복사용되는 것을 부가가치세 부속서류인 신용카드발행매출전표에 보고하는 기능이다.

- **적요수정(F8)** : 회사 특유의 거래가 자주 발생한다면, 세팅된 적요를 사용하지 않고 회사가 회사에 맞게 미리 등록 후 사용가능하다.

- **번호수정(SHIFT+F2)** : 하나의 거래에서 발생한 전표번호가 어떤 이유로 다르게 된 경우에 하나의 전표번호로 바꾸고자 할 때 사용한다. 해당전표로 이동하여 수정하여 입력한다.

- **삭제된데이타(CTRL+F5)** : 휴지통 기능이다. 삭제된 데이터를 보관하였다가 필요시 복원 및 영구삭제가 가능하다.

- **전기분전표(CTRL+F8)** : 당기이전 일반전표입력을 조회하여 같은 월에 어떠한 회계처리를 선임자가 하였으며, 어떤 금액을 사용하였는지 참조하거나, 참조한 전표를 복사하여 붙여넣기를 할 수 있다.

- **전표삽입(CTRL+F9)** : 특정전표에 전표라인를 추가하고자 할 때 사용한다. 삽입하고자 하는 전표줄의 하단에 커서를 위치시킨 후에 "전표삽입"을 클릭하면 칸이 하나 열리게 된다.

□	일	번호	구분	계 정 과 목	거 래 처		적 요	차 변	대 변
☐	2	00001	차변	0153 원재료		1	원재료 매입	50,000	
☐	2	00001	대변	0101 현금			원재료 매입		30,000
☐	2								
☐	2	00001	대변	0251 외상매입금		5	원부재료 외상매입		20,000

- **검색(F6)** : 선택한 요소의 중복을 검색하여 표시한다.

- **선택한데이타 (CTRL+F4)** : 책갈피등을 통해 선택한 데이터를 엑셀등으로 변환 후, 가공하고자 하는 경우에 사용한다.

• 어음책등록(SHIFT+F4) : 은행에서 수령한 어음용지를 등록할 때 사용한다.

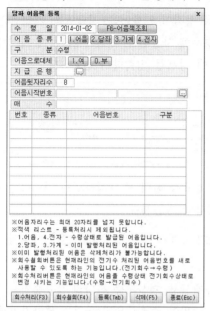

• 일괄삭제(SHIFT+F5) : 자동전표 발생분개를 현재월, 전체월기준으로 삭제하고자 할 때 사용한다.

• 계정조회 (SHIFT+F6) : 선택한 라인의 계정과목의 증감내역을 보여준다.

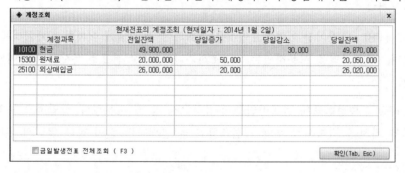

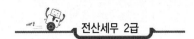
• 일일자금 (SHIFT+F7) : 현금, 예금, 차입금, 대여금등의 증감내역을 보여준다.

구분명	전일잔액	당일증가(+)	당일감소(-)	당일잔액
현 금	49,900,000		30,000	49,870,000
당 좌	37,000,000			37,000,000
예 금	43,000,000			43,000,000
받 을 어 음	5,000,000			5,000,000
지 급 어 음	32,000,000			32,000,000
차 입 금	35,650,000			35,650,000

☐계정별 조회   과목추가(F2)   종료(Esc)

• 전표현재라인인쇄(전표선택일괄인쇄) : 전표를 전표출력메뉴에서 하지 않고 해당라인의 전표를 빠르게 인쇄하고자 할 때 사용한다.

계정과목	적요	차변(출금)	대변(입금)
0153 원재료	1 원재료 매입	50,000	
0101 현금	원재료 매입		30,000
0251 외상매입금	5 원부재료 외상매입		20,000
합 계		50,000	50,000

전 표 현재라인인쇄

전 표 선택일괄인쇄[F9]

기본예제

01. 다음은 ㈜지성상사(회사코드 6001)의 기중 거래내역이다. 거래내역을 일반전표입력 메뉴에 입력하시오.

[출금전표]
[1] 1월 10일 수요폭주로 야근하는 생산부직원에게 귀가 택시비 명목으로 17,000을 현금으로 지급하였다.

> **영수증(고객용)**
> 결제기번호: 190113526(0000)
> 상   호: 가나안운수㈜
> 사업자번호: 11781102460(004932)
> 대 표 자: 김속도
> 차량 번호: 서울가1234
> 주   소: 서울 마포 용강 25
> 전화 번호: 0232701234
> 거래 일시: 2022-01-10
> 승하자시간: 00:20-00:50/14km
> 승차 요금: 17,000원
> 기타 요금: 0원
> 할인 요금: 0원
> 합   계: **17,000원(부가세0원)**
> 카드 번호:
> 승인 번호:
> ---311009290204/321009300121---
> 이용해 주셔서 감사합니다.

[2] 1월 12일 사무직 직원의 야근 식대를 다음 증빙을 받고 현금으로 지급하였다.

영 수 증				
(공급받는자 보관용)				

NO.		㈜지성상사		귀하
공급자	등록번호	212-81-15162		
	상 호	홍반장	성 명	이하남
	사 업 장 소 재 지	서울 동대문 장안 39		
	업 태	서비스	종 목	음식
작성년월일		공급대가총액		비고
2022.01.12		12,000		
공 급 내 역				
월일	품목	수량	단가	공급대가(금액)
1/12	순대국			12,000원
	합 계			₩12,000

[3] 1월 15일 현금 350,000을 "신한은행" 보통예금 통장에 입금하였다.

입금하실 때 (무통장, 타행환, 수표발행)						
	계좌 번호	1234-25-35212	CMS 번호			
	금 액	₩350,000	보내시는 분 (성명)	㈜지성상사		
	예 금 주 (받으실분)	㈜지성상사	주민등록번호			
	타행입금시	은행	지점	대리인		관계
				주민등록번호		
	현 금	₩350,000			10만원권	
	자기앞수표		수표발행을 원하시는경우		100만원권	
	기 타				합 계	

290   제2편 실무편

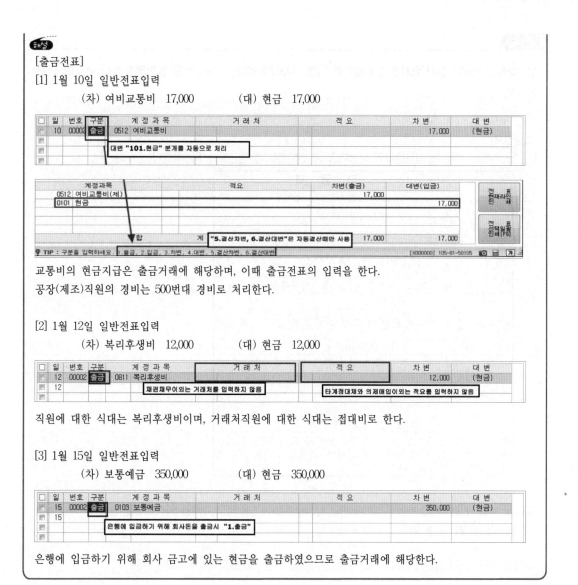

해설

[출금전표]

[1] 1월 10일 일반전표입력

(차) 여비교통비 17,000   (대) 현금 17,000

□	일	번호	구분	계 정 과 목	거 래 처	적 요	차 변	대 변
□	10	00002	출금	0512 여비교통비			17,000	(현금)
□				대변 "101.현금" 분개를 자동으로 처리				
□								

계정과목	적요	차변(출금)	대변(입금)	
0512 여비교통비(제)		17,000		자동재라인
0101 현금			17,000	전덕일세(F8)
합 계	"5.결산차변, 6.결산대변"은 자동결산때만 사용	17,000	17,000	

TIP : 구분를 입력하세요. 1.출금, 2.입금, 3.차변, 4.대변, 5.결산차변, 6.결산대변

[X000000] 105-81-50105

교통비의 현금지급은 출금거래에 해당하며, 이때 출금전표의 입력을 한다.

공장(제조)직원의 경비는 500번대 경비로 처리한다.

[2] 1월 12일 일반전표입력

(차) 복리후생비 12,000   (대) 현금 12,000

□	일	번호	구분	계 정 과 목	거 래 처	적 요	차 변	대 변
□	12	00002	출금	0811 복리후생비			12,000	(현금)
□	12			채권채무이외는 거래처를 입력하지 않음		타계정대체와 의제매입이외는 적요를 입력하지 않음		
□								

직원에 대한 식대는 복리후생비이며, 거래처직원에 대한 식대는 접대비로 한다.

[3] 1월 15일 일반전표입력

(차) 보통예금 350,000   (대) 현금 350,000

□	일	번호	구분	계 정 과 목	거 래 처	적 요	차 변	대 변
□	15	00002	출금	0103 보통예금			350,000	(현금)
□	15			은행에 입금하기 위해 회사돈을 출금시 "1.출금"				
□								
□								

은행에 입금하기 위해 회사 금고에 있는 현금을 출금하였으므로 출금거래에 해당한다.

02. 다음은 ㈜지성상사(회사코드 6001)의 기중 거래내역이다. 거래내역을 일반전표입력 메뉴에 입력하시오.

[입금전표]

[1] 2월 4일   매출처 찬호전자의 외상대금 중 240,000을 현금으로 회수하였다.

일련 No.003		**입 금 표** (공급받는자 보관용)																				
공급자	사업자 등록번호	105-81-50105																				
	상호	㈜지성상사			성명			박지성														
	사업장 소재지	서울특별시 영등포구 영중로 159																				
	업 태	제조, 도소매			종목			전자제품외														
작성			금 액								세 액											
년	월	일	공 란	십 억	억	천	백	십	만	천	백	십	일	억	천	백	십	만	천	백	십	일
22.02.04		4					2	4	0	0	0	0										
합 계	십억		억		천		백		십		만		천		백		십		일			
						₩		2		4		0		0		0		0			
내용 : 외상대수령																						
위 금액을 영수/청구 함.																						
※ 본 입금표는 계약금 또는 선수금을 받을 때와 법정 계산서 또는 검인 받은 거래 명세표에 의하여 물건을 외상으로 판매 하고 대금을 받을 때 사용하는 것입니다.																						

[2] 2월 14일 현진상사에 제품 5,000,000을 납품하기로 계약을 맺고 계약금 500,000을 현금으로 수령하고 입금증을 발행하여 주었다.

[3] 2월 16일 투자법인으로부터 배당 320,000원을 현금 수령하였다.(원천세는 없음)

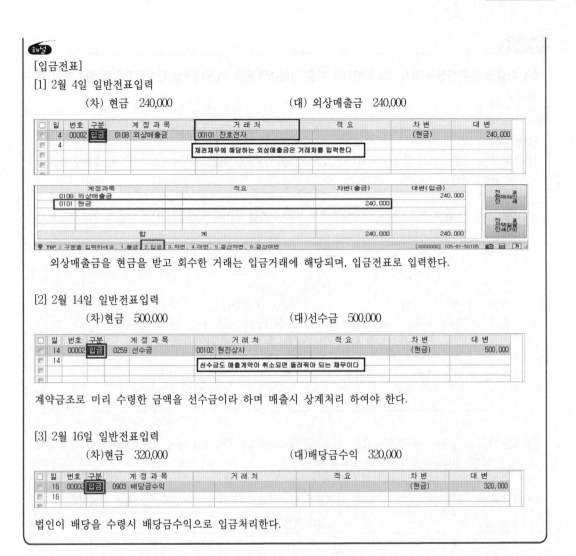

[입금전표]
[1] 2월 4일 일반전표입력

(차) 현금 240,000　　　　　　　　　(대) 외상매출금 240,000

□	일	번호	구분	계 정 과 목	거 래 처	적 요	차 변	대 변
	4	00002	입금	0108 외상매출금	00101 찬호전자		(현금)	240,000
	4				채권채무에 해당하는 외상매출금은 거래처를 입력한다			

계정과목	적요	차변(출금)	대변(입금)	
0108 외상매출금			240,000	전표현재라인인쇄
0101 현금		240,000		전표전체일괄인쇄(F9)
합 계		240,000	240,000	

● TIP : 구분을 입력하세요. 1.출금 2.입금 3.차변 4.대변 5.결산차변 6.결산대변　　　　　　　　[X000000] 105-81-50105

외상매출금을 현금을 받고 회수한 거래는 입금거래에 해당되며, 입금전표로 입력한다.

[2] 2월 14일 일반전표입력

(차)현금 500,000　　　　　　　　　(대)선수금 500,000

□	일	번호	구분	계 정 과 목	거 래 처	적 요	차 변	대 변
	14	00002	입금	0259 선수금	00102 현진상사		(현금)	500,000
	14				선수금도 매출계약이 취소되면 돌려줘야 되는 채무이다			

계약금조로 미리 수령한 금액을 선수금이라 하며 매출시 상계처리 하여야 한다.

[3] 2월 16일 일반전표입력

(차)현금 320,000　　　　　　　　　(대)배당금수익 320,000

□	일	번호	구분	계 정 과 목	거 래 처	적 요	차 변	대 변
	16	00002	입금	0903 배당금수익			(현금)	320,000
	16							

법인이 배당을 수령시 배당금수익으로 입금처리한다.

03. 다음은 ㈜지성상사(회사코드 6001)의 기중 거래내역이다. 거래내역을 일반전표입력 메뉴에 입력하시오.

[대체전표]

[1] 3월 10일 조마루에서 영업사원 회식대 135,000을 외상으로 하였다.(거래처코드 150로 조마루 등록하여 사용할 것)

[2] 3월 12일 매출처 찬호전자의 외상매출금 6,000,000을 동사발행(찬호전자)의 다음의 약속어음으로 받다.

약 속 어 음		
		NO. 0001
㈜지성상사 귀하		
일금 육백만 원 (₩6,000,000)		
위의 금액을 귀하 또는 귀하의 지시인에게 이 약속어음과 상환하여 지급하겠습니다.		
지 급 기 일 2022 년 05월 1일	발 행 일 2021년 3월 12일	
지 급 지 서울특별시	발 행 지 고양시	
지 급 장 소 신한은행 마포지점	주 소 서울 중랑 면목	
	발 행 인 (주)찬호전자 최한일	

[3] 3월 15일 공장에서 사용할 문구용품 11,000을 알파문구에서 구입하고 대금은 외상으로 하였다.(거래처코드 151로 알파문구를 등록하여 사용할 것)

[4] 3월 20일 판매부서 직원 신정아의 급여를 다음과 같이 보통예금 통장으로 자동이체 지급하였다.

급여 명세		
대 리	부 서	지급일
신정아	판매부	3월 20일
급 여 내 용	공 제 내 용	
기 본 금 : 3,000,000원	소 득 세 : 107,450원 지방소득세 : 10,740원 국민 연금 : 135,000원 건강 보험 : 84,600원 고용 보험 : 13,500원 장기 요양 : 5,540원	
차 인 지 급 액	2,643,170원	

해설

[대체전표]

[1] 3월 10일 일반전표입력

　　　　(차) 복리후생비(판)　135,000　　　　　　　　(대) 미지급금　135,000

□	일	번호	구분	계 정 과 목	거 래 처	적 요	차 변	대 변
	10	00002	차변	0811 복리후생비			135,000	
	10	00002	대변	0253 미지급금	00150 조마루			135,000
	10		3.차변, 4.대변					

거래처코드란에서 "+"입력 후 거래처를 자동입력가능하며, 거래처코드를 00150으로 수정하여 조마루를 입력하여 등록한다.

[2] 3월 12일 일반전표입력

　　　　(차) 받을어음　6,000,000　　　　(대) 외상매출금　6,000,000

□	일	번호	구분	계 정 과 목	거 래 처	적 요	차 변	대 변
	12	00002	차변	0110 받을어음	00101 찬호전자		6,000,000	
	12	00002	대변	0108 외상매출금	00101 찬호전자			6,000,000
	12							

정상영업활동(상품매출, 제품매출)에서 받은 어음은 받을어음(매출채권)으로 처리한다.

[3] 3월 15일 일반전표입력

　　　　(차) 소모품비(제)　11,000　　　　(대) 미지급금　11,000

□	일	번호	구분	계 정 과 목	거 래 처	적 요	차 변	대 변
	15	00002	차변	0530 소모품비			11,000	
	15	00002	대변	0253 미지급금	00151 알파문구			11,000
	15							

문구는 소모품비로 처리하며, 정상적인 영업활동으로부터의 매입이 아니므로 미지급금으로 처리한다. 또한 공장에서 사용할 것 이므로 500번대 제조를 선택한다.

[4] 3월 20일 일반전표입력

　　　　(차) 급여　3,000,000원　　　　(대) 예수금　　　　　356,830원
　　　　　　　　　　　　　　　　　　　(대) 보통예금　　　2,643,170원

□	일	번호	구분	계 정 과 목	거 래 처	적 요	차 변	대 변
	20	00002	차변	0801 급여			3,000,000	
	20	00002	대변	0254 예수금				356,830
	20	00002	대변	0103 보통예금				2,643,170
	20							

판매직 사원은 직원급여로 처리하며, 소득세, 지방소득세, 보험료등은 일시적으로 가지고 있다가 다음달 10일까지 납부하며, 이를 예수금 계정으로 처리한 후 상계한다.

▶ 일반전표입력

다음은 ㈜합정상사(회사코드 6005)의 기중 거래내역이다. 일반전표입력 메뉴에 입력하시오.

[자 산]

[01] 04월 01일

일본 패닉사로부터 원재료를 수입하고, 당해 원재료 수입과 관련하여 발생한 다음의 경비를 현금으로 지급하다.

품 목	금 액	비 고
관 세	600,000원	납부영수증을 교부받다.
운반수수료	50,000원	간이영수증을 교부받다.

[02] 04월 02일

한울상사에 대한 외상매출금 22,000,000원의 소멸시효가 완성되어 대손처리하였다. 기 설정되어있는 대손충당금이 20,000,000이라고 가정하여 적절한 회계처리를 하시오. 단, 부가가치세는 고려하지 않기로 한다.

[03] 04월 03일

당사는 태양상사에게 대여한 단기대여금 6,000,000원을 회수불능채권으로 보아 전액 대손처리 하였다.(대손충당금잔액은 4,000,000원이라 가정하고 처리하시오)

[04] 04월 04일

전기이전에 부도처리된 ㈜이상에 판매한 제품대금 중 4,400,000원이 보통예금으로 입금되었다. 동 금액은 전기에 대손처리한 외상매출금에 대한 회수액으로 전기의 확정신고시에 대손세액공제를 받은 바 있다.

[05] 04월 05일

당사는 전기에 ㈜마음에게 대여한 단기대여금 7,000,000원을 회수불능채권으로 보아 전기말 결산시 대손 처리하였으나, 금일 ㈜마음로부터 전액을 현금으로 회수하였다. 단, 전기 대손처리는 모두 대손충당금과 상계하였다.

[06] 04월 06일

당사는 1월 10일에 매출처인 태양상사로부터 외상매출금 2,000,000원에 대하여 어음을 받아 소지하고 있었으나, 태양상사의 자금사정 악화로 04월 06일자로 금융기관으로부터 최종부도처리 되었음이 확인되었다.(대손세액공제 등 부가가치세는 고려하지 말것)

[07] 04월 07일

신한은행 정기적금이 금일 만기가 도래하여 원금 2,500,000원과 이자 500,000원 중 원천징수세액 70,000원을 제외한 잔액은 보통예금에 대체하다. 원천징수세액은 자산계정으로 처리한다.

[08] 04월 08일

공장부지로 사용할 토지를 다음과 같이 매입하였다. 그 중 토지취득 관련세액과 중개수수료는 현금으로 납부하고, 토지매입대금은 보통예금(신한은행)에서 이체하였다.

• 토지	: 100,000,000원
• 취득세와 농어촌특별세	: 2,200,000원
• 등록세 및 교육세	: 2,400,000원
• 취득에 관련된 중개수수료	: 600,000원

[09] 04월 09일

제1기 부가가치세 예정신고시 적용할 원재료 매입에 대한 의제매입세액이 부가가치세법 규정에 따라 200,000원으로 계산되었다. 공제되는 의제매입세액에 대한 회계처리를 하시오.

[10] 04월 10일

본사건물 신축용 토지(공정가치 : 400,000,000원)를 취득하면서 어음 320,000,000원 발행과 당좌수표 80,000,000원을 발행하여 지급하였다.

[11] 04월 11일

태양상사에 원재료를 구입하기로 하고 계약금 10,000,000원을 어음(다음년도 6월 30일)으로 발행하여 지급하였다.

[12] 04월 12일

신축공장건물에 대한 소유권 보존 등기비용으로서 취득세 및 등록세 합계 4,000,000원이 보통예금에서 인출되다.

[13] 04월 13일

매출처 태양상사에 제품을 매출하고 수령한 태양상사 발행 약속어음 12,000,000원을 신한은행에 추심의뢰 하였는데 금일 만기가 도래하였다. 이에 대하여 신한은행으로부터 추심수수료 70,000원을 차감한 잔액을 당사 당좌예금 계좌에 입금하였다는 통지를 받다.

[14] 04월 14일

매출처 태양상사에 대한 외상매출금 6,000,000원을 금일자로 연8% 이자율로 동점에 3개월간 대여하기로 하고 이를 대여금으로 대체하다.

[15] 04월 15일

㈜마음에 대한 외상매입금과 태양상사에 대한 받을어음이 각각 2,500,000원이 있었는데, ㈜마음의 외상매입금을 태양상사의 받을어음으로 배서양도 하였다.

[16] 04월 16일

신한은행에 가입한 정기예금(원금 : 20,000,000원)이 만기가 되어 이자소득 2,000,000원에 대한 원천징수세액 280,000원을 차감한 21,720,000원을 당사의 보통예금계좌로 이체받았다.

[17] 04월 17일

신축중인 사옥의 장기차입금이자 500,000원을 당좌수표로 지급하였다. 사옥은 다음연도 6월 30일 완공예정이다. 당사는 건설용 차입금이자를 자산처리하고 있다.

[18] 04월 18일

㈜우리상사로부터 투자목적으로 사용할 토지를 200,000,000원에 현금으로 매입하였다. 또한 당일에 취득세로 5,000,000원을 현금으로 납부하였다.

[19] 04월 19일

업무용 차량 구입시 법령에 의하여 액면가액 1,000,000원의 공채를 액면가액에 현금으로 매입하다.(단, 공채의 매입당시 공정가액은 800,000원으로 평가되며 단기매매증권으로 분류함)

[20] 04월 20일

비사업자인 한예슬로부터 토지와 건물을 90,000,000원에 일괄 취득함과 동시에 당좌수표를 발행하여 전액 지급하였다. 토지와 건물의 공정가치는 아래와 같다.

• 토지의 공정가치 : 40,000,000원	• 건물의 공정가치 : 60,000,000원

[부 채]

[01] 05월 01일

당사는 회사채(액면가액 : 5천만원, 만기 : 2년, 액면이자율 : 10%)를 48,500,000원에 발행하고 대금은 보통예금계좌로 이체받았다.

[02] 05월 02일

회사는 사채(액면가액 : 100,000,000원, 만기 : 3년)를 현재가치로 발행하였다. 사채의 현재가치는 97,200,000원이며 사채발행 대금은 보통예금 계좌로 입금 받았다.

[03] 05월 03일

공장 생산직 직원의 퇴직금 6,000,000원에 대하여 원천징수 후 차액을 보통예금으로 지급하였다. 원천징수세액은 퇴직소득세 150,000원과 지방소득세 15,000원이다. 퇴직급여충당부채가 4,000,000원인 경우, 적절한 회계처리를 하시오.

[04] 05월 04일

현재 부가세대급금 26,000,000원, 부가세예수금 40,000,000원이라 가정하고, 상계 회계처리 하시오. 부가세 납부할 세액은 미지급금으로 처리하시오.

[자 본]

[01] 06월 01일

회사는 주주총회시 결의하였던 대로 현금배당 10,000,000원과 주식배당 5,000,000원에 대한 배당을 실시하다.(원천징수세액 1,500,000원을 제외한 금액을 당좌수표 발행하여 지급함)

[02] 06월 02일

당사는 유상증자를 위해 신주 5,000주를 발행(액면가액 : 5천원, 발행가액 : 5천원)하여 발행가액 전액을 당사의 보통예금계좌로 납입받았으며, 이번 신주발행과 관련하여 발생한 총비용 1,500,000원은 모두 당좌수표로 지급하였다. 단, 회계처리시 유상증자와 관련한 사항은 모두 금일에 이루어진 것으로 가정하며, 주식발행초과금잔액은 없는 것으로 한다.

[03] 06월 03일

자기주식 원가 6,000,000원을 ㈜마음에 10,000,000원에 판매하고 대금은 전액 ㈜마음 발행 약속어음으로 수령하였다.(현재 자기주식처분손실잔액은 없다고 가정함)

[04] 06월 04일

당사는 유상증자를 위하여 신주 2,000주를 10,000,000원(액면가 @5,000원)에 발행하고 전액 당좌예입하다. 주식발행과 관련하여 주권인쇄비 200,000원을 현금으로 지급하다.

[05] 06월 05일

당사는 이사회의 결의로 신주 50,000주(액면가액 @500원)를 1주당 510원에 발행하고, 전액 보통예금 계좌로 납입받았으며, 신주발행비용 700,000원은 현금으로 지급하였다.

[06] 06월 06일

유상증자를 위하여 신주 5,000주(주당 액면가액 10,000원)를 1주당 16,000원에 발행하여 대금은 당좌예금계좌로 입금되었고, 동 주식발행과 관련하여 법무사수수료 400,000원을 현금으로 지급하였다. 회사에는 현재 주식할인발행차금 600,000원이 존재하고 있다고 가정한다..(하나의 전표로 입력할 것)

[07] 06월 07일

당사는 당사의 주식 2,000주(1주당 액면가액 10,000원)를 1주당 8,000원으로 매입 소각하였다. 대금은 보통예금계좌에서 이체하여 지급하였다(감자차손 잔액은 없다고 가정함).

[수 익]

[01] 07월 01일

전년도말로 내용연수가 경과하여 운행이 불가능한 승용차(취득가액 8,500,000원, 감가상각누계액 8,499,000원)를 폐차대행업체를 통해 폐차시키고, 당해 폐차대행업체로부터 고철비 명목으로 50,000원을 현금으로 받다. 단, 부가가치세는 고려하지 않는다.

[02] 07월 02일

전월 홍콩 한울상사에 외상으로 수출한 제품의 수출대금 $300,000을 금일 달러화로 송금 받은 후, 즉시 원화로 환전하여 보통예금계좌에 입금하였다. 단, 전표입력시 하나의 거래로 회계처리하라.

- 전월 선적시 적용환율 : 1,300원/$
- 금일 적용환율 : 1,320원/$

[03] 07월 03일

당사는 전기말 매입처 ㈜이상에 대한 외상매입금 15,000,000원 중 10,000,000원을 금일 보통예금계좌에서 이체하여 상환하였고, 나머지는 ㈜이상의 배려로 탕감받았다. 단, 이와 관련한 이자부분은 고려하지 않기로 한다.

[04] 07월 04일

보유중인 사업용 토지 일부분을 한울상사에 50,000,000원(장부가액 35,000,000원)에 매각하고 대금은 한울상사의 전기이월 외상매입금 26,650,000원과 상계처리 하고 잔액은 보통예금에 입금하였다.

[05] 07월 05일

(주)대한생명에서 당사가 가입한 퇴직연금에 대한 이자 300,000원이 퇴직연금계좌로 입금되었다. 현재 당사는 확정급여형(DB)퇴직연금을 가입하고 있다.

[06] 07월 06일

보유중인 ㈜다나와의 유가증권에 대하여 600,000원의 중간배당이 결정되어 보통예금에 입금되었다.(원천세는 고려하지 말 것)

[07] 07월 07일

대표이사로부터 시가 200,000,000원(대표이사의 취득가액 : 180,000,000원)의 건물을 증여받았다. 당일 취득세 등으로 5,000,000원을 현금으로 지출하였다.

[08] 07월 08일

단기매매증권 계정에 4,000,000원으로 계상되어 있는 (주)미주의 주식을 5,000,000원에 처분하고 처분대금은 전액 보통예금으로 입금되었다.

[비 용]

[01] 08월 01일

당사의 대표이사 변경등기와 관련하여 등록세 150,000원과 상업등기소까지의 직원 출장여비 10,000을 현금으로 지급하다.

[02] 08월 02일

당사는 운영자금조달을 위해 매출처인 한울상사로부터 매출대금으로 받은 약속어음 2,000,000원을 신한은행에서 할인하고 할인료 200,000원을 차감한 잔액을 현금으로 수령하였다. 단, 매각거래로 간주한다.

[03] 08월 03일

단기매매증권인 주식 500주를 주당 13,000원에 매각하고, 매각수수료 250,000원을 제외한 매각대금을 신한은행 보통예금으로 송금 받다. 주식에 대한 거래현황은 다음 자료 이외에는 없다고 가정하며, 단가의 산정은 이동평균법에 의한다.

취득일자	주식수	취득단가	취득가액
1월 7일	300주	13,200원	3,960,000원
1월 26일	400주	12,500원	5,000,000원

[04] 08월 04일

당사는 1기 예정부가가치세신고기간에 ㈜마음로부터 매입한 비영업용소형승용차와 관련한 매입세액을 1기 예정부가가치세신고납부시 매출세액에서 공제하여 신고납부하였는바, 관할세무서에서는 08월 01일자로 이를 경정하여 세액 520,000원(매입세액 500,000원, 가산세 20,000원)을 고지하였다. 당사는 고지된 세금을 금일 현금으로 납부하였다.

[05] 08월 05일

제품을 보관하기 위한 창고용 건물(취득가액 : 5,000,000원, 감가상각누계액 : 1,500,000원)이 금일 화재로 완전히 소실되었다. 다행히 창고에 보관하던 제품은 없었으며, 동 건물은 손해보험에 가입하지 않았다. 단, 회계처리시 당기초부터 금일까지의 감가상각은 고려하지 않는다.

[06] 08월 06일

생산부서에 종사하는 종업원들의 생산능력 향상을 위해 외부전문강사를 초빙하여 교육을 실시하고, 당해 강사에게 강연료 중 사업소득 원천징수세액(지방소득세 포함) 9,900원을 포함한 300,000원을 현금으로 지급하다.

[07] 08월 07일

영업사원의 직무능력향상을 위한 외부강사 강연료에 대하여 현금으로 지급하고 기타소득으로 원천징수한 내역이 다음과 같다. 적절한 회계처리를 하시오.

- 지급총액 : 5,000,000원
- 소득세율 : 20%
- 필요경비 : 지급총액의 60%
- 지방소득세 : 소득세의 10%

[08] 08월 08일

전기에 직원 회식비로 현금 지출한 300,000원을 30,000원으로 잘못 분개한 내용이 늦게 확인되어 적절한 분개를 하였다. 전기에 현금과부족에 대해서는 임직원등단기채권으로 처리하였다. 단, 오류의 내용이 중대하지는 않은 것으로 간주한다.

[09] 08월 09일

당사의 판매부서에 근무하는 직원인 김수산, 나잘난씨에게 다음과 같은 원천징수금액을 차감한 후 7월분 급여를 법인의 당좌예금통장에서 이체하였다.(국민연금 등은 본인부담분이며 공제액은 하나의 계정과목으로 처리한다)

	총 급 여	국민연금 등	소득세 등	차감지급액
김수산	4,000,000원	150,000원	120,000원	3,730,000원
나잘난	3,200,000원	120,000원	85,000원	2,995,000원

[10] 08월 10일

본사 영업부의 사회보험 및 근로소득세 납부내역은 다음 표와 같다. 회사는 보통예금으로 동 금액을 납부하였다. 국민연금은 세금과공과 계정을 사용하고 건강보험과 장기요양보험은 복리후생비, 고용보험 및 산재보험은 보험료 계정을 사용한다.

구 분	근로소득세	지방소득세	국민연금	건강보험	장기요양보험	고용보험	산재보험
회사 부담분			60,000원	30,000원	1,965원	550원	1,200원
본인 부담분	200,000원	20,000원	60,000원	30,000원	1,965원	850원	
계	200,000원	20,000원	120,000원	60,000원	3,930원	1,400원	1,200원

[11] 08월 11일

당사는 전년도에 일본에 소재한 ㈜이상으로부터 원재료 ¥1,000,000을 구매하면서 이를 외상매입금으로 처리하였고, 금일 동 외상매입금 전액을 현금으로 상환하였다. 단, 전기말 외화자산부채와 관련해서는 적절하게 평가하였다.

일 자	환 율
전기말 12. 31	900원/100¥
당 기 08. 11	950원/100¥

[12] 08월 12일

매출처 사장과 맛나식당에서 식사를 하고 식사대 70,000원을 국민카드로 지불하였다.

[13] 08월 13일

본사의 이전과 관련한 변경등기로 등록세 200,000원 및 법무사수수료 120,000원에 대한 320,000원을 현금으로 지급하다.

[14] 08월 14일

영업부의 한길성 과장이 부산에 출장비로 가져갔던 300,000원(출장비 인출시에 가지급금으로 처리함)을 다음의 지출결의서를 제시하고, 부족액은 현금지급하였다.

[지 출 결 의 서 내 역]	
• 항공기왕복표 : 270,000원	• 식대 : 50,000원

[15] 08월 15일

영주로 출장갔던 판매사원 원빈이 귀사하여 가지급금처리했던 여비교통비 300,000원중에서 잔액 32,000원을 현금 반납하였다.

[16] 08월 16일

영업부에서는 법정단체인 무역협회에 일반회비로 200,000원을 보통예금에서 지급하였다.

[17] 08월 17일

단기간 매매차익 목적으로 구입하였던 상장법인의 주식 600주(장부가액 : 6,000,000원)를 한국증권거래소에서 1주당 9,000원에 처분하고, 수수료 100,000원을 차감한 잔액을 보통예금계좌로 이체받았다.

2. 매입매출전표 입력

매입매출전표 메뉴는 부가가치세 신고와 관련한 매입매출거래를 입력하는 곳으로, 화면구성은 부가가치세와 관련된 매입매출거래 내용을 입력하는 상단부와 분개를 입력하는 하단부로 나누어져 있다. 상단부는 부가가치세 관련 각 신고자료(부가가치세신고서, 세금계산서합계표 등)로 활용되며, 하단부의 분개는 각 재무회계자료(계정별원장, 재무제표 등)에 반영된다. 매입매출관련 자료라 할지라도 일반전표에서 입력한 경우는 부가가치세 신고자료에 반영되지 않으므로 반드시 매입매출전표입력 메뉴에 입력되어야 한다. 단, 세금계산서(계산서)가 없어 영수증에 의해 "의제매입세액, 재활용폐자원매입세액"을 공제받는 경우 그 영수증과 공제받는 매입세액은 일반전표입력 메뉴에서 입력한 후 적절한 적요를 선택하여 부가세부속명세서에 반영되게 한다.

사례   6001.㈜지성상사는 2월 11일 제품(PD1 5개, 개당 40,000원)을 200,000원(부가가치세 별도)에 거래처 ㈜찬호전자에 판매하고 전자세금계산서를 발급하였다. 대금은 전액 보통예금으로 수령하였다.

(1) 월

해당거래의 월 2자리를 입력하거나 열람단추(F2)를 클릭하여 선택한다.
공급시기에 해당하며, 세금계산서의 작성일자를 보고 입력하며, 연단위로 입력하고자 한다면 "간편집계 및 기타"의 "Tab(🖼) 화면설정"에서 입력방식을 "1.연월일"을 "2.년월~년월"으로 선택한후 입력한다. 사례의 2월을 월난에 입력한다.

(2) 일

거래일자를 두 자리로 입력한다. 일단위가 아니라 월단위로 입력하고자 하는 경우에는 일자 입력없이 엔터를 치면 선택월의 모든일자가 입력이 가능하며, 일자를 입력하면 선택일자만 입력 가능하다. 사례의 일자 11을 입력한다.

(3) 유 형

① 입력되는 매입매출자료의 유형을 2자리 코드로 입력한다.

② 유형은 크게 매출과 매입으로 구분되어 있으며, 유형코드에 따라 부가가치세신고서식의 각 해당 항목에 자동 집계되므로 정확히 입력하여야 한다.

③ 유형코드는 유형란에 커서가 위치하면 자동으로 하단에 조회된다.

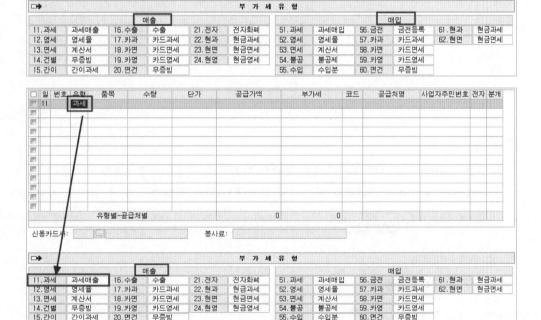

(4) 품 명

거래 물건의 품명을 입력하며, 자주 사용하는 품명이라면 품명등록에서 등록후에 코드도움으로 입력가능하다. 품명, 단가등이 2가지 이상인 경우에는 복수거래로 입력한다.

품명 PD1을 입력한다. 품명등록하여 사용할려면 CTRL +F12클릭하여 입력후 코드도움한다.

□	일	번호	유형	품목	수량	단가	공급가액	부가세	코드	공급처명	사업자주민번호	전자	분개
□	11		과세	PD1	직접입력하여 사용하거나 품명등록(CTRL+F12)								
□					후 코드도움으로 입력가능								

▶ 복수거래시 화면

(5) 수 량

수량을 입력한다.(없으면 [Enter↵] 키를 눌러서 다음으로 이동), 수량 5개를 입력한다.

소수점이하 숫자를 관리하고자 하면 환경등록에서 미리 세팅하고 와야 입력이 가능하다.

□	일	번호	유형	품목	수량	단가	공급가액	부가세	코드	공급처명	사업자주민번호	전자	분개
☐	11		과세	PD1	5								

1	부가세 소수점 관리		
		자 리 수	끝 전 처 리
수	량	0	
단	가	0	1.절사
금	액		2.올림

(6) 단 가

단가를 입력한다.(없으면 [Enter↵] 키를 눌러서 다음으로 이동) 40,000원 입력한다.

소수점이하 숫자를 관리하고자 하면 환경등록에서 미리 세팅하고 와야 입력이 가능하다.

□	일	번호	유형	품목	수량	단가	공급가액	부가세	코드	공급처명	사업자주민번호	전자	분개
☐	11	50002	과세	PD1	5	40,000	200,000	20,000					

○ 수량, 단가입력 없이 공급가액을 입력하려면 바탕화면에서 오른쪽마우스를 눌러 환경설정상의 "수량, 단가입력하지 않음"을 선택한다.

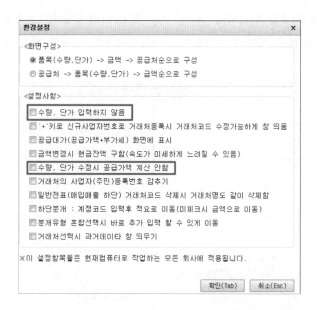

(7) **공급가액**

수량, 단가를 입력하면 자동 계산되며, 수량과 단가가 없을 경우 직접 입력하면 부가가치세 10%를 자동으로 표시한다. 5개 × 40,000원을 한 200,000원이 자동표시되며, 200,000원의 10%인 20,000원이 계산되어진다.

□	일	번호	유형	품목	수량	단가	공급가액	부가세	코드	공급처명	사업자주민번호	전자	분개
□	11	50002	과세	PD1	5	40,000	200,000	20,000					

(8) **부가가치세**

공급가액이 입력되면 자동으로 계산되며, 부가가치세를 직접 입력할 수도 있다. 유형이 영세율, 면세이면 부가가치세는 해당이 없으므로 커서가 가지 않는다.

□	일	번호	유형	품목	수량	단가	공급가액	부가세	코드	공급처명	사업자주민번호	전자	분개
□	11	50002	과세	PD1	5	40,000	200,000	20,000					

(9) **공급처**

매입매출전표 입력 시 세금계산서는 반드시 거래처코드를 입력해야 한다.(입력하지 않으면, 매출·매입처별세금계산서 합계표가 작성되지 않음), 거래처코드난에서 "미소"을 입력하면 ㈜미소전자를 조회입력가능하다.

□	일	번호	유형	품목	수량	단가	공급가액	부가세	코드	공급처명	사업자주민번호	전자	분개
□	11	50002	과세	PD1	5	40,000	200,000		미소				
□	11												
□													

▶ 공급처코드란에 "+"키를 입력한 후 상호를 입력하고 Enter↵ 키를 치면 이미 등록된 거래처
는 코드번호를 표시해 주고 등록되지 않은 거래처는 새로이 수정등록하라는 아래와 같은 창
이 열린다.

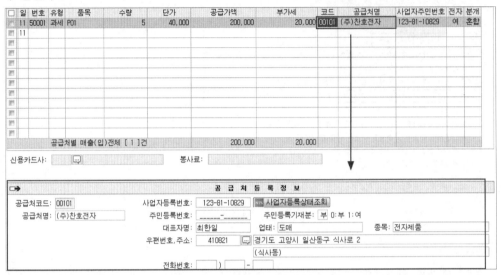

(⑩) 전 자

국세청에 전송된 전자세금계산서인 경우에는 "1.여"를 체크한다. 전자세금계산서를 발행할거면
"0.부"를 클릭하여야 발행가능하다.

□	일	번호	유형	품목	수량	단가	공급가액	부가세	코드	공급처명	사업자주민번호	전자	분개
□	11	50001	과세	P01	5	40,000	200,000	20,000	00101	(주)찬호전자	123-81-10829	여	혼합
□	11												

(⑪) 분 개

장부에 반영될 분개를 자동완성하는 기능이다.

① 0.분개없음
분개를 생략하고자 할 때 선택한다. (부가세신고는 분개와 상관없이 작성된다.)

② 1.현금
현금거래일 경우 선택한다. 위 사례에서 결제를 현금으로 한 경우에는 다음과 같다.
매출액과 부가세예수금, 매입액과 부가세대급금이 기본계정으로 분개된다.

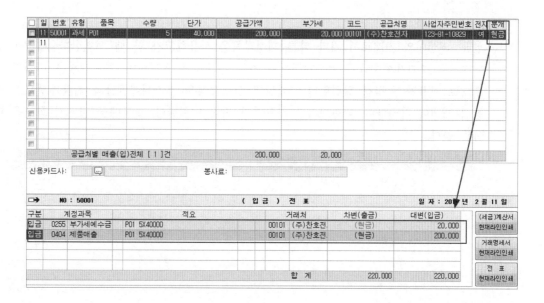

③ 2.외상

상거래의 외상거래일 경우 선택한다. 위 사례에서 외상거래라고 가정하면 다음과 같이
입력한다.매출액 상대계정은 외상매출금으로, 대변계정은 부가세예수금과 기본계정으로
자동 분개된다. (외상매출금, 부가세예수금은 수정 불가능하며, 기본계정의 경우는 수정
및 추가입력이 가능하다.) 매입액 상대계정은 외상매입금으로, 차변계정은 부가세대급금
과 기본계정으로 자동 분개된다. (외상매입금, 부가세대급금은 수정 불가능하며, 기본계
정은 수정 및 추가입력이 가능하다.)

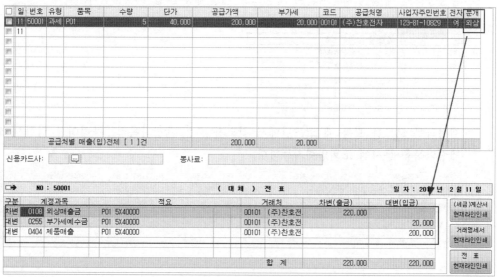

④ 3.혼합

현금, 외상이외 거래로서 기타 다른 계정과목을 사용하고자 할 때 선택한다. 매출액 상대계정은 부가세예수금과 기본계정으로 자동 분개되어 표기되며, 차변계정은 비워져 있으므로 사용자가 직접 입력한다. 매입액 상대계정은 부가세대급금과 기본계정으로 자동 분개되어 나타나며, 대변계정은 사용자가 직접 입력한다. 보통예금 결제시 화면은 다음과 같다.

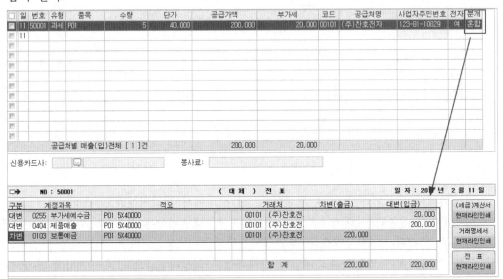

환경등록에 세팅된 제품매출이 자동으로 매출계정에 입력되어 진다.

계정과목 코드를 모를 때 코드난에서 찾고자 하는 계정과목명 2자리이상 입력시 코드와 계정과목을 동시에 조회입력가능하다.

구분	계정과목	적요	거래처	차변(출금)	대변(입금)	
대변	0255 부가세예수금	PD1 5X40000	00101 (주)찬호전:		20,000	(세금)계산서 현재라인인쇄
대변	0404 제품매출	PD1 5X40000	00101 (주)찬호전:		200,000	거래명세서 현재라인인쇄
차변	보통					전 표 현재라인인쇄
			합 계		220,000	

⑤ **4.카드**

카드 결제인 매출, 매입을 입력 시 선택한다.

환경등록에서 신용카드기본계정인 신용카드매출채권은 미수금, 신용카드매입채무는 미지급금으로 설정되어 있으며, 다른 계정과목으로 바꿔 사용가능하다.

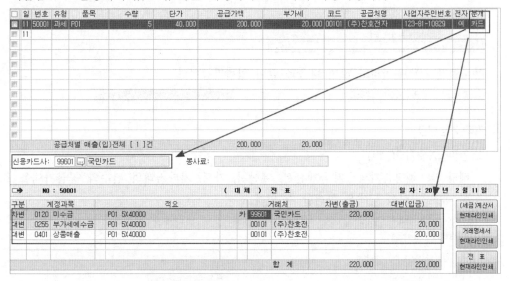

⑥ **5.추가**

추가는 환경등록에서 추가적으로 매출액과 매출채권, 매입액과 매입채무를 설정하고 이를 자동분개시 사용하는 기능이다.

⑿ **신용카드사**

신용카드매출인 경우에 선택한다. 이는 신용카드매출전표등발행금액집계표에 반영된다.

위의 사례에서 보통예금결제가 아닌 신용카드(비씨카드) 결제를 하였다면 다음과 같이 입력되어진다.

구분	계정과목		적요	거래처		차변(출금)	대변(입금)	
차변	0120	미수금	P01 5X40000	카	99601 국민카드	220,000		(세금)계산서 현재라인인쇄
대변	0255	부가세예수금	P01 5X40000		00101 (주)찬호전		20,000	거래명세서 현재라인인쇄
대변	0401	상품매출	P01 5X40000		00101 (주)찬호전		200,000	전 표 현재라인인쇄
					합 계	220,000	220,000	

⒀ 봉사료

구분기재한 봉사료를 기재한다. 이는 신용카드매출전표등발행금액집계표에 반영된다. 봉사료를 사용하고자 하면 환경등록에서 먼저 "사용"으로 체크한후 입력하여야 한다.

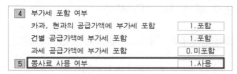

봉사료가 2,000원이라고 하면 다음과 같이 입력가능하다.

신용카드사:	99601	🖳	국민카드	봉사료:	2,000

⒁ 기타 기능설명

① 간편집계및기타(F11)

해당 월, 해당분기의 세금계산서, 계산서, 카드, 기타거래의 건수와 공급가액을 표시하여 바로 입력한 금액을 확인할 수 있다.

구분	유형	건수	공급가액	부가세(가산세)	구분	유형	건수	공급가액	부가세(가산세)
매출 합계 (2월)	1.세금계산서	1	200,000	20,000	매출 합계 (분기)	1.세금계산서	1	200,000	20,000
	2.계산서					2.계산서			
	3.카드과세매출					3.카드과세매출			
	4.기타					4.기타			
매입 합계 (2월)	1.세금계산서				매입 합계 (분기)	1.세금계산서			
	2.불공세금계산서					2.불공세금계산서			
	3.계산서					3.계산서			
	4.카드과세매입					4.카드과세매입			
	5.기타					5.기타			
가산세 (2월)	(1)지연전송				가산세 (반기)	(1)지연전송			
	(2)미전송					(2)미전송			
	(3)지연발급					(3)지연발급			
	(4)미발급					(4)미발급			

② 예정신고누락분(SHIFT + F5)

예정신고때 제출하지 못한 세금계산서등을 확정신고서에 반영하고자 하는 경우에 체크한다. 이때 예정신고누락에 대한 가산세는 반드시 고려한다.

③ 매입자발행(마우스선택)

매출자가 매출세금계산서를 발행하지 않는 경우에 일정절차를 거쳐 매입자가 발행한 매출세금계산서를 표시한다. 이는 신고서와 매입자발행세금계산서합계표에 집계된다. 다시한번 매입자발행을 클릭하면 취소가 되어 진다.

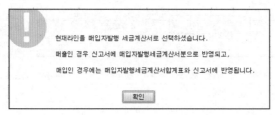

④ 수정세금계산 (SHIFT + F11)

기재사항의 착오, 공급가액의 변동, 환입, 계약의 해제, 내국신용장의 사후개설(과세기간 종료후 25일내 개설), 착오에 의한 이중발행의 사유가 발생한 경우에 표시한다.

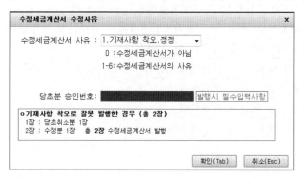

⑤ 등록전매입(마우스선택)

사업자등록증 교부전에 매입한 물품의 매입세액을 주민등록번호 기재분 세금계산서로 공제받고자 할 때 기입한다.

⑥ Tab(⇥) 화면설정

매입매출전표입력을 월, 년 단위로 하거나, 유형별로 세팅하여 하고자 할 때 사용한다.

▶ 유형별 특성

[매출유형]

코드	유형	내용
11	과세	세금계산서 발행분 입력시 선택한다.
12	영세	세금계산서로 영세율분 구매승인시 내국신용장 매출분 입력시 선택하여 입력한다.
13	면세	면세사업자가 발행하는 계산서 입력시 선택한다.
14	건별	정규증빙이 발행되지 않은 과세매출 입력시 선택한다. (. 소매매출의 영수증 또는 간주임대료, 간주공급 등 입력) 공급가액란에 부가가치세가 포함된 공급대가를 입력한 후 Enter↵ 키를 치면 공급가액과 부가가치세가 자동 계산되어 입력된다. ❂ 환경설정에 따라 입력된 공급가액의 절사방법(절사, 올림, 반올림)을 선택할 수 있다.
15	간이	간이과세자 매출액을 입력하는 유형이다. [14:건별]과의 차이는 공급가액란에 입력된 공급대가를 그대로 반영, 공급가액과 세액이 자동 구분 계산되지 않는다. 따라서 월말 또는 분기말에 해당기간의 공급대가를 합계, 공급가액과 부가가치세를 계산 후 수동으로 수정하여 주어야 한다.
16	수출	외국에 직접 수출하는 경우 선택한다. Local수출로서 영세율세금계산서가 발행되는 [12:영세]와는 구분된다.

17	카과	신용카드에 의한 과세매출 입력시 선택한다. [17:카과]로 입력된 자료는 "신용카드매출발행집계표" "과세분"에 자동 반영된다.
18	카면	신용카드에 의한 면세매출 입력시 선택한다. [18:카면]로 입력된 자료는 "신용카드매출발행집계표" "면세분"에 자동 반영된다.
19	카영	영세율 적용대상의 신용카드 매출 → 신용카드발행집계표 과세분에 반영된다.
20	면건	증빙이 발행되지 않은 면세매출을 입력할 때 사용한다.
21	전자	전자적결제 수단으로의 매출 → 전자화폐결제명세서에 가맹점별로 집계된다.
22	현과	현금영수증 과세 매출분을 입력시 선택한다.
23	현면	현금영수증 면세 매출분을 입력시 선택한다.
24	현영	현금영수증 영세율 매출분을 입력시 선택한다.

[매입유형]

코드	유형	내용
51	과세	세금계산서 발행분 입력시 선택한다.
52	영세	세금계산서로 영세율분 구매승인시 내국신용장 매입분 입력시 선택하여 입력한다.
53	면세	면세사업자가 발행하는 계산서 입력시 선택한다.
54	불공	매입세액공제를 받을 수 없는 세금계산서 입력시 선택한다.(사유별로 우측 해당번호를 선택한다.) ① 필요적 기재사항 누락 등 ② 사업과 직접 관련 없는 지출 ③ 비영업용 소형승용자동차 구입·유지 및 임차 ④ 접대비 및 이와 유사한 비용 관련 ⑤ 면세사업 관련 ⑥ 토지의 자본적 지출 관련 ⑦ 사업자등록 전 매입세액 ⑧ 금거래계좌 미사용 관련 매입세액 ⑨ 공통매입세액안분계산분 ⑩ 대손처분받은 세액 ⑪ 납부세액재계산분
55	수입	재화의 수입시 세관장이 발행한 수입세금계산서 입력시 선택한다. ❏ 수입계산서상의 공급가액은 단지 부가가치세 징수를 위한 과세표준일 뿐으로 회계처리 대상은 아니다. 따라서 본 프로그램에서는 수입세금계산서의 경우 하단부분개시, 부가가치세만 표시되도록 하였다.
56	금전	현재는 금전등록기에 의한 매입세액공제는 불가능하다.
57	카과	신용카드에 의한 과세 매입을 입력시 선택한다.
58	카면	신용카드에 의한 면세 매입을 입력시 선택한다.
59	카영	신용카드에 의한 영세 매입을 입력시 선택한다.
60	면건	계산서가 교부되지 않은 면세적용 매입 입력시 선택한다.
61	현과	현금영수증 과세 매입분을 입력시 선택한다.
62	현면	현금영수증 면세 매입분을 입력시 선택한다.

기본예제

04. 다음은 ㈜지성상사(회사코드 6001)의 기중 매입매출거래내역이다. 매입매출전표입력 메뉴에 입력하시오.

1. 매입유형

> **51. 과세**

4월 21일　㈜승범상사에서 원재료(MR1)수량 50개 @150,000 금액 7,500,000(부가가치세별도)을 현금으로 구입하고 전자세금계산서를 교부받았다.

해설

4월 21일　유형: 51.과세　거래처: ㈜승범상사　전자: 여　분개: 현금

　　　(차) 원재료　　　　　7,500,000원　　(대) 현금 8,250,000원

　　　　　부가세대급금　　 750,000원

□	일	번호	유형	품목	수량	단가	공급가액	부가세	코드	공급처명	사업자주민번호	전자	분개
■	21	50001	과세	MR1	50	150,000	7,500,000	750,000	00104	(주)승범상사	119-81-29163	여	현금
	21												

> **51.과세**　급처별 매출(입)전체 [1]건　　7,500,000　　750,000

구분	계정과목	적요	거래처		차변(출금)	대변(입금)
출금	0135 부가세대급금	MR1 50X150000	00104	(주)승범상	750,000	(현금)
출금	0153 원재료	MR1 50X150000	00104	(주)승범상	7,500,000	(현금)
			합 계		8,250,000	8,250,000

(세금)계산서 현재라인인쇄 / 거래명세서 현재라인인쇄 / 전 표 현재라인인쇄

과세대상은 재화, 용역을 공급시 정규증빙인 세금계산서를 발행하여 교부하고, 공급자도 보관하여야 한다.
(주의)시험에서는 품목(단 복수거래제외), 수량단가, 적요(타계정대체제외)입력은 체크하지 않음

[부가가치세신고서 반영 : 4월 21일 - 4월 21일로 조회]

매 입 세 액	세금계산서	일반매입	10	7,500,000		750,000
		수출기업수입분납부유예	10			
	수취분	고정자산매입	11			
	예정신고누락분		12			
	매입자발행세금계산서		13			
	그 밖의 공제매입세액		14			
	합계(10)-(10-1)+(11)+(12)+(13)+(14)		15	7,500,000		750,000
	공제받지못할매입세액		16			
	차감계 (15-16)		17	7,500,000	⑪	750,000
납부(환급)세액(매출세액⑨-매입세액⑪)					⑯	-750,000
경감 공제 세액	그 밖의 경감·공제세액		18			
	신용카드매출전표등 발행공제등		19			
	합계		20		⑳	
예정신고미환급세액			21		㉑	
예정고지세액			22		㉒	
사업양수자의 대리납부 기납부세액			23		㉓	
매입자 납부특례 기납부세액			24		㉔	
신용카드업자의 대리납부 기납부세액			25		㉕	
가산세액계			26		㉖	
차감.가감하여 납부할세액(환급받을세액)(⑯-⑱-⑲-⑳-㉑-㉒-㉓-㉔-㉕+㉖)			27			-750,000
총괄납부사업자가 납부할 세액(환급받을 세액)						

정 누 락 분	입계		40			
	신용카드매출	일반매입				
	수령금액합계	고정매입				
	의제매입세액					
	재활용폐자원등매입세액					
	과세사업전환매입세액					
	재고매입세액					
	변제대손세액					
	외국인관광객에대한환급/					
	합계					
14.그 밖의 공제매입세액						
	신용카드매출	일반매입	41			
	수령금액합계표	고정매입	42			
	의제매입세액		43		뒤쪽	
	재활용폐자원등매입세액		44		뒤쪽	
	과세사업전환매입세액		45			
	재고매입세액		46			
	변제대손세액		47			
	외국인관광객에대한환급세액		48			
	합계		49			

[세금계산서합계표 반영]

매 출	매 입	※ [확인]전송일자가 없는 거래는 전자세금계산서 발급분으로 반영 되므로 국세청 e세로 전송 세금계산서와 반드시 확인 합니다.

2. 매입세금계산서 총합계

구 분		매입처수	매 수	공급가액	세 액
합 계		1	1	7,500,000	750,000
과세기간 종료일 다음달 11일까지 전송된 전자세금계산서 발급받은분	사업자 번호 발급받은분	1	1	7,500,000	750,000
	주민등록번호발급받은분				
	소 계	1	1	7,500,000	750,000
위 전자세금계산서 외의 발급받은분(종이발급분+과세기간 종료일다음달 12일 이후분)	사업자 번호 발급받은분				
	주민등록번호발급받은분				
	소 계				

과세기간 종료일 다음달 11일까지 (전자분)	과세기간 종료일 다음달 12일이후 (전자분), 그외	전체데이터				참고사항 : 2012년 7월 이후 변경사항

	사업자등록번호	코드	거래처명	매수	공급가액	세 액	대표자성명	업 태	종 목	주류코드
1	119-81-29163	00104	(주)승법상사	1	7,500,000	750,000	이한수	제조	전기용품	

기본예제

52. 영세

4월 28일 동렬전기에서 수출용 원재료(MR2)를 내국신용장에 의해 구입하고 해당 영세율 전자세금계산서를 교부 받았다. 공급가액은 4,000,000원이며 결제는 외상으로 하였다.

해설

4월 28일 유형: 52.영세 거래처: 동렬전기 전자: 여 분개: 외상

(차) 원재료 4,000,000원 (대) 외상매입금 4,000,000원

□	일	번호	유형	품목	수량	단가	공급가액	부가세	코드	공급처명	사업자주민번호	전자	분개
■	28	50001	영세	MR2			4,000,000		00105	(주)동렬전기	137-81-25151	여	외상

52.영세 급처별 매출(입)전체 [1]건 4,000,000 0 *상거래인 경우에만 외상선택*

구분	계정과목		적요	거래처		차변(출금)	대변(입금)
대변	0251	외상매입금	MR2	00105	(주)동렬전.		4,000,000
차변	0153	원재료	MR2	00105	(주)동렬전.	4,000,000	
					합 계	4,000,000	4,000,000

(세금)계산서 현재라인인쇄
거래명세서 현재라인인쇄
전 표 현재라인인쇄

수출목적의 내국신용장, 구매승인서에 의한 국내공급은 영세율전자세금계산서(세액이 0인)를 발행하여 교부하여야 한다.

[부가가치세신고서 반영 : 4월 28일 ~ 4월 28일로 조회]

	구분		정기신고금액				구분		금액	세율	세액
			금액	세율	세액	7.매출(예정신고누락분)					
과세표준및매출세액	과세	세금계산서발급분	1		10/100		예정누락분	과세	세금계산서	33		10/100	
		매입자발행세금계산서	2		10/100				기타	34		10/100	
		신용카드·현금영수증발행분	3					영세	세금계산서	35		0/100	
		기타(정규영수증외매출분)	4		10/100				기타	36		0/100	
	영세	세금계산서발급분	5		0/100				합계	37			
		기타	6		0/100		12.매입(예정신고누락분)					
	예정신고누락분		7						세금계산서	38			
	대손세액가감		8					예정누락분	그 밖의 공제매입세액	39			
	합계		9		㉮				합계	40			
매입세액	세금계산서수취분	일반매입	10	4,000,000		400,000			신용카드매출	일반매입			
		수출기업수입분납부유예	10						수령금액합계	고정매입			
		고정자산매입	11						의제매입세액				
	예정신고누락분		12						재활용폐자원등매입세액				
	매입자발행세금계산서		13						과세사업전환매입세액				
	그 밖의 공제매입세액		14						재고매입세액				
	합계(10)-(10-1)+(11)+(12)+(13)+(14)		15	4,000,000		400,000			변제대손세액				
	공제받지못할매입세액		16						외국인관광객에대한환급/				
	차감계 (15-16)		17	4,000,000	㉯	400,000						

53. 면세

4월 29일 ㈜반디에서 공장 기술도서 60,000을 당좌수표를 발행하여 구입하고 전자계산서를 교부받았다.(거래처코드 152으로 신규등록, 사업자번호 107-81-27084, 대표자 박교재, 비용처리 한다)

해설

4월 29일 유형: 53.면세 거래처: ㈜반디 전자: 여 분개: 혼합

    (차) 도서인쇄비(제) 60,000원   (대) 당좌예금 60,000원

□	일	번호	유형	품목	수량	단가	공급가액	부가세	코드	공급처명	사업자주민번호	전자	분개
■	29	50001	면세	도서			60,000		00152	(주)반디	107-81-27084	여	혼합
□			53.면세	급처별 매출(입)전체 [1]건			60,000	0		혼합의 경우 3.차변 4.대변으로 선택입력			

구분	계정과목		적요	거래처	차변(출금)	대변(입금)
차변	0526	도서인쇄비	도서	00152 (주)반디	60,000	
대변	0102	당좌예금	도서	00152 (주)반디		60,000
				합 계	60,000	60,000

(세금)계산서 현재라인인쇄
거래명세서 현재라인인쇄
전 표 현재라인인쇄

도서는 면세에 해당하며, 이때 발행해야 될 정규증빙은 계산서이다. 또한 당좌수표 발행은 당좌예금의 감소항목이다. 거래처신규등록은 거래처코드에서 "+"로 간편등록으로 입력한다.

[부가가치세신고서 과세표준명세 반영 : 4월 29일 - 4월 29일로 조회]

과세표준명세					✕

신고구분 : 2 (1.예정 2.확정 3.영세율 조기환급 4.기한후과세표준)
국세환급금계좌신고 [⋯]   은행   지점
계좌번호 :
폐업일자 : ____-__-__ 폐업사유 :   ▼

과세표준명세

	업태	종목	코드	금액
28	제조.도매업	전자제품등		
29				
30				
31	수입금액제외			
32	합계			

면세사업수입금액

	업태	종목	코드	금액
80	제조.도매업	전자부품외		
81				
82	수입금액제외			
83	합계			
계산서발급 및 수취명세	84.계산서발급금액			
	85.계산서수취금액			60,000

세무대리인정보

성명   사업자번호 ___-__-_____ 전화번호
신고년월일 2022-07-25 핸드폰
e-Mail

회사정보 불러오기   확인[Tab]

[계산서합계표 반영]

| 매 출 | 매 입 |

2. 매입계산서 총합계

구　분		매입처수	매　수	공급가액
합　계		1	1	60,000
과세기간 종료일 다음달 11일까지 전송된 전자계산서 발급받은분	사업자 번호 발급받은분	1	1	60,000
위 전자계산서 외 의 발급받은분 (종이발급분+ 과세기간 종료일 다음달 12일 이후분)	사업자 번호 발급받은분			

| 과세기간 종료일 다음달 11일까지 (전자분) | 과세기간 종료일 다음달 12일이후 (전자분), 그외 | 전체데이터 |

	사업자등록번호	거래처명	매　수	공급가액	대표자성명	업　태	종　목
1	107-81-27084	(주)반디	1	60,000	박교재		

54. 불공

4월 30일 매출처 선물용으로 제공하기 위해 문구세트를 승협상회로부터 70,000원(부가세별도)에 현금구입하고 전자세금계산서를 교부받았다.

해설

4월 30일   유형: 54.불공   거래처: 승협상회   전자: 여   분개: 현금

(차) 접대비(판)   77,000원   (대) 현금   77,000원

□	일	번호	유형	품목	수량	단가	공급가액	부가세	코드	공급처명	사업자주민번호	전자	분개
■	30	50001	불공	문구세트			70,000	7,000	00103	승협상회	129-81-02161	여	현금
■	30												
			공급처별 매출(입)전체 [1]건				70,000	7,000					

불공제사유   4 □ ④접대비 및 이와 유사한 비용 관련

구분	계정과목	적요	거래처	차변(출금)	대변(입금)
출금	0813 접대비	문구세트	00103 승협상회	77,000	(현금)

불공제 부가가치세는
본계정에 합산처리

(세금)계산서 현재라인인쇄

거래명세서 현재라인인쇄

전 표 현재라인인쇄

합 계   77,000   77,000

매입세액 불공제분 세금계산서

- 세금계산서 부실기재, 미수취분
- 매입처별세금계산서 부실기재, 미제출
- 소형승용차구입 및 유지
- 거래처 접대비 지출시
- 사업무관자산 매입시
- 등록전매입세액(단, 과세기간종료일로부터 20일내 등록신청시 공제가능)
- 금거래계좌 미사용 매입시

[부가가치세신고서 반영 : 4월 30일 – 4월 30일로 조회]

		구분		정기신고금액					구분		금액	세율	세액
				금액	세율	세액		16.공제받지못할매입세액					
과세표준및매출세액	과세	세금계산서발급분	1		10/100			공제받지못할 매입세액	50		70,000		7,000
		매입자발행세금계산서	2		10/100			공통매입세액면세등사업분	51				
		신용카드·현금영수증발행분	3		10/100			대손처분받은세액	52				
		기타(정규영수증외매출분)	4		10/100			합계	53		70,000		7,000
	영세	세금계산서발급분	5		0/100			18.그 밖의 경감·공제세액					
		기타	6		0/100			전자신고세액공제	54				
	예정신고누락분		7					전자세금계산서발급세액공제	55				
	대손세액가감		8					택시운송사업자경감세액	56				
	합계		9		㉮			대리납부세액공제	57				
매입세액	세금계산서수취분	일반매입	10	70,000		7,000		현금영수증사업자세액공제	58				
		수출기업수입분납부유예	10					기타	59				
		고정자산매입	11					합계	60				
	예정신고누락분		12										
	매입자발행세금계산서		13										
	그 밖의 공제매입세액		14										
	합계(10)-(10-1)+(11)+(12)+(13)+(14)		15	70,000		7,000							
	공제받지못할매입세액		16	70,000		7,000							
	차감계 (15-16)		17		㉰								

[공제받지못할매입명세서 반영]

공제받지못할매입세액내역	공통매입세액안분계산내역	공통매입세액의정산내역	납부세액또는환급세액재계산

| 매입세액 불공제 사유 | 세금계산서 | | |
	매수	공급가액	매입세액
①필요적 기재사항 누락 등			
②사업과 직접 관련 없는 지출			
③비영업용 소형승용자동차 구입 · 유지 및 임차			
④접대비 및 이와 유사한 비용 관련	1	70,000	7,000

55. 수입

5월 1일 지난 4월 3일 미국 튜닝사로부터 수입한 기계장비를 수령하면서 인천세관으로부터 수입전자세금계산서를 교부받고, 이에 대한 부가가치세를 현금 지급하였다. (153번 인천세관(132-81-45467) 거래처등록)

- 기 계 장 비 : 10,000,000원
- 부 가 가 치 세 : 1,000,000원
- 총 금 액 : 11,000,000원

해설

5월 1일 유형 : 55.수입   거래처: 인천세관   전자: 여   분개: 현금

　　(차) 부가세대급금   1,000,000원   (대) 현 금 1,000,000원

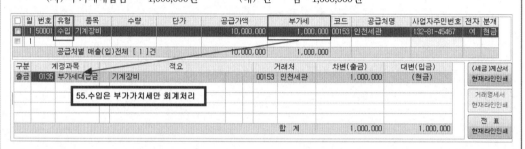

세관장이 발행한 수입세금계산서(공급가액은 과세표준에 불과하므로 회계 처리 대상이 아니고 부가가치세만 회계처리)

수입시 과세표준 = 관세의 과세가격 + 관세 + 개별소비세, 주세, 교통에너지환경세 + 농특세, 교육세

기본예제

57. 카과

5월 6일 독도수산(154번 등록)에서 사무직 직원회식을 하고 회식대 220,000원(부가가치세 포함)을 국민카드로 결제하다.

```
              카드매출전표
               (고객용)
                국민카드
가 맹 점 명 :   독도수산
사 업 자 번 호 :  1051087956
문 의 및 예 약 :  02-3270-6240
주        소 :  서울 마포 용강 48

카 드 매 출 일 자 :  2022/05/06
금        액 :  200,000
세        금 :   20,000
봉   사   료 :
합        계 :  220,000
카 드  번 호 :   3569-00**-****-4000
매   입   사 :   국민카드
승 인 번 호 :   3000101     유효기간   15/8
거 래 구 분 :   신용승인      입력구분   swip
단 말 기 I D :   00056971899
고 유 번 호 :   061363031189 POS ID 01 KICC_IC
─────────────────────────
              Thank you
```

해설

5월 6일   유형: 57.카과   거래처: 독도수산   분개: 카드
(차) 복리후생비(판)   200,000원   (대) 미지급금   220,000원
(차) 부가세대급금   20,000원   (거래처: 국민카드)

□	일	번호	유형	품목	수량	단가	공급가액	부가세	코드	공급처명	사업자주민번호	전자	분개
■	6	50001	카과	회식비			200,000	20,000	00154	독도수산	105-10-87956		카드
▣	6												
			공급처별 매출(입)전체 [1]건				200,000	20,000					

신용카드사: 99602 [...] 국민카드   봉사료:

구분	계정과목		적요		거래처		차변(출금)	대변(입금)	
대변	0253	미지급금	회식비		99602	국민카드		220,000	(세금)계산서 현재라인인쇄
차변	0135	부가세대급금	회식비		00154	독도수산	20,000		거래명세서 현재라인인쇄
차변	0811	복리후생비	회식비		00154	독도수산	200,000		
						합 계	220,000	220,000	전 표 현재라인인쇄

[부가가치세신고서 반영 : 5월 6일 - 5월 6일로 조회]

매입세액					
세금계산서 수취분	일반매입	10			
	수출기업수입분납부유예	10			
	고정자산매입	11			
예정신고누락분		12			
매입자발행세금계산서		13			
그 밖의 공제매입세액		14	200,000		20,000
합계(10)-(10-1)+(11)+(12)+(13)+(14)		15	200,000		20,000
공제받지못할매입세액		16			
차감계 (15-16)		17	200,000	ⓑ	20,000
납부(환급)세액(매출세액⑨-매입세액ⓑ)				ⓒ	-20,000
경감 그 밖의 경감·공제세액		18			
공제 신용카드매출전표등 발행공제등		19			
세액 합계		20		ⓓ	
예정신고미환급세액		21		ⓔ	
예정고지세액		22		ⓕ	
사업양수자의 대리납부 기납부세액		23		ⓖ	
매입자 납부특례 기납부세액		24		ⓗ	
신용카드업자의 대리납부 기납부세액		25		ⓘ	
가산세액계		26		ⓙ	
차감.가감하여 납부할세액(환급받을세액)X(ⓒ-ⓓ-ⓔ-ⓕ-ⓖ-ⓗ-ⓘ+ⓙ)		27			-20,000
총괄납부사업자가 납부할 세액(환급받을 세액)					

	합계	40			
정산누락분	신용카드매출 수령금액합계	일반매입			
		고정매입			
	의제매입세액				
	재활용폐자원등매입세액				
	과세사업전환매입세액				
	재고매입세액				
	변제대손세액				
	외국인관광객에대한환급/				
	합계				

14.그 밖의 공제매입세액

신용카드매출 수령금액합계표	일반매입	41		200,000	20,000
	고정매입	42			
의제매입세액		43		뒤쪽	
재활용폐자원등매입세액		44		뒤쪽	
과세사업전환매입세액		45			
재고매입세액		46			
변제대손세액		47			
외국인관광객에대한환급세액		48			
합계		49		200,000	20,000

[신용카드매출전표등수령금액합계표 반영]

➡ 2. 신용카드 등 매입내역 합계

구분	거래건수	공급가액	세액
합 계	1	200,000	20,000
현금영수증			
화물운전자복지카드			
사업용신용카드			
기 타 신용카드	1	200,000	20,000

➡ 3. 거래내역입력

월/일	구분	공급자	공급자(가맹점) 사업자등록번호	카드회원번호	기타 신용카드 등 거래내역 합계		
					거래건수	공급가액	세액
05-06	신용	독도수산	105-10-87956		1	200,000	20,000

미지급금은 청해수산에 대한 외상대가 아니라 국민카드에 결제해야 될 금액이므로 거래처를 국민카드로 자동 변경한다.

1. 원재료를 매입하고 신용카드로 결제하면 외상매입금 계정 대변에, 제품을 매출하고 신용카드로 결제 받으면 외상매출금 계정 차변에 기입한다.

	거 래 내 용	차 변	대 변
①	원재료를 매입하고 신용카드로 결제시	원 재 료 부 가 세 대 급 금	외 상 매 입 금
②	제품을 매출하고 신용카드로 결제시	외 상 매 출 금	제 품 매 출 부 가 세 예 수 금
③	신용카드 대금이 보통예금 계좌에 입금되어 들어오면	보 통 예 금 수 수 료 비 용	외 상 매 출 금

2. 제품 또는 어떠한 물품을 매출하고 직불카드로 대금결제를 받으면, 해당예금계좌 차변에 기입하고, 원재료 또는 어떠한 물품을 구입하고 직불카드로 대금결제를 하면 해당 예금계좌 대변에 기입한다.

	거 래 내 용	차 변	대 변
①	원재료을 매입하고 직불(또는 체크)카드로 결제하면	원 재 료 부 가 세 대 급 금	보 통 예 금
②	제품을 매출하고 직불(또는 체크)카드로 결제 받으면	보 통 예 금 수 수 료 비 용	제 품 매 출 부 가 세 예 수 금

기본예제

60. 면건

5월 8일 공장내 사내식당에서 사용할 쌀과 부식을 ㈜진로마트로부터 구입하고 대금 140,000원은 현금으로 결제하고 일반 영수증을 수취하였다.(155.진로마트(469-81-52346)로 신규등록)

해설

5월 8일   유형: 60.면건   거래처: ㈜진로마트   분개유형: 현금

(차) 복리후생비(제)   140,000   (대) 현금   140,000

□	일	번호	유형	품목	수량	단가	공급가액	부가세	코드	공급처명	사업자주민번호	전자	분개
□	8	50001	면건	쌀과부식			140,000		00155	(주)진로마트	469-81-52346		현금
□	8												

구분	계정과목		적요		거래처		차변(출금)	대변(입금)	
출금	0511	복리후생비	쌀과부식		00155	(주)진로마	140,000	(현금)	(세금)계산서 현재라인인쇄
									거래명세서 현재라인인쇄
									전 표 현재라인인쇄
				합 계			140,000	140,000	

※ 분산회계 :기업이 자산이나 이익을 실제보다 부풀려 재무제표상의 수치를 고의로 왜곡시키는 것이다. 재고자산를 장부에 과대계상하는 수법, 판매하지도 않은 물품의 매출전표를 끊어 매출액을 부풀리는 수법, 매출채권의 대손충당금을 고의로 적게 잡아 이익을 부풀리는 수법 등이 주로 이용된다.

61. 현과

5월 12일 ㈜한성유통에게서 비품(책상)을 770,000원(부가가치세 포함)에 현금구매하고 현금영수증을 교부받았다.(156.㈜한성유통을 등록하여 사용)

현금영수증
(고객용)

가 맹 점 명 :	㈜한성유통
사 업 자 번 호 :	208-81-62797
문 의 및 예 약 :	02-3270-6240
주 소 :	서울 종로 명륜1가 752
매 출 일 자 :	2022/05/12
면 세 합 :	0
과 세 합 :	700,000
부 가 세 :	70,000
합 계 :	770,000
현 금 :	770,000
받 은 돈 :	770,000
거 스 름 :	0

현금(지출증빙)

상품코드	단가	수량	금액
001 책상			770,000
합 계			770,000

문의: 국세청126 세미래콜센타 ,http://현금영수증.kr

해설

5월 12일	유형: 61.현과	거래처: ㈜한성유통	분개: 현금

(차) 비품   700,000원   (대) 현금   770,000원

     부가세대급금   70,000원

□	일	번호	유형	품목	수량	단가	공급가액	부가세	코드	공급처명	사업자주민번호	전자	분개
■	12	50001	현과	책상			700,000	70,000	00156	(주)한성유통	208-81-62797		현금
▥	12												
			공급처별 매출(입)전체 [1]건			700,000	70,000					

구분	계정과목	적요	거래처	차변(출금)	대변(입금)	
출금	0135 부가세대급금	책상	00156 (주)한성유	70,000	(현금)	(세금)계산서 현재라인인쇄
출금	0212 비품	책상	00156 (주)한성유	700,000	(현금)	거래명세서 현재라인인쇄
						전 표 현재라인인쇄
		합 계		770,000	770,000	

사무용가구를 매입시 계정과목은 비품으로 처리하고, 내용년수동안 감가상각하여 비용처리한다. 물품을 구매후 국세청에 등록된 현금영수증 수취시 현금과세(현과)로 처리한다.

기본예제

2. 매출유형

11. 과세

6월 1일　찬호전자에 제품 PG1(공급가액 50,000,000원, 부가가치세별도)을 판매하고 전자세금계산서를 교부하였다. 판매대금 중 40,000,000원은 현진상사가 발행한 어음(만기일 다음년도 12월 31일)으로 받고, 나머지는 외상으로 하였다.

해설

6월 1일　유형: 11, 과세　　거래처: 찬호전자　　전자: 여　　분개: 혼합

(차) 받을어음(현진상사)	40,000,000원	(대) 제품매출	50,000,000원
외상매출금	15,000,000원	부가세예수금	5,000,000원

□	일	번호	유형	품목	수량	단가	공급가액	부가세	코드	공급처명	사업자주민번호	전자	분개
■	1	50001	과세	PG1			50,000,000	5,000,000	00101	(주)찬호전자	123-81-10829	여	혼합
▣	1												

	공급처별 매출(입)전체 [1]건		50,000,000	5,000,000	

구분	계정과목	적요	거래처	차변(출금)	대변(입금)	
대변	0255 부가세예수금	PG1	00101 (주)찬호전		5,000,000	(세금)계산서 현재라인인쇄
대변	0404 제품매출	PG1	00101 (주)찬호전		50,000,000	
차변	0110 받을어음	PG1	00102 현진상사	40,000,000		거래명세서 현재라인인쇄
차변	0108 외상매출금	PG1	00101 (주)찬호전	15,000,000		
			합 계	55,000,000	55,000,000	전 표 현재라인인쇄

(발행인을 거래처로 입력)

정상적인 영업활동으로부터 수취한 어음은 받을어음으로 처리하며, 찬호전자가 발행한 어음이 아니라 현진상사가 발행한 어음이므로 하단에서 직접 거래처를 바꿔준다.

[부가가치세신고서 반영 : 6월 1일 - 6월 1일로 조회]

		구분		정기신고금액					구분		금액	세율	세액
				금액	세율	세액			7.매출(예정신고누락분)				
과세표준및매출세액	과세	세금계산서발급분	1	50,000,000	10/100	5,000,000	예정누락분	과세	세금계산서	32		10/100	
		매입자발행세금계산서	2		10/100				기타	33		10/100	
		신용카드·현금영수증발행분	3		10/100			영세	세금계산서	34		0/100	
		기타(정규영수증외매출분)	4		10/100				기타	35		0/100	
	영세	세금계산서발급분	5		0/100				합계	36			
		기타	6		0/100				12.매입(예정신고누락분)				
		예정신고누락분	7						세금계산서	37			
		대손세액가감	8					매입	그 밖의 공제매입세액	38			
		합계	9	50,000,000	㉗	5,000,000			합계	39			

[세금계산서합계표 반영]

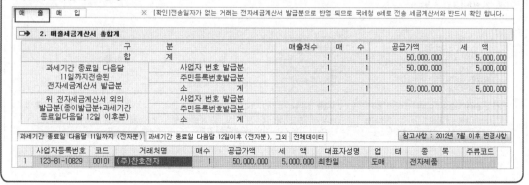

매 출	매 입	※ [확인]전송일자가 없는 거래는 전자세금계산서 발급분으로 반영 되므로 국세청 e세로 전송 세금계산서와 반드시 확인 합니다.

▷ 2. 매출세금계산서 총합계

구 분		매출처수	매 수	공급가액	세 액
합 계		1	1	50,000,000	5,000,000
과세기간 종료일 다음달 11일까지전송된 전자세금계산서 발급분	사업자 번호 발급분	1	1	50,000,000	5,000,000
	주민등록번호발급분				
	소　계	1	1	50,000,000	5,000,000
위 전자세금계산서 외의 발급분(종이발급분+과세기간 종료일다음달 12일 이후분)	사업자 번호 발급분				
	주민등록번호발급분				
	소　계				

과세기간 종료일 다음달 11일까지 (전자분)	과세기간 종료일 다음달 12일이후 (전자분), 그외	전체데이터		참고사항 : 2012년 7월 이후 변경사항

	사업자등록번호	코드	거래처명	매수	공급가액	세 액	대표자성명	업 태	종 목	주류코드
1	123-81-10829	00101	(주)찬호전자	1	50,000,000	5,000,000	최한일	도매	전자제품	

12. 영세

6월 2일 수출대행업체인 승협상회에게 내국신용장에 의하여 제품 PG2(공급가액 15,000,000원)을 판매하고 전자세금계산서를 교부하였다. 판매대금 중 7,000,000원은 ㈜태수 발행 어음(만기일: 다음년도 10.01)으로 받았고 나머지는 당좌수표로 수취하였다.

해설

6월 2일   유형:12.영세   거래처: 승협상회   전자: 여   분개: 혼합

| (차) 받을어음(㈜태수) | 7,000,000원 | (대) 제품매출 | 15,000,000원 |
| (차) 현 금 | 8,000,000원 | | |

당좌수표로 받은 매출대금은 현금성자산으로 계정과목은 현금이다.

□	일	번호	유형	품목	수량	단가	공급가액	부가세	코드	공급처명	사업자주민번호	전자	분개
■	2	50001	영세	PG2			15,000,000		00103	승협상회	129-81-02161	여	혼합
□	2												

공급처별 매출(입)전체 [1]건   15,000,000   0

영세율구분   3   내국신용장 · 구매확인서에 의하여 공급하는 재화

구분	계정과목		적요	거래처		차변(출금)	대변(입금)	
대변	0404	제품매출	PG2	00103	승협상회		15,000,000	(세금)계산서 현재라인인쇄
차변	0110	받을어음	PG2	00106	(주)태수	7,000,000		거래명세서 현재라인인쇄
차변	0101	현금	PG2	00103	승협상회	8,000,000		전표 현재라인인쇄
				합계		15,000,000	15,000,000	

[부가가치세신고서 반영 : 6월 2일 - 6월 2일로 조회]

구분			정기신고금액			구분		금액	세율	세액
				금액	세율	세액	7.매출(예정신고누락분)			
과세표준및매출세액	과세	세금계산서발급분	1		10/100		예정누락분	과세 세금계산서	32	10/100	
		매입자발행세금계산서	2		10/100			기타	33	10/100	
		신용카드·현금영수증발행분	3		10/100			영세 세금계산서	34	0/100	
		기타(정규영수증외매출분)	4					기타	35	0/100	
	영세	세금계산서발급분	5	15,000,000	0/100			합계	36		
		기타	6		0/100		12.매입(예정신고누락분)				
	예정신고누락분		7					세금계산서	37		
	대손세액가감		8				예	그 밖의 공제매입세액	38		
	합계		9	15,000,000	㉮			합계	39		

[세금계산서합계표 반영]

매출	매입	※ [확인]전송일자가 없는 거래는 전자세금계산서 발급분으로 반영 되므로 국세청 e세로 전송 세금계산서와 반드시 확인 합니다.

□➡ 2. 매출세금계산서 총합계

구 분		매출처수	매 수	공급가액	세 액
합 계		1	1	15,000,000	
과세기간 종료일 다음달 11일까지전송된 전자세금계산서 발급분	사업자 번호 발급분	1	1	15,000,000	
	주민등록번호발급분				
	소 계	1	1	15,000,000	
위 전자세금계산서 외의 발급분(종이발급분+과세기간 종료일다음달 12일 이후분)	사업자 번호 발급분				
	주민등록번호발급분				
	소 계				

| 과세기간 종료일 다음달 11일까지 (전자분) | 과세기간 종료일 다음달 12일이후 (전자분), 그외 | 전체데이터 | | 참고사항 : 2012년 7월 이후 변경사항 |

	사업자등록번호	코드	거래명	매수	공급가액	세 액	대표자성명	업 태	종 목	주류코드
1	129-81-02161	00103	승협상회	1	15,000,000		박정숙	도매	전자	

[영세율매출명세서 반영]

부가가치세법	조세특례제한법		
(7)구분	(8)조문	(9)내용	(10)금액(원)
		직접수출(대행수출 포함)	
		중계무역·위탁판매·외국인도 또는 위탁가공무역 방식의 수출	
	제21조	내국신용장·구매확인서에 의하여 공급하는 재화	15,000,000

13. 면세

6월 3일   판매를 목적으로 구입한 컴퓨터조립관련 서적 60,000원을 ㈜반디에 현금으로 판매하고 전자계산서를 발행하여 주었다.

해설

6월 3일   유형: 13.면세   거래처: ㈜반디   전자: 여   분개: 현금

(차) 현금 60,000원   (대) 상품매출 60,000원

□	일	번호	유형	품목	수량	단가	공급가액	부가세	코드	공급처명	사업자주민번호	전자	분개
■	3	50001	면세	서적			60,000		00152	(주)반디	107-81-27084	여	현금
▢	3												
			공급처별 매출(입)전체 [1]건				60,000	0					

구분	계정과목		적요	거래처		차변(출금)	대변(입금)	
입금	0401	상품매출	서적	00152	(주)반디	(현금)	60,000	(세금)계산서 현재라인인쇄
								거래명세서 현재라인인쇄
								전 표 현재라인인쇄
					합 계	60,000	60,000	

판매목적으로 매입한 자산은 상품에 해당한다.

[부가가치세신고서 과세표준명세(F4.과표명세) 반영 : 6월 3일 - 6월 3일로 조회]

과세표준명세			
업태	종목	코드	금액
27 제조,도소매	전자제품 등		
28			
29			
30 수입금액제외			
31 합계			
면세사업수입금액			
업태	종목	코드	금액
78 제조,도소매	전자제품 등		60,000
79			
80 수입금액제외			
81 합계			60,000
계산서발급 및 수취명세	82.계산서발급금액		60,000
	83.계산서수취금액		
세무대리인정보			

[계산서합계표 반영]

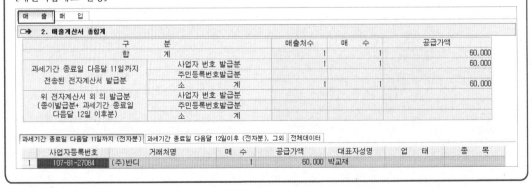

매 출 매 입					
□➡ 2. 매출계산서 총합계					
구 분		매출처수	매 수	공급가액	
합 계		1	1	60,000	
과세기간 종료일 다음달 11일까지 전송된 전자계산서 발급분	사업자 번호 발급분	1	1	60,000	
	주민등록번호발급분				
	소 계	1	1	60,000	
위 전자계산서 외 의 발급분 (종이발급분+ 과세기간 종료일 다음달 12일 이후분)	사업자 번호 발급분				
	주민등록번호발급분				
	소 계				

과세기간 종료일 다음달 11일까지 (전자분) 과세기간 종료일 다음달 12일이후 (전자분), 그외 전체데이터							
	사업자등록번호	거래처명	매 수	공급가액	대표자성명	업 태	종 목
1	107-81-27084	(주)반디	1	60,000	박교재		

기본예제

14. 건별

6월 5일 비사업자인 신애라에게 제품 PG3 인 통신장비(부가가치세 포함, 공급대가 220,000원)를 소매로 판매하고, 일반 영수증 발행 후 대금은 현금으로 수령하였다.

<table>
<tr><td colspan="6" align="center">영 수 증
(공급자보관용)</td></tr>
<tr><td>NO.</td><td colspan="4"></td><td align="right">신애라 귀하</td></tr>
<tr><td rowspan="4">공
급
자</td><td>등록번호</td><td colspan="4">105-81-50105</td></tr>
<tr><td>상 호</td><td colspan="2">㈜지성상사</td><td>성 명</td><td>박지성</td></tr>
<tr><td>사 업 장
소 재 지</td><td colspan="4">서울 영등포 영중로 159</td></tr>
<tr><td>업 태</td><td colspan="2">제조, 도소매</td><td>종 목</td><td>전자부품외</td></tr>
<tr><td colspan="2">작성년월일</td><td colspan="2">공급대가총액</td><td colspan="2">비고</td></tr>
<tr><td colspan="2">2022. 06. 05</td><td colspan="2">220,000</td><td colspan="2"></td></tr>
<tr><td colspan="6" align="center">공 급 내 역</td></tr>
<tr><td>월일</td><td>품목</td><td>수량</td><td>단가</td><td colspan="2">공급대가(금액)</td></tr>
<tr><td>6/05</td><td>PG3</td><td></td><td></td><td colspan="2">220,000원</td></tr>
<tr><td></td><td></td><td></td><td></td><td colspan="2"></td></tr>
<tr><td></td><td></td><td></td><td></td><td colspan="2"></td></tr>
<tr><td></td><td></td><td></td><td></td><td colspan="2"></td></tr>
<tr><td></td><td></td><td></td><td></td><td colspan="2"></td></tr>
<tr><td></td><td></td><td></td><td></td><td colspan="2"></td></tr>
<tr><td colspan="2" align="center">합 계</td><td colspan="4" align="center">₩220,000</td></tr>
</table>

해설

6월 5일 유형: 14. 건별 거래처: 신애라(또는 기재없음) 분개: 현금
(차) 현금 220,000원   (대) 제품매출 200,000원

□	일	번호	유형	품목	수량	단가	공급가액	부가세	코드	공급처명	사업자주민번호	전자	분개
■	5	50001	건별	PG3			200,000	20,000					현금
▣	5												

공급처별 매출(입)전체

부가가치세를 포함한 공급대가로 입력시 자동으로 1.1로 나누어 분리

구분	계정과목		적요		대변(입금)	
입금	0255 부가세예수금	PG3		(현금)	20,000	(세금)계산서 현재라인인쇄
입금	0404 제품매출	PG3		(현금)	200,000	거래명세서 현재라인인쇄
						전 표 현재라인인쇄
				합 계	220,000 220,000	

소매매출, 간주공급, 간주임대료등 정규증빙(세금계산서, 계산서등)을 수수하지 않은 거래에 대해서는 "14.건별"로 입력한다. 거래처의 입력은 채권채무관리목적과 세금계산서합계표, 신용카드수취명세서 작성에 거래처가 기재 요구된다.

[부가가치세신고서 반영 : 6월 5일 - 6월 5일로 조회]

<table>
<tr><td colspan="3" rowspan="2">구분</td><td colspan="3">정기신고금액</td><td colspan="2">구분</td><td>금액</td><td>세율</td><td>세액</td></tr>
<tr><td></td><td>금액</td><td>세율</td><td>세액</td></tr>
<tr><td rowspan="7">과
세
표
준
및
매
출
세
액</td><td rowspan="4">과
세</td><td>세금계산서발급분</td><td>1</td><td></td><td>10/100</td><td></td><td colspan="2">7.매출(예정신고누락분)</td><td></td><td></td><td></td></tr>
<tr><td>매입자발행세금계산서</td><td>2</td><td></td><td>10/100</td><td></td><td rowspan="4">예
정
누
락
분</td><td>과 세금계산서</td><td>32</td><td></td><td>10/100</td><td></td></tr>
<tr><td>신용카드·현금영수증발행분</td><td>3</td><td></td><td rowspan="2">10/100</td><td></td><td>세 기타</td><td>33</td><td></td><td>10/100</td><td></td></tr>
<tr><td>기타(정규영수증외매출분)</td><td>4</td><td>200,000</td><td>20,000</td><td>영 세금계산서</td><td>34</td><td></td><td>0/100</td><td></td></tr>
<tr><td rowspan="2">영
세</td><td>세금계산서발급분</td><td>5</td><td></td><td>0/100</td><td></td><td>세 기타</td><td>35</td><td></td><td>0/100</td><td></td></tr>
<tr><td>기타</td><td>6</td><td></td><td>0/100</td><td></td><td colspan="2">합계</td><td></td><td></td><td></td></tr>
<tr><td colspan="2">예정신고누락분</td><td>7</td><td></td><td></td><td></td><td colspan="2">12.매입(예정신고누락분)</td><td></td><td></td><td></td></tr>
<tr><td colspan="3">대손세액가감</td><td>8</td><td></td><td></td><td></td><td rowspan="3">예</td><td>세금계산서</td><td>37</td><td></td><td></td><td></td></tr>
<tr><td colspan="3">합계</td><td>9</td><td>200,000</td><td>㉯</td><td>20,000</td><td>그 밖의 공제매입세액</td><td>38</td><td></td><td></td><td></td></tr>
<tr><td colspan="3"></td><td></td><td></td><td></td><td></td><td>합계</td><td>39</td><td></td><td></td><td></td></tr>
</table>

16. 수출

6월 15일 신수사에 제품 PG3 80개(총금액 US $ 25,000)를 직수출하기 위해 다음과 같은 수출신고필증에 의해 선적하였으며 6월 18일에 대금을 수취하기로 하였다.

환율	선적일(6월 15일)	입금약정일(6월 18일)
실제매입율	930	940
기준환율	910	920
평균환율	850	850

제출번호 99999-99-9999999	⑤신고번호 020-15-06-0138408-6		⑥신고일자 2022/06/15	⑦신고구분 H	⑧C/S구분
①신 고 자 강남 관세사					
②수 출 자 (주)지성상사 부호 99999999 수출자구분 (B) 위 탁 자 (주소) (대표자) (통관고유부호) ㈜지성상사 1-97-1-01-9 (사업자등록번호) 105-81-50105	⑨거래구분 11		⑩종 류 A		⑪결제방법 TT
	⑫목적국 US UNITED STATES		⑬적재항 ICN 인천공항		
	⑭운송형태 40 ETC		⑮검사방법선택 A 검사희망일 2022/06/15		
	⑯물품소재지				
③제 조 자 (통관고유부호) 제조장소 산업단지부호	⑰L/C번호		⑱물품상태		
	⑲사전임시개청통보여부		⑳반송 사유		
④구 매 자 신수사 (구매자부호)	㉑환급신청인(1:수출/위탁자, 2:제조자) 간이환급 ㉒환급기관				
· 품명 · 규격 (란번호/총란수: 999/999)					
㉓품 명 ㉔거래품명	㉕상표명				
㉖모델 · 규격	㉗성분	㉘수량	㉙단가(USD)		㉚금액(USD)
PG3		80(EA)	3/25		25,000
㉛세번부호 9999.99-9999	㉜순중량	㉝수량	㉞신고가격(FOB)		$ 25,000 ₩ 23,250,000
㉟송품장부호	㊱수입신고번호		㊲원산지	㊳포장갯수(종류)	
㊴총중량	㊵총포장갯수		㊶총신고가격 (FOB)	$ 25,000 ₩ 23,250,000	
㊷운임(₩)		㊸보 험 료 (₩)		㊹결제금액	FOB - $ 25,000
㊺수입화물 관리번호			㊻컨테이너번호		
㊼수출요건확인 (발급서류명)					
※신고인기재란		㊽세관기재란			
㊾운송(신고)인 ㊿기간 YYYY/MM/DD 부터 YYYY/MM/DD 까지		51신고 수리일자	2022/06/15	52적재 의무기한	2022/06/15

해설

6월 15일 　　유형: 16 수출　　거래처: 수신사　　분개: 외상

(차) 외상매출금　22,750,000원　　　　　　　(대) 제품매출 22,750,000원

공급가액 = $25,000 × 910 = 22,750,000

일	번호	유형	품목	수량	단가	공급가액	부가세	코드	공급처명	사업자주민번호	전자	분개
15	50001	수출	PG3			22,750,000		00107	신수사	106-29-99836		외상
15												
		공급처별 매출(입)전체 [1]건				22,750,000	0					

영세율구분　1　직접수출(대행수출 포함)

구분	계정과목		적요	거래처		차변(출금)	대변(입금)
차변	0108	외상매출금	PG3	00107	신수사	22,750,000	
대변	0404	제품매출	PG3	00107	신수사		22,750,000
					합 계	22,750,000	22,750,000

(세금)계산서 현재라인인쇄
거래명세서 현재라인인쇄
전 표 현재라인인쇄

대가를 외국통화 기타 외국환으로 받는 때에는 선적시점의 기준환율로 환산한 금액을 공급가액으로 하며, 공급시기 도래전에 원화로 환가한 경우에는 그 환가한 금액을 공급가액으로 한다.

[부가가치세 신고서 반영 : 6월 15일 ~ 6월 15일로 조회]

		구분		정기신고금액 금액	세율	세액
과세표준및매출세액	과세	세금계산서발급분	1		10/100	
		매입자발행세금계산서	2		10/100	
		신용카드·현금영수증발행분	3		10/100	
		기타(정규영수증외매출분)	4			
	영세	세금계산서발급분	5		0/100	
		기타	6	22,750,000	0/100	
	예정신고누락분		7			
	대손세액가감		8			
	합계		9	22,750,000	㉮	

		구분		금액	세율	세액
7.매출(예정신고누락분)						
예정누락분	과세	세금계산서	32		10/100	
		기타	33		10/100	
	영세	세금계산서	34		0/100	
		기타	35		0/100	
	합계		36			
12.매입(예정신고누락분)						
예	세금계산서		37			
	그 밖의 공제매입세액		38			
	합계		39			

부가가치세법 ｜ 조세특례제한법

(7)구분	(8)조문	(9)내용	(10)금액(원)
부가가치세법	제21조	직접수출(대행수출 포함)	22,750,000
		중계무역·위탁판매·외국인도 또는 위탁가공무역 방식의 수출	
		내국신용장·구매확인서에 의하여 공급하는 재화	
		한국국제협력단 및 한국국제보건의료재단에 공급하는 해외반출용 재화	
		수탁가공무역 수출용으로 공급하는 재화	
	제22조	국외에서 제공하는 용역	
	제23조	선박·항공기에 의한 외국항행용역	
		국제복합운송계약에 의한 외국항행용역	
	제24조	국내에서 비거주자·외국법인에게 공급되는 재화 또는 용역	
		수출재화임가공용역	
		외국항행 선박·항공기 등에 공급하는 재화 또는 용역	
		국내 주재 외교공관, 영사기관, 국제연합과 이에 준하는 국제기구, 국제연합군 또는 미국군에게 공급하는 재화 또는 용역	
		「관광진흥법」에 따른 일반여행업자 또는 외국인전용 관광기념품 판매업자가 외국인관광객에게 공급하는 관광알선용역 또는 관광기념품	
		외국인전용판매장 또는 주한외국군인 등의 전용 유흥음식점에서 공급하는 재화 또는 용역	
		외교관 등에게 공급하는 재화 또는 용역	
		외국인환자 유치용역	
(11) 부가가치세법에 따른 영세율 적용 공급실적 합계			22,750,000
(12) 조세특례제한법 및 그 밖의 법률에 따른 영세율 적용 공급실적 합계			
(13) 영세율 적용 공급실적 총 합계(11)+(12)			22,750,000

17. 카과

6월 16일 ㈜태수에 모니터S2(제품) 3대를 550,000원(부가가치세 포함)을 매출하고 대금은 신용카드(국민카드)로 결제를 받았다.

카드매출전표
(가맹점용)
국민카드

가 맹 점 명 :	㈜지성상사		
사 업 자 번 호 :	1058150105		
문 의 및 예 약 :	02 - 3270 - 6240		
주 소 :	서울 영등포 영중로 159		
카 드 매출일자 :	2022/06/16		
금 액 :	500,000		
세 금 :	50,000		
봉 사 료 :			
합 계 :	550,000		
카 드 번 호 :	3569 - 00** - **** - 4000		
매 입 사 :	국민은행		
승 인 번 호 :	3000102	유효기간	15/8
거 래 구 분 :	신용승인	입력구분	swip
단 말 기 I D :	00056971899		
고 유 번 호 :	061363031189 POS ID 01 KICC_IC		

Thank you

해설

6월 16일   유형: 17.카과   거래처: ㈜태수   분개: 카드

(차) 외상매출금(국민카드) 550,000원   (대) 제품매출   500,000원
부가세예수금   50,000원

□	일	번호	유형	품목	수량	단가	공급가액	부가세	코드	공급처명	사업자주민번호	전자	분개
☑	16	50001	카과	S2			500,000	50,000	00106	㈜태수	212-81-15162		카드
☑	16												

공급처별 매출(입)전체 [1]건

부가가치세를 포함한 공급대가로 입력시
자동으로 1.1로 나누어 분리

신용카드사: 99601 ▭ 국민카드   봉사료:

구분	계정과목		적요		거래처		차변(출금)	대변(입금)	
차변	0108	외상매출금	S2		99601	국민카드	550,000		(세금)계산서 현재라인인쇄
대변	0255	부가세예수금	S2		00106	㈜태수		50,000	거래명세서 현재라인인쇄
대변	0404	제품매출	S2		00106	㈜태수		500,000	전 표 현재라인인쇄
					합 계		550,000	550,000	

카드매출인 경우 17.카과로 입력하며, 부속서류를 자동작성하기 위해서 신용카드회사 거래처를 입력시 받고 있다. 카드매출시 차변항목인 카드사에 대한 채권인 외상매출금으로 한다.(중간부에서 신용카드사를 입력하므로서 하단분개의 거래처가 ㈜태수에서 국민카드로 자동 입력한다)

[부가가치세신고서 반영 : 6월 16일 ～ 6월 16일로 조회]

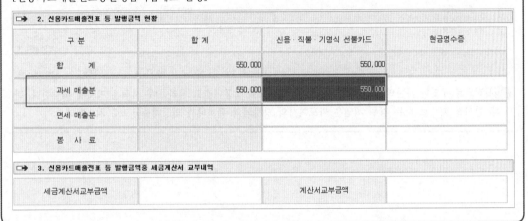

		구분		금액	세율	세액
과세표준및매출세액	과세	세금계산서발급분	1		10/100	
		매입자발행세금계산서	2		10/100	
		신용카드·현금영수증발행분	3	500,000		50,000
		기타(정규영수증외매출분)	4		10/100	
	영세	세금계산서발급분	5		0/100	
		기타	6		0/100	
	예정신고누락분		7			
	대손세액가감		8			
	합계		9	500,000	㉑	50,000

		구분		금액	세율	세액
예정누락분	7.매출(예정신고누락분)					
	과세	세금계산서	32		10/100	
		기타	33		10/100	
	영세	세금계산서	34		0/100	
		기타	35		0/100	
	합계		36			
	12.매입(예정신고누락분)					
예		세금계산서	37			
		그 밖의 공제매입세액	38			
	합계		39			

[신용카드매출전표등발행금액집계표 반영]

2. 신용카드매출전표 등 발행금액 현황

구 분	합 계	신용·직불·기명식 선불카드	현금영수증
합 계	550,000	550,000	
과세 매출분	550,000	550,000	
면세 매출분			
봉 사 료			

3. 신용카드매출전표 등 발행금액중 세금계산서 교부내역

세금계산서교부금액		계산서교부금액	

18. 카면

6월 18일   판매를 목적으로 구입한 컴퓨터조립관련 서적 PC조립실무 1권을 ㈜승범상사에 80,000원에 판매
하고 카드매출전표(국민카드)를 발행하여 주다.

해설

6월 18일   유형: 18.카면   거래처: ㈜승범상사   분개: 카드

(차) 외상매출금 80,000원(국민카드)   (대) 상품매출 80,000원

□	일	번호	유형	품목	수량	단가	공급가액	부가세	코드	공급처명	사업/주민번호	전자	분개
□	18	50001	카면				80,000		00104	(주)승범상사	119-81-29163		카드
□	18												
□													
			공급처별 매출(입)전체 [1]건				80,000						

신용카드사: 99601 국민카드(매출)   봉사료:

구분	계정과목	적요	거래처	차변(출금)	대변(입금)	
차변	0108 외상매출금		99601 국민카드(매	80,000		(세금)계산서 현재라인인쇄
대변	0401 상품매출		00104 (주)승범상		80,000	거래명세서 현재라인인쇄
						전 표 현재라인인쇄
			합 계	80,000	80,000	

판매목적으로 구입한 자산인 상품(서적)을 판매하였으므로 상품매출로 처리하며, 서적은 면세에 해당한다. 판
매 후 결제를 카드로 하는 경우 채권은 카드회사와 당사와의 관계니까 외상매출금으로 처리한다.

기본예제

22. 현과

6월 27일 찬호전자에 제품 PR3를 440,000원(부가가치세 포함)을 현금매출하고 현금영수증을 교부하였다.

<영 수 증>
(가맹점용)

가 맹 점 명:	(주)지성상사
사 업 자 번 호:	105 - 81 - 50105
문 의 및 예 약:	02 - 3270 - 6240
주 소:	서울 영등포 영중로 159
매 출 일 자:	2022/06/27
면 세 합:	0
과 세 합:	440,000
부 가 세:	40,000
합 계:	440,000
현 금:	440,000
받 은 돈:	440,000
거 스 름:	0

현금(지출증빙)

상품코드	단가	수량	금액
001 PR3	440,000	1	440,000
합 계			440,000

문의: 국세청126 세미래콜센타 ,http://현금영수증.kr

해설

6월 27일   유형: 22.현과   거래처: 찬호전자   분개: 현금

(차) 현금 440,000원   (대) 제품매출   400,000원
                             부가세예수금   40,000원

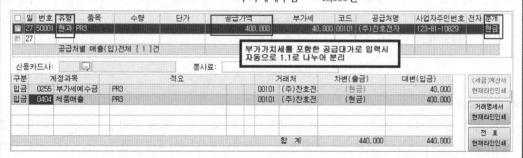

현금을 지급하고 현금영수증을 발행한 경우 기타의 현금과세(현과)로 입력하며, 국세청에 등록해야 한다.

▶ **매입매출전표 입력**

다음은 ㈜합정상사(회사코드 6005)의 기중 매입매출거래내역이다. 매입매출전표입력 메뉴에 입력하시오.

[매입유형]

[01] 02월 01일

당사를 견학하는 불특정 다수의 방문객들에게 제공하기 위하여 ㈜마음으로부터 수건 200개(@ 3,000원, 부가가치세 별도)를 외상으로 구입하고, 전자세금계산서를 교부받았다. 관련 계정은 판매비와관리비 계정으로 분류하라.

[02] 02월 02일

설날을 맞이하여 만복백화점에서 생활용품 선물셋트를 구입하고 대금 550,000원(부가가치세 포함)은 전액 국민카드(99602.국민카드)로 결제하다. 이 중 220,000원(부가가치세 포함)은 공장직원 휴게소에서 직원용으로 사용하였고 나머지는 원재료 매입의 거래처에 선물로 증정하였다. 결제 시에 부가가치세는 구분표시 하였고 공급자의 확인도 이루어져 있다.

[03] 02월 03일

매입처인 태양상사로부터 원재료 12,000,000원(부가가치세 별도)을 공급받고 전자세금계산서를 교부받다. 대금 중 태양상사에 전에 지급하였던 선급금 1,200,000을 제외한 잔액 중 7,000,000원은 당좌수표를 발행하여 지급하고 잔액은 외상으로 하다.

[04] 02월 04일

당사는 이번 달 생일을 맞이한 직원들에게 생일선물로 지급하기 위해 ㈜이상으로부터 아래와 같은 내역의 손목시계세트를 현금으로 구입하고, 전자세금계산서를 교부받았다. 단, 이와 관련하여 개인적 공급에 대한 부가가치세 신고는 적정하게 수행하였다.

소속	구매수량	단가	공급가액	세액	합계
생산부서	20세트	@100,000원	2,000,000원	200,000원	2,200,000원
관리부서	16세트	@100,000원	1,600,000원	160,000원	1,760,000원
합계	36세트		3,600,000원	360,000원	3,960,000원

[05] 02월 05일

당사는 공장건물 신축공사를 위해 ㈜힘찬건설(00106)과 건설도급계약을 체결하였고, 총 도급금액 220,000,000원(부가가치세 포함)의 10%인 22,000,000원(부가가치세 포함)에 대하여 전자세금계산서를 교부받고, ㈜힘찬건설에 약속어음을 발행하였다.

[06] 02월 06일

공장 환경미화용 화초 100,000원을 한울상사로부터 구입하고 전자계산서를 교부받다. 구입대금은 다음달 말일에 지급하기로 하였다. 화초는 복리후생비 계정을 사용하여 회계처리한다.

[07] 02월 07일

매입처 ㈜남강전자에서 원재료 18,000,000원(부가가치세 별도)을 매입하고 전자세금계산서를 교부받다. 매입대금 중 1월 2일에 지급한 계약금1,800,000원을 제외한 잔액을 어음 발행하여 지급하다.

[08] 02월 08일

원재료를 ㈜마음으로부터 구입하고 다음과 같은 전자세금계산서 1매를 교부받았다. 단, 대금 결제 시 현금 500,000원을 제외한 나머지 금액은 외상으로 하였다.

품명	공급가액	부가가치세	합계
원재료	1,700,000원	170,000원	1,870,000원
운송료	30,000원	3,000원	33,000원

[09] 02월 09일

맛나분식(00111)에 대한 공장직원 1월분 식대 440,000원(부가가치세 포함)을 국민카드로 결제하다. 세금계산서는 수령하지 아니하였으며 부가가치세 매입세액공제를 위한 요건은 모두 구비하였다.

[10] 02월 10일

㈜이상으로부터 사용목적의 컴퓨터 주변기기를 800,000원(부가가치세 별도)에 구입하고 전자세금계산서를 교부받다. 구입대금 중 430,000원은 현금으로 지급하고 잔액은 어음을 발행하여 교부하다.

[11] 02월 11일

사무직 직원 결혼식 화환(공급가액 : 120,000원)을 한울상사에서 주문하고, 전자계산서를 교부받았다. 대금은 다음달에 결제하기로 하였다.

[12] 02월 12일

원재료를 구입하면서 ㈜마음에 원재료 운반비로 90,000원(부가가치세별도)을 현금지급하고 전자세금계산서를 교부받았다.

[13] 02월 13일

당사는 공장내 원료운반용 지게차를 임차해오고 있으며, 당해 지게차 임차와 관련하여 ㈜마음으로부터 아래와 같은 전자세금계산서를 교부받았다. 대금은 다음달에 지급될 예정이다.

작성일자	품 목	공급가액	세 액	합 계	비 고
02.13	지게차 대여	700,000원	70,000원	770,000원	청 구

[14] 02월 14일

당사의 공장용 화물트럭이 원재료 운반도중 접촉사고가 발생하여 이를 수리한 뒤, 신속자동차공업(00113)으로부터 아래와 같은 내용의 세금계산서 1매를 교부받았고, 관련 대금은 다음달 말일에 지급할 예정이다. 단, 이 사고와 관련하여 이외의 거래사항은 없으며, 전자세금계산서 입력은 복수거래로 처리하시오. 수익적지출은 차량유지비로 한다.

품 명	공급가액	세 액	합 계	비 고
엔진 교체	4,000,000원	400,000원	4,400,000원	자본적 지출
앞 유리 교체	500,000원	50,000원	550,000원	수익적 지출
합 계	4,500,000원	450,000원	4,950,000원	

[15] 02월 15일

한울상사로부터 원재료를 20,000,000원(부가가치세별도)에 매입하고 전자세금계산서를 교부받았으며 대금결제는 태양상사가 발행한 약속어음 5,000,000원을 배서양도하고 잔액은 당좌수표를 발행하여 지급하였다.

[16] 02월 16일

매출거래처의 신규지점개설을 축하하기 위하여 ㈜이상으로부터 선물세트를 900,000원(부가가치세별도)에 매입하고 전자세금계산서를 수취한 후 500,000원은 당좌수표를 발행하여 지급하였고 나머지 금액은 한달후에 지급하기로 하였다.

[17] 02월 17일

㈜마음이 보유하고 있는 특허권을 취득하고 전자세금계산서를 교부받았으며, 대가로 주식 1,500주를 발행하여 교부하였다. ㈜마음이 발행한 주식은 액면가액 @5,000원, 특허권의 시가는 10,000,000원이다.

[18] 02월 18일

영업부에서 사용할 소형승용자동차(1,700cc)를 기아자동차(00115)에서 취득하고 대금은 6개월할부로 하기로 하였으며, 자동차를 운반하는 과정에서 운반비가 200,000원(부가가치세별도) 발생하여 전자세금계산서를 교부받았으며 대금은 현금으로 지급하였다.

[19] 02월 19일

태양상사에서 원재료 4,500,000원(부가가치세별도)을 매입하고 전자세금계산서를 수취하였다. 대금은 ㈜마음으로부터 전년도말에 수취한 받을어음 3,000,000원을 배서양도하고 잔액은 현금으로 지급하였다.

[20] 02월 20일

㈜이상으로부터 공장에서 사용할 공기청정기 2대(단가 700,000원, 부가가치세 별도)를 구입하였으며, 세금계산서는 수취하지 않고 법인카드(국민카드)로 결제하였다.

[21] 02월 21일

당사는 공장의 생산직 사원들을 격려하기 위해 사과 20상자(1상자당 20,000원)에 구입하면서 태양상사로부터 전자계산서를 교부받았다. 해당 대금 중 100,000원은 현금지급하고, 나머지 잔액은 외상으로 하였다.

[매출유형]

[01] 03월 01일

매출처 태양상사에 제품 50,000,000원(부가가치세 별도)을 매출하고 전자세금계산서를 교부하다. 매출대금 중 40,000,000원은 태양상사 발행 약속어음으로 받고 나머지는 외상으로 하다.

[02] 03월 02일

매출처 ㈜이상에 수출용 제품 25,000,000원을 구매확인서에 의해 납품하고 영세율 전자세금계산서를 교부하였다. 매출대금 중 계약금 3,000,000원을 제외한 잔액은 외상으로 하다.

[03] 03월 03일

매출처 한울상사에 제품 8,000,000원(부가가치세 별도)을 매출하고 전자세금계산서를 교부하다. 매출대금 중 계약금 800,000원을 제외한 잔액은 외상으로 하다.

[04] 03월 04일

수출업자인 태양상사에 내국신용장에 의하여 제품 5,000,000원을 매출하고 영세율전자세금계산서를 교부하다. 매출대금 중 2,000,000원은 태양상사 발행 자기앞수표로 받고 잔액은 외상으로 하다.

[05] 03월 05일

제품 500개(1개당 $10)(공급가액:US $5,000, 기준환율:1,200원/1$)을 미국의 링컨사(00112)에 직수출하고 대금은 외상으로 하다.

[06] 03월 06일

일본 야무리상사에 다음과 같은 조건으로 제품을 직수출하는 계약을 체결하고 다음과 같이 제품을 수출 완료하였다. 대금 ¥1,000,000은 전액 잔금지급 약정일인 3월 30일에 수취하기로 하였다.

수출대금총액	¥1,000,000
계약일	3월 04일
수출품완성일	3월 05일
수출품선적일	3월 06일

환율(100엔당)	3월 04일	3월 05일	3월 06일
대고객외환매도율	730원	720원	750원
대고객외환매입율	760원	740원	790원
재정환율	700원	690원	720원

[07] 03월 07일

태양상사에 제품 200개(@200,000원)를 40,000,000원(부가가치세별도)에 매출하고 전자세금계산서를 교부하였으며, 대금은 외상으로 처리하였다.

[08] 03월 08일

창고에 있는 제품 중 일부를 ㈜한울상사와 다음과 같은 수출품 납품계약에 의해 납품하고 Local L/C(내국신용장)를 근거로 영세율전자세금계산서를 교부하였다. 대금은 1월 26일에 갑을은행 보통 예금계좌로 입금된 계약금을 상계한 잔액을 동 계좌로 받았다.

계 약 내 용		
계 약 일 자	1월 26일	
총계약 금액	15,000,000원	
계 약 금	01. 26	1,000,000원
납품기일및금액	03. 08	14,000,000원

[09] 03월 09일

태양상사에 제품(공급가액 2,000,000원, 부가가치세 별도)을 판매하고 전자세금계산서를 교부하다. 판매대금 중 1,000,000원은 태양상사가 발행한 어음(만기: 당기 8월 30일)으로 받고, 나머지는 현금으로 받다.

[10] 03월 10일

수출업체인 ㈜이상에 LOCAL L/C(내국신용장)에 의하여 제품(B제품 500개, 단위당 8,000원)을 납품하고 영세율전자세금계산서를 발행하였으며 대금은 전액 외상으로 하였다.

[11] 03월 11일

김태희씨(비사업자)에게 제품을 3,300,000원(부가가치세 포함)에 현금판매하고 현금영수증을 교부하였다.

[12] 03월 12일

당사는 제품 제조에 사용하던 기계장치를 중국의 (주)칭타오에 수출하고, 매각대금은 다음달 말일 받기로 하였다. 매각자산의 당기 감가상각비는 고려하지 않기로 한다.

- 매각대금 : 30,000위안(적용환율 : 1위안당 180원)   · 취득가액 : 10,000,000원
- 전기말 감가상각누계액 : 6,000,000원

---

[13] 03월 13일

소비자인 유하나씨에게 제품을 판매하고, 판매대금 550,000원(부가가치세 포함)은 신용카드 (국민카드)로 결제받았다.

[14] 03월 14일

㈜이상에 다음과 같이 상품을 할부판매하고, 전자세금계산서를 교부하였다. 할부기간은 1년을 초과하였으며, 할부금은 약정기일에 보통예금에 입금되었으며,매출액은 회수기일도래기준에 의해 회계처리한다.

인도일	3.14. (총 공급가액 20,000,000원, 총 세액 2,000,000원)			
할부내역	구 분	1차할부	2차할부	3차할부	4차할부
	약정기일	당기 3.14.	당기 11.18.	차기 03.18.	차기 07.20.
	공급가액	5,000,000원	5,,000,000원	5,000,000원	5,000,000원
	세 액	500,000원	500,000원	500,000원	500,000원

03 감가상각

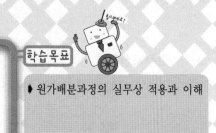

유형자산의 감가상각[depreciation, 減價償却]방법은 해당 자산으로부터 예상되는 미래 경제적 효익의 소멸행태에 따라 선택하고, 소멸행태가 변하지 않는 한 매기 계속 적용한다. 새로 취득한 유형자산에 대한 감가상각방법도 동종의 기존 유형자산에 대한 감가상각방법과 일치시켜야 한다.

1. 감가상각 기본이론

(1) 감가상각방법의 적용

비유동자산의 상각액은 법인이 신고한 상각방법에 의하여 계산하며, 상각방법의 변경은 회계추정의 변경에 속한다. 단, 세법상 상각방법의 신고가 없는 경우에는 다음과 같으며, 프로그램상의 감가상각방법은 정액법과 정률법만 지원한다.

구 분	신 고 시	무 신 고 시
건축물과 무형고정자산(기타)	정액법	정액법
건축물이외의 유형고정자산	정률법 또는 정액법	정률법
광업권(채취권 포함)	생산량비례법 또는 정액법	생산량비례법
광업용 유형고정자산	생산량비례법, 정률법 또는 정액법	생산량비례법
개발비	20년 이내의 기간내에서 신고한 내용연수	5년간 균등상각법

(2) 감가상각방법의 신고

상각방법의 신고는 세법이 정하는 감가상각방법신고서에 의하여 다음 각 호에 규정하는 날이 속하는 사업연도의 법인세 과세표준의 신고기한까지 납세지 관할세무서장에게 하여야 한다. 이 경우 신고한 상각방법(무신고자는 무신고상각방법)은 그 후 사업연도에 있어서도 계속하여 그 상각방법을 적용하여야 한다. 감가상각은 사용한때부터 시작한다.

2. 고정자산등록

비유동자산항목를 입력하여 자동으로 감가상각비를 산출하고자 입력하는 메뉴이다.

> **사례** 6001.(주)지성상사의 자산코드 1번인 차량운반구(208)인 포터트럭를 2010년 5월 10일에 2억(기초금액)에 취득하고, 전기말상각누계액(209)이 25,000,000원이다. 상각방법은 정률법, 내용연수는 5년이고, 당기중(3/1)에 자본적지출이 3,500,000원이 있다. 경비구분은 1.제조이고, 업종은 13이다.

(1) 주요등록사항

① 자산 계정과목

대상 자산의 계정과목코드를 조회하여 입력한다.

② 자산코드/명

코드 6자리, 자산명은 한글은 10자, 영문은 20자 이내로 구체적인 자산 품목명을 입력한다.

③ 취득연월일

해당자산을 취득한 년, 월, 일은 세법상 해당자산의 사용년, 월, 일을 입력하면 된다.

❶ 세법은 사용일부터 감가상각 하도록 되어 있으므로 사용일을 입력한다.

④ 상각방법

① 정률법, ② 정액법중 해당번호를 선택한다. 상각방법 무신고시 정률법을 세법상 적용한다. 단, 건물, 구축물의 경우 세법상 정액법만 가능하다.

☐	자산코드/명	취득년월일	상각방법
■ 000001 포터		2010-05-10	정률법

⑤ 기초가액

전기말 현재의 취득가액(자본적 지출을 포함)을 입력한다. 단, 당기중의 취득한 금액은 추가등록사항의 당기증가액에 넣어주어야 법인조정서식이 제대로 작성됨에 주의하여야 한다. 그리고 무형자산의 경우의 재무상태표가액이 상각후의 금액이다.

1.기초가액	/ 성실 기초가액	200,000,000 /

⑥ 전기말상각누계액

전기말 현재의 감가상각누계액을 입력한다.

2.전기말상각누계액(-) / 성실 전기말상각누계액	25,000,000 /

⑦ 전기말장부가액

기초가액에서 전기말 상각누계액을 차감하여 자동계산한다.

1.기초가액	/ 성실 기초가액	200,000,000 /
2.전기말상각누계액(-) / 성실 전기말상각누계액	25,000,000 /
3.전기말장부가액 / 성실 전기말장부가액	175,000,000 /

⑧ 당기중취득 및 당기증가

당기중에 취득이 있거나, 자본적지출에 대해 회사가 해당자산의 취득원가에 가산처리시 자본적지출액을 입력한다.

4.당기중 취득 및 당기증가(+)	3,500,000

⑨ 당기감소(일부양도, 매각, 폐기)

일부자산의 매각, 폐기등이 있으면 그 금액을 기재한다. 자동으로 전기말상각누계액은 감소액에 해당되는 금액만큼 자동계산되어 감소한다.

5.당기감소(일부양도ㆍ매각ㆍ폐기)(-)	
전기말상각누계액(당기감소분)(+)	

⑩ 전기말자본적지출액누계(정액법만)

전기말까지 지출된 자본적지출액을 입력한다.

6.전기말자본적지출액누계(+)(정액법만)	

⑪ 당기자본적지출액(즉시 상각분)

자본적 지출액중 비용처리한 금액을 입력한다.

7.당기자본적지출액(즉시상각분)(+)	

⑫ 전기말부인누계액(정류만 상각대상에 가산)

전기말까지 세법상 부인(한도초과액)된 금액이 있으면 입력한다.

8.전기말부인누계액(+) (정률만 상각대상에 가산)	

⑬ 전기말의제액

전기말 현재의 의제상각누계액을 입력한다.

9.전기말의제상각누계액(-)	

⑭ 상각대상금액

감가상각대상인 금액을 말하며, 이 금액은 자동계산 되어진다.

10.상각대상금액	178,500,000

⑮ 내용년수

해당자산의 내용연수를 입력하면 상각률이 자동표기 된다.

내용년수를 기준내용년수의 25%를 가감한 범위내서 회사가 선택하여 신고내용년수로 할 수 있다.

11.내용연수/상각률(월수)	5 [...] 0.451 (12)
성실경과내용연수/차감연수(성실상각률)	/ ( ) 기준내용년수도움표

⑯ 상각범위액(한도액)(10×상각률)

이것은 세법이 정하는 상각한도액을 말한다.

12.상각범위액(한도액)(10X상각률)	80,503,500

⑰ 회사계상액

회사가 장부에 계상한 금액을 말한다. 자동계산되어진 금액을 "사용자수정"을 클릭하여 수정입력가능하다.

13.회사계상액(12)-(7)	80,503,500 사용자수정

⑱ 경비구분

고정자산의 용도에 따른 감가상각비의 경비를 구분하며, 선택할 수 있는 번호는 판관비면 6.800번대, 제조경비에 해당하면 1.500번대(제조경비)를 선택하여 입력한다.

14.경비구분	1.500번대/제조

⑲ 당기말감가상각누계액

전기말 상각누계액과 당기상각비의 합계액이 자동표기 된다.

15.당기말감가상각누계액	105,503,500

⑳ 당기말 장부가액

기초가액에서 당기말 상각누계액을 차감한 금액이 자동표시 된다.

16.당기말장부가액	97,996,500

㉑ 당기의제상각비

조특법에 의해 법인세가 감면되는 사업을 영위하는 회사는 세법이 정하는 상각범위액까지는 무조건 감가상각비를 계상하여야 하는데 미계상했거나 적게 상각을 한 경우에 세법에 의하여 강제로 비용처리하게 되며, 그 조정금액이 의제상각비가 된다.

17. 당기의제상각비	

㉒ 양도일자

전체자산의 양도가 있으면 양도일자를 기재하여 다음연도에 이월되지 않도록 하여야 한다.

🔴 일부자산의 양도가 있으면 당기감소난에 기재한다.

18. 전체양도일자	____-__-__

㉓ 폐기일자

고정자산을 폐기처분한 경우 입력한다.

19. 전체폐기일자	____-__-__

㉔ 업종

내용년수별 적정여부를 판단하기 위한 구분이며 도움키를 이용하여 선택하여 입력한다.

20. 업종	13 💬 제조업

(2) 추가등록사항

자산변동처리는 자산변동이 어떻게 일어났는지를 비망사항으로 보여준다.
다른 메뉴에 영향을 미치거나, 반영되지는 않는다.

기본등록사항	추가등록사항
1. 사용부서코드	💬
2. 프로젝트	💬
3. 현장코드	💬
4. 특별상각율	
5. 특별상각비	
6. 특례내용연수적용여부	(0 : 부 / 1 : 여) 년
7. 규격	
8. 모델	
9. 취득수량	
10. 구입처	
11. 제작사	

자산변동처리						
변동구분	변동일자	적요	금액	변동수량	변동전	변동후

01. 6001.(주)지성상사의 다음 자산에 대하여 고정자산등록메뉴에 등록하시오.

자산코드/명	취득일	취득가액	전기말상각누계액	내용연수	상각방법	업종코드	용도
1.공장건물	2005.8.15	50,000,000	15,000,000	20년	정액법	13	공장
2.금형기계	2022.4.10	30,000,000		5년	정률법	13	공장
3.5톤 트럭	2020.2.20	12,000,000	8,000,000	5년	정액법	01	공장
4.복 사 기	2019.7.12	800,000	500,000	5년	정률법	01	관리

해설

1. 공장건물입력

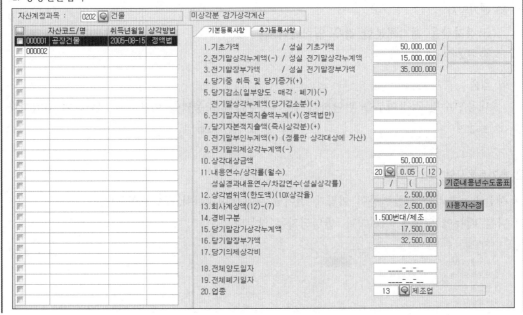

2. 금형기계 입력화면

·당기중 취득이나, 증가(자본적지출)이 발생시 기초가액에 취득원가를 입력하지 않고, 당기중 취득및증가에 입력한다.

3. 5t트럭입력화면

4. 복사기(비품)입력화면

▶ 감가상각

※ ㈜6005.합정상사의 다음 자산에 대하여 고정자산등록메뉴에 등록하시오.

자산코드/명	취득일	취득가액	전기말상각누계액	내용연수	상각방법	업종코드	용도
1.본사건물	2010.8.15	300,000,000	20,000,000	20년	정액법	61	본사
2.컨베이어기계	2022.5.20	70,000,000		5년	정률법	13	공장
3.4톤포터 트럭	2018.2.20	20,000,000	5,000,000	5년	정률법	13	공장
4.사무가구	2021.7.12	900,000	80,000	5년	정률법	01	관리

04 결산

1. 결산[closing, 決算]정리분개

감가상각의 경우와 같이 회계기간 중에 기록하지 않은 재산의 변동을 인식하는 과정을 결산정리라 하고, 결산정리가 필요한 사항을 결산정리사항이라고 한다. 기중의 회계처리만으로는 실제 기업의 일정시점의 재무상태, 일정기간의 경영성과 등을 회계장부가 제대로 반영하지 못하고 있으므로, 결산시기의 회사의 재무상태를 장부에 반영하고, 기중의 경영성과를 적정하게 측정하기 위해서 결산정리분개를 하는 것이다. 결산정리분개 후에 재무제표를 작성하여야 당해 재무제표가 해당 기업의 실제 상황을 제대로 표시할 수 있는 것이다.

F3 전표추가	F4 원가설정	CF4 대손설정	CF5 결산분개삭제	F6 잔액조회	F7 감가상각	F8 대손상각	CF8 퇴직충당

기 간	년 ▼ 월 ~ 년 ▼ 월				
±	코드	과 목	결산분개금액	결산전금액	결산반영금액	결산후금액

(1) 현금과부족 정리

① 실재 현금잔액(100) 〈 장부상 현금잔액(120)

장부상 현금잔액보다 실제 보유하고 있는 현금이 부족하나 결산시까지 원인이 밝혀지지 않은 경우 현금과부족을 잡손실로 대체한다.

기중분개　　(차)현금과부족 20　　(대)현금　　20
12월 31일　　(차)잡손실　　20　　(대)현금과부족 20

② 실재 현금잔액(130) 〉 장부상 현금잔액(120)

장부상 현금잔액보다 실제 보유하고 있는 현금이 많은 경우로 결산시까지 원인이 밝혀지지 않은 경우에는 현금과부족을 잡이익으로 대체한다.

기중분개　　(차)현금　　10　　(대)현금과부족 10
12월 31일　　(차)현금과부족 10　　(대)잡이익　　10

(2) 대손충당금(보충법)설정

합계잔액시산표상의 채권잔액을 조회한 후 다음과 같이 설정한다.

사례 매출채권(외상매출금)기말잔액 5억원, 대손충당금(외상매출금) 잔액이 4백만원(또는 6백만원), 대손율 1%인 경우의 대손상각비의 추가설정액

① (매출채권잔액 × 대손예상률) − 대손충당금잔액 = (+)상각, (−)환입
② 상각분 → 결산자료입력란에 입력
　(500,000,000 × 1% − 4,000,000 = 1,000,000원)
　12월 31일 : (차) 대손상각비　1,000,000원　　(대) 대손충당금(109) 1,000,000원
③ 환입분 → 일반전표입력에서 수동결산
　(500,000,000 × 1% − 6,000,000 = −1,000,000원)
　12월 31일 : (차) 대손충당금(109) 1,000,000원　　(대) 대손충당금환입　1,000,000원
　　　　　　　　　　　　　　　　　　　　　　　　　　　(판관비에 −표시)

(3) 비용의 이연(선급비용)

이미 지급한 비용 중 차기에 속하는 금액은 해당 비용계정의 대변에 기입하여 차감하고, 자산계정인 선급비용계정 차변에 기입하여 차기로 이연한다.

사례 당기 7월 1일에 자동차 보험계약을 맺고 1년분 보험료(제조) 240,000원을 미리 지급하였다.

(차) 보험료　　240,000원　　　　(대) 현금　　240,000원

일	번호	구분	계정과목	거래처	적요	금액
1	00001	출금	0521 보험료		2 자동차보험료 납부	240,000

결산일(12/31)자 수정전잔액시산표에는 보험료가 240,000원으로 계상된다.
보험기간은 당기 7월 1일부터 다음년도 6월 30일인데 납부한 보험료 전액을 당기에 모두 비용으로 인식한다는 것은 비용의 과대계상을 초래한다.

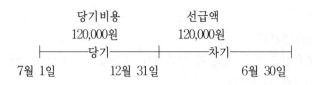

당기비용   선급액
120,000원   120,000원
├────당기────┼────차기────┤
7월 1일   12월 31일   6월 30일

12월 31일 : (차) 선급비용   120,000원   (대) 보험료   120,000원

| | 31 | 00013 | 차변 | 0133 | 선급비용 | | | 120,000 |
| | 31 | 00013 | 대변 | 0521 | 보험료 | | | 120,000 |

(4) 수익의 이연(선수수익)

당기에 받은 수익 중 차기에 속하는 금액은 해당 수익계정 차변에 기입하여 차감하고, 부채계정인 선수수익계정 대변에 기입하여 차기로 이연한다.

사례 당기 10월 1일에 임대계약을 맺고 1년분 임대료 600,000원을 미리 받았다. 임대업은 업종에 추가되지 않았다고 가정하고, 영업외수익으로 처리하는 경우에 분개는?

(차) 현   금   600,000원   (대) 임대료   600,000원

| | 1 | 00002 | 입금 | 0904 | 임대료 | | | 600,000 |
| | 1 | | | | | | | |

결산일(12/31)자 수정전잔액시산표에는 임대료수익 600,000원이 계상된다.
이 중 450,000원(=600,000*9/12)은 차기의 수익으로서 다음 연도에 인식해야 한다.

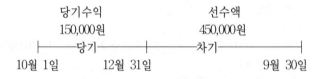

당기수익   선수액
150,000원   450,000원
├────당기────┼────차기────┤
10월 1일   12월 31일   9월 30일

12월 31일 : (차) 임대료   450,000원   (대) 선수수익   450,000원

| | 31 | 00014 | 차변 | 0904 | 임대료 | | | 450,000 |
| | 31 | 00014 | 대변 | 0263 | 선수수익 | | | 450,000 |

(5) 비용의 예상(미지급비용)

당기에 속하는 비용으로서 아직 지급되지 않은 금액으로 지급기일미도래분으로 해당 비용계정 차변에 기입하여 가산하고, 부채계정인 미지급비용계정으로 처리한다.

사례 12월 1일에 만기가 6 개월, 연 이자율 6%의 이자 후급지급조건으로 10,000,000원을 신한은행에서 차입하였다. 결산일(12/31) 현재 발생한 이자비용은

단기차입금	×	이자율	×	기간	=	이자비용
10,000,000원	×	6%	×	1/12	=	50,000원

12월 31일 : (차) 이자비용   50,000원   (대) 미지급비용   50,000원

| | 31 | 00015 | 차변 | 0951 | 이자비용 | | | 50,000 |
| | 31 | 00015 | 대변 | 0262 | 미지급비용 | | | 50,000 |

(6) 수익의 예상(미수수익)

당기에 속하는 수익으로서 아직 받지 않은 기간경과수익은 해당 수익계정 대변에 기입하여 가산하고, 자산계정인 미수수익계정으로 차변처리한다. 미수수익은 미지급비용과 반대되는 개념이다.

(7) 퇴직급여충당부채

퇴직급여도 퇴직급여추계액을 계산하여야 퇴직급여충당부채 설정분개를 할 수 있다.

> 퇴직급여(설정액) = 퇴직급여 추계액 − 설정전 퇴직급여충당부채

추계액은 당기말에 전임직원이 퇴사시 지급되어야 될 퇴직금의 합계이다.
근로의 제공은 회사의 수익창출에 간접적인 공헌을 한다. 따라서 수익·비용대응의 원칙에 따라 매 회계연도에 퇴직금을 비용으로 인식해야 한다.

계정과목	계 정
퇴직급여충당부채	부채 → 장래의 퇴직시에 지급해야 할 의무
퇴직급여	비용 → 수익·비용대응의 원칙에 따라 인식

사례

1) 기말현재 퇴직급여추계액(판) 1천만원, 설정전퇴직급여충당부채 잔액 8백만원인 경우에 추가설정액

판관비추가설정액 = 10,000,000−8,000,000 = 2,000,000
12월 31일 : (차)퇴직급여(판) 2,000,000   (대)퇴직급여충당부채 2,000,000

2) 기말현재 퇴직급여추계액(제) 3천만워, 설정전 퇴직급여충당부채 1천2백만원인 경우에 추가설정액

제조의 추가설정액 = 30,000,000 − 12,000,000 = 18,000,000
12월 31일 : (차)퇴직급여(제) 18,000,000   (대)퇴직급여충당부채 18,000,000

(8) 미사용 소모품의 계상

소모품은 유동자산항목에 속하는 것으로 기업에서 영업활동 및 운영활동을 보조하기 위해 사용되는 문구 등 주로 소액인 자산을 기록하는 계정과목을 말한다.

① 비용으로 처리하는 방법

소모품 구입시에 비용인 소모품비계정으로 처리하고, 결산시 미사용 잔액을 자산 계정인 소모품계정으로 대체하는 방법이다.

사례 **구입시 비용처리**

- 10/1 본사 사무실용 소모품을 500,000원에 현금 구입시 회계처리

  (차) 소모품비 500,000원   (대) 현 금 500,000원

	일	번호	구분	계 정 과 목	거 래 처	적 요	금 액
☐	1	00001	출금	0830 소모품비			500,000

- 12/31 기말 소모품 재고액이 200,000원 인 경우

  (차) 소모품 200,000원   (대) 소모품비 200,000원

	31	00005	차변	0122 소모품			200,000
☐	31	00005	대변	0830 소모품비			200,000

② 자산으로 처리하는 방법

소모품 구입시에 소모품계정인 자산으로 처리하고 결산시 사용액을 비용 계정인 소모품비계정으로 대체하는 방법이다.

사례 **구입시 자산처리**

- 10/1 본사 사무실용 소모품을 500,000원에 현금 구입시 회계처리

  (차) 소모품 500,000원   (대) 현 금 500,000원

- 12/31 기말 소모품 재고액이 200,000원 인 경우

  (차) 소모품비 300,000원 (대) 소모품 300,000원

(9) 원가계산(당기제품제조원가)

기업실무에서는 제조원가명세서에서 원가계산과정을 통하여 재공품과 제품의 원가를 계산한다. 프로그램에서는 결산자료입력에서 "전표추가"를 함으로서 자동으로 전표가 발생된다.

> 당기제품제조원가 = 기초재공품 + 당기총제조비용(=제조원가) - 기말재공품

(10) 매출원가의 인식

기중에 매출이 다수 발생하는 경우에, 매건 별 매출이 발생할 때마다, 매출원가를 인식할 수 없기 때문에 기말에 기말재고자산을 실사하여 매출원가를 확정하게 된다. 프로그램에서는 결산자료입력에서 "전표추가"를 함으로서 자동으로 전표가 발생된다.

> 매출원가 = 기초재고 + 당기매입(또는 당기제품제조원가) - 기말재고(실사액)

(차) 상품매출원가(또는 제품매출원가)   (대) 상품(또는 제품)

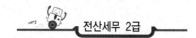

(Ⅱ) 법인세비용 인식

① 법인세 등의 중간예납

시업년도기 6월을 초괴히는 법인인 중간예납의무기 있다. 시업연도기 1월1일부터 12월 31일이라면 8월 31일까지 법인세 중간예납을 한다.

(차) 선납세금 　　　　　　　　　　　　(대) 현금

② 법인세비용 인식

(차) 법인세비용　　××　　　　　　　　(대) 선납세금　　××

　　　　　　　　　　　　　　　　　　　　　미지급세금　　××

➡ 법인세회계를 적용하는 경우에는 이연법인세자산, 이연법인세부채의 회계처리도 함께 하며, 선납세금은 원천징수, 중간예납 및 수시부과시 발생한다.

2. 이익잉여금처분계산서

(Ⅰ) 손익대체

수익비용계정의 마감과 마찬가지로 손익대체도 전산회계시스템에서 자동전표생성으로 회계처리 되는 것이 일반적이다. 그러나 결산을 마무리하는 최종적인 분개로서 손익대체의 분개가 존재한다.

(차) 손익　××　　　　　　　　　　(대) 미처분이익잉여금　××

　　　　　　　　　　　　　　　　　　　(실무상 계정 0375.이월이익잉여금)

상기 손익대체 분개를 함으로써 손익계산서와 재무상태표의 회계처리가 마무리된다. 손익계산서의 당기순이익이 재무상태표의 이익잉여금에 반영되는 회계처리를 하게 되는 것이다. 실무상으로 대부분의 전산회계프로그램은 자동전표에 의하여 손익대체 분개를 한다. 상기 결산정리분개의 내용이 수정후시산표에 반영되고, 그 결과 제조원가명세서, 손익계산서, 재무상태표 등의 서식이 작성되는 것이다.

(2) 이익잉여금처분계산서의 작성 및 회계처리

일반적으로 이익잉여금 처분계산서(안)은 법인결산을 하면서 작성된다. 이익잉여금처분계산서는 법인 결산확정일에 다음과 같은 회계처리를 하면서 확정된다.

(차) 미처분이익잉여금　××　　　(대) 미지급배당금　××

　　(0375.이월이익잉여금)　　　　　　이익준비금　　××(현금배당의 1/10)

　　　　　　　　　　　　　　　　　　　임의적립금등　××

[결산순서 요약]

① 수동결산내용 → 일반전표입력(12월31일) 선급비용, 선수수익, 미지급비용, 미수수익, 소모품, 현금과부족, 법인세 선납세금의 정리, 부가가치세계정의 정리, 대손충당금환입, 유가증권의 평가, 외화환산손익 재고자산평가와 감모손실계상등
② 자동결산내용 → 결산자료입력
제조업 : 0455.제품매출원가 0500번대 경비선택
기말 실지재고금액을 입력 　　감가상각비(무형자산상각비) 입력감가상각(F7)이용하여 자동입력 　　퇴직급여충당부채전입액 입력퇴직충당(Ctrl+F8)을 이용하여 자동입력 　　대손상각비의 입력 대손상각(F8)을 이용하여 자동입력 　　 무형자산의 상각액 입력 　　 법인세비용등의 입력
☞ 대손상각비란 입력시 주의(보충법) : 합계잔액시산표 채권잔액
(매출채권잔액 × 대손예상률) 대손충당금잔액 = (+)면 상각, ()면 환입 　　상각분 → 결산자료입력란에 입력 　　환입분 → 일반전표입력에서 수동결산
☞ 법인세비용 입력시 선납세금과 미지급세금(선납세금 차감후 금액) 모두 결산자료입력 　　(원천납부세액등이 선납세금계정에 계상된 경우 일반전표에서 수정분개한 내용을차감 　　한 차액을 자동결산에 입력한다.)
③ 입력종료후 → 반드시 "전표추가"아이콘 클릭
결산분개를 일반전표에 추가하시겠습니까? 예(Y)
④ 제조원가명세서와 손익계산서 선택적 조회 (조회를 하지 않아도 당기순이익 산출가능)
⑤ 이익잉여금 처분계산서 조회　　　(제조원가명세서와 손익계산서 조회없이 작성가능)
편집된 데이타가 있습니다 　편집된 데이터를 불러오시겠습니까? → 아니오(N)
⑥ "전표추가"아이콘 클릭 (처분내역이 없는 경우나 중간결산시도 전표추가를 해야 함)
일반전표에 대체분개를 추가하시겠습니까? → 예(Y) : 마감분개와 손익분개 발생
⑦ 재무상태표 조회: 재무상태표의 미처분이익잉여금이 재무상태표에 반영
※ 결산분개삭제 : 일반전표입력 결산월(12월)에서 [Shift] + F5

기본예제

02. 6001.㈜지성상사의 다음 기말정리사항을 입력하여 결산을 완료하시오.

[1] 단기차입금에 대한 기간경과 미지급이자 250,000원을 계상하다.
 (지급기일은 다음연도 2월2일 후급조건이라고 가정한다)

[2] 보험료(판) 비용처리분중 차기 해당분 430,000원을 계상하다.

[3] 소모품(판) 자산계상분중 당기사용액은 80,000원이다.

[4] 실사한 기말재고금액은 다음과 같다.
 ① 원재료   15,000,000원
 ② 재공품   22,500,000원
 ③ 제 품   1,600,000원

[5] 퇴직급여충당부채 설정사항은 다음과 같다.
 ① 생산직 : 추계액 15,000,000원, 설정전 잔액 12,000,000원
 ② 사무직 : 추계액 10,000,000원, 설정전 잔액 8,000,000원

[6] 대손충당금 설정은 매출채권(외상매출금과 받을어음) 잔액에 대하여 2%를 설정한다. 외상매출금: 42,560,000,받을어음 58,000,000원 ,대손충당금(외상)200,000원,대손충당금(받을어음) 350,000원 이라고가정하고 설정한다.

[7] 당기분 법인세 추산액(계상액)은 9,700,000이다.

해설

1. 수동결산 - 일반전표입력 12월 31일 입력사항
[1]

□	일	번호	구분	계 정 과 목	거 래 처	적 요	차 변	대 변
▣	31	00005	차변	0951 이자비용			250,000	
▣	31	00005	대변	0262 미지급비용				250,000

[2]

▣	31	00006	차변	0133 선급비용			430,000	
▣	31	00006	대변	0821 보험료				430,000

[3]

	31	00007	차변	0830 소모품비			80,000	
	31	00007	대변	0122 소모품				80,000

2. 자동결산항목

[4]-①

0501	원재료비	31,500,000-15,000,000=16,500,000	31,500,000		16,500,000
0153	① 기초 원재료 재고액		20,000,000		20,000,000
0153	② 당기 원재료 매입액		11,500,000		11,500,000
0153	⑩ 기말 원재료 재고액		-	15,000,000	15,000,000

[4]-②

	1)원재료비		31,500,000		16,500,000
0501	원재료비		31,500,000		16,500,000
0153	① 기초 원재료 재고액		20,000,000		20,000,000
0153	② 당기 원재료 매입액		11,500,000		11,500,000
0153	⑩ 기말 원재료 재고액			15,000,000	15,000,000
	7)경 비		228,000		228,000
	1). 복리후생비 외		228,000		228,000
0511	복리후생비		140,000		140,000
0512	여비교통비		17,000		17,000
0526	도서인쇄비		60,000		60,000
0530	소모품비		11,000		11,000
0518	2). 일반감가상각비				
0202	건물				
0206	기계장치				
0208	차량운반구	16,500,000+228,000=16,728,000			
0212	비품				
0455	8)당기 총제조비용		31,728,000		16,728,000
0169	① 기초 재공품 재고액		10,000,000		10,000,000
0169	⑩ 기말 재공품 재고액			22,500,000	22,500,000
0150	9)당기완성품제조원가	16.728,000+10.000,000-22.500,000=4.228.000			4,228,000

[4]-③

0455	제품매출원가				7,628,000
	1)원재료비		31,500,000		16,500,000
0501	원재료비		31,500,000		16,500,000
0153	① 기초 원재료 재고액		20,000,000		20,000,000
0153	② 당기 원재료 매입액		11,500,000		11,500,000
0153	⑩ 기말 원재료 재고액			15,000,000	15,000,000
	7)경 비		228,000		228,000
	1). 복리후생비 외		228,000		228,000
0511	복리후생비		140,000		140,000
0512	여비교통비		17,000		17,000
0526	도서인쇄비		60,000		60,000
0530	소모품비		11,000		11,000
0518	2). 일반감가상각비				
0202	건물				
0206	기계장치				
0208	차량운반구				
0212	비품				
0455	8)당기 총제조비용		31,728,000		16,728,000
0169	① 기초 재공품 재고액		10,000,000		10,000,000
0169	⑩ 기말 재공품 재고액			22,500,000	22,500,000
0150	9)당기완성품제조원가		41,728,000		4,228,000
0150	① 기초 제품 재고액		5,000,000		5,000,000
0150	⑩ 기말 제품 재고액	4,228,000+5,000,000-1,600,000=7,628,000		1,600,000	1,600,000

[5] 퇴직충당(CTRL+F8)

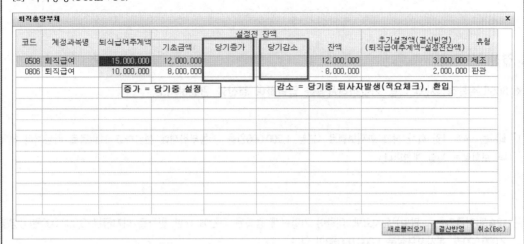

[6] 대손상각(F8)

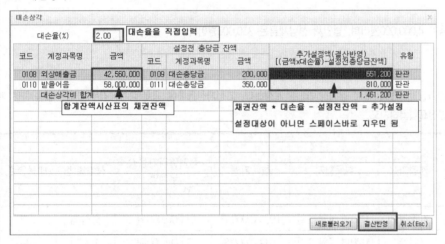

[7] 법인세등을 입력한다.

추가계상액 9,700,000원을 입력한다.

	8. 법인세차감전이익		39,458,000	35,638,800	75,096,800
0998	9. 법인세등			9,700,000	9,700,000
0998	2). 추가계상액			9,700,000	9,700,000
	10. 당기순이익		39,458,000	25,938,800	65,396,800

선납세금(중간예납, 원천납)이 있는 경우에도 결산자료입력에 입력하여 전표를 발생시킨다.

위의 사항을 결산자료입력에 입력후에 반드시 "전표추가"를 눌러 일반전표입력에 분개를 발생시켜줘야 한다.

04 종합문제

▶ 결산

※ 6005.㈜합정상사의 다음 기말정리사항을 입력하여 결산을 완료하시오.

[1] 회사는 4월 1일 회사 창고 화재보험료 1년분 1,200,000원을 ㈜동부화재에 선납하고 보험료로 비용처리 하였다. 보험료는 월할 계산한다.

[2] 12월분(지급기한 : 말일) 임차료에 대하여 기말현재 경과된 기간에 대한 임차료 미지급분 3,000,000원(공장분 2,000,000원, 본사사무실분 1,000,000원)이 있다.

[3] 당기 법인세 등은 4,000,000원이며, 법인세 선납세금은 350,000원이다.

[4] 다음과 같은 감가상각자산에 대해 감가상각비를 계상하다. 고정자산등록에 등록(감가상각누계액은 없음)하여 계산한 것을 일반전표입력하시오.

자산명	계정과목	취득일자	취득가액	전기말감가상각누계액	상각방법	내용연수
1.공장기계장치	기계장치	2019년 4월 1일	10,000,000원	1,500,000원	정률법	5년
2.영업부컴퓨터	비품	2020년 7월 1일	5,000,000원	1,000,000원	정률법	5년

[5] 10월 11일 취득한 상장법인 주식의 12월 31일 결산일 현재 1주당 시가가 130,000원으로 평가된다. 취득 당시 주식 100주를 11,500,000원에 취득하였고, 주식이 매도가능증권으로 분류되는 경우 결산일의 회계처리를 하시오.

[6] 국민은행로부터 당기이전에 차입한 20,000,000원이 장기차입금은 결산일 현재 1년내 상환기일이 도래하므로 유동성대체를 하다.

Chapter

02

부가가치세

학습목표

▶ 부가가치세신고서와 부속서류작성방법의 이해

01 부가가치세

[부가가치세 신고 흐름]

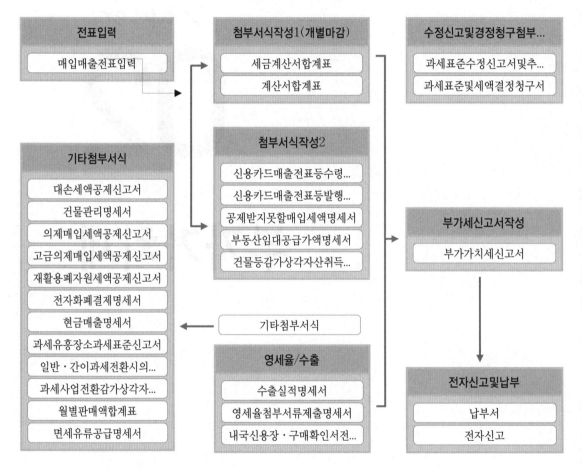

전표입력
- 매입매출전표입력

첨부서식작성1(개별마감)
- 세금계산서합계표
- 계산서합계표

수정신고및경정청구첨부…
- 과세표준수정신고서및추…
- 과세표준및세액결정청구서

기타첨부서식
- 대손세액공제신고서
- 건물관리명세서
- 의제매입세액공제신고서
- 고금의제매입세액공제신고서
- 재활용폐자원세액공제신고서
- 전자화폐결제명세서
- 현금매출명세서
- 과세유흥장소과세표준신고서
- 일반·간이과세전환시의…
- 과세사업전환감가상각자…
- 월별판매액합계표
- 면세유류공급명세서

첨부서식작성2
- 신용카드매출전표등수령…
- 신용카드매출전표등발행…
- 공제받지못할매입세액명세서
- 부동산임대공급가액명세서
- 건물등감가상각자산취득…

기타첨부서식

영세율/수출
- 수출실적명세서
- 영세율첨부서류제출명세서
- 내국신용장·구매확인서전…

부가세신고서작성
- 부가가치세신고서

전자신고및납부
- 납부서
- 전자신고

신고서/부속명세

부가가치세 I	부가가치세 II	부가가치세 III
부가가치세신고서 세금계산서합계표 계산서합계표 신용카드매출전표등수령명세서(갑)(을) 신용카드매출전표등발행금액집계표 매입자발행세금계산서합계표	공제받지못할매입세액명세서 내국세액공제신고서 부동산임대공급가액명세서 건물관리명세서 영세율첨부서류제출명세서 수출실적명세서 내국신용장.구매확인서전자발급명세서 영세율매출명세서 의제매입세액공제신고서 재활용폐자원세액공제신고서 건물등감가상각자산취득명세서 현금매출명세서 스크랩등매입세액공제신고서	과세유흥장소과세표준신고서 월별판매액합계표 면세유류공급명세서 사업장별부가세납부(환급)신고서 부동산임대등록 납부서

1. 부가가치세신고서

부가가치세 신고서는 필히 작성하여야 할 서식이며 매입매출전표에서 입력된 자료가 자동으로 처리되어 작성이 된다.

구분			정기신고금액 금액	세율	세액
과세표준및매출세액	과세	세금계산서발급분	1	10/100	
		매입자발행세금계산서	2	10/100	
		신용카드·현금영수증발행분	3	10/100	
		기타(정규영수증외매출분)	4		
	영세	세금계산서발급분	5	0/100	
		기타	6	0/100	
	예정신고누락분		7		
	대손세액가감		8		
	합계		9	㉮	
매입세액	세금계산서수취분	일반매입	10		
		수출기업수입분납부유예	10		
		고정자산매입	11		
	예정신고누락분		12		
	매입자발행세금계산서		13		
	그 밖의 공제매입세액		14		
	합계(10)-(10-1)+(11)+(12)+(13)+(14)		15		
	공제받지못할매입세액		16		
	차감계 (15-16)		17	㉯	
납부(환급)세액(매출세액㉮-매입세액㉯)				㉯	
경감공제세액	그 밖의 경감·공제세액		18		
	신용카드매출전표등 발행공제등		19		
	합계		20	㉰	
예정신고미환급세액			21	㉱	
예정고지세액			22	㉲	
사업양수자의 대리납부 기납부세액			23	㉳	
매입자 납부특례 기납부세액			24	㉴	
신용카드업자의 대리납부 기납부세액			25	㉵	
가산세액계			26	㉶	
차감.가감하여 납부할세액(환급받을세액)(㉮-㉯-㉰-㉱-㉲-㉳-㉴-㉵+㉶)		27			
총괄납부사업자가 납부할 세액(환급받을 세액)					

구분			금액	세율	세액
7.매출(예정신고누락분)					
예정누락분	과세	세금계산서	33	10/100	
		기타	34	10/100	
	영세	세금계산서	35	0/100	
		기타	36	0/100	
	합계		37		
12.매입(예정신고누락분)					
예정누락분	세금계산서		38		
	그 밖의 공제매입세액		39		
	합계		40		
	신용카드매출 수령금액합계	일반매입			
		고정매입			
	의제매입세액				
	재활용폐자원등매입세액				
	과세사업전환매입세액				
	재고매입세액				
	변제대손세액				
	외국인관광객에대한환급/				
	합계				
14.그 밖의 공제매입세액					
신용카드매출 수령금액합계표	일반매입		41		
	고정매입		42		
의제매입세액			43	뒤쪽	
재활용폐자원등매입세액			44	뒤쪽	
과세사업전환매입세액			45		
재고매입세액			46		
변제대손세액			47		
외국인관광객에대한환급세액			48		
합계			49		

(1) 사업장 명세

사업장의 기본사항 및 기본경비를 기재하는 서식이며 음식, 숙박업자가 확정신고시에만 작성하여 신고하며, 예정신고시에는 작성하지 않는다.

(2) 신고내용

매입매출전표입력메뉴에 입력한 내용이 자동으로 과세대상 기간에 맞추어 반영된다.

① 매출세액(과세표준)

- [1.세금계산서발급분]

  유형 11.과세 로 입력된 매출금액이 자동으로 반영된다.

- [2.매입자발행전자세금계산서(과세)]

  입력된 매입자발행전자세금계산서로 입력된 매출금액이 자동으로 반영된다.

  매입자발행전자세금계산서는 상단 툴바의 [간편집계 및 기타 〉 매입자발행(Shift + F8)] 에서 설정할 수 있다.

- [3.신용카드·현금영수증 발행분(과세)]

  유형 17.카과, 21.전자, 22.현과 로 입력한 매출금액이 자동으로 반영된다.

- [4.기타(정규영수증외 매출분(과세)]

  유형 14.건별 로 입력한 매출금액이 자동으로 반영된다.

- [5.세금계산서 교부분(영세)]

  유형 12.영세 로 입력된 매출금액이 자동으로 반영된다.

- [6.기타(영세)]

  유형 16.수출, 19.카영, 24.현영 으로 입력된 매출금액이 자동으로 반영된다.

- [7.예정신고 누락분]

  예정신고시 누락된 매출자료가 있을 경우 확정신고에 반영하여 신고한다.

  Tab키를 누르거나 마우스 클릭으로 오른쪽 화면의 7.매출(예정신고 누락분) 란으로 이동하여 상세 입력 한다. 예정신고 누락분은 상단 툴바의 [간편집계 및 기타 〉 예정누락분(Shift + F5)에서 설정할 수 있으며 설정된 자료는 부가가치세신고서에 자동으로 반영된다.

- [8.대손세액 가감]

  대손발생액에 대한 가감액을 입력하는 란으로 〈대손세액공제신고서〉 메뉴의 [대손발생] 탭에 입력된 대손세액이 자동으로 반영되며, 대손발생시는 -(음수)로, 대손세액으로 신고되었던 금액을 회수한 경우에는 +(양수)로 입력한다.

② 매입세액

- [10.세금계산서 수취분 일반매입]

  유형 51.과세, 52.영세, 54.불공, 55.수입 으로 입력된 매입금액이 자동으로 반영된다.

- [11.세금계산서 수취분 고정자산매입]

  유형 51.과세, 52.영세, 54.불공 으로 입력하고 분개시 계정과목을 고정자산 코드로 입력된 매입금액이 자동으로 반영된다.

- [12.예정신고 누락분]

  예정신고시 누락된 매입자료가 있을 경우 확정신고에 반영하여 신고한다.

  Tab키를 누르거나 마우스 클릭으로 오른쪽 화면의 12.매입(예정신고 누락분) 란으로 이동하여 상세입력 한다. 예정신고 누락분은 상단 툴바의 [간편집계 및 기타 〉 예정 누락분 (Shift+F5)] 에서 설정할 수 있으며 설정된 자료는 부가가치세신고서에 자동으로 반영된다.

- [13.매입자발행전자세금계산서]

  입력된 매입자발행전자세금계산서 로 입력된 매입금액이 자동으로 반영된다.

  매입자발행전자세금계산서는 상단 툴바의 [간편집계 및 기타 〉 매입자발행(Shift+F8)] 에서 설정할 수 있다.

- [14.그밖의공제매입세액]

  Tab키를 누르거나 마우스 클릭으로 오른쪽 화면의 14.그밖의공제매입세액 란으로 이동하여 상세입력 한다.

- [41.일반매입(신용카드)]

  유형 57.카과, 59.카영, 61.현과 로 입력된 매입금액이 자동으로 반영된다.

- [42.그밖의공제매입세액의 고정매입(신용카드)]

  유형 57.카과, 59.카영, 61.현과 로 입력하고 분개시 계정과목을 고정자산 코드로 입력된 매입금액이 자동으로 반영된다.

- [43.그밖의공제매입세액의 의제매입세액]

  〈의제매입세액공제신고서〉 메뉴에 입력된 의제매입세액 금액이 자동으로 반영되며, 직접 입력, 수정할 수 있다.

- [44.그밖의공제매입세액의 재활용폐자원 등 매입세액]

  〈재활용폐자원세액공제신고서〉 메뉴에 입력된 공제(납부)할 세액이 자동으로 반영되며, 직접 입력, 수정할 수 있다

- [45.그밖의공제매입세액의 과세사업전환매입세액]

  면세사업에 사용하던 감가상각자산을 과세사업에 사용하거나 소비하는 경우 취득시 불공제한 매입세액을 공제받는 경우에 입력하며 〈과세사업전환감가상각자산신고서〉 메뉴를 참고하여 입력한다.

- [46.그밖의공제매입세액의 재고매입세액]

  간이과세자에서 일반과세자로 변경된 사업자가 그 변경되는 날 현재의 재고품 및 감가상각자산에 대하여 매입세액을 공제받는 경우 입력하며 〈간이과세전환시 재고품 및 감가상각자산신고서〉 메뉴를 참고하여 입력한다.

- [47.그밖의공제매입세액의 변제대손세액]

  공제받은 재화나 용역에 대한 외상매입금, 기타 매입채무가 대손확정되어 매입세액을 불공제 받은 후 대손금액의 전부 또는 일부를 변제한 경우 변제한 대손금액에 관련된 대손세액을 입력하는 란으로 〈대손세액공제신고서〉 메뉴의 [대손변제] 탭에 입력된 대손세액이 자동으로 반영되며 직접 입력, 수정 가능하다.

- [16.공제받지 못할 매입세액]

  Tab키를 누르거나 마우스 클릭으로 오른쪽 화면의 16.공제받지 못할 매입세액 란으로 이동하여 상세입력 한다.

- [50.공제받지 못할 매입세액]

  유형 54.불공 으로 입력된 자료 또는 〈공제받지 못할 매입세액명세서〉 메뉴에 입력된 매입세액이 자동으로 반영되며 직접 입력, 수정 가능하다.

- [51.공통매입세액 면세사업분]

  〈공제받지 못할 매입세액명세서〉 메뉴의 공통매입세액안분계산/정산내역에 입력된 매입세액이 자동으로 반영되며 직접 입력, 수정 가능하다.

- [52.대손처분 받을 세액]

  이미 공제받은 매입세액이나 신고할 매입세액에 대하여 거래 상대방(공급자)이 대손확정으로 신고하여 대손세액 공제를 받는(은) 경우 그 처분 받은 대손세액 상당액을 입력한다. 유형 54.불공 으로 불공제사유 ⑩대손처분 받은 세액으로 입력된 세액이 자동으로 반영되며 직접 입력, 수정 가능하다.

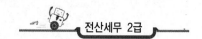

③ 경감공제세액

- [18.기타경감·공제세액]

  전자신고세액공제, 택시운송사업자 경감세액, 전자세금계산서 교부세액공제, 현금영수증사업자 세액공제등을 입력하는 란으로 Tab키를 누르거나 마우스 클릭으로 오른쪽 화면의 18.기타경감공제세액 란으로 이동하여 상세입력 한다.

- [19.신용카드매출전표등 발행공제등]

  소매업자, 음식점업자, 숙박업자 등 개인사업자가 신용카드매출 등 및 전자화폐에 의한 매출이 있는 경우 작성한다.

  유형 17.카과, 19.카영, 21.전자, 22.현과, 24.현영 으로 입력된 금액이 자동으로 반영되며 직접 입력, 수정 가능하다.

④ 기타공제세액

- [21.예정신고미환급세액]

  수출·시설투자 등에 의한 조기환급대상자 외의 일반환급대상자는 예정신고시에 환급하지 아니하며 확정신고시납부(환급)할 세액을 공제(가산)한다.

- [22.예정고지세액]

  개인사업자는 일정한 경우에는 예정신고를 할 수 있으나, 각 예정신고기간마다 직전 과세기간에 대한 납부세액의 2분의 1에 상당하는 금액을 고지 결정하여 세액을 납부하는 경우 입력한다.

- [24.매입자 납부특례 기납부세액]

  금지금 및 금제품 거래의 투명화·정상화를 통한 귀금속 산업의 발전을 지원하기 위하여 매출자가 거래징수한 부가세를 무납부 하는 것을 방지하기 위하여 매출자에 의한 거래징수제도를 「매입자납부제도」로 전환하여 매입자가 납부한 세액을 공제한다. 부가가치세 관리기관이 국고에 직접 입금한 부가가치세액을 입력한다.

⑤ 가산세

- [26.가산세]

  Tab 키를 누르거나 마우스 클릭으로 오른쪽 화면의 25.가산세명세 란으로 이동하여 상세입력 한다.

02 부가가치세 부속서류

1. 세금계산서합계표

(1) 세금계산서 합계표

사업자가 재화 또는 용역을 공급하는 때에는 법 제9조에서 규정하는 거래시기에 세금계산서를 교부하지만, 부가가치세 예정·확정신고시에는 교부하거나, 교부받은 세금계산서를 매출·매입처별세금계산서합계표에 기재하여 부가가치세 신고서와 함께 제출하여야 한다.

세금계산서합계표는 전자신고분과 전자신고 이외분으로 나누어진다.

[6월 1일과 2일 매입매출전표입력전표 입력가정시화면]

□	일	번호	유형	품목	수량	단가	공급가액	부가세	코드	공급처명	사업자주민번호	전자	분개
☑	1	50001	과세				50,000,000	5,000,000	00101	찬호전자	123-81-10829	여	혼합
☑	2	50001	영세				15,000,000		00103	승엽상회	129-81-02161	여	혼합

[4-6월 세금계산서합계표 매출조회화면]

| 매 출 | 매 입 | | ※ [확인]전송일자가 없는 거래는 전자세금계산서 발급분으로 반영 되므로 국세청 e세로 전송 세금계산서와 반드시 확인 합니다. |

➡ 2. 매출세금계산서 총합계	

구	분	매출처수	매 수	공급가액	세 액
합	계	2	2	65,000,000	5,000,000
과세기간 종료일 다음달 11일까지전송된 전자세금계산서 발급분	사업자 번호 발급분	2	2	65,000,000	5,000,000
	주민등록번호발급분				
	소 계	2	2	65,000,000	5,000,000
위 전자세금계산서 외의 발급분(종이발급분+과세기간 종료일다음달 12일 이후분)	사업자 번호 발급분				
	주민등록번호발급분				
	소 계				

| 과세기간 종료일 다음달 11일까지 (전자분) | 과세기간 종료일 다음달 12일이후 (전자분), 그외 | 전체데이터 | | 참고사항 : 2012년 7월 이후 변경사항 |

	사업자등록번호	코드	거래처명	매수	공급가액	세 액	대표자성명	업 태	종 목	주류코드
1	123-81-10829	00101	찬호전자	1	50,000,000	5,000,000	최한일	도매	전자제품	
2	129-81-02161	00103	승엽상회	1	15,000,000		박정숙	도매	전자	
		합 계		2	65,000,000	5,000,000				
		마 감 합 계								

[4-6월 1기확정신고 부가가치세 신고서 반영]

	구분		정기신고금액				구분	금액	세율	세액
			금액	세율	세액		7.매출(예정신고누락분)			
과세표준및매출세액	과세	세금계산서발급분	1	50,000,000	10/100	5,000,000	예정누락분	과세	세금계산서	31		10/100	
		매입자발행세금계산서	2		10/100				기타	32		10/100	
		신용카드·현금영수증발행분	3	900,000	10/100	90,000		영세	세금계산서	33		0/100	
		기타(정규영수증외매출분)	4	1,301,971		130,197			기타	34		0/100	
	영세	세금계산서발급분	5	15,000,000	0/100				합계	35			
		기타	6	22,750,000	0/100			12.매입(예정신고누락분)			
	예정신고누락분	7					예	세금계산서	36			
	대손세액가감	8			-580,000			기타공제매입세액	37			
	합계	9	89,951,971	㉮	4,640,197			합계	38			

(2) 세금계산서 합계표 제출시기

예정신고 또는 확정신고시에 제출하며 예정고지에 의하여 부가가치세를 징수하는 사업자는 확정신고시 제출한다.

① 예정신고시 제출을 못할 경우 : 예정신고기간이 속하는 확정신고시 제출

② 영세율등 조기환급금 : 영세율등 조기환급신고시 제출

③ 납세의무가 없는 제출자분 : 국가, 지방자치단체등은 확정신고기간에 제출

(3) 입력방법

부가가치세 신고기간을 입력한다. 세금계산서 합계표는 부가가치세신고서의 신고기간과 일치해야한다. 월을 입력하면 연도의 회계기간에서 자동반영 된다.

[구분] 1.매출과 2.매입 중 선택한다.

① [1.매출] – 매출처별 세금계산서 합계표

② [2.매입] – 매입처별 세금계산서 합계표

조회하면 위 화면에 매입매출전표입력에서 입력한 자료가 자동으로 집계되어 자동 작성되어 진다. 누락된 경우 현재 화면에서 직접입력도 가능하도록 프로그램이 구성되어져 있으며 화면 하단의 경우 거래처등록시 누락된 부분도 직접 입력이 가능하다.

주민등록 기재분의 경우는 마지막 줄에 건수와 금액이 별도로 집계되어 자동으로 반영되어진다.

(4) 기능의 설명

① 전표조회 기능

각 과세기간별 합계로 표시되는 거래처별의 거래내역을 조회 또는 출력하고자 할 때 사용하는 작업창이다. [전표조회] key를 누르면 현재 커서가 위치한 거래처와의 거래내역이 화면에 조회되어 진다.

② 개별과 합산

㉠ 합산 : 사업자(주민)등록번호가 동일한 거래처가 여러 개 있을 경우 하나의 사업자(주민)등록번호로 신고할 수 있도록 합산하는 기능으로 전자신고시 동일한사업자(주민)등록번호는 반드시 합산하여 신고하여야 한다.

㉡ 개별 : 거래처등록에 등록된 거래처코드별로 조회하는 기능이다.

③ 마감

툴바의 [마감]은 전자신고를 하기 위한 작업의 마무리 단계에서 사용된다. [마감]은 1.매출에서 클릭하여도 2.매입까지 자동으로 이루어지며, 해제시는 다시 한 번 [마감]key를 클릭하면 된다.

○ 세금계산서 합계표에 예정신고 누락분을 입력했다면 부가가치세 신고서에도 입력해야 하고, 예정신고 누락분이 있다는 것은 가산세가 계상되어야 함을 잊지 않아야 한다.

> 매입자 발행세금계산서는 매출자가 세금계산서를 교부하지 않아 관할세무서장에게 신고하여 승인 받은 매입자가발행한 세금계산서를 말한다.

2. 신용카드매출전표등발행금액집계표

① 의의

사업자(법인과 직전연도 수입금액 10억초과 개인제외)가 부가가치세가 과세되는 재화·용역을 공급하고 신용카드매출 전표·현금영수증 등을 발행하거나 전자적 결제수단에 의하여 대금을 결제받는 경우에 그 발행(결제)금액의 100분의1.3(음식,숙박업 간이는 2.6)에 상당하는 금액(연간 1,000만원 한도)을 가산세를 제외한 납부세액을 한도로 공제한다.

[공제대상 신용카드]

- 여신전문금융업법에 의한 신용카드·직불카드 매출
- 결제대행업체(PG사)를 통한 신용카드 매출
- 선불카드(실지명의가 확인되는 것) 매출
- 조세특례제한법에 의한 현금영수증 매출
- 전자화폐에 의한 매출

② **입력방법**

본 메뉴는 매입매출전표입력에 17.카과와 18.카면으로 입력된 내용이 자동반영된다. 신용카드매출표 발행집계표를 선택하고 신고기간을 입력하면 다음과 같이 화면이 나타나며 신고기간을 입력한 후 새로불러오기를 클릭하면 일반전표 및 매입매출전표입력분의 데이터를 자동으로 불러온다.

[공제대상]

㉠ 일반과세자(법인 제외) 중 아래 사업을 영위하는 자

- 소매업, 음식점업(다과점업을 포함), 숙박업
- 목욕, 이발, 미용업
- 여객운송업, 입장권을 발행하는 사업
- 변호사업 등 전문인적용역(사업자에게 공급하는 것 제외)
- 도정업, 제분업 중 떡방아간, 양복점업·양장점업·양화점업

- 주거용 건물공급업(주거용 건물을 자영건설하는 경우 포함)
- 운수업 및 주차장운영업, 부동산중개업
- 사회서비스업·개인서비스업 및 가사서비스업
- 기타 위와 유사한 사업으로서 세금계산서 교부가 불가능하거나 현저히 곤란한 사업

ⓒ 간이과세자

◉ 제조·도매업 등이 세금계산서를 교부하지 아니하고 신용카드 매출전표를 발행한 경우 신용카드 발행세액 공제안됨.

[6월 매입매출전표입력 가정시 화면]

☐ 16	50001	카과			500,000	50,000	00106	(주)태수	212-81-15162	카드
☐ 18	50001	카면			80,000		00104	(주)승범상사	119-81-29163	카드
☐ 27	50001	현과			400,000	40,000	00101	찬호전자	123-81-10829	현금

[6001.(주)지성상사 신용카드매출전표등발행금액집계표] 4월 –6월 1기확정신고서 조회화면

⇨ 1. 인적사항

상호[법인명]	(주)지성상사	성명[대표자]	박지성	사업등록번호	105-81-50105
사업장소재지		서울특별시 영등포구 영중로 159(영등포동8가, 우송빌딩)			

⇨ 2. 신용카드매출전표 등 발행금액 현황

구 분	합 계	신용·직불·기명식 선불카드	현금영수증
합 계	1,070,000	630,000	440,000
과세 매출분 부가세포함금액으로 반영	990,000	6월 16일 카과매출분 550,000	440,000
면세 매출분	80,000	6월 18일 카면매출분 80,000	6월27일 현금영수증(현과)매출분
봉 사 료			

⇨ 3. 신용카드매출전표 등 발행금액중 세금계산서 교부내역

세금계산서교부금액		계산서교부금액	

[4–6월 부가가치세 신고서 반영]

		구분		정기신고금액		
				금액	세율	세액
과세표준및매출세액	과세	세금계산서발급분	1	50,000,000	10/100	5,000,000
		매입자발행세금계산서	2		10/100	
		신용카드·현금영수증발행분	3	900,000		90,000
		기타(정규영수증외매출분)	4	1,301,971	10/100	130,197
	영세	세금계산서발급분	5	15,000,000	0/100	
		기타	6	22,750,000	0/100	
	예정신고누락분		7			
	대손세액가감		8			-580,000
	합계		9	89,951,971	㉮	4,640,197

	구분		금액	세율	세액
7.매출(예정신고누락분)					
예정누락분	과	세금계산서	31		10/100
	세	기타	32		10/100
	영	세금계산서	33		0/100
	세	기타	34		0/100
	합계		35		
12.매입(예정신고누락분)					
예	세금계산서		36		
	기타공제매입세액		37		
	합계		38		

3. 부동산임대공급가액명세서

(1) 의의

부동산 임대용역을 제공하는 사업자는 부동산 임대용역의 공급내역을 상세히 기록한 부동산 임대 공급가액명세서를 부가가치세 신고시 제출해야 하며, 이는 부가가치세 성실 신고 여부와 보증금에 대한 간주임대료 계산의 적정여부 등을 판단하는 자료로 활용되어진다.

(2) 간주임대료 계산법

부동산 임대용역을 공급하고 전세금 또는 임대보증금을 받은 경우에는 금전 이외의 대가를 받은 것으로 보아 다음 산식에 의해 계산한 금액을 부가가치세 과세표준으로 하며, 이를 간주임대료라 칭한다.

[임대보증금에 대한 간주임대료]

- 당해 기간의 전세금 또는

$$임대보증금 \times 과세대상기간의\ 일수 \times \frac{계약기간\ 1년의\ 정기예금이자율(연\ 1.2\%)}{365(윤년의\ 경우에는\ 366)}$$

- 전대의 경우 임차금을 임대보증금에서 차감한다.

(3) 회계처리법

- 임대인이 부담하는 경우(일반적인 경우 대부분이 여기에 해당됨)
  - 차) 세금과공과 　　　　　　　　　　대) 부가세예수금
- 임차인이 부담하는 경우 (계약서 명시되었을 경우)
  - [임차인회계처리]
  - 차) 세금과공과 　　　　　　　　　　대) 현　금
  - [임대인회계처리]
  - 차) 현　금 　　　　　　　　　　　　대) 부가세예수금

(4) 입력방법

부동산 임대공급가액 명세서의 화면구성을 보면 좌측에는 임대건물의 층과 호수, 상호(성명)을 입력하고, 우측에는 좌측에서 입력된 내용의 임대계약 내용을 입력하는 부분으로 나누어져 있다.

[임대계약내용]

- 사업자등록번호 : 임차인의 사업자 등록번호를 입력한다.
- 면적 : 면적은 면적단위에 맞추어 입력하며 소수 2자리까지 입력할 수 있다.
- 용도 : 용도는 임차인이 사용하고 있는 용도를 의미하며 한글로 입력한다. . 사무실, 공장 등

- 임대기간 : 현재 임차인의 임대한 기간을 입력한다. 상단의 과세기간을 입력하지 않도록 유의해야 하며 또한 연도는 반드시 4자로 입력해야 한다.
- 계약내용(월) : 보증금, 월세, 관리비를 각 칸에 입력하며 해당 없는 경우 공란으로 두면 된다. 과세기간 종료일 현재로 작성한다.
- 임대 수입 금액 : 보증금이자(간주임대료), 월세, 관리비, 계(과세표준)란이 위의 계약내용 월과 임대기간에 의해 자동 계산되며 수정이 가능하다.

참고 Check! **분식회계**

- 임대료를 받지 못하여 미수가 생긴 경우에도 임대료수입으로 계산하여야 한다.
- 과세기간 중에 보증금, 월세, 관리비등의 변동사항이 있는 경우 동일 동, 층, 호에 동일 임차인이지만 임대기간 별로 각각(2줄)에 작성한다. 동일인의 임대계약 내용만 달라지고 임대기간이 연장되는 경우 임대기간 입력시 특히 주의해야 한다.
- 기간계산에서 초일(시작일)은 산입된다.

참고 Check! **합계**

보증금이자, 월세등(월세＋관리비), 계(과세표준)가 각 층, 호별 임대수입금액이 계산자료에 의해 자동집계된다.

기본예제

01. 6001.(주)지성상사는 임대업을 영위한다고 가정한다. 임대기간은 ㈜찬호전자는 2022.01.03 ~ 2023.01.02일, 현진상사는 당기 2022.03.01일 ~ 2023.02.28이고 용도 입력은 생략하고 1기확정의 명세서를 작성한다. 간주임대료만 매입매출전표입력에 입력하고 신고서에 반영하라. 정기예금이자율은 1.2%로 가정한다.

동/ 층/ 호 수/용도	면적(㎡)	임 차 인			임대계약내용	
		상호(성명)	사업자등록번호	입주일/퇴거일	보증금	월 세
101동 1층 101호/공장	40	㈜찬호전자	123－81－10829		50,000,000	1,000,000
101동 1층 102호/사무실	60	현진상사	102－81－25214		80,000,000	1,500,000

해설

[1] ㈜찬호전자 입력화면

[2] 현진상사 입력화면

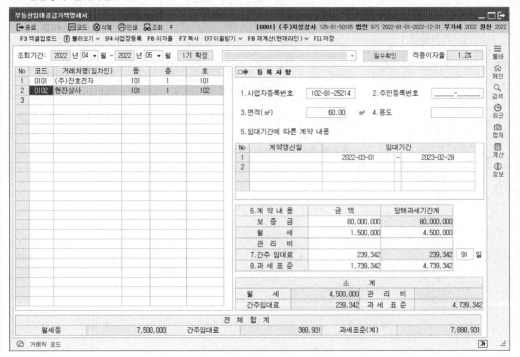

[매입매출전표입력 화면]

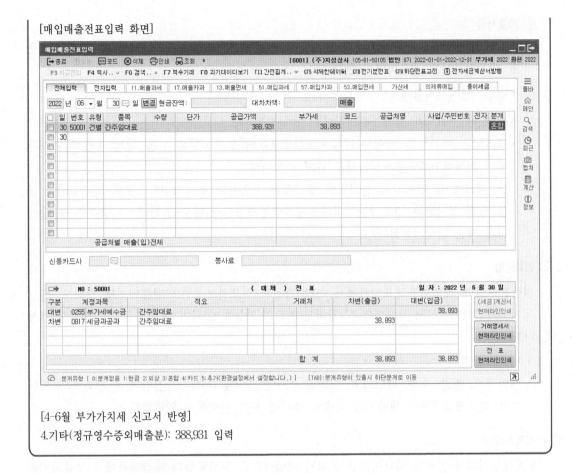

[4-6월 부가가치세 신고서 반영]

4.기타(정규영수증외매출분): 388,931 입력

4. 의제매입세액공제신고서

(1) 의의

농·축·수·임산물을 면세로 구입하여 부가가치세가 과세되는 재화를 제조·가공하거나 용역을 창출하는 사업자에 대하여 일정금액을 매입세액으로 공제한다. 원재료 매입가액의 2/102 (법인 음식업과 **과자점등** 6/106, 중소제조업 및 유흥주점 4/104)를 의제매입세액이 있는 경우 공급처와 공급내역을 기재하여 신고하는 서식이다.

▶ 무신고시 수정신고·경정청구·경정기관의 확인을 거쳐 제출하는 경우 공제가능

(2) 의제매입세액 공제요건

㉠ 사업자가 부가가치세의 면세를 받아 공급받는 농산물, 축산물, 수산물 또는 임산물(원생산물 본연의 성질이 변하지 않는 정도의 1차 가공을 거친 것을 포함). 면세농산물이라 하며 원재료로 하여 제조하는 경우에 한한다.

㉡ 제조업, 음식업, 건설업(조경공사 등)등의 사업자가 이에 해당되며, 국내생산물과 수입품 모두 공제대상이다.

ⓒ 제출서류

의제매입세액의 공제를 받고자 하는 사업자는 예정, 확정신고시에 다음 서류를 첨부하여 관할 세무서장에게 제출하여야 한다.

- 매입처별계산서합계표
- 신용카드매출전표 또는 직불카드영수증
- 제조업을 영위하는 사업자가 농·어민으로부터 면세농산물 등을 직접 공급받는 경우에는 의제매입세액공제신고서와 관계 증빙서류

  단, 제조업 및 간이과세 음식업을 영위하는 사업자가 농·어민으로부터 면세농산물 등을 직접 공급받는 경우에는 「의제매입세액공제신고서」만 제출한다 → 영수증 등 증빙서류 제출 생략가능하다.

(3) 입력방법

일반전표입력, 매입매출전표입력에서 해당 계정의 적요번호 6번(의제류매입탭 입력도 가능) "6.의제매입세액신고서 자동반영분" 입력된 자료가 자동반영 되며 수정 또는 추가입력도 가능하다.

- 거래내역입력

  매입일자, 품명, 수량, 매입가격, 공제율 (2/102, 4/104, 6/106, 직접입력)을 선택하면 자동으로 의제매입세액이 계산된다. <매입 증빙에 따라 선택하여 입력한다.>

(4) 회계처리법

의제매입세액의 공제가 이루어지면 공제된 매입세액은 원재료등의 매입가액에서 차감되어야 하는 것이다.

기본예제

02. 6001.(주)지성상사의 의제매입세액공제 대상이 되는 매입자료 내역이며, 당사는 요식업을 영위하는 법인이다. 자료에 의하여 당해연도 제1기 확정분 의제매입세액공제신고서를 작성하고, 의제매입세액공제에 대한 회계처리를 하시오. 예정매출액은 없으며, 확정시 매출액은 88,850,000원이며, 예정신고시 공제받은 것은 없다(의제매입세액공제 대상이 되는 거래는 다음 거래뿐이며, 모든 거래에 대한 계산서는 적정하게 수취하였다. 의제매입세액공제액은 6월 30일자로 회계처리할 것.)

매입일자	공급자	사업자등록번호	품명	수량(kg)	매입가액(원)
5.1	승범상사	119-81-29163	닭	100	810,900

6월 30일 일반전표입력 : (차)부가세대급금 45,900   (대)원재료 45,900(적요: 8)

[4-6월 부가가치세 신고서 반영]

매입세액	세금계산서수취분	일반매입	10	21,570,000		1,757,000
		수출기업수입분납부유예	10-1			
		고정자산매입	11			
	예정신고누락분		12			
	매입자발행세금계산서		13			
	그 밖의 공제매입세액		14	1,710,900		135,900
	합계(10)-(10-1)+(11)+(12)+(13)+(14)		15	23,280,900		1,892,900
	공제받지못할매입세액		16	70,000		7,000
	차감계 (15-16)		17	23,210,900	ⓛ	1,885,900
납부(환급)세액(매출세액㉮-매입세액⓵)					ⓓ	2,644,100
경감공제세액	그 밖의 경감·공제세액		18			
	신용카드매출전표등 발행공제등		19			
	합계		20		ⓔ	
예정신고미환급세액			21		ⓗ	

정누락분	신용카드매출	일반매입	40		
		수령금액합계	고정매입		
	의제매입세액				
	재활용폐자원등매입세액				
	과세사업전환매입세액				
	재고매입세액				
	변제대손세액				
	외국인관광객에대한환급/				
	합계				

14.그 밖의 공제매입세액					
신용카드매출	일반매입	41	200,000		20,000
수령금액합계표	고정매입	42	700,000		70,000
의제매입세액		43	810,900	뒤쪽	45,900

5. 대손세액공제(변제)신고서

(1) 의의

사업자가 부가가치세가 과세되는 재화·용역을 공급하였으나, 공급받는 자의 파산 등으로 매출채권(부가가치세 포함)의 전부 또는 일부를 회수할 수 없는 경우에는 대금을 회수하지 못한 매출액에 대하여 부가가치세액만 납부하는 경우가 발생할 수 있다.

따라서 회수하지 못한 매출채권에 대한 세액을 이미 신고한 경우에는 그 대손이 확정된 날이 속하는 과세기간의 매출세액에서 이를 차감하여 신고할 수 있다.

또한, 변제받지 못할 매출채권으로 확정하여 대손세액공제를 하였으나 이후 대손금액의 전부 또는 일부를 회수한 경우에는 대손금액을 회수한 날이 속하는 과세기간의 매출세액에 가산하여 신고하여야 한다.

(2) 대손세액 공제(확정신고기간에 10년동안 공제를 받을 수 있다.) 예정때는 안됩니다.

부가가치세는 상대방에게 판매시 징수하여 납부하는 제도이다. 그러나 대손이 확정되면 그 만큼 징수하지 못하는 부분이므로 매출세액에서 차감하도록 하는 것을 의미한다.

대손이 확정(변제)된 경우 확정신고시 매출·매입세액에 차가감하여 신고함

구 분	공 급 자	공 급 받 은 자
대손이 확정된 경우	대손세액을 매출세액에서 차감	대손세액을 매입세액에서 차감
대손금을 변제한 경우	대손세액을 매출세액에 가산	대손세액을 매입세액에 가산

(3) **사용법**

프로그램은 대손발생과 대손변제 두 화면으로 구성되어 있다.

㉠ 구분란

해당 기수(1기, 2기)를 선택하고 예정 및 확정을 선택한다.

㉡ 대손변제일 또는 확정일

대손발생인 경우는 대손 확정일을 입력하고, 대손변제인 경우는 변제일을 입력한다.

[대손확정일]

• 「상법」에 의한 소멸시효가 완성된 외상매출금 및 미수금등

• 「채무자 회생 및 파산에 관한 법률」에 의한 회생계획인가의 결정 또는 법원의 면책결정에 따라 회수불능으로 확정된 채권

• 채무자의 재산에 대한 경매가 취소된 압류채권

• 채무자의 파산, 강제집행, 형의 집행, 사업의 폐지, 사망, 실종, 행방불명으로 인하여 회수할 수 없는 채권

• 부도발생일부터 6월이상 경과한 수표 또는 어음상의 채권 및 외상매출금(중소기업의 외상매출금으로서 부도발생일이전의 것). 다만, 당해 법인이 채무자의 재산에 대하여 저당권(=담보=근저당)을 설정하고 있는 경우 제외

• 회수기일을 6월이상 경과한 채권중 30만원 이하(채무자별 채권가액의 합계액을 기준)의 채권

• **회생계획인가결정에 따라 채권을 출자전환시**

(4) **금 액**

대손금액 또는 변제금액을 입력한다. 공급가액과 세액을 포함한 공급대가를 입력한다.

⑸ 공제율

금액을 입력하면 10/110이 세액으로 자동 계산된다.

⑹ 거래상대방 상호

거래 상대방 상호란은 규정 서식에서 공급받은자 또는 공급자의 인적사항을 기재하는 란이다. 커서가 본란에 위치하면 화면 가운데 아래와 같이 보조화면이 나타나며, 보조화면에 상호, 성명, 사업자등록번호(개인의 경우 주민등록번호), 소재지를 입력한다.

⑺ 대손변제 사유

본 란에 커서가 위치하면 대손사유를 선택하는 보조 BOX가 나타난다. 여기에 해당되는 사유에 커서를 위치시키고 Enter나 마우스로 클릭하여 선택한다.

기본예제

03. 6001.㈜지성상사의 다음 자료를 토대로 2022년 1기 부가가치세 확정신고시 대손세액공제신고서 및 부가가치세신고서를 작성하시오. 2022년 1기 확정신고시 대손세액공제 대상인지의 여부를 판단하여 신고서에 반영하시오.

[자료]

1. 2021년 10월 10일 찬호전자에 제품 10,000,000원(부가가치세 별도)을 외상매출하고 동사발행 어음을 수령하였다. 동 어음이 2022년 1월 30일 부도발생 하였다.

2. 2019년 6월 10일 현진상사에 공장에서 사용하던 기계장치를 5,000,000원(부가가치세 별도)에 외상으로 매각하였다. 현진상사는 2022년 3월 20일 현재 대표자가 실종되어 기계장치 판매대금을 회수할 수 없음이 객관적으로 입증되었다. 기계장치에는 저당권 등이 설정되어 있지 아니하다.

3. 2020년 3월 24일 승협상회에 제품 1,000,000원(부가가치세 별도)을 외상으로 판매하였다. 외상매출금의 소멸시효는 2022년 3월 24일 완성되었다.

4. 2022년 3월 3일에 2019년 4월5일에 부도로 대손처리 하였던 ㈜한신상사의 220,000원의 매출채권을 당해연도에 회수하였다.

[4-6월 대손세액공제신고서]

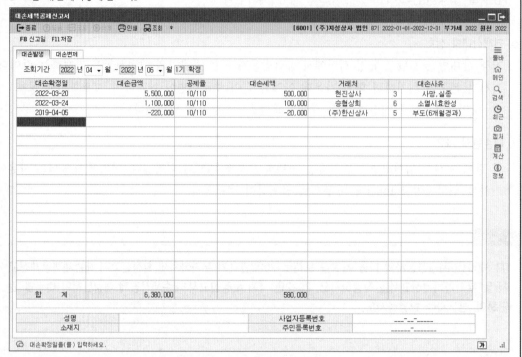

대손세액공제신고서							[6001] (주)지성상사 법인 8기 2022-01-01-2022-12-31 부가세 2022 원천 2022

종료   인쇄 조회 ▼

F8 신고일 **F11** 저장

대손발생 대손변제

조회기간 2022 년 04 ▼ 월 ~ 2022 년 06 ▼ 월 1기 확정

대손확정일	대손금액	공제율	대손세액	거래처		대손사유
2022-03-20	5,500,000	10/110	500,000	현진상사	3	사망,실종
2022-03-24	1,100,000	10/110	100,000	승협상회	6	소멸시효완성
2019-04-05	-220,000	10/110	-20,000	(주)한신상사	5	부도(6개월경과)
합 계	6,380,000		580,000			

성명		사업자등록번호	---_-__-_____
소재지		주민등록번호	_____-_____

대손확정일을(를) 입력하세요.

찬호전자의 부도어음은 6개월이 미경과되어 공제받지 못하고, 회수의 경우 당초 대손확정일을 입력

[4-6월 부가가치세 신고서 반영]

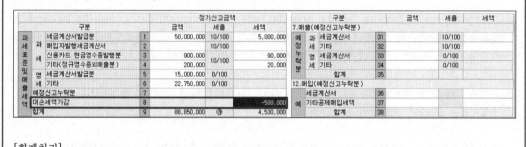

	구분		정기신고금액				구분		금액	세율	세액
			금액	세율	세액		7.매출(예정신고누락분)				
과세표준및매출세액	과세	세금계산서발급분	1	50,000,000	10/100	5,000,000	예정누락분	과세	세금계산서	31	10/100	
		매입자발행세금계산서	2		10/100				기타	32	10/100	
		신용카드·현금영수증발행분	3	900,000	10/100	90,000		영세	세금계산서	33	0/100	
		기타(정규영수증외매출분)	4	200,000		20,000			기타	34	0/100	
	영세	세금계산서발급분	5	15,000,000	0/100				합계	35		
		기타	6	22,750,000	0/100		12.매입(예정신고누락분)					
	예정신고누락분		7				예	세금계산서		36		
	대손세액가감		8			-580,000		기타공제매입세액		37		
	합계		9	88,850,000	㉮	4,530,000		합계		38		

[회계처리]

(차)부가세예수금 580,000   (대)외상매출금(또는 받을어음) 580,000

6. 재활용폐자원세액공제신고서

(1) 의의

재활용폐자원 및 중고품을 수집하는 사업자(일반과세자)가 국가·지방자치단체 또는 개인 등 사업자가 아닌 자와 간이과세자 및 면세사업자로부터 재활용폐자원 및 중고품을 취득하여 제조 또는 가공하거나 이를 공급하는 경우 일정금액을 매입세액으로 공제할 수 있다.

㉠ 공제율
- 재활용폐자원 : 취득가액 × 3/103
- 중고자동차 : 취득가액 × 10/110

㉡ 공제시기
- 재활용폐자원을 취득한 날이 속하는 과세기간의 부가가치세 신고시 공제

(2) 재활용폐자원등 범위

재활용폐자원 및 중고품 수집하는 사업자가 부가가치세 일반과세자가 아닌자 즉, 세금계산서를 교부할 수 없는 자로부터 수집하는 경우에만 적용된다.

(3) 사용법

일반전표 입력에서 해당 계정의 적요번호 7.재활용 폐자원 매입세액으로 입력된 자료가 자동 반영되며 수정과 추가 입력도 가능하다. 거래처 코드가 꼭 선택 입력되어 있어야 부속서류에 자동 반영된다.

* 146 - 상품, 153 - 원재료, 162 - 부재료

㉠ 신고내용
- [새로불러오기]를 누르면 일반전표와 매입매출전표 입력분이 [1.영수증] [2.계산서]로 자동으로 불러온다.
- 직접 입력도 가능하다.
- 하단의 입력이 상단의 영수증과 계산서 부분으로 자동 집계 표시되어 준다.
- [신고용]으로 클릭하면 영수증 발행분만 표시 되며 출력할 수 있다.

  재활용폐자원 매입세액을 공제받는 경우 확정신고 시 해당 과세기간의 재활용폐자원과 관련한 부가가치세 과세표준에 80/100(중고자동차는 한도 없음)을 곱하여 계산한 금액에서 세금계산서를 교부받고 매입한 재활용폐자원 매입가액(사업용 고정자산 매입가액을 제외)을 차감한 금액을 한도로 하여 계산한 매입세액을 공제함. 이 경우 예정신고 및 조기환급신고 시 이미 재활용폐자원 매입세액공제를 받은 금액이 있는 경우에는 확정신고 시 정산한다.

04. 6001.(주)지성상사는 폐자원을 수집하여 판매하고 있다. 1기예정매출액은 200,000, 1기확정매출액은 88,190,000원이고,예정공제액은 40,000원이다.

일자	품명	건수	수량	취득가액	공급자	주민번호	증빙
04월22일	고철	2건	100	2,450,000	정끝순	541010−2211118	영수증
05월01일	폐지	1건	80	650,000	박이례	641105−2458219	영수증

해설

[입력후 화면]

		성명 또는 거래처 상호(기관명)	(24)공급자 주민등록번호또는 사업자등록번호	구분	(25)건수	(26)품명	(27)수량	(28)차량번호	(29)차대번호	(30)취득금액	(31)공제율	(32)공제액((30)*(31))
1		정끝순	541010-2211118	1.영수증	1	고철	100			2,450,000	3/103	71,359
2		박이례	641105-2458219	1.영수증	1	폐지	80			650,000	3/103	18,932
3												
		영수증수취분			2	2				3,100,000		90,291
		계산서수취분										
		합계			2	2				3,100,000		90,291

재활용폐자원 매입세액공제 관련 신고내용(이 란은 확정신고시 작성하며, 중고자동차(9/109)의 경우에는 작성하지 않습니다.) [불러오기]

매출액			대상액한도계산		당기매입액			(16)공제가능한 금액(=(12)-(14))
(8)합계	(9)예정분	(10)확정분	(11)한도율	(12)한도액	(13)합계	(14)세금계산서	(15)영수증 등	
88,390,000	200,000	88,190,000	80%	70,712,000	3,100,000		3,100,000	70,712,000

(17)공제대상금액(=(15)과 (16)의 금액중 적은 금액)	공제대상세액		이미 공제받은 세액			(23)공제(납부)할세액 (=(19)-(20))	{참고}9/109 공제액합계
	(18)공제율	(19)공제대상세액	(20)합계	(21)예정신고분	(22)월별조기분		
3,100,000	3/103	90,291	40,000	40,000		50,291	

7. 건물등 감가상각자산취득명세서

(1) 의의

건물등 감가상각자산취득명세서는 사업설비를 신설·취득·확장 또는 증축하는 경우 그 감가상각 의제기간이 건물·구축물은 10년, 기계장치 등은 2년으로 이를 사후관리하기 위한 목적과 조기환급시 부가가치세 신고서와 첨부서류로 제출하는 서식이다.

(2) 사용법

제출기간을 선택한 후 [새로불러오기, F4 key]로 매입매출 전표입력의 고정자산 회계처리 부분을 조회하여 작성한다.

해당 계정과목을 보면 다음과 같다.

- 유형자산코드 : 202.건　물 ～ 230.회사설정계정과목
- 무형자산코드 : 231.영업권 ～ 250.회사설정계정과목

[5월 12일 비품매입시 매입매출전표입력화면]

□	일	번호	유형	품목	수량	단가	공급가액	부가세	코드	공급처명	사업자주민번호	전자	분개
□	12	50001	현과				700,000	70,000	00156	(주)한성유통	208-81-62797		현금
□	12												
□													
□													
□													
□													
□													
□													
□													
□													
□													
□													
			유형별-공급처별 [1]건			700,000	70,000					

신용카드사: [⬚]   봉사료: [   ]

구분	계정과목		적요	거래처		차변(출금)	대변(입금)	
출금	0135 부가세대급금			00156	(주)한성유	70,000	(현금)	(세금)계산서 현재라인인쇄
출금	0212 비품			00156	(주)한성유	700,000	(현금)	거래명세서 현재라인인쇄
								전 표 현재라인인쇄
				합 계		770,000	770,000	

건물, 차량운반구, 비품등 감가상각자산이 취득되었을 경우에 건물등감가상각자산취득명세서에
반영된다.

[4-6월 건물등감가상각자산 취득명세서 조회화면]

⮕ 취득내역				
감가상각자산종류	건수	공급가액	세 액	비 고
합 계	1	700,000	70,000	
건 물 · 구 축 물				
기 계 장 치				
차 량 운 반 구				
기타감가상각자산	1	700,000	70,000	

		거래처별 감가상각자산 취득명세				
	월/일	상호	사업자등록번호	자산구분	공급가액	세액	건수
1	05-12	(주)한성유통	208-81-62797	기타	700,000	70,000	1
2							
			합 계		700,000	70,000	1

8. 영세율첨부서류제출명세서

영세율첨부서류 제출명세서는 특별소비세 신고시 수출면세의 적용을 받기 위하여 수출신고필증, 우체국장이 발행한 소포수령증 등을 특별소비세 과세표준 신고서와 함께 이미 제출한 사업자가 부가가치세 신고시에 당해 서류를 별도로 제출하지 아니하고자 하는 경우 또는 영세율 첨부서류를 전산테이프 또는 디스켓으로 제출하고자 하는 사업자의 경우에 작성하는 서류이다.

① **선적일자**

물품(수출재화)을 실질적으로 선적한 일자를 입력한다.

② **통화코드**

물품대금(수출대금)을 결재 받기로 한 외국통화 코드를 영문자 3자로 입력한다. 커서가 통화코드란에 위치할 때 F2 key로 국가별 통화 코드를 도움 받아 입력한다.

③ **환 율**

수출재화 선적 일자와 외국환 거래 시점에 의한 기준 환율이나 재정 환율을 입력한다.

④ **당기제출금액**

- 외화 : 특별 소비세를 신고를 할 때에 제출한 것을 기재하고 지급 받기로 한 전체 수출 금액으로 수출신고필증상의 금액을 뜻하며, 소수점 2자리까지 기재한다.
- 원화 : 수출 대금을 환산한 금액을 기재한다.

⑤ **당기신고 해당분**

부가가치세 영세율 신고와 관련된 것을 기재한다.

⑥ **기타 － 거래기간 및 제출사유**

전자 신고시는 제출 사유를 반드시 입력하도록 되어있다.

05. 6001.(주)지성상사는 다음 신한은행의 구매확인서(02월 01일 발급)에 의해 영세율을 적용받고 미국에 수출하는 재화에 대한 영세율첨부서류제출명세서를 작성하시오. 선적일은 03월 01일이며, 외화금액은 10,000$이고, 선적시환율은 1,100원이다.

해설

[1-3월 영세율첨부서류명세서 입력후 화면]

9. 수출실적명세서 및 영세율매출명세서

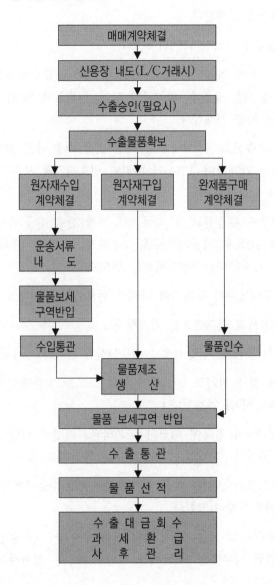

이 명세서는 외국으로 재화를 직접 반출(수출)하여 영세율을 적용 받는 사업자가 작성하며, 기업의 직수출의 근거서류로서 수출신고 번호가 필수로 기록되어야 하는 것이며 전산 디스켓이나 전자신고로 신고할 경우는 서류를 별도로 제출하지 않아도 된다.

[수출실적명세서 작성]

① **거래기간** : 신고대상기간을 기재한다.

② **작성일자** : 수출실적명세서 작성일자를 기재한다.

③ **합계** : 부가가치세 영세율이 적용되는 재화 또는 용역의 공급으로 세금계산서 교부대상이 아닌 영세율 적용분에 대한 총건수, 외화금액 합계, 원화금액 합계[부가가치세 신고서 2쪽 영세율 기타분(과세표준]를 기재한다.

④ **수출재화** : 관세청에 수출신고 후 외국으로 직접 반출(수출)하는 재화의 총건수, 외화금액 합계, 원화금액 합계를 기재하며, 1번부터 마지막 번호까지를 모두 합계한 건수, 외화금액, 원화금액과 일치하여야 한다.

⑤ **기타영세율적용** : 관세청에 수출신고 후 외국으로 직접 반출(수출)하는 재화 이외의 영세율 적용분(국외제공용역 등)으로 세금계산서를 교부하지 아니하는 분의 총건수, 외화금액 합계, 원화금액 합계를 기재한다.(※ 첨부서류는 별도제출)

⑥ **일련번호** : 수출 건별로 1번부터 부여하여 마지막 번호까지 순서대로 기재한다.

⑦ **수출신고번호** : 수출신고서의 신고번호를 기재한다.

⑧ **선(기)적일자** : 수출재화(물품)을 실질적으로 선(기)적한 일자를 기재한다.

⑨ **통화코드** : 수출대금을 결제 받기로 한 외국통화의 코드를 영문자 3자로 기재한다. (미국달러로 결제 받는 경우 USD라 기재한다.)

⑩ **환율** : 수출재화의 선(기)적 일자에 해당하는 외국환거래법에 의한 기준환율 또는 재정환율을 기재한다. 단, 환전일(=환가일)이 빠른경우는 화전일로 한다.

⑪ **외화** : 수출물품의 인도조건에 따라 지급 받기로 한 전체 수출금액으로 수출신고서의 금액이며 소수점 미만 2자리까지 기재한다.

⑫ **원화** : 환율로 곱한 환산금액 또는 선(기)적일 전에 수출대금 (수출선수금, 사전송금방식수출 등)을 원화로 환가한 경우에는 그 금액을 원단위 미만은 절사하고 기재한다.

[영세율매출명세서 작성]

직접수출(대행수출 포함), 중계무역·위탁판매·외국인도 또는 위탁가공무역 방식의 수출, 내국신용장·구매확인서에 의하여 공급하는 재화, 수탁가공무역 수출용으로 공급하는 재화등부가가치세 신고서의 과세표준 및 매출세액의 영세율 금액란에 기재한 금액을 기준으로 각각의 영세율 규정에 따른 세부내역을 구분하여 기재한다. 부가가치세법, 조세특례제한법 및 그 밖의 법률에 따른 영세율 적용 공급실적을 기준으로 금액을 기재한다.

기본예제

06. 6001.(주)지성상사의 신수사에 대한 제품외상거래에 대한 수출신고필증을 보고 수출실적명세서를 작성하시오. 선하증권상의 선적일자는 1월25일이며, 선적시 기준환율은 1,000원이다

제출번호 99999-99-9999999		⑤신고번호		⑥신고일자	⑦신고구분	⑧C/S구분
①신 고 자 강남 관세사		020-15-06-0138408-6		2022/01/20	H	
②수 출 자 지성상사 부호 99999999 수출자 구분 (B)		⑨거래구분 11		⑩종류 A		⑪결제방법 TT
위 탁 자 (주소) (대표자)		⑫목적국 JP JAPAN		⑬적재항 ICN 인천공항		
		⑭운송형태 40 ETC		⑮검사방법선택 A 검사희망일 2022/01/20		
(통관고유부호) 지성상사 1-97-1-01-9 (사업자등록번호) 105-81-50105		⑯물품소재지				
③제 조 자 (통관고유부호)		⑰L/C번호		⑱물품상태		
제조장소 산업단지부호		⑲사전임시개청통보여부		⑳반송 사유		
④구 매 자 신수사 (구매자부호)		㉑환급신청인(1:수출/위탁자, 2:제조자) 간이환급 ㉒환급기관				
· 품명 · 규격 (란번호/총란수: 999/999)						

㉓품 명		㉕상표명			
㉔거래품명					
㉖모델 · 규격		㉗성분	㉘수량	㉙단가(USD)	㉚금액(USD)
			1(EA)	10,000	10,000
㉛세번부호	9999.99-9999	㉜순중량	㉝수량	㉞신고가격(FOB)	$ 10,000 ₩10,000,000
㉟송품장부호		㊱수입신고번호		㊲원산지 ㊳포장갯수(종류)	
㊴총중량		㊵총포장갯수		㊶총신고가격 (FOB)	$ 10,000 ₩10,000,000
㊷운임(₩)		㊸보 험 료 (₩)		㊹결제금액	FOB - $ 10,000
㊺수입화물 관리번호			㊻컨테이너번호		
㊼수출요건확인 (발급서류명)					
※신고인기재란		㊽세관기재란			
㊾운송(신고)인 ㊿기간 YYYY/MM/DD 부터 YYYY/MM/DD 까지		51신고 수리일자	2022/01/20	52적재 의무기한	2022/02/20

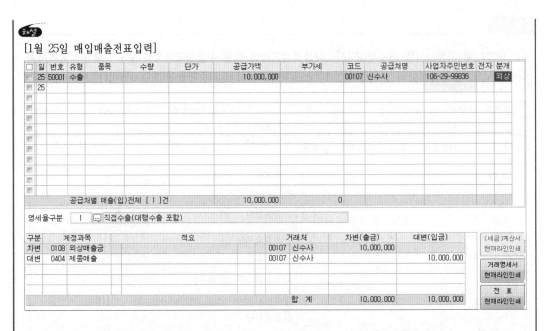

[1월 25일 매입매출전표입력]

□	일	번호	유형	품목	수량	단가	공급가액	부가세	코드	공급처명	사업자주민번호	전자	분개
□	25	50001	수출				10,000,000		00107	신수사	106-29-99836		외상
□	25												
□													
□													
□													
□													
□													
□													
□													
□													
□													
		공급처별 매출(입)전체 [1]건					10,000,000	0					

영세율구분 1 [...] 직접수출(대행수출 포함)

구분	계정과목	적요	거래처		차변(출금)	대변(입금)	
차변	0108 외상매출금		00107	신수사	10,000,000		(세금)계산서 현재라인인쇄
대변	0404 제품매출		00107	신수사		10,000,000	거래명세서 현재라인인쇄
							전 표 현재라인인쇄
				합 계	10,000,000	10,000,000	

[1-3월 수출실적명세서 입력화면]

[1-3월 영세율매출명세서 입력화면]

부가가치세법	조세특례제한법		
(7)구분	(8)조문	(9)내용	(10)금액(원)
부 가 가 치 세 법	제21조	직접수출(대행수출 포함)	10,000,000
		중계무역·위탁판매·외국인도 또는 위탁가공무역 방식의 수출	
		내국신용장·구매확인서에 의하여 공급하는 재화	
		한국국제협력단 및 한국국제보건의료재단에 공급하는 해외반출용 재화	
		수탁가공무역 수출용으로 공급하는 재화	
	제22조	국외에서 제공하는 용역	
	제23조	선박·항공기에 의한 외국항행용역	
		국제복합운송계약에 의한 외국항행용역	
	제24조	국내에서 비거주자·외국법인에게 공급되는 재화 또는 용역	
		수출재화임가공용역	
		외국항행 선박·항공기 등에 공급하는 재화 또는 용역	
		국내 주재 외교공관, 영사기관, 국제연합과 이에 준하는 국제기구, 국제연합군 또는 미국군에게 공급하는 재화 또는 용역	
		「관광진흥법」에 따른 일반여행업자 또는 외국인전용 관광기념품 판매업자가 외국인관광객에게 공급하는 관광알선용역 또는 관광기념품	
		외국인전용판매장 또는 주한외국군인 등의 전용 유흥음식점에서 공급하는 재화 또는 용역	
		외교관 등에게 공급하는 재화 또는 용역	
		외국인환자 유치용역	
(11) 부가가치세법에 따른 영세율 적용 공급실적 합계			10,000,000
(12) 조세특례제한법 및 그 밖의 법률에 따른 영세율 적용 공급실적 합계			
(13) 영세율 적용 공급실적 총 합계(11)+(12)			10,000,000

10. 매입세액공제내역 및 계산근거

사업자가 자기의 사업을 위하여 사용되었거나 사용될 재화 또는 용역의 공급 및 재화의 수입에 대한 매입세액은 매출세액에서 공제되지만, 법에서 정하는 경우에는 거래징수당한 사실이 세금계산서등에 의하여 입증된다하더라도 그 매입세액은 자기의 매출세액에서 공제받지 못한다.

(1) 입력방법

① 필요적 기재사항 누락

매입세금계산서를 수취하였으나 기재사항이 누락되어 있는 경우를 의미하며, 필요적 기재 사항이 누락된 매입세금계산서의 매수와 공급가액, 세액을 입력한다. 필요적 기재사항은 다음과 같다.

- 공급자의 등록번호와 성명 또는 상호
- 공급받는자의 등록번호
- 공급가액과 부가가치세액
- 작성연월일

② 사업과 관련 없는 지출

- 업무와 관련 없는 자산을 취득, 관리함으로써 발생되는 유지, 수선비
- 골프회원권, 콘도회원권의 취득
- 비업무용 부동산 및 서화, 골동품 취득과 관련된 매입세금계산서의 매수, 공급가액, 세액을 입력한다.

③ 개별소비세 과세대상(=비영업용 소형승용차 구입 및 유지)

- 일반승용차(8인승 이하) : 배기량 1,000cc이하로 길이 3.6㎝ 폭 1.6m 이하인 경차 제외
- 지프형 승용차
- 소형승용차의 구입 및 그 유지에 관련된 매입세금계산서의 매수, 공급가액, 세액을 입력한다.
- 캠프용 자종차의 공급가액, 세액을 입력한다.

④ 접대비 및 이와 유사한 비용 관련

접대 성격으로 기재된 매입세금계산서의 공급가액과 세액을 입력한다.

⑤ 면세사업과 관련된 분

- 면세사업에 사용되는 재화나 용역을 공급받은 경우
- 토지 취득과 관련된 매입세금계산서의 매수, 공급가액, 세액을 입력한다.

⑥ **토지의 자본적 지출관련**

신축 건물을 위해 구 건물 철거비 등

⑦ **등록전 매입세액**

사업자등록 신청일을 기준으로 하여 사업자 등록 전에 수취한 매입세금계산서의 매수, 공급가액, 세액을 입력한다.

⑧ **대손처분 받은 세액**

공급받는자가 폐업되기 전 대손이 확정된 경우 대손세액상당액을 대손이 확정되는 날이 속하는 과세기간의 매입세액에서 차감하며 이때의 공급가액, 세액을 입력한다.

⑨ **납부(환급)세액 재계산분**

과세와 면세사업에 공통으로 사용되는 고정자산을 취득하고 이에 대하여 공통매입세액을 안분하여 매입세액으로 공제받은 후에 면세비율이 증감하는 경우에 재계산되는 납부(환급)세액을 입력한다.

⑩ **공통매입세액 안분계산서 분**

과세사업과 면세사업의 겸업 사업자로 공급받는 재화 또는 용역의 귀속이 불분명한 경우 안분계산을 해야 하며 안분 계산된 금액 중 면세 해당분의 매수, 공급가액, 세액을 입력한다.

- 공통 매입세액 안분계산은 다시 공통 매입세액 안분계산과 공통 매입세액의 정산으로 나누어진다.
- 예정신고 기간에는 예정신고 기간분으로 [공통매입세액의 안분계산]을 선택하여 안분계산하고 확정 신고시 [공통매입세액의 정산]을 선택하여 정산한다.

07. 6001.(주)지성상사의 다음 자료는 과세사업과 면세사업을 겸영하는 2022년 제 1기 예정신고기간의 거래내용이다. 아래의 거래내역을 보고 제 1기 예정신고기간의 공제받지 못할 매입세액명세서를 작성하시오.

모든 거래는 세금계산서 수취거래로서 부가가치세별도의 금액임.
1. 한성전자에 휴대폰을 10대(단가 : 400,000원) 구입하여 전량 거래처에 무상으로 제공하다.

2. 대표자의 업무용승용차(1,600cc)의 고장으로 인해 이의 수리비 100,000원을 오토자동차에 지출함

3. 면세사업에만 사용할 목적으로 난방기를 온방산업에서 250,000원에 구입하고 당기 소모품비로 처리함.

4. 기린상사로부터의 상품매입액 2,000,000원 세금계산서합계표상의 공급받는자의 등록번호가 착오로 일부 오류기재됨(세금계산서는 정확히 기재됨)

5. 과세사업과 면세사업을 겸영하고 있는 사업자로서 2기 예정 부가가치세 신고시 공통매입세액을 안분계산하고자 한다. 기존의 입력된 자료는 무시하고 1기 예정분 자료가 다음과 같다고 가정하여 부가가치세 신고 부속서류 중 매입세액불공제내역(공통매입세액의 안분계산 서식 포함)을 작성하시오. 1기 예정신고시 주어진 자료 이외에 매입세액 불공제내역은 없다고 가정한다.
 • 과세매입가액 : 1,500,000,000원, 면세매입가액 : 500,000,000원
 • 과세공급가액 : 3,000,000,000원, 면세공급가액 : 1,000,000,000원
 • 과세사업예정사용면적 : 600㎡, 면세사업예정사용면적 : 200㎡
 • 공통매입가액 : 250,000,000원, 공통매입세액 : 25,000,000원, 매수 : 17매

해설

[1-3월 1기예정신고 공제받지못할매입세액명세서 입력화면]

매입세액 불공제 사유	세금계산서		
	매수	공급가액	매입세액
①필요적 기재사항 누락 등			
②사업과 직접 관련 없는 지출			
③비영업용 소형승용자동차 구입·유지 및 임차	1	100,000	10,000
④접대비 및 이와 유사한 비용 관련	1	4,000,000	400,000
⑤면세사업등 관련	1	250,000	25,000
⑥토지의 자본적 지출 관련			
⑦사업자등록 전 매입세액			
⑧금거래계좌 미사용 관련 매입세액			
합계	3	4,350,000	435,000

* 착오기재인 경우에는 매입세액불공제 대상에서 제외됨.

1-3월 1기예정신고 공제받지못할매입세액명세서 조회화면

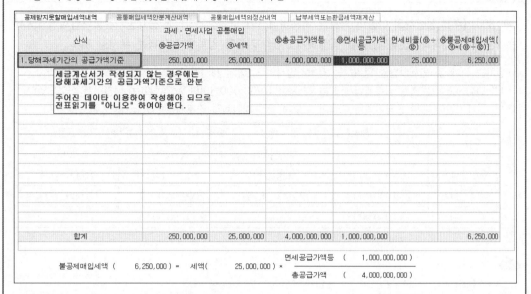

공제받지못할매입세액내역	공통매입세액안분계산내역	공통매입세액의정산내역	납부세액또는환급세액재계산

| 산식 | 과세·면세사업 공통매입 | | ⑫총공급가액등 | ⑬면세공급가액등 | 면세비율(⑬÷⑫) | ⑭불공제매입세액[⑪×(⑬÷⑫)] |
	⑩공급가액	⑪세액				
1.당해과세기간의 공급가액기준	250,000,000	25,000,000	4,000,000,000	1,000,000,000	25.0000	6,250,000
합계	250,000,000	25,000,000	4,000,000,000	1,000,000,000		6,250,000

> 세금계산서가 작성되지 않는 경우에는
> 당해과세기간의 공급가액기준으로 안분
>
> 주어진 데이타 이용하여 작성해야 되므로
> 전표읽기를 "아니오" 하여야 한다.

불공제매입세액 (6,250,000) = 세액(25,000,000) * $\dfrac{면세공급가액등\ (\ 1,000,000,000\ )}{총공급가액\ (\ 4,000,000,000\ )}$

[1-3월 1기예정신고 부가가치세 신고서 반영화면]

구분		정기신고금액		
		금액	세율	세액
과세표준및매출세액	과세 세금계산서발급분	1	200,000	10/100	20,000
	매입자발행세금계산서	2		10/100	
	신용카드·현금영수증발행분	3		10/100	
	기타(정규영수증외매출분)	4			
	영세 세금계산서발급분	5		0/100	
	기타	6	10,000,000	0/100	
	예정신고누락분	7			
	대손세액가감	8			
	합계	9	10,200,000	㉮	20,000
매입세액	세금계산서 일반매입	10			
	수취분 수출기업수입분납부유예	10			
	고정자산매입	11			
	예정신고누락분	12			
	매입자발행세금계산서	13			
	그 밖의 공제매입세액	14			
	합계(10)-(10-1)+(11)+(12)+(13)+(14)	15			
	공제받지못할매입세액	16	66,850,000		6,685,000

구분		금액	세율	세액
16.공제받지못할매입세액				
공제받지못할 매입세액	50	4,350,000		435,000
공통매입세액면세등사업분	51	62,500,000		6,250,000
대손처분받은세액	52			
합계	53	66,850,000		6,685,000
18.그 밖의 경감·공제세액				
전자신고세액공제	54			
전자세금계산서발급세액공제	55			
택시운송사업자경감세액	56			
대리납부세액공제	57			
현금영수증사업자세액공제	58			
기타	59			
합계	60			

08. 6001.(주)지성상사의 다음의 자료를 이용하여 1기 확정신고기간에 공제받지못할매입세액명세서 중 [공통매입세액의정산내역] 탭을 작성하시오.(단, 기존에 입력된 데이터는 무시할 것.)

· 당사는 과세 및 면세사업을 영위하는 겸영사업자이고, 아래 제시된 자료만 있는 것으로 가정한다.
· 1기 예정신고시 반영된 공통매입세액 불공제분은 3,750,000원이며, 예정신고는 적법하게 신고되었다.
· 1기 과세기간에 대한 공급가액은 다음과 같으며, 공통매입세액 안분계산은 공급가액기준으로 한다.

구분		1기 예정신고기간(1월~3월)		1기 확정신고기간(4월~6월)	
		공급가액	부가가치세	공급가액	부가가치세
공통매입세액		100,000,000원	10,000,000원	80,000,000원	8,000,000원
매출	과세	250,000,000원	25,000,000원	200,000,000원	20,000,000원
	면세	150,000,000원	–	150,000,000원	–

공제받지못할매입세액내역	공통매입세액안분계산내역	공통매입세액의정산내역	납부세액또는환급세액재계산

산식	구분	(15)총공통매입세액	(16)면세 사업확정 비율			(17)불공제매입세액총액((15)*(16))	(18)기불공제매입세액	(19)가산또는공제되는매입세액((17)-(18))
			총공급가액	면세공급가액	면세비율			
1.당해과세기간의 공급가액기준		18,000,000	750,000,000.00	300,000,000.00	40.000000	7,200,000	3,750,000	3,450,000

기본예제

09. 지성상사는 과세 및 면세사업을 영위하는 겸영사업자이다. 다음의 자료를 토대로 2022년 1기 확정부가가치세 신고시 납부세액 재계산을 하여 공제받지못할매입세액명세서를 작성하시오.

1. 과세사업과 면세사업에 공통으로 사용되는 자산의 구입내역

계정과목	취득일자	공급가액	부가가치세
공장건물	2020년 8월25일	200,000,000원	20,000,000원
기계장치	2021년 2월 3일	70,000,000원	7,000,000원
원재료	2021년 3월 5일	1,000,000원	100,000원

2. 2021년과 2022년 공급가액의 공급가액내역

구분	2021년 2기	2022년1기
과세사업	20,000,000원	50,000,000원
면세사업	40,000,000원	70,000,000원
합계	60,000,000원	120,000,000원

해설

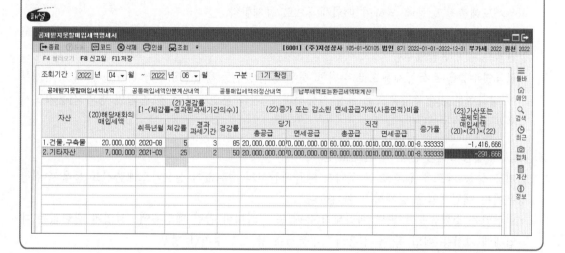

11. 신용카드매출전표등수령금액합계표

일반과세자로부터 재화나 용역을 공급받고 부가가치세액이 별도로 구분 가능한 신용카드 매출전표 등을 교부받은 경우 동 부가가치세액은 매입세액으로 공제한다.

① 일반과세자

일반과세자는 세금계산서를 교부할 수 없는 아래 사업을 영위하는 사업자를 제외한 모든 일반과세 사업자를 말한다.

- 목욕·이발·미용업   • 여객 운송업(전세버스 제외)   • 입장권 발행 사업자

② 공제요건

「신용카드매출전표 등 수령명세서」를 제출하고

- 신용카드매출전표등을 5년간 보관할 것(아래의 경우 매출전표 등을 보관한 것으로 봄)
- 신용카드 등의 월별 이용대금명세서를 보관
- 신용카드 등의 거래정보를 전송받아 ERP(전사적 자원관리시스템)에 보관

③ 공제대상 신용카드매출전표 등

사업과 관련하여 매입한 금액에 대하여 신용카드 등으로 결제한 경우 세금계산서의 수취없이 신용카드매출전표 등에 의하여 매입세액으로 공제한다.

- 신용카드매출전표(결제대행업체 통한 거래 포함), 직불카드영수증, 선불카드(실지명의가 확인되는 것), 현금영수증
- 현금영수증을 소득공제용으로 수취한 경우 현금영수증 발급일로부터 18개월 이내의 거래분에 대하여는 지출증빙용으로 정정 가능하며, 사업자 본인·가족 및 종업원 명의 신용카드사용분 공제가능하다.

④ 매입세액 불공제 대상 신용카드매출전표 등

판매용 상품, 제조용 원재료 등 구입시 세금계산서의 수취없이 신용카드매출전표 등을 수취한 경우에는 매입세액을 공제하지 아니한다.

- 비영업용 소형승용차 관련 매입세액(유대 등)·접대비 관련 매입세액·사업과 관련없는 매입세액(가사용 매입 등)을 신용카드매출전표 등으로 수취한 경우
- 간이과세자·면세사업자로부터 신용카드매출전표 등을 수취한 경우
- 타인(종업원 및 가족 제외) 명의 신용카드를 사용한 경우
- 외국에서 발행된 신용카드

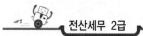

기본예제

10. 6001.(주)지성상사의 2022년 10월부터 12월까지의 기간동안 재화나 용역을 공급받고 신용카드 매출전표를 수취한 내용이다. 신용카드매출전표수취명세서(법인카드회원번호는 1234-5689-5114 -8512로 동일하게 사용한 것으로 본다)를 작성하고, 관련 금액을 제2기 확정분(10월~12월)부가가치세 신고서상에 반영하라. 단, 아래거래와 관련해서는 세금계산서를 수취하지 아니하였고, 모두 사업용카드사용하였으며, 이외의 거래사항은 없는 것으로 한다. 전표입력은 생략하고 직접 메뉴를 입력하여 완성한다.

거래처명(등록번호)	성명(대표자)	거래일자	발행금액(VAT포함)	공급자 업종 (과세유형)	거래내용
사이좋아슈퍼 (111-11-11119)	김두리	10,11	220,000원	소매업 (일반과세)	거래처 선물구입대
일동상회 (222-22-22227)	최일동	10.20	330,000원	음식점업 (일반과세)	직원회식대 (복리후생)
모닝글로리 (333-33-33336)	오알파	11.13	440,000원	소매업 (간이과세)	사무비품 구입
왕궁호텔 (555-55-55553)	박왕궁	11.20	550,000원	숙박업 (일반과세)	지방출장 숙박비

해설

[10-12월 2기확정 신용카드매출전표등수취금액합계표 입력화면]

1.사이좋아슈퍼에서 구입한것은 불공제대상인 접대목적의 구입

2.모닝글로리로부터 구입한 물품은 간이과세자로부터 구입이라서 공제안됨

☞ 2. 신용카드 등 매입내역 합계

구분	거래건수	공급가액	세액
합 계	2	800,000	80,000
현금영수증			
화물운전자복지카드			
사업용신용카드	2	800,000	80,000
기 타 신용카드			

☞ 3. 거래내역입력

월/일	구분	공급자	공급자(가맹점) 사업자등록번호	카드회원번호	기타 신용카드 등 거래내역 합계		
					거래건수	공급가액	세액
10-20	사업	일동상회	222-22-22227	1234-5689-5114-8512	1	300,000	30,000
11-20	사업	왕궁호텔	555-55-55553	1234-5689-5114-8512	1	500,000	50,000
			합계		2	800,000	80,000

[10-12월 2기확정 부가가치세 신고서화면]

매입세액				
세금계산서 수취분	일반매입	10		
	수출기업수입분납부유예	10		
	고정자산매입	11		
예정신고누락분		12		
매입자발행세금계산서		13		
그 밖의 공제매입세액		14	800,000	80,000
합계(10)-(10-1)+(11)+(12)+(13)+(14)		15	800,000	80,000
공제받지못할매입세액		16		
차감계 (15-16)		17	800,000 ⓛ	80,000
납부(환급)세액(매출세액ⓐ-매입세액ⓛ)			ⓜ	-80,000
경감 공제 세액	그 밖의 경감·공제세액	18		
	신용카드매출전표등 발행공제등	19		
	합계	20	ⓐ	
예정신고미환급세액		21	ⓑ	
예정고지세액		22	ⓒ	
사업양수자의 대리납부 기납부세액		23	ⓓ	
매입자 납부특례 기납부세액		24	ⓔ	
신용카드업자의 대리납부 기납부세액		25	ⓕ	
가산세액계		26	ⓖ	
차감.가감하여 납부할세액(환급받을세액)(ⓓ-ⓑ-ⓒ-ⓓ-ⓔ-ⓕ-ⓖ+ⓗ)		27		-80,000
총괄납부사업자가 납부할 세액(환급받을 세액)				

정구누락분				
합계		40		
신용카드매출 수령금액합계	일반매입			
	고정매입			
의제매입세액				
재활용폐자원등매입세액				
과세사업전환매입세액				
재고매입세액				
변제대손세액				
외국인관광객에대한환급/				
합계				

14.그 밖의 공제매입세액

신용카드매출 수령금액합계표	일반매입	41	800,000	80,000
	고정매입	42		
의제매입세액		43	뒤쪽	
재활용폐자원등매입세액		44	뒤쪽	
과세사업전환매입세액		45		
재고매입세액		46		
변제대손세액		47		
외국인관광객에대한환급세액		48		
합계		49	800,000	80,000

12. 가산세

가산세라 함은 세법에 규정하는 의무의 성실한 이행을 확보하기 위하여 의무태만에 대하여 본세에 가산하여 부과하는 금액을 말한다.

법률상 의무의 일부를 경감하거나, 그 전부를 면제하는 것을 말한다. 특정한 정책목적을 달성하기 위한 수단으로 또는 과세기술상의 이유로 하여 과세하여야 할 일정한 세액을 경감하여 주거나 면제해 주는 것을 조세의 감면이라고 한다.

종 류	사 유	가산세액 계산
전자세금계산서미발급가산세(확정신고기한까지 미발급시) 미교부 및 위장·가공세금계산서 교부 가산세 <small>수취분도 포함, 실제공급자·공급받는자가 아닌 타인을 기재시</small>		공급가액 × 2%(종이 1%) 사실과 다른 경우-공급가액× 2% 가공인 경우-공급가액× 3%
전자세금계산서 지연발급가산세 (공급일의 다음달 11일 - 확정신고기한까지 발급시)		공급가액 × 1%(지연수취는 0.5%)
전자세금계산서미전송가산세(확정신고기한까지 미전송시)		**공급가액 × 0.5%**
전자세금계산서지연전송가산세 (발급일의 다음날이후부터 - 확정신고기한)		**공급가액 × 0.3%**
영세율신고 불성실가산세	과세표준의 무신고·과소신고	공급가액 × 0.5% × 감면
	영세율첨부서류 미제출	
납부·환급불성실 가산세	납부세액의 무납부·과소납부	미달납부(초과환급)세액 × **(22/100,000)** × 미납일수
	초과환급받은 세액	※초과환급세액은 환급일 다음날부터 계산, 자진납부일 또는 고지일 포함
신고불성실가산세 (부당은 모두 40%)	무신고	해당세액 × 20% × 감면
	과소신고	해당세액 × 10% × 감면
	초과환급신고	해당세액 × 10% × 감면

① 법정신고기한 경과 후
  - 1개월 이내 : 90% 감면
  - 3개월 이내 : 75% 감면
  - 6개월 이내 : 50% 감면
  - 1년 이내 : 30% 감면
  - 1년 6개월 이내 : 20% 감면
  - 2년 이내 : 10% 감면

② 법정신고기한 경과 후
  - 1개월 이내 : 50% 감면
  - 3개월 이내 : 30% 감면
  - 6개월 이내 : 20% 감면

③ 매출처별세금계산서합계표불성실가산세

　1월 이내에 세금계산서 합계표를 제출하는 경우 가산세 50% 경감

④ 매출전자세금계산서 발급 전송분에 대해서는 매출세금계산서합계표 가산세를 적용하지 아니한다. (예규 : 부가가치세과－386 2015.02.05.)

기본예제

11. 6001.(주)지성상사의 제2기 부가가치세 예정신고 시 누락된 자료이다. 이를 반영하여 제2기 확정 부가가치세신고서의 가산세를 계산하여 입력하시오. 전자세금계산서 발행교부는 적정하게 수행되었으며, 제2기 확정 부가가치세신고납부는 다음년도 1월 25일에 이루어진다.

1. 당사의 제품 3,000,000원(시가 4,500,000원)을 거래처인 태성산업㈜에 접대목적으로 무상제공하였다.

2. 원재료 매입전자세금계산서 1건 (공급가액 2,500,000원, 세액 250,000원)

3. 사용하던 기계장치의 매출전자세금계산서 1건 (공급가액 9,000,000원, 부가가치세 900,000원)

4. 신고불성실은 일반과소에 해당한다.

해설

- 신고불성실가산세 : (900,000원 ＋ 450,000원 － 250,000원) × 10% × (1-75%)(92일내 신고로 감면) ＝ 27,500원
- 납부지연가산세 : 1,100,000원 × 22/100,000 × 92일 ＝ 22,264원
- 납부불성실가산세는「납부기한의 다음날(10월 26일)부터 자진납부일(1월 25일)까지」의 기간에 1일 22/100,000 을 적용

매출전자세금계산서 발급 전송분에 대해서는 매출세금계산서합계표 가산세를 적용하지 아니한다.
(예규 : 부가가치세과－386 2012.02.05.)

10-12월 2기확정신고 부가가치세신고서 조회화면

신고 불성실	무신고(일반)	69		뒤쪽	
	무신고(부당)	70		뒤쪽	
	과소·초과환급(일반)	71	1,100,000	뒤쪽	27,500
	과소·초과환급(부당)	72		뒤쪽	
납부지연		73	1,100,000	뒤쪽	22,264

Chapter

03

원천징수

01 기초코드관리

학습목표

▶ 급여작업및 연말정산을 위한 기초 사항의 입력방법 이해

[원천징수이행상황신고]

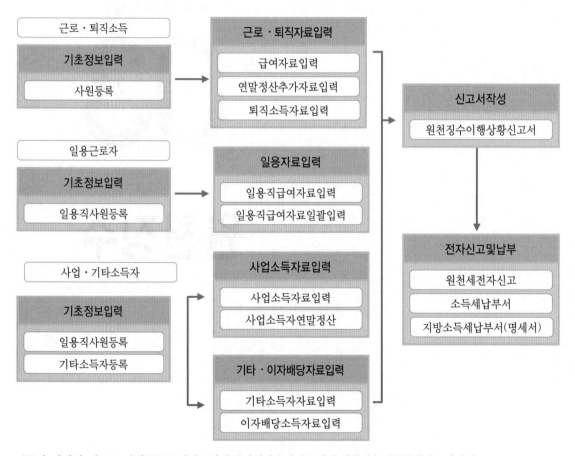

2급과 관련된 메뉴는 사원등록, 급여자료입력, 연말정산추가자료입력, 원천징수이행상황신고서이다.

1. 사원등록   ※6011 지성상사로 변경해서 입력할 것.

사원등록은 근로자의 인적사항 및 부양가족 사항을 등록하며 퇴직금 중간 정산에 대한
내역을 관리할 수 있는 메뉴이다

사례 6011.(주)지성상사의 사원에 대한 인적사항을 사원등록메뉴에 입력하시오. 직전연도 총급여는 3천만원이다.

구분	성 명	부서	주민등록번호	입사일
본인	101.홍수영	1생산직	771220-1845272	2010.01.05

서울시 동대문구 답십리로 100, 부양가족은 없고, 소득월액(보수월액)은 3,000,000원이다.

- **사번**

  숫자 또는 문자를 이용하여 10자 이내로 입력한다.

□	사번	성명	주민(외국인)번호
☐	101	홍수영	1	771220-1845272

- **성명**

□	사번	성명	주민(외국인)번호
☐	101	홍수영	1	771220-1845272

  ◉ 외국인에 해당하는 경우 여권에 기재된 영문명으로 작성 가능하며 성명 전부를 영문인쇄체로 기재

- **주민(외국인)번호**

  1.내국인 일 경우 1.주민등록번호를 선택하며, 2.외국인 일 경우 2.외국인등록번호 또는 3.여권번호를 선택한 후 등록번호를 입력한다. 외국인의 경우 출입국관리사무소에서 여권번호등을 확인가능하다.

□	사번	성명	주민(외국인)번호
☐	101	홍수영	1	771220-1845272

  ◉ 주민등록번호 : 소득자의 주민등록번호를 정확히 기재(잘못된 주민등록번호로 인해 향후 과다공제 점검대상자 선정 가능)

(1) **기본사항**

① 입사년월일 : 급여자료입력, 연말정산 등으로 반영되는 항목이므로 반드시 정확하게 입력한다.

| 1.입사년월일 | 2010 년 | 1 월 | 5 🔲 일 |

② 내/외국인 : 소득자가 주민번호가 있는 내국인인 경우에는 1.내국인, 아닌 경우에는 2.외국인을 체크한다.

| 2.내/외국인 | 1 | 내국인 |

③ 외국인국적

| 3.외국인국적 | KR 🔲 한국 |

④ 주민구분 : 1.주민등록번호, 2.외국인등록번호, 3.여권번호

| 4.주민구분 | 1 | 주민등록번호 | 주민등록번호 | 771220-1845272 |

○ 외국인의 경우 법무부가 부여한 외국인등록번호, 체류자신고를 하지 아니한 경우 여권번호 기재(외국인등록번호를 부여받은 외국인은 여권번호 기재할 수 없음)

⑤ 거주구분 : 1.거주자, 2.비거주자를 입력하며 비거주자일 경우 거주지국을 선택한다.

5. "거주자라 함은 국내에 주소를 두거나 국내에 183일 이상 거소를 둔 개인을 말한다."

| 5.거주구분 | 1 | 거주자 |

소득세법은 납세의무의 범위를 정함에 있어 거주자와 비거주자를 달리 취급하고 있으며 거주자는 전세계소득에 대해 납세의무를 부담하는 무제한납세의무자에 해당한다. 거주자는 내국인과는 다른 개념으로, 외국인이라 할지라도 국내에 주소를 두거나 1과세기간내 183일이상 거소를 둔 경우에는 거주자에 해당한다. 이처럼 소득세의 납세의무자를 결정하기 위하여 소득세법은 주소지 과세주의를 원칙으로 하고, 소득발생지과세주의를 가미하여 보완하고 있다. 거주자라 함은 그 국가의 법에 의하여 주소(domicile), 거소(residence), 사업의 관리장소, 기타 이와 유사한 기준에 따라 그 국가에서 납세의무가 있는 인을 의미한다.

⑥ 거주지국코드

| 6.거주지국코드 | KR | 한국 |

⑦ 국외근로제공 : 원양어선, 외항선원, 건설근로자(감리,설계수행자포함)은 300만원, 그 외는 100만원비과세

| 7.국외근로제공 | 0 | 부 |

⑧ 단일세율적용 : '외국인 근로자 단일세율적용 신청' 승인을 받은 외국인근로자는 1.여로 선택하며, 연말정산시 단일세율로 계산된다.

| 8.단일세율적용 | 0 | 부 |

외국인인 임원 또는 사용인이 국내에서 근무함으로써 받는 근로소득에 대해 해당 외국인근로자가 소득공제신고서에 외국인근로자단일세율적용신청서를 첨부하여 제출한 경우에는 해당 근로소득(비과세소득, 사업주부담 사회보험(국민연금제외) 포함)에 100분의 19를 곱한 금액을 그 세액으로 할 수 있다.

⑨ 생산직여부 : 생산직에 해당하는 근로자는 1.여 로 선택하며 급여 계산시 **월정급여 210만원** 이하이고, 직전년도 총급여가 3,000만원이하인 생산직 근로자는 '연장근로수당금액이 연 3000만원까지 비과세로 계산된다.

| 10.생산직등여부 | 1 | 여 | 연장근로비과세 | 1 | 여 | 전년도총급여 | 30,000,000 |

전년도 총급여는 전년도 연말정산추가자료입력의 총급여를 자동으로 표시한다.

⑩ 주소 : 신주소(도로명주소)를 입력한다.

| 10.주소 | 130-804 | 서울특별시 동대문구 답십리로 100 |
| | (답십리동) |

⑪ 국민연금(기준소득월액) : 기준소득월액을 입력하며 납부할 국민연금보험료를 자동으로 계산하여 보여준다.

11.국민연금(기준소득월액)	3,000,000	국민연금납부액	135,000

⑫ 건강보험료(표준보수월액) : 보수월액을 입력하며 납부할 건강보험료와 장기요양보험료를 자동으로 계산하여 보여준다.

13.건강보험보수월액	3,000,000	건강보험료경감	0	부	건강보험납부액	104,850
장기요양보험적용	1	여	장기요양보험납부액	12,860		

⑬ 고용보험적용

14.고용보험적용	1	여	(대표자 여부	0	부	)
고용보험보수월액	3,000,000	고용보험납부액	24,000			

⑭ 산재보험적용

14.산재보험적용	1	여

산재보험은 보험사업을 행하여 근로자의 업무상의 재해를 신속하고 공정하게 보상하고, 이에 필요한 보험시설을 설치·운영함으로써 근로자 보호에 기여함을 목적으로 하는 것으로, 산재보험법의 규정에 의하여 근로기준법의 적용을 받는 사업의 사업주는 당연히 산재보험의 보험가입자가 되며, 보험료는 전액 회사가 부담한다.

⑮ 퇴사년월일 : 퇴직금 중산 정산에 대한 내역을 관리하는 부분이다.

15. 정산일 입력시 퇴직금계산, 퇴직자료입력 메뉴로 반영되며, 15.퇴사년월일 입력시 실제 퇴직에 대한 정산일이 생성된다.

15.퇴사년월일	년	월	[...]	일

(2) **부양가족명세**

소득자 본인을 포함하여 부양가족에 대한 내역을 입력하며, 급여자료입력, 연말정산으로 반영된다.

① **기본공제인원**

소득세법상 공제대상이 되는 나이요건 20세 이하 60세 이상조건과 소득금액이 100만원 이하(근로소득만 있는 경우에는 총급여가 500만원이하)의 부양가족수를 각각 입력한다. (연말정산시 필수 체크 항목이며 부양가족사항을 먼저 등록하여 사원등록에 반영할 수도 있다.)

연말 관계	성명	내/외 국인	주민(외국인)번호	나이	기본공제	부 녀 자	한 부 모	경로 우대	장 애 인	자녀	출산 입양	위탁 관계
0	홍수영	내	1	771220-1845272	42	본인						

※ 연말관계 : 0.소득자 본인, 1.소득자의 직계존속, 2.배우자의 직계존속, 3.배우자

   4.직계비속(자녀+입양자), 5.직계비속(4 제외), 6. 형제자매, 7.수급자(1~6 제외)

   8.위탁아동(만 18세 미만)

◆ 부양가족 공제 현황

1. 기본공제 인원   (세대주 구분 [1] 세대주   )

본인	○	배우자	무	20세 이하		60세 이상	
2. 추가공제 인원		경로 우대		장 애 인		부 녀 자	부
		한 부 모	부	출산입양자			

3. 자녀세액공제 인원   자녀세액공제

◆ 자녀세액공제는 7세 이상 20세 이하의 자녀인 경우 공제 받을 수 있습니다.

   (7세 미만의 취학아동 포함/직접 선택)

② **추가공제인원**

- **70세 이상 경로** : 근로자 본인 또는 공제대상이 되는 부양가족(배우자포함)중 70세 이상 해당 인원수를 입력한다.
- **장애인** : 공제대상이 되는 장애자의 수를 입력한다.
- **부녀자세대주** : 여성근로자로 아래조건과 일치하면 입력한다.
- **한부모공제** : 직계비속입장에서 한쪽 부모만 있는 경우에 입력한다.

※ 부녀자와 한모가 같이 적용되는 경우는 한부모를 우선적용한다.

추가공제	공제요건	공제금액
경로우대자	기본공제대상자가 만70세 이상	1명당 연 100만원
장애인	기본공제대상자가 장애인	1명당 연 200만원
부녀자	• 배우자가 있는 여성근로자 • 배우자가 없는 여성근로자가 기본공제대상 부양가족이 있는 세대주, 종합소득금액이 3천만원이하인 경우만 가능	연 50만원
한부모	• 배우자가 없는 남녀 근로자로서 기본공제대상 직계비속이 있는 경우 • 해당 과세기간에 배우자가 사망한 경우로서 연말정산시 기본공제대상자로 배우자를 기본공제 신청한 경우에는 한부모 추가공제를 적용받을 수 없다.	연 100만원

01. 다음의 자료에 근거하여 6011,(주)지성상사의 사원 김갑석(사원등록코드 105번)의 사원등록을 완성하시오.

[입사일은 2007.1.1 ,전년도 급여는 당기와 동일]
1. 주소 : 서울시 동대문구 답십리로 108
2. 주민등록번호 : 6700827-1234563
3. 직급 : 사무직 부장
4. 건강보험료, 국민연금, 고용보험의 소득월액(보수월액)은 3,500,000원이라고 가정한다.

※ 김갑석의 생계를 같이하는 부양가족사항

관 계	성 명	연 령	참 고 사 항
본 인	김갑석	53세	본인
배우자	이을순	51세	소득없음(690228-2538337)
부 친	김홍도	80세	근로소득금액 1,600,000원(연간) 있음.(401227-1532924)
아 들	김수남	28세	소득없음. 대학생(920812-1234574)
딸	김수진	20세	야간학교재학(000630-4538222), 소득없음
처 남	이동수	27세	장애인복지법상 장애인(소득없음)(930925-1538925)

해설

1. 배우자공제 : 나이제한은 받지 않고 소득금액(받은소득-비과세-분리과세-필요경비)의 제한을 받는다.-
   배우자: 유
2.. 부양가족공제 : 나이제한, 소득금액제한 있다.
   직계비속 : 20세이하(장애인은 나이제한 없음)
   직계존속 : 60세이상
   형제자매 : 20세이하(장애인은 나이제한 없음), 60세이상
3. 공제사항
   배우자 : 1.유, 부양가족공제됨
   부친 : 나이요건은 충족하지만, 소득금액이 150만원(근로소득만 있는 경우)을 초과하므로 부양가족공제 안됨
   아들: 나이제한 때문에 부양가족공제 안됨
   딸 : 나이제한. 부양가족공제 안됨
   처남 : 장애인에 해당하므로 나이제한 없다.

1. 사원등록 기본사항

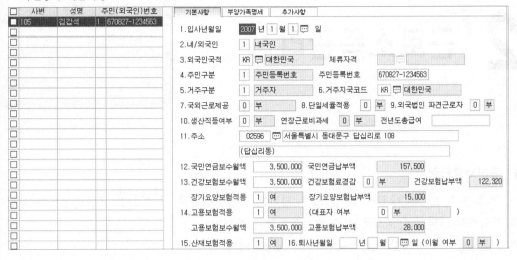

2. 사원등록의 부양가족명세

※ 연말관계 : 0.소득자 본인, 1.소득자의 직계존속, 2.배우자의 직계존속, 3.배우자

　　　　　4.직계비속(자녀+입양자), 5.직계비속(4 제외), 6. 형제자매, 7.수급자(1~6 제외)

　　　　　8.위탁아동(만 18세 미만)

◆ 부양가족 공제 현황

1. 기본공제 인원 　(세대주 구분 1 세대주 　)

| 본인 | ○ | 배우자 | 유 | 20세 이하 | 1 | 60세 이상 | |

2. 추가공제 인원

| | 경로 우대 | | 장 애 인 | 1 | 부 녀 자 | 부 |
| | 한 부 모 | 부 | 출산입양자 | | | |

3. 자녀세액공제 인원 　자녀세액공제 1

◆ 자녀세액공제는 7세 이상 20세 이하의 자녀인 경우 공제 받을 수 있습니다.

　(7세 미만의 취학아동 포함/직접 선택)

전체인원 2　재직자수 2　퇴직자수

※ 세대주여부 : 과세기간 종료일 현재 주민등록표등본에 따른 세대주 표기

02 근로소득관리

1. 급여자료입력

근로소득자료 입력은 매월의 급여자료를 입력하여 급여대장과 각 사원별 급여명세서를 작성하며 간이세액(매월의 근로소득세)을 원천징수하는 메뉴이다.

먼저 수당항목과 공제항목을 등록한 후에 사용하여야 한다.

사례 6011.(주)지성상사 101.홍수영의 매월급여 기본급 3,100,000원, 식대 200,000원, 자가운전보조금 100,000원이다.(모두 비과세요건 충족됨)급여지급은 매월 25일 일때, 1월 급여자료입력을 하시오.

(1) **귀속년월** : 근로를 제공한 월을 입력한다. 년도는 작업년도가 자동반영된다.

(2) **지급년월일**

- 급여를 지급한 년월일을 입력한다. 원천징수이행상황신고서에는 지급한 년월의 다음월 10일까지 신고하면 된다.
- 환경등록의 원천탭에서 2.급여지급형태에 따라 지급년월의 기본값을 제공해 준다.
- 동일 귀속년월에 지급일자를 달리해서 여러 번 지급된 경우도 지원한다.

[**지급일자 (F6)**]

귀속월별 지급일별 급여입력 내역을 요약하여 조회가능 하다.

- 마감여부 : 급여자료입력를 마감한 경우에 "마감"이라고 표기된다.
- 요약여부 : 요약 형태로 입력된 급여자료 입력의 경우 "요약"이라고 표기된다.
- 지급일자 수정(F3) : 지급일을 잘못 입력하여 수정하고자 할 때 클릭하면 지급일자 수정가능한 상태로 된다.
- 복사(F4) : 특정 일자의 급여자료 입력을 복사하고자 할 경우에 버튼을 클릭한다. 복사하고자 하는 귀속월을 입력하시면 선택한 자료가 복사된다. 단, 이미 퇴사한 사원의 급여는 복사되지 않는다.
- 다중복사(F7) : 특정 급여자료를 여러 월로 복사하고자 할 때 사용한다.

• 이동(F6) : 급여자료입력이 귀속월이 잘못되어 기존 입력사항을 이동하고자 할 때 사용한다.

(3) 화면구성

• 사번/사원명 : 귀속년월 전에 퇴사한 사원은 제외하고 반영한다.

• 급여항목 : 툴바의 수당공제의 수당등록에 있는 수당으로서 사용여부에 "여"로 되어 있는 수당을 반영한다.

• 공제항목 : 툴바의 수당등록 - 공제등록에 입력되어 있는 항목으로서 사용여부에 "여"로 되어 있는 공제를 반영한다.

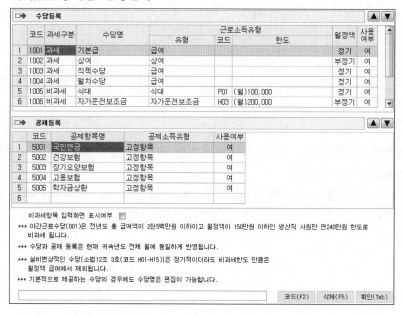

⑷ 급여항목

- 수당등록에서 기본으로 기본급, 상여, 직책수당 등의 과세 항목과 식대, 자가운전보조금 등 비과세 항목이 있다. 해당사항이 없는 경우 사용여부에서 "부"를 하면 본 화면에 나타나지 않는다. (삭제 안됨)

[수당공제 (F4)]

- 급여자료를 입력하기 전에 먼저 수당등록에 입력하여야 한다.
- 수당등록에 입력된 항목들은 작업년도 전체에 (1월~12월) 적용된다.
- 기본으로 수당항목과 공세 항목이 등록되어 있다.
- 수당등록에서 해당 수당이 없는 경우는 사용여부 란에서 "부"로 설정하여야 한다.
- 기본으로 제시하는 수당 항목 이외의 수당이 있는 경우 직접 입력한다.
- 추가로 입력한 수당은 삭제(F5)가 가능하다.
- 비과세 항목이더라도 한도를 초과한 금액은 자동 과세로 집계되며, 소득세 및 지방소득세를 계산한다.

□	사번	사원명	감면율		급여항목	금액		공제항목	금액
☑	101	홍수영			기본급	3,100,000		국민연금	135,000
□	102	김갑석			직책수당			건강보험	96,900
□					식대	200,000		장기요양보험	8,240
□					자가운전보조금	100,000		고용보험	20,800
□					연장근로수당			가불금	
□					보육수당			공제기금	
□					체력단련수당			노동조합비	
□								소득세(100%)	105,540
□								지방소득세	10,550
□								농특세	
□									
□									
□									
□									
□					과 세	3,200,000			
□					비 과 세	200,000		공 제 총 액	377,030
	총인원(퇴사자)	2(0)			지 급 총 액	3,400,000		차 인 지 급 액	3,022,970

⑸ 공제항목

① 국민연금/건강보험/장기요양보험료 : 사원등록에서 입력한 국민연금납부액과 건강보험료납부액과 장기요양보험료가 반영된다.

  ➡ 급여자료 입력에서 국민연금 등 입력 후에 사원등록의 국민연금 등에 변동사항이 생겨서 재 반영하고자 할 때 툴바의 재계산에서 사원정보변경 국민연금 등 재계산을 같이 하여야 한다.

② 소득세 : 각 사원별 과세금액을 간이세액조견표상의 소득세로 자동계산 반영한다.

　• 지방소득세 : 소득세 × 10% 자동반영 한다.(독립세율로 바뀌었지만, 현재는 소득세체계와 동일하므로 10%, 십원 미만)

(6) 중도퇴사자정산(F7)

직전 년도의 연말정산에서 산출된 소득세 등을 다음년도 2월 급여 지급시 환급 또는 공제하고 지급하기 위해서 사용하는 화면이다.(지급년월일이 2월인 경우 조회가능)

• 연말정산데이타 적용 : 공제항목에 연말정산 소득세, 연말정산 주민세, 연말정산 농특세 항목이 생기면서 각 사원별 금액 반영한다.

• 새로불러오기 : 직전년도 연말정산추가자료입력의 67.차감징수세액을 반영한다.

• 적용해제 : 연말정산데이타 적용해서 추가된 연말정산 소득세 등 항목을 삭제한다.

연말정산					✕
	사원코드	사원명	소득세	지방소득세	농특세
1	101	홍수영			
2	105	김갑석			
	합계				

*** 소득세/지방소득세/농어촌특별세는 전년도 연말정산추가자료 입력의 차감징수세액을 반영함

[연말정산데이타적용] [새로불러오기] [인쇄] [적용해제] [취소(Esc)]

(7) 마감 (F8)

입력된 급여자료 입력의 데이터 보존을 위해서 마감한 경우 데이터 수정 및 삭제를 불가능하게 한다.

(8) 재계산 (Ctrl + F6)

• 소득세 등 다시 계산하고자 할 때 사용하는 기능이다.

• 급여자료입력의 좌측 하단에 표기되는 사원정보는 저장된 사원정보이다.
급여자료 입력 후에 사원등록의 변경된 사원정보를 반영하고자 할 때 사원정보 변경을 통해 하여야 한다.

(9) 이메일 (Ctrl + F8)

각 사원별 급여 내역을 메일로 보내는 기능이다.
사원등록에 있는 부서 및 직책, 이메일을 자동 반영한다.

01. 6011.(주)지성상사의 사원 105. 김갑석의 다음 1월 급여자료를 급여자료입력 메뉴에 입력하여 소득세 원천징수세액을 산출하고, 필요한 수당등록은 추가등록할 것. *급여지급일은 25일, 건강, 국민연금은 자동계산액으로 함. (식사는 제공받지 않았고, 자가운전보조금은 본인소유차를 업무에 사용하고 별도비용수령하지 않았으며 다른 비과세는 요건을 충족하였으며 가불금과 공제기금.노동조합비의 구분은 기타로 한다.)

기본급 및 제수당, 공제사항						
기본급	직책수당	식대	자가운전보조금	연장근로수당	육아수당	체력단련수당
3,500,000	80,000	150,000	200,000	250,000	120,000	200,000

가불금	공제기금	노동조합비
500,000	40,000	20,000

해설

수당등록

코드	과세구분	수당명	근로소득유형 유형	근로소득유형 코드	근로소득유형 한도	월정액	사용여부
4	1004	과세	월차수당	급여			정기	부
5	1005	비과세	식대	식대	P01	(월)100,000	정기	여
6	1006	비과세	자가운전보조금	자가운전보조금	H03	(월)200,000	부정기	여
7	1007	비과세	연장근로수당	야간근로수당	001	(년)2,400,000	부정기	여
8	2001	비과세	보육수당	육아수당	Q01	(월)100,000	정기	여
9	2002	과세	체력단련수당	급여			정기	여

공제등록

코드	공제항목명	공제소득유형	사용여부
3	5003	장기요양보험	고정항목	여
4	5004	고용보험	고정항목	여
5	5005	학자금상환	고정항목	여
6	6001	가불금	대출	여
7	6002	공제기금	기타	여
8	6003	노동조합비	기부금	여

1. 수당공제등록 입력화면
동일한 명칭이 있으면 그대로 사용하고, 다른 내용이 있으면 수당명을 수정하여 사용한다. 아예 없으면 추가입력하여 사용한다.

사번	사원명	감면율	급여항목	금액	공제항목	금액
101	홍수영		기본급	3,500,000	국민연금	157,500
102	김갑석		직책수당	80,000	건강보험	113,050
			식대	150,000	장기요양보험	9,620
			자가운전보조금	200,000	고용보험	26,650
			연장근로수당	250,000	가불금	500,000
			보육수당	120,000	공제기금	40,000
			체력단련수당	200,000	노동조합비	20,000
					소득세(100%)	99,320
					지방소득세	9,930
					농특세	
			과 세	4,100,000		
			비 과 세	400,000	공 제 총 액	976,070
총인원(퇴사자)	2(0)		지 급 총 액	4,500,000	차 인 지 급 액	3,523,930

2월에서 12월분을 같은 방법으로 급여자료입력한다.

사례 1월 급여자료를 2월에서 12월까지 입력하고 전월미환급세액이 25,000원일 때 1월 원천징수이행 상황신고서를 작성하시오.

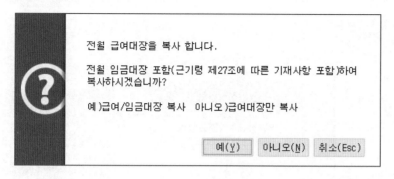

전월 급여대장을 복사 합니다.

전월 임금대장 포함(근기령 제27조에 따른 기재사항 포함)하여 복사하시겠습니까?

예)급여/임금대장 복사   아니오)급여대장만 복사

예(Y)   아니오(N)   취소(Esc)

원천징수이행상황신고서(1월)

101.홍수영과 105.김갑석의 귀속기간: 근로제공기간(1월), 지급기간: 급여실제 지급월(1월)

| 원천징수명세및납부세액 | 원천징수이행상황신고서 부표 | 원천징수세액환급신청서 | 기납부세액명세서 | 전월미환급세액 조정명세서 | 차월이월환급세액 승계명세 |

		코드	인원	소득지급		징수세액			당월조정 환급세액	납부세액	
				총지급액	소득세 등	농어촌특별세	가산세			소득세 등	농어촌특별세
개인 거주자 비거주자	근로소득	간이세액	A01	2	7,400,000	204,860						
		중도퇴사	A02									
		일용근로	A03									
		연말정산	A04									
		(분납금액)	A05									
		(납부금액)	A06									
		가 감 계	A10	2	7,400,000	204,860			25,000	179,860		
	퇴직소득	연금계좌	A21									
		그 외	A22									
		가 감 계	A20									
	사업소득	매월징수	A25									
		연말정산	A26									
		가 감 계	A30									
	기타소득	연금계좌	A41									
		종교인매월	A43									
		종교인연말	A44									

전월 미환급 세액의 계산			당월 발생 환급세액				18.조정대상환급(14+15+16+17)	19.당월조정환급세액계	20.차월이월환급세액	21.환급신청액
12.전월미환급	13.기환급	14.차감(12-13)	15.일반환급	16.신탁재산	금융회사 등	합병 등				
25,000		25,000	25,000				25,000	25,000		

전월미환급"난에 27,500원 (지방소득세 2,500원포함되어 있음)

※ 12번 전월미환급란에 지방소득세를 뺀금액을 입력한다.(참고로 지방소득세는 환급이 되지 않기 때문임)

2. 연말정산추가자료입력

[근로소득 연말정산]

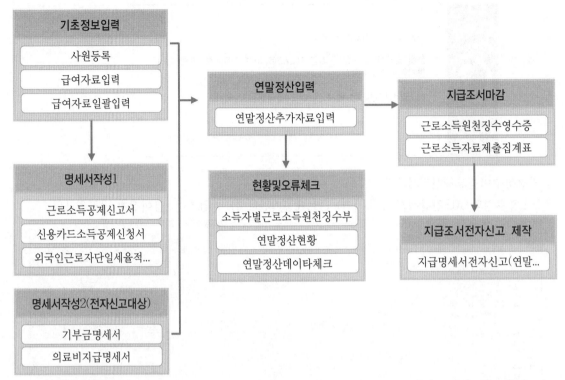

연말정산 추가자료 입력이란 연말정산에 필요한 사항을 사원등록, 급여자료입력 메뉴에서 입력한 경우 사용한다. 본 프로그램으로 매월 급여자료를 입력을 반영하며, 입력되지 않은 특별공제, 기타소득공제, 세액공제, 감면세액, 종(전)근무지 자료를 추가로 입력하는 메뉴이다.
급여자료 입력에서 입력된 자료가 자동집계되어 표시되므로 소득자별근로소득원천징수부와 비교가 가능하다.

> **사례** 6011.(주)지성상사 101.홍수영 본인의 보장성생명보험료 700,000, 의료비 900,000, 대학원 교육비 5,000,000원과 교회헌금 1,100,000원(영신교회 ,고유번호 204-82-79269) 전통시장사용 신용카드 800,000원, 퇴직연금 900,000원(새마을금고 123-12-3256), 월세지출액(임대인:정한석, 650827-1234563, 다세대, 80㎡,임대차계약서상 주소: 서울시 동대문구 답십리로 100, 임대기간 2019.01.01 ~2021.12.31)이 1,200,000원인 경우 연말정산자료입력을 입력하시오.(국세청자료이며, 공제요건은 모두 충족됨)

(1) 계속 탭, 중도 탭, 총괄 탭으로 구성되며, 계속 탭에서는 계속근무자 (퇴사일자가 없는 사원), 중도 탭에서는 현재 작업년도에 퇴사한 사원, 총괄 탭에서는 계속근무자와 중도퇴사자 모두 반영한다.

| 계속 | 중도 | 총괄 |

(2) 툴바의 전체사원을 클릭하면 계속탭에서는 계속근무자만 불러온다.

사번에서 F2 코드도움으로 사원을 선택 입력 할 수 있다.

(3) 각 사원별로 소득명세, 부양가족소득공제, 연금/저축등, 월세액등소득공제, 연말정산입력 탭, 연말정산내역조회탭으로 구성된다.

소득명세	부양가족소득공제	연금저축 등	월세액등소득공제	연말정산입력	연말정산내역조회

① 소득명세 탭 : 주(현), 납세조합, 종(전)의 급여 등 과세 항목과 비과세 항목을 입력한다.

② 부양가족소득공제입력 탭 : 주(현)근무지의 국민연금 및 건강보험, 장기요양보험, 고용보험 금액은 기타의 보험료에 반영됨된다.

의료비 와 교육비와 신용카드 등 사용액 공제 항목의 경우, 연말정산입력에서 추가적으로 입력할 필요 없이 자동 반영 가능하다.

③ 연금/저축 등 탭

• 퇴직연금계좌(퇴직연금과 과학기술인공제)이 연말정산입력 탭의 33.연금계좌소득공제로 반영

소득명세	부양가족	연금저축 등 I	연금저축 등 II	월세,주택임차	연말정산입력		확대
1 연금계좌 세액공제 - 퇴직연금계좌(연말정산입력 탭의 57.과학기술인공제, 58.근로자퇴직연금)							크게보기
퇴직연금 구분	코드	금융회사 등	계좌번호(증권번호)	납입금액	공제대상금액		세액공제금액
1.퇴직연금	110	새마을금고	123-12-3256	900,000	900,000		135,000

• 연금저축계좌(연금저축과 개인연금저축)의 구분 별로 불입금액이 연말정산입력 탭의 연금계좌소득공제와 개인 연금저축소득 공제의 지출액에 반영된다.

2 연금계좌 세액공제 - 연금저축계좌(연말정산입력 탭의 38.개인연금저축, 59.연금저축)						크게보기
연금저축구분	코드	금융회사 등	계좌번호(증권번호)	납입금액	공제대상금액	소득/세액공제액
	1.개인연금저축					
	2.연금저축					
개인연금저축						
연금저축						

• 주택마련저축공제(청약저축, 주택청약종합저축, 근로자주택마련저축)의 구분 별로 불입금액이 연말정산입력 탭의 주택마련 저축소득공제의 지출액등에 반영된다.

3 주택마련저축 공제(연말정산탭의 40.주택마련저축소득공제)					크게보기
저축구분	코드	금융회사 등	계좌번호(증권번호)	납입금액	소득공제금액
	1.청약저축				
	2.주택청약종합저축(2015.1.1이전 가입)				
	3.주택청약종합저축(2015.1.1이후 가입)				
	4.근로자주택마련저축				
청약저축					
주택청약종합저축					
근로자주택마련저축					

④ 주택자금소득공제
- 주택임차차입금 원리금상환액공제

  무주택 세대의 세대주인 근로자가 국민주택규모의 주택을 임차하기 위하여 대출기관이나 개인으로부터 차입한 차입금에 대해 해당 과세기간 동안의 차입금 원리금 상환액의 40%에 해당하는 금액을 공제(공제한도 연 300만원)
- 장기주택저당차입금 이자상환액 공제

  무주택 세대의 세대주인 근로자가 취득당시 주택의 기준시가가 **5억원 이하**인 주택을 취득하기 위하여 그 주택에 저당권을 설정하고 금융회사 또는 주택법에 따른 국민주택기금 등으로부터 차입한 장기주택저당차입금의 이자상환액을 공제

(4) 연말정산입력 탭

주택임차 차입금 원리금 상환액 등 첨부서류가 필요 없이 직접 입력 가능한 항목의 경우 입력한다.

[기본사항]
- 정산년월 : 연말정산을 하는 년월이므로 2022년도 년말정산인 경우 2023년 2월로 자동 표기된다.
- 귀속기간 : 사원등록에서 입력한 입사년월과 퇴사년월이 자동 체크되어 반영된다.
- ❂ 총급여 : 급여자료입력의 총지급액에서 비과세를 제외한 급액이 자동입력된다.

구분			지출액	공제금액		구분	지출액	공제대상금액	공제금액
소득공제 특별소득공제	연금보험료공제	사립학교교직원			세액공제	58.근로자퇴직연금	900,000	900,000	135,000
		별정우체국연금				59.연금저축			
	33.보험료		1,511,280 1,511,280	1,511,280	특별세액공제	60.보장성보험 일반	700,000	700,000	84,000
		건강보험료	1,261,680	1,261,680		장애인			
		고용보험료	249,600	249,600		61.의료비	900,000	900,000	
	34.주택차입금 원리금상환액	대출기관				62.교육비	5,000,000	5,000,000	750,000
		거주자				63.기부금	1,100,000	1,100,000	165,000
	34.장기주택저당차입금이자상					1)정치자금기부금 10만원이하			
	35.기부금-2013년이전이월분					10만원초과			
	36.특별소득공제 계			1,511,280		2)법정기부금(전액)			
37.차감소득금액				22,758,720		3)우리사주조합기부금			
그밖의소득공제	38.개인연금저축					4)지정기부금(종교단체외)			
	39.소기업,소상공인 공제부금	2015년이전가입				5)지정기부금(종교단체)	1,100,000	1,100,000	165,000
		2016년이후가입				64.특별세액공제 계			999,000
	40.주택마련저축 소득공제	청약저축				65.표준세액공제			
		주택청약				66.납세조합공제			
		근로자주택마련				67.주택차입금			
	41.투자조합출자 등 소득공제					68.외국납부 ▶			
	42.신용카드 등 사용액		800,000			69.월세액		1,200,000 1,200,000	144,000

구분		소득세	지방소득세	농어촌특별세	계
72.결정세액		359,008	35,900		394,908
기납부세액	73.종(전)근무지				
	74.주(현)근무지	1,266,480	126,600		1,393,080
75.납부특례세액					
76.차감징수세액		-907,470	-90,700		-998,170

(5) 신용카드 등 사용금액 소득공제

▶ 신용카드 등 사용금액 공제액 산출 과정			총급여		38,400,000	최저사용액(총급여 25%)			9,600,000
구분		대상금액	공제율금액	공제제외금액	공제가능금액	공제한도	일반공제금액	추가공제금액	최종공제금액
전통시장/ 대중교통 제외	㉮신용카드		15%						
	㉯현금영수증		30%						
	㉰직불/선불카드		30%						
㉱도서공연사용분			30%						
㉲전통시장사용분		800,000	40%						
㉳대중교통이용분									
신용카드 등 사용액 합계(㉮~㉳)		800,000		아래참조*1	공제율금액- 공제제외금액	아래참조*2	MIN[공제가능금 액,공제한도]	아래참조*3	일반공제금액+ 추가공제금액

근로소득이 있는 거주자(일용근로자 제외)가 사업자로부터 재화나 용역을 제공받고 신용카드 등을 사용한 금액이 있는 경우에는 다음의 금액을 해당 과세연도의 근로소득금액에서 공제한다.

① 신용카드 등 사용금액

신용카드 등의 사용금액이란 다음 금액의 연간합계액을 말하는 것이며, 국외에서 사용한 금액은 제외된다.

- 신용카드를 사용하여 그 대가로 지급하는 금액
- 현금영수증(조세특례제한법에 따라 현금거래사실을 확인받은 것 포함)에 기재된 금액
- 직불카드 또는 선불카드(실지명의가 확인되는 기명식선불카드만 해당), 직불전자지급수단, 선불전자지급수단(실지명의가 확인되는 기명식선불전자지급수단만 해당) 또는 전자화폐(실지명의가 확인되는 기명식전자화폐만 해당)를 사용하여 그 대가로 지급하는 금액
- 제로페이
- 도서공연비(신문포함), 전통시장, 대중교통이용분등

② 공제대상 신용카드 사용액

- 신용카드 등의 사용자 : 거주자 본인과 배우자 및 직계존비속(배우자의 직계존속 포함)과 동거입양자가 사용한 금액을 대상으로 한다. 사용대상자 중 본인 이외의 자 중에서 연간소득금액이 100만원(근로소득만 있는 경우에는 총급여가 500만원)을 초과하는 자의 사용액은 제외된다. 기본공제의 대상이 된 생계를 같이 하는 부양가족 중 형제자매 등이 사용한 금액은 제외된다.
- 신용카드불공제대상(과표양성화와 무관한 것)

- 부동산 임대소득.사업소득과 관련된 비용
- 법인의 비용(=회사경비)에 해당하는 경우
- 물품의 판매 또는 용역의 제공을 가장하는 등 신용카드, 직불카드, 직불전자지급수단, 기명식선불카드, 기명식선불전자지급수단, 기명식전자화폐 또는 현금영수증의 비정상적인 사용행위에 해당하는 경우
- 신규로 출고되는 자동차를 신용카드, 직불카드, 직불전자지급수단, 기명식선불카드, 기명식선불전자지급수단, 기명식전자화폐 또는 현금영수증으로 구입하는 경우
- 건강보험료, 연금보험료, 그 밖의 각종 보험계약의 보험료 또는 공제료
- 학교(대학원 포함) 및 보육시설에 납부하는 수업료·입학금·보육비용 기타 공납금
- 정부 또는 지방자치단체에 납부하는 국세·지방세, 전기료·수도료·가스료·전화료(정보사용료·인터넷이용료 등 포함)·아파트관리비·텔레비전시청료(「종합유선방송법」에 의한 종합유선방송의 이용료를 포함한다) 및 고속도로통행료
- 상품권 등 유가증권 구입비
- 현금서비스
- 해외에서 사용한 카드대금
- 형제자매가 사용한 카드대금

- 리스료(자동차대여사업의 자동차대여료 포함)
- 취득세 또는 등록세가 부과되는 재산의 구입비용(**단, 중고자동차 구입은 10%공제**)
- 부가가치세 과세업종 외의 업무를 수행하는 국가·지방자치단체 또는 지방자치단체조합(의료기관 및 보건소 제외)에 지급하는 사용료·수수료 등의 대가
- 차입금 이자상환액, 증권거래수수료 등 금융·보험용역과 관련한 지급액, 수수료, 보증료 및 이와 비슷한 대가
- 정당(후원회 및 각 급 선거관리위원회 포함)에 신용카드 또는 직불카드로 결제하여 기부하는 정치자금(세액공제 및 소득공제를 적용받은 경우에 한한다)
- 그 밖에 위와 비슷한 것

③ 신용카드 등 소득공제금액
- 신용카드 등 사용금액 합계
  = [신용카드 + 직불카드 + 기명식선불카드 + 백화점카드 + 현금영수증]
- 신용카드 소득공제(현금영수증포함)-신용카드 및 사용종류에 따라 15%에서 40%, 추가공제 적용

3. 특별세액공제

(1) 보험료세액공제

60.보장	일반	700,000	700,000	700,000	84,000
성보험	장애인				

근로소득이 있는 거주자가 다음에 해당하는 보장성보험의 보험료를 지급한 경우 다음의 금액을 종합소득산출세액에서 공제한다.

보험료세액공제액 = ㉠ + ㉡
㉠ 장애인전용 보장성보험료 : Min[보험료 지급액, 연 100만원] × 15%
㉡ 일반 보장성보험료 : Min[보험료 지급액, 연 100만원] × 12%

• 장애인전용 보장성보험료 : 기본공제대상자 중 장애인을 피보험자 또는 수익자로 하는 보험료
• 일반 보장성 보험료 : 기본공제대상자를 피보험자로 하는 법 소정의 보장성보험료(위 ㉠에 따른 장애인전용보장성보험료는 제외함)

(2) 의료비세액공제

구분	지출액	실손의료비	공제대상금액	공제금액
난임시술비				
본인				
65세,장애인,건강보험산정특례자				
그 밖의 공제대상자				

확인(Esc)

근로소득이 있는 거주자가 기본공제대상자(연령 및 소득의 제한을 받지 아니한다)를 위하여 법 소정의 의료비를 지급한 경우 다음의 금액을 종합소득산출세액에서 공제한다.

의료비세액공제액 = [㉠ + ㉡] × 15%(난임시술비는 20%)
㉠ 본인·과세기간 종료일 현재 65세 이상인 자·장애인, 난임시술비를 위한 의료비
㉡ Min[㉠의 의료비 − 총급여액 × 3%, 700만원]
　성실사업자의 의료비세액공제시에는 '사업소득금액'으로 한다.
㉡의 금액이 부(−)인 경우에는 의료비세액공제액 계산시 ㉠의 금액에서 차감한다.

① 공제대상 의료비의 범위

기본공제대상자(연령 및 소득금액의 제한을 받지 아니함)를 위하여 당해 근로자가 직접 부담하는 의료비.

• 진찰·진료·질병예방을 위하여 규정에 의한 의료기관(종합병원·병원·치과병원·한방병원·요양병원·의원·치과의원·한의원 및 조산원)에 지급하는 비용
• 치료·요양을 위하여 약사법의 규정에 의한 의약품(한약 포함)을 구입
• 장애인보장구를 직접 구입 또는 임차하기 위하여 지출한 비용
• 의사·치과의사·한의사 등의 처방에 따라 의료기기를 직접 구입 또는 임차
• 시력보정용 **안경 또는 콘택트렌즈 구입의 1인당 연 50만원 이내**의 금액
• 보청기 구입을 위하여 지출한 비용
• **산후조리원비(총급여 7천만원이하자, 1회 200만원한도)사업소득금액6천마원이하인자 및 성실신고확인 대상자**
• 입원비
• 중층질환자. 희귄난치성질환자 또는 결핵환자

② 의료비 공제사례

- 의료기관에서 받는 **건강진단을 위한 비용**
- 임신 중 초음파·양수검사비, 출산관련 분만비용, 질병예방을 위한 근시 교정시술비·스케일링비용은 공제대상 의료비에 해당되며, 불임으로 인한 인공수정시술을 받은 경우에는 그에 따른 검사료, 시술비
- LASIK(레이저각막절삭술) 수술비용
- 미숙아.선천성이상아에 대한 의료비
- 난임시술비

③ 의료비 불공제사례

- 근로자가 사내근로복지기금으로부터 지급받은 의료비
- 근로자가 당해연도에 지급한 의료비 중 근로자가 가입한 상해보험 등에 의하여 보험회사에서 수령한 보험금으로 지급한 의료비
- 의료법에서 규정하는 의료기관에 해당되지 아니하는 외국의 의료기관에 지출한 비용
- 실제 부양하지 아니하는 직계존속이나 생계를 같이하지 아니하는 형제자매의 의료비
- 건강기능식품에 관한 법률에 의한 건강기능식품을 구입하고 지급하는 비용
- 간병비로 지급되는 비용

(3) 교육비세액공제

구분	지출액
취학전아동(1인당 300만원)	
초중고(1인당 300만원)	
대학생(1인당 900만원)	
본인(전액)	5,000,000
장애인 특수교육비	

교육비 지출액의 15%를 세액공제한다.

① 공제대상 교육비

근로자가 기본공제대상자(연령의 제한을 받지 않음)를 위하여 공제대상 교육기관 등에 지급한 수업료, 입학금, 보육비용, 수강료, 방과후학교 수업료, 교재대, 식대, 초중고생의 **체험학습비**(1인 30만원한도), 학자금대출상환, **중고생교복(체육복)구입비**(50만원한도)등의 합계액을 일정금액 한도 내에서 공제받을 수 있다.

② 공제대상 교육기관

- 평생교육법에 의한 원격대학
- 학점인정 등에 관한 법률 및 독학에 의한 학위취득에 관한 법률에 따른 교육 과정
- 영유아보육법에 의한 보육시설
- 학원의 설립·운영 및 과외교습에 관한 법률에 월단위 교습에 의한 학원

- 취학전 아동이 교습 등을 받는 체육시설(주 1회이상 월단위 과정)
- 국외교육기관
- 근로자직업능력개발법의 규정에 의한 직업능력개발훈련시설
- 보건복지부장관이 장애인재활교육을 실시하는 기관으로 인정한 법인 등

③ 교육비 공제금액에서 제외되는 금액
- 당해 연도에 지급한 교육비 중에 소득세 또는 증여세가 비과세되는 수업료
- 소득세 또는 증여세가 비과세되는 장학금 또는 학자금

④ 교육비 공제대상
- 학생인 당해 근로자를 위하여 지급한 수업료. 이 경우 대학(원격대학 및 학위취득과정을 포함) 또는 대학원의 1학기 이상에 상당하는 교육과정(대학원의 총경영자과정, 전문상담교사 양성과정 등)과 고등교육법의 규정에 따른 시간제 과정에 등록하여 지급하는 수업료 등을 포함한다.
- 기본공제대상자인 배우자·직계비속·형제자매 및 입양자를 위하여 지급한 수업료 등
- 국외교육기관의 학생을 위하여 수업료 등을 지급하는 경우에는 다음의 요건을 갖춘 학생에 한한다. 단, 고등학교와 대학교는 유학규정 적용하지 아니한다.

공 제 대 상 자
• 국외유학에 관한 규정 제5조에 의해 자비유학의 자격이 있는 학생 • 국외유학에 관한 규정 제15조에 의해 유학을 하는 자로서 부양의무자와 국외에서 동거한 기간이 1년 이상인 학생

- 당해 근로자를 위하여 근로자직업능력개발법의 규정에 의한 직업능력개발훈련시설에서 실시하는 직업능력개발을 위하여 지급한 수강료. 다만, 고용보험법의 규정에 의한 근로자 수강지원금을 받는 경우에는 이를 차감한 금액으로 한다.
- 기본공제대상자인 장애인(소득금액의 제한을 받지 아니함)을 위하여 시설 등에 장애인의 재활교육을 위하여 지급하는 비용

⑤ 교육비 공제사례
- 기본공제대상인 시동생이나 처제을 위해 지출하는 교육비
- 교육비공제와 「자녀양육비공제」 추가공제에 해당하는 경우에는 모두 공제
- 고등학교 재학 중에 특차모집에 합격하여 납부한 대학 등록금은 대학생이 된 연도의 교비공제대상이다.
- **근로자 본인이 대학원**에 입학하기 전에 납부한 교육비는 입학하여 대학원생이 된 연도에 공제받을 수 있다.
- 기성회비, 예능학교 등의 정규교과과정에 해당하는 실기교육을 위한 실기지도비
- 학교로부터 받는 장학금 등으로 등록금 감면액이 있는 경우 실제 납부한 금액만 공제되는 것이다.

- 국외교육비 중 여름학교수업료, 과외활동비가 정규교육과정에 해당되는 경우에만 교육비 공제대상이다.

⑥ 교육비 불공제사례
- 직계존속에 대한 교육비(단. 장애인특수교육비는 나이와 소득제한없이 무조건 공제)
- 수업료와는 별도로 정규수업시간 이외의 시간에 실시하는 실기지도에 따른 외부강사의 보수를 지급하기 위한 실기지도비
- 학교버스이용료, 기숙사비
- 초·중등교육법에 의하여 교육감으로부터 학교로 인가받지 아니한 국내 외국인학교에 지출한 교육비
- 국외교육기관에 해당되지 아니하는 외국의 대학부설 어학연수과정에 대한 수업료

(4) 기부금세액공제-**나이제한없고**, 소득제한 있음

구분	지출액	공제대상금액	공제금액
정치자금 기부금(10만원 이하분)			
정치자금 기부금(10만원 초과분)			
법정이월(2013년)			
법정당해기부금			
법정이월(2014년)			
법정이월(2015년)			
법정이월(2016년)			
법정이월(2017년)			
법정이월(2018년)			
우리사주조합기부금			
종교단체외이월(2013년이전)			
종교단체이월(2013년이전)			
종교단체외 당해기부금			
종교단체외이월(2014년)			
종교단체외이월(2015년)			
종교단체외이월(2016년)			
종교단체외이월(2017년)			
종교단체외이월(2018년)			
종교단체 당해기부금	1,100,000	1,100,000	165,000
종교단체이월(2014년)			
종교단체이월(2015년)			
종교단체이월(2016년)			
종교단체이월(2017년)			
종교단체이월(2018년)			

기부금이 1천만원 이하인 경우에는 지급액의 15%를 세액공제

기부금이 1천만원 초과하는 경우에는 초과분에 대해 지급액의 30%를 세액공제한다.

> 세액공제대상 기부금 금액 = 법정기부금 + Min[지정기부금, 한도액],이월기부금을 우선공제

① 법정 기부금
- 국가 또는 지방자치단체(지방자치단체 조합 포함)에 무상으로 기증하는 금품의 가액.
- 국방헌금과 위문금품
- 천재·지변, 특별재난지역으로 선포된 사유로 생긴 이재민을 위한 구호금품
- 특별재난지역의 복구를 위하여 자원봉사한 경우 그 자원봉사용역의 가액

> 자원봉사용역의 가액 산정 (㉠ + ㉡)
> ㉠ 자원봉사용역의 가액 = 봉사일수 × 5만원
>   (봉사일수 = 총 봉사시간 ÷ 8시간, 소수점 이하 부분은 1일로 보아 계산)
> ㉡ 당해 자원봉사용역에 부수되어 발생하는 유류비·재료비 등 직접 비용은 제공할 당시의 시가 또는 장부가액

- 사회복지공동모금회법에 의한 사회복지공동모금회에 지출하는 기부금과 바보의 나눔지출
- 대한적십자사조직법에 따른 대한적십자사에 지출하는 기부금
- 사립학교등(시설비,교육비, 장학금, 연구비)
- 대학병원등(시설비, 교육비, 연구비)
- 정치자금법에 따라 정당(후원회 및 선거관리위원회 포함)에 기부한 정치자금

② 우리사주조합에 지출하는 기부금
우리사주조합원이 그가 속한 우리사주조합에 지출하는 기부금 제외

③ 공익성 기부금
사회·복지·문화·예술·교육·종교·자선 등 공익성기부금
- 지정기부금단체 등의 고유목적사업비로 지출하는 기부금
- 개인에게 교육비·연구비 또는 장학금으로 지출하는 기부금
- 지역새마을사업을 위하여 지출하는 기부금
- 불우이웃을 돕기 위하여 지출하는 기부금
- 근로자복지기본법에 의한 근로자복지진흥기금으로 출연하는 기부금
- 노동조합에 납부한 노동조합비
- 아동복지법에의 규정에 의한 아동복지시설
- 노인복지법의 규정에 의한 무료노인복지시설(단, 경로당등은 제외)
- 장애인복지법의 규정에 의한 장애인생활시설, 장애인지역사회재활시설(장애인 공동생활가정은 비영리법인 또는 사회복지법인이 운영하는 것에 한함), 장애인직업재활시설(장애인 생산품판매시설은 제외)등

4. 월세세액공제

총급여액 7천만원 이하 무주택 세대주가 지급한 월세액(연 750만원 한도), 고시원비, 오피스텔비 등의 10% 세액공제(총급여액 5천5백만원 이하는 12%)

	월세액 세액공제 명세							크게보기
임대인명 (상호)	주민등록번호 (사업자번호)	유형	계약 면적(㎡)	임대차계약서 상 주소지	계약서상 임대차 계약기간		연간 월세액	
					개시일	~ 종료일		
정한석	650827-1234563	다세대주택	80.00	서울시 동대문구 답십리로 100	2019-01-01	~ 2021-12-31	1,200,000	

기본예제

02. 6011.(주)지성상사 105.김갑석의 아래 자료를 이용하여 연말정산을 하시오. 모두 공제요건을 충족한다. 기부금을 제외한 모든 자료는 국세청자료이다.

구 분	명 세	금 액
신용카드사용액	본인사용액	18,296,000원
보험료 납부액	본인의 자동차보험	650,000원
	생명보험(배우자가 피보험자)	280,000원
	장애자 전용 보장성보험(이동수)	1,250,000원
기부금	종교단체 배우자 기부금	1,800,000원
교육비	본인 야간 대학원 교육비	4,100,000원
의료비 지출액	아버지 김홍도 치료목적 병원입원비	3,720,000원
기타	청약저축 불입액	4,000,000원
	연금저축 불입액	1,200,000원

• 위 신용카드 사용액에는 배우자 현금영수증 사용금액 1,280,000원은 제외되어 있다.
• 종교단체기부금은 예수님교회(204-82-79270)이다.
• 의료비 지출액은 전액 본인 신용카드 사용액에 포함되어 있다.
• 청약저축불입액은 소득공제요건(2018년가입)을 충족하고 국민은행(456-236-1235)에 납입된다.
• 연금저축불입액은 배우자명의이고 국민은행(456-236-1235)에 납입된다.

해설

(1) 보험료공제 : 보장성보험(납입액>불입액)만 공제가능(한도: 100만원)
  장애인전용보험료는 추가로 100만원 인정하되 중복공제는 안됨
(2) 의료비공제 : 나이 제한, 소득금액 제한없이 공제가능하며, 본인, 장애인, 65세이상 경로우대자의 지출액은 전액공제된다.
(3) 교육비공제 : 나이 제한 없이 인정되며, 본인의 교육비는 대학원까지 전액공제된다.
(4) 기부금공제 : 공익성기부금인 지정기부금은 30%공제되며, 종교단체기부금은 10%
(5) 신용카드소득공제 : 신용카드뿐만 아니라, 현금영수증도 인정한다.
(6) 연금저축은 본인명의만 공제가능하다.

구분		지출액	공제금액		구분		지출액	공제대상금액	공제금액
특별소득공제	33.보험료	1,791,840	1,791,840	1,791,840	특별세액공제	60.보장 일반	930,000	930,000	930,000	111,600
	건강보험료		1,472,040	1,472,040		성보험 장애인	1,250,000	1,250,000	1,000,000	150,000
	고용보험료		319,800	319,800		61.의료비	3,720,000	3,720,000	2,244,000	336,600
	34.주택차입금 대출기관					62.교육비	4,100,000	4,100,000	4,100,000	615,000
	원리금상환액 거주자					63.기부금	1,800,000	1,800,000	1,376,760	206,514
	34.장기주택저당차입금이자상					1)정치자금 10만원이하				
	35.기부금-2013년이전이월분					기부금 10만원초과				
	36.특별소득공제 계			1,791,840		2)법정기부금(전액)				
	37.차감소득금액			24,308,160		3)우리사주조합기부금				
그밖의공제	38.개인연금저축					4)지정기부금(종교단체외)				
	39.소기업,소상 2015년이전가입					5)지정기부금(종교단체)		1,800,000	1,376,760	206,514
	공인 공제부금 2016년이후가입					64.특별세액공제 계				1,419,714
	40.주택 청약저축		4,000,000	960,000		65.표준세액공제				
	마련저축 주택청약					66.납세조합공제				
	소득공제 근로자주택마련					67.주택차입금				
	41.투자조합출자 등 소득공제					68.외국납부 ▶				
소득	42.신용카드 등 사용액		19,576,000	1,283,400		69.월세액				
	43.우리사주조합 일반 등					70.세액공제 계				2,229,714
	출연금 벤처 등					71.결정세액((49)-(54)-(70))				
공제	44.고용유지중소기업근로									

	구분	소득세	지방소득세	농어촌특별세	계
	72.결정세액				
기납부 세액	73.종(전)근무지				
	74.주(현)근무지	1,191,840	119,160		1,311,000
	75.납부특례세액				
	76.차감징수세액	-1,191,840	-119,160		-1,311,000

1.신용카드

	구분	대상금액	공제율금액	공제제외금액	공제가능금액	공제한도	일반공제금액	추가공제금액	최종공제금액
				총급여 49,200,000		최저사용액(총급여 25%) 12,300,000			
▶ 신용카드 등 사용금액 공제액 산출 과정									
전통시장/ 대중교통 제외	㉮신용카드	18,296,000	15%	2,744,400					
	㉯현금영수증	1,280,000		384,000					
	㉰직불/선불카드		30%						
㉱도서공연사용분			30%						
㉲전통시장사용분				1,845,000	1,283,400	3,000,000	1,283,400		1,283,400
㉳대중교통이용분			40%						
신용카드 등 사용액 합계(㉮-㉳)		19,576,000		3,128,400	아래참조*1	공제율금액- 공제제외금액	아래참조*2	MIN[공제가능금액,공제한도]	아래참조*3	일반공제금액+ 추가공제금액

2.보험료

60.보장	일반	930,000	930,000	930,000	111,600
성보험	장애인	1,250,000	1,250,000	1,000,000	150,000

3.의료비

구분	지출액	공제대상금액	공제금액
난임시술비			
본인.65세 이상자	3,720,000	2,244,000	336,600
장애인.건강보험산정특례자			
그 밖의 공제대상자			

4.교육비

구분	지출액
취학전아동(1인당 300만원)	
초중고(1인당 300만원)	
대학생(1인당 900만원)	
본인(전액)	4,100,000
장애인 특수교육비	

5.기부금

기부금			✕
구분	지출액	공제대상금액	공제금액
정치자금 기부금(10만원 이하분)			
정치자금 기부금(10만원 초과분)			
법정이월(2013년)			
법정당해기부금			
법정이월(2014년)			
법정이월(2015년)			
법정이월(2016년)			
법정이월(2017년)			
법정이월(2018년)			
우리사주조합기부금			
종교단체외이월(2013년이전)			
종교단체이월(2013년이전)			
종교단체외 당해기부금			
종교단체외이월(2014년)			
종교단체외이월(2015년)			
종교단체외이월(2016년)			
종교단체외이월(2017년)			
종교단체외이월(2018년)			
종교단체 당해기부금	1,800,000	1,376,760	206,514
종교단체이월(2014년)			
종교단체이월(2015년)			
종교단체이월(2016년)			
종교단체이월(2017년)			
종교단체이월(2018년)			

[신용카드 등으로 사용한 금액과 특별공제 중 이중공제 가능여부]

구 분	특별공제항목	신용카드등공제
신용카드로 결제한 의료비	의료비공제 가능	60만원가능 신용카드공제 가능
중고생의 교복(체육복포함)구입비 ※ 예제)　교복구입비 60만원	교육비공제 가능 50만원가능	
신용카드로 납부한 취학전 사교육비 아동의 학원비(지로포함) 및 체육시설 수강료 (1주 1회 이상 월단위로 실시하는 교습과정에 한함)	교육비공제 가능	

▶ 원천징수 ※ 6015로 변경해서 입력할 것

※ 6015.(주)합정상사의 원천징수자료와 관련하여 다음의 물음에 답하시오.

[1] 다음 자료를 보고 내국인이며 거주자인 사무직사원(코드번호 106) 이희수(670128-2436801, 세대주, 입사일자 2019년 2월 1일, 국내근무)을 사원등록을하고, 이희수의 부양가족을 모두 부양가족명세에 등록 후 세부담이 최소화 되도록 공제여부를 입력하고 2월(지급은 20일)의 급여자료입력과 1월의 전월미환급세액이 70,000원 경우에 2월의 원천징수이행상황신고서를 작성 하시오.

※성과수당만 비정기로 입력할 것

관계	성명	주민등록번호	나이	비고
배우자	김범수	660717-1002092	53	일용근로소득금액이 15,000,000원
아 들	김이영	000506-1234569	20	대학생, 일본 유학중
딸	김하나	140330-4520268	6	-
동 생	이대로	680830-1234565	52	장애인
부친	이어른	461230-1786523	74	영국 거주
모친	이상하	471005-2786527	73	영국 거주

<급여내역>
* 식대는 비과세 항목이다.

지급내역	금 액(원)	공제내역	금 액(원)
기 본 급	4,500,000	국민연금	
직책수당	150,000	건강보험료	자동계산금액 이용 금액이 다를수도 있음
		고용보험료	
식 대	200,000	장기요양보험료	
		소득세	
성과수당	300,000	지방소득세	

<소득공제 내역>
국민연금 및 건강보험료는 기준소득월액(표준보수월액) 4,000,000원을 반영한다.

[2] 다음 자료를 보고 사무직 직원 이희수(사원코드 106)씨의 연말정산추가자료를 입력하라. 단, 모든 부양가족은 기본공제대상자이다.

관 계	구 분	금 액(원)	참고사항
본인(이희수)	보 험 료	850,000	• 자동차 보험료
	신용카드 사용액	6,000,000	• 자동차 보험료(850,000원)포함되어 있으며, 나머지는
	국 방 헌 금	2,000,000	가사용품 구입비임.
배우자(김범수)	교 육 비	2,000,000	• 대학원 등록비
본인(이희수)	의 료 비	2,400,000	• 전액 골절치료비임
장남(김이영)	교 육 비	6,500,000	• 대학교 수업료
	신용카드사용분	10,000,000	• 신규차량구입비 6,500,000원이 포함되어 있고, 나머지는 가사용품비임.
동생(이대로)	신용카드사용분	2,500,000	• 모두 가사용품비임.
	불우이웃돕기성금	300,000	• 불우이웃돕기결연기관을 통하여 기부한 내역임.

㈜해수상사(회사코드 : 6006)는 전자제품 제조, 도·소매 및 위탁가공을 하는 중소기업이며, 당기(14기)회계기간은 2022. 1. 1 ~ 2022. 12. 31 이다. 전산세무회계 수험용 프로그램을 이용하여 다음 물음에 답하시오.

문제 1 다음 거래를 일반전표입력 메뉴에 추가 입력하시오.(15점)

────── <입력 시 유의사항> ──────

• 일반적인 적요의 입력은 생략하지만, 타계정 대체거래는 적요번호를 선택하여 입력한다.
• 채권·채무와 관련된 거래는 별도의 요구가 없는 한 반드시 기 등록되어 있는 거래처코드를 선택하는 방법으로 거래처명을 입력한다.
• 제조경비는 500번대 계정코드를, 판매비와 관리비는 800번대 계정코드를 사용한다.
• 회계처리시 계정과목은 별도제시가 없는 한 등록되어 있는 계정과목 중 가장 적절한 과목으로 한다.

[1] 2월 15일 작년에 대손충당금과의 상계로 대손처분하고 부가가치세법상 대손세액공제처리 하였던 외상매출금 660,000원(부가가치세 포함)을 현금으로 회수하였다.(단, 부가가치세신고서의 반영은 생략한다)(3점)

[2] 3월 25일 당사에서 제작한 제품인 가방(700개, 개당 10,000원)을 수재민돕기성금으로 전달하였다.(3점)

[3] 5월 02일 ㈜한국물산으로부터 토지(공정가치 : 200,000,000원)를 취득하면서 보유중인 토지 120,000,000원(장부가액)과 당좌수표 40,000,000원을 발행하여 지급하였다.(3점)

[4] 5월 07일 청주로 출장갔던 판매사원 원빈이 귀사하여 5월 1일 지급하며 가지급금처리했던 여비교통비 200,000원 중에서 잔액 32,000원을 현금 반납하였다.(3점)

[5] 6월 24일 한국기술교육재단에서 실시하는 정기교육에 본사 회계부서 직원을 참가시키면서 교육참가비와 교재비 합계 110,000원을 삼성카드로 결제하다.(3점)

다음 거래 자료를 매입매출전표입력 메뉴에 추가로 입력하시오.(15점)

──────── <입력 시 유의사항> ────────

- 일반적인 적요의 입력은 생략하지만, 타계정 대체거래는 적요번호를 선택하여 입력한다.
- 별도의 요구가 없는 한 반드시 기 등록되어 있는 거래처코드를 선택하는 방법으로 거래처명을 입력한다.
- 제조경비는 500번대 계정코드를, 판매비와 관리비는 800번대 계정코드를 사용한다.
- 회계처리시 계정과목은 별도제시가 없는 한 등록되어 있는 계정과목 중 가장 적절한 과목으로 한다.
- 입력화면 하단의 분개까지 처리하고, 전자세금계산서 및 전자계산서는 전자입력으로 반영한다.

[1] 6월 30일 　당사는 강산유통과 다음의 두가지 거래를 하고 3월 31일에 월합계전자세금계산서를 작성하여 교부하였다. 복수거래의 매입매출전표를 입력하고 회계처리는 공급일이 아닌 세금계산서 작성일에 두 거래를 하나의 전표로 처리하시오.(3점)

> - 6월 10일 : 제품(1,000개, 단가 10,000원)을 외상으로 판매하였다.
> - 6월 20일 : 제품(500개, 단가 10,000원)을 판매하고 대금은 어음으로 수취하였다.

[2] 7월 18일 　새화상회로부터 원재료를 10,000,000원(부가가치세별도)에 매입하고 전자세금계산서를 교부받았으며 대금결제는 벼리상사가 발행한 약속어음 6,000,000원을 배서양도하고 잔액은 당좌수표를 발행하여 지급하였다.(3점)

[3] 8월 03일 　매출거래처의 신규지점개설을 축하하기 위하여 ㈜우성산업으로부터 선물세트를 1,500,000원(부가가치세별도)에 매입하고 전자세금계산서를 수취한 후 650,000원은 당좌수표를 발행하여 지급하였고 나머지 금액은 한달후에 지급하기로 하였다.(3점)

[4] 8월 12일 　㈜해수상사는 ㈜경기전자가 보유하고 있는 특허권을 취득하고 전자세금계산서를 교부받았으며, 대가로 ㈜해수상사의 주식 1,000주를 발행하여 교부하고 800,000원은 미지급하였다. ㈜해수상사가 발행한 주식은 액면가액 @5,000원, 시가 @8,000원, 특허권의 시가는 8,000,000원이다.(3점)

[5] 6월 30일 　신동상사에 특허권을 양도하고 전자세금계산서를 교부하였다. 특허권의 양도대가 11,000,000원(부가가치세 포함)은 보통예금통장으로 이체 받았다. 단, 특허권의 장부상 가액은 8,000,000원이다.(3점)

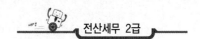

문제 3 다음 [1], [2]의 내용을 반영하여 ㈜해수상사의 제1기 부가가치세 확정신고서를 작성하시오.(10점)

[1] 다음의 내용에 의하여 대손세액공제신고서를 작성하시오.(2점)

- ㈜강서상사에 전기 7월 1일 제품을 매출하고 수취한 받을어음 1,100,000원(부가가치세포함)이 전기 9월 1일 은행에서 부도처리되어 6개월이 지난 시점인 당기 3월 1일 대손이 확정되었다.
- 거래처 ㈜안국상사의 파산으로 인해 전기 제2기 확정 신고기간(전기 10월 1일 대손확정)에 대손처리하여 대손세액공제를 받았던 외상매출금 5,500,000원(부가가치세포함)이 당기 5월 3일 ㈜안국상사로부터 전액 현금으로 회수되었다.

상 호	성 명	등록번호	사업장소재지
㈜강서상사	이강서	341-83-51795	강서구 신월동
㈜안국상사	이안국	123-81-13262	종로구 안국동

[2] ㈜해수상사는 다음과 같이 제1기 예정신고시 매출과 매입의 누락분이 발생하였다. 가산세를 포함하여 예정신고 누락분을 제1기 확정신고서(4월 ~ 6월)를 작성하시오. 단, 다음과 같은 가정을 한다.(8점)

> <가 정>
> - 전표입력 및 신고서상 과세표준명세의 작성은 생략한다.
> - 가산세 계산시 적용할 일수는 91일로 가정한다.
> - 예정신고시 미납된 세금은 확정신고시 납부할 예정이다.
> - 누락분은 일반 과소신고에 의한 가산세율을 적용한다.
>
> <예정신고 누락분>
> - ㈜강일상사에 제품을 1,500,000원(부가가치세별도)에 판매하고 세금계산서를 발행한 1건
> - 제품을 소매로 2,200,000원(부가가치세포함)에 매출하고 카드로 결제받은 내역 1건
> - ㈜강동상사로부터 원재료를 500,000원(부가가치세별도)에 매입하고 세금계산서 수취한 1건

다음 결산자료를 입력하여 결산을 완료하시오.(15점)

[1] 관리부에 근무하는 임직원의 퇴직급여충당부채 설정액은 11,000,000원이며 생산부 임직원들의 퇴직급여충당부채 설정액은 30,000,000원이다.(3점)

[2] 회사는 4월 1일 회사 창고 화재보험료 1년분 3,000,000원을 ㈜현대화재에 선납하고 보험료로 비용처리 하였다. 보험료는 월할계산한다.(3점)

[3] 12월분(지급기한 : 말일) 임차료에 대하여 기말현재 경과된 기간에 대한 임차료 미지급분 2,500,000원(공장분 1,200,000원, 본사사무실분 1,300,000원)이 있다.(3점)

[4] 당기 법인세 등은 4,000,000원이며, 법인세 중간예납액은 1,200,000원이다.(3점)

[5] 재고자산의 기말재고액은 다음과 같다.(3점)

재고자산명	금 액
원재료	1,200,000원
재공품	6,000,000원
제 품	13,000,000원

※6016 해수상사로 변경해서 입력할 것.

문제 5 원천징수자료와 관련하여 다음의 물음에 답하시오.(15점)

[1] ㈜해수상사는 10월분 급여를 10월 31일 지급하였고 급여대장내역은 다음과 같다. 10월분 급여대장을 입력하고 〈추가 자료〉에 유의하여 원천징수이행상황신고서를 작성하시오. ㈜해수상사는 매월신고대상이다.(5점)

< 추가 자료 >
• 102.이영주사원은 10월 31일 퇴사하였다. 퇴직금은 없는 것으로 한다.
• 급여대장내역의 소득세와 주민세의 마이너스(−)금액은 9월 급여지급시 원천징수한 11,000원에 대한 환급액이다.
• 이영주사원은 미혼이면서 세대주가 아니고, 추가 소득공제자료는 없는 것으로 가정한다.
• 단, 공제내역은 자동계산에 따른다.

(단위 : 원)

인적사항		기본급 및 제 수당	공제내역				
사원명	입사일 퇴사일	기본급	국민 연금	건강 보험료	고용 보험료	소득세	지방 소득세
이종우	2018. 1. 1	2,000,000	자동계산			20,000	2,000
이영주	2018. 9. 1 2022.10.31	1,500,000	자동계산			−10,000	−1,000
박한세	2015..1.1	5,000,000	자동계산			자동계산	

[2] 다음 자료를 보고 사무직 직원 박한세(사원코드 : 2206)씨의 연말정산추가자료를 입력하라.(10점)

구 분		명 세	연간금액
[소득공제] 신용카드 등		신용카드사용액(본인) ※ 단, 신용카드사용액 중 자동차세 260,000원과 본인 의류구 입비 300,000원이 포함되어 있음.	7,000,000원
세액 공제	보험료	생명보험료(본인)	400,000원
		자동차보험료(본인)	500,000원
	교육비	대학원 등록금(장녀)	10,000,000원
		대학교 등록금(장남)	8,000,000원
종전 근무지		• 종전 근무지명 : (주)강화무역(※ 2월28일에 퇴사) • 사업자등록번호 : 214-85-73297 • 연간급여총액 : 9,000,000원(※ 비과세급여 및 상여금등은 없음) • 소득세 등 원천징수 결정세액 : 220,000원(지방소득세 : 20,000원 포함) 원천징수영수증상의 소득세 기납부세액 330,000(지방소득세포함)	

제3편

문제편

실무 모의고사

(주)실무모의고사1회 (회사코드 : 4001)는 전자제품을 제조, 도·소매하는 중소기업이며, 당기(14기)회계기간은 2022. 1. 1 ~ 2022. 12. 31 이다. 전산세무회계 수험용 프로그램을 이용하여 다음 물음에 답하시오.

<기본전제>

문제에서 한국채택국제회계기준을 적용하도록 하는 전제조건이 없는 경우, 일반기업회계기준을 적용하여 회계처리 한다.

문제 1 다음 거래를 일반전표입력 메뉴에 추가 입력하시오.(15점)

<입력 시 유의사항>

- 일반적인 적요의 입력은 생략하지만, 타계정 대체거래는 적요번호를 선택하여 입력한다.
- 채권·채무와 관련된 거래는 별도의 요구가 없는 한 반드시 기 등록되어 있는 거래처코드를 선택하는 방법으로 거래처명을 입력한다.
- 제조경비는 500번대 계정코드를, 판매비와 관리비는 800번대 계정코드를 사용한다.
- 회계처리과목은 별도제시가 없는 한 등록되어 있는 계정과목 중 가장 적절한 과목으로 한다.

---

[1] 5월 8일　회사는 매출처인 한국상사의 제품매출에 대한 외상매출금 잔액을 보통예금으로 송금받았다. 동 대금잔액은 4월 30일에 발생한 (2/10, n/15)의 매출할인 조건부거래에 대한 것으로서 동 결제는 동 공급에 관한 최초의 결제이다.(단, 부가가치세는 고려하지 않는다.)(3점)

[2] 6월 1일　정기예금 10,000,000원이 금일 만기가 도래하여 은행으로부터 다음과 같은 내역서를 받고 이자를 포함한 전액이 당사 보통예금계정으로 입금되었다. 이자수익을 미수수익으로 계상한 금액은 없다. 법인세는 자산계정으로 처리하시오.(3점)

입 금 증

| ·성명 : (주)실무모의고사1회 귀하 | ·계좌번호 : 12-1258689-123 | ·거래일자 : 2022. 6.15 |

찾으신 거래내역	·정기예금 총액 : 10,000,000원 ·이자소득 : 700,000원 ·법 인 세 : 98,000원 ·차감수령액 : 10,602,000원

항상 저희은행을 찾아주셔서 감사합니다.
계좌번호 및 거래내역을 확인하시기 바랍니다.
중소기업은행 강남 지점　(전화:　　　)　　　취급자:＿＿＿＿＿

[3] 6월 29일 자본감소(주식소각)를 위해 당사의 기발행주식 중 10,000주(액면가 @500원)를 1주당 400원으로 매입소각하고, 매입대금은 당사 보통예금계좌에서 지급하였다.(3점)

[4] 8월 15일 부동산나라에게 투자부동산 전부를 180,000,000원에 매각하면서 대금은 약속어음(만기 1년 이내)을 받았다.(3점)

[5] 9월 19일 단기간 매매차익 목적으로 구입하였던 상장법인(주)리버스그룹의 주식 300주(장부가액 : 3,000,000원)를 한국증권거래소에서 1주당 9,000원에 처분하고, 수수료 80,000원을 차감한 잔액을 보통예금계좌로 이체받았다.(3점)

문제 2 다음 거래자료를 매입매출전표입력 메뉴에 추가로 입력하시오.(15점)

———————————— <입력 시 유의사항> ————————————

- 일반적인 적요의 입력은 생략하지만, 타계정 대체거래는 적요번호를 선택하여 입력한다.
- 별도의 요구가 없는 한 반드시 기 등록되어 있는 거래처코드를 선택하는 방법으로 거래처명을 입력한다.
- 제조경비는 500번대 계정코드를, 판매비와 관리비는 800번대 계정코드를 사용한다.
- 회계처리시 계정과목은 별도제시가 없는 한 등록되어 있는 계정과목 중 가장 적절한 과목으로 한다.
- 입력화면 하단의 분개까지 처리하고, 전자세금계산서 및 전자계산서는 전자입력으로 반영한다.

[1] 1월 10일 미국 북부의 WESTERN.CO.LTD사에 수출할 제품($300,000)을 인천항에서 금일 선적완료 하였다. 당해 수출과 관련하여 당사는 이미 1월 5일 계약금으로 $20,000를 받아 원화로 환가하여 보통예금 계좌에 입금하였으며, 나머지 수출대금은 1월 25일 모두 받기로 하였다. 일자별 환율은 다음과 같다. (단, 부가가치세법에 따라 회계처리 하시오.) (3점)

구 분	1월 5일	1월 10일	1월 25일
기준환율(1$당)	1,200원	1,250원	1,100원

[2] 2월 15일 당사는 창고를 증축할 목적으로 토지를 구입하여 토지 위에 있는 건축물을 엔에스건설과 철거계약을 하고 즉시 철거한 후 전자세금계산서를 교부받았다. 철거비용은 7,000,000원(부가가치세 별도)이 소요 되었는데, 4,000,000원은 당좌수표로 지급하고 나머지는 외상으로 하였다.(3점)

[3] 2월 28일 제품을 판매하고 발행한 전자세금계산서이다. 적절한 회계처리를 하시오. (주)실무모의고사1회는 부가가치세법상 월합계전자세금계산서를 매월 말일자를 작성일자로 하여 발행하고 있다. 작성일자에 회계처리를 하시오.(3점)

전자세금계산서(공급자 보관용)						책 번 호			권		호
						일련번호					

공급자	등록번호	124-81-33150			공급받는자	등록번호	108-81-18332		
	상호(법인명)	㈜실무모의고사1회	성명(대표자)	한라산		상호(법인명)	㈜용산전자	성명(대표자)	소지섭
	사업장주소	서울시 중구 쌍림동 100				사업장주소	서울시 마포구 도화동 100		
	업태	제조,도소매	종 목	전자제품		업태	소매	종목	전자제품

작성일자			공급가액										세액											수정사유
년	월	일	공란수	백	십	억	천	백	십	만	천	백	십	일	백	십	억	천	백	십	만	천	백	십	일	
2022	2	28					3	2	5	0	0	0	0	0				3	2	5	0	0	0	

비고	

월	일	품 목	규격	수량	단가	공급가액	세액	비고
2	15	전자제품		1		1,250,000	125,000	
2	28	전자제품		1		2,000,000	200,000	

합계금액	현금	수표	어음	외상미수금	이 금액을 영수 함 청구
3,575,000			55,000	3,00,000	

[4] 3월 9일 전년도에 (주)필승에서 매입한 상품에 하자가 있어 반품하고 수정전자세금계산서(공급가액 2,000,000원, 부가가치세 200,000원, 부[負]의 전자세금계산서)를 교부받았다. 대금은 외상매입금과 상계처리하였다.(3점)

[5] 3월 31일 영업부에서 사용할 4인승 승용차(공급가액 20,000,000원 부가가치세 2,000,000원)를 (주)기아자동차로부터 구입하고 전자세금계산서를 발급받았으며 이미 지급한 계약금 3,000,000원을 제외한 나머지 금액을 리버스캐피탈의 할부금융에서 10개월 상환약정을 하고 차입하여 지급하였다.(3점)

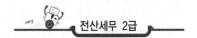

문제 3 부가가치세신고와 관련하여 다음 물음에 답하시오.(10점)

[1] 다음은 과세사업자인 (주)실무모의고사1회의 2기 부가가치세 예정신고기간(7.1~9.30)에 발생한 매입자료이다. 다음의 자료를 토대로 부가가치세신고서의 부속서류인 '공제받지못할매입세액명세서'를 작성하시오.(5점)

> 가. 회사의 업무용으로 사용하기 위하여 차량(배기량 1600cc, 4인용, 승용)을 12,000,000원(부가가치세 별도)에 구입하고 전자세금계산서를 받았다.
> 나. 제품(공급가액 2,000,000원, 부가가치세 200,000원)을 구입하고 전자세금계산서를 수취하였으나, 전자세금계산서에 공급받는자의 상호 및 공급받는자의 대표자 성명이 누락되고 공급자의 성명에 날인도 되지 않은 오류가 있었다.
> 다. 회사의 공장건물을 신축하기 위하여 회사보유 토지를 평탄하게 하는 공사(자본적 지출임)를 하기 위하여 (주)엔에스건설에 11,000,000원(부가가치세 별도)에 외주를 주어 공사를 완료하고 전자세금계산서를 교부받았다(동 공사는 건물의 자본적지출이 아님).
> 라. 대표이사가 사업과 상관없이 개인적으로 사용할 에어컨을 1,500,000원(부가가치세 별도)에 구입하고 (주)리꾸리꾸를 공급받는자로 하여 전자세금계산서를 교부 받았다.
> 마. 거래처에 선물용으로 공급하기 위해서 다이어리(단가 10,000원, 50개, 부가가치세 별도)를 구입하고 전자세금계산서를 교부받았다.사업자등록번호 : 621-81-31629

[2] 다음 자료에 따라 제2기 확정신고시 제출할 부동산임대공급가액명세서를 작성하시오. 간주임대료에 대한 정기예금이자율은 1.2%로 가정한다.(5점)

층	호수	상호	면적(㎡)	용도	임대기간	보증금(원)	월세(원)	관리비(원)
지하 1층	B01	한강물산(주)	500	사무실	2022.07.01 ~2024.06.30	25,000,000	500,000	30,000
지상 1층	101	혜리상사	600	사무실	2021.01.01 ~ 2023.12.31	60,000,000	600,000	60,000

※ 월세와 관리비에 대해서는 전자세금계산서를 발급하고 있다.

문제 4 다음 결산자료를 입력하여 결산을 완료하시오.(15점)

4011

[1] 회사는 4월 1일 회사 창고 화재보험료 1년분 3,000,000원을 (주)현대화재에 선납하고 보험료로 비용처리 하였다. 보험료는 월할계산한다.(3점)

[2] 12월분(지급기한 : 말일) 임차료에 대하여 기말현재 경과된 기간에 대한 임차료 미지급분 3,500,000원(공장분 2,500,000원, 본사사무실분 1,000,000원)이 있다.(3점)

[3] 무형자산으로 계상되어 있는 특허권(장부가액 6,000,000원)은 더 이상 사용을 할 수 없어 사용을 중지하고 처분을 위해 보유하고 있는데 당기말 기업회계기준에 의한 회수가능가액은 2,000,000원이다. 코드(229번)에 '무형자산손상차손'의 계정과목을 등록하여 사용하시오.(3점)

[4] 기말재고자산의 내역은 다음과 같다.(3점)

재고자산 내역	실사한 금액(원)	장부상 금액(원)	금액 차이 원인
원재료	8,500,000원	9,500,000원	비정상감모
재공품	2,000,000원	2,000,000원	–
제 품	13,000,000원	13,500,000원	정상감모

[5] 3월 20일 현금배당 20,000,000원과 주식배당 25,000,000원을 하는 것으로 주주총회에서 확정되었다. 확정된 배당내역과 이익준비금(적립률 10%)을 고려하여 이익잉여금처분계산서를 작성하시오.(3점)

※4011 실무모의고사1로 변경해서 입력할 것.

문제 5 원천징수자료와 관련하여 다음의 물음에 답하시오.(15점)

[1] 여성 사원 김태희(사원코드 : 300)가 세대주로서 부양하고 있는 가족사항은 아래와 같다. '사원등록' 메뉴에 연말 정산에 필요한 소득공제사항(인적사항,주민등록번생략)을 입력하시오. 배우자의 총급여액은 5,000,000원이며, 이외의 가족은 다른 소득이 없다.(6점)

본 인	• 입사일 : 2004. 5. 1. • 주민등록번호 : 670309-2536023 • 주소 : 서울 서초구 서초동 321 • 직종 : 사무직
가족사항	• 배우자 : 47세, 11.27. 이혼 • 아들 : 21세, 장애인 • 딸 : 19세 • 아버지 : 71세, 주거형편상 별거 • 동생 : 21세 • 삼촌(부의 형제) : 73세, 동거중

[2] 다음은 근로자 이전무(남)씨의 근로소득연말정산에 대한 자료이다. 부양가족은 모두 이전무씨와 생계를 같이 하고 있다. 다음 자료를 보고 연말정산추가자료를 입력하시오.(9점)

〈자료〉 소득공제 내역

성명	관계	나이	소 득	지출 내역
이철수	아버지	71	양도소득금액 600만원	• 병원 질병치료비 2,000,000원을 이전무씨가 현금결제 후 현금영수증 수령. • 이철수씨의 신용카드사용액은 9,000,000원이다.
김영희	어머니	62	없음	• 대학원 수업료 5,500,000원을 이전무가 납부함.
이전무	본인	42		• 이전무씨의 성형수술비 11,000,000원을 전액 신용카드결제함. • 본인을 피보험자 및 계약자로 하는 자동차보험료 600,000원을 현금결제함.
최미숙	배우자	38	없음	• 사회복지공동모금회에 기부금 1,000,000원을 납부함. • 최미숙가 납부한 교회헌금은 1,000,000원이다.
이장남	장남	14	없음	• 영어학원 수업료 2,000,000원
이차남	차남	6	없음	• 유치원 수업료 4,000,000원
이상무	형제	35	없음	• 생명보험료 700,000원(보험계약자는 이전무씨고 피보험자는 이상무씨임)을 이전무씨가 현금결제함.
최미영	배우자 동생	30	없음	• 최미영씨는 장애인임. • 병원 진료비 3,000,000원을 전액 이전무씨가 현금결제함.

02 실무 모의고사

(주)실무모의고사2회(회사코드 : 4002)는 전자제품 제조, 도·소매 중소기업이며, 당기(14기)회계기간은 2022. 1. 1 ~ 2022. 12. 31 이다. 전산세무회계 수험용 프로그램을 이용하여 다음 물음에 답하시오.

───── <기본전제> ─────

문제에서 한국채택국제회계기준을 적용하도록 하는 전제조건이 없는 경우, 일반기업회계기준을 적용하여 회계처리 한다.

문제 1 다음 거래를 일반전표입력 메뉴에 추가 입력하시오.(15점)

───── <입력 시 유의사항> ─────

• 일반적인 적요의 입력은 생략하지만, 타계정 대체거래는 적요번호를 선택하여 입력한다.
• 채권·채무와 관련된 거래는 별도의 요구가 없는 한 반드시 기 등록되어 있는 거래처코드를 선택하는 방법으로 거래처명을 입력한다.
• 제조경비는 500번대 계정코드를, 판매비와 관리비는 800번대 계정코드를 사용한다.
• 회계처리과목은 별도제시가 없는 한 등록되어 있는 계정과목 중 가장 적절한 과목으로 한다.

[1] 5월 8일   운전자금 확보를 위해 주거래처인 (주)용인으로부터 매출대금으로 받은 약속어음 25,000,000원을 곧바로 서울은행에서 할인하고 할인료 500,000원을 차감한 잔액을 현금으로 수령하다. 단, 어음할인은 매각거래로 간주한다.(3점)

[2] 6월 30일   본사의 이전과 관련한 변경등기로 등록세 100,000원 및 법무사수수료 100,000원에 대한 200,000원을 현금으로 지급하다.(3점)

[3] 7월 01일   당사는 제품을 교환할 수 있는 상품권(1장당 10,000원) 250장을 시중에 판매하고 현금 2,500,000원을 획득하였다. 단, 본 거래에 대해서만 거래처 입력은 생략할 것.(3점)

[4] 9월 3일   전기에 대손처리한 (주)라이락상사에 대한 외상매출금 전액이 보통예금 계좌로 입금되었다. 전기에 회계처리한 내용은 아래와 같았고, 부가가치세법상 대손세액공제는 적용하지 않았다.(3점)

(차) 대손상각비 1,000,000원	(대) 외상매출금 2,000,000원
대손충당금 1,000,000원	(거래처 : (주)라이락상사)

[5] 9월 8일   공장 생산직 직원의 퇴직금 3,000,000원에 대하여 원천징수 후 차액을 보통예금으로 지급하였다. 원천징수세액은 퇴직소득세 100,000원과 지방소득세 10,000원이다. 퇴직급여충당부채를 조회하여 적절한 회계처리를 하시오.(3점)

문제 2 다음 거래자료를 매입매출전표입력 메뉴에 추가로 입력하시오.(15점)

─────────── <입력 시 유의사항> ───────────

• 일반적인 적요의 입력은 생략하지만, 타계정 대체거래는 적요번호를 선택하여 입력한다.
• 별도의 요구가 없는 한 반드시 기 등록되어 있는 거래처코드를 선택하는 방법으로 거래처명을 입력한다.
• 제조경비는 500번대 계정코드를, 판매비와 관리비는 800번대 계정코드를 사용한다.
• 회계처리시 계정과목은 별도제시가 없는 한 등록되어 있는 계정과목 중 가장 적절한 과목으로 한다.
• 입력화면 하단의 분개까지 처리하고, 전자세금계산서 및 전자계산서는 전자입력으로 반영한다.

[1] 7월 5일 당사는 (주)마코가 소유하고 있던 특허권을 구입하면서 전자세금계산서(공급가액 1,000,000원, 부가가치세 100,000원)를 발급받았고, 그 대가로 당사의 주식 150주(액면가액 5,000원)를 액면발행해서 발급하고, 나머지는 당좌수표로 지급하였다.(3점)

[2] 7월 11일 (주)등대에 제품 100,000,000원(부가가치세 별도)을 7월 15일까지 납품하기로 약정하고 선수금 명목으로 40,000,000원(부가가치세 별도)을 현금수령하고, 동 금액에 대하여 전자세금계산서를 발급하였다.(3점)

[3] 8월 16일 원재료 매입처인 (주)미성전자에 제품을 무상으로 제공하였는데 당해 제품의 원가는 900,000원이고 시가는 1,100,000원이며 부가가치세 과세대상이다. 매입매출전표입력을 하시오.(3점)

[4] 8월 21일   영업부의 거래처에 선물용으로 제공하기 위해 다음과 같이 구입하고 전자계산서를 교부받았다.(3점)

전자계산서(공급받는자 보관용)						책 번 호			권		호		
						일련번호							

공급자	등록번호	214-91-12345				공급받는자	등록번호	220-81-41341					
	상호(법인명)	그레이트도매	성명(대표자)	이승기			상호(법인명)	㈜실무모의고사2회		성명	이건희		
	사업장주소	경기 남양주시 평내 20					사업장주소	서울 마포 합정 132-4					
	업태	도소매	종목	수산물			업태	제조,도소매		종목	전자제품		

작성일자			공급가액										수정사유	
년	월	일	공란수	백	십	억	천	백	십	만	천	백	십	일
2022	8	21	4				9	0	0	0	0	0	0	0

비고		

월	일	품 목	규격	수량	단가	공급가액	세액	비고
8	21	홍삼엑기스		60	150,000	9,000,000		

합계금액	현금	수표	어음	외상미수금	이 금액을 영수(청구) 함
9,000,000	3,000,000		6,000,000		

[5] 10월 20일   수출업자인 리버스무역(주)에 Local L/C에 의하여 제품(100개, @ 10,000원)을 납품하고 영세율 전자세금계산서를 발급하였다. 대금 중 **500,000원**은 보통예금으로 즉시 이체받고, 나머지는 다음달 10일까지 보통예금으로 이체받기로 하였다.(3점)

문제 3 부가가치세신고와 관련하여 다음 물음에 답하시오.(10점)

[1] 다음은 법인카드(신한카드)로 사용한 내역이다. 매입세액공제 대상만 골라서 제2기 확정분 신용카드매출전표수취명세서를 작성하시오. 매입매출전표에 입력하지 않고, 카드유형은 기타신용카드로서 개별거래를 명세서에 입력하시오.(6점)

※ 법인카드(신한카드) 회원번호 : 9540-8105-3071-0008

거래처 (사업자등록번호)	성 명	거래 일자	발행금액 (부가세포함)	내 역	거래내용	비 고
뉴젠마트 (105-05-54107)	김윤택	10.04	770,000원	복사용지	영업부서 소모품	일반과세자
까꼬뽀꼬 (214-06-93696)	김복남	10.17	220,000원	미용비	광고모델인 소지섭의 미용비	일반과세자
대한의원 (121-96-74516)	최대철	10.20	100,000원	진료비	직원 독감 예방주사	
21세기정비소 (105-03-43135)	최정비	10.21	660,000원	수리비	운반용 트럭 수리비	일반과세자
만리장성 (150-05-91233)	왕서방	10.22	330,000원	식사비	직원회식대	일반과세자
북경반점 (105-05-91233)	리홍	10.23	77,000원	식사비	직원야식대	간이과세자

[2] 다음은 제1기 예정신고기간에 누락된 자료이다. 제1기 확정신고서의 해당란에 누락된 자료와 가산세(부당한 경우는 아님)를 입력하시오.(4점)

(가 정)
- 전표입력은 생략한다.
- 가산세 계산시 적용할 미납일수는 90일로 가정한다.
- 예정신고시 미납된 세금은 확정신고시 납부할 예정이다.
- 부당한 과소신고가 아니다.
- 아래 주어진 자료 외에는 거래내역이 없다.

(예정신고 누락분)
- (주)강일상사에 제품을 2,500,000원(부가가치세 별도)에 판매하고 전자세금계산서를 발행한 1건
- 제품을 소매로 550,000원(부가가치세 포함)에 매출하고 국민카드로 결제받은 내역 1건
- (주)강동상사로부터 원재료를 1,000,000원(부가가치세 별도)에 매입하고 전자세금계산서 수취한 1건

문제 4 다음 결산자료를 입력하여 결산을 완료하시오.(15점)

[1] 10월 11일 취득한 상장법인 (주)한강 주식의 12월 31일 결산일 현재 1주당 시가가 110,000원으로 평가된다. 취득당시 주식 100주를 10,000,000원에 취득하였고, 주식이 매도가능증권으로 분류되는 경우 결산일의 회계처리를 하시오.(3점)

[2] 회사가 보유하고 있는 단기매매증권의 내역은 다음과 같으며 기말 평가는 기업회계기준에 따라 처리하기로 한다.(3점)

취득가액	시 가	
	전년도 12월 31일	당해연도 12월 31일
50,000,000원	47,000,000원	52,000,000원

[3] 법인세(지방소득세 포함)가 36,500,000원 이다. 선납세금계정을 조회하여 법인세에 대한 회계처리를 하시오. 단, 지방소득세(소득분)를 포함하여 회계처리 할 것.(3점)

[4] 감가상각비를 다음과 같이 계상하다. (3점)

구 분	용 도	설정액
건물	영업부건물	2,350,000원
차량운반구	공장용	1,250,000원
기계장치	공장용	3,500,000원
비품	영업부용	2,300,000원

[5] 재고자산의 기말재고액은 다음과 같다.(3점)

구 분	금 액
재 공 품	14,650,000원
제 품	17,300,000원
원 재 료	28,200,000원

※ 회사는 실지재고조사법에 의하여 재고수량을 파악하고 있으며, 상기 원재료 금액에는 선적지인도조건에 의해 구입하였으나 기말 현재 운송 중인 1,000,000원을 제외시켰다.

※4012실무모의고사2로 변경해서 입력할 것.

문제 5 귀속 원천징수자료와 관련하여 다음의 물음에 답하시오.(15점)

[1] 사원 윤도현씨(남)는 3월 20일 퇴사하고 퇴사일에 3월분 급여를 받았다. 윤도현씨의 3월분 급여지급(25일지급)내역 및 퇴사하기 전까지 소득공제와 관련된 내역은 다음과 같다. 다음 자료를 토대로 3월지급분으로 4월에 신고해야 될 원천징수이행상황신고서를 작성하시오. 단, 회사는 매월급여신고 대상이다.(6점)

〈급여내역〉

* 식대는 비과세 항목이다.

지급내역	금 액(원)	공제내역	금 액(원)
기 본 급	4,500,000	국민연금	
식 대	200,000	건강보험료	
성과수당	300,000	고용보험료	자동계산금액
		장기요양보험료	
상 여	800,000	소득세	
		지방소득세	

〈소득공제 내역〉

① 신용카드사용액 : 6,280,000원(소득공제 대상임)
② 자동차보험료 : 980,000원(소득공제 대상임)
③ 윤도현씨의 부양가족은 없다.
④ 국민연금 및 건강보험료는 자동으로 불러오는 금액을 반영한다.

[2] 다음 자료를 보고 사무직 직원 조준성(사원코드 104)씨의 연말정산추가자료를 입력하라. 단, 모든 부양가족은 기본공제대상자이다. (9점)

관 계	구 분	금 액(원)	참고사항
본인(조준성)	보 험 료	850,000	• 자동차 보험료
	신용카드사용액	6,000,000	• 자동차 보험료(850,000원)포함되어 있으며, 나머지는 가사용품 구입비임.
	연금저축불입액	3,000,000	• 조특법상 소득공제요건 충족
배우자(권세련)	교 육 비	4,000,000	• 대학원 등록비
	국 방 헌 금	2,000,000	
부친(조춘식)	의 료 비	2,400,000	• 만 62세이며, 전액 골절치료비임
장남(조현철)	교 육 비	6,580,000	• 대학교 수업료
	신용카드사용분	10,000,000	• 중고차량구입비 7,500,000원이 포함되어 있고, 나머지는 가사용품비임.
처남(권상우)	신용카드사용분	2,500,000	• 모두 가사용품비임.
	불우이웃돕기성금	300,000	• 불우이웃돕기결연기관을 통하여 기부한 내역임.

(주)실무모의고사3회(회사코드 : 4003)는 제조 및 도·소매업을 영위하는 중소기업이며, 당기(15기)회계기간은 2022. 1. 1 ~ 2022. 12. 31 이다. 전산세무회계 수험용 프로그램을 이용하여 다음 물음에 답하시오.

―――――――― <기본전제> ――――――――

문제에서 한국채택국제회계기준을 적용하도록 하는 전제조건이 없는 경우, 일반기업회계기준을 적용하여 회계처리 한다.

문제 1 다음 거래를 일반전표입력 메뉴에 추가 입력하시오.(15점)

―――――――― <입력 시 유의사항> ――――――――

• 일반적인 적요의 입력은 생략하지만, 타계정 대체거래는 적요번호를 선택하여 입력한다.
• 채권·채무와 관련된 거래는 별도의 요구가 없는 한 반드시 기 등록되어 있는 거래처코드를 선택하는 방법으로 거래처명을 입력한다.
• 제조경비는 500번대 계정코드를, 판매비와 관리비는 800번대 계정코드를 사용한다.
• 회계처리과목은 별도제시가 없는 한 등록되어 있는 계정과목 중 가장 적절한 과목으로 한다.

[1] 3월 31일   현재 부가가치세 대급금과 예수금을 조회하여 상계 회계처리 하시오. 부가세 납부할 세액은 미지급금으로 처리하시오.(3점)

[2] 4월 5일   전기분 이익잉여금처분계산서대로 주주총회에서 확정(배당결의일 2월 20일)된 배당액을 지급하였다. 원천징수세액 1,540,000원을 제외한 8,460,000원을 현금으로 지급하였고, 주식배당 5,000,000원은 주식을 발행(액면발행)하여 교부하였다.(3점)

[3] 4월 12일   매입처(주)기아물산으로부터 외상으로 매입한 상품 중 품질불량으로 인해 에누리 받은 금액이 500,000원이다. 단,부가가치세는 고려하지 아니한다.(3점)

[4] 5월 27일   사채 1,000,000원을 발행하면서 발행금액 1,100,000원은 보통예금 통장으로 입금된다. 사채발행 관련 법무사수수료 320,000원이 현금으로 지급된다. 하나의 전표로 입력하시오.(3점)

[5] 6월 1일   매출처인 (주)효자손의 부도로 전년도 1월 31일에 대손처리했던 외상매출금 2억원 중 5,000,000원이 회수되었다. 회수는 전액 자기앞수표로 되었으며, 외상매출금의 대손처리가 이루어진 기간의 부가가치세 신고에서는 대손세액공제를 받지 않았다.(3점)

문제 2 **다음 거래자료를 매입매출전표입력 메뉴에 추가로 입력하시오.(15점)**

―――――――― <입력 시 유의사항> ――――――――

- 일반적인 적요의 입력은 생략하지만, 타계정 대체거래는 적요번호를 선택하여 입력한다.
- 별도의 요구가 없는 한 반드시 기 등록되어 있는 거래처코드를 선택하는 방법으로 거래처명을 입력한다.
- 제조경비는 500번대 계정코드를, 판매비와 관리비는 800번대 계정코드를 사용한다.
- 회계처리시 계정과목은 별도제시가 없는 한 등록되어 있는 계정과목 중 가장 적절한 과목으로 한다.
- 입력화면 하단의 분개까지 처리하고, 전자세금계산서 및 전자계산서는 전자입력으로 반영한다.

[1] 4월 25일 미국 자동차회사인 쉐보레로부터 영업부서에서 사용할 승용차(배기량 2,000cc)를 인천세관을 통해 수입하고 수입전자세금계산서(공급가액 50,000,000원, 부가가치세 5,000,000원)를 교부받았다. 부가가치세 5,000,000원과 관세 1,200,000원을 국민은행 보통예금으로 지급하였다. 매입매출전표에서 수입전자세금계산서와 관세에 대해서만 회계처리하시오.(3점)

[2] 5월 25일 당사는 기술인력 부족으로 고열가공을 외주하기로 하였다. (주)상원기계에 당사의 원재료의 가공을 의뢰하고 11,000,000(부가가치세별도)의 전자세금계산서를 수취하였으며, 대금은 당좌수표를 발행하여 지급하였다. (3점)

[3] 6월 1일 개인소비자 김연아에게 제품 6,600,000원(부가가치세 포함)을 판매하였고, 김연아는 신용카드(국민카드)로 결제하였다. 외상매출금으로 회계처리하시오. (3점)

[4] 6월 10일 상품포장시 발생한 폐지를 금일자로 (주)재활용닷컴에 처분하고 현금 3,300,000원(부가가치세 포함)을 받은 후 전자세금계산서를 발급하였다. 단, 폐지에 대한 원가는 없는 것으로 하며, 손익관련 계정과목은 영업외손익 중 가장 적절한 것을 적용하시오. (3점)

[5] 6월 20일 영업부 직원의 야식대로 원할아버지보쌈에 보쌈을 33,000원에 주문하고 현금영수증(지출증빙용)을 수취하였다.(3점)

문제 3 부가가치세신고와 관련하여 다음 물음에 답하시오.(10점)

[1] 다음은 1기 부가가치세 확정신고 자료 중 과세재화와 면세재화에 공통으로 사용되는 원재료 매입액에 관한 공통매입세액 정산내역이다. 아래자료를 이용하여 공제받지못할매입세액명세서를 작성하시오. 본 문제에 한하여, 전산데이타와 상관없이 아래의 자료를 적용하기로 한다.(4점)

매출(공급가액)내역

구분	과세·면세	금액(원)
01.01~03.31	과세매출	30,000,000
	면세매출	70,000,000
04.01~06.30	과세매출	40,000,000
	면세매출	60,000,000

(2) 예정신고시 공통매입세액불공제내역
　① 공통매입세액 200,000원
　② 기 불공제매입세액 180,000원
(3) 과세기간최종3월(04.01~06.30)의 내역
　① 공통매입세액 200,000원

[2] 2기 예정 부가가치세 신고시 다음의 내용이 누락되었다. 2기 부가가치세 확정신고시 예정신고 누락분을 모두 반영하여 신고서를 완성하시오(단, 미납기간은 91일 임).(6점)

[매출누락 내역]

구 분	공급가액	세 액	증빙서류
제품매출	12,000,000원	1,200,000원	전자세금계산서
제품매출	3,000,000원	300,000원	신용카드매출전표
제품매출	2,000,000원	0원	(영세율)전자세금계산서
제품매출	3,000,000원	0원	수출실적명세서

[매입누락 내역]

구 분	공급가액	세 액	증빙서류
원재료매입	3,000,000원	300,000원	전자세금계산서
컴퓨터매입	10,000,000원	1,000,000원	신용카드매출전표
운반비	5,000,000원	0원	(영세율)전자세금계산서

문제 4 다음 결산자료를 입력하여 결산을 완료하시오.(15점)

[1] 기중 이자비용으로 계상한 금액 중에는 차기에 속하는 금액이 20,000원 포함되어 있다. (3점)

[2] 회사의 당기 법인세비용은 15,700,000원이며, 당기중에 중간예납한 세액 12,000,000원이 선납세금계정으로 계상되어 있다.(3점)

[3] 단기차입금으로 계상된 외화차입금 잔액은 미국의 모로로라사에서 차입한 금액($10,000)으로 차입일 현재 환율은 1달러당 1,100원이었으나 기말 현재 환율은 1달러당 1,200원이다. (3점)

[4] 기말 현재 재고자산은 다음과 같다. (3점)

• 원재료 : 13,000,000원	• 재공품 : 11,000,000원	• 제품 : 7,000,000원

※ 단, 원재료에 대한 실지조사 기말재고액 중에는 도착지인도기준에 의해 운송중인 원재료 500,000원이 포함되어 있으며, 그 외에는 위 표에 의한 금액과 장부상 기말재고액이 일치한다.

[5] 당기의 이익잉여금 처분명세는 아래와 같다.(3점)

- 처분예정일(확정일) : 다음연도 2월 26일 (전기분은 당기 2월 20일)
- 현 금 배 당 : 15,000,000원
- 주 식 배 당 : 9,000,000원
- 이익준비금 : 금전배당액의 10%

※ 4013 실무모의고사3으로 변경해서 입력할 것.

문제 5 귀속 원천징수자료와 관련하여 다음의 물음에 답하시오.(15점)

[1] 다음은 사무직 사원 노홍철(코드 200)의 1월분 급여자료(1월 25일 지급)이다. 급여자료입력 메뉴에서 수당등록과 공제등록을 한 후 급여자료를 입력하시오. 공제항목은 주어진 자료에 의한다. (5점)

① 수당등록 자료

- 직책수당은 직책에 따라 개별적으로 지급하고 있다.
- 회사는 매월 10만원씩 식대보조금을 지급하고 있으나, 야간근무 시에는 별도로 음식 물을 제공 받는다.
- 회사는 출장비를 별도로 지급하지는 않고 있으나 본인 차량을 소유한 종업원에게는 매월 20만원 씩 자가운전보조금을 지급하고 있다.
- 6세 이하의 자녀가 있는 경우 자녀보육비로 매월 10만원씩 지급하고 있다.
- 초·중·고등학생의 자녀가 있는 경우 교육비 보조금으로 매월 30만원씩 지급하고 있다.

② 급여 자료

지급항목		공제항목	
기본급	2,000,000원	국민연금	112,500원
직책수당	500,000원	건강보험료	70,500원
식대보조금	100,000원	고용보험료	13,750원
자가운전보조금	200,000원	장기요양보험료	4,610원
자녀보육비(육아수당)	100,000원	소득세	74,660원
교육비보조금	300,000원	지방소득세	7,460원
상여금	200,000원		

[2] 다음은 김상현(761115-1825651)(사원코드 110)의 근로소득과 관련한 연말정산 관련내용이다. 부양가족은 모두 기본공제대상자이다. 연말정산 추가자료를 입력하시오.(10점)

구 분	금 액(원)	참 고 사 항
보험료	650,000	배우자를 피보험자로 한 생명보험료 부담액
	800,000	자동차보험료
의료비	3,000,000	배우자(세법상 장애인임)에 대한 물리치료비용
	5,000,000	부친(경로우대)의 치과진료비용
교육비	12,000,000	본인의 대학원 수업료
	8,000,000	부친의 대학교 수업료
기부금	6,000,000	배우자의 교회 헌금
신용카드 사용액	7,500,000	배우자의 소득공제용 현금영수증 수취액
	2,500,000	동생의 신용카드 사용액(전액 명품구입)

04 실무 모의고사

(주)실무모의고사4회(회사코드 : 4004)는 전자제품 제조, 도·소매를 영위하는 중소기업이며, 당기(14기)회계기간은 2022. 1. 1 ~ 2022. 12. 31 이다. 전산세무회계 수험용 프로그램을 이용하여 다음 물음에 답하시오.

─────── <기본전제> ───────

문제에서 한국채택국제회계기준을 적용하도록 하는 전제조건이 없는 경우, 일반기업회계기준을 적용하여 회계처리 한다.

문제 1 다음 거래를 일반전표입력 메뉴에 추가 입력하시오.(15점)

─────── <입력 시 유의사항> ───────

• 일반적인 적요의 입력은 생략하지만, 타계정 대체거래는 적요번호를 선택하여 입력한다.
• 채권·채무와 관련된 거래는 별도의 요구가 없는 한 반드시 기 등록되어 있는 거래처코드를 선택하는 방법으로 거래처명을 입력한다.
• 제조경비는 500번대 계정코드를, 판매비와 관리비는 800번대 계정코드를 사용한다.
• 회계처리과목은 별도제시가 없는 한 등록되어 있는 계정과목 중 가장 적절한 과목으로 한다.

[1] 7월 21일   보유중인 길동상사의 유가증권에 대해 2,500,000원의 중간배당이 결정되어 보통예금에 입금되었다.(원천세는 고려하지 말 것)(3점)

[2] 7월 25일   생산부서에 종사하는 종업원들의 생산능력 향상을 위해 외부전문강사를 초빙하여 교육을 실시하고, 강사에게 강연료중 기타소득 원천징수세액(지방소득세 포함)을 제외한 23,100원을 제외한 676,900원을 보통예금으로 이체하였다.

[3] 9월 9일   대표이사로부터 시가 500,000,000원의 토지를 증여받았다. 당일 소유권이전비용으로 취득세 및 등록세 7,500,000원을 현금으로 지출하였다.(3점)

[4] 9월 12일   까치슈퍼에게 지급해야할 외상매입금 14,500,000원 중에서 50%는 당좌예금계좌에서 송금하였고 나머지 50%는 채무를 면제받았다.(3점)

[5] 9월 31일 사무직원이 퇴사하여 퇴직금을 서울은행 보통예금 통장에서 지급하였다. 퇴직급여명세서의 내용은 다음과 같다.(3점)

내 역	금 액
퇴직급여	7,000,000원
퇴직소득세, 지방소득세	400,000원
차감지급액	6,600,000원

※ 퇴사 직전 회사의 퇴직급여충당부채 잔액은 4,000,000원 있었고, 퇴직보험 및 퇴직연금에 가입한 내역은 없다.

문제 2 다음 거래자료를 매입매출전표입력 메뉴에 추가로 입력하시오.(15점)

───── <입력 시 유의사항> ─────

- 일반적인 적요의 입력은 생략하지만, 타계정 대체거래는 적요번호를 선택하여 입력한다.
- 별도의 요구가 없는 한 반드시 기 등록되어 있는 거래처코드를 선택하는 방법으로 거래처명을 입력한다.
- 제조경비는 500번대 계정코드를, 판매비와 관리비는 800번대 계정코드를 사용한다.
- 회계처리시 계정과목은 별도제시가 없는 한 등록되어 있는 계정과목 중 가장 적절한 과목으로 한다.
- 입력화면 하단의 분개까지 처리하고, 전자세금계산서 및 전자계산서는 전자입력으로 반영한다.

[1] 10월 3일 일본 곤니찌와사로부터 수입한 원재료와 관련하여 금일 인천세관으로부터 아래와 같은 내용의 수입전자세금계산서를 교부받았고, 관련 부가가치세는 금일 전액 현금으로 납부하였다. 단, 미착품은 고려하지 않기로 한다.(3점)

작성일자	품 목	공급가액	세 액	합 계	비 고
10.03	원재료	25,000,000원	2,500,000원	27,500,000원	영 수

[2] 10월 16일 공장에 새로 구입한 전동기계를 시운전 하기 위하여 굿윌칼텍스에서 휘발유 2,200,000원(공급대가)을 구입하면서 법인명의의 신용카드(비씨카드)로 결제하였다.(3점)

[3] 10월 28일 미국 리버스컴퍼니에 상품을 수출하고, 수출대금은 10월 30일에 미국달러화로 받기로 하였다. 수출과 관련된 내용은 다음과 같다.(3점)

- 수출신고일 : 10. 10.
- 선하증권상(B/L)의 선적일 :10.28
- 수출가격 : $100,000

일 자	10월 10일	10월 28일	10월 30일
기준환율	1,200원/1$	1,210원/1$	1,215원/1$

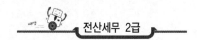

[4] 11월 2일   (주)호동전자에 제품을 매출하고 발행한 다음의 전자세금계산서를 보고 적절한 회계처리를 하시오 (3점)

전자세금계산서(공급자 보관용)				책 번 호				권		호	
				일련번호							

<table>
<tr><td rowspan="4">공
급
자</td><td>등록번호</td><td colspan="3">204-82-41349</td><td rowspan="4">공
급
받
는
자</td><td>등록번호</td><td colspan="3">131-81-25148</td></tr>
<tr><td>상호
(법인명)</td><td>㈜실무모의고
사4회</td><td>성명
(대표자)</td><td>이종범</td><td>상호
(법인명)</td><td>㈜호동전자</td><td>성명
(대표자)</td><td>강호동</td></tr>
<tr><td>사업장
주소</td><td colspan="3">서울 마포구 합정동 324-4</td><td>사업장
주소</td><td colspan="3">서울 서초 서초 131</td></tr>
<tr><td>업태</td><td>제조,도소매,수출</td><td>종 목</td><td>전자제품</td><td>업태</td><td>소매</td><td>종목</td><td>전자제품</td></tr>
</table>

작성일자			공급가액										세액										수정사유
년	월	일	공란수	백	십	억	천	백	십	만	천	백	십	일	백	십	억	천	백	십	만	천	백	십	일	
2022	11	20	3				1	5	0	0	0	0	0	0				1	5	0	0	0	0	0	
	비고																									

월	일	품 목	규격	수량	단가	공급가액	세액	비고
11	20	제품		500	30,000	15,000,000	1,500,000	

합계금액	현금	수표	어음	외상미수금	이 금액을 (영수) 함 청구
16,500,000	8,500,000		8,000,000		

[5] 11월 25일   공장을 신축할 목적으로 건축물이 있는 토지를 당기 구입하고, 기존 건축물 철거와 관련하여 용역비용 3,000,000원(부가세 별도, 전자세금계산서 수취)를 알파용역에게 보통예금계좌에서 이체하였다.

문제 3 부가가치세신고와 관련하여 다음 물음에 답하시오.(10점)

[1] 1기 부가가치세 확정신고(4.1~6.30)를 하려고 한다. 부가가치세 신고와 관련된 다음 자료를 토대로 부가가치세 신고서(과세표준 명세 포함)를 작성하시오.단, 부가가치세신고서 이외에 부속서류의 작성은 생략하고, 전자세금계산서는 원칙대로 발급전송되었으며, 전표입력도 생략한다.(6점)

〈 부가가치세 신고관련 자료 〉

① 전자세금계산서 매출내역
  • 제품매출 : 120,000,000원(부가가치세 별도)
  • 고정자산매각대금 : 15,000,000원(부가가치세 별도)
② 대표이사 명의의 신용카드로 영업부 컴퓨터 구입
  • 집기비품 구입 : 1,200,000원(부가가치세 별도)
② 예정신고시 누락내역은 다음과 같다.
  • 전자세금계산서 매출 : 11,000,000원(부가가치세 포함)
  • 전자세금계산서 매입 : 3,300,000원(부가가치세 포함)
  • 가산세 계산시 적용할 일수는 91일로 가정한다.
③ 예정신고시 환급세액이 발생하였으나, 환급되지 않은 금액이 1,200,000원 있다.
④ 전자신고를 함으로써 전자신고세액공제 10,000원을 적용받는다.
⑤ 과세표준명세 작성과 관련된 자료는 다음과 같다.
  • 업태 : 도매, 종목 : 전자제품, 업종코드 : 515070

---

[2] 다음 자료를 보고 2기 부가가치세 확정신고(10.01~12.31)시 수출실적명세서를 작성하라. 단, 수출대금은 모두 해당국가의 통화로 직접 받았다.(4점)

상대국	수출신고번호	선적일	환전일	수출액	적용환율	
					선적시 기준환율	환전시 적용환율
미국	020-30-11-0127565-7	10.20	10.13	$33,000	1,100/$	1,000/$
일본	020-05-13-0586667-9	11.01	11.05	¥110,000	950/100¥	1,000/100¥
미국	020-10-07-0138548-5	12.20	-	$15,000	1,200/$	-

※ 수출신고필증상의 수출액과 실지수출액은 일치하며, '환전일'은 당해 수출액을 원화로 실제 환전한 날을 말하며, '환전시 적용환율'은 실제 원화 환전시 적용된 환율을 의미한다.

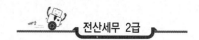

문제 4 다음 결산자료를 입력하여 결산을 완료하시오.(15점)

[1] 영업무용 승용차의 보험료 계상액 중 기간미경과분 300,000원이 있다.(3점)

[2] 법인세 차감전 이익에 의하여 추산한 법인세 등 총예상액은 17,500,000원(중간예납세액 등 8,700,000원 포함)이다.(3점)

[3] 기말 매출채권(외상매출금과 받을어음) 잔액에 대하여 대손충당금(보충법)을 설정하다. 단, 대손율은 2%로 하며, 관련 계정잔액을 조회한 후 답하라.(원단위절사) (3점)

[4] 외화장기차입금 45,276,000원(차입당시 980원/1$,거래처입력생략)에 대한 결산일 현재의 환율은 1,120원 /1$이다.(3점)

[5] 결산일 현재 재고자산을 실사 평가한 결과는 다음과 같다. 단, 각 기말재고자산의 시가와 취득원가는 동일한 것으로 가정한다.(3점)

	취득단가	재고기록부상 기말재고량	실제 기말재고량	수량차이원인
상 품	3,000원	500개	400개	비정상감모
제 품	3,000원	700개	700개	
원재료	1,500원	1,000개	950개	정상감모

※ 4014 실무모의고사4로 변경해서 입력할 것.

문제 5 원천징수자료와 관련하여 다음의 물음에 답하시오.(15점)

[1] 다음은 2월분의 급여자료이다. 당사의 급여지급일은 2월 26일이며, 전월 미환급세액 60,500원(지방소득세 5,500원 포함)이 남아 있다. 문제에 제시되는 내용에 따른 수당등록사항을 기 입력된 내용에 추가하여 입력한다. 급여를 입력하고, 원천징수이행상황신고서를 작성하시오.(5점)

① 기타
- 회사는 사내에서 급식을 추가로 제공하고 있다.
- 자가운전보조금을 지원받는 사원은 본인 소유의 차량을 직접 운전하며 업무에 사용하고 있다.
- 박승우 4살된 자녀가 있다.
- 제시된 자료 중 공제내역은 관련 규정에 적법한 공제금액이라 가정한다.

② 사원명 : 박승우(사번 : 201)

(단위 : 원)

급 여					
기본급	상여	식대	자가운전 보조금	자녀 보육비	직책 수당
2,100,000	600,000	100,000	250,000	100,000	200,000

공 제					
국민연금	건강보험	고용보험	장기요양보험	소득세	지방소득세
150,750	94,470	18,420	6,180	81,850	8,180

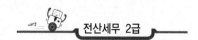

[2] 다음 자료를 보고 생산직 근로자 202.장동건의 연말정산추가자료 입력을 완성하라. 단, 배우자를 포함한 모든 부양가족은 소득세법상 기본공제대상자에 해당하며, 당사에 입사한 시점은 5월 1일이며, 12월 31일 현재 계속 근로자에 해당된다.(10점)

구 분	내 용	금 액
보험료	손해보험료(계약자 및 피보험자 : 본인, 보장성)	890,000원
	생명보험료(계약자 및 피보험자 : 배우자, 보장성)	180,000원
의료비	모친(73세, 한애숙)의 척추 수술비	5,500,000원
	배우자 성형수술비	4,500,000원
교육비	대학원 수업료(본인)	9,000,000원
	대학교 수업료(장남, 장현종)	4,580,000원
전 근무지 소득자료	• 종된근무지명(사업자등록번호) : 하와이물산(205-03-78502) • 근무기간 : 당해연도 .01.01 ~ 04.30 • 급여총액 : 12,000,000원 • 건강보험료 : 290,000원(근로자부담분) • 고용보험료 : 48,000원(근로자부담분) • 국민연금보험료 : 540,000원(근로자부담분) • 소득세결정세액 : 35,000원, 기납부세액 20,000원 • 지방소득세결정세액 : 3,500원, 기납부세액 2,000원	

※ 위 소득공제관련 지출은 모두 장동건씨가 부담한 것으로 한다.

05 실무 모의고사

(주)실무모의고사5회(회사코드 : 4005)는 제조 및 도·소매업을 영위하는 중소기업이며, 당기(15기)회계기간은 2022. 1. 1 ~ 2022. 12. 31 이다. 전산세무회계 수험용 프로그램을 이용하여 다음 물음에 답하시오.

─── <기본전제> ───

문제에서 한국채택국제회계기준을 적용하도록 하는 전제조건이 없는 경우, 일반기업회계기준을 적용하여 회계처리 한다.

문제 1 다음 거래를 일반전표입력 메뉴에 추가 입력하시오.(15점)

─── <입력 시 유의사항> ───

• 일반적인 적요의 입력은 생략하지만, 타계정 대체거래는 적요번호를 선택하여 입력한다.
• 채권·채무와 관련된 거래는 별도의 요구가 없는 한 반드시 기 등록되어 있는 거래처코드를 선택하는 방법으로 거래처명을 입력한다.
• 제조경비는 500번대 계정코드를, 판매비와 관리비는 800번대 계정코드를 사용한다.
• 회계처리과목은 별도제시가 없는 한 등록되어 있는 계정과목 중 가장 적절한 과목으로 한다.

[1] 2월 5일 확정기여형퇴직연금제도를 설정하고 있는 (주)실무모의고사5회는 퇴직연금의 부담금(기여금) 3,000,000원(제조 1,500,000원, 관리 1,500,000원)을 보통예금계좌에 이체하였다.(3점)

[2] 2월 10일 미국 뱅크오브아메리카로부터 금년 1월 10일 차입한 단기차입금 $10,000에 대해 원화를 외화($)로 환전하여 상환하였다. 상환당시 환율은 1$당 1,500원이었다. 차입당시 거래내역을 조회하여 회계처리하시오. 환전수수료 등 기타 부대비용은 없다고 가정한다.(3점)

[3] 2월 28일 당좌거래개설보증금 2,000,000원을 현금으로 예치하여 서울은행 당좌거래를 개설하였다.(3점)

[4] 3월 4일 유상증자를 위하여 신주 2,000주(액면 @10,000원)을 1주당 12,000원에 발행하고 대금은 전액 당좌예입하였으며, 주식발행과 관련한 법무사수수료 600,000원은 현금으로 지급되었다.(3점)

[5] 3월 15일 공장을 건설하기 위하여 소요되는 자금을 조달하기 위하여 신한은행에서 차입한 차입금에 대한 이자 1,500,000원이 발생하여 국민은행 보통예금계좌에서 이체하였다. 당기 차입금에 대한 이자는 기업회계기준상 자본화대상요건을 충족하였고 공장은 현재 건설중이다.(3점)

문제 2 다음 거래자료를 매입매출전표입력 메뉴에 추가로 입력하시오.(15점)

─────── <입력 시 유의사항> ───────

• 일반적인 적요의 입력은 생략하지만, 타계정 대체거래는 적요번호를 선택하여 입력한다.
• 별도의 요구가 없는 한 반드시 기 등록되어 있는 거래처코드를 선택하는 방법으로 거래처명을 입력한다.
• 제조경비는 500번대 계정코드를, 판매비와 관리비는 800번대 계정코드를 사용한다.
• 회계처리시 계정과목은 별도제시가 없는 한 등록되어 있는 계정과목 중 가장 적절한 과목으로 한다.
• 입력화면 하단의 분개까지 처리하고, 전자세금계산서 및 전자계산서는 전자입력으로 반영한다.

[1] 1월 1일 　당사는 임가공 용역업체로 내국신용장에 의하여 아래의 전자세금계산서를 교부하였다. 적절한 회계처리를 하시오.(3점)

전자세금계산서(공급자 보관용)					책 번 호				권		호	
					일련번호							

공급자	등록번호	120-81-33158				공급받는자	등록번호	130-21-56630				
	상호(법인명)	㈜실무모의고사5회	성명(대표자)	나일등			상호(법인명)	㈜하마전자	성명(대표자)		장하마	
	사업장주소	서울 중구 쌍림동 100					사업장주소	서울 강감 역삼 30				
	업태	제조,도소매	종 목	전자제품			업태	제조,도소매	종목		전자제품	

작성일자			공급가액											세액										수정사유
년	월	일	공란수	백	십	억	천	백	십	만	천	백	십	일	백	십	억	천	백	십	만	천	백	십	일	
2022	1	1	3				9	0	0	0	0	0	0	0												

비고							

월	일	품 목	규격	수량	단가	공급가액	세액	비고
1	1	제품		200	45,000	9,000,000		

합계금액	현금	수표	어음	외상미수금	이 금액을 　영수 　함 (청구)
9,000,000		3,000,000		6,000,000	

[2] 1월 31일 　지난해 미국 HANS사에서 수입한 공장자동화기계장비(기계장비 : 33,000,000원, 부가가치세 : 3,300,000원, 총 금액 : 36,300,000원)를 수령하면서 인천세관으로부터 전자세금계산서를 발급받고, 이에 대한 부가가치세를 현금지급하였다.(3점)

[3] 2월 5일 　공장에 설치중인 공장자동화기계장비의 성능을 시험해 보기로 하였다. 시운전을 위하여 뉴젠칼텍스에서 휘발유 220리터를 462,000원(2,100원/리터)에 구입하고 대금은 삼성카드로 지급하였다.(3점)

[4] 2월 26일　한우백화점에서 한우갈비세트(부가가치세 면세대상임)2,200,000원을 법인명의 신용카드(국민카드)로 구입하고 ,신용카드매출전표를 수취하였다. 이 중 1,500,000원은 복리후생차원에서 당사 공장 직원에게 제공하였고, 나머지는 특정거래처에 증정하였다.(3점)

[5] 3월 16일　사무실에서 사용하던 복합기를(주)신성인쇄에 500,000원(부가가치세 별도)에 외상으로 매각하고 전자세금계산서를 발급하였다. 취득가액은 1,500,000원이고 감가상각누계액은 1,200,000원이며 당기의 감가상각비는 고려하지 않는다.(3점)

문제 3 부가가치세신고와 관련하여 다음 물음에 답하시오.(10점)

[1] 본 문제에 한하여 치킨을 가공,유통하는 중소제조업체로 본다. 다음은 제1기 확정신고기간(4.1~6.30) 동안 매입한 면세자료이다. 의제매입세액 공제신청서를 작성하시오.(4점)

구분	일자	상호 (성명)	사업자번호 (주민번호)	매입가격	품명	수량
전자계산서 매입분 (현금거래)	4월6일	(주)둘둘	127-81-49025	3,060,000원	생닭	160kg
	6월4일	(주)아리수	129-81-66753	214,000원	수도요금	150L
신용카드 매입분 (삼성카드)	5월2일	(주)클린짱	204-81-37258	816,000원	방역비	20통
	6월3일	(주)굽네	106-81-51688	2,428,000원	생닭	120kg
농어민 매입분 (현금거래)	4월1일	이호식	701201-2213216	978,000원	무	200kg

※ 위외 다른 매입은 없으며, 예정분 과세표준은 3억원, 확정분 과세표준은 112,500,000원, 기공제액은 120,000원이다.

[2] 2기 부가가치세 확정신고(10.1~12.31)를 하려고 한다. 부가가치세 신고와 관련된 다음 자료를 토대로 부가가치세 신고서를 작성하시오. 단, 주어진 자료 이외에는 부가가치세 신고서를 불러올 때 자동적으로 반영되는 자료를 이용하고, 부가가치세신고서 이외에 부속서류의 작성은 생략한다.(6점)

< 부가가치세 신고관련 자료 >

① 예정신고누락분을 제외한 모든 거래에 대한 전표입력은 올바르게 되었다. 예정신고누락분의 전표입력은 생략한다.
② 예정신고시 누락신고한 내용은 다음과 같다.
 • 과세매출인 카드매출(공급대가 3,300,000원)을 누락하였다.
 • 간주공급에 해당하는 사업상증여 금액 3,300,000원(시가, 공급대가)을 누락하였다.
 • 다음의 전자세금계산서 매입 2건을 누락하였다.

내역	공급가액(원)	부가가치세(원)	비고
제품	2,000,000	200,000	과세사업용
승용차	11,000,000	1,100,000	영업부사용, 1,600cc, 승용

 • 가산세 계산시 적용할 일수는 92일로 가정한다.
③ 예정신고시 환급세액이 발생하였으나, 환급되지 않은 금액이 1,100,000원 있다.
④ 전자신고를 함으로써 전자신고세액공제 10,000원을 적용받는다.
⑤ 위에서 열거된 사항 이외에는 부가가치세신고서를 불러올때 자동적으로 반영되는 자료를 이용한다.

문제 4 다음 결산자료를 입력하여 결산을 완료하시오.(15점)

[1] 당사는 매출채권의 1%를 보충법으로 대손충당금을 설정하기로 한다. 입력된 매출채권 및 대손충당금 내역의 내용을 참조하라.(3점)

[2] 기말 현재 임직원의 퇴직금추계액이 다음과 같은 경우 당기의 퇴직급여충당부채를 설정하시오.(3점)

| • 영업직사원 : 80,000,000원 | • 생산직사원 : 85,000,000원 |

※ 재무상태표상 퇴직급여충당부채의 당기 설정 전 잔액은 영업직 40%, 생산직 60%로 설정되어 있다.

[3] 기말의 장기차입금(신한은행)중 결산일 현재 1년내 상환일이 도래하는 금액은 전체금액의 50%이다. 유동성대체를 하였다.(3점)

[4] 결산일 현재의 기말재고자산 현황은 아래와 같다. 단, 장부상 재고액과 실지 재고액은 일치하는 것으로 가정한다.(3점)

구 분	단 가	수 량	장부금액
원재료	3,000원	500개	1,500,000원
재공품	5,000원	600개	3,000,000원
제 품	7,000원	1000개	7,000,000원

[5] 당기분 이익잉여금 처분내역은 다음과 같다.(3점)

<처분일자>
  • 전기 : 전연도 2.15
  • 당기 : 다음연도 2.20
<처분내역>
  • 이익준비금 : 5,000,000원
  • 현금배당 : 50,000,000원
  • 주식배당 : 3,000,000원

※4015실무모의고사5로 변경해서 입력할 것.

문제 5 원천징수자료와 관련하여 다음의 물음에 답하시오.(15점)

[1] 다음은 김회계(사원코드:107, 입사일:2017년 4월 1일, 주민등록번호:681216-1752481)의 '부양가족내역' 이다. 김회계의 연말정산을 위한 인적공제(소득공제) 내역을 입력하라.(공제 가능한 부양가족은 김회계에게 적용되도록 하고 주민번호입력은 생략한다.)(5점)

< 부양가족 내역 >

성 명	관 계	연 령(만)	비 고
김회계	본인	46세	급여 외 다른 소득 없음.
이아내	처	39세	9월부터 급여수취액 매월 150만원(전액 과세급여)있음.
김장남	아들	21세	대학생임.
김막내	딸	4세	유아원생
김어른	부친	72세	학교신문기고료(기타소득)로 400만원이 발생하여 원천세액을 제외한 금액을 수취함. 이외의 소득은 없으며 가능한 한 분리과세를 선택하려함.
김세무	동생	41세	장애인이며, 월 100만원 소득발생
김세법	동생	32세	사업소득금액 3,200만원 있음

[2] 다음은 김석류씨의 근로소득세를 계산하기 위한 자료이다. 다음의 자료를 기초로 하여 김석류(사원코드 300)씨의 연말정산을 위한 공제 내역을 입력하시오. 아래 자료의 가족은 모두 생계를 같이하며 김석류씨가 부양하고 있다.(10점)

(1) 자료 1 : 소득공제 명세서에 첨부된 증명서류의 내용

구 분	내 용	비 고
보험료	• 본인의 자동차 보험료 불입액 • 배우자(근로소득금액 60만원, 사업소득금액 70만원)를 피보험자로 한 생명보험료 불입액	급여 외 다른 소득 없음.
의료비	• 어머니(70세, 양도소득금액 120만원)의 당뇨 치료비 • 본인의 성형수술비	사업소득금액 3,200만원 있음
교육비	• 본인의 대학원 등록금 • 아버지(72세)의 원격대학 등록금 • 장녀(16세)의 고등학교 수업료 • 차녀(5세)의 어린이집 보육시설비용	
주택자금	• 장기주택저당차입금 이자상환액(상환기간은 15년이며 여타 법정요건은 충족함)	
기부금	• 동창회 발전기금(본인이 기부) • 재난지역 돕기성금(본인이 기부) • 사찰 기부금(어머니가 기부)	
연금저축	• 연간 불입액(요건충족)	
신용카드 등 사용액	• 차량구입비 • 현금서비스 • 기타 생활용품 구입 • 보험료 납부 • 국세 납부	

(2) 자료 2 : 전근무지 근로소득원천징수영수증

① 근무처명 등

근무처명	사업자등록번호	근무기간
(주)마구마구	120-81-34671	당해연도 1.1 ~ 3.4

② 소득명세 등

급여총액	상여총액	출산보육 비과세	국민연금 보험료	건강 보험료	고용 보험료	장기요양 보험료
4,000,000원	2,000,000원	500,000원	270,000원	169,200원	33,000원	11,080원

③ 세액명세 등

항 목	소득세	지방소득세
결정세액	180,000원	18,000원
기납부세액	240,000원	24,000원
차감징수세액	-60,000원	-6,000원

Chapter

02

종합 모의고사

이 론 시 험

다음 문제를 보고 알맞은 것을 골라 | 이론문제 답안작성 | 메뉴에 입력하시오.(객관식 문항당 2점)

───── <기본전제> ─────
문제에서 한국채택국제회계기준을 적용하도록 하는 전제조건이 없는 경우, 일반기업회계기준을 적용한다.

01 다음 중 재무제표에 보고되는 현금및현금성자산에 해당하지 않는 것은?

① 통화
② 송금수표
③ 2018.8.5 취득한 양도성예금증서(만기:2020.11.2)
④ 보통적금

02 무형자산에 관한 다음의 내용 중 옳지 않은 것은?

① 외부에서 구입한 무형자산은 자산으로 처리한다.
② 무형자산의 상각방법으로 합리적인 상각방법을 정할 수 없는 경우에는 정액법을 사용한다.
③ 무형자산 내용연수는 법적 요인에 의한 내용연수와 경제적 요인에 의한 내용연수 중 긴 기간으로 한다.
④ 내부적으로 창출한 영업권은 자산으로 인식하지 아니한다.

03 수익인식에 대한 내용으로 옳지 않은 것은?

① 경제적 효익의 유입 가능성이 매우 높은 경우에만 인식한다.
② 수익금액을 신뢰성 있게 측정할 수 있는 시점에 인식한다.
③ 거래 이후에 판매자가 관련 재화의 소유에 따른 유의적인 위험을 부담하는 경우 수익을 인식하지 않는다.
④ 관련된 비용을 신뢰성 있게 측정할 수 없어도 수익을 인식할 수 있다.

04 주식발행회사의 입장에서 주식배당 결의와 동시에 주식배당을 즉시 실시하였다고 가정하였을 경우에 발생되는 효과로써 가장 적절한 것은?

① 미지급배당금만큼 부채가 증가한다.

② 자본총액이 주식배당액만큼 감소한다.

③ 자본금은 증가하지만 이익잉여금은 감소한다.

④ 주식배당은 배당으로 인한 회계처리가 불필요하므로 자본항목 간의 변동도 없다.

05 다음 회계변경에 대한 내용으로 옳지 않은 것은?

① 회계정책의 변경은 소급하여 적용하는 것이 원칙이다.

② 회계추정의 변경은 전진적으로 처리하는 것이 원칙이다.

③ 회계정책의 변경을 반영한 재무제표가 더 신뢰성과 목적적합한 정보를 제공한다면 회계정책을 변경할 수 있다.

④ 회계변경의 효과를 회계정책의 변경과 회계추정의 변경으로 구분이 불가능한 경우, 회계정책의 변경으로 본다.

06 종합원가계산방법 중 선입선출법의 장점으로 올바르지 않은 것은?

① 원가통제 등에 보다 더 유용한 정보를 제공한다.

② 표준종합원가계산에 적합하다.

③ 전기와 당기원가가 혼합되므로 상대적으로 계산방법이 간편하다.

④ 실제물량흐름을 반영한다.

07 다음 중 제조간접비 예정배부액의 계산 방법은?

① 제품별 배부기준의 실제발생액 × 예정배부율

② 제품별 배부기준의 실제발생액 × 실제배부율

③ 제품별 배부기준의 예정발생액 × 예정배부율

④ 제품별 배부기준의 예정발생액 × 실제배부율

08 다음은 ㈜강남의 제품 한 개에 대한 원가이다. 자료를 보고 ㈜강남의 제품 단위당 변동제조원가를 구하시오.

• 판매가격 : 1,700원	• 직접재료비 : 600원
• 직접노무비 : 300원(시간당 노무비는 100원)	• 변동제조간접비 : 시간당 30원이 발생

① 800원   ② 830원
③ 990원   ④ 930원

09 다음의 자료에 의하여 종합원가계산에 의한 가공비의 완성품환산량을 계산하시오. 단, 가공비는 가공과정 동안 균등하게 발생한다고 가정한다.

	수량	완성도
기초 재공품	100개	25%
당기 착수품	400개	
당기 완성품	300개	
기말 재공품	200개	50%

① 평균법 : 400개   선입선출법 : 375개
② 평균법 : 375개   선입선출법 : 375개
③ 평균법 : 400개   선입선출법 : 400개
④ 평균법 : 375개   선입선출법 : 400개

10 보조부문비를 각 제조부분에 배부하는데 있어 보조부문간의 배부순서에 따라 배부액이 달라질 수 있는 방법은?

① 이중배부율법   ② 단계배부법
③ 상호배부법   ④ 직접배부법

11 부가가치세법상 세금계산서와 관련한 다음 설명 중 잘못된 것은?

① 소매업을 영위하는 자가 영수증을 교부할 경우 상대방이 세금계산서를 요구하는 경우에는 세금계산서를 교부하여야 한다.
② 매입자발행세금계산서는 거래 건당 공급대가 10만원 이상을 발행대상으로 한다.
③ 수탁자가 재화를 인도하는 경우에는 수탁자 명의로 세금계산서를 교부하고 비고란에 위탁자의 사업자등록번호를 부기한다.
④ 공급가액에 증감사유가 발생하여 수정세금계산서를 발행하는 경우 증감사유가 발생한 날을 작성일자로 하여 세금계산서를 교부한다.

12 다음 중 부가가치세에 대한 공급시기의 내용으로 틀린 것은?

공급형태	공급시기
① 중간지급조건부판매	각 대가를 받기로 한 때
② 계속적 공급	각 대가를 받기로 한 때
③ 선(후)불로 받은 임대료	각 대가를 받기로 한 때
④ 장기할부판매	각 대가를 받기로 한 때

13 현행 부가가치세 과세제도의 내용 중 틀린 것은?

① 부가가치세의 납세의무자는 국가 및 지방자치단체도 포함한다.

② 사업자가 특수관계자가 아닌 타인에게 무상으로 공급하는 용역은 과세대상이 아니다.

③ 고용관계에 따라 근로를 제공하는 것은 용역의 공급으로 보지 아니한다.

④ 직전과세기간의 납부세액이 없는 일반과세자인 개인사업자는 예정신고를 하여야 한다.

14 소득세법상 기타소득 중 종합소득과세표준 계산에 항상 합산하지 아니하는 것(=무조건 분리과세 대상)은?

① 복권당첨금

② 뇌물 및 알선수재 등에 의하여 받는 금품

③ 원천징수대상이 아닌 기타소득

④ 당연분리과세를 제외한 기타소득금액이 연 300만원인 경우

15 과세최저한을 초과하는 기타소득금액 중 원천징수되지 않는 것은?

① 일시적인 봉사료 지급금액

② 계약금이 위약금으로 대체되는 경우 그 위약금

③ 지역권을 대여하고 받는 금품

④ 복권 당첨금

실무시험

(주)종합모의사1회(회사코드:5001)은 제조, 도·소매 및 무역업을 영위하는 중소기업이며, 당기(18기)회계기간은 2022.1.1.~2022.12.31. 이다. 전산세무회계 수험용 프로그램을 이용하여 다음 물음에 답하시오.

───────── <기본전제> ─────────
문제에서 한국채택국제회계기준을 적용하도록 하는 전제조건이 없는 경우, 일반기업회계기준을 적용하여 회계처리 한다.

문제 1 다음 거래를 일반전표입력 메뉴에 추가 입력하시오.(15점)

───────── <입력 시 유의사항> ─────────
• 일반적인 적요의 입력은 생략하지만, 타계정 대체거래는 적요번호를 선택하여 입력한다.
• 채권·채무와 관련된 거래는 별도의 요구가 없는 한 반드시 기 등록되어 있는 거래처코드를 선택하는 방법으로 거래처명을 입력한다.
• 제조경비는 500번대 계정코드를, 판매비와 관리비는 800번대 계정코드를 사용한다.
• 회계처리과목은 별도제시가 없는 한 등록되어 있는 계정과목 중 가장 적절한 과목으로 한다.

[1] 6월 2일   (주)한기로부터 원재료를 매입하기로 계약하고 계약금 13,000,000원을 당좌수표로 지급하였다.(3점)

[2] 6월 15일   ㈜장안상사에 대한 단기대여금인 800,000원이 당일 대손이 확정되어 대손처리 하였다. 단, 단기대여금 관련 대손충당금은 조회하여 회계처리할 것.(3점)

[3] 6월 30일   당사는 본사 영업부 건물의 일부를 임대하고 있다. 임대보증금에 대한 간주임대료의 부가가치세 430,000원을 회계처리 하시오. 단, 부가가치세는 부가세예수금계정으로 회계처리 한다.(3점)

[4] 7월 3일   주주총회의 결의에 의하여 자사주식 1,000주(액면 10,000원)를 1주당 6,000원에 매입하여 소각하고, 대금은 현금으로 지급하였다.(3점)

[5] 7월 12일   미국의 지엠상사의 외상매출금이 전액 국민은행 보통예금에 입금되었다. 동 외상매출금에 대한 내역은 다음과 같다.(3점)

> • 7월 5일 제품을 선적하였다.
> • 환율정보 : 7월 5일(1,200원/$), 7월 12일(1,150원/$)
> • 수출대금 $50,000를 전액 외화상태로 보유중임

문제 2 다음 거래자료를 매입매출전표입력 메뉴에 추가로 입력하시오.(15점)

―――――― <입력 시 유의사항> ――――――

• 일반적인 적요의 입력은 생략하지만, 타계정 대체거래는 적요번호를 선택하여 입력한다.
• 별도의 요구가 없는 한 반드시 기 등록되어 있는 거래처코드를 선택하는 방법으로 거래처명을 입력한다.
• 제조경비는 500번대 계정코드를, 판매비와 관리비는 800번대 계정코드를 사용한다.
• 회계처리시 계정과목은 별도제시가 없는 한 등록되어 있는 계정과목 중 가장 적절한 과목으로 한다.
• 입력화면 하단의 분개까지 처리하고, 전자세금계산서 및 전자계산서는 전자입력으로 반영한다.

[1] 1월 15일 기계장치의 내용연수를 연장시키는 주요부품 교체를 하고 22,000,000원(부가가치세 포함)을 한진 설비에 당좌수표로 지급하였다. 이에 대해 종이세금계산서를 수취하였다.(3점)

[2] 1월 31일 영업부에서는 사무실 사용목적으로 임차할 건물을 서울부동산으로부터 소개를 받았다. 이와 관련하여 당사는 중개수수료 330,000원(부가가치세 포함)을 보통예금에서 이체함과 동시에 서울부동산으로부터 현금영수증을 수취하였다.(3점)

[3] 2월 1일 캐나다의 펠프스로부터 원재료를 수입하면서 인천세관으로부터 전자세금계산서(공급대가 : 6,600,000원)를 교부받았고, 부가가치세와 관세를 합해서 1,000,000원을 현금으로 지급하였다. 원재료의 공급가액은 회계처리하지 않고 관세 및 부가가치세만 회계처리 하기로 한다.(3점)

[4] 2월 22일 해외수출업자인 ㈜태호에 제품을 공급하면서 당일자로 내국신용장을 발급받아 공급가액 2,000,000원의 영세율전자세금계산서를 발행하고, 대금은 현금으로 받았다.(3점)

[5] 3월 13일 ㈜부산상사에 판매한 제품에 하자가 발견되어 금일 반품 전자세금계산서를 발행하였다. 반품된 공급가액은 500,000원, 부가가치세 50,000원이며 반품 대금은 ㈜서울상사의 외상매출금과 상계하기로 하였다.(회계처리는 음수로 할 것)(3점)

[1] 다음 자료를 토대로 제1기 확정분 신용카드매출전표등수령금액합계표(갑)를 작성하시오. 단, 매입매출전표입력은 생략하되, 사용한 법인카드번호는 하나카드 1111-2222-3333-4444이며 매입세액공제가 가능한 사항만 반영하시오.(4점)

매입일자	매입내역	공급가액(원)	세액(원)	사용처(모두 일반과세자)		증 빙
				상호	사업자등록번호	
6월 3일	출장 목적의 KTX승차권	70,000	7,000	코레일	204-85-22637	신용카드
6월 4일	사업장 난방용 석유구입	40,000	4,000	엑스오일	314-81-11803	신용카드
6월 5일	비영업용 소형승용차 임차료	300,000	30,000	무신렌트	212-18-93257	현금영수증
6월 6일	직원회의시 커피구입비	20,000	2,000	스타벅	204-25-33620	현금영수증

[2] 기존에 입력된 자료는 무시하고 다음 자료를 토대로 2기 확정신고에 대한 부가가치신고서를 작성하시오(세부담 최소화 가정). 부가가치세신고서 이외의 과세표준명세 등 기타 부속서류는 작성을 생략한다. 단, 제시된 자료 이외의 거래는 없으며, 홈택스에서 직접 전자신고하고, 1기 전체 및 2기 예정신고시 전자세금계산서 발급세액공제액은 970,000원 이었다.(6점)

매출자료	• 전자세금계산서 발행 매출액 : 450,000,000원(500매, 부가가치세 별도) • 신용카드 매출액 : 66,000,000원(부가가치세 포함) → 전자세금계산서교부금액분 22,000,000원(부가가치세 포함) 포함 • 직수출액 : 200,000,000원 • 1기 확정신고시 대손세액공제를 받은 외상매출금 22,000,000원을 전액 회수하였다.
매입자료	• 세금계산서 매입액 : 500,000,000원(부가가치세 별도) → 토지의 자본적 지출 관련금액 30,000,000원(부가가치세 별도) 포함 • 2기 예정신고시 누락된 세금계산서 매입액 : 10,000,000원(부가가치세 별도) • 2기 예정신고시 미환급된세액 : 1,000,000원

문제 4 다음 결산자료를 입력하여 결산을 완료하시오.(15점)

[1] 우리은행으로부터 차입한 상기차입금 30,000,000원은 결산일 현재 1년 이내에 상환기일이 도래하므로 유농성 대체를 한다.(3점)

[2] 전기 10월 특허권을 60,000,000원에 취득하였고, 동 특허권은 당기 10월부터 사용하기 시작하였다. 단, 상각기간은 10년이고 정액법으로 상각한다.(월할상각할 것)(3점)

[3] 매출채권(외상매출금, 받을어음)에 대하여 1%의 대손충당금을 보충법으로 설정하시오.(3점)

[4] 퇴직급여충당부채를 설정하기 전 기말현재 퇴직급여추계액 및 퇴직급여충당부채의 잔액은 다음과 같다. 퇴직급여충당부채는 퇴직급여추계액의 5%를 설정한다.(3점)

구분	퇴직급여추계액	퇴직급여충당부채
생산직	100,000,000원	3,000,000원
영업직	200,000,000원	7,000,000원

[5] 기말의 재고자산은 다음과 같이 있다. 이를 반영하시오.(3점)

• 원재료 : 3,000,000원	• 재공품 : 2,000,000원	• 제품 : 2,500,000원

※5011종합실무모의고사1로 변경해서 입력할 것.

문제 5 원천징수자료와 관련하여 다음의 물음에 답하시오.(15점)

[1] 당사 직원 301.이태수씨(남)는 당기 3월 31일 퇴사하고 3월 급여 수령 시 중도퇴사에 대한 연말정산을 실시하였다. 이태수씨의 3월 급여명세서로 3월의 급여대장을 작성하고 3월귀속·3월지급분에 대한 원천징수이행상황신고서를 작성하시오. 3월 급여대장 작성 시 중도퇴사에 대한 연말정산 금액을 급여대장에 반영하기로 하며, 원천징수이행상황신고서에 환급발생시 전액 차월이월하기로 한다.(당사의 급여 지급일은 매월 25일이며, 별도 공제항목을 만들지 말 것)(7점)

〈3월 급여명세서〉

급여항목	금액(원)
기본급	5,400,000
직책수당	100,000
식대(비과세)	100,000

[2] 다음은 302.이용대사원의 연말정산을 위한 부양가족의 소득공제자료이다. 다음의 자료를 토대로 연말정산추가자료를 [연말정산입력] 메뉴에서만 입력하시오. 부양가족은 모두 소득이 없으며 ㈜종합모의고사1회가 첫직장이다. 소득공제는 세부담이 최소화되는 방법으로 선택한다.(8점)

성명	관계	나이(만)	소득공제 내용
이기수	아버지	79	• 아버지의 질병치료비(의료비) 4,000,000원이 지출되었는데, 이 중 2,000,000원은 신용카드로 결제하였다. • 교회에 기부금 3,500,000원을 납부하였다.
이용대	본인	54	본인의 대학원(정규과정) 수업료로 8,000,000원이 지출되었다.
김예쁜	아내	49	아내를 피보험자로 하는 자동차보험료를 1,100,000원 지출하였다.
이대로	자녀	26	독서용 서적구입비 1,800,000원을 이대한의 신용카드로 결제하였다.
이국민	자녀	11	유치원(유아교육법에 의한 유치원)의 수업료로 4,200,000원을 지출하였고, 이 중 2,000,000원은 소득공제용 현금영수증을 발급받았다.

이 론 시 험

다음 문제를 보고 알맞은 것을 골라 [이론문제 답안작성] 메뉴에 입력하시오.(객관식 문항당 2점)

―――― <기본전제> ――――
문제에서 한국채택국제회계기준을 적용하도록 하는 전제조건이 없는 경우, 일반기업회계기준을 적용한다.

01 다음 중 자산에 속하지 않는 계정과목은?

① 개발비　　　　　　　　　　　② 선급비용
③ 미수수익　　　　　　　　　　④ 미지급비용

02 다음 중 현행 일반기업회계기준에서 규정하고 있는 재무제표가 아닌 것은?

① 재무상태표　　　　　　　　　② 현금흐름표
③ 이익잉여금처분계산서　　　　④ 자본변동표

03 다음 세가지 조건에 모두 해당하는 유가증권은?

> • 보유기간 중 평가방법은 원칙적으로 공정가액법에 의한다.
> • 보유기간 중 평가손익은 재무상태표상 자본항목에 표시한다.
> • 지분증권 또는 채무증권에 해당한다.

① 단기매매증권　　　　　　　　② 매도가능증권
③ 만기보유증권　　　　　　　　④ 지분법적용투자주식

04 다음 중 일반기업회계기준의 재고자산감모손실에 대한 설명으로 올바른 것은?

① 정상적으로 발생한 감모손실은 매출원가에 가산한다.

② 재고자산감모손실은 시가가 장부가액보다 하락한 경우에 발생한다.

③ 비정상적으로 발생한 감모손실은 판매비와관리비 항목으로 분류한다.

④ 재고자산감모손실은 전액 제조원가에 반영하여야 한다.

05 유형자산의 취득원가 구성항목으로 옳지 않은 것은?

① 유형자산 취득과 관련하여 불가피하게 매입하는 국공채의 매입가액

② 설치장소 준비를 위한 지출

③ 취득과 직접 관련이 있는 제세공과금

④ 취득시 소요되는 운반비용

06 다음 중 원가에 대한 설명으로 옳지 않은 것은?

① 조업도의 변동에 관계없이 단위당 원가는 일정하고, 총원가는 조업도의 변동에 비례하여 변하는 원가를 변동원가라고 한다.

② 직접노무비와 제조간접비를 합한 금액을 가공원가라고 한다.

③ 과거에 발생한 원가로서 의사결정에 고려되어서는 안되는 원가를 기회원가라고 한다.

④ 특정부문의 경영자가 원가의 발생을 관리할 수 있으며, 부문경영자의 성과평가의 기준이 되는 원가를 통제가능원가라고 한다.

07 아래 자료에 있는 사항으로 미루어 보아 다음 중 틀린 설명은?

> A제조기업은 원가계산에 있어 제조간접비 실제배부액은 980만원이었으며 이는 제조간접비가 100만원 과소배부된 것이다.

① A제조기업은 개별원가계산방식을 사용하였다.

② A제조기업의 제조간접비 예정배부액은 880만원이다.

③ 제조간접비 배부차이에 해당하는 금액만큼 제조원가에 가산하게 된다.

④ 이러한 제조간접비 배부차이에 해당하는 금액은 직접재료비, 직접노무비 그리고 제조간접비 모두에 영향을 미친다.

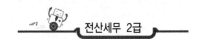

08 평균법을 이용한 종합원가계산 적용시 완성품환산량 단위당 원가를 계산하기 위해서 아래의 어떤 금액을 완성품환산량으로 나누어야 하는가?

① 당기발생원가

② 당기발생원가 + 기초재공품원가

③ 당기발생원가 - 기초재공품원가

④ 기초재공품원가

09 다음은 (주)세종의 제조활동과 관련된 물량 흐름이다. 다음의 설명 중 틀린 것은?

- 기초재공품 : 2,000개
- 당기착수량 : 8,000개
- 당기완성수량 : 9,000개
- 기말재공품 : 400개

① 공손품 물량은 600개이다.

② 정상공손품의 기준을 완성품의 5%라고 가정할 경우 정상공손의 수량은 150개이다.

③ 정상공손원가는 완성품 혹은 기말재공품에 배분한다.

④ 비정상공손원가는 영업외비용으로 처리한다.

10 개별원가계산에 대한 설명으로 적당하지 않은 것은?

① 종합원가계산에 비하여 원가계산이 단순하며 경제적이다.

② 개별원가계산은 조선업, 건설업 등의 업종에 적합하다.

③ 종합원가계산에 비하여 제품별 정확한 원가계산이 가능하다.

④ 개별원가계산은 제품을 비반복적으로 생산하는 업종에 적합하다.

11 다음 중 부가가치세법상 사업자등록과 관련된 설명 중 틀린 것은?

① 사업자는 사업장마다 사업개시일부터 20일내에 사업자등록을 하여야 한다.

② 신규로 사업을 시작하려는 자는 사업개시일 전이라도 사업자등록을 할 수 있다.

③ 사업자등록의 신청을 받은 관할세무서장은 신청일부터 3일이내에 사업자등록증을 신청자에게 발급하는 것이 원칙이다.

④ 상속으로 인하여 사업자의 명의가 변경되는 때에는 폐업을 하고 신규로 사업자등록을 하여야 한다.

12 다음 중 부가가치세법상의 납세의무가 없는 경우는?

① 소규모 식당을 운영하는 간이과세 대상 사업자

② 대가를 받고 대한민국 정부에 복사기를 판매하는 상인

③ 화장품을 중국에 수출하는 무역업자

④ 서울에 소재하는 소아과전문병원

13 다음 중 부가가치세법상 간이과세자가 될 수 있는 사업자는?

① 일반사업자로부터 사업에 관한 모든 권리와 의무를 포괄적으로 승계받아 양수한 개인사업자

② 전자세금계산서 의무발급대상사업을 영위하는 개인사업자

③ 손해사정사업을 영위하는 개인사업자

④ 부동산임대업을 영위하는 개인사업자

14 다음 중 소득세법상 소득의 분류에 대한 설명으로서 잘못된 것은?

① 사업용고정자산을 제외하고 양도하는 영업권은 기타소득에 해당한다.

② 퇴직함으로써 받는 소득으로서 퇴직소득에 속하지 아니하는 퇴직위로금은 기타소득이다.

③ 근로자퇴직급여보장법에 따라 받는 연금은 연금소득이다.

④ 법인의 주주총회·사원총회 또는 이에 준하는 의결기관의 결의에 따라 상여로 받는 소득은 근로소득이다.

15 소득세법상 인적공제대상 여부의 판정에 대한 내용으로 옳지 않은 것은?

① 추가공제는 해당 거주자의 기본공제를 적용받는 경우에만 공제할 수 있다.

② 과세기간 종료일 전에 사망한 경우 사망일 전일의 상황에 따라 공제여부을 판정한다.

③ 거주자의 공제대상 배우자가 다른 거주자의 공제대상 부양가족에 해당하는 경우 공제대상 배우자로 한다.

④ 직계비속은 항상 생계를 같이하는 부양가족으로 본다.

실 무 시 험

(주)종합모의고사2회(회사코드:5002)은 제조, 도·소매 및 무역업을 영위하는 중소기업이며, 당기(25기) 회계기간은 2022.1.1.~2022.12.31. 이다. 전산세무회계 수험용 프로그램을 이용하여 다음 물음에 답하시오.

─────────── <기본전제> ───────────

문제에서 한국채택국제회계기준을 적용하도록 하는 전제조건이 없는 경우, 일반기업회계기준을 적용하여 회계처리 한다.

문제 1 다음 거래를 일반전표입력 메뉴에 추가 입력하시오.(15점)

─────────── <입력 시 유의사항> ───────────

• 일반적인 적요의 입력은 생략하지만, 타계정 대체거래는 적요번호를 선택하여 입력한다.
• 채권·채무와 관련된 거래는 별도의 요구가 없는 한 반드시 기 등록되어 있는 거래처코드를 선택하는 방법으로 거래처명을 입력한다.
• 제조경비는 500번대 계정코드를, 판매비와 관리비는 800번대 계정코드를 사용한다.
• 회계처리과목은 별도제시가 없는 한 등록되어 있는 계정과목 중 가장 적절한 과목으로 한다.

[1] 4월 25일 당사는 확정기여형 퇴직연금(DC형)을 가입하고 있는데, 당월분 퇴직연금을 다음과 같이 보통예금에서 지급하였다.(3점)

> • 영업직 직원 퇴직연금 : 16,000,000원
> • 생산직 직원 퇴직연금 : 8,000,000원

[2] 5월 1일 공장건물 청소원인 김미녀에게 인건비 700,000원을 현금으로 지급하고 일용직 근로소득으로 신고하였다. 이와 관련된 원천징수세액은 없다.(3점)

[3] 5월 15일 액면가액 50,000,000원인 3년 만기의 사채를 53,000,000원에 발행하였으며, 대금은 국민은행 보통예금으로 입금받았다.(3점)

[4] 5월 31일 (주)온누리상사에서 발행한 만기 3년인 채권을 다음과 같이 구입하였다. 당사는 동 채권을 만기까지 보유할 의도 및 능력을 갖추고 있다.(하나의 전표로 처리할 것)(3점)

구 분	금 액	비 고
(주)온누리상사가 발행한 채권의 구입비	2,000,000원	보통예금에서 이체함
채권구입과 관련하여(주)태양증권에게 지급한 수수료	60,000원	보통예금에서 이체함
계	2,060,000원	–

[5] 9월 3일 당사의 제품(원가:300,000원, 판매가:360,000원)을 생산직 직원의 복리후생 목적으로 제공하였다.(재화의 간주공급에 해당하지 아니함)(3점)

문제 2 다음 거래자료를 매입매출전표입력 메뉴에 추가로 입력하시오.(15점)

──── <입력 시 유의사항> ────

- 일반적인 적요의 입력은 생략하지만, 타계정 대체거래는 적요번호를 선택하여 입력한다.
- 별도의 요구가 없는 한 반드시 기 등록되어 있는 거래처코드를 선택하는 방법으로 거래처명을 입력한다.
- 제조경비는 500번대 계정코드를, 판매비와 관리비는 800번대 계정코드를 사용한다.
- 회계처리시 계정과목은 별도제시가 없는 한 등록되어 있는 계정과목 중 가장 적절한 과목으로 한다.
- 입력화면 하단의 분개까지 처리하고, 전자세금계산서 및 전자계산서는 전자입력으로 반영한다.

[1] 2월 10일 본사 영업부서에서 사용할 승용자동차(1,900cc, 5인승)를 17,000,000원(부가가치세 별도)에(주)한국자동차에서 구입하고 전자세금계산서를 발급받았다. 2월1일 계약금으로 지급한 1,700,000원을 제외한 나머지 금액은 다음달부터 12개월 할부로 지급하기로 하였다.(3점)

[2] 3월 21일 개인소비자 황선희에게 제품을 770,000원(부가가치세 포함)에 판매하고 현금영수증을 발급하였다. 대금은 기존에 발행하였던 상품권 1,000,000원을 수령하고, 잔액은 현금으로 지급하였다.(3점)

[3] 3월 31일 한진상사에서 원재료(공급가액 2,000,000원, 부가가치세 200,000원)를 외상으로 구입하면서 세금계산서를 발급(전자분 아님) 받았다. 1기 예정 부가가치세 신고 시 해당 세금계산서를 누락하여 1기 확정 부가가치세 신고에 반영하려고 한다. 해당 세금계산서를 1기 확정 부가가치세 신고에 반영시킬수 있도록 입력/설정하시오.(3점)

[4] 7월 5일 (주)대전상사에 제품을 5,000,000원(부가가치세 별도)에 판매하고 판매대가 전액에 대하여 (주)대전상사에 대한 단기차입금과 상계하기로 하였다. 당사는 전자세금계산서를 발행하였다.(3점)

[5] 10월 4일 당사 공장에 설치 중인 기계장치의 성능을 시운전하기 위하여 경일주유소에서 경유 880,000원(공급대가)을 구입하면서 법인명의의 신용카드(신용카드사:신한카드)로 결제하였다.(3점)

문제 3 부가가치세신고와 관련하여 다음 물음에 답하시오.(10점)

[1] 다음의 자료를 도대로 2기 확정과세기간(10.1 ~ 12.31)의 수출실적명세서를 작성하시오.(단 매입매출 전표입력은 생략한다)(4점)

① 미국 로키드사에 미화 $40,000에 해당하는 제품을 직수출하였는데, 수출신고는 10월 2일 완료하였고, 통관일은 10월6일이며, 선하증권상의 선적일은 10월 8일로 확인되었다. 수출신고번호는 123-12-34-1234567-4이다.

② 일본 마루상사에 엔화 ¥800,000에 해당하는 기계장치를 직수출하였는데, 수출신고는 10월 11일 완료하였고, 통관일은 10월 16일이며, 선하증권상의 선적일은 10월 21일로 확인되었다. 수출신고번호는 111-22-33-1234567-9이다.

③ 기준환율 및 재정환율은 다음과 같다.

미국달러(USD) 환율($1당)	통화 \ 날짜	10/2	10/6	10/8
	USD($1당)	1,000원	1,050원	1,100원
일본엔화(JPY) 환율(100엔당)	통화 \ 날짜	10/11	10/16	10/21
	JPY(100엔당)	1,100원	1,150원	1,200원

[2] 다음 자료를 이용하여 제2기 확정분 대손세액공제신고서를 작성하시오.(3점)

대손일	대손채권	대손금(원)	거래상대방				대손사유
			상호	성명	등록번호	주소	
10/5	외상매출금	990,000	(주)미련	김미련	135-81-22221	서울 강남구 대치동 100	소멸시효완성
11/3	받을어음	660,000	(주)하마	이하마	105-03-64106	서울 서초구 잠원동 30	당기11월1일 부도발생
12/1	장기대여금	1,650,000	(주)강화	박원일	110-81-02624	서울 동대문구 장안동 52	파 산

[3] 다음 자료를 보고 2기 예정신고기간의 신용카드매출전표등발행금액집계표를 작성하시오.(매입매출 전표입력은 생략한다)(3점)

• 7월 19일 비사업자인 나그네씨에게 제품 550,000원(부가가치세 포함)을 판매하고 현금영수증을 발급하였다.

• 8월 6일 (주)파란에게 제품 9,900,000원(부가가치세 포함)을 판매하고 전자세금계산서를 발급하였으며, 대금 중 5,000,000원은 현금으로, 4,900,000원은 9월 18일 국민법인카드로 결제 받았다.

• 9월 27일 (주)미소에게 제품 2,200,000원(부가가치세 포함)을 판매하고 국민법인카드로 대금결제를 받았다.

문제 4 다음 결산자료를 입력하여 결산을 완료하시오.(15점)

[1] 단기대여금 중에는 당기 중에 발생한 키케인사에 대한 외화대여금 9,000,000원(미화 $9,000)이 포함되어 있다. 기말 현재 기준환율은 1$당 1,100원이다.(3점)

[2] 11월 30일에 발생한 현금과부족 800,000원의 원인은 본사 영업부 건물의 화재보험료 납부액을 누락시킨 것으로 확인되었다. 납부한 보험료 중 당해 회계기간 귀속분은 170,000원이다. 누락사항을 결산일에 수정분개하시오.(하나의 전표로 처리할 것)(3점)

[3] 9월 1일 공장건물 중 일부를 12개월간 임대(임대기간 : 전기 9.1.~당기 8.31.)하고, 12개월분 임대료 24,000,000원(부가가치세 별도) 전액을 수령하여 임대료(영업외수익)로 회계처리 하였다.(월할계산 할 것)(3점)

[4] 당기에 완공된 건물(영업부서용 건물, 완공일자 7월1일)을 조회하여 감가상각을 하시오.(내용연수 : 20년, 정액법, 잔존가액 : 0)(3점)

[5] 당기분 법인세가 22,000,000원(법인세분 지방소득세 포함)으로 계산되었다. 단, 법인세 기납부세액은 조회하여 사용할 것.(3점)

※5012종합실무모의고사2로 변경해서 입력할 것.

문제 5 원천징수자료와 관련하여 다음의 물음에 답하시오.(15점)

[1] 다음 자료를 보고 내국인이며 거주자인 사무직사원 정지인(650128-2436801, 세대주, 입사일자 당기 2월 1일, 국내근무)을 사원등록(코드번호 101)하고, 유지인의 부양가족을 모두 부양가족명세에 등록 후 세부담이 최소화 되도록 공제여부를 입력하시오.(5점)

관계	성명	주민등록번호	비고
배우자	유명한	550717-1002092	사업소득자(월 평균소득금액 3,000,000원)
아 들	유리수	950506-1002096	고등학생, 일본 유학중
딸	유리라	110330-4520268	-
동 생	정별거	660830-1234565	장애인, 질병치료관계로 국내 별도거주
아버지	정들라	431230-1786523	미국 거주
어머니	김이민	441005-2786527	미국 거주

[2] 다음의 연말정산자료를 토대로 사원 201.김한수의 연말정산 추가자료를 [연말정산입력]탭에서만 입력하시오. 부양가족은 모두 생계를 같이하며, 부양가족의 소득금액은 없다.(10점)

성명	관계	연령(만)	공제내역
김대왕	부 친	84	• 질병치료비 3,000,000원을 현금으로 납부하였다.
이선희	모 친	67	• 이재민돕기 성금 200,000원이 있다.
박인수	장 인	66	• 방송통신대 등록금 600,000원을 지급하였다.
유경희 (장애인)	장 모	63	• 연금저축불입액 3,000,000원이 있다. • 질병치료비 500,000원을 현금으로 결제하였다.
김한수	본 인	37	• 부친을 피보험자로 하고 김정운을 계약자로 하는 보장성보험 1,400,000원이 있다. 보험료는 신용카드로 결제하였다.
박인희 (장애인)	배우자	35	• 전통시장에서 식료품을 신용카드로 결제한 3,000,000원이 있다. • 배우자를 피보험자 하고 김정운을 계약자로 하는 장애인전용보험료 400,000원을 현금으로 납부하였다.
김하나	자 녀	6	• 어린이집 등록금 2,200,000원을 현금으로 납부하였다.

이 론 시 험

다음 문제를 보고 알맞은 것을 골라 | 이론문제 답안작성 | 메뉴에 입력하시오.(객관식 문항당 2점)

─── <기본전제> ───
문제에서 한국채택국제회계기준을 적용하도록 하는 전제조건이 없는 경우, 일반기업회계기준을 적용한다.

01 다음 중 일반기업회계기준의 재무제표에 해당하지 않는 것은?

① 제조원가명세서
② 현금흐름표
③ 자본변동표
④ 주석

02 다음의 거래 중에서 실질적으로 자본이 증가되는 경우가 아닌 것은?

① 액면가액 100만원 주식을 50만원에 유상증자하였다.
② 100만원으로 인식된 자기주식을 70만원에 처분하였다.
③ 감자를 위하여 액면가액 100만원 주식을 80만원에 취득 후에 소각하였다.
④ 10만원 상당한 특허권을 취득하고 그 대가로 액면가액 100만원의 주식을 새로이 발행하여 지급하였다.

03 다음 중 손익계산서에 반영될 영업이익에 영향을 미치지 않는 경우는?

① 유형자산으로 인식하고 있는 건물의 수선비의 인식
② 판매사원 식대의 지급
③ 매출채권의 대손상각비의 인식
④ 유형자산으로 인식하고 있는 기계장치의 처분으로 발생한 처분손실

04 일반기업회계기준상 무형자산에 대한 설명으로 올바른 것은?

① 무형자산의 상각은 당해 자산을 취득한 시점부터 시작한다.

② 사용을 중지하고 처분을 위해 보유하는 무형자산은 사용을 중지한 시점의 장부가액으로 표시한다.

③ 무형자산의 공정가치 또는 회수가능액이 증가하면 상각은 증감된 가액에 기초한다.

④ 무형자산은 상각기간이 종료되는 시점에 거래시장에서 결정되는 가격으로 잔존가치를 인식하는 것이 원칙이다.

05 다음 중 충당부채에 대한 내용으로 올바르지 않은 것은?

① 보고기간말 현재 최선의 추정치를 반영하여 증감조정한다.

② 과거사건으로 인해 현재의무가 존재할 가능성이 매우 높고 인식기준을 충족하는 경우에는 충당부채로 인식한다.

③ 명목금액과 현재가치의 차이가 중요한 경우에는 의무를 이행하기 위하여 예상되는 지출액의 현재가치로 평가한다.

④ 최초의 인식시점에서 의도한 목적과 용도 외에도 사용할 수 있다.

06 당기의 기말재공품이 기초재공품보다 더 큰 경우에 대한 상황을 가장 적절하게 설명한 것은?

① 당기총제조비용이 당기제품제조원가보다 클 것이다

② 당기총제조비용이 당기제품제조원가보다 작을 것이다.

③ 당기제품제조원가가 매출원가보다 클 것이다.

④ 당기제품제조원가가 매출원가보다 작을 것이다.

07 원가배부에 대한 내용으로 옳지 않은 것은?

① 직접배부법은 모든 보조부문비를 제조부문에 제공하는 용역비율에 따라 제조부문에 직접 배부하는 방법이다.

② 단계배부법은 보조부문들 간에 일정한 배부순서에 따라 보조부문비를 단계적으로 다른 보조부문과 제조부문에 배부하는 방법이다.

③ 상호배부법은 보조부문 상호간의 용역 수수 관계를 완전히 고려하는 방법이다.

④ 보조부문비를 가장 정확하게 배부하는 방법은 단계배부법이다.

08 다음 중 재공품계정의 차변에 기입되는 사항은?

① 재공품 차기이월액
② 당기 제품제조원가
③ 당기 제조간접비 배부액
④ 당기 제품매출원가

09 다음 중 고정비에 대한 내용이 아닌 것은?

① 조업도가 0이라도 일정한 비용이 발생한다.
② 조업도가 증가하거나 감소하더라도 총비용이 증가하거나 감소하지 않는다.
③ 조업도가 증가하면 조업도 단위당 비용은 감소한다.
④ 조업도가 감소하면 조업도 단위당 비용은 감소한다.

10 다음 중 종합원가계산에 가장 적합한 업종은 어느 것인가?

① 전투기 제조업
② 대형선박 제조업
③ 전화기 제조업
④ 상가 신축업

11 다음 중 부가가치세 과세표준에 포함되지 않는 것은 어느 것인가?

① 연체이자
② 판매장려금
③ 하자보증금
④ 대손금

12 다음 중 부가가치세법상 수정세금계산서 발급 사유가 아닌 것은?

① 필요적 기재사항이 착오로 잘못 기재되어 경정할 것을 미리 알고 있는 경우
② 착오로 전자세금계산서를 이중으로 발급한 경우
③ 면세 등 발급대상이 아닌 거래 등에 대하여 발급한 경우
④ 계약의 해지 등에 따라 공급가액에 추가 또는 차감되는 금액이 발생한 경우

13 다음 부가가치세법상 일반과세사업자가 과세사업용으로 수취한 매입세액 중 매입세액이 공제되지 않는 것은?

① 공장에서 사용할 화물차를 구입하고 법인카드로 결제한 후 신용카드매출전표를 받았다.

② 본사건물에 대한 임차료를 지급하고 세금계산서를 받았다.

③ 원재료를 6월 30일에 구입하고 세금계산서는 7월 12일로 작성된 세금계산서를 수취하였다.

④ 공장의 사업용 기계장치를 수리하고 수리비에 대한 세금계산서를 받았다.

14 다음 중 소득세법상 분리과세 이자소득이 아닌 것은?

① 직장공제회초과반환금

② 원천징수되지 않은 이자소득

③ 종합과세 기준금액 이하의 이자소득

④ 비실명이자소득

15 다음 중 소득세법상 반드시 종합소득 과세표준 확정신고를 하여야 하는 자는 누구인가?

① 연봉 5,000만원인 근로소득만 있는 자

② 고용관계 없이 기업체에서 일시적으로 강연을 하고 강연료로 받은 200만원만 있는 자

③ 국내 금융기관의 정기예금에서 발생한 이자소득 800만원만 있는 자

④ 총수입금액 7,000만원인 보험모집인

실 무 시 험

(주)종합모의고사3회(회사코드:5003)은 제조, 도·소매 및 무역업을 영위하는 중소기업이며, 당기(25기)회계기간은 2022.1.1.~2022.12.31. 이다. 전산세무회계 수험용 프로그램을 이용하여 다음 물음에 답하시오.

───── ⟨기본전제⟩ ─────

문제에서 한국채택국제회계기준을 적용하도록 하는 전제조건이 없는 경우, 일반기업회계기준을 적용하여 회계처리 한다.

문제 1 다음 거래를 일반전표입력 메뉴에 추가 입력하시오.(15점)

───── ⟨입력 시 유의사항⟩ ─────

• 일반적인 적요의 입력은 생략하지만, 타계정 대체거래는 적요번호를 선택하여 입력한다.
• 채권·채무와 관련된 거래는 별도의 요구가 없는 한 반드시 기 등록되어 있는 거래처코드를 선택하는 방법으로 거래처명을 입력한다.
• 제조경비는 500번대 계정코드를, 판매비와 관리비는 800번대 계정코드를 사용한다.
• 회계처리과목은 별도제시가 없는 한 등록되어 있는 계정과목 중 가장 적절한 과목으로 한다.

[1] 1월 10일   다음은 보통예금 통장거래 내역이다. 다음의 통장거래를 선납세금계정과목을 사용하여 일반전표입력메뉴에 입력하시오.(3점)

일자	출금액	입금액	내 역
1/10		172,000원	예금결산이자는 200,000원이며, 이자소득세 28,000원을 제외한 순액으로 입금되었음

[2] 1월 12일   부도 발생한 ㈜강남에 대한 외상매출금 **900,000원**을 대손처리 하시오. 단, 대손처리 시점의 외상매출금 및 대손충당금 내역은 입력된 자료를 조회하여 사용하며, 대손세액공제는 고려하지 않는다.(3점)

[3] 1월 14일   (주)대우자동차에서 차량운반구를 구입하고 미지급한 **7,000,000원**에 대해 국민은행 당좌수표를 발행하여 지급하였다. 이때 당좌예금 잔액은 **5,000,000원**이며, 국민은행과는 당좌차월계약이 체결되어 있으므로 당좌차월 계정과목을 사용하여 회계처리 하시오.(3점)

[4] 1월 21일   거래처인 ㈜모란에 대한 외상매출금 **30,000,000원**을 금전소비대차계약으로 전환처리하여 **24개월** 간 대여하기로 하였다.(3점)

500   제3편 문제편

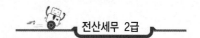

[5] 1월 31일 영업부문 경리부서에 근무하는 직원인 김경리씨에게 다음과 같이 원천징수세액을 차감한 후 1월분 급여를 법인의 보통예금 통장에서 지급하였다(공제액은 하나의 계정과목으로 처리한다).(3점)

사원 이름	총급여	국민연금 등 본인부담액	소득세(지방소득세 포함)	차감지급액
김경리	2,700,000원	180,000원	35,000원	2,485,000원

문제 2 다음 거래자료를 매입매출전표입력 메뉴에 추가로 입력하시오.(15점)

――――――― <입력 시 유의사항> ―――――――

- 일반적인 적요의 입력은 생략하지만, 타계정 대체거래는 적요번호를 선택하여 입력한다.
- 별도의 요구가 없는 한 반드시 기 등록되어 있는 거래처코드를 선택하는 방법으로 거래처명을 입력한다.
- 제조경비는 500번대 계정코드를, 판매비와 관리비는 800번대 계정코드를 사용한다.
- 회계처리시 계정과목은 별도제시가 없는 한 등록되어 있는 계정과목 중 가장 적절한 과목으로 한다.
- 입력화면 하단의 분개까지 처리하고, 전자세금계산서 및 전자계산서는 전자입력으로 반영한다.

[1] 3월 5일 수출업자와 수출재화 임가공용역계약을 체결한(주)파란기업에 제품 12,000,000원(부가가치세 별도)을 공급하고 전자세금계산서를 발급하였다. 대금 중 8,000,000원은 자기앞수표로 받고, 잔액은 외상으로 하였다.(3점)

[2] 3월 12일 매출거래처의 신규지점 개업을 축하하기 위하여(주)올마트로부터 선물세트를 600,000원(부가가치세 별도)에 매입하고, 전자세금계산서를 수취한 후 500,000원은 당사의 신한은행 계좌에서 당좌수표를 발행하여 지급하였고, 나머지 금액은 한 달 후에 지급하기로 하였다.(3점)

[3] 3월 15일 홍콩에 소재하는 쇼율사에게 제품을 US$50,000에 수출하고 대금은 다음과 같이 받기로 하고, 당일 US$30,000이 보통예금에 입금되었다. 3월 15일의 회계처리만 처리하시오.(3점)

판매대금	대금수령일	결제방법	비 고
US$30,000	3월 15일	외화통장으로 입금	선적일
US$20,000	3월 30일	외화통장으로 입금	잔금청산일

단, 이와 관련하여 적용된 환율은 다음과 같다.

기준환율	•3월 15일 : 1US$당 1,100원	•3월 30일 : 1US$당 1,200원

[4] 3월 27일 (주)올마트로부터 구내식당에서 사용할 목적으로 쌀 3,000,000원을 구입하고 전자계산서를 교부받았다. 대금결제중 1,500,000원은 ㈜태안상사에서 받은 상거래어음을 배서하여 교부하고, 나머지는 외상으로 하였다. 쌀은 소모품 계정과목을 이용하기로 하고 의제매입세액은 무시한다.(3점)

[5] 3월 31일 본사건물의 감시용 카메라 25대(1대당 400,000원, 부가가치세 별도)를(주)보안으로부터 구입하고, 전자세금계산서를 교부받았다. 부가가치세는 현금으로 지급하였으며, 나머지 대금은 미지급하였다.(카메라는 비품으로 처리하시오)(3점)

[1] (주)종합모의고사3회는 과일통조림을 제조하여 판매하는 일반기업(비중소기업)으로 가정한다. 다음 자료를 보고 1기 확정신고에 대한 부가가치세신고서를 작성하시오. 부가가치세신고서 이외의 과세표준명세 등 기타 부속서류는 작성을 생략한다. 단, 제시된 자료 이외의 거래는 없으며, 홈택스에서 직접 전자신고 하였다. 본 문제에 해당하는 기타경감·공제세액은 모두 적용받기로 한다.(7점)

매출자료	① 전자세금계산서 발행 과세 매출액 : 50매, 350,000,000원(부가가치세 별도) ② 신용카드 과세 매출액 : 16,500,000원(부가가치세 포함) ③ 현금영수증 과세 매출액 : 13,200,000원(부가가치세 포함) ④ 직수출액 : 80,000,000원
매입자료	① 세금계산서 매입액 : 240,000,000원(부가가치세 별도) 　• 2,000cc 5인승 승용차 구입액 40,000,000원(부가가치세 별도) 　• 나머지 매입액 200,000,000원은 전부 일반매입액임 ② 계산서 매입액 : 100,000,000원 　• 과일 구입액 90,000,000원, 음식물쓰레기 처리액 10,000,000원으로 구성 ③ 농어민 직거래액 : 50,000,000원(계약서, 농어민 주민등록번호, 입금계좌 등 거래증빙을 모두 갖추고 있음)

[2] 다음은 2기 예정신고기간(7.1~9.30)에 발생한 매입자료이다. 기존에 입력된 자료는 무시하고 다음의 자료를 토대로 부가가치세신고서의 부속서류인 '공제받지못할매입세액명세서'를 작성하시오.(3점)

> 가. 상품(공급가액 5,000,000원, 부가가치세 500,000원)을 구입하고 세금계산서를 수취하였으나, 세금계산서에 공급받는자의 상호 및 공급받는자의 대표자 성명이 누락되는 오류가 있었다.
> 나. 대표이사가 사업과 상관없이 개인적으로 사용할 노트북을 2,000,000원(부가가치세 별도)에 구입하고(주)종합모의고사3회를 공급받는자로 하여 세금계산서를 교부 받았다.
> 다. 회사의 업무용으로 사용하기 위하여 차량(배기량 2,500cc, 5인용, 승용)을 25,000,000원(부가가치세 별도)에 구입하고 세금계산서를 받았다.
> 라. 매출 거래처에 선물용으로 공급하기 위해서 우산(단가 20,000원, 수량 100개, 부가가치세 별도)을 구입하고 세금계산서를 교부받았다.

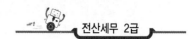

문제 4 다음 결산자료를 입력하여 결산을 완료하시오.(15점)

[1] 다음은 당사의 재고자산인 제품에 관한 내용이나. 감모된 수량 중 40개는 정상적인 것으로 밝혀졌다. 비정상 재고자산감모손실과 관련된 회계처리를 하시오.(3점)

• 장부상 수량 : 500개	• 실제 수량 : 430개	• 단위당 취득원가 : 10,000원

[2] 시장성이 있는 매도가능증권에 대한 보유내역이 다음과 같다. 기말 매도가능증권평가에 대한 회계처리를 하시오.(3점)

• 전기 취득가액 : 4,000,000원	• 전기말 공정가액 : 4,400,000원
• 당기말 공정가액 : 3,800,000원	

[3] 제2기 확정신고기간의 부가가치세와 관련된 내용이 다음과 같다고 가정한다. 기장된 데이터는 무시하고 12월 31일 부가세예수금과 부가세대급금을 정리하는 회계처리를 하시오.(납부세액은 미지급세금으로, 경감공제세액은 잡이익으로 회계처리할 것)(3점)

• 부가세예수금 : 66,000,000원	• 부가세대급금 : 64,000,000원
• 전자신고세액공제액 : 10,000원	

[4] 기말현재 보유하고 있는 제조부문의 감가상각대상자산은 다음과 같다. 제시된 자료 외 감가상각대상자산은 없다고 가정한다. 고정자산 등록은 생략하고 감가상각비를 계산하여 전표만 입력한다.(3점)

계정과목	취득원가	잔존가치	내용연수	전기말 감가상각누계액	취득연월일	상각방법	상각률
기계장치	10,000,000원	취득원가의 5%	5년	2,000,000원	2017.6.10.	정률법	0.451

[5] 기말 현재 회사 창고에서 실사한 재고자산의 내역은 다음과 같다. 결산전표에 반영하시오.(3점)

• 기말원재료 : 5,000,000원	• 기말재공품 : 6,000,000원	• 기말제품 : 9,500,000원
(단, 기말 원재료에는 FOB 선적지 인도기준에 의한 운송중인 원재료 500,000원이 미포함되어 있다)		

※5013종합실무모의고사3으로 변경해서 입력할 것.

문제 5 원천징수자료와 관련하여 다음의 물음에 답하시오.(15점)

[1] 사무직 직원 홍승기의 가족관계증명서는 다음과 같으며 입사일은 당기 2월 1일이다. 사원코드 101에 등록하시오. 가족관계증명서상 가족은 현실적으로 생계를 같이 하는 것으로 가정한다.(5점)
- 주소 : 서울시 강동구 천호대로 1113
- 기준소득월액(보수월액) : 2,000,000원

성 명	관계	연말정산 참고사항
홍승기	본인	소득자 본인, 세대주, 등록기준지와 주민등록상 주소지 같음.19781220-1845272
홍만호	부	장애인, 은행 이자소득 10,000,000원 있음, 주거형편상 별거중19431020-1845286
김희자	모	양도소득금액 1,500,000원 있음,19501211-2854623
이민희	배우자	급여총액 7,000,000원(비과세 2,000,000원 포함) 있음,19801120-2845183
홍수환	자	취학의 이유로 별거중,20051230-3845289

[2] 다음 자료는 사무직 김태양(사원번호 201)의 연말정산자료이다. 동 자료에 근거하여 연말정산을 실시하시오. (사원등록사항과 당해연도의 근로소득자료는 이미 반영되어 있는 것으로 가정하고, 부양가족소득공제입력은 생략한다)(10점)

항 목	내 용	금 액	비 고
보험료	배우자를 피보험자로 한 손해보험료(보장성임)	1,200,000원	
의료비	부친의 질병치료비	800,000원	
	장남의 건강진단비	280,000원	
	장녀의 미용목적 쌍커풀수술비	1,900,000원	
교육비	부친의 문화센터교육비	700,000원	
	장남의 대학원 교육비	5,700,000원	
	장녀의 대학교 교육비	4,200,000원	
	차남의 고등학교 교육비	600,000원	
	차녀의 영어학원 교육비	900,000원	신용카드 결제분
기부금	부친의 교회헌금	1,300,000원	
신용카드	본인의 아파트관리비 결제액	1,200,000원	본인 신용카드
	배우자의 핸드백 구입시 결제액	5,000,000원	본인 신용카드
	차녀의 보습학원 교육비 결제액	900,000원	본인 신용카드

※ 김태양의 가족사항

가족관계	연간 소득금액	연령(만)	가족관계	연간 소득금액	연령(만)
본 인	1,875만원	44세	장 녀	없음	20세
배우자	1,500만원	40세	차 남	없음	18세
부 친	없음	66세	차 녀	없음	16세
장 남	없음	22세			

이 론 시 험

다음 문제를 보고 알맞은 것을 골라 │ 이론문제 답안작성 │ 메뉴에 입력하시오.(객관식 문항당 2점)

─ <기본전제> ─
문제에서 한국채택국제회계기준을 적용하도록 하는 전제조건이 없는 경우, 일반기업회계기준을 적용한다.

01 다음 중 현행 일반기업회계기준에 의해 유동자산으로 분류할 수 없는 것은?

① 보고기간종료일로부터 1년 이내에 사용되지 않을 것으로 예상되는 자산
② 기업의 정상적인 영업주기 내에 실현될 것으로 예상되거나 판매목적 또는 소비목적으로 보유하고 있는 자산
③ 단기매매 목적으로 보유하는 자산
④ 사용의 제한이 없는 현금및현금성자산

02 수익적지출로 처리하여야 할 것을 자본적지출로 잘못 회계처리한 경우 재무제표에 미치는 영향이 아닌 것은?

① 당기순이익이 과대 계상된다.
② 현금 유출액이 과대 계상된다.
③ 자본이 과대 계상된다.
④ 자산이 과대 계상된다.

03 다음 중 재고자산 취득원가에 포함되지 않는 것은?

① 취득과정에서 정상적으로 발생한 하역료
② 제조과정에서 발생한 직접재료원가
③ 추가 생산단계에 투입하기 전에 보관이 필요한 경우 외의 보관비용
④ 수입과 관련한 수입관세

04 일반기업회계기준에서 계속성원칙을 중요시하는 이유는?

① 중요한 회계정보를 필요한 때에 적시성있게 제공하기 위함이다.

② 기간별로 재무제표의 비교를 가능하도록 하기 위함이다.

③ 수익과 비용을 적절히 대응하기 위함이다.

④ 기업간 회계처리의 비교가능성을 제고하기 위함이다.

05 12월 1일에 ㈜미륭에 대한 외상매출금 2,000,000원에 대하여 ㈜미륭의 파산으로 대손처리하였다. 대손처리 전에 외상매출금 및 대손충당금의 잔액이 다음과 같을 때 다음 설명 중 틀린 것은?

> • ㈜미륭에 대한 외상매출금 : 2,000,000원
> • 외상매출금에 설정된 대손충당금 : 2,000,000원

① 대손처리 후의 외상매출금의 총액은 2,000,000원이 감소된다.

② 12월 1일의 회계처리에서는 일정한 비용이 인식된다.

③ 대손처리 후의 대손충당금의 잔액은 2,000,000원이 감소된다.

④ 대손처리 후의 외상매출금의 순액은 변동이 없다.

06 다음 중 제조원가명세서에 나타나는 사항이 아닌 것은?

① 직접재료비   ② 직접노무비

③ 당기제품제조원가   ④ 제품매출원가

07 ㈜청윤은 제조간접비를 기계사용시간으로 배부하고 있다. 당해 연도초의 제조간접비 예상액은 3,000,000원이고 예상 기계사용시간은 60,000시간이다. 당기말 현재 실제 제조간접비 발생액이 3,600,000원이다. 실제 기계사용시간이 73,800시간일 경우 당기의 제조간접비 과소(과대)배부액은 얼마인가?

① 345,000원(과소배부)   ② 345,000원(과대배부)

③ 90,000원(과소배부)   ④ 90,000원(과대배부)

08 다음 중 종합원가계산에서 재료비와 가공비를 구분할 필요가 없는 경우는?

① 재료비와 가공비의 제조과정에 투입시점이 같다.

② 제조과정에 투입되는 재료비와 가공비의 물량이 같다.

③ 제조과정에 투입되는 재료비와 가공비의 금액이 같다.

④ 재료비와 가공비의 기말잔액이 같다.

09 다음은 공손원가에 대한 설명이다. 틀린 것은?

① 공손품이란 품질검사시 표준 규격이나 품질에 미달하는 불합격품을 말한다.

② 공손품원가는 정상공손원가와 비정상공손원가로 구분되는데, 정상공손원가는 제조비용에 가산하고, 비정상공손원가는 영업외비용으로 처리한다.

③ 공손품의 발생시점(불량품 검사시점)이 기말재공품의 완성도 이후인 경우에는 정상공손품의 원가를 완성품과 기말재공품에 산입한다.

④ 작업폐물이란 원재료를 가공하는 과정에서 발생하는 매각 또는 이용가치가 있는 폐물로써 공손품과는 별개의 개념이다.

10 다음 중 개별원가계산을 적용하기에 가장 적절하지 않는 것은?

① 전투식량의 제조원가   ② 탱크의 제조원가

③ 전투기의 제조원가   ④ 항공모함의 제조원가

11 다음 부가가치세법상 간이과세자에 대한 설명 중 틀린 것은?

① 간이과세자에 대하여는 그 공급대가를 과세표준으로 한다.

② 간이과세자의 1기 과세기간은 1월 1일부터 6월 30일까지이다.

③ 간이과세자가 일반과세자에 관한 규정을 적용받으려는 경우에는 그 적용받으려는 달의 전달 마지막 날까지 세무서장에게 신고하여야 한다.

④ 간이과세자도 영세율이 아닌한 부가가치세율은 10%를 적용한다.

12 다음 중 부가가치세법상 재화 및 용역의 공급시기에 대한 내용으로 올바르지 않은 것은?

① 폐업전에 공급한 재화의 공급시기가 폐업일 이후에 도래하는 경우 : 폐업일 전일

② 임대보증금에 대한 간주임대료 : 예정신고기간 또는 과세기간의 종료일

③ 장기할부판매 : 대가의 각 부분을 받기로 한때

④ 공급시기 전에 재화에 대한 대가를 받고 동시에 그에 대한 세금계산서를 교부한 경우 : 세금계산서를 교부하는 때

13 다음 중 부가가치세법상 납세의무가 있는 사업자가 아닌 자는?

① 상가건물을 임대하고 있는 사업자

② 제품을 생산하여 전량 수출하고 있는 영세율적용 사업자

③ 산후조리원을 운영하고 있는 사업자

④ 음식업을 운영하고 있는 간이과세자

14 다음 중 소득세법상 근로소득의 수입시기에 대한 설명으로 옳지 않은 것은?

① 잉여금처분에 의한 상여 : 근로를 제공한 날

② 환율 인상에 따라 추가지급되는 급여액 : 근로를 제공한 날

③ 급여를 소급인상하고 이미 지급된 금액과의 차액을 추가로 지급하는 경우 : 근로를 제공한 날

④ 근로소득으로 보는 퇴직위로금, 퇴직공로금 : 지급받거나 지급받기로 한 날

15 소득세법과 관련한 다음 설명 중 잘못된 것은?

① 중간예납세액이 150,000원에 불과하다면 징수되지 아니한다.

② 근로소득과 퇴직소득이 있는 자는 종합소득세 확정신고 의무 대상자이다.

③ 부당한 방법으로 과세표준 또는 세액신고를 위반하는 경우 가산세가 중과된다.

④ 거주자는 국내원천소득과 국외원천소득 모두에 대하여 소득세 납세의무가 있다.

실 무 시 험

(주)종합모의고사4회(회사코드 : 5004)은 제조, 도·소매 및 무역업을 영위하는 중소기업이며, 당기(25기)회계기간은 2022.1.1~2022.12.31 이다. 전산세무회계 수험용 프로그램을 이용하여 다음 물음에 답하시오.

─── <기본전제> ───

문제에서 한국채택국제회계기준을 적용하도록 하는 전제조건이 없는 경우, 일반기업회계기준을 적용하여 회계처리 한다.

문제 1 다음 거래를 일반전표입력 메뉴에 추가 입력하시오.(15점)

─── <입력 시 유의사항> ───

• 일반적인 적요의 입력은 생략하지만, 타계정 대체거래는 적요번호를 선택하여 입력한다.
• 채권·채무와 관련된 거래는 별도의 요구가 없는 한 반드시 기 등록되어 있는 거래처코드를 선택하는 방법으로 거래처명을 입력한다.
• 제조경비는 500번대 계정코드를, 판매비와 관리비는 800번대 계정코드를 사용한다.
• 회계처리과목은 별도제시가 없는 한 등록되어 있는 계정과목 중 가장 적절한 과목으로 한다.

[1] 5월 1일 원재료로 사용하기 위해 구입한 부품(취득원가:3,000,000원)을 생산공장의 기계장치를 수리하는데 사용하였다. 수리와 관련된 비용은 수익적 지출로 처리하시오.(3점)

[2] 5월 7일 가지급금 500,000원은 영업부의 섬기자부장의 출장비로 다음과 같이 정산되었다.(단 가지급금에 대하여 거래처 입력은 생략할 것)(3점)

정산내역	• 출장비개산액 : 700,000원 • 교통비 및 숙박비 : 550,000원 • 현금회수액 : 150,000원

[3] 5월 9일 단기보유목적으로 2021년 12월 5일에 구입한 시장성이 있는(주)미지의 주식 2,000주를 2022년 5월9일에 15,000,000원에 처분하였다. 처분대금은 거래수수료 20,000원을 차감한 잔액이 보통예금에 입금되었으며, 증권거래세 50,000원은 현금으로 납부하였다.(3점)

• 2021년 12월 5일 취득시 : 4,000주, 주당 취득가액 9,000원, 취득부대비용 60,000원
• 2021년 12월 31일 시가 : 주당 8,000원

[4] 5월 10일   4월분 국민연금 500,000원(회사부담금:250,000원, 본인부담금:250,000원)을 현금으로 납부하였다. 당사의 관리부서와 생산부서의 급여 비율은 4:6이며, 국민연금 기준액 비율도 이와 같다.(3점)

[5] 5월 31일   주주총회의 특별결의로 보통주 4,000주(액면가액 1주당 10,000원)를 1주당 9,600원에 발행하고 납입액은 전액 보통예금에 예입하였으며, 주식발행에 관련된 법무사수수료 등 300,000원은 현금으로 별도 지급하였다.(주식발행초과금 잔액은 없다고 가정하며, 하나의 전표로 입력할 것).(3점)

문제 2   다음 거래자료를 매입매출전표입력 메뉴에 추가로 입력하시오.(15점)

―――――――――――――― <입력 시 유의사항> ――――――――――――――

- 일반적인 적요의 입력은 생략하지만, 타계정 대체거래는 적요번호를 선택하여 입력한다.
- 별도의 요구가 없는 한 반드시 기 등록되어 있는 거래처코드를 선택하는 방법으로 거래처명을 입력한다.
- 제조경비는 500번대 계정코드를, 판매비와 관리비는 800번대 계정코드를 사용한다.
- 회계처리시 계정과목은 별도제시가 없는 한 등록되어 있는 계정과목 중 가장 적절한 과목으로 한다.
- 입력화면 하단의 분개까지 처리하고, 전자세금계산서 및 전자계산서는 전자입력으로 반영한다.

[1] 7월 5일   제품 제조에 사용하던 기계장치를(주)한진물산에 매각하고 전자세금계산서를 발급하였다. 매각대금은 전액 외상으로 하였다.(3점)

> - 매각대금 : 5,000,000원(부가가치세 별도)
> - 매각당시 감가상각누계액 : 4,500,000원
> - 취득가액 : 10,000,000원

[2] 7월 9일   미주전자에 제품을 15,000,000원(부가가치세 별도)에 판매하고 전자세금계산서를 교부하였다. 대금 16,500,000원은 국민카드로 결제 받았다.(3점)

[3] 7월 13일   출판사업부에서 사용할 기계장치를 ㈜장흥으로부터 5,000,000원(부가가치세 별도)에 전액 외상으로 구입하고 전자세금계산서를 수취하였다. 당사에서는 출판사업부에서 발생한 매출액에 대하여 부가가치세를 면세로 신고해 오고 있다.(3점)

[4] 7월 16일   (주)대웅연수원에서 공장 생산직 직원들의 직무연수를 실시하고 교육훈련비로 11,00,000원(공급대가)을 법인카드로 결제하였다.(3점)

[5] 7월 26일   수출업체인(주)강북상사에게 구매확인서를 받고 제품 30,000,000원(영세율)을 납품하였다. 전자세금계산서를 발행하였으며, 대금 중 4,000,000원은 현금으로 수령하고, 나머지 대금은 3개월 후에 받기로 하였다.(3점)

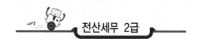
문제 3 부가가치세신고와 관련하여 다음 물음에 답하시오. 관련자료의 전표입력은 생략한다.(10점)

[1] 다음은 의제매입세액공제 대상이 되는 자료이다. 다음의 자료를 토대로 1기 예정신고기간의 의제매입세액공제신청서를 작성하시오. 당사는 제조업을 영위하며 중소제조업에 속한다. 의제매입세액공제대상이 되는 거래는 다음 거래뿐이며 전표입력은 생략한다.(3점)

공급자	사업자번호 또는 주민번호	매입일자	품명	수량	매입가격	비고
파주농산	135-81-22221	2022.1.5	농산물	100	10,000,000원	계산서수령
김하기	620202-1103222	2022.1.20	야채	50	300,000원	비사업자인 농민에게 매입

[2] 기존에 입력된 자료는 무시하고 다음의 자료를 토대로 1기 확정신고기간(4.1~6.30)의 부가가치세신고서를 작성하시오.(7점)

매출자료	• 전자세금계산서 발행매출 : 200,000,000원(부가가치세 별도) • 수출신고하고 선적한 수출매출 : 50,000,000원 • 1기 예정신고기간(1.1~3.31)에 발행된 카드매출을 예정신고시 신고누락하고 1기확정신고시 신고하였는데 그 금액은 3,000,000원(부가가치세 별도)이었다.(가산세 계산시 미납일수는 91일로 가정한다)
매입자료	• 세금계산서 수취한 매입액은 80,000,000원(부가가치세 별도)인데, 이 중 공장의 기계장치를 취득한 고정자산매입분이 10,000,000원(부가가치세 별도)있고, 접대목적으로 구입한 물품 매입액 6,000,000원(부가가치세 별도)이 있다. • 원재료를 구입하고 법인신용카드로 결제하여 부가가치세 매입세액공제 받는 금액이 3,300,000원(부가가치세 포함) 있다.
기타자료	• 위에서 주어진 자료 이외에는 거래내역이 없다. • 부가가치세신고서의 부속서류는 작성하지 않는다.

문제 4 다음 결산자료를 입력하여 결산을 완료하시오.(15점)

[1] 기획부서의 무형자산에 대한 당기 상각비는 다음과 같다. 무형자산 상각에 대한 회계처리를 하시오.(3점)

• 개발비 : 2,000,000원	• 특허권 : 3,500,000원

[2] 단기대여금 중에는 당기 중에 ㈜미션에 대여한 외화대여금 10,000,000원(미화 $10,000)이 포함되어 있다. 기말 현재 기준환율은 1$당 1,100원이다.(3점)

[3] 국민은행으로부터 장기차입한 1억원의 상환기간이 1년 이내로 도래하였다.(3점)

[4] 당해연도 7월 1일에 영업부서에서 납부한 자동차보험료(보험계약기간 당기 7.1.~차기6.30.) 600,000원에 대하여 모두 보험료로 회계처리 하였다. 이에 대하여 미경과 보험료를 월할 계산하여 회계처리 하시오.(3점)

[5] 당기분 법인세가 30,000,000원(법인세분 지방소득세 포함)으로 계산되었다. 단, 법인세 기납부 세액인 18,000,000원이 납부시점에 선납세금으로 반영되어 있다.(3점)

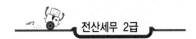

※5014종합실무모의고사4로 변경해서 입력할 것.

문제 5 원천징수자료와 관련하여 다음의 물음에 답하시오.(15점)

[1] 다음의 급여자료를 2월분 급여자료입력 메뉴에 반영하고, 필요한 경우 수당공제 항목을 수정입력 하시오(급여 지급일은 25일이다).(5점)

사원명	부 서	급여 및 제수당(원)					
		기본급	식 대	자가운전보조금	명절수당	자녀수당	야간근로수당
김지숙	생산직	1,000,000	150,000	250,000	200,000	150,000	300,000
이미자	사무직	1,000,000	150,000	250,000	200,000	150,000	300,000

- 식대 및 자가운전보조금은 비과세요건을 충족한 것으로 가정함
- 명절수당은 설날(구정)을 맞이하여 지급하는 특별수당임
- 자녀수당은 6세 이하의 자녀가 있는 직원에게 지급하고 있음(김경자와 이숙경 모두 자녀가 6세 이하임)
- 야간근로수당은 정규근로시간을 초과하여 야간근무시에 지급하고 있으며 비과세요건을 충족한다고 가정함
- 월정액에 해당하는 수당은 식대, 자가운전보조금, 자녀수당이며 그 이외의 수당은 월정액에 해당하지 않음
- 국민연금, 건강보험, 고용보험, 장기요양보험, 소득세 및 지방소득세는 자동반영되므로 별도로 입력하지 않음

[2] 다음의 연말정산자료를 토대로 사원 이기려의 연말정산 추가자료를 [연말정산입력]탭에서만 입력하시오. 부양가족은 모두 이한국과 생계를 같이하며, 부양가족의 소득금액은 없다.(10점)

성명	관계	연령(만)	공제내역
이조부	할아버지	80	• 할아버지의 질병치료진료비 4,000,000원을 현금으로 납부하고 이기려 명의로 현금영수증을 발급받았다.
이부친	아버지	63	• 노인대학 등록금 1,500,000원을 현금으로 납부하였다.
정모친	어머니	62	• 어머니께서 교회헌금 2,000,000원을 납부하고 기부금 영수증을 받았다. • 신용카드 사용금액 8,000,000원 중 2,000,000원을 전통시장에서 사용하였다.
이기려	본인 (무주택 세대주)	39	• 본인의 대학원 등록비 8,000,000원을 납부하였다. • 국민주택 임차에 대한 월세를 매월 50만원씩 360만원을 납부하였다. 당해 월세액은 소득공제 요건을 충족한다. 임대인: 한월세, 사업자번호: 111-11-11119, 다가구, 85㎡, 서울시 동대문구 답십리38길 14 임대개시일: 2017.01.01, 임대종료일: 2020.12.31
유지인	아내	33	• 아내를 피보험자로 하고 이기려씨를 계약자로 하는 보장성보험 70만원이 있다.
이장남	자녀	10	• 초등학교 방과후학교 수업료 800,000원(교재비 50,000원 포함)이 있다.
이차남	자녀 (장애인)	6	• 유치원 수업료 1,700,000원과 미술학원 수강료 1,300,000원이 있다. • 이차남을 피보험자로 하는 장애인 전용보장성보험 150만원과 일반보장성보험 40만원이 있다.

05 종합 모의고사

이 론 시 험

다음 문제를 보고 알맞은 것을 골라 | 이론문제 답안작성 | 메뉴에 입력하시오.(객관식 문항당 2점)

─ <기본전제> ─

문제에서 한국채택국제회계기준을 적용하도록 하는 전제조건이 없는 경우, 일반기업회계기준을 적용한다.

01 다음 중 재무상태표에 대한 설명으로 옳은 것은?

① 재무상태표는 자산, 부채, 자본으로 구성되어 있다.

② 재무상태표는 일정기간동안의 기업의 경영성과에 대한 정보를 제공해준다.

③ 기타포괄손익누계액은 부채에 해당한다.

④ 자산과 부채는 원칙적으로 상계하여 순액으로 표시하여야 한다.

02 일반기업회계기준상 재고자산에 대한 설명으로 가장 틀린 것은?

① 목적지 인도조건으로 매입하는 미착상품(목적지에 도달되지 않은상품)은 매입자의 재고 자산이 아니다.

② 위탁매매계약을 체결하고 수탁자가 위탁자에게서 받은 적송품은 수탁자의 재고자산이다.

③ 매입자가 사용해본 후 구입결정을 하는 조건으로 판매하기 위하여 공급하고 구입의사결 정이 안된 시송품은 판매자의 재고자산이다.

④ 장부상 재고보다 실제 조사한 재고의 수량이 적은 경우로써 감모된 원인이 원가성이 없는 경우에는 영업외비용으로 처리한다.

03 다음 중 일반기업회계기준상 무형자산에 관한 설명으로 옳지 않은 것은?

① 무형자산으로 인식하기 위한 요건으로 식별가능성, 기업의 통제, 미래의 경제적 효익의 발 생으로 분류한다.

② 무형자산의 내용연수가 독점적·배타적 권리를 부여하고 있는 관계 법령에 따라 20년을 초과하는 경우에도 상각기간은 20년을 초과할 수 없다.

③ 무형자산의 잔존가치는 없는 것을 원칙으로 한다.

④ 내부적으로 창출한 브랜드, 고객목록 및 이와 유사한 항목에 대한 지출은 무형자산으로 인식하지 않는다.

04 재고자산에 대한 평가방법 중 재고자산이 존재하는 상황에서 후입선출법에 대한 설명으로서 알맞지 않은 것은? 단, 기말재고자산이 기초재고자산보다 증가하는 상황이라고 가정한다.

① 물가가 지속적으로 상승시 선입선출법에 비해 매출원가를 크게 계상한다.

② 물가가 지속적으로 상승시 선입선출법에 비해 기말재고자산은 시가를 적정하게 표시하지 못한다.

③ 물가가 지속적으로 하락시 선입선출법보다 이익을 작게 계상한다.

④ 물가가 지속적으로 하락시 기말재고자산은 선입선출법에 비해 크게 계상된다.

05 회계변경과 관련한 다음 설명 중 잘못된 것은?

① 회계추정은 기업환경의 불확실성하에서의 미래의 재무적 결과를 사전적으로 예측하는 것이다.

② 유가증권 취득단가 산정방법의 변경은 회계추정 변경에 해당한다.

③ 회계정책 변경을 전진적으로 처리하는 경우에는 그 변경의 효과를 당해 회계연도 개시일부터 적용한다.

④ 회계정책의 변경과 회계추정의 변경이 동시에 이루어지는 경우에는 회계정책의 변경에 의한 누적효과를 먼저 계산한다.

06 다음은 제조원가명세서를 작성하기 위한 자료들이다. 이 중 제조원가명세서에 포함되지 않는 항목은?

① 당기 직접재료비 사용액　　　　　② 당기 제조간접비 발생액

③ 당기 기초제품 재고액　　　　　　④ 당기 기초 재공품 재고액

07 다음 중 부문공통원가를 배부하는 기준과 가장 올바르지 않게 연결한 것은?

① 건물감가상각비 : 건물점유면적　　② 기계감가상각비 : 기계가동시간

③ 전력요금 : 전력사용량　　　　　　④ 수선유지비 : 종업원 수

08 ㈜한국은 제조간접비를 직접노무시간을 기준으로 배부하고 있다. 당해 제조간접비 배부차이는 400,000원이 과소배부 되었다. 당기말 현재 실제 제조간접비 발생액은 1,400,000원이고, 실제 직접노무시간이 40,000시간일 경우 예정배부율은 얼마인가?

① 45원/시간당   ② 25원/시간당

③ 35원/시간당   ④ 30원/시간당

09 ㈜청윤은 종합원가계산 방법을 사용하고 있으며 완성품 환산량의 계산에 평균법을 사용하고 있다. ㈜청윤은 9월 중 100,000단위의 제품을 판매하였다. 원재료는 공정초에 모두 투입되고 가공비는 공정전반에 걸쳐 균등하게 발생한다. 단, 회사는 한 개의 가공부서만 보유하고 있다고 가정한다. ㈜청윤의 9월 중 가공비에 대한 완성품 환산량은 얼마인가?

• 9월 01일 재고 : 재공품 없음, 완제품 35,000단위
• 9월 30일 재고 : 재공품(가공비에 대한 진척도 50%) 5,000단위
                      완제품 30,000단위

---

① 92,500단위   ② 95,000단위

③ 97,500단위   ④ 100,000단위

10 원가계산과 관련한 다음 설명 중 가장 잘못된 것은?

① 비정상적 공손은 영업외비용으로 처리한다.

② 종합원가계산에서 전공정원가는 원가의 속성상 완성도가 100%이다.

③ 종합원가계산과 공정별 원가계산은 서로 병행하여 적용할 수 있다.

④ 순실현가치 기준으로 결합원가를 계산하는 경우에는 정확한 제품 원가계산이 가능하다.

11 부가가치세법과 관련된 다음의 설명 중 가장 잘못된 것은?

① 사업자등록 신청은 사업장마다 사업개시일로부터 20일 내에 하는 것이 원칙이다.

② 면세사업자는 부가가치세법상 사업자에 해당하지 아니한다.

③ 직매장은 사업장에 해당하고, 하치장은 사업장에 해당하지 아니한다.

④ 한 사업자에게 동일한 업종으로 2이상의 사업장이 있는 경우에는 사업자단위로 신고·납부하는 것이 원칙이다.

12 다음 중 부가가치세법상 재화의 공급의제에 해당하는 것은?(모두 매입세액 공제를 적용받은 것으로 가정함)

① 생산직 근로자에게 작업복과 작업화를 지급하는 경우
② 택시회사가 영업용 택시로 취득한 승용차(3천cc, 5인승)를 업무용으로 사용하는 경우
③ 다른 사업장에서 원료나 자재 등으로 사용 또는 소비하기 위하여 반출하는 경우
④ 광고선전을 위한 상품진열 목적으로 자기의 다른 사업장으로 반출하는 경우

13 다음 중 부가가치세법상 과세표준에 포함되는 것은?

① 비반환조건부 용기 대금
② 대가와 구분 기재된 봉사료
③ 매출할인
④ 재화 또는 용역의 공급과 관련없이 수령한 국고보조금

14 다음 중 소득세법상 소득의 구분이 잘못된 것은?

① 법인세법상 상여로 소득처분된 금액 : 근로소득
② 비영업대금의 이익 : 이자소득
③ 지역권을 설정하고 받는 금품 : 기타소득
④ 사업용 고정자산의 처분으로 인하여 발생하는 처분이익 : 사업소득

15 다음 중 소득세법상 과세대상이 아닌 경우는?

① 제조업자의 부동산인 건물의 처분으로 발생되는 1억원의 매매차익
② 회사에 근로를 제공한 대가로 받는 급여 1억원
③ 학원사업으로 인하여 발생되는 순수익 1억원
④ 복권 당첨으로 받는 1억원

실 무 시 험

(주)종합모의고사5회(회사코드:5005)은 제조, 도·소매 및 무역업을 영위하는 중소기업이며, 당기(15기)회계기간은 2022.1.1.~2022.12.31. 이다. 전산세무회계 수험용 프로그램을 이용하여 다음 물음에 답하시오.

―――――――― <기본전제> ――――――――

문제에서 한국채택국제회계기준을 적용하도록 하는 전제조건이 없는 경우, 일반기업회계기준을 적용하여 회계처리 한다.

문제 1 다음 거래를 일반전표입력 메뉴에 추가 입력하시오.(15점)

―――――――― <입력 시 유의사항> ――――――――

• 일반적인 적요의 입력은 생략하지만, 타계정 대체거래는 적요번호를 선택하여 입력한다.
• 채권·채무와 관련된 거래는 별도의 요구가 없는 한 반드시 기 등록되어 있는 거래처코드를 선택하는 방법으로 거래처명을 입력한다.
• 제조경비는 500번대 계정코드를, 판매비와 관리비는 800번대 계정코드를 사용한다.
• 회계처리과목은 별도제시가 없는 한 등록되어 있는 계정과목 중 가장 적절한 과목으로 한다.

[1] 1월 14일 　신한은행에서 이자 **400,000원**이 발생하여 이자소득에 대한 원천징수세액 **56,000원**을 차감한 잔액이 보통예금 계좌로 입금되었다. 다만, 이자소득에 대한 원천징수세액은 자산계정으로 회계처리한다.(3점)

[2] 1월 19일 　(주)일동상사에 대한 외상매입금 **1,000,000원**을 거래처 ㈜한진이 발행한 받을어음으로 배서양도하여 결제하다.(3점)

[3] 1월 30일 　전기에 대손처리한(주)한성기업에 대한 외상매출금 **1,500,000원**이 보통예금 계좌로 입금되었다. 단, 전기의 회계처리는 아래와 같았고, 부가가치세법상 대손세액공제는 적용하지 않았다.(3점)

(차) 대손상각비 500,000원	(대) 외상매출금 1,500,000원
대손충당금 1,000,000원	

[4] 2월 21일　당사가 장기투자 목적으로 보유하던 상장주식(투자회사에 대한 지분율이 1% 미만임)을 다음과 같은 조건으로 처분하고 처분대금을 보통예금 계좌로 입금하였다. 단, 2017년에 해당 상장주식에 대한 기말 평가는 기업회계기준에 따라 적절하게 회계처리 하였다.(3점)

취득가액	시　가	양도가액
취득일 2017년 1월 31일	2021년 12월 31일	
6,000,000원	4,000,000원	5,000,000원

[5] 4월 10일　무상증자를 위하여 이익준비금 20,000,000원을 자본금으로 전입하고 무상주 2,000주(액면가액 10,000원)를 발행하였다.(3점)

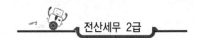

문제 2 다음 거래자료를 매입매출전표입력 메뉴에 추가로 입력하시오.(15점)

────────── <입력 시 유의사항> ──────────

- 일반적인 적요의 입력은 생략하지만, 타계정 대체거래는 적요번호를 선택하여 입력한다.
- 별도의 요구가 없는 한 반드시 기 등록되어 있는 거래처코드를 선택하는 방법으로 거래처명을 입력한다.
- 제조경비는 500번대 계정코드를, 판매비와 관리비는 800번대 계정코드를 사용한다.
- 회계처리시 계정과목은 별도제시가 없는 한 등록되어 있는 계정과목 중 가장 적절한 과목으로 한다.
- 입력화면 하단의 분개까지 처리하고, 전자세금계산서 및 전자계산서는 전자입력으로 반영한다.

[1] 4월 12일 비사업자인 한예원에게 제품을 판매하고 외상대금을 제외한 금액은 국민은행의 보통예금계좌로 수령하였으며 다음과 같이 전자세금계산서를 교부하였다.(3점)

전자세금계산서(공급자 보관용)						책 번 호			권		호	
						일련번호						
공급자	등록번호	105-81-33130				공급받는자	등록번호					
	상호(법인명)	㈜종합모의고사5회	성명(대표자)	이대한			상호(법인명)			성명	한예원	
	사업장주소	서울시 중구 쌍림동 100					사업장주소	서울시 동작구 신대방2동 100				
	업태	제조,도소매외	종 목	전자제품			업태		종목			

작성일자			공급가액									세액										수정사유
년	월	일	공란수	백	십	억	천	백	십	만	천	백	십	일	백	십	억	천	백	십	만	천	백	십	일	
2022	4	12						1	0	0	0	0	0			1	0	0	0	0	0	

비고	주민등록번호 800418-1234568

월	일	품 목	규격	수량	단가	공급가액	세액	비고
4	12	전자제품		1		1,000,000	100,000	

합계금액	현금	수표	어음	외상미수금	이 금액을 영수 / 청구 함
1,100,000	600,000			500,000	

[2] 4월 19일 해외 수출업체인 미주상사에 제품 8,000,000원을 납품하고 영세율 전자세금계산서를 교부하였다. 미리 수령한 계약금 1,000,000원을 제외한 나머지는 외상으로 거래 하였다.(3점)

[3] 5월 10일 회사를 이전하면서 직원 식사를 위해 구입하였던 쌀 10kg을 쌀 판매점인 전남농산에 300,000원에 판매하고 국민카드로 결제 받았다. 쌀의 구입원가는 300,000원이며 구입당시 저장품으로 회계처리하였다. 단, 쌀 판매는 사업과 관련된 부수재화에 해당되지 않는 것으로 가정한다.(3점)

[4] 5월 24일　당사는 매입처(주)미륭으로부터 원재료 20,000,000원(부가가치세 별도)을 외상으로 매입하고 전자세금계산서를 수취하였다.(3점)

[5] 6월 15일　당사는 공장의 생산직 사원들에게 명절선물을 주기 위하여 사과를 20상자(1상자당 15,000원) 구입하면서 성훈마트로부터 계산서를 교부받았으며, 대금은 보통예금 통장에서 100,000원을 결제하고 나머지는 외상으로 하였다.(3점)

문제 3　부가가치세신고와 관련하여 다음 물음에 답하시오.(10점)

[1] 다음 자료를 이용하여 제 2기 예정신고 기간(07.01~09.30)에 대한 재활용폐자원세액공제신고서를 작성하되 아래 가정에 따르시오.(3점)

거래일자	공급처명	품명	공급가액(원)	관련증빙
07.15	한샘자원	고철	4,000,000	계산서
07.22	(주)강한정밀	비철	1,700,000	세금계산서
08.26	이두현	고철	800,000	영수증

상호	사업자번호(주민등록번호)	대표자
한샘자원	125-25-11115	황우진
(주)강한정밀	305-12-33336	김대준
이두현	640410-1256667	

[가정]
• 재활용폐자원세액공제신고서 작성대상이 되는 거래만을 매입매출전표에 적요번호를 포함하여 입력하되, 모두 현금거래로 간주하고 계정과목은 원재료를 사용한다.
• 재활용폐자원세액공제신고서는 매입매출전표입력에서 재활용폐자원매입세액 적요 설정 후 자동 불러오기로 한다.

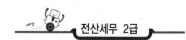

[2] 다음은 2기 확정신고기간(10월~12월)에 대한 부가가치세신고와 관련된 자료이다. 해당 자료를 토대로 동 기간의 부가가치세신고서를 작성하시오. 단, 과세표준명세의 작성 및 부속서류의 작성은 생략한다. (별도의 언급이 없는 한 세금계산서합계표 및 신용카드매출전표등 수령금액합계표상의 금액에는 예정신고 누락분이 반영되어 있지 않다)(7점)

> ① 매출처별세금계산서합계표상의 총합계금액은 공급가액 160,000,000원, 부가세 15,000,000원이다. 공급가액 중 10,000,000원은 영세율세금계산서 발행분이다.
> ② 수출실적명세서상의 원화금액 합계금액이 24,000,000원이다. 이는 직수출로 인한 매출금액이다.
> ③ 매입처별세금계산서합계표상의 총합계금액은 공급가액 100,000,000원, 부가가치세 10,000,000원이다. 이 중 고정자산의 매입은 없다.
> ④ 2기 예정신고기간(7월~9월)의 매입세금계산서 11,000,000원(부가가치세 포함)을 예정신고시 누락하여 확정신고시 신고하기로 했다. 동 금액은 아직 위 자료 ③번의 매입처별세금계산서합계표상에 반영되어 있지 않다.
> ⑤ 신용카드매출전표등수령금액합계표상의 신용카드매입 합계금액이 공급가액 10,000,000원, 부가가치세 1,000,000원이다. 이는 전액 고정자산의 구입에 사용된 금액이다.
> ⑥ 매입처별세금계산서합계표의 금액 중 사업과 무관한 매입으로서 매입세액불공제 금액이 5,500,000원(부가가치세 포함)이 있다. 동 금액은 위 자료 ③번의 매입처별 세금계산서합계표상에 반영되어 있고, 이 외에 매입세액불공제액은 없다.
> ⑦ 가산세와 자료에서 제시한 내용 이외에는 부가가치세신고서에 반영할 필요가 없다.

문제 4 다음 결산자료를 입력하여 결산을 완료하시오.(15점)

[1] 거래은행인 국민은행에 예입된 정기예금에 대한 자료는 다음과 같다. 당기분 경과이자를 인식하여 반영하시오 (단, 이자수익은 월할계산할 것)(3점)

> • 예금 금액 : 30,000,000원   • 가입연월일 : 4월 1일
> • 연이자율 : 10%   • 만기 : 가입일로부터 3년   • 이자지급조건 : 만기시 전액 후불

[2] 신뢰은행으로부터 차입한 장기차입금 중 20%가 결산일 현재 1년 내에 상환기일이 도래하여 유동성 대체를 하다.(3점)

[3] 기말현재 보유하고 있는 단기매매증권의 전기말 장부가액은 12,000,000원(1,000주)이고 그 내역은 다음과 같다.(3점)

구 분	주당취득가액	주당공정가액(기말)	보유주식수
(주)경일투자	11,000원	14,000원	1,000주

[4] 기말현재 외화장기차입금(신한은행, $100,000)의 계정과목으로 반영된 차입금이 130,000,000원 계상되어 있다. 결산일 현재 환율은 1,250원/$ 이다.(3점)

[5] 당기분 법인세 20,000,000원(지방소득세 포함)을 계상하다. 법인세 중간예납세액과 원천징수세액은 선납세금 계정에 설정되어 있다.(3점)

※5015종합실무모의고사5로 변경해서 입력할 것.

문제 5 원천징수자료와 관련하여 다음의 물음에 답하시오.(15점)

[1] 직원 이부진(주민번호:720205-2560125, 주소: 생략, 세대주임)의 부양가족사항(생계를 같이함)은 다음과 같으며 입사일은 당기 7월 1일이다. 사원코드 101에 사원등록을 하시오. 단, 세부담이 최소화되도록 한다.(5점)

관 계	이 름	연령(만)	주민번호	연말정산 참고사항
배우자	송호철	52세	700122-1225667	기타소득금액 200만원
부	이건희	81세	410715-1225664	장애인, 8월 31일 사망, 소득없음
모	신영주	68세	541225-2012665	총급여 5,000,000원 외에는 소득없음. 시각장애인이었으나 당해 연도에 치유됨.
자	송이야	23세	030101-2011667	대학생, 일용직 근로소득금액 12,000,000원
자	송아지	9세	130524-4200119	소득없음

[2] 다음 자료를 보고 생산직 사원 강석(남성)씨(사원코드 105)의 연말정산추가자료를 입력하시오 단, 부양가족은 모두 생계를 같이하고 있으며, 별도의 소득은 없다고 가정한다.(10점)

구 분	지출내역	금 액	비 고
보험료	본인 자동차 보험료	640,000원	
	차남(만 19세) 보장성 보험료	1,200,000원	장애인전용 보장성보험
의료비	부친(만 76세) 건강검진비	1,800,000원	
	배우자(만 57세) 건강보조식품 구입비	700,000원	장애인
	부친(만 76세) 시력보정용 안경구입비	400,000원	신용카드 사용
교육비	본인 대학원 등록금	8,000,000원	
	장남(만 33세) 대학 등록금	7,000,000원	
신용카드 사용	부친(만 76세) 사용액	1,680,000원	시력보정용 안경구입비 포함
	본인 사용액	14,000,000원	재산세 납부액 300,000원 포함
	장남 사용액	3,500,000원	
기부금	모친(만 74세)의 수재민돕기 금품	200,000원	
	본인 교회헌금	100,000원	

※ 신용카드 사용내역 이외에 특별한 언급이 없는 부분은 현금으로 지출함

Chapter

03

최신 기출문제

이 론 시 험

다음 문제를 보고 알맞은 것을 골라 | 이론문제 답안작성 | 메뉴에 입력하시오.(객관식 문항당 2점)

─── <기본전제> ───
문제에서 한국채택국제회계기준을 적용하도록 하는 전제조건이 없는 경우, 일반기업회계기준을 적용한다.

01 아래의 자료를 이용하여 2023년 매도가능증권처분손익을 구하면 얼마인가?

- 2022년 07월 05일 : 매도가능증권 1,000주를 주당 5,000원에 취득하였다.
- 2022년 12월 31일 : 매도가능증권을 기말 공정가치로 평가하고, 매도가능증권평가이익 1,000,000원을 인식하였다.
- 2023년 02월 01일 : 매도가능증권 100주를 주당 3,000원에 처분하였다.

① 매도가능증권처분이익 100,000원   ② 매도가능증권처분손실 100,000원
③ 매도가능증권처분이익 200,000원   ④ 매도가능증권처분손실 200,000원

02 다음 중 수익인식시기에 대한 설명으로 가장 틀린 것은?

① 위탁자가 수탁자에게 해당 재화를 인도한 시점에 수익을 인식한다.
② 수강료는 강의기간에 걸쳐 수익으로 인식한다.
③ 할부판매는 이자 부분을 제외한 판매가격에 해당하는 수익을 판매시점에 인식한다.
④ 광고제작수수료는 광고 제작의 진행률에 따라 인식한다.

03 다음 중 일반기업회계기준에 따른 회계변경에 대한 설명으로 옳지 않은 것은?

① 매기 동일한 회계정책 또는 회계추정을 사용하면 비교가능성이 증대되어 재무제표의 유용성이 향상된다.

② 회계정책의 변경과 회계추정의 변경을 구분하기가 불가능한 경우에는 회계추정의 변경으로 본다.

③ 회계정책 변경을 소급하여 적용하는 경우에는 그 변경의 효과를 당해 회계연도 개시일부터 적용한다.

④ 회계추정의 변경은 기업환경의 변화, 새로운 정보의 획득 또는 경험의 축적에 따라 지금까지 사용해오던 회계적 추정치의 근거와 방법 등을 바꾸는 것을 말한다.

04 다음 중 유형자산에 대한 설명으로 가장 옳지 않은 것은?

① 정액법은 자산의 내용연수 동안 일정액의 감가상각비를 계상하는 방법이다.

② 내용연수 도중 기계설비의 사용을 중단한 경우 장래 사용을 재개할 예정이라 하더라도 감가상각을 중단한다.

③ 새 건물을 신축하기 위하여 기존 건물이 있는 토지를 취득하고 그 건물을 철거하는 경우, 기존 건물의 철거 관련 비용에서 철거된 건물의 부산물을 판매하여 수취한 금액을 차감한 금액은 토지의 취득원가에 포함한다.

④ 유형자산의 감가상각방법을 선택할 때는 경제적 효익이 소멸되는 행태를 반영한 합리적인 방법으로 선택하여야 한다.

05 아래의 자료에서 기말 재고자산에 포함해야 할 금액은 얼마인가?

> • 도착지인도조건으로 매입한 미착상품 3,000,000원
> • 구매자가 매입의사를 표시한 시송품 5,000,000원
> • 제삼자에게 판매하기 전인 적송품 2,000,000원
> • 담보로 제공한 저당상품 7,000,000원

① 7,000,000원   ② 8,000,000원

③ 9,000,000원   ④ 10,000,000원

06 ㈜한국은 제조간접비를 직접노무시간을 기준으로 배부하고 있으며, 제조간접비 배부차이는 400,000원(과대)이다. 당기의 실제 직접노무시간은 35,000시간이고, 당기 말 현재 실제 제조간접비 발생액은 1,000,000원이다. 직접노무시간당 제조간접비 예정배부율은 얼마인가?

① 30원   ② 35원   ③ 40원   ④ 60원

07 ㈜한라는 직접배부법으로 보조부문의 제조간접비를 제조부문에 배부하고자 한다. 보조부문의 제조간접비를 배분한 후 절단부문의 총원가는 얼마인가?

구분	보조부문		제조부문	
	설비부문	동력부문	조립부문	절단부문
설비부문 공급(시간)	–	500	400	600
동력부문 공급(Kw)	1,100	–	300	200
배분 전 원가	300,000원	250,000원	750,000원	900,000원

① 151,250원 ② 280,000원

③ 1,051,250원 ④ 1,180,000원

08 다음의 자료를 이용하여 당기총제조원가를 구하면 얼마인가?

- 기초재공품재고액 : 30,000원
- 기말재공품재고액 : 10,000원
- 기초제품재고액 : 50,000원
- 기말제품재고액 : 40,000원
- 매출원가 : 550,000원

① 500,000원 ② 520,000원

③ 540,000원 ④ 560,000원

09 ㈜수정은 종합원가계산제도를 채택하고 있다. 다음 자료에 의한 당기 기말재공품의 원가는 얼마인가?

- 원가흐름의 가정은 선입선출법을 선택하고 있으며, 모든 원가는 전 공정에서 균등하게 발생한다.
- 기초재공품은 7,800단위이며 완성도는 50%이다.
- 당기 중 45,000단위를 추가로 투입하였다.
- 기말재공품은 5,500단위이며 완성도는 50%이다.
- 당기 총발생원가는 1,615,250원이다.

① 82,500원 ② 96,250원

③ 165,000원 ④ 192,500원

10 다음 중 원가계산에 대한 설명으로 가장 틀린 것은?

① 종합원가계산은 제조지시서를 제품별로 발행하지 않는다.

② 개별원가계산은 작업별로 원가계산이 이루어지며 제조직접비와 제조간접비로 구분해야 한다.

③ 부문별 원가계산은 직접재료비를 발생 원천인 부문별로 분류, 집계하는 방법이다.

④ 원가부문은 원가 발생에 대한 책임단위로 원가를 집계하기 위한 조직단위를 의미한다.

11 다음 중 소득세법상 소득공제 및 세액공제와 관련된 설명으로 가장 틀린 것은?

① 복권 당첨금(100만원 초과)만 있는 기본공제대상자에 대해서는 기본공제를 적용받을 수 없다.

② 세부담 최소화 관점에서 한부모공제와 부녀자공제 요건을 모두 충족하는 경우 한부모공제를 적용하는 것이 유리하다.

③ 총급여가 500만원인 근로소득만 있는 기본공제대상자에 대해서 기본공제를 적용받을 수 있다.

④ 자녀세액공제는 기본공제대상자에 해당하는 자녀 중 7세 이상 자녀에 대하여 적용된다.

12 다음 중 소득세법상 과세표준 확정신고 의무가 있는 자는 누구인가?

① 분리과세이자소득과 근로소득이 있는 자

② 근로소득과 연말정산 대상 사업소득이 있는 자

③ 공적연금소득과 퇴직소득이 있는 자

④ 근로소득과 일용근로소득이 있는 자

13 다음 중 부가가치세법상 신용카드 등의 사용에 따른 세액공제에 대한 설명으로 옳지 않은 것은?

① 음식점업을 하는 간이과세자는 신용카드 등의 발급금액 또는 결제금액의 2.6%를 납부세액에서 공제한다.

② 직전 연도의 공급대가의 합계액이 4천8백만원 미만인 간이과세자는 업종을 불문하고 신용카드 등의 사용에 따른 세액공제를 적용받을 수 있다.

③ 사업장별 직전 연도 재화 또는 용역의 공급가액의 합계액이 10억원을 초과하는 개인사업자는 제외한다.

④ 연간 공제금액의 한도액은 1천만원이다.

14 다음 중 부가가치세법상 재화 또는 용역의 공급시기에 대한 설명으로 가장 옳지 않은 것은?

① 재화의 이동이 필요하지 아니한 경우에는 재화가 이용가능하게 되는 때가 재화의 공급시기이다.

② 상품권을 현금으로 판매하고 그 후 그 상품권 등이 현물과 교환되는 경우에는 재화가 실제로 인도되는 때가 재화의 공급시기이다.

③ 사업자가 보세구역 안에서 보세구역 밖의 국내에 재화를 공급하는 경우로서 재화의 수입에 해당할 때에는 재화가 실제로 반출된 날을 재화의 공급시기로 본다.

④ 중간지급조건부로 용역을 공급하는 경우에는 대가의 각 부분을 받기로 한 때를 용역의 공급시기로 본다.

15 아래의 자료를 이용하여 부가가치세법상 폐업 시 잔존재화의 과세표준을 구하면 얼마인가?

- 감가상각자산 : 기계장치
- 취득일자 : 2021.04.02.
- 폐업일자 : 2022.06.01.
- 취득가액 : 54,000,000원 (부가가치세 5,400,000원 별도)
- 취득 당시 매입세액공제 받음

① 13,500,000원

② 20,000,000원

③ 27,000,000원

④ 48,600,000원

실 무 시 험

㈜**동수전자**(회사코드:1002)는 제조, 도·소매 및 부동산임대업을 영위하는 중소기업으로 당기(14기)의 회계기간은 2022.1.1.~2022.12.31.이다. 전산세무회계 수험용 프로그램을 이용하여 다음 물음에 답하시오.

─────────── <기본전제> ───────────

문제에서 한국채택국제회계기준을 적용하도록 하는 전제조건이 없는 경우, 일반기업회계기준을 적용하여 회계처리 한다.

문제 1 다음 거래를 [일반전표입력] 메뉴에 추가 입력하시오. (15점)

─────────── <입력 시 유의사항> ───────────

• 일반적인 적요의 입력은 생략하지만, 타계정 대체거래는 적요번호를 선택하여 입력한다.
• 채권·채무와 관련된 거래는 별도의 요구가 없는 한 반드시 기 등록되어 있는 거래처코드를 선택하는 방법으로 거래처명을 입력한다.
• 제조경비는 500번대 계정코드를, 판매비와 관리비는 800번대 계정코드를 사용한다.
• 회계처리과목은 별도제시가 없는 한 등록되어 있는 계정과목 중 가장 적절한 과목으로 한다.

[1] 01월 15일 영업부 김시성 과장에게 출장비로 지급한 **600,000원**(지급 시 전도금으로 처리함)에 대한 다음의 지출결의서를 제출받고 잔액은 현금으로 반환받았다(단, 거래처 입력은 생략한다). (3점)

지출결의서	
• 왕복 항공권 300,000원	• 숙박비 80,000원

[2] 01월 30일 ㈜동수전자는 유상증자를 위해 신주 **2,000주**를 1주당 10,000원에 발행하고 주금납입액은 보통예금 계좌로 입금받았다. 당사는 유상증자일 현재 주식할인발행차금 3,800,000원이 존재하고 있으며, 주당 액면가액은 5,000원이다. (3점)

[3] 04월 05일 제조부서에서 구입한 화물트럭을 양주시청에 등록하면서 취득세 **1,460,000원**을 현금으로 납부하였다. (3점)

[4] 05월 15일 당사는 아래와 같이 직원상여금에 대하여 공제금액을 제외한 차인지급액을 보통예금으로 지급하였다(단, 상여금은 계정별로 구분하되, 거래처명은 생략한다). (3점)

근무부서	상여금	고용보험	소득세	지방소득세	공제금액 합계	차인지급액
제조부	10,000,000원	80,000원	500,000원	50,000원	630,000원	9,370,000원
영업부	5,000,000원	40,000원	200,000원	20,000원	260,000원	4,740,000원
계	15,000,000원	120,000원	700,000원	70,000원	890,000원	14,110,000원

[5] 10월 31일 당사는 자금조달을 위하여 액면가액 1,000,000원의 사채를 960,000원에 할인발행하였다. 사채발행대금은 보통예금 계좌로 입금되었고, 사채발행비 20,000원은 현금으로 지급하였다. (3점)

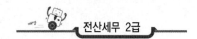

문제 2 다음 거래자료를 [매입매출전표입력] 메뉴에 추가 입력하시오. (15점)

───────────── <입력 시 유의사항> ─────────────

• 일반적인 적요의 입력은 생략하지만, 타계정 대체거래는 적요번호를 선택하여 입력한다.
• 별도의 요구가 없는 한 반드시 기 등록되어 있는 거래처코드를 선택하는 방법으로 거래처명을 입력한다.
• 제조경비는 500번대 계정코드를, 판매비와 관리비는 800번대 계정코드를 사용한다.
• 회계처리시 계정과목은 별도제시가 없는 한 등록되어 있는 계정과목 중 가장 적절한 과목으로 한다.
• 입력화면 하단의 분개까지 처리하고, 전자세금계산서 및 전자계산서는 전자입력으로 반영한다.

[1] 07월 03일 당사의 영업부는 거래처에 추석 선물을 제공하기 위하여 ㈜서울백화점에서 선물세트를 구입한 후 아래의 전자세금계산서를 발급받았다. 대금 중 500,000원은 현금으로 결제하였고 잔액은 보통예금으로 지급하였다. (3점)

전자세금계산서						승인번호		20220703-41000000-00003111		
공급자	사업자등록번호	211-81-01234	종사업장번호		공급받는자	사업장등록번호	201-81-02823	종사업장번호	
	상호(법인명)	㈜서울백화점	성명(대표자)	김서울		상호(법인명)	㈜동수전자	성명(대표자)	정지훈
	사업장주소	서울시 강남구 영동대로 701 101(청담동)				사업장주소	경기도 양주시 고덕로 219		
	업태	소매	종목	잡화		업태	제조, 도소매 외	종목	컴퓨터 외

작성			공급가액									세액									수정사유		
년	월	일	천	백	십	억	천	백	십	만	천	백	십	일	십	억	천	백	십	만	천	백	십	일
2022	7	3					3	0	0	0	0	0	0				3	0	0	0	0	0

비고								
월일		품목	규격	수량	단가	공급가액	세액	비 고
7	3	건강선물세트		10	300,000원	3,000,000원	300,000원	

[2] 07월 13일 제조공장에서 사용하던 기계장치(취득원가 8,000,000원, 감가상각누계액 7,300,000원)를 ㈜영풍에 3,000,000원(부가가치세 별도)에 외상으로 매각하고 전자세금계산서를 발급하였다(단, 당기 감가상각비 계산은 생략한다). (3점)

[3] 07월 20일 영업부 사무실의 임대인으로부터 받은 전자세금계산서 내역은 다음과 같다. 단, 비용은 품목에 기재된 계정과목으로 각각 회계처리하시오. (3점)

전자세금계산서				승인번호		20220720-31000013-44346111	
공급자	사업자 등록번호	217-85-08117	종사업장 번호		공급받는자	사업자 등록번호	201-81-02823	종사업장 번호	
	상호 (법인명)	㈜천일	성명 (대표자)	박민주		상호 (법인명)	㈜동수전자	성명 (대표자)	정지훈
	사업장 주소	서울특별시 강남구 테헤란로 114				사업장 주소	경기도 양주시 고덕로 219		
	업태	부동산업	종목	부동산임대		업태	제조, 도소매 외	종목	컴퓨터 외
	이메일	ch@naver.com				이메일	bu@naver.com		

작성일자	공급가액	세액	수정사유		
2022.07.20	5,800,000원	580,000원			
비고					

월	일	품목	규격	수량	단가	공급가액	세액	비고
7	20	임차료				5,000,000원	500,000원	
7	20	건물관리비				800,000원	80,000원	

합계금액	현금	수표	어음	외상미수금	이 금액을	청구	함
6,380,000원				6,380,000원			

[4] 08월 24일 회계부의 업무환경개선 목적으로 ㈜사과컴퓨터에서 컴퓨터를 3,850,000원(부가가치세 포함)에 구매하고 법인카드(황금카드사)로 결제하였다(해당 거래는 신용카드 매입세액 공제요건을 모두 충족한다). (3점)

[5] 08월 28일 비사업자인 김정희에게 제품을 550,000원(부가가치세 포함)에 판매하고, 대금은 보통예금 계좌에 입금되었다(별도의 세금계산서나 현금영수증을 발급하지 않았으며, 거래처 입력은 생략한다). (3점)

문제 3 부가가치세 신고와 관련하여 다음 물음에 답하시오. (10점)

[1] 다음 자료를 보고 제2기 확정신고 기간의 [공제받지못할매입세액명세서](「공제받지못할매입세액내역」 및 「공통매입세액의정산내역」)를 작성하시오(단, 불러온 자료는 무시하고 직접 입력할 것). (4점)

1. 매출 공급가액에 관한 자료

구분	과세사업	면세사업	합계
7월~12월	350,000,000원	50,000,000원	400,000,000원

2. 매입세액(세금계산서 수취분)에 관한 자료

구분	① 과세사업 관련			② 면세사업 관련		
	공급가액	매입세액	매수	공급가액	매입세액	매수
10월~12월	100,000,000원	10,000,000원	11매	3,000,000원	300,000원	3매

3. 총공통매입세액(7~12월) : 5,500,000원
※ 2기 예정신고시 공통매입세액 중 불공제매입세액 : 187,500원

[2] 다음 자료를 토대로 2022년 1기 확정신고(4월~6월) 기간의 [부가가치세신고서]를 작성하시오(단, 아래 제시된 자료만 있는 것으로 가정한다). (6점)

매출자료	• 세금계산서 발급분 과세 매출 : 공급가액 280,000,000원, 세액 28,000,000원 　－이 중 공급가액 50,000,000원, 세액 5,000,000원은 종이(전자 외) 세금계산서를 발급하였고, 나머지는 전자세금계산서 발급분이다. • 당사의 직원인 홍길동(임원 아님)에게 경조사와 관련하여 연간 1,000,000원(시가) 상당의 당사가 제조한 제품을 무상으로 제공하였다. • 대손이 확정된 외상매출금 1,760,000원(부가가치세 포함)에 대하여 대손세액공제를 적용한다.
매입자료	• 수취한 매입세금계산서는 공급가액 120,000,000원, 세액 12,000,000원으로 내용은 아래와 같다. 　－공급가액 15,000,000원, 세액 1,500,000원은 승용자동차(배기량:999cc) 취득분이다. 　－공급가액 3,000,000원, 세액 300,000원은 거래처 접대목적으로 구입한 물품(고정자산 아님)이다. 　－나머지는 일반매입분이다.
기타자료	• 2022년 3월 발생한 신용카드 매출전표 발급분 매출 3,300,000원(공급대가)이 2022년 1기 예정신고 시 단순누락되어 이를 확정신고 시 반영하기로 한다. • 2022년 1기 예정신고납부기한은 2022년 4월 25일이고 확정신고납부일은 2022년 7월 24일이다.
유의사항	• 세부담 최소화를 가정한다. • 불러온 자료는 무시하고 직접 입력한다. • 전자신고세액공제는 생략한다. • 부가가치세신고서 이외의 과세표준명세 등 기타 부속서류의 작성은 생략한다.

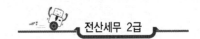

문제 4 다음 결산자료를 입력하여 결산을 완료하시오. (15점)

[1] 당사는 뉴욕은행에서 차입한 외화장기차입금 $200,000이 있다. 기말 현재 외화장기차입금 관련 회계처리를 하시오. (전기말 환율 1,200원/$, 당기말 환율 1,050원/$) (3점)

[2] 아래의 차입금 관련 자료를 이용하여 차입금 이자비용에 대한 회계처리를 하시오(단, 이자비용은 만기 시점 일시 상환조건이며, 월할 상각한다). (3점)

> • 금융기관 : ㈜아리은행   • 대출금액 : 200,000,000원
> • 대출기간 : 2022년 4월 1일 ~ 2024년 3월 31일   • 대출이자율 : 연 2.4%

[3] 영업부가 11월에 구입한 소모품 2,000,000원 중 결산일까지 미사용한 소모품은 1,500,000원이다. 당사는 소모품 구입 시 자산으로 회계처리 하였다. (3점)

[4] 기말 현재 퇴직급여추계액 및 퇴직급여충당부채를 설정하기 전 퇴직급여충당부채의 잔액은 다음과 같다. 퇴직급여충당부채는 퇴직급여추계액의 100%를 설정한다. (3점)

구분	퇴직급여추계액	퇴직급여충당부채 잔액
공장 생산직	32,000,000원	18,000,000원
본사 사무직	18,000,000원	7,000,000원

[5] 당기의 법인세비용은 16,500,000원이다. 법인세 중간예납세액 5,300,000원과 당해 법인의 이자소득에 대한 원천징수세액 700,000원은 선납세금계정에 계상되어 있다. (3점)

2022년 귀속 원천징수자료와 관련하여 다음의 물음에 답하시오. (15점)

[1] 다음은 생산직 근로자인 김아름(사번:101)과 김가연(사번:102)의 3월분 급여내역이다. 아래의 자료를 이용하여 [수당공제등록] 및 [급여자료입력]을 작성하시오(단, [수당공제등록]의 불러온 자료는 무시하고 아래 자료에 따라 입력하되, 사용하는 수당 외의 항목은 "부"로 체크하고, 월정액은 그대로 둘 것). (6점)

<김아름 3월 급여내역>

이름	김아름	지급일	3월 31일
기본급	2,200,000원	소득세	45,910원
식대	100,000원	지방소득세	4,590원
자가운전보조금	200,000원	국민연금	85,500원
야간근로수당	200,000원	건강보험	63,460원
자격수당	150,000원	장기요양보험	7,310원
		고용보험	20,400원
		사내대출금원리금상환액	358,520원
급여합계	2,850,000원	공제합계	585,690원
		차인지급액	2,264,310원

<김가연 3월 급여내역>

이름	김가연	지급일	3월 31일
기본급	1,900,000원	소득세	17,180원
식대	100,000원	지방소득세	1,710원
자가운전보조금	200,000원	국민연금	85,500원
야간근로수당	200,000원	건강보험	63,460원
		장기요양보험	7,310원
		고용보험	15,200원
급여합계	2,400,000원	공제합계	190,360원
		차인지급액	2,209,640원

- 식대 : 당사는 현물 식사를 별도로 제공하지 않는다.
- 자가운전보조금 : 본인 명의의 차량을 업무 목적으로 사용한 직원에게 자가운전보조금을 지급하고 있으며, 실제 발생한 교통비를 별도로 지급하지 않는다.
- 야간근로수당 : 정규 업무시간 외에 추가 근무를 하는 경우 매월 20만원까지 야간근로수당을 지급하며, 생산직 근로자가 받는 연장근로수당 등은 세법상 요건을 갖춘 경우 비과세로 처리한다. (직전 과세기간의 총급여액 : 김아름 2,400만원, 김가연 2,800만원)
- 자격수당 : 회사가 요구하는 자격증을 취득하는 경우 자격수당을 지급한다.
- 사내대출금원리금상환액 : 당사는 직원을 대상으로 최저 금리로 사내대출을 해주고 그에 해당하는 원리금을 매달 급여에서 공제한다. (공제소득유형 : 대출)

[2] 다음은 연말정산을 위한 박세무(사번:103)의 생계를 같이하는 부양가족의 국세청 자료와 기타 증빙자료이다. 아래의 자료를 이용하여 [연말정산추가자료입력] 메뉴의 [부양가족] 탭을 수정하고, [연금저축등] 탭, [연말정산입력] 탭을 작성하시오(단, 세부담 최소화를 가정한다). (9점)

<박세무 및 부양가족의 현황>

관계	성명	주민등록번호	비고
본인	박세무	870222-2111119	• 입사일 2018년 3월 3일 • 총급여액 56,000,000원 • 세대주
배우자	김영호	860122-1111113	• 기타소득(복권당첨) 15,000,000원
부친 (아버지)	박세일	511023-1111117	• 22년 6월 12일 사망(만 69세) • 양도소득 900,000원 • 장애인복지법에 따른 장애인
자녀	김관우	160301-3111110	• 취학 전 아동 • 소득 없음

<소득·세액공제 자료>

구분	내용
보험료	• 박세무 : 일반보장성보험료 600,000원 • 김영호 : 자동차보험료 1,000,000원(박세무 신용카드 결제)
의료비	• 박세일 : 질병 치료 목적 병원비 7,000,000원(박세무 신용카드 결제) －위 금액에는 해외 의료비 1,200,000원이 포함되어 있다. • 김영호 : 피부과 병원비(미용 목적) 2,500,000원(박세무 신용카드 결제)
교육비	• 김관우 : 영유아보호법에 따른 어린이집 수업료 900,000원 －위 금액에는 별도의 급식비 200,000원이 포함되어 있지 않다. • 박세일 : 재활교육을 위한 사회복지시설 특수교육비 3,600,000원
기부금	• 김영호 : 종교단체 기부금 5,000,000원
신용카드 등 사용액	• 박세무 : 본인 명의 신용카드 사용액 29,200,000원 －위 금액에는 대중교통 사용분 800,000원과 부친의 병원비 7,000,000원, 배우자의 자동차보험료 1,000,000원 및 피부과 병원비 2,500,000원이 포함되어 있다. • 김영호 : 현금영수증 2,370,000원 －위 금액에는 전통시장 사용분 200,000원이 포함되어 있다.
기타	• 연금저축계좌 납입액[삼성화재해상보험㈜, 계좌번호 11112222] : 4,200,000원 • 퇴직연금계좌 납입액[㈜우리은행, 계좌번호 22221111] : 2,000,000원

이 론 시 험

다음 문제를 보고 알맞은 것을 골라 | 이론문제 답안작성 | 메뉴에 입력하시오.(객관식 문항당 2점)

──────────<기본전제>──────────

문제에서 한국채택국제회계기준을 적용하도록 하는 전제조건이 없는 경우, 일반기업회계기준을 적용한다.

01 다음과 같은 특징이 있는 재고자산의 평가방법으로 옳은 것은?

- 기말재고자산이 최근에 매입한 단가가 적용되므로 시가에 가깝게 표시된다.
- 현재의 수익에 과거의 원가가 대응된다.
- 물가가 상승하는 상황에서는 당기순이익이 과대계상 된다.

① 선입선출법   ② 후입선출법
③ 이동평균법   ④ 총평균법

02 다음 중 일반기업회계기준에 따른 부채와 자본의 표시에 대한 설명으로 옳지 않은 것은?

① 보고기간종료일로부터 1년 이내에 상환되어야 하는 채무는 보고기간종료일과 재무제표가 사실상 확정된 날 사이에 보고기간종료일로부터 1년을 초과하여 상환하기로 합의하더라도 유동부채로 분류한다.

② 보고기간종료일로부터 1년 이내에 상환기일이 도래하는 채무는 기존의 차입약정에 따라 보고기간종료일로부터 1년을 초과하여 상환할 수 있고 기업이 그러한 의도가 있음에도 유동부채로 분류한다.

③ 자본잉여금은 주식발행초과금과 기타자본잉여금으로 구분하여 표시한다.

④ 이익잉여금은 법정적립금, 임의적립금 및 미처분이익잉여금(또는 미처리결손금)으로 구분하여 표시한다.

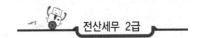

03 다음 중 유동성배열법에 의한 재무상태표 작성 시 가장 나중에 배열되는 항목은?

① 상품

② 단기대여금

③ 임차보증금

④ 선납세금

04 다음 중 사채에 대한 설명으로 옳은 것은?

① 시장이자율이 액면이자율보다 높다면 할증발행 된다.

② 시장이자율이 액면이자율보다 낮다면 할인발행 된다.

③ 사채를 할인발행 하는 경우 보통예금에 유입되는 금액은 액면가액과 동일하다.

④ 사채 발행 유형에 관계 없이 액면이자액은 동일하다.

05 ㈜건축은 2020년에 ㈜한국의 사옥을 신축하기로 계약하였다. 총공사계약금은 10,000,000원이며, 공사가 완료된 2022년까지 ㈜한국의 사옥 신축공사와 관련된 자료는 다음과 같다. ㈜건축이 진행기준에 따라 수익을 인식할 경우 2022년에 인식하여야 할 공사수익은 얼마인가?

구분	2020년	2021년	2022년
당기발생공사원가	1,000,000원	5,000,000원	2,000,000원
추가소요추정원가	6,500,000원	1,500,000원	–

① 2,000,000원

② 2,200,000원

③ 2,500,000원

④ 10,000,000원

06 다음 중 원가의 사용 목적에 따른 분류로서 가장 적합하지 않은 것은?

① 원가계산 시점 : 실제원가, 예정원가

② 제품과의 관련성 : 직접원가, 간접원가

③ 조업도 변화에 의한 원가 형태 : 순수변동비, 준변동비, 준고정비

④ 경제적 효익 : 제품원가, 기간원가

07 다음 중 제조간접비의 배부기준을 설정할 때 고려해야 하는 요소 중 가장 합리적이고 우선으로 적용되어야 하는 요소는 무엇인가?

① 원가절감

② 인과관계

③ 예측가능성

④ 부담능력

08 ㈜은아의 기초재공품은 150개(완성도 40%), 당기완성품은 400개이며, 기말재공품은 100개(완성도 20%)이다. 선입선출법에 따른 가공비의 완성품환산량은 얼마인가? 다만, 가공비는 공정 전반에 걸쳐 균등하게 투입된다.

① 360단위   ② 480단위

③ 510단위   ④ 570단위

09 다음 자료를 이용하여 가공원가를 계산하면 얼마인가?

• 직접재료원가 500,000원   • 직접노무원가 1,000,000원
• 고정제조간접원가 700,000원   • 변동제조간접원가는 직접노무원가의 80%이다.

① 1,500,000원   ② 2,200,000원

③ 2,500,000원   ④ 3,000,000원

10 ㈜정원은 각각 두 개의 제조부문 A1, A2와 보조부문 Z1, Z2를 운영하고 있다. 보조부문의 제조부문에 대한 용역제공 비율은 다음과 같다. Z1의 원가는 830,000원, Z2의 원가는 680,000원일 때 단계배부법에 따른 Z2의 배분 대상 원가는 얼마인가? 단, Z1의 원가를 먼저 배부하는 것으로 가정한다.

사용부문 제공부문	제조부문		보조부문	
	A1	A2	Z1	Z2
Z1	50%	40%	0%	10%
Z2	30%	20%	50%	0%

① 228,900원   ② 381,500원

③ 763,000원   ④ 898,000원

11 다음 중 부가가치세법상 환급과 관련된 설명으로 가장 틀린 것은?

① 납세지 관할세무서장은 환급세액을 원칙적으로 확정신고기한이 지난 후 30일 이내에 환급하여야 한다.

② 납세지 관할세무서장은 조기환급세액이 발생하는 경우 조기환급신고기한이 지난 후 20일 이내에 환급하여야 한다.

③ 조기환급신고는 개인사업자와 법인사업자 구분 없이 가능하다.

④ 법인사업자의 예정신고기간의 환급세액은 조기환급 대상에 해당하지 않는 경우 확정신고 시 납부할 세액에서 차감된다.

12 다음 중 근로소득에 포함되지 않는 것은?

① 근로를 제공하고 받은 보수

② 주주총회 등 의결기관의 결의에 따라 받은 상여

③ 퇴직함으로써 받은 소득으로 퇴직소득에 속하지 않은 소득

④ 사업주가 종업원을 위하여 직장회식비로 지출한 금액

13 다음 중 부가가치세법상 간이과세에 대한 설명으로 가장 틀린 것은? 단, 2022년 7월 1일 이후 과세기간을 가정한다.

① 원칙적으로 직전 연도의 공급대가의 합계액이 8,000만원에 미달하는 개인사업자는 간이과세를 적용받는다.

② 원칙적으로 간이과세자 중 해당 과세기간에 대한 공급대가의 합계액이 4,800만원 미만이면 납부의무를 면제한다.

③ 간이과세자가 면세농산물 등을 공급받는 경우 면세농산물 등의 가액에 업종별 공제율을 곱한 금액을 납부세액에서 공제한다.

④ 다른 사업자로부터 세금계산서 등을 발급받은 경우 공급대가의 0.5%를 납부세액에서 공제한다.

14 다음은 소득세법상 인적공제에 관한 설명이다. 옳지 않은 것은?

① 기본공제 대상 판정에 있어 소득금액 합계액은 종합소득금액, 퇴직소득금액, 양도소득금액을 합하여 판단한다.

② 배우자가 없는 거주자로서 기본공제대상자인 자녀가 있는 경우에도 종합소득금액이 3천만원을 초과하는 경우에는 한부모추가공제를 적용받을 수 없다.

③ 형제자매의 배우자는 공제대상 부양가족에서 제외한다.

④ 부양기간이 1년 미만인 경우에도 인적공제는 월할계산하지 않는다.

15 부가가치세법상 재화 또는 용역의 공급이 다음과 같을 경우 세금계산서 발급 대상에 해당하는 공급가액의 합계액은 얼마인가? 단, 아래의 금액에 부가가치세는 포함되어있지 않다.

> • 내국신용장에 의한 수출액 : 25,000,000원
> • 외국으로 직수출액 : 15,000,000원
> • 일반과세자의 부동산 임대용역 : 12,000,000원
> • 일반과세자의 부동산임대보증금에 대한 간주임대료 : 350,000원
> • 견본품 무상제공(장부가액 : 4,000,000원, 시가 : 5,000,000원)

① 37,000,000원   ② 37,350,000원
③ 42,000,000원   ④ 42,320,000원

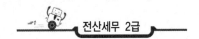

실 무 시 험

㈜문래전자(회사코드:0992)는 제조 및 도·소매업과 부동산임대업을 영위하는 중소기업으로, 당기(9기)의 회계기간은 2022.1.1.~2022.12.31.이다. 전산세무회계 수험용 프로그램을 이용하여 다음 물음에 답하시오.

─── <기본전제> ───

문제에서 한국채택국제회계기준을 적용하도록 하는 전제조건이 없는 경우, 일반기업회계기준을 적용하여 회계처리 한다.

문제 1 다음 거래를 일반전표입력 메뉴에 추가 입력하시오. (15점)

─── <입력 시 유의사항> ───

• 일반적인 적요의 입력은 생략하지만, 타계정 대체거래는 적요번호를 선택하여 입력한다.
• 채권·채무와 관련된 거래는 별도의 요구가 없는 한 반드시 기 등록되어 있는 거래처코드를 선택하는 방법으로 거래처명을 입력한다.
• 제조경비는 500번대 계정코드를, 판매비와 관리비는 800번대 계정코드를 사용한다.
• 회계처리과목은 별도제시가 없는 한 등록되어 있는 계정과목 중 가장 적절한 과목으로 한다.

[1] 03월 28일 주주총회에서 현금 배당 5,000,000원과 현금배당금액의 10%인 500,000원의 이익준비금 설정을 결정하였다. (3점)

[2] 05월 25일 미지급금으로 계상된 창고 임차료 2,200,000원을 임대인인 ㈜제일과 합의하여 임차보증금과 상계하였다. (3점)

[3] 06월 15일 거래처인 ㈜신화의 파산으로 외상매출금 34,000,000원의 회수 불가능이 확정되었다. 장부를 조회하여 처리하시오. (3점)

[4] 11월 11일 ㈜태양산업으로부터 구매한 상품을 제조부서의 소모품으로 모두 사용하였다. 해당 상품의 구매가는 900,000원, 판매가는 1,200,000원이며, 비용으로 처리한다. (3점)

[5] 11월 30일 당사는 1주당 액면가액 5,000원의 주식 1,000주를 1주당 8,000원에 발행하고 신주발행비 35,000원을 제외한 대금을 보통예금 계좌로 송금받았다. (3점)

문제 2 다음 거래자료를 매입매출전표입력 메뉴에 추가로 입력하시오. (15점)

<입력 시 유의사항>
- 일반적인 적요의 입력은 생략하지만, 타계정 대체거래는 적요번호를 선택하여 입력한다.
- 별도의 요구가 없는 한 반드시 기 등록되어 있는 거래처코드를 선택하는 방법으로 거래처명을 입력한다.
- 제조경비는 500번대 계정코드를, 판매비와 관리비는 800번대 계정코드를 사용한다.
- 회계처리시 계정과목은 별도제시가 없는 한 등록되어 있는 계정과목 중 가장 적절한 과목으로 한다.
- 입력화면 하단의 분개까지 처리하고, 전자세금계산서 및 전자계산서는 전자입력으로 반영한다.

---

[1] 07월 30일 당사는 신규 취득한 기계장치의 설치비를 ㈜경건에 보통예금에서 지급하고 아래의 현금영수증을 수취하였다. (3점)

㈜경건 229-81-12993	민경건
서울특별시 서초구 서초동 11	TEL:950-8885
홈페이지 http://www.kacpta.or.kr	
현금(지출증빙)	
구매일자 2022/07/30/12:02	거래번호 : 151
품명	금액
기계장치 설치비	300,000원
부가가치세	30,000원
합계	330,000원

[2] 08월 10일 원재료를 수입하고 인천세관으로부터 수입전자세금계산서(공급가액 2,000,000원, 부가가치세액 200,000원)를 발급받았으며, 부가가치세는 현금으로 지급하였다. (단, 원재료에 대한 회계처리는 생략한다.) (3점)

[3] 09월 10일 당사의 영업부서에 필요한 실무용 서적을 책방에서 구입하고 다음의 전자계산서를 발급받았으며, 대금은 보통예금에서 이체하였다. (3점)

전자계산서(공급받는자 보관용)				승인번호		20220910-2038712-00009123		
공급자	사업자 등록번호	750-91-31625	종사업장 번호		공급받는자	사업자 등록번호	132-81-11332	종사업장 번호	
	상호 (법인명)	책방	성명 (대표자)	김현수		상호 (법인명)	㈜문래전자	성명 (대표자)	김미래
	사업장 주소	경기도 부천시 신흥로 11				사업장 주소	서울시 강동구 천호대로975		
	업태	도소매	종목	서적		업태	제조외	종목	컴퓨터외
	이메일	book11@naver.com				이메일	bu@naver.com		

작성일자	공급가액	수정사유
2022.09.10.	220,000원	
비고		

월	일	품목	규격	수량	단가	공급가액	비고
09	10	영업 실무서		2	110,000원	220,000원	

합계금액	현금	수표	어음	외상미수금	이 금액을	영수	함
220,000원							

[4] 09월 13일 구매확인서를 통해 ㈜내영상사에 제품 35,000,000원을 공급하고 영세율전자세금계산서를 발급하였으며, 대금은 전액 외상으로 하였다. (3점)

[5] 09월 20일 제조공장에서 사용하고 있는 화물트럭의 타이어를 구입하고 대금은 법인카드(시민카드)로 결제하였다. (3점)

매출전표

단말기번호	11213692	전표번호	

카드종류		거래종류	결제방법
시민카드		신용구매	일시불
회원번호(Card No)		취소 시 원거래일자	
4015-4122-5210-1250			
유효기간		거래일시	품명
2025/03/10		2022/09/20	
전표제출		금 액/AMOUNT	150,000
		부 가 세/VAT	15,000
전표매입사		봉 사 료/TIPS	
시민카드		합 계/TOTAL	165,000
거래번호		승인번호/(Approval No.)	
210920135		98421147	

가맹점	삼진타이어		
대표자	이삼진	TEL	031-2122-7580
가맹점번호	137137	사업자번호	617-18-46610
주소	경기 양주시 고덕로 219		

서명(Signature)

Semusa

문제 3 부가가치세 신고와 관련하여 다음 물음에 답하시오. (10점)

[1] 다음 자료와 유의사항을 토대로 2022년 제2기 확정신고기간의 부동산임대공급가액명세서 및 부가가치세신고서를 작성하시오. (4점)

층수	호수	상호 (사업자번호)	면적(㎡)	용도	계약기간	보증금(원)	월세(원)
지상 1층	101	혼맥잔치 (108-11-96301)	330	점포	2020.07.01.~2023.06.30.	40,000,000	2,500,000
지상 2층	201	㈜정선상회 (108-81-61668)	330	사무실	2019.11.01.~2022.10.31.	20,000,000	1,800,000
					2022.11.01.~2023.10.31.	20,000,000	2,000,000

※ 유의사항
• 불러온 데이터는 무시하고, 적용 이자율은 1.2%로 한다.
• ㈜정선상회는 2022.11.01. 임대차계약을 갱신하였다.
• 월세에 대해서는 정상적으로 세금계산서를 발급하였고, 간주임대료에 대한 부가가치세는 임대인이 부담한다.

[2] 다음 자료를 이용하여 2022년 제1기 확정신고기간(4.1.~6.30.)에 대한 부가가치세 신고서를 작성하시오. 단, 부가가치세 신고서 이외의 부속서류 및 과세표준명세 입력은 생략한다. (6점)

구분	내 역	공급가액	부가가치세	비 고
매출 자료	제품매출	50,000,000원	5,000,000원	전자세금계산서 발급
	신용카드로 결제한 상품매출	17,000,000원	1,700,000원	전자세금계산서 미발급
	재화의 직수출	30,000,000원	0원	
	대손확정된 매출채권	1,000,000원	100,000원	대손세액공제 요건 충족 (소멸시효완성)
매입 자료	원재료 매입	40,000,000원	4,000,000원	전자세금계산서 수취
	원재료 매입	1,040,000원	-	전자계산서 수취, 의제매입세액공제 대상
	법인카드로 구입한 소모품 매입	500,000원	50,000원	세금계산서 미수취, 매입세액공제 요건 충족
	재무팀 업무용승용차 구입 (5인승, 1,500CC)	17,000,000원	1,700,000원	전자세금계산서 수취
	상품 매입	3,000,000원	300,000원	예정신고 누락분 공급시기에 종이세금계산서 를 정상적으로 수취함
기타	• 부가가치세 신고는 홈택스에서 직접 신고하였다. • 전자세금계산서 발급과 전송은 정상적으로 이뤄졌다. • 이 문제에 한하여 의제매입세액 공제율 4/104를 적용받는 법인(중소기업)으로, 공제액은 공제한도 내의 금액으로 가정한다. • 세부담 최소화를 가정한다.			

문제 4 다음 결산자료를 입력하여 결산을 완료하시오. (15점)

[1] 당기 중에 취득하여 기말 현재 보유 중인 단기매매증권의 내역은 다음과 같다. 기말 단기매매증권의 평가는 기업회계기준에 따라 처리하기로 한다. (3점)

주식명	주식수	1주당 취득원가	기말 1주당 공정가치
㈜세무	5,000주	2,000원	2,500원

[2] 사무실의 화재보험(계약기간 : 2022.08.01.~2023.07.31.)을 계약하고 1년치 보험료 1,500,000원을 일시에 전액 지급하였으며, 이를 선급비용으로 회계처리 하였다. (단, 월할 계산할 것) (3점)

[3] 당기 중 현금시재가 부족하여 현금과부족으로 처리했던 225,000원을 결산일에 확인한 결과 내용은 다음과 같았다. (단, 기중에 인식된 현금과부족은 적절히 회계처리 되었다고 가정하고, 관련 회계처리 날짜는 결산일로 하여 하나의 전표로 입력한다.) (3점)

내용	금액	비고
영업부 거래처 과장님 결혼 축의금	200,000원	적절한 계정과목 선택
판매부서 서류 배송(퀵)비 지급액 누락분(간이영수증 수령)	25,000원	적절한 계정과목 선택

[4] 서울은행으로부터 차입한 장기차입금 중 100,000,000원은 2023년 9월 30일에 상환기일이 도래한다. (2점)

[5] 결산일 현재 재고자산을 실사 평가한 결과는 다음과 같다. 관련하여 결산에 반영하시오. (각 기말재고자산의 시가와 취득원가는 동일한 것으로 가정한다.) (4점)

구분	취득단가	장부상 기말재고	실사한 기말재고	수량 차이 원인
원재료	1,000원	700개	700개	
제품	2,500원	550개	550개	
상품	1,500원	950개	880개	비정상감모

문제 5 2022년 귀속 원천징수자료와 관련하여 다음의 물음에 답하시오. (15점)

[1] 다음은 연구기관에서 근무하는 김기안(사번 : 1)의 급여 내역 및 관련 자료이다. 해당 자료를 이용하여 필요한 수당공제를 등록하고, 12월분 급여자료입력 및 원천징수이행상황신고서를 작성하시오. (5점)

12월 급여명세내역			
<급여항목>		<공제항목>	
• 기본급 : 3,500,000원		• 국민연금 : 184,500원	
• 식대 : 100,000원		• 건강보험 : 140,630원	
• 자가운전보조금 : 300,000원		• 장기요양보험 : 16,200원	
• [연구기관등]연구보조비 : 200,000원		• 고용보험 : 33,600원	
• 직책수당 : 600,000원		• 소득세 : 237,660원	
		• 지방소득세 : 23,760원	

1. 추가 자료 및 요청 사항
 (1) 12월분 급여지급일은 12월 30일이다.
 (2) 급여항목 내역
  • 식대 : 회사는 근로자에게 별도로 식사 또는 기타 음식물을 제공하지 않는다.
  • 자가운전보조금 : 직원 단독 명의의 차량을 소유하고 있고, 그 차량을 업무수행에 이용하고 있다. 또한, 시내교통비를 별도로 지급하고 있지 않다.
  • 당사는 연구기관 등(연구보조비)의 법적 요건을 충족하며, 연구보조비는 비과세요건을 충족한다.

2. 공제항목 내역 : 불러온 데이터는 무시하고 직접 작성한다.

3. 수당공제등록
 (1) 수당등록은 모두 월정액 "여"로 체크하고, 사용하는 수당 이외의 항목은 "부"로 체크하고 통상임금은 무시할 것
 (2) 공제등록은 그대로 둔다.

4. 전월 미환급세액 20만원이 이월되었다.

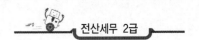

[2] 다음은 박대박(사번 : 103) 사원의 연말정산 관련 자료이다. 아래의 자료와 유의사항을 토대로 연말정산추가자료입력 메뉴의 부양가족 탭을 수정하여 완성하고, 월세,주택임차 탭과 연말정산입력 탭을 입력하시오. (10점)

<자료 1> 생계를 같이 하는 부양가족 현황

성명	관계	연령(만)	비 고
박대박	본인	36세	무주택 세대주, 총급여 5,500만원
박정우	아버지	62세	복권당첨금 200만원
김유진	어머니	62세	장애인(장애인복지법), 총급여 500만원
서지혜	배우자	39세	일용근로소득 700만원
서민우	처남	27세	대학원생, 소득 없음
박하나	자녀	14세	중학생, 소득 없음
박하연	자녀	5세	미취학 아동, 사업소득금액 200만원

<자료 2> 연말정산 관련 자료(국세청 자료로 가정)

항목	내용
보험료	• 아버지 : 보장성보험료 80만원(피보험자 : 박정우, 계약자 : 박대박) • 어머니 : 장애인전용보장성보험료 100만원(피보험자 : 김유진, 계약자 : 박대박)
의료비	• 어머니 : 보청기 구입비 100만원, 간병비 70만원 • 배우자 : 질병 치료비(미국 현지 병원에서 치료) 300만원 ※ 실손의료보험금 수령액은 없음.
교육비	• 본인 : 대학원 교육비 1,100만원 • 처남 : 대학원 교육비 900만원 • 자녀(박하나) : 교복구입비 70만원, 체험학습비 50만원 • 자녀(박하연) : 영어학원비 100만원 • 어머니 : 장애인 재활교육을 위하여 사회복지시설에 지급하는 특수교육비 300만원
기부금	• 본인 : 정치자금기부금 15만원 • 처남 : 사립 대학교 연구비 50만원
월세, 주택 임차	• 임대인 : 김창명(760227-1234561) • 임차인 : 서지혜 • 주택유형 및 전용면적 : 아파트(84㎡) • 공동주택가격(기준시가) : 4억원 • 임대차계약서상 주소지(주민등록표 등본의 주소지) : 서울시 구로구 구로동 999 • 임대차 계약 기간 : 2020.04.01.~2024.03.31. • 매월 월세액 : 70만원(2022년 총 지급액 840만원) • 월세액은 전액 박대박이 납부하였다.
신용카드등 사용액	• 신용카드 : 2,500만원(아래의 항목이 포함된 금액이다.) - 전통시장사용분 50만원 - 대중교통이용분 30만원 - 회사경비 사용금액 100만원 - 항공기에서 판매하는 면세물품의 구입비용 150만원 • 현금영수증 : 보청기 구입비 100만원(위 어머니 보청기 구입비용) • 보장성보험료 납부액 80만원(위 아버지 보장성보험료 지출액, 현금영수증 수취분) • 위 신용카드, 현금영수증 사용액은 모두 본인이 지출한 것임

※ 유의사항 : 부양가족의 소득·세액공제 내용 중 박대박이 공제받을 수 있는 내역은 모두 박대박이 공제받는 것으로 한다.

이 론 시 험

다음 문제를 보고 알맞은 것을 골라 | 이론문제 답안작성 | 메뉴에 입력하시오.(객관식 문항당 2점)

―――― <기본전제> ――――
문제에서 한국채택국제회계기준을 적용하도록 하는 전제조건이 없는 경우, 일반기업회계기준을 적용한다.

01 다음 중 재무제표의 작성과 표시에 대한 설명으로 틀린 것은?

① 재무제표는 재무상태표, 손익계산서, 현금흐름표, 자본변동표로 구성되며, 주석을 포함한다.

② 재무제표를 작성할 때 계속기업으로서의 존속가능성을 평가해야 한다.

③ 중요한 항목은 재무제표의 본문이나 주석에 그 내용을 가장 잘 나타낼 수 있도록 통합하여 표시할 수 있다.

④ 재무제표가 일반기업회계기준에 따라 작성된 경우에는 그러한 사실을 주석으로 기재하여야 한다.

02 다음 중 재고자산의 단가결정방법에 대한 설명으로 틀린 것은?

① 선입선출법은 기말재고자산이 가장 최근 매입분으로 구성되어 기말재고자산가액이 시가에 가깝다.

② 개별법은 실무에 적용하기 쉬우며 가장 정확한 단가산정방법이다.

③ 후입선출법은 매출원가가 가장 최근 매입분으로 구성되므로 수익·비용의 대응이 선입선출법보다 적절히 이루어진다.

④ 평균법에는 총평균법과 이동평균법이 있다.

03 다음 중 유형자산에 대한 설명으로 틀린 것은?

① 유형자산은 재화의 생산, 용역의 제공, 타인에 대한 임대 또는 자체적으로 사용할 목적으로 보유하는 물리적 형체가 있는 자산을 말한다.

② 특정 유형자산을 재평가할 때, 해당 자산이 포함되는 유형자산 분류 전체를 재평가한다.

③ 유형자산은 최초에는 취득원가로 측정한다.

④ 새로운 시설을 개설하는 데 소요되는 원가는 유형자산의 원가이다.

04 다음 중 회계추정의 변경에 해당하지 않는 것은?

① 재고자산 평가방법을 후입선출법에서 선입선출법으로 변경하는 경우

② 기계설비의 감가상각 대상 내용연수를 변경하는 경우

③ 매출채권에 대한 대손추정률을 변경하는 경우

④ 비품의 감가상각방법을 정률법에서 정액법으로 변경하는 경우

05 다음의 거래로 증감이 없는 자본항목은 무엇인가?

㈜절세는 자기주식 500주(액면금액 주당 200원)를 주당 300원에 취득한 후, 이 중 300주는 주당 400원에 매각하고, 나머지 200주는 소각하였다. 단, ㈜절세의 자기주식 취득 전 자본항목은 자본금뿐이다.

① 자본금   ② 자본잉여금

③ 자본조정   ④ 기타포괄손익누계액

06 다음 중 원가계산 항목이 아닌 것은?

① 생산시설 감가상각비   ② 생산직 근로자 인건비

③ 생산시설 전기요금   ④ 영업용 차량 유지비

07 ㈜세금은 제조간접비를 직접노무시간으로 예정배부하고 있다. 당초 제조간접비 예산금액은 1,500,000원이고, 예산직접노무시간은 500시간이다. 당기말 현재 실제 제조간접비는 1,650,000원이 발생하였고, 제조간접비의 배부차이가 발생하지 않을 경우 실제직접노무시간은 얼마인가?

① 450시간   ② 500시간

③ 550시간   ④ 600시간

08 다음의 자료를 이용하여 당월의 제품 매출원가를 계산하면 얼마인가?

- 월초제품수량 500개, 월말제품수량 300개, 당월제품판매수량 1,000개
- 월초 제품원가 67,000원, 월말 제품원가 55,000원
- 당월에 완성된 제품 단위당 원가 110원

① 80,000원 ② 90,000원
③ 100,000원 ④ 110,000원

09 다음 중 제조원가명세서에서 제공하고 있는 정보가 아닌 것은?

① 매출원가 ② 당기제품제조원가
③ 당기총제조원가 ④ 기말재공품재고액

10 당사의 제조활동과 관련된 물량흐름은 다음과 같다. 설명 중 옳은 것은?

- 기초재공품 : 1,500개
- 기말재공품 : 700개
- 당기착수량 : 8,500개
- 공손품 : 1,300개

① 완성품의 3%가 정상공손이면 완성품수량은 10,000개이다.
② 완성품의 3%가 정상공손이면 비정상공손수량은 1,060개이다.
③ 완성품의 3%가 정상공손이면 정상공손수량은 300개이다.
④ 완성품의 3%가 정상공손이면 비정상공손수량은 1,000개이다.

11 다음 자료는 2022년 2기 예정신고기간의 자료이다. 부가가치세 과세표준은 얼마인가? (단, 제시된 자료 이외는 고려하지 말 것)

- 발급한 세금계산서 중 영세율세금계산서의 공급가액은 2,000,000원이다. 그 외의 매출 및 매입과 관련된 영세율 거래는 없다.
- 세금계산서를 받고 매입한 물품은 공급가액 15,500,000원, 부가가치세 1,550,000원이다. 이 중 거래처 선물용으로 매입한 물품(공급가액 500,000원, 부가가치세 50,000원)이 포함되어 있다.
- 납부세액은 2,500,000원이다.

① 40,000,000원 ② 40,500,000원
③ 42,000,000원 ④ 45,000,000원

12 부가가치세법상 사업자등록과 관련된 설명 중 틀린 것은?

① 신규로 사업을 시작하려는 자는 사업 개시일 이전이라도 사업자등록을 신청할 수 있다.

② 사업자등록의 신청을 받은 관할세무서장은 신청일부터 3일 이내에 사업자등록증을 신청자에게 발급하는 것이 원칙이다.

③ 휴업 또는 폐업을 하는 경우 지체 없이 사업장 관할 세무서장에게 신고하여야 한다.

④ 과세사업을 경영하는 자가 면세사업을 추가할 경우에는 면세사업자등록 신청을 별도로 할 필요가 없다.

13 다음 중 해당 과세기간에 전액 필요경비에 불산입하는 항목이 모두 몇 개인지 고르시오.

가. 사업과 직접적인 관계없이 무상으로 지급하는 법령에서 정한 기부금
나. 가사의 경비와 이에 관련되는 경비
다. 벌금, 과료, 과태료
라. 선급비용
마. 대손금

① 2개   ② 3개
③ 4개   ④ 5개

14 다음 중 부가가치세법상 영세율 적용대상이 아닌 것은?

① 사업자가 내국신용장 또는 구매확인서에 의하여 공급하는 수출용 재화(금지금(金地金)은 아님)

② 수출업자와 직접 도급계약에 의한 수출재화임가공용역

③ 국외에서 공급하는 용역

④ 수출업자가 타인의 계산으로 대행위탁수출을 하고 받은 수출대행수수료

15 다음 중 소득세법상 이자소득이 아닌 것은?

① 직장공제회 초과반환금

② 비영업대금이익

③ 연금저축의 연금계좌에서 연금외 수령하는 일시금

④ 저축성보험의 보험차익(10년 미만)

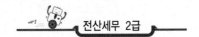

실 무 시 험

㈜금성전자(회사코드:0982)는 제조, 도 · 소매 및 부동산임대업을 영위하는 중소기업이며, 당기(10기)의 회계기간은 2022.1.1.~2022.12.31.이다. 전산세무회계 수험용 프로그램을 이용하여 다음 물음에 답하시오.

───── <기본전제> ─────

문제에서 한국채택국제회계기준을 적용하도록 하는 전제조건이 없는 경우, 일반기업회계기준을 적용하여 회계처리 한다.

문제 1 다음 거래를 일반전표입력 메뉴에 추가 입력하시오.(15점)

───── <입력 시 유의사항> ─────

• 일반적인 적요의 입력은 생략하지만, 타계정 대체거래는 적요번호를 선택하여 입력한다.
• 채권 · 채무와 관련된 거래는 별도의 요구가 없는 한 반드시 기 등록되어 있는 거래처코드를 선택하는 방법으로 거래처명을 입력한다.
• 제조경비는 500번대 계정코드를, 판매비와 관리비는 800번대 계정코드를 사용한다.
• 회계처리과목은 별도제시가 없는 한 등록되어 있는 계정과목 중 가장 적절한 과목으로 한다.

[1] 2월 15일 당사가 10%의 지분을 소유하고 있는 ㈜한국으로부터 현금배당 5,000,000원과 주식배당 100주(주당 액면가액 5,000원)를 보통예금 및 주식으로 수령하였다. 배당에 관한 회계처리는 기업회계기준을 준수하였고, 원천징수금액은 없다.(3점)

[2] 3월 11일 정기예금이 만기가 되어 원금 5,000,000원과 예금이자(이자소득 490,000원, 원천징수세액 75,460원)가 보통예금으로 이체되었다. 원천징수금액은 자산으로 처리한다.(3점)

[3] 3월 15일 업무와 관련된 자산을 취득하는 조건으로 서울시청으로부터 정부보조금 50,000,000원(이 중 50%는 상환의무가 없는 지원금이며, 나머지 50%는 3년후 원금을 상환해야 함)을 받아 보통예금에 입금하였다.(3점)

[4] 8월 15일 ㈜당진으로부터 제품 매출 후 외상매출금 4,830,000원에 대하여 조기 회수에 따른 매출 할인액(할인율 2%)을 차감한 나머지 금액이 보통예금으로 입금되었다.(단, 부가가치세는 고려하지 않는다.)(3점)

[5] 10월 31일 경영관리부에서 사용할 문구류를 구매하고 보통예금 계좌에서 이체하였다.(사무용품비 계정으로 회계처리 할 것.)(3점)

NO. 01	영 수 증 (공급받는자용)			
				귀하
공급자	사업자 등록번호	778-61-12347		
	상호	대박문구	성명	김대박
	사업장 소재지	서울특별시 구로구 구로동 27		
	업태	도소매	종목	문구
작성일자		금액합계		비고
2022.10.31		27,500		
공급내역				
월/일	품명	수량	단가	금액
10/31	볼펜	25	1,000	25,000
10/31	샤프심	5	500	2,500
합 계		₩	27,500	
위 금액을 영수(청구)함				

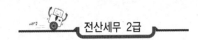

문제 2 다음 거래자료를 매입매출전표입력 메뉴에 추가로 입력하시오.(15점)

――――――――――― <입력 시 유의사항> ―――――――――――

- 일반적인 적요의 입력은 생략하지만, 타계정 대체거래는 적요번호를 선택하여 입력한다.
- 별도의 요구가 없는 한 반드시 기 등록되어 있는 거래처코드를 선택하는 방법으로 거래처명을 입력한다.
- 제조경비는 500번대 계정코드를, 판매비와 관리비는 800번대 계정코드를 사용한다.
- 회계처리시 계정과목은 별도제시가 없는 한 등록되어 있는 계정과목 중 가장 적절한 과목으로 한다.
- 입력화면 하단의 분개까지 처리하고, 전자세금계산서 및 전자계산서는 전자입력으로 반영한다.

[1] 7월 22일 당사가 생산한 제품(원가 500,000원, 시가 700,000원, 부가가치세별도)을 거래처인 ㈜세무에 선물로 제공하였다. (3점)

[2] 8월 5일 ㈜현명상사에게 제품을 납품하고 다음의 전자세금계산서를 발급하였다.(3점)

전자세금계산서(공급자 보관용)						승인번호	20220805-23000000-000000		
공급자	사업자 등록번호	110-81-35557	종사업장 번호		공급받는자	사업자 등록번호	412-81-28461	종사업장 번호	
	상호 (법인명)	㈜금성전자	성 명 (대표자)	이준호		상호 (법인명)	㈜현명상사	성 명	김현명
	사업장 주소	서울 성북구 대사관로 50(성북동)				사업장 주소	서울 강남구 테헤란로 32		
	업 태	제조업	종 목	전자제품		업 태	도소매	종 목	전자제품
	이메일					이메일			

작성일자	공급가액	세액	수정사유		
2022-08-05	5,000,000원	500,000원			
비고					

월	일	품　　　목	규 격	수 량	단 가	공 급 가 액	세　액	비 　고
8	5	전자제품		100	50,000원	5,000,000원	500,000원	

합 계 금 액	현　　　금	수　　　표	어　　　음	외 상 미 수 금	이 금액을 영수/청구 함
5,500,000원	3,000,000원			2,500,000원	

[3] 8월 31일   제조부 직원의 식사를 ㈜식신으로부터 제공받고, 8월분 식대(공급가액 900,000원, 세액 90,000 원)에 대한 종이세금계산서를 수취하고 법인카드(신한카드)로 결제하였다.(3점)

[4] 9월 7일   ㈜삼진건설로부터 사옥신축계약을 체결하고 본사건물을 신축하기로 하였다. 공사도급계약서중 대금지급에 관한 내용은 다음과 같다. 당일에 계약금에 대한 전자세금계산서를 적절하게 발급받았다.(3점)

> • 총 도급금액 : 480,000,000원(부가가치세 48,000,000원 별도)
> • 대금 지급 방식
>   - 계약금(2022.09.07./공사착공일) : 48,000,000원(부가가치세 4,800,000원 별도)
>   - 중도금(2023.02.07.) : 288,000,000원(부가가치세 28,800,000원 별도)
>   - 잔금(2023.07.31./공사완공일) : 144,000,000원(부가가치세 14,400,000원 별도)
>   - 대금은 위 기재된 날짜에 부가가치세 포함하여 보통예금으로 계좌이체가 이루어진 것으로 가정한다.

[5] 9월 30일   당사는 ㈜명국에 제품을 10,000,000원(공급가액)에 판매하고 전자세금계산서를 발급하였다.(단, 4월 30일 계약금을 지급 받았으며 잔액은 10월 15일에 지급 받기로 하였다.)(3점)

문제 3   부가가치세신고와 관련하여 다음 물음에 답하시오.(10점)

[1] 다음의 자료를 이용하여 2022년 2기 확정신고기간에 대한 [건물등감가상각자산취득명세서]를 작성하시오.(다음의 지출금액에 대해서는 자산처리 하기로 함.)(3점)

일자	내역	공급가액	부가가치세	상호	사업자 등록번호
10/6	영업부서에서 사용할 개별소비세 과세대상 승용차 구입(전자세금계산서 수취)	28,000,000원	2,800,000원	㈜경기자동차	126-81-11152
11/22	제조부서에서 사용할 기계구입(전자세금계산서 수취)	13,000,000원	1,300,000원	㈜한국상사	621-81-20059
12/20	영업부서에서 사용할 복사기 구입 (종이세금계산서 수취)	1,800,000원	180,000원	시원전자 (일반과세자)	358-52-91995

[2] 다음 자료만을 이용하여 2022년 제1기 확정신고기간(4월~6월)의 부가가치세신고서를 작성하시오.(단, 부가가치세 신고서 이외의 부속서류와 과세표준명세의 작성은 생략하며, 불러오는 데이터는 무시하고 직접 입력할 것)(7점)

[매출자료]
- 전자세금계산서 과세 매출액(영세율 매출 포함): 공급가액 400,000,000원, 세액 35,000,000원
- 신용카드·현금영수증 과세 매출액 : 공급가액 5,000,000원, 세액 500,000원
- 정규영수증외 과세 매출액: 공급가액 700,000원, 세액 70,000원
  (최종 소비자와의 거래이며, 당사가 영위하는 업종은 현금영수증 의무발행업종이 아님)
- 해외 직수출액: 40,000,000원
- 회수기일이 2년 6개월 지난 외상매출금(특수관계인과의 거래가 아님): 11,000,000원(부가가치세 포함)

[매입자료]
- 세금계산서 수취한 매입내역

구분	공급가액	세액
일반 매입	250,000,000원	25,000,000원
접대성 물품 매입	1,000,000원	100,000원
기계장치 매입	30,000,000원	3,000,000원
예정신고누락분 매입	3,000,000원	300,000원
합 계	284,000,000원	28,400,000원

- 신용카드 사용분 매입내역

구분	공급가액	세액
일반 매입	25,000,000원	2,500,000원
사업무관 매입	2,000,000원	200,000원
비품 매입	5,000,000원	500,000원
합 계	32,000,000원	3,200,000원

[기타자료]
- 예정신고 미환급세액: 800,000원
- 당사는 부가가치세 신고시 홈택스로 전자신고를 하였다.
- 세부담최소화를 가정할 것

문제 4 다음 결산자료를 입력하여 결산을 완료하시오.(15점)

[1] 당사는 별빛은행으로부터 1년마다 갱신조건의 마이너스통장(보통예금)을 개설하였다. 12월 31일 현 재 통장 잔고는 (−)10,154,000원이다.(단, 회계처리는 음수(−)로 하지 말 것)(3점)

[2] 당사는 10월 1일 회사 경영에 필요한 보증보험료(보험기간 : 2022년 10월 1일 ~ 2023년 9월 30일) 2,700,000원을 보통예금계좌에서 지출하고 전액 보험료로 당기 비용처리 하였다.(보험료의 기간배분은 월할계산한다.) (3점)

[3] 다음의 자산의 당기(2022년) 감가상각비를 결산에 반영하시오.(월할상각할 것)(3점)

구 분	취득가액	전기말 상각누계액	상각방법	내용연수	상각율	취득일자
건물(영업부서 사무실)	200,000,000원	12,500,000원	정액법	40	0.025	2018.07.01
기계장치(제품생산)	50,000,000원	15,650,000원	정률법	8	0.313	2020.01.01

[4] 당기말 현재 당사의 재고자산은 다음과 같다. (3점)

- 기말원재료 : 4,000,000원
- 기말재공품 : 8,030,000원
- 기말제품 : 7,000,000원 (위탁재고 1,000,000원 별도)

[5] 결산일 현재 다음 채권잔액에 대해 대손충당금(보충법)을 설정하시오.(3점)

과목	대손추정률
외상매출금	1%
단기대여금	2%

문제 5 2022년 귀속 원천징수자료와 관련하여 다음의 물음에 답하시오.(15점)

[1] 2022년 1월 10일에 입사한 사원코드 101번인 나인턴(배우사 및 부양가족은 없음)은 2022년 2월 28일에 퇴사하였다. 1월과 2월의 급여자료는 아래와 같다. 1월과 2월의 급여자료를 [급여자료 입력]에 반영하고, 2월의 [원천징수이행상황신고서]를 작성하시오.(단, 급여 지급일은 귀속월의 말일이고, 2월분 급여자료 입력시 중도퇴사에 대한 연말정산을 포함하여 작성할 것)(5점)

[급여자료]

구 분	1월	2월	비 고
기본급	2,000,000원	3,000,000원	
식대	120,000원	180,000원	비과세 요건을 충족한다.
국민연금	–	135,000원	공제항목
건강보험	–	102,900원	
장기요양보험	–	11,850원	
고용보험	16,160원	24,640원	
소득세	20,170원		
지방소득세	2,010원		

※ 국민연금, 건강보험, 장기요양보험, 고용보험은 요율표를 무시하고 주어진 자료를 이용한다.

[2] 다음은 최태호(사번 : 103번)와 부양가족(자녀를 제외하고는 본인과 생계를 같이함)에 대한 자료이다. 이 자료를 바탕으로 연말정산추가자료입력의 [소득명세], [부양가족], [연금저축등 I] 탭을 완성하고 [연말정산입력] 탭과 [의료비지급명세서]를 작성하시오.(단, 제시된 자료 이외에는 부양가족의 소득금액은 없으며, 최태호의 세부담 최소화를 위해 모든 가능한 공제는 최태호가 받기로 한다.)(10점)

<자료 1>
< 전 근무지 근로소득 원천징수영수증 자료 >

구 분		주(현)	종(전)	⑯-1 납세조합	합 계
Ⅰ. 근무처별 소득명세	⑨ 근 무 처 명	㈜태평성대			
	⑩ 사업자등록번호	126-85-33149			
	⑪ 근무기간	2022.1.1~2022.6.30	~	~	~
	⑫ 감면기간	~	~	~	~
	⑬ 급 여	18,000,000원			
	⑭ 상 여	5,000,000원			
	⑮ 인 정 상 여				
	⑮-1 주식매수선택권 행사이익				
	⑮-2 우리사주조합인출금				
	⑮-3 임원 퇴직소득금액 한도초과액				
	⑯ 계	23,000,000원			
Ⅱ. 비과세 및 감면소득명세	⑱ 국외근로	M0X			
	⑱-1 야간근로수당	O0X			
	⑱-2 출산·보육수당	Q0X			
	⑱-4 연구보조비	H0X			
	~				
	⑱-29				
	⑲ 수련보조수당	Y22			
	⑳ 비과세소득 계				
	⑳-1 감면소득 계				

구 분			⑱ 소득세	⑲ 지방소득세	⑳ 농어촌특별세
Ⅲ. 세액명세	⑫ 결 정 세 액		382,325원	38,232원	
	기납부세액	⑬ 종(전)근무지 (결정세액란의 세액을 적습니다)	사업자 등록 번호		
		⑭ 주(현)근무지	878,120원	87,812원	
	⑮ 납부특례세액				
	⑯ 차 감 징 수 세 액(⑫-⑬-⑭-⑮)	△495,795원	△49,580원	

(국민연금 1,035,000원, 건강보험 763,600원, 장기요양보험 61,088원, 고용보험 149,500원)
위의 원천징수액(근로소득)을 정히 영수(지급)합니다.

<자료 2> 연말정산 자료(국세청 자료로 가정)

본인(최태호) (730505-1111117)	• 야간대학원 학비 : 5,000,000원 • 보장성 보험료 납입액 : 600,000원 • 저축성 보험료 납입액 : 1,200,000원 • 본인의 신용카드사용액 : 21,000,000원[이 중에는 대중교통요금 3,000,000원, 전통시장사용액 7,000,000원, 도서공연 사용액(문체부장관이 지정한 사업자) 1,000,000원 포함됨, 직불/선불카드·현금영수증 사용액 없음.] • 연금저축납입액 : 1,200,000원[(주)우리은행 / 1002-484-652358]
아버지(최진성) (470815-1111112)	• 질병치료비 : 12,000,000원(이중 실손보험 수령금 11,000,000원)
어머니(김순녀) (540804-2222222)	• 상가임대소득금액 : 12,000,000원 • 임대상가의 화재보험료 : 1,200,000원 • 질병치료비 : 3,000,000원(실손보험 수령금 없고, 본인이 실제 어머니 치료비 를 부담) • 종교단체 기부금 : 1,500,000원
배우자(신미미) (780822-2222220)	• 연간총급여 : 6,000,000원(이 중에는 일용근로소득자로서 받은 총급여 3,000,000원이 포함되어 있음.) • 시력보정용 안경구입비 : 900,000원 • 질병치료비 : 3,000,000원(이중 실손보험 수령금 1,700,000원) • 건강기능식품 구입비 2,000,000원 • 배우자 명의의 신용카드사용액 : 5,000,000원(이 중에는 대중교통요금 2,000,000원, 전통시장사용액 1,000,000원 포함, 직불/선불카드·현금영수증 사용액 없음.)
자녀(최샛별) (031031-4444443)	• 미국 현지 소재 고등학교(우리나라 교육법에 따른 학교에 해당하는 교육기 관임) 수업료 : 6,000,000원 • 보장성 보험료 납입액 : 300,000원 • 건강증진목적의 한약구입비 : 1,500,000원

<유의사항>
* 부양가족 입력시 기본공제대상자가 아닌 경우 기본공제여부에 '부'로 표시할 것.
* 의료비지급명세서에 의료비를 반영할 것.

이 론 시 험

다음 문제를 보고 알맞은 것을 골라 │ 이론문제 답안작성 │ 메뉴에 입력하시오.(객관식 문항당 2점)

───── <기본전제> ─────

문제에서 한국채택국제회계기준을 적용하도록 하는 전제조건이 없는 경우, 일반기업회계기준을 적용한다.

01 다음 중 매출채권의 대손충당금을 과소 설정한 것이 재무제표에 미치는 영향으로 옳지 않은 것은?

① 자산의 과대계상 ② 당기순이익의 과대계상

③ 이익잉여금의 과대계상 ④ 비용의 과대계상

02 다음 중 무형자산의 감가상각에 대한 설명으로 틀린 것은?

① 무형자산의 잔존가치는 없는 것(0원)을 원칙으로 한다.

② 무형자산의 내용연수는 법적 내용연수와 경제적 내용연수 중 짧은 것으로 한다.

③ 무형자산의 감가상각은 자산을 취득한 시점부터 시작한다.

④ 무형자산의 상각기간은 일반적으로 20년을 초과할 수 없다.

03 다음 중 부채에 대한 설명으로 옳지 않은 것은?

① 부채는 과거의 거래나 사건의 결과로 현재 기업실체가 부담하고 있고 미래에 자원의 유출 또는 사용이 예상되는 의무이다.

② 부채의 정의를 만족하기 위해서는 금액이 반드시 확정되어야 한다.

③ 과거 사건으로 인해 현재 의무가 존재할 가능성이 매우 높고 인식기준을 충족하는 경우에는 충당부채로 인식한다.

④ 선수금은 유동부채로 분류된다.

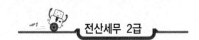

04 결산시 아래 사항들이 누락된 것을 발견하였다. 누락사항들을 반영할 경우 당기순이익의 증감액은 얼마인가?

• 당기발생 외상매출 : 100,000원   • 1기 확정 부가가치세의 납부 : 300,000원

① 100,000원 증가   ② 100,000원 감소

③ 300,000원 증가   ④ 300,000원 감소

05 다음의 자본에 대한 설명 중 틀린 것은?

① 미교부주식배당금과 자기주식처분손실은 자본조정으로 분류된다.

② 유상감자가 이루어지면 회사의 순자산이 감소하게 된다.

③ 신주발행비는 주식의 발행과 직접 관련하여 발생하는 비용으로서 영업외비용으로 처리한다.

④ 자본은 자본금, 자본잉여금, 자본조정, 기타포괄손익누계액, 이익잉여금으로 구성되어 있다.

06 다음 중 제조간접비 배부차이 조정방법에 해당하지 않는 것은?

① 비례배부법   ② 직접배분법

③ 매출원가조정법   ④ 영업외손익법

07 다음 자료를 이용하여 평균법을 적용한 기말재공품원가를 구하시오. 당기완성품은 1,200개이며 기말재공품은 400개(완성도 : 50%)이다. 재료비는 공정초기에 모두 발생하며 가공비는 공정 전체에 균일하게 발생한다.

구분	수량	재료비	가공비
기초재공품원가	500개주1)	500,000원	300,000원
당기총제조원가	1,100개	700,000원	400,000원
주1) 기초재공품의 완성도는 50%이다.			

① 400,000원   ② 450,000원

③ 500,000원   ④ 550,000원

08 2022년 기간에 사용한 원재료는 3,000,000원이다. 2022년 12월 31일 기말 원재료재고액은 2022년 1월 1일 기초 원재료재고액보다 200,000원이 더 많다. 2022년 기간의 원재료 매입액은 얼마인가?

① 2,800,000원   ② 3,100,000원

③ 3,200,000원   ④ 3,400,000원

09 다음 원가 집계과정에 대한 설명 중 틀린 것은?

① 당기총제조원가는 재공품계정의 차변으로 대체된다.

② 당기제품제조원가(당기완성품원가)는 재공품 계정의 대변으로 대체된다.

③ 당기제품제조원가(당기완성품원가)는 제품 계정의 차변으로 대체된다.

④ 제품매출원가는 매출원가 계정의 대변으로 대체된다.

10 다음 제조원가에 대한 설명 중 틀린 것은?

① 직접재료비와 직접노무비의 합은 기초원가(기본원가)이다.

② 직접노무비와 제조간접비의 합은 가공원가(전환원가)이다.

③ 제조원가는 직접재료비, 직접노무비, 제조간접비로 구분된다.

④ 생산근로자의 식대와 판매근로자의 식대는 모두 제조원가이다.

11 다음 중 부가가치세법상 재화 및 용역의 공급시기에 대한 설명으로 옳지 않은 것은?

① 완성도기준지급조건부 판매 : 대가의 각 부분을 받기로 한 때

② 폐업시 잔존재화 : 폐업하는 때

③ 내국물품 외국반출(직수출) : 수출재화의 공급가액이 확정되는 때

④ 반환조건부 판매 : 조건이 성취되거나 기한이 지나 판매가 확정되는 때

12 다음 중 부가가치세법상 영세율 적용을 받을 수 없는 사업자는?

① 중계무역방식의 수출업자

② 위탁판매수출의 수출업자

③ 수출품 생산 후 외국으로 반출하는 사업자

④ 수출을 대행하는 수출업자

13 다음 중 부가가치세법상 간이과세자에 대한 설명으로 옳은 것은?

① 직전 연도 재화와 용역의 공급가액의 합계액이 8,500만원에 미달하는 개인사업자를 말한다.

② 2021년 7월 1일 이후 재화 또는 용역을 공급하는 모든 간이과세자는 세금계산서 발급이 원칙이다.

③ 2021년 7월 1일 이후 모든 간이과세자는 전액매입세액 공제할 수 있다.

④ 간이과세자는 과세사업과 면세사업 등을 겸영할 수 있다.

14 다음 중 소득세법상 부동산임대업에 대한 설명 중 틀린 것은?

① 주거용 건물 임대업에서 발생한 수입금액 합계액이 2천만원을 초과하는 경우에도 분리과세가 가능하다.

② 1주택 소유자가 1개의 주택을 임대하고 있는 경우 주택의 임대보증금에 대한 간주임대료 계산을 하지 않는다.

③ 주거용 건물 임대업에서 발생한 수입금액 합계액이 2천만원 이하인 경우 분리과세를 선택할 수 있다.

④ 부동산을 임대하고 받은 선세금에 대한 총수입금액은 그 선세금을 계약기간의 월수로 나눈 금액의 각 과세기간의 합계액으로 한다.(월수계산은 초월산입 · 말월불산입)

15 다음 중 소득세법에 따른 근로소득의 수입시기에 대한 설명으로 틀린 것은?

	구분	수입시기
①	급여	근로를 제공한 날
②	주식매수선택권	해당 법인에서 퇴사하는 날
③	잉여금 처분에 의한 상여	해당 법인의 잉여금 처분결의일
④	인정상여	해당 사업연도 중의 근로를 제공한 날

실 무 시 험

㈜금성전자(회사코드:0972)는 제조, 도·소매 및 부동산임대업을 영위하는 중소기업이며, 당기(15기)의 회계기간은 2022.1.1.~2022.12.31.이다. 전산세무회계 수험용 프로그램을 이용하여 다음 물음에 답하시오.

<기본전제>

문제에서 한국채택국제회계기준을 적용하도록 하는 전제조건이 없는 경우, 일반기업회계기준을 적용하여 회계처리 한다.

문제 1 다음 거래를 일반전표입력 메뉴에 추가 입력하시오.(15점)

<입력 시 유의사항>

• 일반적인 적요의 입력은 생략하지만, 타계정 대체거래는 적요번호를 선택하여 입력한다.
• 채권·채무와 관련된 거래는 별도의 요구가 없는 한 반드시 기 등록되어 있는 거래처코드를 선택하는 방법으로 거래처명을 입력한다.
• 제조경비는 500번대 계정코드를, 판매비와 관리비는 800번대 계정코드를 사용한다.
• 회계처리과목은 별도제시가 없는 한 등록되어 있는 계정과목 중 가장 적절한 과목으로 한다.

---

[1] 5월 1일　　당사는 단기투자목적으로 시장성이 있는 주식을 주당 10,000원에 1,000주를 매입하고, 매입과정에서 발생한 매입수수료 200,000원을 포함하여 보통예금에서 이체하였다.(3점)

[2] 5월 6일　　당사는 산불피해 이재민을 돕기 위하여 제품인 컴퓨터 10대를 양양시에 기부하였다. 컴퓨터 원가는 30,000,000원이며 시가는 35,000,000원이다.(3점)

[3] 6월 11일　　회사는 보유하고 있던 자기주식 1,000주(주당 10,000원에 취득) 중에서 300주를 주당 10,500원에 처분하고 대금은 보통예금으로 수령하였다.(처분일 현재 자기주식처분손실 잔액은 30,000원이다.)(3점)

[4] 7월 1일　　당사의 기계장치(취득원가 30,000,000원, 감가상각누계액 5,500,000원)를 직원의 중대한 실수로 인하여 더 이상 사용 할 수 없게 되었다. (단, 순공정가치와 사용가치는 모두 0원이며 당기 감가상각비는 고려하지 않는다.)(3점)

[5] 7월 30일　　생산부서 직원들에 대한 확정기여형(DC형) 퇴직연금 불입액 5,000,000원을 보통예금 계좌에서 이체하였다.(3점)

문제 2 다음 거래자료를 매입매출전표입력 메뉴에 추가로 입력하시오.(15점)

───── <입력 시 유의사항> ─────

- 일반적인 적요의 입력은 생략하지만, 타계정 대체거래는 적요번호를 선택하여 입력한다.
- 별도의 요구가 없는 한 반드시 기 등록되어 있는 거래처코드를 선택하는 방법으로 거래처명을 입력한다.
- 제조경비는 500번대 계정코드를, 판매비와 관리비는 800번대 계정코드를 사용한다.
- 회계처리시 계정과목은 별도제시가 없는 한 등록되어 있는 계정과목 중 가장 적절한 과목으로 한다.
- 입력화면 하단의 분개까지 처리하고, 전자세금계산서 및 전자계산서는 전자입력으로 반영한다.

[1] 7월 15일 수출업체인 ㈜대박인터내셔널에 구매확인서를 통하여 제품 100개(개당 200,000원)를 공급하고 영세율전자세금계산서를 발급하였다. 대금은 전액 외상으로 하였다. (하단 영세율 구분을 입력하고 서류번호는 무시하기로 한다.) (3점)

[2] 8월 10일 당사의 영업부서에서 매달 월간 마케팅 잡지를 구독 중에 있고, ㈜마케팅으로부터 전자계산서를 수취한다. 대금은 매달 25일에 지급하기로 하였다.(3점)

전자계산서(공급받는자 보관용)						승인번호	20210810-2038712-00009327		
공급자	사업자 등록번호	211-81-73441	종사업장 번호		공급받는자	사업자 등록번호	126-81-34136	종사업장 번호	
	상호(법인명)	㈜마케팅	성 명 (대표자)	윤영신		상호(법인명)	㈜금성전자	성 명	장지우
	사업장 주소	서울특별시 마포구 임정로 415				사업장 주소	서울특별시 강남구 영동대로 202(대치동)		
	업 태	출판업	종 목	잡지		업 태	제조, 도소매	종 목	전자제품
	이메일					이메일			
작성일자		공급가액			수정사유				
2022. 8. 10.		30,000원							
비고									

월	일	품 목	규 격	수 량	단 가	공 급 가 액	비 고
8	10	마케팅 잡지		1	30,000원	30,000원	

합 계 금 액	현 금	수 표	어 음	외 상 미 수 금	이 금액을 영수/청구 함
30,000원				30,000원	

[3] 8월 20일   생산부서 직원 생일을 축하해주기 위해 회식을 하고 카드결제 후 아래의 증빙을 수취하였다.(해당 음식점은 일반과세자이고, 당사는 매입세액을 공제받고자 한다.)(3점)

```
카드매출전표
----------------------------------------
카드종류 : ㈜우리카드
회원번호 : 1234-5678-****-9015
거래일시 : 2022. 8. 20. 16:05:16
거래유형 : 신용승인
매    출 : 325,000원
부 가 세 : 32,500원
합    계 : 357,500원
결제방법 : 일시불
승인번호 : 81999995
----------------------------------------
가맹점명 : 제주수산
          - 이 하 생 략 -
```

[4] 9월 11일   사업자등록증이 없는 비사업자 한석규(주민등록번호 780705-1234567)씨에게 제품을 1,320,000원(부가가치세 포함)에 현금판매하고 현금영수증을 발급하였다.(3점)

[5] 9월 30일   당사는 ㈜광고사랑과 1년간의 영업목적 광고용역계약을 체결하고 전자세금계산서를 수취하였다. 1년 기준 광고비는 1,320,000원(부가가치세 포함)이며 보통예금으로 지급하였다.(비용으로 처리하시오)(3점)

문제 3 부가가치세신고와 관련하여 다음 물음에 답하시오.(10점)

[1] 다음 자료를 보고 2022년 1기 확정신고기간의 수출실적명세서를 작성하시오.(단, 거래처코드와 거래처명은 입력하지 말 것.)(3점)

상대국	수출신고번호	선적일	환가일	통화	수출액	기준환율	
						선적일	환가일
일본	13041-20-044589X	2022.04.06.	2022.04.15.	JPY	¥300,000	₩994/¥100	₩997/¥100
미국	13055-10-011460X	2022.05.18.	2022.05.12.	USD	$60,000	₩1,040/$	₩1,080/$
영국	13064-25-147041X	2022.06.30.	2021207.08.	GBP	£75,000	₩1,110/£	₩1,090/£

[2] 다음 자료를 이용하여 2022년 제2기 부가가치세 확정신고기간의 부가가치세신고서를 작성하시오.(단, 부가가치세신고서 이외의 기타 신고서류 작성은 생략하고, 불러오는 데이터 값은 무시하고 새로 입력할 것)(7점)

구분	자료
매출자료	• 전자세금계산서 발급 과세 매출액(공급가액: 230,000,000원, 세액: 23,000,000원) • 제품 직수출 매출액(공급가액: 45,000,000원, 영세율)
매입자료	• 전자세금계산서 발급 과세 매입액(공급가액: 90,000,000원, 세액: 9,000,000원). 단, 과세 매입액 중 공급가액 10,000,000원은 공장 기계장치 구매금액이며 나머지는 재고자산 상품 매입액이다. • 법인신용카드 매입액(공급대가: 8,800,000원). 전액 본사 사무용품 매입액이며, 매입세액은 공제가능하다.
예정 신고 누락분	• 직수출액(공급가액 3,000,000원, 영세율)
기타	• 전자세금계산서의 발급 및 국세청 전송은 정상적으로 이루어졌다. • 세부담 최소화를 위하여 전자신고세액공제를 받기로 하였다. • 부가가치세 확정신고한 날은 2023년 1월 20일이다.

문제 4 다음 결산자료를 입력하여 결산을 완료하시오.(15점)

[1] 당사는 결산일 현재 다음과 같은 매도가능증권(투자자산)을 보유하고 있다. 매도가능증권 평가에 대한 기말 회계처리를 하시오.(제시된 자료만 고려하여 하나의 전표로 입력할 것)(3점)

회사명	2020년 취득가액	2021년 기말 공정가액	2022년 기말 공정가액
㈜금성전자	15,000,000원	12,000,000원	22,000,000원

[2] 당사는 2022년 9월 1일 거래처에 30,000,000원을 대여하고, 이자는 2023년 8월 31일 수령하기로 약정하였다.(단, 대여금에 대한 이자율은 연 7%이고 월할계산하시오.)(3점)

[3] 전기에 유동성장기부채로 대체한 중앙은행의 장기차입금 20,000,000원에 대하여 자금사정이 어려워 상환기간을 2년 연장하기로 계약하였다. 결산 회계처리하시오. (단, 관련 회계처리 날짜는 12월 31일 결산일로 함.)(3점)

[4] 회사는 자금을 조달할 목적으로 사채를 아래와 같이 발행하였다. 이외의 다른 사채는 없다고 가정할 경우 결산시점의 적절한 회계처리를 하시오.(3점)

> • 액면가액 10,000,000원의 사채를 2021년 1월 1일에 할인발행하였다.(만기 3년)
> • 발행가액은 9,455,350원이고, 액면이자율은 연 3%, 유효이자율은 연 5%이다.
> • 액면이자는 매년 말 현금으로 지급하며, 유효이자율법을 이용하여 상각한다.
> • 원 단위 미만은 절사하기로 한다.

[5] 당사는 당해 연도 결산을 하면서 법인세 22,000,000원(지방소득세 포함)을 확정하였다. 이자수익에 대한 원천징수세액 600,000원 및 법인세 중간예납세액 8,000,000원은 선납세금으로 계상되어 있다.(3점)

문제 5 2022년 귀속 원천징수자료와 관련하여 다음의 물음에 답하시오.(15점)

[1] 다음 자료를 보고 내국인이며 거주자인 사무직사원 권예원(여성, 입사일자 2021년 7월 1일, 국내근무)를 사원 등록(코드번호 101)하고, 권예원의 부양가족을 모두 부양가족명세에 등록 후 세부담이 최소화 되도록 공제여부를 입력하시오.(단, 기본공제 대상자가 아닌 경우 기본공제 여부에 '부'로 표시할 것.)(5점)

성명	관계	주민등록번호	내/외국인	동거여부	비 고
권예원	본인	890123-2548754	내국인	–	연간 총급여액 3,000만원
구정민	배우자	850420-1434561	내국인	동거	연간 총급여액 7,000만원
권정무	본인의 아버지	600324-1354877	내국인	비동거	복권당첨소득 50만원
손미영	본인의 어머니	620520-2324876	내국인	비동거	양도소득금액 800만원
구태성	아들	170103-3143571	내국인	동거	소득없음
권우성	오빠	850112-1454522	내국인	동거	소득없음, 장애인(장애인복지법)

※ 본인 및 부양가족의 소득은 위의 소득이 전부이며, 위의 주민등록번호는 정확한 것으로 가정한다.

[2] 다음은 영업부 사원 최원호(사번 : 120 / 입사년월일 : 2021.01.01.)의 연말정산을 위한 자료이다. 부양가족은 별도의 소득이 없고, 최원호와 생계를 같이하고 있다. 지출내역은 모두 국세청 연말정산 간소화 자료 및 기타 증빙에서 확인된 내역이며 주민등록번호는 모두 옳은 것으로 가정한다. 사원등록 메뉴의 [부양가족명세]탭에서 부양가족 입력, 연말정산추가자료입력메뉴에서 [월세,주택임차]탭과 [연말정산 입력]탭을 작성하시오. (단, 최원호의 총급여액은 60,000,000원이며 최원호의 세부담 최소화를 가정할 것.) (10점)

■ 최원호(본인, 세대주, 주민등록번호 : 860530 - 1245672)
1. 신용카드 등 사용액
   (1) 신용카드 사용액 : 20,000,000원 (의료비 지출 포함)
   (2) 직불카드 사용액 : 10,000,000원 (전통시장 사용분 500,000원 포함)
   (3) 현금영수증 사용액 : 1,000,000원 (독일어 학원비 결제금액임)
2. 보험료 : 1,200,000원(상해보험료 : 일반보장성보험)
3. 의료비
   (1) 진찰·진료를 위해 「의료법」 제3조에 따른 의료기관에 지급한 비용 : 2,500,000원
   (2) 시력보정용 콘택트렌즈 구입비용 : 600,000원
   (3) 「약사법」 제2조에서 정하는 의약품 등이 아닌 건강기능식품 구입비용 : 500,000원
4. 교육비
   (1) 「독학에 의한 학위 취득에 관한 법률」에 따른 교육과정 지출비용 : 3,000,000원
   (2) 독일어 학원 지출비용(대학부설 어학원 아님) : 1,000,000원
5. 기부금
   (1) 천재지변으로 생기는 이재민을 위한 구호금품의 가액 : 200,000원
   (2) 「정치자금에 관한 법률」에 의해 특정 정당에 기부한 정치자금 : 100,000원

■ 윤선희(배우자, 주민등록번호 : 891204-2567541, 별도의 소득은 없음)
1. 의료비 : 「모자보건법」 제2조 제10호 따른 산후조리원 지출비용 3,000,000원
2. 교육비 : 「고등교육법」에 따른 통신대학 교육비 지출비용 1,000,000원

■ 최슬기(첫째 자녀, 주민등록번호 : 210101-4561788)
1. 의료비 : 500,000원(의료기관 건강진단비)

■ 월세·주택임차 내역
1. 임대인 : 서현근 (사업자등록번호 797-97-01255)
2. 임차인 : 최원호
3. 주택유형/계약전용면적 : 단독주택/84.00m2
4. 임대차계약서상 주소지(주민등록표등본상의 주소지) : 서울시 중랑구 망우로 200
5. 임대차계약기간 : 2022.1.1.~2023.12.31.
6. 매월 월세 지급액 : 월 70만원 (2022년 연간 총 지급액 840만원)

이 론 시 험

다음 문제를 보고 알맞은 것을 골라 │ **이론문제 답안작성** │ 메뉴에 입력하시오.(객관식 문항당 2점)

─── <기본전제> ───

문제에서 한국채택국제회계기준을 적용하도록 하는 전제조건이 없는 경우, 일반기업회계기준을 적용한다.

01 다음 중 재무회계에 관한 설명으로 적절하지 않은 것은?

① 재무제표에는 재무상태표, 손익계산서, 자본변동표, 현금흐름표, 주석이 있다.

② 자산과 부채는 원칙적으로 상계하여 표시하지 않는다.

③ 기업의 외부이해관계자에게 유용한 정보를 제공하는 것을 주된 목적으로 한다.

④ 특정 기간의 경영성과를 나타내는 보고서는 재무상태표이다.

02 다음 중 재고자산에 대한 설명으로 틀린 것은?

① 재고자산이란 정상적인 영업과정에서 판매를 목적으로 하는 자산을 말한다.

② 재고자산의 수량을 결정하는 방법에는 계속기록법, 실지재고조사법, 혼합법이 있다.

③ 재고자산의 단가결정방법에는 개별법, 선입선출법, 후입선출법, 가중평균법이 있다.

④ 가중평균법 적용시 계속기록법을 적용한 평균법을 총평균법이라 하고, 실지재고조사법을 적용한 평균법을 이동평균법이라 한다.

03 회계변경에 대한 다음의 설명 중 틀린 것은?

① 매출채권의 대손추정률을 변경하는 것은 회계추정의 변경에 해당한다.

② 회계정책의 변경과 회계추정의 변경이 동시에 이루어지는 경우는 회계정책의 변경에 의한 누적효과를 먼저 적용한다.

③ 회계정책의 변경과 회계추정의 변경을 구분하기가 불가능한 경우에는 이를 회계정책의 변경으로 본다.

④ 이익조정을 주된 목적으로 한 회계변경은 정당한 회계변경으로 보지 아니한다.

04 다음 중 자본에 대한 설명으로 틀린 것은?

① 자본은 자본금, 자본잉여금, 자본조정, 기타포괄손익누계액, 이익잉여금으로 구성된다.
② 이익준비금은 자본잉여금에 속한다.
③ 자기주식처분손실은 자본조정에 속한다.
④ 주식배당이 진행되어도 자본총계에는 변화가 없다.

05 다음 자료는 시장성 있는 유가증권에 관련된 내용이다. 이 유가증권을 단기매매증권으로 분류하는 경우와 매도가능증권으로 분류하는 경우 2022년 당기손익의 차이는 얼마인가?

- 2021년 7월 1일 A회사 주식 1,000주를 주당 6,000원에 매입하였다.
- 2021년 기말 A회사 주식의 공정가치는 주당 7,000원이다.
- 2022년 6월 30일 A회사 주식 전부를 주당 7,500원에 처분하였다.

① 차이없음   ② 500,000원
③ 1,000,000원   ④ 1,500,000원

06 다음 중 공손에 대한 설명으로 틀린 것은?

① 공손은 작업공정에서 발생한 불합격품을 의미한다.
② 공손은 정상공손과 비정상공손으로 구분할 수 있다.
③ 정상공손과 비정상공손은 제조원가에 포함시킨다.
④ 정상공손은 원가성이 있다.

07 다음의 자료는 ㈜블루오션의 선박제조와 관련하여 발생한 원가자료이다. 유람선B의 당기총제조원가는 얼마인가?(당기 제조간접비 발생액은 250,000원이며, 회사는 직접노무비를 기준으로 제조간접비를 배부하고 있다.)

구분	유람선A	유람선B	합계
직접재료비	400,000원	600,000원	1,000,000원
직접노무비	300,000원	200,000원	500,000원

① 900,000원   ② 950,000원
③ 1,000,000원   ④ 1,050,000원

08 다음의 그래프가 나타내는 원가에 대한 설명으로 틀린 것은?

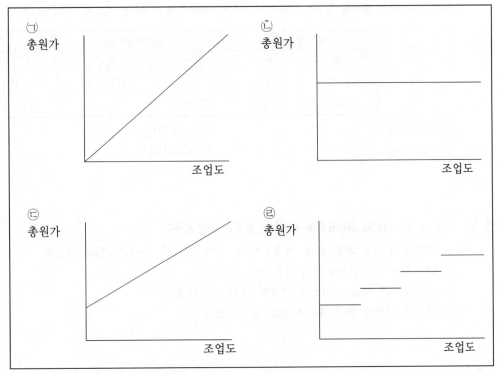

① ㉠은 조업도의 변동에 따라 원가총액이 비례적으로 변화하는 변동비에 대한 그래프이다.

② ㉡은 단위당 원가가 일정한 고정비에 대한 그래프이다.

③ ㉢은 변동원가와 고정원가가 혼합된 준변동원가에 대한 그래프이다.

④ ㉣은 일정한 범위의 조업도 내에서는 일정한 금액이 발생하지만 그 범위를 벗어나면 원가 발생액이 달라지는 준고정비를 나타낸다.

09 제조간접비 예정배부율은 직접노동시간당 1,000원이다. 실제 직접노동시간이 1,000시간 발생했을 때 제조간접비 배부 차이가 100,000원 과다 배부인 경우 제조간접비 실제 발생액은 얼마인가?

① 900,000원

② 1,000,000원

③ 1,100,000원

④ 1,200,000원

10 수선부문과 동력부문에 각각 600,000원, 630,000원의 부문원가가 집계되어 있을 경우 아래의 자료를 바탕으로 성형부문에 배부될 원가는 얼마인가?(직접원가배부법을 사용하는 것으로 가정한다.)

구분	제조부문		보조무분		합계
	성형	조립	수선	동력	
수선	800시간	400시간	–	600시간	1,800시간
동력	9,100kW	3,500kW	7,000kW	–	19,600kW

① 820,000원　　　　　　　　　　② 840,000원

③ 855,000원　　　　　　　　　　④ 875,000원

11 다음 중 부가가치세 과세표준에 포함하는 항목이 아닌 것은?

① 재화의 수입에 대한 관세, 개별소비세, 주세, 교육세, 농어촌특별세 상당액

② 할부판매, 장기할부판매의 경우 이자 상당액

③ 공급대가의 지급 지연으로 인하여 지급받는 연체이자

④ 대가의 일부로 받은 운송보험료, 산재보험료

12 다음 중 비과세 근로소득의 설명이다. 가장 틀린 것은?

① 자가운전보조금 – 월 20만원 이하의 금액

② 근로자가 제공받는 식대 – 식사를 제공받지 않으며 월 10만원 이하의 금액

③ 출산·보육수당 – 월 20만원 이하의 금액

④ 직무발명보상금 – 연 500만원 이하의 금액

13 다음 재화의 간주공급 중 세금계산서의 발급이 가능한 경우는 어느 것인가?

① 직매장(타사업장)반출　　　　② 개인적공급

③ 사업상증여　　　　　　　　　④ 폐업시 잔존재화

14 소득세법에 따른 사업소득 필요경비에 해당하지 않는 것은?

① 해당 사업에 직접 종사하고 있는 사업자의 배우자 급여

② 판매한 상품 또는 제품의 보관료, 포장비, 운반비

③ 운행기록을 작성비치한 업무용승용차 관련비용 중 업무사용비율에 해당하는 금액(복식부기의무자)

④ 새마을금고에 지출한 기부금

15 부가가치세법에 따른 수정세금계산서에 대한 다음의 설명 중 옳은 것은?

① 수정세금계산서는 반드시 전자로 발급하여야 한다.

② 과세표준 또는 세액을 경정할 것을 미리 알고 있는 경우는 적법한 수정세금계산서의 발급 사유에 해당하지 않는다.

③ 계약의 해제로 인한 발급의 경우 그 작성일은 처음 세금계산서 작성일로 한다.

④ 일반과세자에서 간이과세자로 과세유형이 전환되기 전에 공급한 재화 또는 용역에 수정 발급 사유가 발생하는 경우의 작성일은 그 사유가 발생한 날을 작성일로 한다.

실 무 시 험

㈜평화전자(회사코드:0962)는 제조, 도·소매 및 무역업을 영위하는 중소기업이며, 당기(제9기)의 회계기간은 2022.1.1.~2022.12.31.이다. 전산세무회계 수험용 프로그램을 이용하여 다음 물음에 답하시오.

─────── <기본전제> ───────

문제에서 한국채택국제회계기준을 적용하도록 하는 전제조건이 없는 경우, 일반기업회계기준을 적용하여 회계처리 한다.

문제 1 다음 거래를 일반전표입력 메뉴에 추가 입력하시오.(15점)

─────── <입력 시 유의사항> ───────

- 일반적인 적요의 입력은 생략하지만, 타계정 대체거래는 적요번호를 선택하여 입력한다.
- 채권·채무와 관련된 거래는 별도의 요구가 없는 한 반드시 기 등록되어 있는 거래처코드를 선택하는 방법으로 거래처명을 입력한다.
- 제조경비는 500번대 계정코드를, 판매비와 관리비는 800번대 계정코드를 사용한다.
- 회계처리과목은 별도제시가 없는 한 등록되어 있는 계정과목 중 가장 적절한 과목으로 한다.

[1] 8월 31일 당사의 법인세중간예납세액(자산으로 처리) 5,000,000원을 보통예금에서 이체하였다.(3점)

[2] 9월 3일 미국의 바이든은행으로부터 금년 2월 10일 차입한 단기차입금 $20,000를 보통예금에서 달러로 환전하여 상환하였다. 상환당시 환율은 1$당 1,100원이었고, 차입당시 환율은 1$당 1,200원이었다. 환전수수료등 기타 비용은 없었다.(3점)

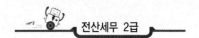
[3] 9월 30일   9월분 직원급여가 아래와 같을 경우 이에 대한 회계처리를 하시오. 당사의 급여지급일은 매월 말
일이며, 보통예금에서 지급하였다.(계정과목은 급여와 임금을 사용하여 분개하기로 하며, 하나의
전표로 처리할 것)(3점)

【9월 급여대장】

(단위:원)

부서	성명	지급내용		공제내용					
		기본급	직책수당	소득세	지방소득세	고용보험	국민연금	건강보험	공제계
영업	박흥민	2,400,000	100,000	41,630	4,160	16,800	94,500	77,200	234,290
생산	차희찬	2,300,000	–	29,160	2,910	16,000	90,000	73,530	211,600
합계		4,700,000	100,000	70,790	7,070	32,800	184,500	150,730	445,890

[4] 11월 2일   액면가액 30,000,000원인 3년 만기의 사채를 32,000,000원에 발행하였으며, 대금은 보통예금으로
입금되었다.(3점)

[5] 12월 8일   출장중인 영업부 직원들이 법인신용카드로 까페마음에서 ICE아메리카노를 주문하고 다음의 신용카드매출전표(나라카드)를 제출하였다. 거래일 현재 까페마음은 세금계산서를 발급할 수 없는 간이과세자이고, 여비교통비로 처리하시오.(3점)

```
까페 마음

123-45-67891    TEL: 031-646-1858     서달미
경기도 안산시 단원구 광덕대로 894
2022-12-08  14:21  POS:03     BILL:000057
----------------------------------------------

품명            단가            수량            금액
----------------------------------------------

ICE아메리카노    3,000원           3             9,000원
----------------------------------------------

소계                                            9,000원
----------------------------------------------

청구금액                                         9,000원
받은금액                                         9,000원
거스름액                                             0원
----------------------------------------------

신용카드                                         9,000원
----------------------------------------------

신용카드 매출전표  [고 객 용]
[카 드 번 호] 8945-****-****-8977
[할 부 개 월] 일시불
[카 드 사 명] 나라카드
[가 맹 번 호] 00856468
[승 인 번 호] 07977897
----------------------------------------------
```

문제 2 다음 거래자료를 매입매출전표입력 메뉴에 추가로 입력하시오.(15점)

─── <입력 시 유의사항> ───

- 일반적인 적요의 입력은 생략하지만, 타계정 대체거래는 적요번호를 선택하여 입력한다.
- 별도의 요구가 없는 한 반드시 기 등록되어 있는 거래처코드를 선택하는 방법으로 거래처명을 입력한다.
- 제조경비는 500번대 계정코드를, 판매비와 관리비는 800번대 계정코드를 사용한다.
- 회계처리시 계정과목은 별도제시가 없는 한 등록되어 있는 계정과목 중 가장 적절한 과목으로 한다.
- 입력화면 하단의 분개까지 처리하고, 전자세금계산서 및 전자계산서는 전자입력으로 반영한다.

[1] 5월 11일   당사는 ㈜전자랜드로부터 업무용 컴퓨터를 1,100,000원(부가가치세 포함)에 현금으로 구입하고 현금영수증(지출증빙용)을 수취하였다.(단, 자산으로 처리한다.)(3점)

㈜전자랜드

128-85-46204   박정민

서울특별시 구로구 구로동 2727 TEL: 02-117-2727

홈페이지 http://www.kacpta.or.kr

현금(지출증빙)

구매 2022/05/11/17:27 거래번호 : 0031-0027

제품명	수량	단가	금액
컴퓨터	1	1,100,000원	1,100,000원
		공급가액	1,000,000원
		부가가치세	100,000원
합 계			1,100,000원
받은금액			1,100,000원

[2] 7월 16일   당사의 영업부서에서 출장용 차량(배기량 1,000cc 미만의 경차)의 연료가 부족하여 ㈜가득주유소에서 휘발유(공급가액 30,000원, 세액 3,000원)를 넣고 법인명의의 국민카드로 결제하였다.(3점)

[3] 8월 11일 거래처 ㈜오대양에 제품을 매출하고, 아래와 같이 전자세금계산서를 발급하였다. 이에 대한 회계 처리를 하시오.(전자세금계산서는 적법하게 발급된 것으로 가정한다.)(3점)

전자세금계산서(공급자 보관용)							승인번호		20220811-111-11111		
공급자	사업자등록번호	214-81-07770				공급받는자	사업자등록번호		213-81-52063		
	상호	㈜평화전자	성 명(대표자)	정수영			상호	㈜오대양	성 명(대표자)	정우영	
	사업장주소	경기도 성남시 분당구 삼평동 651					사업장 주소	인천광역시 연수구			
	업태/종목	제조 및 도소매업		전자제품			업태/종목	도소매업		전자제품	
	이메일						종목				
비고						수정사유					
작성일자		2022. 8. 11.				공급가액	6,800,000원		세액	680,000원	
월	일	품 목		규격	수량	단 가	공 급 가 액		세 액	비 고	
8	11	전자제품			2,000	3,400원	6,800,000원		680,000원		
합 계 금 액	현 금		수 표		어 음		외 상 미 수 금		이 금액을 청구함		
7,480,000원	3,000,000원						4,480,000원				

[4] 8월 16일 사업자가 아닌 한지평씨에게 제품을 판매하였는데 대금 **880,000원**(부가가치세 포함)이 당일 보통 예금계좌에 입금되었다. (단, 세금계산서나 현금영수증은 발행하지 아니하였다.)(3점)

[5] 9월 5일 태풍으로 인해 손상된 공장건물을 수선하고, ㈜다고쳐로부터 아래와 같은 내용의 전자세금계산서를 발급받았다. 대금 중 **10,000,000원**은 ㈜다고쳐에 대한 외상매출금과 상계하기로 하였고, 나머지는 다음 달 말일에 지급하기로 하였다. 단, 세금계산서 품목은 복수거래로 입력할 것(3점)

품 명	공급가액	부가세	비고
증축공사	35,000,000원	3,500,000원	자본적 지출
도색공사	2,000,000원	200,000원	수익적 지출
합 계	37,000,000원	3,700,000원	

문제 3 부가가치세신고와 관련하여 다음 물음에 답하시오.(10점)

[1] 다음 자료를 이용하여 당사의 2022년 1기 부가가치세 확정신고시 대손세액공제신고서를 작성하시오.(3점)

1. 2019년 7월 27일 당사에서 사용하던 비품(냉난방기)을 신라상사에 3,300,000원(공급대가)에 대한 세금계산서를 발급하고 외상으로 판매하였다. 2022년 6월 1일 현재 신라상사의 대표자가 실종되어 비품(냉난방기) 대금을 회수할 수 없음이 객관적으로 확인되었다.

2. 2018년 3월 15일 ㈜민교전자에 제품을 판매한 매출채권 11,000,000원(공급대가)을 받기 위해 법률상 회수 노력을 하였으나 회수하지 못하고 2022년 3월 15일자로 상기 매출채권의 소멸시효가 완성 되었다.

3. 2022년 1월 9일 ㈜순호상사에 판매하고 받은 약속어음 22,000,000원(부가가치세 포함)이 2022년 6월 11일 최종 부도 처리되었다.

4. 2020년 7월1일 채무자의 파산을 근거로 하여 대손세액공제를 받았던 ㈜경건상사에 대한 매출채권77,000,000원(부가가치세 포함) 중 23,100,000원(부가가치세 포함)을 2022년 5월 31일 보통예금 통장으로 수령하였다. 당사는 해당 채권액에 대하여 2022년 제2기 부가가치세 확정신고시 대손세액공제를 적용받았다. (대손사유는 "7. 대손채권 일부회수"로 직접입력)

[2] 다음은 2022년 제2기 부가가치세 확정신고와 관련된 자료이다. 이를 반영하여 부가가치세 제2기 확정신고서 (2022.10.1.~2022.12.31.)를 작성하시오.(제시된 자료만 있는 것으로 가정하고, 아래의 내용 중에서 예정신고 누락분은 전표입력하고, 가산세를 반영할 것.)(7점)

구분		공급가액	부가가치세
매출내역	전자 세금계산서 발급	350,000,000원	35,000,000원
	종이 세금계산서 발급	25,000,000원	2,500,000원
	합계	375,000,000원	37,500,000원
매입내역	전자 세금계산서 수취(일반매입)	290,000,000원	29,000,000원
	법인카드 사용(일반매입)	21,000,000원	2,100,000원
	합계	311,000,000원	31,100,000원
추가로 고려할 사항	[매출] - 9월 25일 비사업자 김대웅씨에게 제품을 현금으로 매출하고 발급한 현금영수증 4,070,000원(부가가치세 포함) 누락분 반영 [매입] - 9월 16일 ㈜샘물에게 원재료를 현금으로 매입하면서 수취한 종이 세금계산서 1,700,000원(부가가치세 별도) 누락분 반영 [기타] • 위의 예정신고 누락분은 매입매출전표에 입력(분개포함) 후 불러오고, 나머지는 입력된 자료는 무시하고, 제시된 자료를 직접 입력하시오. • 법인카드 사용액은 모두 매입세액공제 요건을 충족하였다. • 부가가치세 2기 예정신고일로부터 3개월 이내인 2023년 1월 23일에 2기 확정신고 하는 것으로 가정하고, 납부지연가산세 미납일수는 90일로 한다.		

문제 4 다음 결산자료를 입력하여 결산을 완료하시오.(15점)

[1] 공장에서 사용 중인 트럭에 대한 자동차보험료(2022.10.01~2023.09.30) 3,600,000원을 10월 1일 지급하고 전액 선급비용으로 처리하였다.(보험료의 기간배분은 월할계산으로 하며, 회계처리시 음수로 입력하지 않는다.)(3점)

[2] 다른 자료는 무시하고, 다음 자료를 이용하여, 제2기 확정 부가가치세 신고기간의 부가가치세예수금과 부가가치세대급금을 정리하는 회계처리를 하시오.(단, 환급세액의 경우는 미수금으로, 납부세액의 경우는 미지급세금으로, 전자신고세액공제액은 잡이익으로 처리한다.)(3점)

구분	금액
부가가치세 대급금	47,000,000원
부가가치세 예수금	70,000,000원
전자신고세액공제	10,000원

[3] 2022년 5월 1일 하나은행으로부터 3억원을 연 4%의 이자율로 1년간 차입하였다. 이자는 원금상환과 함께 1년 후에 보통예금에서 지급할 예정이다.(단, 월할 계산할 것)(3점)

[4] 2022년 10월부터 사용이 가능하게 된 상표권(무형자산) 18,000,000원에 대해 5년 동안 정액법으로 상각하기로 하였다. 이에 대한 회계처리를 하시오.(단, 월할 계산할 것)(3점)

[5] 기말 현재 퇴직급여추계액 및 퇴직급여충당부채를 설정하기 전 퇴직급여충당부채의 잔액은 다음과 같다. 퇴직급여충당부채는 퇴직급여추계액의 100%를 설정한다.(3점)

구분	퇴직급여추계액	퇴직급여충당부채 잔액
생산직	40,000,000원	15,000,000원
영업직	20,000,000원	9,000,000원

2022년 귀속 원천징수자료와 관련하여 다음의 물음에 답하시오.(15점)

[1] 아래 자료를 보고 대한민국 국적의 거주자인 사무직 팀장 윤성수 (남성, 입사일자 2021년 3월 1일, 국내근무)를 "사원등록"(사번 105)하고, "부양가족명세"에 윤성수의 부양가족을 등록한 후 세부담이 최소화 되도록 공제 여부를 입력하시오. 본인 및 부양가족의 소득은 아래 비고란의 소득이 전부이며, 주민등록번호는 정확한 것으로 가정한다. (단, 기본공제 대상자가 아닌 경우 기본공제 여부에 '부'로 표시할 것.) (5점)

성명	관계	주민등록번호	내/외국인	동거여부	비고
윤성수	본인	831003-1549757	내국인	세대주	연간 총급여액 6,000만원
김연희	배우자	851120-2634568	내국인	동거	사업소득금액 3,000만원
박연순	어머니	551224-2870987	내국인	주거형편상 별거임	소득 없음 윤성수의 직계존속인 故人(고인) 윤성오가 생전에 재혼(법률혼)한 배우자로서 윤성수가 부양중
윤아현	딸	120505-4186453	내국인	동거	소득 없음
윤건우	아들	161214-3143573	내국인	동거	소득 없음, 7세 미만 미취학 아동

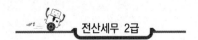

[2] 2022년 4월 1일 입사한 김신희(사원코드:202)의 연말정산 관련자료는 다음과 같다. [연말정산추가자료입력] 메뉴의 〈소득명세〉, 〈연금저축 등〉, 〈월세,주택임차〉, 〈연말정산입력〉 탭을 작성하시오. 단, 김신희는 무주택 세대주로 부양가족이 없으며, 근로소득 이외에 다른 소득은 없다.(10점)

현근무지	• 급여총액 : 32,000,000원(비과세 급여, 상여, 감면소득 없음) • 소득세 기납부세액 : 1,348,720원(지방소득세 : 134,850원) • 이외 소득명세 탭의 자료는 불러오기 금액을 반영한다.
종전근무지	〈종전근무지 근로소득원천징수영수증상의 내용〉 • 근무처 : ㈜동서울상사 (사업자번호 : 214-86-55210) • 근무기간 : 2022.01.01~2022.03.20 • 급여총액 : 9,000,000원 (비과세 급여, 상여, 감면소득 없음) • 국민연금 : 405,000원 • 건강보험료 : 300,150원 • 장기요양보험료 : 30,760원 • 고용보험료 : 351,000원 • 소득세 결정세액 : 100,000원(지방소득세 : 10,000원) • 소득세 기납부세액 : 200,000원(지방소득세 : 20,000원) • 소득세 차감징수세액 : -100,000원(지방소득세 : -10,000원)

<연말정산 자료는 모두 국세청 홈택스 및 기타증빙을 통해 확인된 자료임>

2022년도 연말정산자료

항목	내용
보험료	• 일반 보장성 보험료 : 850,000원 • 저축성 보험료 : 1,200,000원
교육비	• 본인 야간대학원 교육비 : 4,000,000원
의료비(본인)	• 질병치료비 : 2,500,000원(본인 신용카드 결제) • 시력보정용 콘택트렌즈 구입비용 : 600,000원 • 미용목적 피부과 시술비 : 1,000,000원
신용카드 등 사용금액	• 본인신용카드 사용액 : 10,000,000원(질병 치료비 포함) • 직불카드 사용액 : 1,500,000원 • 현금영수증 사용액 : 300,000원 ※ 전통시장, 대중교통 사용분은 없음
월세액 명세	• 임대인 : 박부자(주민등록번호 : 700610-1977210) • 유형 : 다가구 • 계약면적 : 35㎡, • 임대주택 주소지 : 경기도 성남시 분당구 탄천로 90 • 임대차기간 : 2021.1.1~2022.12.31 • 월세액 : 400,000원
개인연금	• 본인 개인연금저축 불입액 : 1,200,000원 • ㈜신한은행, 계좌번호 : 110-120-1300

Chapter

04

출제유형 112제

[001] 일반전표입력 - 당좌차월[회사코드 7080]

1월 3일 (주)새꼽이는 (주)리베로에 발행한 지급어음 중 7,000,000원이 만기가 도래하여 당좌수표를 발행하여 지급하였다. 발행당시 당좌예금 잔액은 4,000,000원이며 당좌차월계약은 주거래은행인 하나은행과 맺어져 있는 상태이다. 회사코드 7080번으로 변경후 풀이한다.

[002] 일반전표입력 - 인터넷뱅킹

1월 5일 비품 매입 계약금조로 당사 법인 보통예금 통장인 하나은행통장에서 1,250,000원을 인터넷뱅킹으로 (주)하늘에 계좌이체 하였다. 이때 송금수수료 300원이 통장에서 인출되었다.(거래처를 200번으로 등록하여 사용)

[003] 일반전표입력 - 매출 계약금 선수금수령

1월 6일 제품(공급가액 3,000,000원, 부가가치세 무시)을 (주)태승에 판매하고 대금은 계약시 받은 선수금 300,000원을 공제하고 잔액은 약속어음으로 받았다.(어음의 만기일은 다음년도 3월 25일이다.)

[004] 일반전표입력 - 예금조정

1월 7일 정기예금 5,000,000원이 금일 만기가 도래하여 은행으로부터 다음과 같은 내역서를 받고 이자를 포함한 전액이 당사 보통예금계정으로 입금되었다. 이자수익을 미수수익으로 계상한 금액은 없다. 이자소득 300,000원, 법인세,42,000원이다.

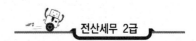

[005] 일반전표입력 – 외상매입금의 어음발행 상환

1월 8일	강물전자의 외상매입금 7,000,000원을 약속어음을 발행하여 지급하였다.

[006] 일반전표입력 – 받을어음의 할인

3월 10일	경인전자(주)로부터 받은 받을어음 20,000,000원을 하나은행에서 할인하고 할인료를 차감한 잔액을 당좌예금 하였다. 매각거래로 처리하며, 할인율은 연 9% 이고 할인후 만기일까지 기간은 50일이다.(1년 365일 가정)

[007] 일반전표입력 – 대손의 발생(매출채권)

3월 12일	거래처 길현상사의 부도로 인하여 외상매출금 5,000,000원이 회수불가능하여 대손처리 하였다. 외상매출금에 대한 대손충당금잔액은 3,200,000원이다.(대손세액공제는 고려하지 않음)

[008] 일반전표입력 – 대손의 발생(기타채권)

3월 13일	거래처 코스모상사의 부도로 단기대여금 2,000,000원이 회수가 불가능하게 되어 대손처리 하였다. 단, 단기대여금에 대하여는 대손충당금을 설정한 사실은 없다.

[009] 일반전표입력 – 대손(대손세액공제 받은 경우)

3월 14일	거래처 길현상사의 부도 확정으로 인하여 외상매출금 3,300,000원이 회수불가능하여 대손처리 하였다. 외상매출금에 대한 대손충당금잔액은 2,500,000원이다.(대손세액공제는 전년도 확정신고시에 받음)

[010] 일반전표입력 - 대손채권의 회수(대손세액공제 받은 경우)

3월 28일	길현상사에 판매한 제품대금 중 3,300,000원이 보통예금으로 입금되었다. 동 금액은 3월 14일 대손처리한 외상매출금에 대한 회수액으로 전년도 부가세 확정신고시에 대손세액공제를 받은 바 있다.

[011] 일반전표입력 - 퇴직연금

3월 29일	확정급여형(DB형) 퇴직연금을 가입하고 부담금 20,000,000원을 ㈜동부화재에 당좌수표를 발행하여 지급하였다. 납부한 금액 중 1%는 보험회사의 운용관련 수수료가 된다.

[012] 일반전표입력 - 원천납부시 선납세금

3월 30일	보통예금에 대한 이자 2,000,000원 중 이자소득세 280,000원을 차감한 잔액이 보통예금통장에 입금되었다.

[013] 일반전표입력 - 중간예납시 선납세금

8월 31일	법인세 중간예납세액 1,500,000원을 납부하였다.

[014] 일반전표입력 - 수시부과시 선납세금

9월 25일	사업장을 이전후에 사업자등록증 정정신고등을 하지 않아 수시부과세액 3,000,000원이 부과되어 납부하였다.

[015] 일반전표입력 – 예수금

3월 31일	직원급여를 다음과 같이 당사 보통예금계좌에서 이체하여 지급하였다.

구분	기본급	소득세	건강보험	고용보험	공제계	차감지급액
	제수당	지방소득세	국민연금	장기요양		
박선수	2,000,000원	45,000원	70,000원	11,000원	245,100원	2,254,900원
(관리부)	500,000원	4,500원	110,000원	4,600원		
강경한	1,500,000원	15,000원	50,000원	9,900원	159,200원	1,640,800원
(생산부)	300,000원	1,500원	80,000원	3,300원		
계	4,300,000원	66,000원	310,000원	28,800원	404,300원	3,895,700원

[016] 일반전표입력 – 예수금

4월 1일	사무직 직원들의 전화응대 교육에 초빙된 강사의 강사료 500,000원에 대해 소득세 및 지방소득세 16,500원을 차감한 잔액을 보통예금통장에서 송금하였다. 수수료 300원도 보통예금통장에서 이체되었다.

[017] 일반전표입력 – 공제요건 미충족 신용카드사용

4월 2일	사기진작 차원에서 등산을 하고 한라수산(간이과세자)에서 생산직사원에게 식사를 제공하고 음식값 220,000원(부가가치세 포함)을 하나카드로 결제하였다. 신용카드매출전표에는 공급가액과 세액을 구분표시하였다.

[018] 일반전표입력 – 불공제 대상의 신용카드사용

4월 3일	주무진항(일반과세자)에서 판매거래처 영업부직원을 접대하고 음식값 440,000원(부가가치세 포함)을 하나카드로 결제하였다.

[019] 일반전표입력 – 취득부대비용(재고자산)

4월 4일	인도 피아사로부터 원재료를 수입하고, 당해 원재료 수입과 관련하여 발생한 다음의 경비를 현금으로 지급하다.

품 목	금 액	비 고
관세	300,000원	납부영수증을 교부받다.
통관서류작성 대행 수수료	10,000원	간이영수증을 교부받다.
운반비	60,000원	간이영수증을 교부받다.

[020] 일반전표입력 – 취득부대비용(국공채매입손실)

4월 5일	구입한 관리부용 승용차를 등록하면서 취득세 및 등록세 420,000원과 번호 보조판 구입비 8,000원, 인지대 2,000원 및 공채대금 150,000원(현재가치금액 120,000원)을 현금으로 지급하였다.(매입공채는 단기간내에 처분할 목적으로 일시보유하고 있다. 등록되어 있는 계정과목 중 가장 적절한 계정과목으로 회계처리 할 것)

[021] 일반전표입력 – 취득부대비용과 취득후지출

4월 6일	본사 건물에 대한 소유권보존 등기비용으로서 등록세 및 취득세 합계 500,000 원과 건물에 대한 화재보험료 800,000원을 동부화재에 보통예금에서 인출하여 지급하였다.

[022] 일반전표입력 – 타계정대체와 자본적지출

4월 7일	원재료로 매입하였던 철물 중 일부(구입원가 3,000,000원, 시가 3,600,000원)를 기계장치 수리에 사용하였다.(수리로 인해 내용년수가 증가하였다.)

[023] 일반전표입력 - 타계정대체

4월 8일 당사에서 제작한 제품인 전지제품을 서대문구에 기부하였다. 기부한 전자제품은 원가 6,000,000원, 시가 4,500,000원이다.

[024] 일반전표입력 - 주식의 매각

4월 9일 단기간 매매차익 목적으로 취득한 쌍룡양회㈜의 주식 10주를 주당 480,000원에 매각하고 대금은 수수료 18,000원을 제외한 금액을 현금으로 회수하였다. 단, 주식취득현황은 다음과 같으며 단가산정은 이동평균법을 적용할 것

- 4월 1일 : 10주, 주당 400,000원
- 4월 2일 : 10주, 주당 450,000원

[025] 일반전표입력 - 소득세등,보험료,연금의 납부

4월 10일 아래의 급여지급명세서의 소득세등 예수액과 회사부담액(직원과 동일한 부담액)을 아래와 같이 은행에 현금 납부하였다(국민연금은 세금과공과처리하도록 하며, 고용보험은 매월납부하고 있음)

구분	기본급	소득세	건강보험	고용보험	공제계	차감지급액
	제수당	지방소득세	국민연금	장기요양		
박선수 (관리부)	2,000,000원	45,000원	70,000원	11,000원	245,100원	2,254,900원
	500,000원	4,500원	110,000원	4,600원		
강경한 (생산부)	1,500,000원	15,000원	50,000원	9,900원	159,200원	1,640,800원
	300,000원	1,500원	80,000원	3,300원		
계	4,300,000원	66,000원	310,000원	28,800원	404,300원	3,895,700원

[026] 일반전표입력 – 전기오류수정손실

4월 11일 전기에 현금과부족 220,000원에 대해서 임직원단기채권으로 처리하였던 금액이 식대로 판명되었다. 단, 오류의 내용이 중대하지는 않은 것으로 간주한다.

[027] 일반전표입력 – 가지급금(전도금)의 지급

4월 15일 영업판매사원 김용희가 광주로 출장을 가기 위하여 경리부로터 150,000원을 수령하였다.

[028] 일반전표입력 – 가지급금(전도금)의 정산

4월 17일 광주로 출장 갔던 영업판매사원 김용희가 귀사하여 가지급금으로 처리하였던 출장비 150,000원을 정산하고 부족분 10,000원을 추가로 현금 지급하다.

[029] 일반전표입력 – 매도가능증권

4월 19일 회사가 보유하고 있는 매도가능증권을 다음과 같은 조건으로 처분하고 현금을 회수하였으며 전년도 기말 평가는 기업회계기준에 따라 처리하였다.

취득가액	시가 전년도말	양도가액	비　　고
22,000,000원	26,000,000원	27,000,000원	시장성 있음

[030] 일반전표입력 – 재해손실

4월 20일 공장건물에 화재가 발생하였다,해당건물에 보험은 가입되어 있으며, 해당건물의 취득원가 120,000,000원 감가상각누계액은 72,000,000원이다.

[031] 일반전표입력 – 재해손실에 대한 보험금수익

| 4월 21일 | 공장건물에 화재가 발생하였다,해낭건물에 동부화새에 화재보험이 가입되어 있으며 해딩건물의 취득원가 120,000,000원 감가상각누계액은 72,000,000원에 대해 재해손실처리한 건에 대해 동부화재로부터 보험금 45,000,000원 지급확정통지를 받았다. |

[032] 일반전표입력 – 보험금 확정시(보험차익)

| 4월 20일 | 공장건물에 화재가 발생하여 제품이 모두 소실되었다, 해당제품은 동부화재에 화재보험이 가입되어 있으며 해당제품의 장부가액은 30,000,000원이다. |

[033] 일반전표입력 – 사채발행

5월 23일 신제품 기계를 구입하기 위해 회사채를 발행하고, 발행수수료를 제외한 잔액은 전액 보통예금에 입금되었다.

- 좌당 액면가액 : 10,000원
- 발행사채수 : 5,000좌
- 좌당 발행가액 : 9,000원
- 사채발행수수료 : 2,000,000원

[034] 일반전표입력 – 사채구입

5월 23일 여유자금 활용목적으로 사채를 구입하고, 수수료를 포함한 금액은 전액 보통예금계좌에서 이체되었다. 계정과목은 매도가능증권으로 처리한다.

- 좌당 액면가액 : 10,000원
- 발행사채수 : 5,000좌
- 좌당 발행가액 : 9,000원
- 사채발행수수료 : 2,000,000원

[035] 일반전표입력 － 사채발행

5월 24일	사채 1,000,000원을 발행하면서 발행금액 1,100,000원은 보통예금 통장으로 입금되다. 사채발행 관련 법무사수수료 300,000원이 현금으로 지급되다. 하나의 전표로 입력하시오.

[036] 일반전표입력 － 사채의 매각

5월 24일	액면가액 50,000,000원인 사채 중 액면가액 37,500,000원을 36,000,000원에 중도 상환하기로 하고 상환대금은 당좌수표로 지급하다. 상환일 현재 사채할인발행차금 잔액은 5,000,000원이며 회사의 다른 사채발행금액은 없는 것으로 가정한다.

[037] 일반전표입력 － 주식발행

5월 25일	당사는 이사회의 결의로 신주 10,000주(액면가액 1주당 5,000원)를 1주당 4,900원에 발행하고 전액 현금으로 납입 받아 신한은행에 당좌예입하였으며, 주식발행비 2,000,000원은 현금으로 별도 지급하였다.(주식발행초과금 잔액은 없다고 가정)

[038] 일반전표입력 －주식발행초과금잔액이 있는 경우의 주식발행

5월 26일	주주총회의 특별결의와 법원인가를 얻어 다음과 같이 주식을 할인발행하였다. 신주발행비를 제외한 주식발행 대금은 당사의 당좌예금계좌로 납입되었다. 주식발행초과금 계정잔액이 3,000,000원이라고 가정하고 회계처리하라.

- 발행주식수 : 5,000주(액면가 : @5,000원)
- 발행가액 : @4,100원
- 신주발행비 500,000원

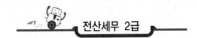

[039] 일반전표입력 – 확정기여형 퇴직연금

> 5월 31일 　사무직 직원에 대해 확정기어형 퇴직연금에 가입하고 연금납부액으로 15,000,0000원을 납입하였다. 그리고 이전에 설정된 퇴직급여충당부채 21,600,000원도 퇴직연금으로 납입하였다.

[040] 일반전표입력 – 확정급여형 퇴직연금납부

> 5월 31일 　당월분 퇴직연금 30,000,0000원을 보험회사에 납입하였다. 퇴직연금은 확정급여형 퇴직연금이다.

[041] 일반전표입력 – 확정급여형 퇴직급여충당부채설정

> 12월 31일 　결산시 전임직원(사무직)이 일시금으로 선택한다고 가정시 퇴직급여추계액 28,000,000원에 대해 퇴직급여충당부채를 설정하였다.

[042] 일반전표입력 – 확정급여형 퇴사발생(일시금수령선택시)

> 6월 2일 　사무직 직원이 퇴사하였으며, 퇴사자는 일시금으로 4,000,000원의 퇴직연금을 보험회사로부터 수령하였으며 퇴사자의 퇴직급여계산액은 4,500,000원, 퇴직소득세는 95,000원이라고 가정한다. 소득세등은 회사가 지급하고 사후 정산하기로 한다.

[043] 일반전표입력 – 확정급여형퇴직연금(퇴사시)

> 6월 2일 　사무직 직원이 퇴사하였으며, 퇴사자는 연금으로 퇴직연금을 수령하기로 하였으며, 연금의 현재가치환산액은 3,250,000원이라 가정한다.

[044] 일반전표입력 - 확정급여형퇴직연금(연금형태로 수령시)

6월 3일	보험회사로부터 6월분 퇴직연금 700,000원을 수령하였다고 가정한다.(미지급금이 700,000원 감소하고 기타 변동액은 없다고 가정)

[045] 일반전표입력 - 채무면제이익

6월 4일	당사는 전기말 매입처 (주)리베로에 대한 외상매입금 23,100,000원 중 10,000,000원을 금일 보통예금계좌에서 이체하여 상환하였고, 나머지는 (주)리베로의 배려로 탕감받았다. 단, 이와 관련한 이자부분은 고려하지 않기로 한다.

[046] 일반전표입력 - 의제매입세액공제

6월 30일	제1기 부가가치세 확정신고시 적용할 원재료 매입에 대한 의제매입세액이 부가가치세법 규정에 따라 300,000원으로 계산되었다. 공제되는 의제매입세액에 대한 회계처리를 하시오.

[047] 일반전표입력 - 이익잉여금처분

3월 15일	주주총회에서 다음과 같이 이익처분하기로 결의하였다.
	• 현금배당 : 전기말 자본금의 2.5% • 주식배당 : 전기말 자본금의 1.5% • 전기말 자본금 : 200,000,000원, 미처분이익잉여금 : 181,454,493원

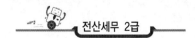

[048] 일반전표입력 - 자본금의 감자

회사의 당해년도 감자전 자본에 관한 자료는 다음과 같다고 가정한다.

- 보통주 자본금(200,000주, 1,000원/주당) : 200,000,000원
- 주식발행초과금 : 30,000,000원
- 감자차익 : 2,300,000원
- 미처분이익잉여금 : 181,454,493원

3월 27일   당사는 사업축소를 위하여 발행중인 보통주 10,000주를 주당 1,500원에 매입하여 소각하고 대금은 보통예금에서 이체하여 지급하였다.

[049] 일반전표입력 - 자기주식

3월 28일   당기중에 취득한 자기주식 100주(주당 13,000원)중 100주를 주당 8,000원에 현금을 받고 매각하였다. 단,기타자본잉여금중 자기주식처분이익계정에는 250,000원의 잔액이 있다. 이를 반영하여 기업회계기준에 따라 회계처리를 하시오.

[050] 매입매출전표입력 - 어음과 수표발행매입

적법한 전자세금계산서를 수수하였다. 매입매출전표입력에 입력하시오.

전자세금계산서					승인번호			

공급자	등록번호	107-39-99352	종사업장번호		공급받는자	등록번호	205-82-41349	종사업장번호	
	상호(법인명)	예당아씨	성 명	나미림		상호(법인명)	㈜새꼽이	성 명	소숙당
	사업장주소	경기도 부천시 원미구 도약로 177				사업장주소	서울 동대문구 답십리로 237		
	업 태	제조	종 목	전자장비		업 태	제조, 도소매, 수출	종목	전자제품외
	이메일					이메일			
						이메일			

작성일자	공 급 가 액	세 액	수 정 사 유
2022-06-01	7,400,000	740,000	

비 고	

월	일	품 목	규격	수량	단 가	공 급 가 액	세 액	비 고
06	01	전자부품				7,400,000	740,000	

합 계 금 액	현 금	수 표	어 음	외 상 미 수 금	이 금액을 (청구)함
8,140,000	300,000	3,500,000	1,500,000	2,840,000	

원재료를 구입하기 위해 미리 지급한 금액이 300,000원 있으며, 어음만기일은 다음연도 1월31일이다.

[051] 매입매출전표입력 - 어음과 수표수취 매출

제품을 공급하고 적법한 전자세금계산서를 수수하였디. 매입매출전표입력에 입력하시오.

	전자세금계산서							승인번호			
공급자	등록번호	205-82-41349		종사업장번호		**공급받는자**	등록번호	122-81-14782		종사업장번호	
	상호(법인명)	㈜새꼽이		성명	소숙당		상호(법인명)	㈜길음		성명	김태양
	사업장주소	서울 동대문구 답십리로 237					사업장주소	서울 동대문구 답십리로 100			
	업태	제조, 도소매, 수출		종목	전자부품외		업태	제조, 도매		종목	전자
	이메일						이메일				
							이메일				

작성일자	공급가액	세액	수정사유			
2022-06-02	5,000,000	500,000				

비고								
월	일	품목	규격	수량	단가	공급가액	세액	비고
06	01	pr6				5,000,000	500,000	

합계금액	현금	수표	어음	외상미수금	이 금액을 (청구)함
5,500,000		1,000,000	3,000,000	1,500,000	

어음만기일은 다음연도 6월 30일이다.

[052] 매입매출전표입력 - 복지후생적 지출

6월 3일 한화로부터 직원체육대회와 관련하여 다음과 같이 체육복을 구입하고 전자세금계산서 1매를 교부받았으며, 대금은 한달후에 지급하기로 하였다.

지급처	수량	공급가액	세액	합계
생산부직원용	15벌	150,000원	15,000원	165,000원
영업부직원용	20벌	200,000원	20,000원	220,000원
관리부직원용	30벌	300,000원	30,000원	330,000원
합계	65벌	650,000원	65,000원	715,000원

[053] 매입매출전표입력 – 면세매입

6월 4일	공장 종업원 결혼식 화환(공급가액 : 190,000원)을 예당아씨에 주문하고, 전자계산서를 교부받았다. 대금은 다음달에 결제하기로 하였다.

[054] 매입매출전표입력 – 불공제(매입한 물품의 증여)

6월 5일	모닝글로리로부터 매출 거래처 선물용 우산(공급가액 700,000원, 부가가치세별도)을 매입하고 전자세금계산서를 교부받았으며, 대금은 외상으로 하였다.

[055] 매입매출전표입력 – 간주공급(생산제품증여)

6월 7일	제품 원가 3,000,000원, 시가 5,000,000원을 접대목적으로 매출거래처에 제공하였다. 단, 하단의 분개까지 처리한다.

[056] 매입매출전표입력 – 수입세금계산서

6월 8일	지난 5월30일 미국 링컨사로부터 수입한 공장자동화 기계장비를 수령하면서 인천세관으로부터 수입전자세금계산서를 교부받고, 이에 대한 부가가치세를 현금 지급하였다. • 기계장비 : 8,000,000원 • 부가가치세 : 800,000원 • 총금액 : 8,800,000원

[057] 매입매출전표입력 – 수입계산서

| 6월 8일 | 지난 5월30일 미국 링컨사로부터 수입한 공장자동화기계장비를 수령하면서 인천세관으로부터 수입전자계산서를 교부받고, 이에 대한 부가가치세를 면제받았다. |

- 기계장비 : 8,000,000원
- 부가가치세 : 0원
- 총금액 : 8,000,000원

[058] 매입매출전표입력 – 카드매입

| 6월 9일 | 튼튼공구로부터 공장용 소모공구 100,000원(부가가치세 별도, 전액 비용으로 처리할 것)을 구입하고 대금은 법인소유 하나카드로 결제하였다. 신용카드매출전표에는 공급가액과 세액을 구분표시하였다. |

[059] 매입매출전표입력 – 계산서 교부후 카드결제

| 6월 10일 | 영업부 업무용 마케팅관련서적을 한가람문고㈜에서 구입하고 대금 60,000원을 법인카드(하나카드)로 결제하였으며 계산서를 교부받았다. |

[060] 매입매출전표입력 – 어음수취매출

| 6월 11일 | (주)대성유통에 제품 PR7 50개(@200,000원)를 10,000,000원(부가가치세별도)에 매출하고 전자세금계산서를 교부하였으며, 대금중 3,000,000원은 어음으로 받고 나머지는 외상으로 처리하였다. |

[061] 매입매출전표입력 – 영세율매출(선수금수령)

창고에 있는 제품 PR5 중 일부를 (주)태희상사와 다음과 같은 수출품 납품계약에 의해 납품하고 Local L/C(내국신용장)를 근거로 영세율전자세금계산서를 교부하였다. 대금은 6월 12일에 하나은행 보통예금 계좌로 입금된 계약금을 상계한 잔액을 동 계좌로 받았다.

계 약 일 자	6월 12일	
총계약 금액	18,000,000원	
계 약 금	06월 12일	3,000,000원
납품기일및금액	06월 15일	15,000,000원

[062] 매입매출전표입력 – 수출시 선수금수령후 환가

당사는 미국의 오바마사와 130,000달러의 수출계약을 체결하였다. 동 수출과 관련하여 7월 2일에 선수금으로 20,000달러를 받고 회계처리 하였으며 수출제품 PR5는 7월 20일에 선적 완료하였다.(잔금은 외상으로 처리하며, 거래처는 150.오바마사로 등록하여 사용할 것) 선수금은 적정하게 계상되어 있다고 가정한다.

```
기준환율    당기   7월  2일   1$당   1,000원
          당기   7월 20일   1$당   1,100원
          당기  12월 31일   1$당   1,200원
```

[063] 매입매출전표입력 – 수출대금 외화보유 또는 외화예금

당사는 미국의 오바마사와 130,000달러의 수출계약을 체결하였다. 동 수출과 관련하여 7월 2일에 선수금으로 130,000달러를 받아 보유하고 있으며, 수출제품 PR5는 7월 20일에 선적 완료하였다. 선수금은 적정하게 계상되어 있다고 가정한다.

```
기준환율      7월  2일   1$당   1,000원
            7월 20일   1$당   1,100원
           12월 31일   1$당   1,200원
```

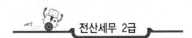

[064] 매입매출전표입력 − 직불(체크)카드매입

7월 21일	공장용 화물자동차의 유류대 70,000원(부가가치세별도)을 오동나무주유소에서 법인명의의 직불카드(하나카드)로 결제하다. 단, 당해 직불카드매출전표상에는 부가가치세와 공급받는 자의 사업자등록번호가 구분 기재되어 있으며, 당해 직불카드는 결제즉시 당해 법인 보통예금 계좌에서 인출된다.

[065] 매입매출전표입력 − 당좌수표발행

8월 14일	매입처인 푸른상회로부터 원재료 MR1 7,200,000원(부가가치세 별도)을 공급받고 전자세금계산서를 교부받다. 대금 중 8월 5일 지급하였던 선급금 5,000,000원을 제외한 잔액 중 1,000,000원은 당좌수표를 발행하여 지급하고 잔액은 외상으로 하다.

[066] 매입매출전표입력 − 건설중인자산과 어음발행

8월 25일	당사는 본사건물 신축공사를 위해 한양건설과 건설도급계약을 체결하였고, 총 도급금액 550,000,000원(부가가치세 포함)의 10%인 55,000,000원(부가가치세 포함)에 대하여 전자세금계산서를 교부받고, 약속어음을 발행하였다.

[067] 매입매출전표입력 − 복수거래매입

8월 29일 원재료를 (주)현세로부터 구입하고 다음과 같은 전자세금계산서 1매를 교부받았다. 단, 대금 결제시 현금 1,700,000원을 제외한 나머지 금액은 외상으로 하였으며, 복수품목거래에 해당한다.

품명	공급가액	부가가치세	합계
원재료 MR2	6,500,000원	650,000원	7,150,000원
운송료	50,000원	5,000원	55,000원

[068] 매입매출전표입력 - 자본적지출과 수익적지출

9월 25일　　당사의 배달용 화물트럭이 제품 운반도중 접촉사고가 발생하여 이를 수리한 뒤, (주)리베로로부터 아래와 같은 내용의 전자세금계산서 1매를 교부받았고, 관련 대금은 다음달 말일에 지급할 예정이다. 단, 이 사고와 관련하여 이외의 거래사항은 없으며, 전자세금계산서 입력은 복수거래로 처리하시오.

품 명	공급가액	세 액	합 계	비 고
차체 교체	2,300,000원	230,000원	2,530,000원	내용년수 증가
유리 교체	300,000원	30,000원	330,000원	현상유지
범퍼 교체	200,000원	20,000원	220,000원	현상유지
합 계	2,800,000원	280,000원	3,080,000원	

[069] 매입매출전표입력 - 타인발행어음 배서양도

9월 26일　　국민상회로부터 원재료 MR3를 19,000,000원(부가가치세별도)에 매입하고 전자세금계산서를 교부받았으며 대금결제는 (주)세코가 발행한 상거래상 약속어음 5,000,000원을 배서양도하고 잔액은 당좌수표를 발행하여 지급하였다.

[070] 매입매출전표입력 - 취득부대비용

9월 27일　　영업부에서 사용할 소형승용자동차(1600cc)를 기아자동차(주)에서 취득하고 대금은 할부로 하기로 하였으며, 자동차를 운반하는 과정에서 운반비가 150,000원(부가가치세별도) 발생하여 전자세금계산서를 교부받았으며 대금은 현금으로 지급하였다.

[071] 매입매출전표입력 - 현금영수증판매

9월 28일　　신정아씨(비사업자)에게 제품 MR6을 550,000원(부가가치세 포함)에 현금판매하고 요건을 갖추어 현금영수증(지출증빙용)을 교부하였다.

[072] 매입매출전표입력 – 전자세금계산서교부후 카드결제

9월 29일	(주)파란세상에 제품 MR2를 공급하고 전자세금계산서(공급가액 : 4,000,000원, 세액 : 400,000원)를 교부하였다. 대금은 전년도말에 계약금으로 받은 500,000원이 있고 2,000,000은 (주)파란세상 발행 약속어음(만기일 : 다음년도.12.31)으로 받았으며, 나머지는 신한카드로 결제받았다.

[073] 매입매출전표입력 – 비영업용 소형승용차의 임차

9월 30일	당사는 영업사원의 업무용으로 사용하기 위하여 (주)금오렌터카로부터 1,800cc급 소나타 승용차를 임차하고, 전자세금계산서(공급가액 : 250,000원, 세액 : 25,000원)를 교부받았다. 단, 당월분 임차료는 다음달 5일에 지급하기로 하였다.

[074] 매입매출전표입력 – 비유동자산 매각

9월 30일	제품 제조에 사용하던 다음 기계장치를 해양상사에 매각하고 전자세금계산서를 교부하였다. 대금은 외상으로 하였다.(양도시까지의 당기 감가상각비는 무시)

• 매각대금 : 7,700,000원(부가가치세 포함)
• 취득가액 : 9,000,000원
• 감가상각누계액 : 5,400,000원

[075] 매입매출전표입력–매출할인의 (–)마이너스 전자세금계산서

9월 30일	(주)나눔전자에 9월25일 60,000,000원(부가세 별도) 외상으로 제품을 매출하였으며, 10일 이내에 매출대금을 회수하여 2% 매출할인을 해주었다. 이에 대하여 현행 부가가치세법에 따라 발행된 전자세금계산서의 적절한 회계처리를 행하시오. 외상대회수는 이미 회계처리하였으며, 회계처리시 외상매출금과 제품매출에서 직접 차감한다.

[076] 부가가치세 - 예정신고누락(1기분)과 가산세

제1기 부가가치세 예정신고시 누락된 자료이다. 제1기 부가가치세 확정신고서에 반영하시오. 전표입력은 생략하고 부가가치세신고서에만 반영한다. (확정신고일은 7월 25일 이며, 미납부경과일수는 91일이고 납부불성실가산세율은 1일 2.2/10,000 이다. 확정신고시에 미납세금을 납부한 것으로 가정한다.)

1. 제품을 판매하고 교부한 전자세금계산서 1매 : 공급가액 5,000,000원 세액 500,000원
2. 제품을 해외로 직접수출하고 받은 외화입금증명서 1매 : 공급가액 9,000,000원
3. 제품을 거래처에 선물로 증정 : 제품원가 3,000,000원 제품시가 4,000,000원
4. 비품(컴퓨터)을 구입하고 받은 전자세금계산서 1매 : 공급가액 2,000,000원, 세액 200,000원

1. 매출 누락분을 부가가치세신고서에 반영하시오.

2. 매입 누락분을 부가가치세신고서에 반영하시오.

3. 가산세를 부가가치세신고서에 반영하시오.

[077] 부가가치세 - 예정신고누락분(2기분)가산세

제2기 예정 부가가치세신고시 누락된 자료이다. 제2기 확정 부가가치세신고서에 반영하시오. 전표입력은 생략하며 부가가치세신고서에 해당 자료와 가산세를 계산하여 반영하시오.(미납일수는 92일로 가정)

1. 매출 전자세금계산서 1매 : 공급가액 5,000,000원(세액 500,000원)

2. 매출 영세율전자세금계산서 1매 : 공급가액 1,000,000원

3. 매입 전자세금계산서(비품 구입) 1매 : 공급가액 2,000,000원(세액 200,000원)

[078] 부가가치세 - 부가가치세 신고서(정기신고)

다음 자료를 보고 2기(10/1 ~ 12/31) 부가가치세 확정신고서(과세표준명세부분은 생략)를 작성하라. 단, 신고서작성과 관련한 전표입력사항과 구비서류작성도 생략한다.

1. 매출사항

거래일자	거래내용	공급가액	비고
08. 11	상품 도매 매출에 대한 예정신고 누락분 확정신고시 반영	4,000,000원	전자세금계산서 교부
10. 01	거래처에 견본품 제공	3,000,000원	시가
10. 15	상품 도매 외상 판매	23,000,000원	전자세금계산서 교부
10. 20	하치장 반출액	5,000,000원	원가
11. 05	상품 소매 신용카드 판매	1,300,000원	전자세금계산서 미교부
11. 22	상품 직수출액(외상매출)	10,000,000원	전자세금계산서 미교부
12. 15	거래처에 상품 무상증정	7,800,000원	시가

2. 매입사항

거래일자	거래내용	공급가액	비고
09. 23	상품매입에 대한 예정신고 누락분 확정신고시 반영	2,800,000원	전자세금계산서 수취

3. 기타사항

(1) 2기 예정신고시 위 예정신고 누락분 이외의 사항은 정상적으로 신고 및 납부하였다.

(2) 위 이외의 신용카드 소매매출분은 없다.

(3) 2기 부가가치세 확정신고 및 자진납부시기는 다음년도 1월 25일로 한다.

[079] 부가가치세 - 수정신고서

다음은 제1기 부가가치세 확정신고(4. 1 ~ 6. 30)에서 누락된 항목이다. 다음의 내용을 반영하여 10월 25일에 부가가치세 수정신고서를 작성하여, 신고·납부하려고 한다. 미납일수는 91일이며, 신고불성실 가산세율은 일반 과소신고에 의한 가산세율 10%를 적용하여 부가가치세 신고서를 작성하시오.(단, 회계처리와 수정신고서의 적색기입은 생략하기로 한다)

1. 4월 5일   판매목적 타사업장((주)한국전자) 반출(1,500,000원, 부가가치세별도)에 대하여 전자세금계산서 교부한 것을 신고 누락하였다.

2. 4월 20일   판매거래처(미성전자)에 접대할 목적으로 자가제조 제품 제공(부가가치세별도)
               - 시가 : 800,000원,   원가 : 600,000원

3. 6월 30일   임차료 1,800,000원(부가가치세 180,000원)을 6월말에 두 번 중복 입력하였다.

4. 6월 30일   (주)테그전자에 대한 제품매출전자세금계산서 1매(공급가액 3,000,000원, 부가가치세 300,000원)를 신고 누락하였다.

당초신고 과세 세금계산서발급분 1,652,826,362, 기타분 5,000,000원, 일반매입 271,852,380원이라고 가정하고, 저장후에 다시 조회하여 수정신고서를 작성하시오.

[080] 부가가치세 – 의제매입세액공제

다음은 의제매입세액공제 대상이 되는 원재료 매입자료 내역이며, 단사는 제조업을 영위하는 법인이다. 자료에 의하여 제1기 확정분 의제매입세액공제신고서를 작성하시오.(의제매입세액공제 대상이 되는 거래는 다음거래 뿐이라고 가정하며, 모든 거래에 대한 계산서는 적정하게 수취하였다. 의제매입세액공제분에 대한 회계처리도 하라)

매입일자	공급자	품명	수량(kg)	매입가액(원)
4. 3	신선수산	고등어	100	7,000,000
4.12	민우수산(주)	꽁치	200	8,500,000
5.13	민우수산(주)	꽁치	300	15,000,000
5.28	신선수산	고등어	150	5,500,000
6. 3	한류수산	꽃게	250	12,000,000

6월 3일 매입한 한류수산의 매입가격에는 취득부대비용 2,000,000원 포함되어 있고, 기말 현재 미사용은 1,000,000원이며, 1기예정과표와 기공제액은 없으며, 1기확정 과표는 5억원이다.

거래처명	대표자	사업자등록번호	사업장소재지
신선수산	김용우	132-84-56586	강원 강릉 남구 1300
민우수산(주)	서승우	132-81-21354	강원 강릉 일명 1003
한류수산	강태호	132-84-56475	부산 평일 사당 1630

[081] 부가가치세 – 부동산임대공급가액명세서처

제2기 예정신고기간(7/1 ~ 9/30) 동안의 부동산임대현황이 아래와 같을 때, 부동산임대공급가액명세서를 작성하고, 간주임대료와 관련한 회계처리를 9월 30일자 일반전표입력메뉴에 입력하라. 단, 간주임대료에 대한 부가가치세(원미만 절사)는 임대인이 부담한다. 간주임대료에 대한 정기예금이자율은 1.2%로 한다.

(건물명 : 유성건물, 501동)

층별	호수	상호 (등록번호)	면적(m^2)	용도	임대기간	보증금	월세 (공급가액)
지상1층	101호	그린전기 (129-81-66753)	50m^2	점포	2021.08.01~ 2023.07.31	60,000,000원	1.200.000원
지상1층	102호	서영상회 (214-05-88973)	70m^2	주거용	2021.03.01~ 2023.02.28	70,000,000원	1,500,000원

[082] 부가가치세 – 공통매입세액의 안분

과세사업과 면세사업을 겸영하고 있는 사업자로서 2기 예정 부가가치세 신고시 공통매입세액을 안분계산 하고자 한다. 기존의 입력된 자료는 무시하고 2기 예정분 자료가 다음과 같다고 가정하여 부가가치세 신고 부속서류 중 매입세액불공제내역(공통매입세액의 안분계산 서식 포함)을 작성하시오. 2기 예정신고시 주어진 자료 이외에 매입세액 불공제내역은 없다고 가정한다.

- 과세매입가액 : 1,500,000,000원, 면세매입가액 : 500,000,000원
- 과세공급가액 : 1,600,000,000원, 면세공급가액 : 400,000,000원
- 과세사업예정사용면적 : 1,200㎡, 면세사업예정사용면적 : 400㎡
- 공통매입가액 : 300,000,000원, 공통매입세액 : 30,000,000원

[083] 부가가치세 - 공통매입세액의 정산

낭사는 과세사입과 면세사업을 겸영하고 있는데, 다음 자료를 이용하여 부가가치세 매입세액불공제내역 메뉴에서 불공제 매입세액을 계산하여 제2기 부가가치세 확정신고서에 반영하시오.

(1) 공급가액

구 분	제1기	2기 예정	2기 확정	제2기 합계
과세사업분	600,000,000	200,000,000	300,000,000	500,000,000
면세사업분	400,000,000	100,000,000	200,000,000	300,000,000
합 계	1,000,000,000	300,000,000	500,000,000	800,000,000

(2) 매입세액

구 분	2기 예정	2기 확정	합 계
과세사업분	15,000,000	18,103,000	33,103,000
면세사업분	8,000,000	10,000,000	18,000,000
귀속불분명분	3,000,000	6,000,000	9,000,000
합 계	26,000,000	34,103,000	59,103,000

[084] 부가가치세 - 공통매입세액의 정산

11월 20일에 과세사업과 면세사업에 공통으로 사용하기 위해 ㈜신천에서 50,000,000원(부가가치세 별도)에 매입한 기계장치를 12월 30일 45,000,000원(부가가치세 별도)에 한양기계에 매각하였다. 공통사용재화는 기계장치 하나만 존재하고 공급가액은 아래와 같다고 가정하고 직접 입력한다.

거래기간		면세공급가액(원)	과세공급가액(원)	총공급가액(원)
1기	01.01 ~ 03.31	132,000,000	116,880,000	248,880,000
	04.01 ~ 06.30	168,000,000	183,120,000	351,120,000
	계	300,000,000	300,000,000	600,000,000
2기	07.01 ~ 09.30	140,000,000	210,000,000	350,000,000
	10.01 ~ 12.31	350,000,000	150,000,000	500,000,000
	계	490,000,000	360,000,000	850,000,000

입력한 자료를 토대로 기계장치 매입과 관련한 공제받지 못할 매입세액명세서를 작성하시오.

[085] 부가가치세 - 대손세액공제신청서

다음의 내용에 의하여 1기확정신고기간의 대손세액공제신청서를 작성하시오.

(1) (주)강서상사에 전년도 7월 1일 제품을 매출하고 수취한 받을어음 3,300,000원(부가가치세포함)이 전년도 9월 1일 은행에서 부도처리되어 6개월이 지난 시점인 당기 3월 1일 대손이 확정되었다.

(2) 거래처 (주)안국상사의 파산으로 인해 전년도 제2기 확정 신고기간(10월 1일 대손확정)에 대손처리 하여 대손세액공제를 받았던 외상매출금 1,100,000원(부가가치세포함)이 당기 5월 3일 (주)안국상사로부터 전액 현금으로 회수되었다.

상 호	성 명	등록번호	사업장소재지
(주)강서상사	이강서	341-83-51795	강서구 신월동
(주)안국상사	이안국	123-81-13262	종로구 안국동

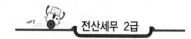

[086] 부가가치세 – 수출실적명세서

다음의 자료를 토대로 1기 예정신고시 수출실적명세서를 작성하시오.

(1) 수출신고필증

수 출 신 고 필 증

제출번호 99999-99-9999999			⑤신고번호 020-15-06-0138408-6		⑥신고일자 2022/01/20	⑦신고구분 H	⑧C/S구분
①신 고 자 강남 관세사							
②수 출 자 (주)새꼼이 부호 99999999 수출자구분 (B)			⑨거래구분 11	⑩종류 A		⑪결제방법 TT	
위 탁 자							
(주소) 서울 동대문 답십리로 237			⑫목적국 JP JAPAN		⑬적재항 ICN 인천공항		
(대표자) 소숙당			⑭운송형태 40 ETC		⑮검사방법선택 A 검사희망일 2022/01/20		
(통관고유부호) (주)새꼼이 1-97-1-01-9							
(사업자등록번호) 205-82-41349			⑯물품소재지				
③제 조 자			⑰L/C번호		⑱물품상태		
(통관고유부호)							
제조장소 산업단지부호			⑲사전임시개청통보여부		⑳반송 사유		
④구 매 자 (주)버닝사			㉑환급신청인(1:수출/위탁자, 2:제조자) 간이환급				
(구매자부호)			㉒환급기관				
· 품명 · 규격 (란번호/총란수: 999/999)							
㉓품 명			㉕상표명				
㉔거래품명							
㉖모델 · 규격		㉗성분	㉘수량 2(EA)	㉙단가(USD) 10,000		㉚금액(USD) 20,000	
㉛세번부호 9999.99-9999	㉜순중량	㉝수량		㉞신고가격(FOB)		$ 20,000 ₩20,000,000	
㉟송품장부호	㊱수 입 신 고번호		㊲원산지	㊳포장갯수(종류)			
㊴총중량	㊵총포장갯수		㊶총신고가격 (FOB)		$ 20,000 ₩20,000,000		
㊷운임(₩)		㊸보험료(₩)	㊹결제금액		FOB - $ 20,000		
㊺수입화물 관리번호			㊻컨테이너번호				
㊼수출요건확인 (발급서류명)							
※신고인기재란			㊽세관기재란				
㊾운송(신고)인			㊿신고 수리일자 2022/01/20		52적재 의무기한 2022/02/20		
50기간 YYYY/MM/DD 부터 YYYY/MM/DD 까지							

(2) 추가자료

① B/L(선하증권) 상의 선적일자는 1월 25일이다.

② (주)버닝사는 수출대금으로 미화(통화코드 USD) $10,000를 결제받기로 계약하였다.

③ 1월 25일의 기준환율은 $1 당 1,000원 이다.

[087] 부가가치세 – 신용카드발행집계표와 신용카드수취명세서

기입력된 자료에 다음 자료를 추가 반영하여, 부가가치세신고서와 신용카드매출전표수취명세서 및 신용카드매출전표발행집계표를 작성하시오.(기존데이터는 무시하고 작성할 것)

1. 자 료
(1) 당기 1월 1일 ~ 3월 31일 1기 예정신고기간에 대한 기한후신고를 5월 10일에 한다.
(2) 부가가치세신고서와 관련 부속서류만 작성한다. 거래자료입력과 가산세 입력은 생략하기로 한다.

2. 매 출
(1) 1월 10일   거래처 (주)함안상사에 5,000,000원(공급가액)의 상품을 현금판매하고, 전자세금계산서를 발행하였다.
(2) 2월 20일   거래처 건양사에 3,000,000원(공급가액)의 상품을 판매하고, 전자세금계산서를 발행하고, 대금은 신한카드로 결제를 받았다.
(3) 3월 15일   상품 2,200,000원(공급대가)을 소매로 매출하고, 신한카드결제를 받았다.

3. 매 입
(1) 1월 13일   상품 3,000,000원(공급가액)을 거래처 (주)일성상회로부터 현금매입하고, 전자세금계산서를 받았다.
(2) 1월 15일   상품 2,500,000원(공급가액)을 거래처 (주)아삼상회로부터 현금매입하고, 전자세금계산서를 받았다.
(3) 2월 2일   운반용 차량에 주유를 하고,공급대가 66,000원을 하나카드로 결제하였다.
(4) 2월 5일   운반용 차량에 공급대가 330,000원의 주유를 하고, 하나카드로 결제하였다.
(5) 법인명의 카드번호는 4342-9222-4211-1234이고 , 주유는 모두 에스오일(사업자등록번호 622-81-64351)에서 이루어졌고, 매입세액공제요건을 충족하며, 사업용카드에 해당한다.

[088] 부가가치세 – 간주공급

다음은 제2기 확정 부가가치세 과세기간 중의 제품 타계정 대체액의 명세이다. 재화의 간주(의제)공급에 해당되는 거래를 제2기 확정부가가치세신고서의 신고내용란에 반영하시오(당해 제품제조에 사용된 재화는 모두 매입세액공제분이라고 가정하며,기존데이터는 무시하고 작성할것)

(단위 : 원)

대 체 된 계정과목	거 래 내 용	금 액	
		원 가	시 가
광고선전비	제품 홍보용으로 불특정다수인에게 무상배포	2,000,000	3,000,000
접 대 비	매출처에 사은품으로 제공	4,000,000	5,000,000
기 부 금	수재구호품으로 SBS에 기부	3,000,000	3,900,000
시험연구비	기술개발을 위해서 시험용으로 사용	10,000,000	11,000,000
복리후생비	회사창립기념일 임직원에게 기념품으로 증정	1,100,000	1,500,000

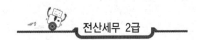

[089] 부가가치세 - 면세전용시 간주시가

다음의 부가가지세신고 사료를 추가 반영하여 당기 제2기 확정 부가가치세신고서를 완성하시오.(회계처리는 생략하되 신고서의 과세표준명세도 완성하시오. 단 추가자료 외의 매출 공급가액은 없는 것으로 가정한다.)

11월 10일　　　　과세사업에 사용하던 기계장치를 면세재화의 생산에 전용하였다. 면세사업에 전용된 기계장치에 대한 내용은 다음과 같다. 당해 기계장치는 매입시 전자세금계산서를 교부받았고 매입세액은 전액 공제되었다.
　　　　　　　　　① 취 득 일 : 전년도 9월 20일
　　　　　　　　　② 취득가액 : 35,000,000원(부가가치세별도)

[090] 결산 - 퇴직급여충당부채

다음과 같이 퇴직급여충당부채를 설정한다.(60%는 영업직사원분, 40%는 생산직사원분으로 일반전표입력에서 회계처리 하시오.)

<table>
<tr><td colspan="4" align="center">퇴직급여충당금</td><td align="right">(단위 : 원)</td></tr>
<tr><td>8/30 현　금</td><td align="right">7,000,000</td><td>1/1</td><td>전기이월</td><td align="right">18,000,000</td></tr>
<tr><td>12/31 차기이월</td><td align="right">25,000,000</td><td>12/31</td><td>당기설정:</td><td></td></tr>
</table>

[091] 결산 - 대손충당금

매출채권(외상매출금, 받을어음)잔액에 대하여 대손충당금을 일반전표입력에서 분개하여 설정한다.(단, 대손율은 1%이며 보충법으로 한다.)
매출채권의 장부상 잔액은 외상매출금 286,940,000,받을어음 104,000,000이고,대손충당금잔액은 외상매출금은 890,000,받을어음 770,000이라고 가정한다.

[092] 결산 – 외화환산

단기차입금으로 계상된 외화차입금잔액은 미국의 DN상사로부터 9월 3일 차입한 $50,000(결산일까지 상환된 금액은 없음)로써 차입당시 적용된 환율은 $1당 1,050원이었고, 결산일 현재 기준환율은 $1당 1,040원이다.

[093] 결산 – 외화환산

결산일 현재 외상매출금 중에는 버닝사에 12월 3일에 US $ 30,000로 매출한 금액이 포함되어 있고 이 금액은 다음년도 1월 2일에 회수할 예정이다. 일자별로 적용할 환율은 다음과 같다.

1. 당해년도 12월 3일 적용환율 : US $1 = 1,050원
2. 당해년도 12월 31일 적용환율 : US $1 = 1,010원
3. 다음년도 1월 2일 적용환율 : US $1 = 1,000원

[094] 결산 – 감가상각

유형자산의 일부 내역은 다음과 같다. 고정자산등록메뉴에 등록하시오.

계정과목	자산코드/명	취득일	취득가액	전기말 상각 누계액	상각 방법	내용 연수	업종 코드	용도
건물	1.공장건물	2007.01.05	200,000,000	40,000,000	정액법	20	02	공장용
기계장치	2.절삭기	2020.02.20	50,000,000	0	정율법	8	13	생산설비

[095] 결산 – 재고자산감모손실(타계정대체)

당해연도말 원재료 실사결과 파손, 도난에 의한 재고자산감소가액이 12,000,000원이고 이중 원가성이 있는 것이 60%라고 가정한다.

[096] 결산 – 미지급비용과 미지급금

낭기말 현새까지 발생된 이자금엑이 **1,500,000원**이 있는데 회계치리는 하지 않았다. 이자 지급기일은 다음년도 1월 15일이다.

[097] 결산 – 미지급비용 과 미지급금

10월 25일　　사용중이던 소프트웨어의 업그레이드를 위하여 ㈜한화에 **200,000원**을 현금 지급하고 부가세를 포함한 나머지 **680,000원**은 2개월 후에 지급하기로 하였다.(소프트웨어 업그레이드에 대한 전자세금계산서는 수취하였으며, 자본적지출로 회계처리한다.)

[098] 결산 – 선급비용(비용의 이연)

회사는 4월 1일 회사 상품창고 화재보험료 1년분 **5,000,000원**을 (주)동부화재에 선납하고 보험료로 비용처리 하였다. 보험료는 월할계산한다.

[099] 결산 – 유동성대체

신한은행로부터 당기이전에 차입한 장기차입금은 결산일 현재 1년내 상환기일이 도래하므로 유동성대체를 하다.

[100] 결산 - 단기매매증권평가

결산일 현재 단기매매증권 60,170,000원의 내역은 다음과 같다. 단기매매증권의 평가와 관련된 분개는 주식종류별 평가차익과 평가차손을 서로 상계하여 하나의 전표로 입력한다.

구 분	취득일	주식수(주)	주당취득가액(원)	주당공정가액(원)
삼미전자(주)보통주	8월 12일	2,000	8,000	8,800
공성물산(주)보통주	11월 13일	1,700	7,200	7,100
철산유통(주)보통주	12월 3일	3,100	10,300	12,200

[101] 결산 - 매도가능증권평가

10월 11일 취득한 상장법인 태산(주) 주식의 12월 31일 결산일 현재 1주당 시가가 120,000원으로 평가된다. 취득당시 주식 100주를 10,000,000원에 취득하였고, 주식이 매도가능증권으로 분류되는 경우 결산일의 회계처리를 하시오.(매도가능증권평가손실잔액은 없음)

[102] 결산 - 선납세금대체

당기 법인세 추산액은 50,000,000원이며 당기중 이자 원천납부세액 700,000원, 수시부과세액 3,000,000원, 중간예납세액 1,500,000원이라고 가정하고 분개하라.

[103] 결산 - 소모품대체

판매비와 일반관리비의 소모품비로 계상한 금액중 320,000원이 기말 현재 미사용액으로 판명되었다.

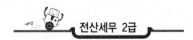
[104] 현금과부족 – 과잉액의 처리(잡이익)

12월 31일 결산일 현재까지 현금 과잉액 200,000원 중 120,000원은 이자수익을 누락한 것이고 나머지는 원인을 판명할 수 없다.

[105] 결산1

결산정리사항은 다음과 같다고 가정하고, 해당메뉴에 입력하여 결산을 완료하시오.

1. 대손충당금은 기말매출채권잔액(외상매출금, 받을어음)의 **2%**를 보충법으로 설정한다. 가정치는 다음과 같다.
   (1) 외상매출금 : 640,338,600 (대손충당금 8,279,400)
   (2) 받을어음 : 85,387,670 (대손충당금 2,640,000)

2. 감가상각액을 다음과 같이 계상한다.

계정과목	구분	금액
건물	공장용	10,000,000원
기계장치	공장용	14,345,833원

3. 본사 사무실 화재보험료로 지급된 보험료 중에서 기말현재 기간 미경과액은 **500,000원**이다.

4. 생산직사원에 대한 퇴직급여추계액이 **50,000,000원**일 때 추가설정을 한다.

5. 기말재고액은 실사한 금액은 다음과 같다.

재고자산	금 액
원 재 료	2,800,000원
재 공 품	1,700,000원
제 품	5,900,000원

[106] 결산2

결산정리사항은 다음과 같다고 가정하고, 결산을 완료하시오.

1. 10월 5일 결산일까지 발행 사채에 대한 이자 1,200,000원이 발생되었으며 동 이자지급일은 다음년도 2월 28일이다.

2. 결산일 현재까지 대여금에 대하여 발생되었으나 미수된 수입이자 700,000원을 계상한다.

3. 기말 현재 영업부서에서 구입하여 구입시 소모품(자산)계정으로 회계처리한 소모품 중 당기 사용액은 300,000원이다.

4. 기말 현재 발생되었으나 지급일이 도래하지 않은 공장직원에 대한 임금 7,000,000원이 있다.

[107] 결산3

결산정리사항은 다음과 같다고 가정하고, 해당메뉴에 입력하시오.

1. 결산일 현재 차입금이자 2,000,000원이 발생하였으며, 이자지급일은 다음년도 1월 31일이다.

2. 영업권에 대한 당기상각비는 450,000원이다.

3. 12월 31일 부가가치세신고기간에 대한 부가세예수금 277,303,538원과 부가세대급금 64,589,822원을 정리하고 납부세액은 미지급금 계정으로 회계처리하다.

4. 본사 사무실에서 구입하여 사용하던 소모품 중 미사용 잔액은 400,000원이다(구입시 비용 처리).

(회사코드:7081) 백데이터로 변경해서 입력 할 것

[108] 원천징수 - 사원등록 및 급여자료입력

관리사원 박희태(사원코드 101)이 실제 부양하고 있는 가족사항은 다음과 같다. 사원등록 메뉴에 근로소득원천징수 및 연말정산에 필요한 소득공제(인적공제)사항을 입력하시오.

1. 사원등록

관 계	성 명	연 령	참 고 사 항
본인	박희태	60세	입사일 : 2008. 09. 01 주민등록번호 : 621212-1532644
처	박금화	53세	당해 연도에 은행이자소득 9,000,000원 있음 690705-2538337
자	박영웅	22세	대학생, 소득 없음 001105-1538338
자	박한이	19세	중학생, 소득 없음 031203-3511118
처제	박금이	32세	청각장애자, (장애인 보장법)소득 없음 911025-2530116
장인	박한국	83세	소득없음 391124-1538339
장모	이영자	76세	12월 30일 사망, 소득 없음 460215-2530114

*국민연금 기준소득월액과 건강보험료 표준보수월액, 고용보험보수월액은 3,200,000원으로 신고되었다.

2. 박희태의 5월의 급여지급내역이다. 이를 입력하여 원천징수세액을 산출하시오.(급여지급일은 매월 25일임)

성 명	기본급	자가운전보조금	식대	야근수당
박희태	2,800,000원	300,000원	150,000원	280,000원

(1) 식대는 매월 고정적으로 지급받는 것으로 별도의 식사 및 음식물은 제공받지 않는다.

(2) 자가운전보조금은 본인 소유차량을 직접 운전하면서 업무에 이용하고 매월 고정적으로 지급받는 것이다. 시내교통비를 별도로 지급받지 아니한다.

(회사코드:7081) 백데이터로 변경해서 입력 할 것

[109] 원천징수 - 사원등록 및 연말정산

다음 자료에 의하여 정필남(남)(사원코드: 102번, 입사일 : 2006.4.3 주민번호:670822-1234565, 사무직)의 부양가족에 대한 사항을 사원등록에 반영하고 연말정산 추가자료를 입력하시오. 단, 이영호 씨와 다른 부양가족에게 모두 공제대상이 되는 경우 이영호씨가 공제받는 것으로 한다. 급여는 기본급 3,250,000원씩 매월 25일날 지급하였다. 1-12월 급여자료입력후 연말정산을 하시오.

1. 사원등록

관 계	성 명	연 령	소득사항 및 기타
배우자	김연아	46세	소득없음
부친	정구원	66세	소득없음
모친	박상아	63세	소득없음
장녀	정슬아	20세	4월 03일 취업으로 인하여 근로소득 28,000,000원 있음
장남	정상호	18세	원고료 기타소득 1,400,000원 있음(실제경비 없음)

* 단, 정필남씨는 당해연도 3월 1일부터 당해연도말까지 위탁아동(박영진 071203-3512128)1명을 보호하고 있다. 주민등록번호입력은 생략한다.

2. 연말정산추가자료
[소득공제사항]
신용카드 등
- 본인 신용카드 사용액 22,300,000원(이 중에는 모친의 사이버대학 교육비 결제액 1,200,000원이 포함되어 있다.)
- 배우자 무기명 선불카드 사용액 870,000원
- 장남 현금영수증 사용액 920,000원

[세액공제사항]
(1) 보험료
- 본인 자동차 손해보험료 820,000원
(2) 의료비
- 부친에 대한 의료비 지출액 4,320,000원
- 장녀에 대한 보약 지출액 220,000원
(3) 교육비
- 모친에 대한 원격대학(사이버대학) 교육비 5,850,000원
- 장남 고등학교 수업료 800,000원
- 본인 대학원 수업료 7,260,000원
(4) 기부금
- 본인 명의로 기부한 교회 헌금 260,000원
- 본인 정치자금기부금 600,000원

(회사코드:7081) 백데이터로 변경해서 입력 할 것

[110] 원천징수 − 사원등록 및 연말정산

다음은 관리부 직원인 신태용(남)(사원코드 : 103번, 입사일 : 2008. 3. 2,주민번호: 650125-1538339 서울 송파 동남로 111)에 대한 관련 자료이다. 신태용씨의 주민등록상의 부양가족사항 반영하여 사원등록을 수정하고 급여자료입력과 연말정산 자료를 입력하시오.

1. 부양가족 사항(부양가족 주민번호입력 생략)

관 계	성 명	연령	기 타 사 항
배우자	박은영	42세	소득없음.
장 남	신성일	18세	고등학생, 일용근로소득 6,000,000원 소득있음.
장 녀	신앵란	15세	중학생, 소득없음.
부 친	신태일	76세	소득없음, 주소이전, 주거 형편상 별거중임.
모 친	최순임	70세	소득없음, 주소이전, 주거 형편상 별거중임.
동 생	신도영	40세	소득없음, 주소이전, 주거 형편상 별거중임.
처 제	박은화	42세	소득없음, 장애인.

* 매월 급여는 4,000,000원을 25일에 지급되었고, 기준소월액과 표준보수월액은 3,800,000원 신고 되었다.

2. 연말정산 관련 자료

[소득공제]

신용카드등 사용

- 본인 : 16,000,000원(자동차보험료 900,000원 포함됨)
- 장남 현금영수증 : 700,000원
- 처제 신용카드 : 6,000,000원

[세액공제]

(1) 의료비(모두 의료기관에서 질병치료를 위해 지급한 진료비임)

- 부친 : 720,000원
- 장남 : 2,300,000원
- 처제 : 4,100,000원

(2) 보험료

- 본인 자동차 손해보험료 : 900,000원(신용카드 사용)
- 장남 생명보험료 : 560,000원

(3) 교육비

- 배우자 대학원 수업료 : 7,200,000원
- 장남 고등학교 수업료 : 400,000원
- 장녀 중학교 수업료 : 800,000원

(회사코드:7081) 백데이터로 변경해서 입력 할 것

[111] 원천징수 - 사원등록 및 연말정산(전근무지)

7월 1일 입사한 사원(코드 : 104번) 구현수의 다음의 자료를 참고하여 사원등록(근로자인적사항등록) 및 급여자료입력(7-12월), 연말정산 추가자료를 입력하시오.

1. 구현수의 기본자료

　(1) 구현수의 주민등록번호 : 680218-1550255

　(2) 구현수의 주소 : 생략

　(3) 12월 31일 현재 생계를 같이하는 구현수의 가족은 다음과 같다.

이　름	근로자와 관계	주민등록번호	비　고
이나영	배우자	660228-2436807	
구자근	장　남	040220-1772616	
구자영	장　녀	150330-4250260	
구본모	부	451231-1786524	

　(4) 구현수의 배우자 및 가족은 소득이 전혀 없다.

　(5) 구현수는 사무직, 매월급여 2,200,000원은 25일에 지급된다.

2. 연말정산관련 추가자료

구　분	내　역
보험료	• 본인 생명보험료 : 1,500,000원
교육비	• 본인 대학원 등록금 : 8,600,000원　　• 장남 고등학교 등록금 : 1,600,000원 • 장남 입시학원 수강료 : 1,200,000원
연금저축납입액	• 본인명의 새마을금고(123-23-12523) 연금저축납입액 : 1,400,000원 • 김만수의 부 명의의 연금저축납입액 : 3,500,000원
기부금 지출액	• 세법상 인정되는 불우이웃돕기 결연기관을 통하여 불우이웃에게 기부한 금액 　: 5,000,000원 • 노동조합비 : 3,000,000원

3. 전근무지(1-6월)에서 받은 근로소득원천징수영수증 내용은 다음과 같다.

근무처/사업자등록번호		(주)영광 / 122-81-00406	
급　　　　　여		11,000,000원	
상　　　　　여		500,000원	
건　강　보　험　료		150,000원	
장 기 요 양 보험료		9,825원	
고　용　보　험　료		32,000원	
국민연금 보 험 료		250,000원	
세액명세	구　　　분	소득세	지방소득세
	결 정 세 액	30,000원	3,000원
	기납부 세액	45,000원	4,500원
	차감징수세액	△15,000원	△1,500원

(회사코드:7081)원천징수 백데이터로 변경해서 입력 할 것

[112] 원천징수 - 원천징수이행상황신고서 작성

다음은 사무직 사원 손학구(사원코드 : 105)의 근로소득에 대한 내역이다.

1. 아래의 자료를 참조하여 6월분 소득세 원천징수의 급여자료입력을 완성하라(필요한 비과세 항목은 등록하여 사용할 것)

   (1) 급여, 상여의 지급일 : 매월 25일

   (2) 급여, 상여의 지급내역: 기본급 2,400,000원, 식대(비과세) 150,000원, 자가운전보조금(비과세) 200,000원 으로 가정한다.

   (3) 부양가족 : 없음.

2. 위 급여자료를 근거로 원천징수이행상황신고서를 완성하라. 단, 신고일 현재 전월미환급세액이 80,000원이 있으며, 원천징수의 신고는 매월하는 것으로 하며 기존데이터는 무시하고 손학구만 있다고 가정하고 직접입력하여 완성한다.

제5편

정답편

Chapter

01

정답 및 해설

31p. [재무회계-01]

01 ③ 이는 중립성이 아닌 검증가능성에 대한 설명이다.

02 ③ 기업회계기준서 제 (1) 회계정보는 목적적합하여야 한다. 목적적합성은 의사결정에 유용한 예측가치(④)나 피드백가치(①)를 가진 정보가 적시(②)에 제공될 때 효과적으로 달성될 수 있다.③은 검증가능성에 대한 설명으로 이는 목적적합성이 아닌 신뢰성에 대한 설명이다.

03 ③ 소액의 비용을 당기비용으로 처리하는 회계개념은 중요성이다.

04 ① 역사적원가주의는 미실현이익을 계상하지 않음에 따라, 객관적이고 검증가능한 회계정보를 산출할 수 있는 장점이 있다. 반면 시가주의는 적시성이 높은 회계정보를 산출할 수 있는 장점이 있다.

05 ③ 내용연수를 이익조정목적으로 단축하는 것은 회계처리의 오류에 해당한다.

06 ③ 이익잉여금처분계산서는 이익잉여금의 처분사항에 대해서만 표시한다.

07 ④ 재무제표의 작성의 작성과 표시에 대한 책임은 경영자에게 있다.

08 ① 목적적합성에 대한 내용으로 적시성에 해당한다.

38p. [재무회계-02]

01 ① "기타포괄손익누계액"도 포함됨.

02 ③ 이익잉여금처분계산서는 이익잉여금의 처분사항에 대해서만 표시한다.

03 ③ 주식배당의 경우 배당결의일에

    (차) 미처분이익잉여금   (대) 자본금

의 회계처리를 수행한다. 따라서, 자본금은 증가하고 이익잉여금은 감소하며 자본총액은 동일하다.

04 ④ 감자차익은 기타자본잉여금에 포함되며 다른 구성요소는 자본조정에 포함되는 요소이다.

05 ④ 900,000(주식발행초과금 + 감자차익 + 자기주식처분이익)

06 ③ 임차보증금은 기타의 비유동자산으로 분류하고 나머지 자산들은 유형자산으로 분류한다.

42p. [재무회계-03]

01 ④ 주식배당 후에는 발행주식수가 증가한다.

02 ④ 중도금 또는 선수금에 기초하여 계산한 진행률은 작업진행정도를 반영하지 않을 수 있으므로 적절한 진행률로 보지 아니한다.

03 ③ 경제적 효익의 유입 가능성이 매우 높으면 되고, 단기간내에 획득할 것을 전제로 하지는 않는다.

04 ③ 법인세차감전이익에 미치는 영향은 없다.

05 ② [근거]기업회계기준서 제4호(수익인식) 문단 12

06 ③ 영업이익=매출액-매출원가-판매관리비(급여+감가상각비+접대비 + 세금과공과)

07 ③ 계속사업영업손익이란 항목은 없다.

47p. [재무회계-04]

01 ② 취득당시의 만기가 3개월 이내에 도래하는 채권이나 취득당시의 상환일까지 기간이 3개월 이내 인 상환우선주, 3개월 이내의 환매조건인 환매채가 현금성자산에 속한다.

02 ① 타점발행수표가 현금에 해당하며, "당점발행수표의 회수는 당좌예금의 증가로 처리한다."

03 ④ 은행과 미리 당좌차월계약(은행입장에서는 당좌대월계약)을 체결하여 일정한 한도내에서 예금 잔액을 초과하여 수표를 발행하여도 은행이 지급할 수 있도록 하는 것을 말한다.

04 ② 현금 및 현금성 자산은 통화, 우편환증서, 타인발행수표를 합친 580,000이다. 수입인지는 소모품 또는 선급비용으로 처리하며 약속어음은 매출채권으로 표시한다.

05 ④ 선수수익

06 ② 현금,자기앞수표,우편환증서,취득당시 만기일이 3개월이내인 환매조건부 채권이 해당된다.

53p. [재무회계-05]

01 ① 회수불능 회계처리 후 충당금 잔액은 30,000이고, 기말 대손충당금 잔액은 160,000 이어야 하므로 보충법에 의해 140,000을 추가설정한다.
07/01 분개 : (차) 대손충당금   120,000   (대) 외상매출금 120,000
12/31 분개 : (차) 대손상각비   140,000   (대) 대손충당금 140,000

02 ② 매출할인은 물건의 하자로 인하여 발생하는 것이 아니라 물건대금을 조기에 회수하는 경우 깎 아 주는 것을 말한다. 부분적인 감량·변질·파손 등에 의하여 매출가액에서 직접 공제하는 금액 은 에누리라한다.

03 ④

61p. [재무회계-06]

01 ① 개별법은 실물흐름에 따른 단가결정방법이나, 다른 방법은 모두 원가흐름에 일정한 가정을 하고 있는 단가결정방법이다.

02 ④ 미착품은 도착지 인도조건인 경우 도착시점에서 매입자의 재고자산에 포함한다.

03 ④ 매출총이익(2,600) = 총매출액(6,000) - 매출원가(3,400)

04 ③ 성격 또는 용도면에서 차이가 있는 재고자산에 대하여는 서로 다른 취득단가 결정방법을 적용 할 수 있으나 일단 특정 방법을 선택하면 정당한 사유없이 이를 변경할 수 없다.

05 ① 매출총이익 : 800,000 × 0.3 = 240,000

매출원가 : 800,000 − 240,000 = 560,000

기말상품재고액 : 50,000 + 750,000 − 560,000 = 240,000

06 ④ 매출원가 = 4,000,000 + 2,500,000 − 1,000,000 − 2,000,000 = 3,500,000

2,600,000(=매출총이익) = X(=매출액) − 3,500,000(=매출원가), X(=매출액) = 6,100,000

07 ③

08 ① (기초재고)30개 × (단가)10원 + (당기매입)50개 × (단가)12원 = 900

69p. [재무회계-07]

01 ② 무상으로 증여받은 유형자산은 공정가치로 취득원가를 계상한다.

02 ④ 토지취득에 따른 부대비용이므로 토지의 원가에 포함된다.

03 ② 자본적지출이며 나머지는 수익적 지출임

04 ④

05 ③ 매입할인액은 취득원가에서 차감한다.

06 ④ (실제의 사용시간 → 예상사용시간)

07 ③ 임차보증금은 기타의 비유동자산으로 분류하고 나머지 자산들은 유형자산으로 분류한다.

75p. [재무회계-08]

01 ①

02 ④ 유형자산의 감가상각 대상 자산이다.

03 ② 정률법은 초기에 많은 비용이 계상된다는 특징이 있으며, 정액법은 일정하게 비용이 계상된다는 특징이 있음.

04 ① "유형자산"은 재화의 생산, 용역의 제공, 타인에 대한 임대 또는 자체적으로 사용할 목적으로 보유하는 물리적 형체가 있는 자산으로서, 1년을 초과하여 사용할 것이 예상되는 자산을 말한다.

05 ① 정액법 : 10,000,000/5×6/12 = 1,000,000

정률법 : 10,000,000×0.451×6/12 = 2,255,000

06 ② 물가변동이 있는 경우에도 잔존가액은 수정하지 아니한다.

80p. [재무회계-09]

01 ③ 연구비, 개업비, 창업비는 당기비용에 해당한다.

02 ① • 임차보증금 : 기타 비유동자산

• 매출채권 : 유동자산.

• 연구단계의 연구개발비 : 기간비용처리.

03 ④ 정액법을 사용한다.(기업회계기준서 3호 문단 61)

04 ③ 개발비상각액은 제조와 관련 있는 경우에는 관련 제품의 제조원가에 포함시키고, 기타의 경우에는 판매비와관리비로 처리한다.

05 ④

06 ②

85p. [재무회계-10]

01 ③ 단기적인 이익을 획득할 목적으로 운용되는 것이 분명한 포트폴리오를 구성하는 지분증권 또는 채무증권은 단기매매증권으로 분류한다.

02 ④ 단기매매증권평가이익 350,000, 단기매매증권처분이익 450,000
　　1. 단기매매증권의 처분손익
　　　 $= 150주 \times 22,000 - 150주 \times 19,000(\because (200주 \times 20,000 + 200주 \times 18,000)/400주)$
　　　 $= 3,300,000 - 2,850,000$
　　　 $= 450,000$
　　2. 단기매매증권의 평가손실 = 평가금액 - 장부금액
　　　 $= 350주 \times 20,000 - 350주 \times 19,000$
　　　 $= 350주 \times 1,000$
　　　 $= 350,000$

03 ③ 단기매매증권은 공정가액으로 평가한다. 배당금수익 200,000과 단기매매증권평가이익 450,000은 영업외수익이다.

04 ② 단기금융상품, 단기매매증권, 단기대여금 등을 포함하여 재무상태표에 단기투자자산으로 통합 표시하여 기재할 수 있다. 다만, 각 과목의 중요성에 따라 개별 표시할수도 있다.

05 ① 매도가능증권평가손익은 기타포괄손익누계액으로 분류 되므로 손익계산서에 기입할 수 없다.

06 ②

89p. [재무회계-11]

01 ④ 부채는 1년을 기준으로 유동부채와 비유동부채로 분류한다. 다만, 정상적인 영업주기 내에 소멸할 것으로 예상되는 매입채무와 미지급비용 등은 보고기간종료일로부터 1년 이내에 결제되지 않더라도 유동부채로 분류한다. 이 경우 유동부채로 분류한 금액 중 1년 이내에 결제되지 않을 금액을 주석으로 기재한다.

02 ③ 서울상회 미회수액 300,000, 마린상회 미회수액 100,000, 총 400,000

03 ④ 기타의 거래에서 발생하는 미지급 채무 : 미지급금

04 ② 매출채권등을 타인에게 양도 또는 할인하는 경우 당해 채권에 대한 권리와 의무가 양도인과 분리되어 실질적으로 이전되는 때에는 동 금액을 매출채권에서 차감하고 그 이외의 경우에는 매출채권 등을 담보 제공한 것으로 본다.

93p. [재무회계-12]

01 ② 실제로 현금지출은 있었으나 계정과목이나 금액을 확정할 수 없을 때에 사용하는 계정과목은 가지급금이다.

02 ① (1)의 분개 (차) 비품 300,000 (대) 미지급금 300,000
(2)의 분개 (차) 현금 800,000 (대) 상품권선수금 800,000

03 ① 예수금은 일반적 상거래 이외에서 발생한 일시적 제예수액으로 한다.

97p. [재무회계-13]

01 ④ 사채발행시점에 발생한 사채발행비는 비용 처리하지 않고 사채의 만기 동안의 기간에 걸쳐 유효이자율법을 적용하여 비용화 한다.

02 ② 2010년 12월 31일 40% 사채상환시

(차) 사   채   40,000   (대) 보통예금   37,000
                        사채할인발행차금   1,060원
                        =[(4,000 − 1,350원)× 40%]
                        사채상환이익   1,940원

03 ② 유동성장기부채는 유동부채에 해당된다.

04 ② 사채가 액면발행인 경우에 매년 인식하는 이자비용은 동일하며 할인발행되면 매년 인식하는 이자비용은 증가하고 할증발행되면 매년 인식하는 이자비용은 감소한다.

05 ④ 사채 할증발행시 사채발행비는 사채할증발행금액을 감액시킨다.

104p. [재무회계-14]

01 ③ 분개가 (차)현금 500,000 / (대)외상매출금 500,000 으로 자산의 감소와 증가가 동시에 발생되므로 자본에 미치는 영향은 없다.

02 ② 유상증자시

(차) 현금   5,400,000   (대) 자본금   5,000,000
                        주식발행초과금   400,000
∴ 기말자본금 = 기초자본금 + 유상증자 자본금   = 10,000,0000 + 5,000,000 = 15,000,000

03 ③ 자본조정 항목으로는 자기주식, 주식할인발행차금, 배당건설이자, 감자차손, 자기주식처분손실 등이 있다.

04 ② • 주식할인발행차금 : 자본조정
• 이익준비금, 기업합리화적립금 : 이익잉여금

05 ① 자기주식을 취득가액보다 높은 금액으로 처분하는 경우의 회계처리
차) 현금 등 ***   대) 자기주식   ***
                        자기주식처분이익   ***

06 ② 60,000 = 40,000(자기주식처분손실) + 20,000(감자차손)

07 ④ 현금배당은 실질자본의 감소를 가져오지만 주식배당은 외부로의 자본유출이 없는 자본간 대체이므로 실질자본이 불변이다. 또한 이익준비금의 자본전입도 자본항목간 대체이므로 실질자본이 불변이다. 당기순손실의 인식은 자본의 감소를 가져온다.

08 ④ 주식배당 후에는 발행주식수가 증가한다.

110p. [재무회계-15]

01 ③ 1. 순매출액의 계산 = 총매출액 − 매출에누리와환입 − 매출할인
= 40,400,000 − 200,000 − 200,000 = 40,000,000
2. 순매입액의 계산 = 총매입액 − 매입에누리와환출 − 매입할인
= 18,000,000 − 250,000 − 300,000 = 17,450,000
3. 매출원가의 계산 = 기초상품재고액 + 당기상품매입액 − 기말상품재고액
= 500,000 + 17,450,000 − 450,000 = 17,500,000
4. 매출총이익의 계산 = 순매출액 − 매출원가
= 40,000,000 − 17,500,000 = 22,500,000

02 ②

03 ③

04 ④ 상품매입시 운반비를 구매자가 부담하기로 한 경우 운반비는 상품의 취득원가로 처리하여야 한다.

05 ② 수익이란 기업이 일정 기간 동안 영업 활동을 통하여 재화 및 용역을 고객에게 제공하고 그 대가로 얻은 총액이며, 자본 증가의 원인이 된다.

06 ④

07 ③ 진행기준으로 사용하는 판매형태는 예약판매, 용역매출 등이 있다.

115p. [재무회계-16]

01 ②

02 ④ 재고자산평가방법의 변경은 회계정책의 변경이다.

03 ② 소급법은 회계변경의 누적효과를 전기손익수정항목으로 하여 당기초 이익잉여금을 수정하는 방법이며, 비교목적으로 공시되는 전기재무제표는 변경된 방법으로 소급하여 재작성한다. 따라서, 전기와 당기재무제표의 회계처리방법이 동일하므로 기간별비교가능성이 향상되는 반면 전기재무제표의 신뢰성은 감소된다. ④번은 전진법에 관한 설명임.

04 ③ 회계추정 변경의 효과는 당해 회계연도 개시일부터 적용

05 ④ 단순히 세법의 규정을 따르기 위한 회계변경은 정당한 회계변경으로 보지 아니한다.

06 ②

135p. [원가회계-01]

01 ① 조업도 증가시 총고정비는 일정하지만, 단위당고정비는 체감한다.

02 ① 표준원가회계는 대외적인 보고목적으로는 사용할 수 없는 원가회계방법이다.

03 ②

04 ① • 기본원가 : 직접재료비, 직접노무비   • 가 공 비 : 직접노무비, 제조간접비

05 ③ 매출원가는 손익계산서 항목

06 ①

07 ② 변동원가와 고정원가를 원가행태에 따른 분류라고 한다.

144p. [원가회계-02]

01 ①

02 ④ • #500 제조간접비 배부액＝0.5원 × 800,000＝400,000
    • #500 제조원가＝900,000 ＋ 800,000 ＋ 400,000＝2,100,000

03 ① • 당기 원재료 사용액＝38,000 ＋ 320,000 − 45,000＝313,000
    • 당기 총 제조원가＝313,000 ＋ 150,000 ＋ 270,000＝733,000
    • 당기 제품 제조원가＝150,000 ＋ 733,000 − 180,000＝703,000

149p. [원가회계-03]

01 ④

02 ③ 상호배부법은 배부순서에 영향을 받지 아니한다.

03 ②

04 ③ • 변동제조간접원가＝1,500,000 × 2,500시간/7,500시간＝500,000
    • 고정제조간접원가＝3,000,000 × 7,000시간/15,000시간＝1,400,000   • 합계＝1,900,000

153p. [원가회계-04]

01 ③ 재료비 중 간접재료비는 제조간접비를 구성할 수 있다.

02 ② • 제조간접원가＝6,000,000 × 25%＝1,500,000＝ 직접재료비 x 60%
    • 직접재료비 ＝2,500,000
    • 원재료재고＝3,000,000 − 2,500,000＝500,000
    • 재공품재고액＝6,000,000 − 4,900,000＝1,100,000
    • 제품재고액 ＝4,900,000 − 4,000,000＝900,000
    • 재무상태표에 반영될 재고자산＝500,000 ＋ 1,100,000 ＋ 900,000＝2,500,000

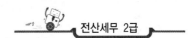

03 ② 제조간접비 배부율＝제조간접비/직접원가＝\7,500,000/2,500,000＝@\3/직접원가

제조간접비 배부액＝\700,000 × @\3＝\2,100,000

161p. [원가회계—05]

01 ④ ① 공손품 : 기초재공품(200개) + 당기착수량(800개) − 당기완성수량(800개) − 기말재공품(50개) ＝ 150개

② 비정상공손품 : 공손품(150개) − 완성수량(800개) × 10% ＝ 70개

④ 공손은 불량품을 말하며, 생산과정에서 부수적으로 발생하는 작업폐물은 부산물에 대한 설명이다.

02 ③ 기초재공품 × 40% + (완성품수량 − 기초재공품수량) + 기말재공품 × 50%

03 ③ 작업폐물은 공손품이 아님.

04 ① 재료비 : 1,300개 + 500개 ＝ 1,800개   가공비 : 1,300개 + 500개 × 40% ＝ 1,500개

05 ④ ※ 완성품환산량계산과 단위원가계산

	재료비	가공비
완성품	3,000단위	3,000단위
기말재공품	2,000단위	1,000단위(＝2,000단위×0.5)
합계	5,000단위	4,000단위
단위원가	25,000/5,000단위 ＝ 5원	16,000/4,000단위 ＝ 4원

∴ 기말재공품원가 ＝ 2,000단위 × 5원 + 1,000단위 × 4 ＝ 14,000

06 ① B등급품에 배부될 원가는 8,000,000 × 180,000g/300,000g ＝ 4,800,000이다.

169p. [부가가치세—01]

01 ③ 건설업을 영위하는 법인사업자의 사업장은 법인 등기부상의 소재지로 한다.

02 ② 그 신설하는 종된 사업장 관할세무서장에게 제출하여야 한다.

03 ② 부가가치세는 이익의 발생여부에 관계없이 납부세액이 발생하는 경우에 납부하는 것이다.

04 ① 영리유무와 관계없다.

174p. [부가가치세—02]

01 ②

02 ④ 사업용 자산을 물납하는 것은 재화의 공급으로 보지 아니한다.

03 ②

04 ④ 화폐 및 화폐대용증권(어음수표), 유가증권(주식, 사채)등은 재화에 해당하지 않는다.

05 ②

178p. [부가가치세-03]

01 ④ 수탁자가 공급한 때이다.

02 ④ 예정신고기간 또는 과세기간의 종료일

03 ① 무역업자가 공급하는 수출대행 용역은 단순히 국내에서 제공하는 용역의 공급에 불과하므로 과세세금계산서 교부의무가 있다.

182p. [부가가치세-04]

01 ③ ⓐⓒⓔⓕ의 항목이 면세 재화 또는 용역에 해당한다. 토지의공급은 면세이지만 임대는 과세임.

02 ① 도서의 대여는 면세대상에 해당됨

03 ③ 면세포기는 신청이 아닌 신고에 해당하므로 승인을 요하지 아니한다.

04 ③ 수출대행수수료는 영세율대상이 아니다.

187p. [부가가치세-05]

01 ②

02 ③ 주사업장총괄납부승인을 받지 아니한 사업장에 대한 반출분에 대하여는 재화의 공급에 해당되어 과세표준에 포함되나, 공급받는자에게 도달하기 전에 파손된 재화는 과세표준에 포함하지 아니하며, 장려금은 과세표준에서 공제하지 아니함

193p. [부가가치세-06]

01 ③ 확정신고시만 납부세액 재계산을 한다.

02 ④ 직전 과세기간 분 매입세액을 공제받기 위해서는 당해 과세기간에 대한 경정청구에 의하여야 함

201p. [부가가치세-08]

01 ③ 의제매입세액의 공제시기는 면세농산물 등을 구입한 시점이다.

02 ①

03 ② 음식점업 사업자는 발행금액의 1.3%를 공제한다.

207p. [소득세-01]

01 ② 공익목적외 지역권, 지상권을 대여하고 받는 금품은 사업소득(2018년 개정)에 해당한다.

02 ③ 직장공제회 초과반환금 - 약정에 의한 공제회반환금의 지급일

03 ①

04 ① 사업소득에 해당한다.

05 ② 복식부기의무자의 사업용 유형 고정자산(토지등 부동산 제외) 처분손익과세-2018년개정

06 ① 매출에누리와 매출할인은 총수입금액에서 차감할 항목이다.

07 ① 은행이자수입은 이자소득(금융소득)으로 과세되며, 사업소득에서 과세되지 않는다.

08 ④

09 ① 복권당첨소득으로 3억원 이하인 경우의 기타소득에 대한 원천징수세율은 20%이다. (3억초과는 30%)

10 ③ 부가가치세 일반과세사업자의 매입세액은 필요경비에 산입하지 아니한다.

11 ③ 이중 근로소득이 있는데 연말정산시 합산신고하지 않은 경우 종합소득세 확정신고를 하여야 된다.

12 ① 부산임대소득의 결손금은 타소득과 통산하지 않으며, 이자소득과 배당소득은 2,000만원 초과인 경우 합산신고하고, 공동사업의 경우에도 원칙적으로 각각 소득금액을 계산한다.

13 ② 사업소득의 결손금은 10년간 이월공제 할 수 있다.

14 ② ①,③,④는 기타소득에 해당하며, ②는 부동산임대소득에 해당한다.

15 ④ 은행예금이자는 이자소득으로 과세된다.

16 ① 7단계누진세율이며, 소득원천설에 따르고 예납적원천징수분은 확정신고의무가 있다.

17 ① 근로자의 경조금은 과세되지 않는다.

18 ② 원천징수하는 자가 법인인 경우에는 그 법인의 본점 또는 주사무소의소재지이다.

19 ② 국외에서 받는 금융소득은 원천징수가 되지 않았기 때문에 무조건 종합과세한다.

213p. [소득세-02]

01 ② 배당세액공제는 배당소득에 대한 이중과세의 조정을 위하여 거주자의 종합소득금액에 조정대상 배당소득금액이 합산되어 있는 경우에 적용한다.

02 ① 내국법인으로부터 받은 이익이나 잉여금의 분배금은 배당소득에 해당된다. 비영업대금의 이익과 저축성보험의 보험차익, 국가가 발행한 채권의 할인액은 이자소득이다.

03 ④ 토지의 처분으로 인하여 발생하는 처분이익은 과세되지 않은 소득이다.

04 ④

05 ④ 저축성보험의 보험차익은 이자소득이다.

06 ③ 개인연금저축 중 연금형태로 지급받은 이익은 연금소득에 해당된다.

07 ① 기명채권에 대한 이자의 수입시기는 약정에 의한 지급일이다.

217p. [소득세-03]

01 ③ 부가가치세 일반과세사업자의 매입세액은 필요경비에 산입하지 아니한다.

02 ①

03 ① 부동산임대소득의 결손금은 타소득과 통산하지 않으며, 이자소득과 배당소득은 2,000만원 초과인 경우 합산신고하고, 공동사업의 경우에도 원칙적으로 각각 소득금액을 계산한다.

04 ④ 은행예금이자는 이자소득으로 과세된다.

05 ④ 거래상대방으로부터 받는 장려금 기타 이와 유사한 성질의 금액은 총수입금액에 산입한다.

06 ① 화랑의 미술품을 양도하는 경우 사업소득으로 과세된다.

223p. [소득세-04]

01 ④ 출장여비 등을 별도로 지급받는 경우에는 자가운전보조금은 과세대상이다.

02 ④ 기본급, 휴가비 등은 모두 과세소득이다. 한편, 식대는 회사에서 식사를 제공하고 있지 않은 경우 월 100,000까지 비과세, 자가운전보조금은 요건 충족시 경우 월 200,000까지 비과세다.

03 ① 비과세소득금액 : 100,000(보육수당)＋100,000(식대)＋200,000(자가운전보조금) ＝ 400,000
총급여액 : 6,400,000 － 400,000(비과세소득금액) ＝ 6,000,000

04 ③ 근로소득 과세표준 : 200,000 － 150,000 ＝ 50,000
산출세액 : 50,000 × 6% ＝ 3,000
원천징수하여야 할 소득세액 : 3,000 － (3,000 × 55%) ＝ 1,350원

238p. [소득세-08]

01 ③ 70세이상시 100만원이고, 장애인은 200만원, 한부모공제는 100만원이다.

02 ③ 일시 퇴거한 경우에도 생계를 같이 하는 사람으로 본다.

03 ④ 총결정세액 ＝ 결정세액 ＋ 가산세

04 ③ 10년간 이월공제

242p. [소득세-09]

01 ① 출국은 출국일까지, 연도중에 폐업과 휴업의 경우에는 5월31일까지 확정신고한다.

02 ① 이자, 배당, 기타소득 : 소득지급일 속하는 연도의 다음연도 2월 말일까지 제출

03 ③ 강사가 받는 강사료는 원천징수 후 연말정산을 하지 아니하고 종합소득과세표준 확정신고를 하여야 한다. 음료품배달원도 연말정산대자에 포함되었다.

296p. [전산회계운용—02] 02-1 일반전표입력 종합문제

NO	월일	차 변		대 변	
		[자 산]			
01	04/01	153.원재료	650,000	101.현금	650,000
02	04/02	109.대손충당금 835.대손상각비	20,000,000 2,000,000	108.외상매출금(한울상사)	22,000,000
03	04/03	115.대손충당금 954.기타의대손상각비	4,000,000 2,000,000	114.단기대여금(태양상사)	6,000,000
04	04/04	103.보통예금	4,400,000	109.대손충당금 255.부가세예수금	4,000,000 400,000
05	04/05	101.현금	7,000,000	115.대손충당금	7,000,000
06	04/06	246.부도어음과수표(태양상사)	2,000,000	110.받을어음(태양상사)	2,000,000
07	04/07	103.보통예금 136.선납세금	2,930,000 70,000	106.정기적금 901.이자수익	2,500,000 500,000
08	04/08	201.토지	105,200,000	101.현 금 103.보통예금	5,200,000 100,000,000
09	04/09	135.부가세대급금	200,000	153.원재료(적요8.타계정대체)	200,000
10	04/10	201.토지	400,000,000	253.미지급금 102.당좌예금	320,000,000 80,000,000
11	04/11	131.선급금 (태양상사)	10,000,000	252.지급어음(태양상사)	10,000,000
12	04/12	202.건물	4,000,000	103.보통예금	4,000,000
13	04/13	102.당좌예금 831.수수료비용	11,930,000 70,000	110.받을어음(태양상사)	12,000,000
14	04/14	114.단기대여금 (태양상사)	6,000,000	108.외상매출금(태양상사)	6,000,000
15	04/15	251.외상매입금 (㈜마음)	2,500,000	110.받을어음 (태양상사)	2,500,000
16	04/16	103.보통예금 136.선납세금	21,720,000 280,000	105.정기예금 901.이자수익	20,000,000 2,000,000
17	04/17	214.건설중인자산	500,000	102.당좌예금	500,000
18	04/18	183.투자부동산	205,000,000	101.현금	205,000,000
19	04/19	208.차량운반구 107.단기매매증권	200,000 800,000	101.현금	1,000,000
20	04/20	201.토 지 202.건 물	36,000,000 54,000,000	102.당좌예금	90,000,000
		[부 채]			
01	05/01	103.보통예금 292.사채할인발행차금	48,500,000 1,500,000	291.사채	50,000,000
02	05/02	103.보통예금 292.사채할인발행차금	97,200,000 2,800,000	291.사채	100,000,000
03	05/03	295.퇴직급여충당부채 508.퇴직급여(제)	4,000,000 2,000,000	103.보통예금 254.예수금	5,835,000 165,000

04	05/04	255.부가세예수금	40,000,000	135.부가세대급금	26,000,000
				253.미지급금	14,000,000

[자 본]					
01	06/01	265.미지급배당금	10,000,000	102.당좌예금	8,500,000
		387.미교부주식배당금	5,000,000	331.자본금	5,000,000
				254.예수금	1,500,000
02	06/02	103.보통예금	25,000,000	331.자본금	25,000,000
		381.주식할인발행차금	1,500,000	102.당좌예금	1,500,000
03	06/03	120.미수금(㈜마음)	10,000,000	383.자기주식	6,000,000
				343.자기주식처분이익	4,000,000
04	06/04	102.당좌예금	10,000,000	331.자본금	10,000,000
		381.주식할인발행차금	200,000	101.현 금	200,000
05	06/05	103.보통예금	25,500,000	331.자본금	25,000,000
		381.주식할인발행차금	200,000	101.현 금	700,000
06	06/06	102.당좌예금	80,000,000	331.자본금	50,000,000
				381.주식할인발행차금	600,000
				341.주식발행초과금	29,000,000
				101.현 금	400,000
07	06/07	331.자본금	20,000,000	103.보통예금	16,000,000
				342.감자차익	4,000,000

[수 익]					
01	07/01	101.현금	50,000	208.차량운반구	8,500,000
		209.감가상각누계액	8,499,000	914.유형자산처분이익	49,000
02	07/02	103.보통예금	396,000,000	108.외상매출금(한울상사)	390,000,000
				907.외환차익	6,000,000
03	07/03	251.외상매입금 (㈜이상)	15,000,000	103.보통예금	10,000,000
				918.채무면제이익	5,000,000
04	07/04	103.보통예금	23,350,000	201.토지	35,000,000
		251.외상매입금 (한울상사)	26,650,000	914.유형자산처분이익	15,000,000
05	07/05	186.퇴직연금운용자산	300,000	901.이자수익	300,000
06	07/06	101.현금	600,000	903.배당금수익	600,000
07	07/07	202.건물	205,000,000	917.자산수증이익	200,000,000
				101.현 금	5,000,000
08	07/08	103.보통예금	5,000,000	107.단기매매증권	4,000,000
				906.단기매매증권처분이익	1,000,000

[비 용]					
01	08/01	817.세금과공과(판)	150,000	101.현금	160,000
		812.여비교통비	10,000		
02	08/02	101.현금	1,800,000	110.받을어음(한울상사)	2,000,000
		956.매출채권처분손실	200,000		
03	08/03	103.보통예금	6,250,000	107.단기매매증권	6,400,000
		958.단기매매증권처분손실	150,000		
04	08/04	208.차량운반구	500,000	101.현금	520,000
		817.세금과공과(판)	20,000		
05	08/05	203.감가상각누계액	1,500,000	202.건물	5,000,000
		961.재해손실	3,500,000		
06	08/06	525.교육훈련비(제)	300,000	254.예수금	9,900
				101.현 금	290,100

07	08/07	825.교육훈련비(판)	5,000,000	254.예수금 103.보통예금	440,000 4,560,000
08	08/08	962.전기오류수정손실(영외)	270,000	137.임직원등단기채권	270,000
09	08/09	801.급여(판)	7,200,000	254.예수금 102.당좌예금	475,000 6,725,000
10	08/10	254.예수금 817.세금과공과 811.복리후생비 821.보험료	312,815 60,000 31,965 1,750	103.보통예금	406,530
11	08/11	251.외상매입금 (㈜이상) 952.외환차손	9,000,000 500,000	101.현금	9,500,000
12	08/12	813.접대비	70,000	253.미지급금 (국민카드)	70,000
13	08/13	817.세금과공과(판) 831.수수료비용(판)	200,000 120,000	101.현금	320,000
14	08/14	812.여비교통비	320,000	134.가지급금 101.현　금	300,000 20,000
15	08/15	812.여비교통비 101.현　금	268,000 32,000	134.가지급금	300,000
16	08/16	817.세금과공과(판)	200,000	103.보통예금	200,000
17	08/17	103.보통예금 958.단기매매증권처분손실	5,300,000 700,000	107.단기매매증권	6,000,000

340p. [전산회계운용-02] 02-2 매입매출전표입력 종합문제

[매입유형]

[01]

월/일	02/01	유형	51.과세	거래처	㈜마음	전자	1.여	분개	3.혼합
공급가액		600,000			부가가치세		60,000		
분개	(차)부가세대급금 광고선전비(판)	60,000 600,000			(대)미지급금		660,000		

[02]

월/일	02/02	유형	57.카과	거래처	만복백화점	전자		분개	3.혼합
공급가액		200,000			부가가치세		20,000(신용카드사 : 국민카드)		
분개	(차)부가세대급금 복리후생비(제) 접대비(제)	20,000 200,000 330,000			(대)미지급금		550,000		

[03]

월/일	02/03	유형	51.과세	거래처	태양상사	전자	1.여	분개	3.혼합
공급가액	12,000,000			부가가치세			1,200,000		
분개	(차)부가세대급금 1,200,000 원재료(제) 12,000,000				(대)선급금 1,200,000 당좌예금 7,000,000 외상매입금 5,000,000				

[04]

월/일	02/04	유형	51.과세	거래처	㈜이상	전자	1.여	분개	3.혼합
공급가액	3,600,000(복수거래)			부가가치세			360,000		
분개	(차)부가세대급금 360,000 복리후생비(제) 2,000,000 복리후생비(판) 1,600,000				(대)현금 3,960,000				

[05]

월/일	02/05	유형	51.과세	거래처	㈜힘찬건설	전자	1.여	분개	3.혼합
공급가액	20,000,000			부가가치세			2,000,000		
분개	(차)부가세대급금 2,000,000 건설중인자산 20,000,000				(대)미지급금 22,000,000				

[06]

월/일	02/06	유형	53.면세	거래처	한울상사	전자	1.여	분개	3.혼합
공급가액	100,000			부가가치세					
분개	(차)복리후생비(제) 100,000				(대)미지급금 100,000				

[07]

월/일	02/07	유형	51.과세	거래처	㈜남강전자	전자	1.여	분개	3.혼합
공급가액	18,000,000			부가가치세			1,800,000		
분개	(차)부가세대급금 1,800,000 원재료(제) 18,000,000				(대)선급금 1,800,000 지급어음 18,000,000				

[08]

월/일	02/08	유형	51.과세	거래처	㈜마음	전자	1.여	분개	3.혼합
공급가액	1,730,000(복수거래)			부가가치세			173,000		
분개	(차)부가세대급금 173,000 원재료(제) 1,730,000				(대)현금 500,000 외상매입금 1,403,000				

[09]

월/일	02/09	유형	57.카과	거래처	맛나분식	전자		분개	4.카드
공급가액	400,000			부가가치세	40,000	(신용카드사 : 국민카드)			
분개	(차)부가세대급금 40,000 복리후생비(제) 400,000				(대)미지급금 440,000 (국민카드)				

[10]

월/일	02/10	유형	51.과세	거래처	㈜이상		전자	1.여	분개	3.혼합
공급가액		800,000			부가가치세			80,000		
분개	(차)부가세대급금		80,000			(대)현금		430,000		
	비 품		800,000			미지급금		450,000		

[11]

월/일	02/11	유형	53.면세	거래처	한울상사		전자	1.여	분개	3.혼합
공급가액		120,000			부가가치세					
분개	(차)복리후생비(판)		120,000			(대)미지급금		120,000		

[12]

월/일	02/12	유형	51.과세	거래처	㈜마음		전자	1.여	분개	1.현금
공급가액		90,000			부가가치세			9,000		
분개	(차)부가세대급금		9,000			(대)현 금		99,000		
	원재료(제)		90,000							

[13]

월/일	02/13	유형	51.과세	거래처	㈜마음		전자	1.여	분개	3.혼합
공급가액	700,000				부가가치세	70,000				
분개	(차)부가세대급금		70,000			(대)미지급금		770,000		
	임차료(제)		700,000							

[14]

월/일	02/14	유형	51.과세	거래처	신속자동차공업	전자	1.여	분개	3.혼합
공급가액		4,500,000(복수거래)			부가가치세		450,000		
분개	(차)부가세대급금		450,000		(대)미지급금		4,950,000		
	차량유지비(제)		500,000						
	차량운반구		4,000,000						

[15]

월/일	02/15	유형	51.과세	거래처	한울상사		전자	1.여	분개	3.혼합
공급가액		20,000,000			부가가치세			2,000,000		
분개	(차)부가세대급금		2,000,000			(대)받을어음		5,000,000	(태양상사)	
	원재료(제)		20,0000,000			당좌예금		17,000,000		

[16]

월/일	02/16	유형	54.불공	거래처	㈜이상		전자	1.여	분개	3.혼합
공급가액		900,000			부가가치세		90,000(불공제사유: 4)			
분개	(차)접대비(판)		990,000			(대)당좌예금		500,000		
						미지급금		490,000		

[17]

월/일	02/17	유형	51.과세	거래처	㈜마음	전자	1.여	분개	3.혼합
공급가액			10,000,000		부가가치세			1,000,000	
분개	(차)부가세대급금　　　　1,000,000 　　　특허권　　　　　10,000,000				(대)자본금　　　　　7,500,000 　　　주식발행초과금　3,500,000				

[18]

월/일	02/18	유형	54.불공	거래처	기아자동차	전자	1.여	분개	1.현금
공급가액			200,000		부가가치세		20,000　(불공세사유 : 3)		
분개	(차)차량운반구　　　　220,000				(대)현　금　　　　220,000				

[19]

월/일	02/19	유형	51.과세	거래처	태양상사	전자	1.여	분개	3.혼합
공급가액			4,500,000		부가가치세			450,000	
분개	(차)부가세대급금　　　　450,000 　　　원재료(제)　　　4,5000,000				(대)받을어음　　　3,000,000　(㈜마음) 　　　현　금　　　1,950,000				

[20]

월/일	02/20	유형	57.카과	거래처	㈜이상	전자		분개	4.카드
공급가액			1,400,000		부가가치세		140,000　(신용카드사:국민카드)		
분개	(차)부가세대급금　　　　140,000 　　　비　품　　　　1,400,000				(대)미지급금　　　1,540,000　(국민카드)				

[21]

월/일	02/21	유형	53.면세	거래처	태양상사	전자	1.여	분개	3.혼합
공급가액			400,000		부가가치세			0	
분개	(차) 복리후생비(제)　　　400,000				(대)미지급금　　　300,000 　　　현　금　　　100,000				

[매출유형]

[01]

월/일	03/01	유형	11.과세	거래처	태양상사	전자	1.여	분개	3.혼합
공급가액			50,000,000		부가가치세			5,000,000	
분개	(차)외상매출금　　　15,000,000 　　　받을어음　　　40,000,000				(대)제품매출　　　50,000,000 　　　부가세예수금　5,000,000				

[02]

월/일	03/02	유형	12.영세	거래처	㈜이상	전자	1.여	분개	3.혼합
공급가액	25,000,000			부가가치세			영세율구분 3		
분개	(차)선수금 3,000,000 외상매출금 22,000,000				(대)제품매출 25,000,000				

[03]

월/일	03/03	유형	11.과세	거래처	한울상사	전자	1.여	분개	3.혼합
공급가액	8,000,000			부가가치세			800,000		
분개	(차)선수금 800,000 외상매출금 8,000,000				(대)부가세예수금 800,000 제품매출 8,000,000				

[04]

월/일	03/04	유형	12.영세	거래처	태양상사	전자	1.여	분개	3.혼합
공급가액	5,000,000			부가가치세		(영세율구분: 3,내국신용장)				
분개	(차)현금 2,000,000 외상매출금 3,000,000				(대)제품매출 5,000,000				

[05]

월/일	03/05	유형	16.수출	거래처	링컨사	전자		분개	2.외상
공급가액	6,000,000			부가가치세		(영세구분 1.직접수출)			
분개	(차)외상매출금 6,000,000				(대)제품매출 6,000,000				

[06]

월/일	03/06	유형	16.수출	거래처	링컨사	전자		분개	2.외상
공급가액	7,200,000			부가가치세		(영세율구분: 1.직수출)			
분개	(차)외상매출금 7,200,000				(대)제품매출 7,200,000				

[07]

월/일	03/07	유형	11.과세	거래처	태양상사	전자	1.여	분개	2.외상
공급가액	40,000,000			부가가치세			4,000,000		
분개	(차)외상매출금 44,000,000				(대)제품매출 40,000,000 부가세예수금 4,000,000				

[08]

월/일	03/08	유형	12.영세	거래처	㈜한울상사	전자	1.여	분개	3.혼합
공급가액	15,000,000			부가가치세		(영세율구분: 3,내국신용장)			
분개	(차)선수금 1,000,000 보통예금 14,000,000				(대)제품매출 15,000,000				

[09]

월/일	03/09	유형	11.과세	거래처	태양상사	전자	1.여	분개	3.혼합
공급가액	2,000,000			부가가치세		200,000			
분개	(차)받을어음 　현　금	1,000,000 1,200,000			(대)제품매출 부가세예수금		2,000,000 200,000		

[10]

월/일	03/10	유형	12.영세	거래처	㈜마음	전자	1.여	분개	2.외상
공급가액	4,000,000			부가가치세		(영세율구분: 3.내국신용장)			
분개	(차)외상매출금	4,000,000			(대)제품매출		4,000,000		

[11]

월/일	03/11	유형	22.현과	거래처	김태희(또는없음)	전자		분개	1.현금
공급가액	3,000,000			부가가치세		300,000			
분개	(차)현　금	3,000,000			(대)제품매출 부가세예수금		3,000,000 300,000		

[12]

월/일	03/12	유형	12.영세	거래처	(주)칭타오	전자	1.여	분개	3.혼합
공급가액	5,400,000			부가가치세		0(영세율구분: 1.직수출)			
분개	(차)감가상각누계액 미수금	6,000,000 5,400,000			(대)기계장치 유형자산처분이익		10,000,000 1,400,000		

[13]

월/일	03/13	유형	17.카과	거래처	유하나(또는 없음)	전자		분개	4.카드
공급가액	500,000			부가가치세		50,000			
분개	(차)외상매출금	550,000			(대)제품매출 부가세예수금		500,000 50,000		

[14]

월/일	03/14	유형	11.과세	거래처	(주)이상	전자	1.여	분개	3.혼합
공급가액	5,000,000			부가가치세		500,000			
분개	(차)보통예금	5,500,000			(대)상품매출 부가세예수금		5,000,000 500,000		

355p. [전산회계운용-03] 감가상각 종합문제

1. 본사건물

2. 컨베이어

3. 4톤포터

고정자산등록 — ☐☒▯

⤷종료 ⌨코드 ⊗삭제 🖶인쇄 🔍조회 ▾   **[6005] 합정상사 법인** 3기 2022-01-01-2022-12-31 **부가세** 2022 **원천** 2022

CF2 사용한코드 **F4** 일괄계산 CF4 가로확대 **F6** 불러오기 **F7** 회사계상수정 **F8** 엑셀업로드 ▾

자산계정과목 [0208] 차량운반구   조정구분 : 0.전체 ▾   경비구분 : 0.전체 ▾

☐	자산코드/명	취득년월일	상각방법
☐ 000003	4톤포터 트럭	2018-02-20	정률법

기본등록사항 | 추가등록사항

1.기초가액	20,000,000
2.전기말상각누계액(-)	5,000,000
3.전기말장부가액	15,000,000
4.당기중 취득 및 당기증가(+)	
5.당기감소(일부양도·매각·폐기)(-)	
전기말상각누계액(당기감소분)(+)	
6.전기말자본적지출액누계(+)(정액법만)	
7.당기자본적지출액(즉시상각분)(+)	
8.전기말부인누계액(+) (정률만 상각대상에 가산)	
9.전기말의제상각누계액(-)	
10.상각대상금액	15,000,000
11.내용연수/상각률(월수)	5 ⌨ 0.451 (12) 연수별상각률
12.상각범위액(한도액)(10X상각율)	6,765,000
13.회사계상액(12)-(7)	6,765,000 사용자수정
14.경비구분	1.500번대/제조
15.당기말감가상각누계액	11,765,000
16.당기말장부가액	8,235,000
17.당기의제상각비	
18.전체양도일자	----_-_-
19.전체폐기일자	----_-_-
20.업종	13 ⌨ 제조업

⊙ 자산코드를 입력하세요.   [가]

4. 사무가구

고정자산등록 — ☐☒▯

⤷종료 ⌨코드 ⊗삭제 🖶인쇄 🔍조회 ▾   **[6005] 합정상사 법인** 3기 2022-01-01-2022-12-31 **부가세** 2022 **원천** 2022

CF2 사용한코드 **F4** 일괄계산 CF4 가로확대 **F6** 불러오기 **F7** 회사계상수정 **F8** 엑셀업로드 ▾

자산계정과목 [0212] 비품   조정구분 : 0.전체 ▾   경비구분 : 0.전체 ▾

☐	자산코드/명	취득년월일	상각방법
☐ 000004	사무가구	2021-07-12	정률법

기본등록사항 | 추가등록사항

1.기초가액	900,000
2.전기말상각누계액(-)	80,000
3.전기말장부가액	820,000
4.당기중 취득 및 당기증가(+)	
5.당기감소(일부양도·매각·폐기)(-)	
전기말상각누계액(당기감소분)(+)	
6.전기말자본적지출액누계(+)(정액법만)	
7.당기자본적지출액(즉시상각분)(+)	
8.전기말부인누계액(+) (정률만 상각대상에 가산)	
9.전기말의제상각누계액(-)	
10.상각대상금액	820,000
11.내용연수/상각률(월수)	5 ⌨ 0.451 (12) 연수별상각률
12.상각범위액(한도액)(10X상각율)	369,820
13.회사계상액(12)-(7)	369,820 사용자수정
14.경비구분	6.800번대/판관비
15.당기말감가상각누계액	449,820
16.당기말장부가액	450,180
17.당기의제상각비	
18.전체양도일자	----_-_-
19.전체폐기일자	----_-_-
20.업종	01 ⌨ 차량및운반구

⊙ 자산코드를 입력하세요.   [가]

366p. [전산회계운용-04] 결산 종합문제

[1] 12월 31일 일반전표입력

| (차) | 선급비용 | 300,000 | (대) | 보험료(판) | 300,000 |

[2] 12월 31일 일반전표입력

| (차) | 임차료(판) | 1,000,000 | (대) | 미지급금 | 3,000,000 |
| | 임차료(제조) | 2,000,000 | | | |

지급기한이 말일로 도래하였으므로 미지급금처리, 만약 지급기한이 다음연도인 경우로 제시 하였다면 미지급비용으로 한다.

[3] 12월 31일 일반전표입력 또는 결산자료입력

| (차) | 법인세 등 | 4,000,000 | (대) | 선납세금 | 350,000 |
| | | | | 미지급세금 | 3,650,000 |

[4] 12월 31일 일반전표입력 또는 결산자료입력

| (차) | 감가상각비(제) | 3,833,500 | (대) | 감가상각누계액(기계장치) | 3,833,500 |
| | 감가상각비(판) | 1,804,000 | | 감가상각누계액(비품) | 1,804,000 |

[5] 12월 31일 일반전표입력

| (차) | 매도가능증권 | 1,500,000 | (대) | 매도가능증권평가익 | 1,500,000 |
| | (코드:178번) | | | (기타포괄손익누계액) | |

[6] 12월 31일 일반전표입력

| (차) | 장기차입금 | 20,000,000 | (대) | 유동성장기부채 | 20,000,000 |
| | (국민은행) | | | (국민은행) | |

437p. [원천징수-01] 원천징수 종합문제

[1]

(1) 사원등록 : 사번 : 106, 성명 : 이희수, 입사년월일 : 2020년 2월 1일, 내국인, 주민등록번호 : 670128-2436801, 거주자, 한국, 국외근로제공 : 부, 생산직여부 : 부, 표준보수월액(기준소득월액) 4,000,000

① 일용근로소득은 전액 분리과세되므로 부양가족공제 요건인 소득금액은 없다.

② 직계비속의 경우 취학을 이유로 별거중인 경우에도 같이 생계를 유지하는 것으로 본다.

③ 장애인인 경우에는 나이제한을 받지 않는다.

④ 해외에 거주하는 직계존속의 경우는 주거의 형편에 따라 별거한 것으로 볼 수 없으므로 부양가족공제를 받을 수 없는 것임(서면1팀-1360, 2007.10.5.)

연말관계	이 름	주민등록번호	연령(만)	기본공제	부녀자	한부모	경로 우대	장애인	자녀	출산입양
0	이희수	670128-2436801	53	본인						
3	김범수	660717-1002092	54	배우자						
4	김이영	000207-1234569	20	20세이하						
4	김하나	140330-4520268	6	20세이하					○	
6	이대로	680830-1234565	52	장애인				1		
1	이어른	461230-1786523	74	부						
1	이상하	471005-2786527	73	부						

(2) 급여자료 입력

① 수당공제등록

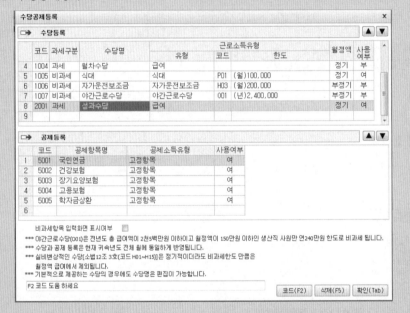

② 급여자료입력

귀속연월: 2020년 2월,   지급일: 2020년 2월 20일

③ 이행상황신고서(2020년 귀속기간 3월-3월, 지급기간 3월 -3월, 정기신고)

| 신고구분 | ☑매월 | □반기 | □수정 | □연말 | ☑소득처분 | □환급신청 | 귀속년월 | 2017년 3월 | 지급년월 | 2017년 3월 |
| 일괄납부여부 | 부 | 사업자단위과세여부 | 부 | 부표 작성 | | 환급신청서 작성 | | 승계명세 작성 | |

원천징수명세및납부세액 | 원천징수이행상황신고서 부표 | 원천징수세액환급신청서 | 기납부세액명세서 | 전월미환급세액 조정명세서 | 차월이월환급세액 승계명세

			코드	소득지급		징수세액			당월조정 환급세액	납부세액	
				인원	총지급액	소득세 등	농어촌특별세	가산세		소득세 등	농어촌특별세
개인 거주자 비거주자	근로소득	간이세액	A01	1	5,050,000	186,460					
		중도퇴사	A02								
		일용근로	A03								
		연말정산	A04								
		(분납금액)	A05								
		(납부금액)	A06								
		가 감 계	A10	1	5,050,000	186,460			70,000	116,460	
	퇴직소득	연금계좌	A21								
		그 외	A22								
		가 감 계	A20								
	사업소득	매월징수	A25								
		연말정산	A26								
		가 감 계	A30								
	기타소득	연금계좌	A41								
		그 외	A42								
		가 감 계	A40								

전월 미환급 세액의 계산				당월 발생 환급세액			18.조정대상환급(14+15+16+17)	19.당월조정 환급세액계	20.차월이월 환급세액	21.환급신청액
12.전월미환급	13.기환급	14.차감(12-13)	15.일반환급	16.신탁재산	금융회사 등	합병 등				
70,000		70,000					70,000	70,000		

[2]

① 신용카드등소득공제 : 18,500,000 － 850,000(보험료) － 6,500,000(중고차구입비)+ 중고차구입비의 10%가산 650,000 － 2,500,000(처남사용분) ＝ 9,300,000

② 보험료 : 기타보험료 '손해보험'850,000

③ 의료비 :본인의료비 2,400,000

④ 교육비 : 자녀등 교육비 '대학생' 6,500,000 ,배우자 대학원은 등록비는 제외

⑤ 국방헌금 : '전액공제기부금' 2,000,000, 지정기부금(종교단체외 기부금) 300,000

	구분		지출액	공제금액		구분		지출액	공제대:
소특	건강보험료		1,434,510	1,434,510	특별세액공제	62.보장성보험	일반	850,000	
	고용보험료		361,020	361,020			장애인		
	34.주택차입금	대출기관				63.의료비		2,400,000	
	원리금상환액	거주자				64.교육비		6,500,000	
별 득	34. 장기 주택 저당 차입 금이 자상 환액	2011년 이전 차입분	15년 미만				65.기부금		2,300,000	
			15년-29년				1)정치자금기부금	10만원이하		
소			30년 이상					10만원초과		
		2012년 이후차입분 ※15년이상	고정금리 이거나비 거치상환			공	2)법정기부금(전액)		2,000,000	
금			기타대출				3)우리사주조합기부금			
득		2015년 이후차입분 ※15년이상	고정금리 이면서비 거치상환			제	4)지정기부금		300,000	
공			고정금리 이거나비 거치상환				66.특별세액공제 계			
			기타대출				67.표준세액공제			
액		2015년 이후차입분 10-15년	고정금리 이거나비 거치상환			제	68.납세조합공제			
	35.기부금-2013년이전이월분						69.주택차입금			
	36.특별소득공제 계			1,795,530			70.외국납부	▶		
37.차감소득금액				29,746,970			71.월세액			
	38.개인연금저축						72.세액공제 계			
그	39.소기업,소상공인공제부금						73.결정세액((51)-(56)-(72))			
밖	40.주택 마련저축 소득공제	청약저축								
		주택청약								
		근로자주택마련								

문제 1

[1]

(차)	현금	660,000	(대)	대손충당금(외상매출금)	600,000
				부가세예수금	60,000

[2]

(차)	기부금	7,000,000	(대)	제　품(제)	7,000,000
				(적요8.타계정으로 대체)	

[3] 5월 02일　일반전표입력

(차)	토지	200,000,000	(대)	토　　　　지	120,000,000
				당 좌 예 금	40,000,000
				유형자산처분이익	40,000,000

[4] 5월 07일　일반전표입력

(차)	여비교통비(판)	168,000	(대)	가지급금(원빈)	200,000
	현　　　금	32,000			

[5]

(차)	교육훈련비(판)	110,000 원	(대)	미지급금(삼성카드)	110,000

문제 2

[1] 유형:11.과세　거래처:강산유통　전자: 여　분개:혼합

<복수거래 입력>

품명	수량	단가	공급가액	부가가치세
제품	1,000	10,000	10,000,000	1,000,000
제품	500	10,000	5,000,000	500,000

(차)	외상매출금	11,000,000	(대)	제품매출	15,000,000
	받을어음	5,500,000		부가세예수금	1,500,000

[2] 7월 18일　51.과세　거래처:새화상회　전자: 여　분개:혼합

(차)	원재료(제)	10,000,000	(대)	받을어음(벼리상사)	6,000,000
	부가세대급금	1,000,000		당좌예금	5,000,000

[3] 8월 03일　54.불공　거래처:㈜우성산업　전자: 여　분개:혼합

(차)	접대비(판)	1,650,000	(대)	미지급금	1,000,000
				당좌예금	650,000

[4] 8월 12일   51.과세   거래처:㈜경기전자   전자: 여   분개:혼합

(차) 특허권	8,000,000	(대) 자본금	5,000,000
부가세대급금	800,000	주식발행초과금	3,000,000
		미지급금	800,000

[5] 유형:11.과세   거래처:신동상사   전자: 여   분개:혼합

(차) 보통예금	11,000,000	(대) 부가세예수금	1,000,000
		특 허 권	8,000,000
		무형자산처분이익	2,000,000

문제 3

[1] 대손세액공제신고서(참고-회수시 회수일 입력이 아니라 당초대손확정일을 입력함)

<table>
<tr><th colspan="9">❷대손세액계산 신고내용</th></tr>
<tr><th rowspan="2">⑧대손확정
연 월 일</th><th rowspan="2">⑨대손금액</th><th rowspan="2">⑩공제율
(10/110)</th><th rowspan="2">⑪대손세액</th><th colspan="4">⑫공급받은 자</th><th rowspan="2">⑬대손
사유</th></tr>
<tr><th>상 호</th><th>성 명</th><th>등록번호</th><th>사업장소재지</th></tr>
<tr><td>2021.03.1</td><td>1,100,000</td><td>10/110</td><td>100,000</td><td>㈜강서상사</td><td>이강서</td><td>341-83-51795</td><td>강서구
신월동</td><td>부도(6개
월경과)</td></tr>
<tr><td>2018.10.1</td><td>- 5,500,000</td><td>10/110</td><td>- 500,000</td><td>㈜안국상사</td><td>이안국</td><td>123-81-13262</td><td>종로구안국동</td><td>파산</td></tr>
</table>

[2] 부가가치세 신고서(4월 - 6월)

<table>
<tr><th colspan="3">구분</th><th colspan="3">정기신고금액</th><th colspan="3">구분</th><th>금액</th><th>세율</th><th>세액</th></tr>
<tr><th colspan="3"></th><th>금액</th><th>세율</th><th>세액</th><th colspan="3">7.매출(예정신고누락분)</th><th></th><th></th><th></th></tr>
<tr><td rowspan="8">과세표준및매출세액</td><td rowspan="4">과세</td><td>세금계산서발급분</td><td>1</td><td>1,174,280,908</td><td>10/100</td><td>117,428,090</td><td rowspan="4">예정누락분</td><td>과세</td><td>세금계산서</td><td>31</td><td>1,500,000</td><td>10/100</td><td>150,000</td></tr>
<tr><td>매입자발행세금계산서</td><td>2</td><td></td><td>10/100</td><td></td><td>기타</td><td>32</td><td>2,000,000</td><td>10/100</td><td>200,000</td></tr>
<tr><td>신용카드·현금영수증발행분</td><td>3</td><td></td><td rowspan="2">10/100</td><td></td><td rowspan="2">영세</td><td>세금계산서</td><td>33</td><td></td><td>0/100</td><td></td></tr>
<tr><td>기타(정규영수증외매출분)</td><td>4</td><td></td><td></td><td>기타</td><td>34</td><td></td><td>0/100</td><td></td></tr>
<tr><td rowspan="2">영세</td><td>세금계산서발급분</td><td>5</td><td></td><td>0/100</td><td></td><td colspan="3">합계</td><td>35</td><td>3,500,000</td><td></td><td>350,000</td></tr>
<tr><td>기타</td><td>6</td><td></td><td>0/100</td><td></td><td colspan="3">12.매입(예정신고누락분)</td><td></td><td></td><td></td></tr>
<tr><td colspan="2">예정신고누락분</td><td>7</td><td>3,500,000</td><td></td><td>350,000</td><td rowspan="9">예정누락분</td><td colspan="2">세금계산서</td><td>36</td><td>500,000</td><td></td><td>50,000</td></tr>
<tr><td colspan="2">대손세액가감</td><td>8</td><td></td><td></td><td>400,000</td><td colspan="2">기타공제매입세액</td><td>37</td><td></td><td></td><td></td></tr>
<tr><td colspan="3">합계</td><td>9</td><td>1,177,780,908</td><td>㉮</td><td>118,178,090</td><td colspan="2">합계</td><td>38</td><td>500,000</td><td></td><td>50,000</td></tr>
<tr><td rowspan="8">매입세액</td><td rowspan="2">세금계산서
수취분</td><td>일반매입</td><td>10</td><td>255,102,380</td><td></td><td>25,510,238</td><td colspan="2">신용카드매출 일반매입</td><td></td><td></td><td></td><td></td></tr>
<tr><td>고정자산매입</td><td>11</td><td></td><td></td><td></td><td colspan="2">수령금액합계 고정매입</td><td></td><td></td><td></td><td></td></tr>
<tr><td colspan="2">예정신고누락분</td><td>12</td><td>500,000</td><td></td><td>50,000</td><td colspan="2">의제매입세액</td><td></td><td></td><td></td><td></td></tr>
<tr><td colspan="2">매입자발행세금계산서</td><td>13</td><td></td><td></td><td></td><td colspan="2">재활용폐자원등매입세액</td><td></td><td></td><td></td><td></td></tr>
<tr><td colspan="2">기타공제매입세액</td><td>14</td><td></td><td></td><td></td><td colspan="2">고금의제매입세액</td><td></td><td></td><td></td><td></td></tr>
<tr><td colspan="2">합계(10+11+12+13+14)</td><td>15</td><td>255,602,380</td><td></td><td>25,560,238</td><td colspan="2">과세사업전환매입세액</td><td></td><td></td><td></td><td></td></tr>
<tr><td colspan="2">공제받지못할매입세액</td><td>16</td><td></td><td></td><td></td><td colspan="2">재고매입세액</td><td></td><td></td><td></td><td></td></tr>
<tr><td colspan="2">차감계</td><td>17</td><td>255,602,380</td><td>㉰</td><td>25,560,238</td><td colspan="2">변제대손세액</td><td></td><td></td><td></td><td></td></tr>
<tr><td colspan="3">납부(환급)세액(매출세액㉮-매입세액㉰)</td><td></td><td></td><td>㉱</td><td>92,617,852</td><td colspan="2">합계</td><td></td><td></td><td></td><td></td></tr>
</table>

불성실	과소·초과환급(일반)	71	300,000	뒤쪽	7,500
	과소·초과환급(부당)	72		뒤쪽	
납부지연		73	300,000	뒤쪽	6,006

신고불성실 가산세: (350,000 - 50,000)= <u>300,000</u> × 10% × 25%(1-75%감면)= <u>7,500</u>

납부 지연 가산세: (350,000 - 50,000)= <u>300,000</u> ×91 × 0.00022 = <u>6,006</u>

문제 4

[1] 12월 31일 일반전표입력 또는 결산자료입력에 추가

(차) 퇴직급여(판)	11,000,000	(대) 퇴직급여충당부채	41,000,000
퇴직급여(제)	30,000,000		

[2] 12월 31일 일반전표입력

(차) 선급비용	750,000	(대) 보험료(판)	750,000

[3] 12월 31일 일반전표입력(지급기일이 경과한 채무이므로 미지급비용이 아니라 미지급금)

(차) 임차료(제조)	1,200,000	(대) 미지급금	2,500,000
임차료(판)	1,300,000		

[4] 12월 31일 일반전표입력(둘중의 하나의 방법선택)

(차) 법인세 등	1,200,000	(대) 선납세금	1,200,000

또는

(차) 법인세 등	2,800,000	(대) 미지급세금	2,800,000

〈결산자료입력메뉴〉 수동입력대신에 결산자료입력에서 "선납세금과 법인세등"란에 입력

[5] 결산자료에 기말재고자산을 원재료 1,200,000, 재공품 6,000,000, 제품 13,000,000로 입력 후 [전표추가]키를 클릭하여 결산분개를 일반전표에 대체시킴

문제 5

[1] 10월 급여자료입력사항

사원등록에 102.이영주사원의 퇴사일 2020/10/31을 입력하고

101.이종우 급여 2,000,000,

102.이영주 급여 1,500,000(퇴사자 정산작업을 한후 하단의 "급여반영"을 클릭하여 정산자료를 10월 급여자료입력에 반영)

103.박한세 급여 5,000,000을 입력한다.

〈원천징수이행상황신고서〉

귀속연월 10월 -10월, 지급연월 10월 10월입력후 조회한후 저장

[2] 103.박한세의 연말정산추가자료입력

신용카드공제: 7,000,000-260,000(자동차세)=6,740,000

보험료공제: 900,000입력

교육비공제: 8,000,000(대학교)-대학원은 본인만 가능

종전근무지: 근무기간 2020/1/1- 2020/2/28와 회사와 사업자등록번호입력

급여총액 9,000,000과 기납부세액 200,000(결정세액), 20,000(지방소득세)입력

[01회 실무 모의고사]

[문제 1]

[1] 5월 8일

(차) 보통예금	7,350,000	(대) 외상매출금(한국상사)	7,500,000
406.매출할인	150,000		

* 한국상사의 외상매출금 잔액으로 7,500,000이 있음을 확인
* 10일내에 결제되었으므로 2% 매출할인을 적용 7,500,000 × 2% = 150,000

[2] 6월 1일 일반전표입력

(차) 보통예금	10,602,000	(대) 정기예적금	10,000,000
선납세금	98,000	이자수익	700,000

[3] 6월 29일 일반전표입력

(차) 자본금	5,000,000	(대) 보통예금	4,000,000
		감자차익	1,000,000

[4] 8월 15일 일반전표입력

(차) 미수금 (부동산나라)	180,000,000	(대) 투자부동산	190,000,000
투자자산처분손실	10,000,000		

[5] 9월 19일 일반전표입력

(차) 보통예금	2,620,000	(대) 단기매매증권	3,000,000
단기매매증권처분손실	380,000		

[문제 2]

[1] 1월 10일,   유형:16.수출,   거래처:WESTERN.CO.LTD,   분개:혼합

(차) 선수금	24,000,000	(대) 제품매출	374,000,000
외상매출금	350,000,000		

[2] 2월 15일   유형:54.불공(사유:⑥) , 거래처:엔에스건설 , 전자:여 분개:혼합

(차) 토지	7,700,000	(대) 당좌예금	4,000,000
		미지급금	3,700,000

[3] 2월 28일   유형:11.과세, 거래처:㈜용산전자, 전자:여, 분개:혼합

(차) 받을어음	575,000	(대) 제품매출	3,250,000
외상매출금	3,000,000	부가세예수금	325,000

[4] 3월 9일   유형 : 51. 과세   거래처 : (주)필승   전자:여   분개 : 외상

(차)	상 품	−2,000,000	(대)	외상매입금	−2,200,000
	부가세대급금	−200,000			

[5] 3월 31일   유형: 54.불공   거래처: ㈜기아자동차   전자:여   분개: 혼합

(차)	차량운반구	22,000,000	(대)	단기차입금(리버스캐피탈)	19,000,000
				선 급 금	3,000,000

[문제 3]

[1] 2기 예정(7-9월)조회

공급받는자의 상호 및 성명, 공급자의 날인은 필요적 기재사항이 아니므로 매입세액공제가 가능하다.

공제받지못할매입세액내역	공통매입세액안분계산내역	공통매입세액의정산내역	납부세액또는환급세액재계산		
매입세액 불공제 사유		**세금계산서**			
		매수	공급가액	매입세액	
①필요적 기재사항 누락 등					
②사업과 직접 관련 없는 지출		1	1,500,000	150,000	
③비영업용 소형승용자동차 구입·유지 및 임차		1	12,000,000	1,200,000	
④접대비 및 이와 유사한 비용 관련		1	500,000	50,000	
⑤면세사업 관련					
⑥토지의 자본적 지출 관련		1	11,000,000	1,100,000	
⑦사업자등록 전 매입세액					
⑧금거래계좌 미사용 관련 매입세액					
합계		4	25,000,000	2,500,000	

[2] 2기 확정(10-12월) 부동산임대공급가액명세서(단위 : 원)

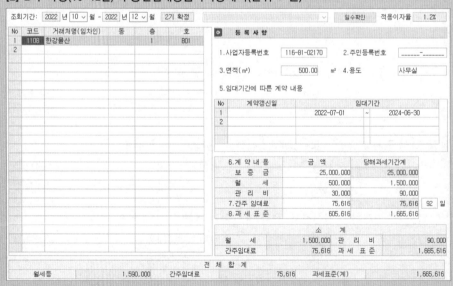

| 조회기간: | 2022 년 10 ∨ 월 ~ 2022 년 12 ∨ 월 | 2기 확정 | | 일수확인 | 적용이자율 | 1.2% |

No	코드	거래처명(임차인)	동	층	호
1	1108	한강물산		1	801
2					

● 등 록 사 항

1.사업자등록번호   116-81-02170   2.주민등록번호   _____-_____

3.면적(㎡)   500.00 ㎡   4.용도   사무실

5.임대기간에 따른 계약 내용

No	계약갱신일	임대기간
1		2022-07-01 ~ 2024-06-30
2		

6.계 약 내 용	금 액	당해과세기간계	
보 증 금	25,000,000	25,000,000	
월 세	500,000	1,500,000	
관 리 비	30,000	90,000	
7.간주 임대료	75,616	75,616	92 일
8.과세 표준	605,616	1,665,616	

소 계			
월 세	1,500,000	관 리 비	90,000
간주임대료	75,616	과 세 표 준	1,665,616

전 체 합 계					
월세등	1,590,000	간주임대료	75,616	과세표준(계)	1,665,616

No	코드	거래처명(임차인)	동	층	호
1	1108	한강물산		1	B01
2	1113	혜리상사		1	101
3					

조회기간: 2022 년 10 월 ~ 2022 년 12 월 2기 확정   일수확인 적용이자율 1.2%

등 록 사 항

1. 사업자등록번호 107-81-48376   2. 주민등록번호 _____-_____

3. 면적(㎡) 600.00 ㎡ 4. 용도 사무실

5. 임대기간에 따른 계약 내용

No	계약갱신일	임대기간
1		2021-01-01 ~ 2023-12-31
2		

6. 계약내용	금 액	당해과세기간계		
보 증 금	60,000,000	60,000,000		
월 세	600,000	1,800,000		
관 리 비	60,000	180,000		
7. 간주 임대료	181,479	181,479	92	일
8. 과 세 표 준	841,479	2,161,479		

소 계			
월 세	1,800,000	관 리 비	180,000
간주임대료	181,479	과 세 표 준	2,161,479

전 체 합 계					
월세등	3,570,000	간주임대료	257,095	과세표준(계)	3,827,095

[문제 4]

[1] 12월 31일 일반전표입력

(차) 선급비용　　　　　　　　750,000　　　　　　(대) 보험료(판)　　　　　　750,000

* 3개월 분은 차기 보험료이므로 3,000,000* 3/12 = 750,000

[2] 12월 31일 일반전표입력

(차) 임차료(판)　　　　　　　1,000,000　　　　　(대) 미지급금　　　　　　3,500,000
　　 임차료(제)　　　　　　　2,500,000

[3] 12월 31일 일반전표입력

(차) 무형자산 손상차손　　　　4,000,000　　　　　(대) 특허권　　　　　　　4,000,000

기준서 3호 문단73 : 사용을 중지하고 처분을 위해 보유하는 무형자산은 사용을 중지한 시점의 장부가액으로 유지한다. 이러한 무형자산에 대해서는 매 회계연도말에 회수가능가액을 평가하고 감액손실을 인식한다.

[4] 12월 31일 일반전표에 다음과 같이 입력한 후

(차) 재고자산감모손실　　　　1,000,000　　　　　(대) 원재료(제)　　　　　1,000,000
　　　　　　　　　　　　　　　　　　　　　　　　　　 (적요 8. 타계정으로 대체)

결산자료입력 해당란에 다음과 같이 입력하고 전표추가.
원재료 : 8,500,000　　 재공품 : 2,000,000　　 제 품 : 13,000,000

[5] 이익잉여금 처분계산서 입력(처분확정일 2021년 3월 20일 입력)

III.이익잉여금처분액				47,000,000		
1.이익준비금	0351	이익준비금	2,000,000			
2.재무구조개선적립금	0354	재무구조개선적립금				
3.주식할인발행차금상각액	0381	주식할인발행차금				
4.배당금			45,000,000			
가.현금배당	0265	미지급배당금	20,000,000			
주당배당금(률)		보통주				
		우선주				
나.주식배당	0387	미교부주식배당금	25,000,000			
주당배당금(률)		보통주				

※ 이익준비금은 현금배당액의 10%인 2,000,000을 적립하고, 반드시 '전표추가'키를 클릭하여 손익대체분개를 일반전표에 대체시킴

[문제 5]

[1] '기본등록사항'에서 김태희의 가족사항 등을 입력한다.

1. 배우자유무 : 배우자는 11.27. 이혼을 하였으므로 공제 불가
2. 부양가족공제
   • 20세 이하 : 2명(21세 이상 장애인을 포함)
   • 60세 이상 : 1명(본인의 형제자매만 공제가능하므로, 삼촌은 공제 불가)
3. 추가공제
   • 70세 이상 경로 : 1명(본인의 형제자매만 공제가능하므로, 삼촌은 공제 불가)
   • 장애인 : 1명(자1)
   • 한부모소득공제(부녀자공제와 한부모공제중복시 한부모공제로 함)

[2]

1. 보험료: 손해보험 → 600,000 입력
2. 의료비 : 전액공제의료비 → 전액공제(경로자)의료비 2,000,000 입력, 장애인의료비 3,000,000 입력
3. 교육비 : 자녀등교육비 중 영유치원아 → 1명 4,000,000 입력(3,000,000 공제)
4. 기부금 : 전액공제기부금 중 법정기부금 → 1,000,000 입력
   종교단체기부금 (10%) → 1,000,000 입력
5. 신용카드공제 : 신용카드 사용액중 신용카드사용액 → 11,000,000 입력
   현금영수증 → 2,000,000 입력

[02회 실무 모의고사]

[문제 1]

[1] 5월 8일 일반전표입력

(차) 현 금	24,500,000	(대) 받을어음(거래처:(주)용인)	25,000,000
매출채권처분손실	500,000		

[2] 6월 30일 일반전표입력

(차) 세금과공과(판)	100,000	(대) 현 금	200,000
수수료비용(판)	100,000		

[3] 7월 01일 일반전표입력

(차) 현 금	2,500,000	(대) 선수금	2,500,000

[4] 9월 3일 일반전표입력

(차) 보통예금	2,000,000	(대) 대손충당금(외상매출금)	2,000,000

* 당기 이전에 대손처리한 채권을 회수한 경우에는 대손충당금의 증가로 처리함.

[5] 9월 8일 일반전표입력

(차) 퇴직급여충당부채	3,000,000	(대) 예수금	110,000
		현 금	2,890,000

[문제 2]

[1] 7월 5일 유형: 51 과세, 거래처: (주)마코, 전자:여 분개: 혼합

(차) 특허권	1,000,000	(대) 자본금	750,000
부가세대급금	100,000	당좌예금	350,000

[2] 7월 11일 유형 : 11. 과세 거래처 : (주)등대 전자:여 분개 :혼합

(차) 현 금	44,000,000	(대) 선 수 금	40,000,000
		부가세예수금	4,000,000

* 세금계산서의 발급은 재화의 공급시기에 하는 것이 원칙이나 공급시기 도래 전에 세금계산서를 발급하고 그 발급일로부터 7일 내에 그 대금을 수령한 경우에는 부가가치세법상의 세금계산서로 인정하며 재화의 공급시기는 그 발급하는 때를 공급시기로 의제하고 있다.(부가가치세법 제 9조 제3항)

[3] 8월 16일 유형: 14.건별, 거래처: (주)미성전자, 분개: 혼합

(차) 접 대 비(제)	1,010,000	(대) 제 품(적요 8. 타계정대체)	900,000
		부가세예수금	110,000

[4] 8월 21일 유형: 53 면세, 거래처: 그레이트도매, 전자:여, 분개: 3 혼합

(차) 접대비(판)	9,000,000	(대) 현 금	3,000,000
		미지급금	6,000,000

[5] 10월 20일 유형: 12 영세, 거래처: 리버스무역(주), 전자:여 분개:혼합

(차) 외상매출금	500,000	(대) 제품매출	1,000,000
보통예금	500,000		

[문제 3]

[1] 2기확정(10-12월) 신용카드매출전표 수취명세서에 다음과 같이 입력한다.

복지카드 및 신용카드 거래내역				신용카드 가맹점(공급자)		신용카드 회원인적사항		카드 유형
거래일자	공급가액	세 액	건수	상 호	사업자등록번호	성 명 (법인명)	카드회원번호	
10.04	700,000	70,000	1	뉴젠마트	105-05-54107	(주)에스전자	9540-8105-3071-0008	일반
10.21	600,000	60,000	1	21세기 정비소	105-03-43135	(주)에스전자	9540-8105-3071-0008	일반
10.22	300,000	30,000	1	만리장성	150-05-91233	(주)에스전자	9540-8105-3071-0008	일반
(기타) 신용카드	1,600,000	160,000	3					

[2] 1기예정(1-3월)부가가치세신고서 조회후 입력

		구 분			금 액	세율	세 액
예정신고 누락분 명세	⑦ 매출	과세	세금계산서	㉛	2,500,000	10/100	250,000
			기타	㉜	500,000	10/100	50,000
		영세율	세금계산서	㉝		0/100	
			기타	㉞		0/100	
		합계		㉟	3,000,000		300,000
	⑫ 매입	세금계산서		㊱	1,000,000		100,000
		기타공제매입세액		㊲			
		합계		㊳	1,000,000		100,000

	구 분			금 액	세 율	세 액
㉔ 가산세 명세	사업자미등록등		(58)		10/100	
	세금계산서미교부등		(59)		2/100	
	전자세금계산서 미전송	과세기간내	(60)			
		과세기간경과	(61)			
	세금계산서합계표제출불성실		(62)		뒤쪽참조	
	신고불성실		(63)	200,000	뒤쪽참조	5,000
	납부지연		(64)	200,000	뒤쪽참조	3,960
	영세율과세표준신고불성실		(65)		1/100	
	현금매출명세서미제출		(66)		5/1000	
	합계		(67)			8,960

신고불성실 가산세: (300,000 -100,000)= 200,000 × 10% × 25%(1-75%감면)= 5,000

납부지연 가산세: (300,000- 100,000)= 200,000 × 90× 0.00022 = 3,960

[문제 4]

[1] 12월 31일 일반전표입력

(차) 매도가능증권	1,000,000	(대) 매도가능증권평가이익	1,000,000

[2] 12월 31일 일반전표입력

(차) 단기매매증권	5,000,000	(대) 단기매매증권평가이익	5,000,000

[3] 12월 31일 일반전표입력

(차) 법인세등	36,500,000	(대) 선납세금	10,000,000
		미지급세금	26,500,000

또는 결산자료입력에서 선납세금 10,000,000과 법인세추가계상에 26,500,000 입력.

[4] 결산자료입력메뉴에 내용

• 제조 : 차량운반구 1,250,000, 기계장치 3,500,000을 각각 입력함
• 판매비와 관리비 : 건물 2,350,000, 비품 2,300,000을 각각 입력함

[5] '결산자료입력' 메뉴의 해당란에 각각 입력

• 재공품 : 14,650,000 • 제 품 : 17,300,000 • 원재료 : 29,200,000(운송 중인 상품 1,000,000 포함)
※ '결산자료입력' 후 반드시 '추가' 키를 클릭하여 결산분개를 일반전표에 대체시킴

[문제 5]

[1]

1. 사원등록에서 윤도현의 퇴사일을 3월 20일로 입력.
2. 급여자료 입력
   귀속연월 : 3월, 지급일: 3월 20일
3. 연말정산 추가자료 입력
• 정산연월 : 3월 근로소득영수일자: 3월 20일
• 기타보험료 중 '2.손해보험: 980,000' 입력
• 신용카드사용액 6,280,000 입력
4. 원천징수이행상항신고서 작성
• 귀속 : 3월 – 3월 지급기간 : 3월 – 3월

구분	인원	총지급액
간이세액	1	5,700,000
중도퇴사	1	17,100,000

[2]

① 보험료 : 기타보험료 '손해보험'850,000
② 의료비 : 일반의료비 2,400,000
③ 교육비 : 자녀등 교육비 '대학생' 6,580,000
④ 신용카드등사용액 : 16,500,000 – 850,000(보험료) – 7,500,000(중고차구입비) + 7,500,000×0.1(중고차구입액의 10%카드사용액 인정) – 2,500,000(처남사용분)＝6,400,000

⑤ 연금저축불입액 : '퇴직.연금저축액' 3,000,000
⑤ 국방헌금 : '전액공제기부금' 2,000,000

[03회 실무 모의고사]

문제 1

[1] 3월 31일
| (차) 부가세예수금 | 92,076,000 | (대) 부가세대급금 | 5,712,746원 |
| | | 미지급금 | 86,363,254원 |

[2] 4월 5일
(차) 미지급배당금	10,000,000	(대) 현　금	8,460,000
미교부주식배당금	5,000,000	예 수 금	1,540,000
		자 본 금	5,000,000

[3] 4월 12일
| (차) 외상매입금 | 500,000 | (대) 매입환출및에누리(147) | 500,000 |
| ((주)기아물산) | | | |

[4] 5월 27일
| (차) 보통예금 | 1,100,000 | (대) 사　채 | 1,000,000 |
| 사채할인발행차금 | 220,000 | 현　금 | 320,000 |

[5] 6월 1일
| (차) 현 금 | 5,000,000 | (대) 대손충당금(외상매출금) | 5,000,000 |

문제 2

[1] 4월 25일　유형: 54불공(사유: ③), 거래처:인천세관, 전자: 여, 분개:혼합
| (차) 차량운반구 | 6,200,000 | (대) 보통예금 | 6,200,000 |

[2] 5월 25일 유형:51과세　거래처:(주)상원기계, 전자: 여, 분개:혼합
| (차) 외주가공비(제조) | 11,000,000 | (대) 당좌예금 | 12,100,000 |
| 부가세대급금 | 1,100,000 | | |

[3] 6월 1일　유형:17카과,　거래처: 김연아, 분개:혼합
| (차) 외상매출금 | 6,600,000 | (대) 제품매출 | 6,000,000 |
| (거래처 : 국민카드) | | 부가세예수금 | 600,000 |

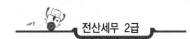

[4] 6월 10일 유형: 11.과세, 거래처: (주)재활용닷컴, 전자:여, 분개:혼합

| (차) 현 금 | 3,300,000 | (대) 잡 이 익 | 3,000,000 |
| | | 부가세예수금 | 300,000 |

[5] 6월 20일   유형: 61.현과, 거래처: 원할아버지보쌈, 분개:현금

| (차) 복리후생비(판) | 30,000 | (대) 현 금 | 33,000 |
| 부가세대급금 | 3,000 | | |

[문제 3]

[1] 1기확정(4~6월 조회)

공제받지못할매입세액내역	공통매입세액안분계산내역	공통매입세액의정산내역	납부세액또는환급세액재계산

산식	(15)총공통매입세액	(16)면세 사업확정 비율			(17)불공제매입세액총액((15)*(16))	(18)기불공제매입세액	(19)가산또는공제되는매입세액((17)-(18))
		총공급가액	면세공급가액	면세비율			
1.당해과세기간의 공급가액기준	400,000	200,000,000	130,000,000	65.000000	260,000	180,000	80,000

[2] 2기 확정(10~12월) 부가가치세 신고서조회후 입력

① 예정신고누락분

매출 : 예정신고누락분 − 과세(세금계산서)   =금액 12,000,000, 세액 1,200,000
　　　　　 과세(기타)   =금액 3,000,000, 세액   300,000
　　　　　 영세율(세금계산서)   =금액 2,000,000
　　　　　 영세율(기타) =금액 3,000,000

매입 : 예정신고누락분 − 세금계산서   =금액 8,000,000, 세액   300,000
　　　　　 기타공제매입세액− 신용카드매출전표등수취명세서제출분(고정자산)
　　　　　　　　　　　　　　 =금액 10,000,000, 세액 1,000,000

		구 분				금 액	세율	세 액
예정신고 누락분 명 세	⑦ 매 출	과 세	세 금 계 산 서	㉛		12,000,000	10/100	1,200,000
			기	타	㉜	3,000,000	10/100	300,000
		영 세 율	세 금 계 산 서	㉝		2,000,000	0/100	
			기	타	㉞	3,000,000	0/100	
		합			계 ㉟	20,000,000		1,500,000
	⑫ 매 입	세 금	계 산	서	㊱	8,000,000		300,000
		기 타 공 제 매 입 세 액			㊲	10,000,000		1,000,000
		합			계 ㊳	18,000,000		1,300,000

② 가산세액 계산

신고불성실가산세 : 200,000× 10% × 　(1-75%) 　= 5,000원
납부불성실가산세 : 200,000× 91일 × 22/100,000 =4,004원
영세율과세표준신고불성실가산세 : 5,000,000× 0.5% × (1-75%) ＝ 6,250원

구 분		금 액	세 율	세 액
사 업 자 미 등 록 등 ⑧			10/100	
세 금 계 산 서 미 교 부 등 ⑨			2/100	
전자세금계산서 과 세 기 간 내 ⑩				
미 전 송 과 세 기 간 경 과 ⑪				
세 금 계 산 서 합 계 표 제 출 불 성 실 ⑫			뒤쪽참조	
신 고 불 성 실 ⑬		200,000	뒤쪽참조	5,000
납 부 지 연 ⑭		200,000	뒤쪽참조	4,004
영 세 율 과 세 표 준 신 고 불 성 실 ⑮		5,000,000	0.5/100	6,250
현 금 매 출 명 세 서 미 제 출 ⑯			5/1000	
합 계 (67)				15,254

(왼쪽 병합 셀: ㉔ 가산세 명세)

[1] 12월 31일 일반전표 입력

(차) 선급비용　　　　　　　　20,000　　　　　　(대) 이자비용　　　　　　　　20,000

[2] 12월 31일 일반전표입력

결산자료입력의 선납세금난에 12,000,000 입력하고 결산자료입력에서 추가로 법인세등계상란에 3,700,000 입력

[3] 12월 31일 일반전표입력

(차) 외화환산손실　　　　　　1,000,000　　　　　(대) 단기차입금(거래처:모로로라)　　1,000,000

[4]

결산자료입력메뉴에서 기말원재료 12,500,000, 기말재공품 11,000,000, 기말제품 7,000,000을 입력하고 전표추가한다.(기업회계기준에서는 원재료가 도착지 인도기준에 의해 구입한 경우 운송중인 원재료 500,000은 장부상 원재료 기말재고액에 포함되지 않으므로 원재료 기말재고액은 12,500,000이 된다.)

[5] 처분내역을 이익잉여금 처분계산서에 2020년 2월 26일 입력하고 아래 처분사항입력후, 전표추가한다.

• 이익준비금 : 1,500,000　　　• 현금배당 : 15,000,000　　　• 주식배당 : 9,000,000

[1]
① 수당등록 (2점)　　　② 공제등록 (1점)

수당등록

코드	과세구분	수당명	근로소득유형 유형	코드	한도	월정액	사용여부
1	1001	과세	기본급	급여			정기	여
2	1002	과세	상여	상여			부정기	여
3	1003	과세	직책수당	급여			정기	여
4	1004	과세	월차수당	급여			정기	부
5	1005	비과세	식대	식대	P01	(월)100,000	정기	여
6	1006	비과세	자가운전보조금	자가운전보조금	H03	(월)200,000	부정기	여

공제등록

코드	공제항목명	공제소득유형	사용여부
1	5001	국민연금	고정항목	여
2	5002	건강보험	고정항목	여
3	5003	장기요양보험	고정항목	여
4	5004	고용보험	고정항목	여
5				

*** 야간근로수당(001)은 월정액이 100만원 이하인 생산직 사원만 연 240만원 한도로 비과세 됩니다.
*** 수당과 공제 등록은 현재 귀속년도 전체 월에 동일하게 반영됩니다.
*** 실비변상적인 수당[소법12조 3호(코드 H01~H13)]은 정기적이더라도 비과세한도 만큼은 월정액 급여에서 제외됩니다.

[코드(F2)] [삭제(F5)] [확인(Tab)]

③ 급여자료입력 (2점)

귀속년월 1월 / 1.급여 / 지급일: 1월 31일로 하여 급여입력

[2] 연말정산추가자료 입력

① 보험료 – 생명보험료 : 650,000, 손해보험료 : 800,000을 합하여 기재
② 의료비 – 전액공제 : 8,000,000
③ 교육비 – 본인교육비 : 12,000,000(직계존속의 교육비는 공제대상이 아님.)
④ 기부금 – 6,000,000 (본인, 배우자 및 직계비속의 기부금만 인정됨.)
⑤ 신용카드사용액 – 현금영수증 : 7,500,000, 형제자매의 신용카드사용액은 공제대상이 아님.

[04회 실무 모의고사]

[문제 1]

[1] 7월 21일 일반전표입력

(차) 보통예금	2,500,000	(대) 배당금수익	2,500,000

[2] 7월 25일 일반전표입력

(차) 교육훈련비(제)	700,000	(대) 보통예금	676,900
		예수금	23,100

[3] 9월 9일 일반전표입력

(차) 토지	507,500,000	(대) 자산수증이익	500,000,000
		현금	7,500,000

[4] 9월 12일 일반전표입력

(차) 외상매입금(까치슈퍼)	14,500,000	(대) 당좌예금	7,250,000
		채무면제이익	7,250,000

[5] 9월 31일 일반전표입력

(차) 퇴직급여충당부채	4,000,000	(대) 보통예금	6,600,000
퇴직급여(판)	3,000,000	예수금	400,000

[문제 2]

[1] 10월 3일   유형 : 55.수입   거래처 : 인천세관   전자:여 분개 : 현금

(차) 부가세대급금	2,500,000	(대) 현 금	2,500,000

[2] 10월 16일   유형: 57.카과, 거래처: 굿윌칼텍스, 분개: 혼합 또는 카드

(차) 기계장치	2,000,000	(대) 미지급금(비씨카드)	2,200,000
부가세대급금	200,000		

[3] 10월 28일   유형 16.수출,   거래처:리버스컴퍼니,   분개:외상

(차) 외상매출금	121,000,000	(대) 상품매출	121,000,000

[4] 11월 20일   유형: 11.과세, 거래처: (주)호동전자, 전자:여, 분개: 혼합

(차) 현 금	8,500,000	(대) 제품매출	15,000,000
받을어음	8,000,000	부가세예수금	1,500,000

[5] 유형 : 54.불공(사유: ⑥) , 거래처 : 알파용역, 전자:여, 분개: 혼합

(차) 토 지	3,300,000	(대) 보통예금	3,300,000

[문제 3]

[1] 1기확정(4-6월)부가가치세신고서 조회

	구분		정기신고금액				구분		금액	세율	세액
			금액	세율	세액	7.매출(예정신고누락분)					
과세표준및매출세액	과세	세금계산서교부분	1	135,000,000	10/100	13,500,000	예정누락분	과세	세금계산서	31	10,000,000	10/100	1,000,000
		매입자발행세금계산서	2		10/100				기타	32		10/100	
		신용카드·현금영수증발행분	3					영세	세금계산서	33		0/100	
		기타(정규영수증외매출분)	4		10/100				기타	34		0/100	
	영세	세금계산서교부분	5		0/100				합계	35	10,000,000		1,000,000
		기타	6		0/100		12.매입(예정신고누락분)					
	예정신고누락분		7	10,000,000		1,000,000	예정누락분		세금계산서	36	3,000,000		300,000
	대손세액가감		8						기타공제매입세액	37			
	합계		9	145,000,000	㉮	14,500,000			합계	38	3,000,000		300,000
매입세액	세금계산서수취분	일반매입	10				예정누락분	신용카드매출	일반매입			뒷쪽	
		고정자산매입	11					수령금액합계	고정매입			뒷쪽	
	예정신고누락분		12	3,000,000		300,000		의제매입세액					
	매입자발행세금계산서		13					재활용폐자원등매입세액					
	기타공제매입세액		14	1,200,000		120,000		고금의제매입세액					
	합계(10+11+12+13+14)		15	4,200,000		420,000		과세사업전환매입세액					
	공제받지못할매입세액		16					재고매입세액					
	차감계		17	4,200,000	㉯	420,000		변제대손세액					
납부(환급)세액(매출세액㉮-매입세액㉯)				㉰	14,080,000		합계					
경감공제세액	기타경감·공제세액		18			10,000	14.기타공제매입세액					
	신용카드매출전표등발행공제등		19				신용카드매출	일반매입	39	1,200,000	뒷쪽	120,000
	합계		20		㉱	10,000	수령금액합계표	고정매입	40		뒷쪽	
예정신고미환급세액			21			1,200,000	의제매입세액		41			

[가산세]

신고불성실가산세: 700,000 * 10% * (1-75%) = 17,500원

납부지연가산세: 700,000 * 91일 * 22/100,000 = 14,014

[2] 2기 확정(10-12월)수출실적명세서

부가령 제51조의 규정에 의거하여 공급시기 도래전에 원화환산한 경우에는 그 환가한 금액을 과세표준으로 하며, 그외의 경우는 공급시기 현재의 기준환율에 의한다.일본엔화는 100으로 나누어 환율을 입력한다.

(12) 일련번호	(13)수출신고번호	(14)선적일자	(15)통화코드	(16)환율	금액	
					(17)외화	(18)원화
1	020−30−11−0127565−7	2022.10.20	USD	1,000	33,000	33,000,000
2	020−05−13−0586667−9	2022.11.01	JPY	9.5	110,000	1,045,000
3	020−10−07−0138548−5	2022.12.20	USD	1,200	15,000	18,000,000

[문제 4]

[1] 12월 31일 일반전표입력

(차) 선급비용	300,000	(대) 보험료(판)	300,000

[2] 12월 31일 일반전표입력

결산자료입력 선납세금난에 8,700,000입력하고
결산자료 입력에서 "법인세등 계상"에 8,800,000 입력

[3] 12월 31일 일반전표입력

(차) 대손상각비(판)	3,044,090원	(대) 대손충당금(외상매출금)	1,838,785원
		대손충당금(받을어음)	1,205,305원

- 외상매출금 : 241,939,270원 × 2% − 3,000,000 = 1,838,785원
- 받을어음 : 110,265,270원 × 2% − 1,000,000 = 1,205,305원

결산자료입력에서 해당사항 입력하고, 전표추가해도 무방.

[4] 12월 31일 일반전표입력

(차) 외화환산손실	6,468,000	(대) 외화장기차입금	6,468,000

[5] 12월 31일 일반전표입력

(차) 재고자산감모손실	300,000	(대) 상 품	300,000
		(적요 : 타계정으로대체액)	

결산자료입력

- 상 품 : 1,200,000   • 제 품 : 2,100,000   • 원재료 : 1,425,000
- ※ 재고자산감모손실의 경우 정상적으로 발생한 감모손실은 원가에 가산하고 비정상적인 감모손실은 영업외비용으로 분류한다.(기업회계기준서 제10호 문단 29)

[문제 5]

[1]

1. 수당등록

지급과목명	과세구분	유 형
기본급	과세	
상여	과세	
식대	과세	
자가운전보조금	비과세	자가운전보조금
자녀보육비	비과세	육아수당
직책수당	과세	

2. 급여자료입력

귀속년월 2020년 2월.	구분 : 급여	지급일 : 2020년 2월 28일

코드	사원명	급여지급명세			
201	박승우	급여항목	지급금액	공제항목	공제금액
		기본급	2,100,000	국민연금	150,750
		식대	100,000	건강보험	94,470
		자가운전보조금	250,000	고용보험	18,420
		자녀보육비	100,000	장기요양보험	6,180
		직책수당	200,000	소득세	81,850
		상여금	600,000	주민세	8,180
				공제총액	359,850
		지급총액	3,350,000	차인지급액	2,990,150

① 원천징수 명세 및 납부세액

소득자 소득구분		코드	원천징수명세					⑨ 당월 조정 환급세액	납부세액	
			소득지급 (과세 미달, 비과세 포함)		징수세액				⑩ 소득세 등 (가산세 포함)	⑪ 농어촌 특별세
			④인원	⑤총지급액	⑥소득세등	⑦농어촌특별세	⑧가산세			
근로소득	간이세액	A01	1	3,050,000	81,850					
	중도퇴사	A02								
	일용근로	A03								
	연말정산	A04								
	가감계	A10	1	3,050,000	81,850			55,000	26,850	

② 환급세액 조정

전월 미환급 세액의 계산			당월 발생 환급세액				⑱ 조정대상 환급세액 (⑭+⑮+⑯+⑰)	⑲ 당월조정 환급세액계	⑳ 차월이월 환급세액 (⑱-⑲)	㉑ 환급 신청액
⑫전월 미환급세액	⑬기환급 신청세액	⑭차감잔액 (⑫-⑬)	⑮일반 환급	⑯ 신탁재산 (금융기관)	⑰ 기타					
55,000		55,000					55,000	55,000		

[2] 보험료공제 : 손해보험 : 890,000, 생명보험 : 180,000

의료비공제 : 전액 공제(경로우대) : 5,500,000(성형수술비는 공제안됨)

교육비 공제 : 본인 : 9,000,000, 자녀(대학생) : 4,580,000

전근무지 : 근무기간 1/1 - 4/30, 급여와 사회보험료, 결정세액 35,000(지방소득세 3,500)입력

[05회 실무 모의고사]

[문제 1]

[1] 2월 5일 일반전표입력

(차) 퇴직급여(제)	1,500,000	(대) 보통예금	3,000,000
퇴직급여(판)	1,500,000		

* 회계기준적용의견서 05-2 문단 2-2 : 확정기여형퇴직연금제도를 설정한 경우에는 당해 회계기간에 대하여 회사가 납부하여야 할 부담금(기여금)을 퇴직급여(비용)로 인식하고, 퇴직연금운용자산, 퇴직급여충당금 및 퇴직연금미지급금은 인식하지 아니한다.

[2] 2월 10일 일반전표입력

(차) 단기차입금(뱅크오브아메리카)	14,000,000	(대) 현 금	15,000,000
외환차손	1,000,000		

[3] 2월 28일 일반전표입력

(차) 특정현금과 예금	2,000,000	(대) 현 금	2,000,000

[4] 3월 4일 일반전표입력

(차) 당좌예금	24,000,000	(대) 자 본 금	20,000,000
		현 금	600,000
		주식발행초과금	3,400,000

증자로 인한 신주를 발행하기 위하여 직접 지출하는 비용을 주식발행비라 하는데, 이에는 법률비용, 회계자문수수료, 증권회사 수수료, 주권인쇄비, 우송료, 등록비, 사무처리비, 광고비 등이 있다.
이러한 주식발행비용은 별도항목으로 인식하지 않고 주식의 발행가액에서 차감하여 인식한다.

[5] 3월 15일 일반전표입력

(차) 건설중인자산	1,500,000	(대) 보통예금	1,500,000

[문제 2]

[1] 1월 20일 유형: 12.영세, 거래처: 하마전자, 전자: 여, 분개: 혼합

(차) 현 금	3,000,000	(대) 제품매출	9,000,000
외상매출금	6,000,000		

[2] 1월 31일 유형: 55.수입 거래처: 인천세관 전자: 여 분개: 혼합

(차) 부가세대급금	3,300,000	(대) 현 금	3,300,000

[3] 2월 5일 유형: 57.카과 거래처: 뉴젠칼텍스 분개: 혼합

(차) 기계장치	420,000	(대) 미지급금(삼성카드)	462,000
부가세대급금	42,000	또는 미지급비용	

* 본운전 전의 시운전을 위한 운전비 능은 원가에 가산한다.

[4] 2월 26일   유형: 58.카면   거래처:한우백화점   분개: 혼합 또는 카드

(차) 복리후생비(제)	1,500,000	(대) 미지급금(국민카드)	2,200,000
접 대 비 (판)	700,000		

[5] 3월 16일 유형: 11.과세   거래처: (주)신성인쇄   전자: 여, 분개: 혼합

(차) 미 수 금	550,000	(대) 비 품	1,500,000
감가상각누계액	1,200,000	부가세예수금	50,000
		유형자산처분이익	200,000

[문제 3]

[1]

1. 의제매입세액공제 작성(4점) 1기확정 4-6월
- 6월 4일 (주)아리수의 214,000, 수도요금은 의제매입세액공제 대상 아님
- 5월 2일 (주)클린짱의 816,000, 방역비는 의제매입세액공제 대상 아님

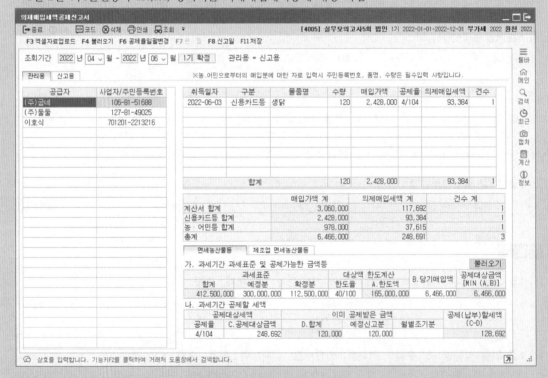

2. 6월 30일 일반전표 입력(2점)

(차) 부가세대급금	128,692원	(대) 원재료 (타계정대체)	128,692원

[2]

		구　분		금　액	세율	세　액
과세표준및매출세액	과세	세 금 계 산 서 교 부 분	①		10/100	
		매 입 자 발 행 세 금 계 산 서	②		10/100	
		신용카드·현금영수증발행분	③		10/100	
		기 타 (정 규 영 수 증 외 매 출 분)	④		10/100	
	영세율	세 금 계 산 서 교 부 분	⑤		0/100	
		기　　　　　　　타	⑥		0/100	
	예 정 신 고 누 락 분		⑦	6,000,000		600,000
	대 손 세 액 가 감		⑧			
	합　　　　계		⑨		㉮	
매입세액	세 금 계 산 서 수 취 분	일 반 매 입	⑩			
		고 정 자 산 매 입	⑪			
	예 정 신 고 누 락 분		⑫	13,000,000		1,300,000
	매 입 자 발 행 세 금 계 산 서		⑬			
	기 타 공 제 매 입 세 액		⑭			
	합 계 (⑩ + ⑪ + ⑫ + ⑬ + ⑭)		⑮			
	공 제 받 지 못 할 매 입 세 액		⑯	11,000,000		1,100,000
	차 감 계 (⑮ - ⑯)		⑰		㉯	
납부(환급)세액 (매출세액㉮-매입세액㉯)					㉰	
경감·공제세액	기 타 경 감 · 공 제 세 액		⑱			10,000
	신용카드매출전표등발행공제등		⑲			
	합　　　　계		⑳		㉱	
예 정 신 고 미 환 급 세 액			㉑		㉲	1,100,000
예 정 고 지 세 액			㉒		㉳	
금지금 매입자 납부특례 기납부세액			㉓		㉴	
가 산 세 액 계			㉔		㉵	29,100
차가감하여 납부할 세액(환급받을 세액)(㉰-㉱-㉲-㉳-㉴+㉵)			㉕			
총괄납부사업자 납부할 세액(환급받을 세액)						

			구　분		금 액	세율	세 액
예정신고 누락분 명세	㉮ 매출	과세	세 금 계 산 서	㉛		10/100	
			기　타	㉜	6,000,000	10/100	600,000
		영세율	세 금 계 산 서	㉝		0/100	
			기　타	㉞		0/100	
		합　　　계		㉟	6,000,000		600,000
	⑫ 매입	세 금 계 산 서		㊱	13,000,000		1,300,000
		기 타 공 제 매 입 세 액		㊲			
		합　　　계		㊳	13,000,000		1,300,000

	구 분		금 액	세율	세 액
⑯ 공제받지 못할 매입세액명세	공 제 받 지 못 할 매 입 세 액	㊽	11,000,000		1,100,000
	공 통 매 입 세 액 면 세 사 업 분	㊾			
	대 손 처 분 받 은 세 액	㊿			
	합 계	(51)			

	구 분		금 액	세율	세 액
⑱ 기타 경감·공제 세액 명세	전 자 신 고 세 액 공 제	(52)			10,000
	전자세금계산서 교부세액 공제	(53)			
	택 시 운 송 사 업 자 경 감 세 액	(54)			
	현 금 영 수 증 사 업 자 세 액 공 제	(55)			
	기 타	(56)			
	합 계	(57)			

	구 분			금 액	세 율	세 액
㉔ 가산세 명세	사 업 자 미 등 록 등		(58)		10/100	
	세 금 계 산 서 미 교 부 등		(59)		2/100	
	전자세금계산서 미 전송	과 세 기 간 내	(60)		1/1000	
		과세기간경과	(61)		3/1000	
	세 금 계 산 서 합 계 표 제 출 불 성 실		(62)		뒤쪽참조	
	신 고 불 성 실		(63)	400,000	뒤쪽참조	10,000
	납 부 지 연		(64)	400,000	뒤쪽참조	8,096
	영 세 율 과 세 표 준 신 고 불 성 실		(65)		1/100	
	현 금 매 출 명 세 서 미 제 출		(66)		5/1000	
	합 계		(67)			29,100

[문제 4]

[1] 12월 31일 일반전표입력

(차) 대손상각비	1,790,000	(대) 대손충당금(외상매출금)	540,000
		대손충당금(받을어음)	1,250,000

또는 결산자료입력 메뉴 중 대손상각비 메뉴에 다음과 같이 입력한다.
외상매출금 : 540,000(= 124,000,000 × 1% − 700,000)
받을 어음 : 1,250,000(= 245,000,000 × 1% − 1,200,000)

[2] 계정별원장에서 퇴직급여충당부채를 조회한다. 120,000,000로 조회.

12월 31일 일반전표입력

(차) 퇴직급여(판)	32,000,000	(대) 퇴직급여충당부채	45,000,000
퇴직급여(제)	13,000,000		

또는 결산자료입력 메뉴에서 퇴직급여 메뉴에 다음과 같이 입력한다.
영업직 : 80,000,000 − (120,000,000*40%) = 32,000,000
생산직 : 85,000,000 − (120,000,000*60%) = 13,000,000

[3] 12월 31일 일반전표입력

(차) 장기차입금(신한은행)　　50,000,000　　　　　　(대) 유동성장기부채(신한은행)　50,000,000

[4] 결산자료 입력

- 기말 원재료 재고액 : 1,500,000
- 기말 재공품 재고액 : 3,000,000
- 기말 제품 재고액 　: 7,000,000

[5] 처분일자기재하고 이익준비금 5,000,000, 미지급배당금 50,000,000, 미교부주식배당금 3,000,000 입력

[문제 5]

[1] 사원등록에서 김회계의 기본등록사항을 입력한다.

배우자 : 공제대상아님(배우자는 근로소득공제 후 근로소득금액이 100만원이상)

- 부양가족공제

　20세 이하 : 1명(딸)

　60세 이상 : 1명(부)

　또는 20세이하 1명, 60세이상 1명

　　- 부친의 기타소득금액은 400만원 × (1−60%)=60만원이다. 따라서, 분리과세 가능(소득금액이 3백만
　　원이하)한데, 분리과세를 선택하는 경우에 종합소득금액이 없으므로 부양가족이 될 수 있다.

　　- 동생이 장애인이라 인적공제가 가능한것 처럼 보이나 매월소득이 100만원씩 발생하므로 부양가족
　　이 될 수 없음.

- 추가공제

　70세 이상 경로 : 1명(부)

[2] 연말정산추가자료 입력

① 보장성보험세액공제 : 1,200,000

② 의료비 : 없음

③ 교육비

　- 본인대학원교육비 : 2,000,000

　- 영,유치원아 : 600,000

　- 초,중,고 : 800,000

④ 주택자금 : 5,000,000

⑤ 전액공제 기부금 : 250,000

⑥ 연금저축액등 : 3,600,000

⑦ 신용카드 등 사용액

　- 기타 생활용품 구입 : 22,000,000

⑧ 전근무지

　- 근무처명 : (주)마구마구

　- 사업자등록번호 : 120−81−34671

　- 급여총액 : 4,000,000

　- 상여총액 : 2,000,000

　- 출산보육비과세 : 500,000

- 건강보험료 : 169,200
- 장기요양보험료 : 11,080원
- 고용보험료 : 33,000
- 국민연금보험료 : 270,000
- 소득세 : 180,000
- 지방소득세 : 18,000

04 문제편(종합 모의고사) 정답

[01회 종합 모의고사]

◈ 이론시험

01 ④ 정기예금은 단기금융상품에 해당

02 ③ 무형자산 내용연수는 법적 내용연수와 경제적 내용연수 중 짧은 기간으로 한다.(일반기업회계기준 11.30)

03 ④ 수익과 관련 비용은 대응하여 인식한다. 즉, 특정 거래와 관련하여 발생한 수익과 비용은 동일한 회계기간에 인식한다. 일반적으로 재화의 인도 이후 예상되는 품질보증비나 기타 비용은 수익인식시점에 신뢰성 있게 측정할 수 있다. 그러나 관련된 비용을 신뢰성 있게 측정할 수 없다면 수익을 인식할 수 없다. 이 경우에 재화 판매의 대가로 이미 받은 금액은 부채로 인식한다.(일반기업회계기준 실16.7)

04 ③ 주식배당 결의일에 (차)미처분이익잉여금XXX (대)자본금XXX 회계처리를 하므로 자본금은 증가하고 이익잉여금은 감소한다. 자본항목간의 변동만 있음.

05 ④ 회계변경의 속성상 그 효과를 회계정책의 변경효과와 회계추정의 변경효과로 구분하기가 불가능한 경우에는 이를 회계추정의 변경으로 본다.(일반기업회계기준 5.16)

06 ③ 평균법은 전기와 당기발생작업량 모두를 대상으로 완성품환산량을 구하기 때문에 선입선출법에 비해 상대적으로 계산하기 편리하다.

07 ① 예정배부율 = 제조간접비 연간예산액 ÷ 예정배부기준
예정배부액 = 실제발생액 × 예정배부율

08 ③ 직접재료비 600 + 직접노무비 300 + 변동제조간접비 90(30*3시간) =990

09 ① 평균법 = 300개 + 200개×50%
선입선출법 = 100개×75% + 200개 + 200개×50%

10 ② 단계배부법은 보조부문 간의 배부순서에 따라 배부액이 달라진다.

11 ③ 위탁자 명의로 세금계산서 교부하고 비고란에 수탁자의 사업자등록번호 부기

12 ③ 선(후)불로 받은 임대료의 공급시기는 예정신고기간(과세기간)종료일이 된다.

13 ④ 개인사업자는 원칙적으로 예정신고의무가 없다.

14 ① 복권당첨소득은 무조건 분리과세소득에 해당한다.(소득세법 14 ③)

15 ② 기타소득 중 계약금이 위약금 등 무조건 종합과세대상임

◈ 실무시험

[1] 6월 2일

(차) 선급금((주)한기)	13,000,000	(대) 당좌예금	13,000,000

[2] 6월 15일

(차) 기타의 대손상각비	800,000	(대) 단기대여금(㈜장안상사)	800,000

[3] 6월 30일

(차) 세금과공과(판)	430,000	(대) 부가세예수금	430,000

[4] 7월 3일

(차) 자본금	10,000,000	(대) 현 금	6,000,000
		감자차익	4,000,000

[5] 7월 12일

(차) 보통예금	57,500,000	(대) 외상매출금(지엠상사)	60,000,000
외환차손	2,500,000		

[1] 1월 15일 유형:51.과세, 공급가액 20,000,000, 부가세 2,000,000, 거래처:한진설비, 전자:부, 분개:혼합

(차) 기계장치	20,000,000	(대) 당좌예금	22,000,000
부가세대급금	2,000,000		

[2] 1월 31일 유형:61.현과, 공급가액 300,000, 부가세 30,000, 거래처:서울부동산, 분개:혼합

(차) 수수료비용(판)	300,000	(대) 보통예금	330,000
부가세대급금	30,000		

[3] 1일 유형: 55 수입, 공급가액 6,000,000, 부가세 600,000, 거래처: 인천세관, 전자:여, 분개:혼합

(차) 원재료	400,000	(대) 현 금	1,000,000
부가세대급금	600,000		

[4] 2월 22일 유형:12.영세율, 공급가액 2,000,000, 거래처:(주)태호, 전자:여, 분개:현금

(차) 현 금	2,000,000	(대) 제품매출	2,000,000

[5] 3월 13일 유형:11.과세, 공급가액: −500,000, 부가세: −50,000, 거래처:(주)부산상사, 전자:여, 분개:외상

(차) 외상매출금	−550,000	(대) 제품매출	−500,000
		부가세예수금	−50,000

[문제 3]

[1] 1기확정(4-6월)신용카드매출전표등수령금액합계표

월/일	구 분	공급자	공급자(가맹점) 사업자등록번호	카드회원번호	기타 신용카드 등 거래내역 합계		
					거래건수	공급가액	세 액
06-04	사 업	엑스오일	314-81-11803	1111-2222-3333-4444	1	40,000	4,000
06-06	현 금	스타벅	204-25-33620	-	1	20,000	2,000

여객운송업인 KTX승차권 구입비 및 비영업용 소형승용차의 임차료는 매입세액공제 대상이 아님.

[2] 2기확정(10-12월)신고서

구분			금액	세율	세액
과세표준및매출세액	과세	세금계산서발급분 1	450,000,000	10/100	45,000,000
		매입자발행세금계산서 2		10/100	
		신용카드·현금영수증발행분 3	40,000,000		4,000,000
		기타(정규영수증외매출분) 4		10/100	
	영세	세금계산서발급분 5		0/100	
		기타 6	200,000,000	0/100	
	예정신고누락분 7				
	대손세액가감 8				2,000,000
	합계 9		690,000,000	㉮	51,000,000
매입세액	세금계산서수취분	일반매입 10	470,000,000		47,000,000
		고정자산매입 11	30,000,000		3,000,000
	예정신고누락분 12		10,000,000		1,000,000
	매입자발행세금계산서 13				
	기타공제매입세액 14				
	합계(10+11+12+13+14) 15		510,000,000		51,000,000
	공제받지못할매입세액 16		30,000,000		3,000,000
	차감계 17		480,000,000	㉯	48,000,000
납부(환급)세액(매출세액㉮-매입세액㉯)				㉰	3,000,000
경감공제세액	기타경감·공제세액 18				40,000
	신용카드매출전표등발행공제등 19		44,000,000		
	합계 20			㉱	40,000
예정신고미환급세액 21				㉲	1,000,000
예정고지세액 22				㉳	
금지금매입자납부특례기납부세액 23				㉴	
가산세액계 24				㉵	
차가감하여 납부할세액(환급받을세액)(㉰-㉱-㉲-㉳-㉴-㉵+㉶) 25					1,960,000
총괄납부사업자 납부할 세액(환급받을 세액)					

구분		금액	세율	세액
16.공제받지못할매입세액				
공제받지못할 매입세액 48	30,000,000			3,000,000
공통매입세액면세사업분 49				
대손처분받을세액 50				
합계 51	30,000,000			3,000,000
18.기타경감공제세액				
전자신고세액공제 52				10,000
전자세금계산서발급세액공제 53				30,000
택시운전사업자경감세액 54				
원산지확인서 발급세액 공제 55				
현금영수증사업자세액공제 56				
기타 57				
합계 58				40,000
24.가산세명세				
사업자미등록등 59		1/100		
세금계산서	지연발급 등 60		1/100	
	지연수취 61		1/100	
	미발급 등 62		2/100	
전자세금계산서	지연전송 63		1/1000	
발급명세	미전송 64		3/1000	
세금계산서합계표제출불성실 65				
	미제출		1	
	부실기재		1	
	지연제출		0.5	
신고불성실 66		뒤쪽		
납부불성실 67		뒤쪽		
영세율과세표준신고불성실 68		5/1000		
현금매출명세서미제출 69		1/100		
합계 70				

[문제 4]

[1] 12월 31일 일반전표입력

(차) 장기차입금(우리은행)	30,000,000	(대) 유동성장기부채(우리은행)	30,000,000

[2] 12월31일 일반전표입력

(차) 무형자산상각비	1,500,000	(대) 특허권	1,500,000

[3] 12월31일 일반전표입력

(차) 대손상각비	500,000	(대) 대손충당금(외상매출금)	500,000

100,000,000×1% - 500,000 = 500,000

[4] 12월31일 일반전표입력

(차) 퇴직급여(제)	2,000,000	(대) 퇴직급여충당부채	5,000,000
퇴직급여(판)	3,000,000		

[5] 결산자료입력 메뉴 중 제품매출원가 항목 중 다음과 같이 입력한다.

원재료 : 3,000,000, 재공품 : 2,000,000, 제품 : 2,500,000 입력후 반드시 "전표추가"

[문제 5]

[1] 1) 3월 급여대장-귀속연월 2020년 3월, 지급년월일 2020(주)년 3월 25일

☐	사번	사원명	감면율		급여항목	금액		공제항목	금액
☐	301	이태수(퇴사자)			기본급	5,400,000		국민연금	189,450
☐					상여			건강보험	153,000
☐					직책수당	100,000		장기요양보험	10,020
☐					월차수당			고용보험	35,750
☐					식대	100,000		소득세(100%)	
☐					자가운전보조금			지방소득세	
☐					야간근로수당			농특세	
☐								중도정산소득세	-796,980
☐								중도정산지방소득세	-79,690
☐								중도정산농특세	
☐									
☐					과　　세	5,500,000			
					비 과 세	100,000		공 제 총 액	-488,450
	총인원(퇴사자)	1(1)			지 급 총 액	5,600,000		차 인 지 급 액	6,088,450

2) 원천징수이행상황신고서-귀속연월 2020년 3월, 지급기간 2020년 3월 정기신고

		코드	인원	소득지급 총지급액	징수세액 소득세 등	농어촌특별세	가산세	당월조정 환급세액	납부세액 소득세 등	농어촌특별세
개인 거주자 비거주자	근로소득	간이세액	A01	1	5,500,000						
		중도퇴사	A02	1	16,500,000	-796,980					
		일용근로	A03								
		연말정산	A04								
		(분납금액)	A05								
		(납부금액)	A06								
		가 감 계	A10	2	22,000,000	-796,980					
	퇴직소득	연금계좌	A21								
		그　외	A22								
		가 감 계	A20								
	사업소득	매월징수	A25								
		연말정산	A26								
		가 감 계	A30								
	기타소득	연금계좌	A41								
		그　외	A42								
		가 감 계	A40								

전월 미환급 세액의 계산				당월 발생 환급세액				18.조정대상환급(14+15+16+17)	19.당월조정 환급세액계	20.차월이월 환급세액	21.환급신청액
12.전월미환급	13.기환급	14.차감(12-13)	15.일반환급	16.신탁재산	금융회사 등	합병 등					
			796,980					796,980		796,980	

[2]

1. 보험료공제 　· 보장성 : 1,100,000(1,000,000도 인정)
2. 의료비공제 　· 전액공제의료비 : 4,000,000
3. 교육비공제 　· 본인교육비 : 8,000,000
　　　　　　 · 영유치원 교육비 : 4,200,000(3,000,000도 인정)
4. 기부금 　· 지정(종교단체) 기부금 : 3,500,000
6. 신용카드 　· 신용카드 : 2,000,000 + 1,800,000 = 3,800,000(의료비는 신용카드 중복공제됨)
　　　　　　 · 유아교육법에 의한 유치원 교육비는 신용카드등과 중복적용되지 아니함

[02회 종합 모의고사]

◆ 이론시험

01 ④ 미지급비용은 부채항목이다.

02 ③ 재무제표는 재무상태표, 손익계산서, 현금흐름표, 자본변동표로 구성되며, 주석을 포함한다.(일반 기업회계기준 2.4)

03 ② 매도가능증권평가손익은 자본의 기타포괄손익누계액으로 표시되는 주식과 채권이 가능한자산이다.

04 ① 재고자산은 이를 판매하여 수익을 인식한 기간에 매출원가로 인식한다. 재고자산의 시가가 장부금액 이하로 하락하여 발생한 평가손실은 재고자산의 차감계정으로 표시하고 매출원가에 가산한다. 재고자산의 장부상 수량과 실제 수량과의 차이에서 발생하는 감모손실의 경우 정상적으로 발생한 감모손실은 매출원가에 가산하고 비정상적으로 발생한 감모손실은 영업외비용으로 분류한다.(일반 기업회계기준7.20)

05 ① 불가피하게 취득한 국공채의 경우에는 매입가액과 공정가치와의 차액이 취득원가에 가산된다.

06 ③ 과거에 발생한 원가로서 의사결정에 고려되어서는 안되는 원가를 매몰원가라고 한다.

07 ④ 제조간접비의 배부차이는 제조간접비에만 해당되는 내용이다.

08 ②

09 ②
① 공손품물량 : 기초재공품(2,000) + 당기착수량(8,000) - 당기완성수량(9,000) - 기말재공품(400) = 600개
② 정상공손품 = 9,000 * 5% = 450개
비정상공손품 = 600 - 450 = 150개

10 ① 개별원가계산은 원가계산을 함에 있어 종합원가계산보다 복잡하고 많은 노력을 필요로 한다.

11 ④ 상속으로 인하여 사업자의 명의가 변경되는 것은 사업자등록의 정정사유이다.

12 ④ 면세사업자는 부가가치세법상 납세의무가 존재하지 않는다.

13 ④ 부동산임대업으로서 일정한 기준에 해당하는 것만 간이과세 배제대상임.(부가가치세법시행령 109)

14 ② 퇴직함으로써 받는 소득으로서 퇴직소득에 속하지 아니하는 퇴직위로금은 근로소득이다.

15 ① 거주자의 기본공제대상자가 다른 거주자의 법 제51조 제1항 제4호에 따른 추가공제대상자(6세이하 직계비속, 입양자 또는 위탁아동)에 해당하는 경우에는 다른 거주자의 해당 추가공제대상자로 할 수 있다.(소득세법 제103조 1항 단서)

◆ 실무시험

[문제 1]

[1] 4월 25일

(차)	퇴직급여(판)	16,000,000	(대)	보통예금	24,000,000
	퇴직급여(제)	8,000,000			

[2] 5월 1일

(차)	잡급(제)	700,000	(대)	현　금	700,000

[3] 5월 15일

(차)	보통예금	53,000,000	(대)	사채	50,000,000
				사채할증발행차금	3,000,000

[4] 5월 31일

(차)	만기보유증권(181)	2,060,000	(대)	보통예금	2,060,000

[5] 9월 3일

(차)	복리후생비(제)	300,000	(대)	제품	300,000(적요:8)

[문제 2]

[1] 2월 10일 유형 : 54.불공, 공급가액 17,000,000, 부가세 1,700,000, 거래처: (주)한국자동차, 전자:여, 분개:혼합, 불공사유:③비영업용소형승용자동차구입, 유지, 임차

(차)	차량운반구	18,500,000	(대)	선급금	1,700,000
				(거래처:(주)한국자동차)	
				미지급금	17,000,000
				(거래처:(주)한국자동차)	

[2] 3월 21일 유형:22.현과, 공급가액 700,000, 부가세 70,000 거래처:황선희 분개: 혼합

(차)	선수금(거래처:황선희)	1,000,000	(대)	제품매출	700,000
				부가세예수금	70,000
				현　금	230,000

[3] 3월 31일 유형:51.과세, 공급가액 2,000,000, 부가세 200,000, 거래처:한진상사, 분개:외상, 예정신고 누락분 확정신고 – 확정신고 개시연월 2018년 4월 입력

(차)	원재료	2,000,000	(대)	외상매입금	2,200,000
				(거래처:한진상사)	
	부가세대급금	200,000			

[4] 7월 5일 유형:11.과세, 공급가액 5,000,000, 부가세:500,000, 거래처:(주)대전상사, 전자:여, 분개:혼합

(차)	단기차입금	5,500,000	(대)	제품매출	5,000,000
	(거래처:(주)대전상사)			부가세예수금	500,000

[5] 10월 4일   유형:57.카과, 공급가액:800,000, 부가세:80,000,   거래처:경일주유소, 신용카드사:신한카드,   분개:카드 또는 혼합

(차) 기계장치	800,000	(대) 미지급금	880,000
부가세대급금	80,000	(거래처:신한카드)	

[문제 3]

[1] 수출실적명세서 (조회기간 10 -12월)

(12)일련번호	(13)수출신고번호	(14)선적일자	(15)통화코드	(16)환율	금액	
					(17)외화	(18)원화
1	123-12-34-1234567-4	2022.10.08	USD	1,100	40,000	44,000,000
1	111-22-33-1234567-9	2022.10.21	JPY	12	800,000	9,600,000

[2] 2기확정(10-12월) 대손세액공제신고서

대손확정일	대손금액	공제율	대손세액	거래처	대손사유
2020-10-5	990,000	10/110	90,000	(주)미련	6.소멸시효완성

• 받을어음 : 부도발생일로부터 6개월 경과하지 않아 대손세액공제를 인정받을 수 없음.
• 장기대여금 : 재화 및 용역의 공급과 관련이 없는 채권에 대하여는 대손세액공제를 인정받을 수 없음.

[3] 신용카드 등 발급분 = 4,900,000 + 2,200,000 = 7,100,000

현금영수증발급분 = 550,000
세금계산서교부금액 = 4,900,000

2기예정(7-9월)신용카드발행집계표

▭▶ 2. 신용카드매출전표 등 발행금액 현황			
구 분	합 계	신용·직불·기명식 선불카드	현금영수증
합 계	7,650,000	7,100,000	550,000
과세 매출분	7,650,000	7,100,000	550,000
면세 매출분			
봉 사 료			

▭▶ 3. 신용카드매출전표 등 발행금액중 세금계산서 교부내역			
세금계산서교부금액	4,900,000	계산서교부금액	

[문제 4]

[1] 12월 31일 일반전표입력

(차) 단기대여금(거래처:키케인)	900,000	(대) 외화환산이익	900,000

[2] 12월 31일 일반전표입력

| (차) 보험료(판) | 170,000 | (대) 현금과부족 | 800,000 |
| 선급비용 | 630,000 | | |

[3] 12월 31일 일반전표입력

| (차) 임대료 | 16,000,000 | (대) 선수수익 | 16,000,000 |

[4] 12월 31일 일반전표입력

| (차) 감가상각비(판) | 5,000,000 | (대) 감가상각누계액(203번) | 5,000,000 |

[5] 12월 31일 일반전표입력

| (차) 법인세등 | 22,000,000 | (대) 선납세금 | 10,000,000 |
| | | 미지급세금 | 12,000,000 |

또는, 결산자료입력 메뉴 [9.법인세등 → 1)선납세금란에 10,000,000, 2)추가계상액란에 12,000,000] 입력 후 전표추가

[문제 5]

[1]

(1) 사원등록 : 사번 : 101, 성명 : 정별인, 입사년월일 : 2013년 2월 1일, 내국인,
　　주민등록번호 : 650128-2436801, 거주자, 한국, 국외근로제공 : 부, 생산직여부 : 부

(2) 부양가족등록 : 해외에 거주하는 직계존속의 경우는 주거의 형편에 따라 별거한 것으로 볼 수 없으므로 부양가족공제를 받을 수 없는 것임(서면1팀-1360, 2007.10.5.)

• 본인: 부녀자공제 가능
• 배우자: 소득금액이 100만원초과이므로 공제불가
• 아들: 나이요건 미충족으로 공제불가
• 딸 : 20세이하,자녀공제
• 동생: 장애인(소득금액이 없으므로 공제가능)
• 아버지,어머니: 모두 해외거주하므로 공제불가하며 입력하지 않음

[2]
- 보험료 : 보장성보험 1,400,000(1,000,000 한도)

　　　　　　상애인선용보상성모험료 400,000(1,000,000 한도)
- 의료비 : 전액공제의료비3,000,000, 일반의료비 0
- 교육비 : 대학교 0(직계존속교육비는 공제불가), 영·유치원 2,200,000
- 연금저축 : 0(본인분이 아닌 경우는 공제 불가)
- 기부금 : 전액공제(법정) 200,000
- 신용카드등 소득공제 : 전통시장사용 3,000,000(보험료는 신용카드 중복공제 불가)

[03회 종합 모의고사]

◆ 이론시험

01 ① 재무제표는 재무상태표, 손익계산서, 현금흐름표, 자본변동표로 구성되며, 주석을 포함한다.(일반기업회계기준2.4)

02 ③ 자본의 증가는 유상증자(①의 경우), 자기주식의 처분(②의 경우), 현물출자(④의 경우) 등이 있다. 유상감자(③의 경우)의 경우에는 실질적인 자본이 감소하게 된다.

03 ④ 유형자산의 처분손실은 영업외비용으로 영업이익에 영향을 미치지 아니한다.

04 ② 상각은 자산이 사용가능한 때부터 시작한다.(일반기업회계기준 11.26)
무형자산의 공정가치 또는 회수가능액이 증가하더라도 상각은 원가에 기초한다.(일반기업회계기준 11.27)
무형자산의 잔존가치는 없는 것을 원칙으로 한다.(일반기업회계기준 11.33)

05 ④ 충당부채는 최초의 인식시점에서 의도한 목적과 용도에만 사용하여야 한다. 다른 목적으로 충당부채를 사용하면 상이한 목적을 가진 두 가지 지출의 영향이 적절하게 표시되지 못하기 때문이다.(일반기업회계기준 14.15)

06 ① 기초재공품＋당기총제조비용－기말재공품 ＝ 당기제품제조원가

07 ④ 보조부문비를 가장 정확하게 배부하는 방법은 상호배부법이다.

08 ③ 당기 제품매출원가는 제품계정 대변에 기입되고, 당기제품제조원기와 재공품 차기이월액은 재공품계정의 대변에 기입됨

09 ④ 조업도가 증가하면 단위당 비용은 감소하나 조업도가 감소하면 단위당 비용은 증가한다.

10 ③

11 ① 계약 등에 의하여 확정된 공급대가의 지급 지연으로 인하여 지급받는 연체이자는 과세표준에 포함하지 아니한다(부가 13－②－5)(부가 48－⑩).

12 ① 경정할 것을 미리 알고 있는 경우는 제외한다.

13 ③ 공급일이 속하는 과세기간 이후의 과세기간에 발급받은 매입세금계산서는 매입세액공제를 받을 수 없다.

14 ② 원천징수되지 않은 이자소득은 언제나 종합소득과세표준에 합산된다. 따라서 거주자의 이자소득과 배당소득 등 금융소득의 합계액이 2천만원 이하인 경우에도 모두 종합소득과세표준에 합산하여 과세한다.(소법 §14 ③ 6호).

15 ② 해당 과세기간의 기타소득금액이 300만원을 초과하는 경우 종합소득과세표준에 합산하여야 한다.(소득세법 제73조 1항 각호, 소득세법 제14조 3항 7호)

◈ 실무시험

[문제 1]

[1] 1월 10일

| (차) | 보통예금 | 172,000 | (대) | 이자수익 | 200,000 |
| | 선납세금 | 28,000 | | | |

[2] 1월 12일

| (차) | 대손충당금(109) | 300,000 | (대) | 외상매출금((주)강남) | 900,000 |
| | 대손상각비(판) | 600,000 | | | |

[3] 1월 14일

| (차) | 미지급금((주)대우자동차) | 7,000,000 | (대) | 당좌예금 | 5,000,000 |
| | | | | 당좌차월(국민은행) | 2,000,000 |

[4] 1월 21일

| (차) | 장기대여금((주)모란) | 30,000,000 | (대) | 외상매출금((주)모란) | 30,000,000 |

[5] 1월 31일

| (차) | 급여(801) | 2,700,000 | (대) | 예수금 | 215,000 |
| | | | | 보통예금 | 2,485,000 |

[문제 2]

[1] 3월 5일 유형:11.과세, 공급가액 12,000,000, 부가세 1,200,000, 거래처:(주)파란기업. 전자:여, 분개: 혼합

| (차) | 현 금 | 8,000,000 | (대) | 제품매출 | 12,000,000 |
| | 외상매출금 | 5,500,000 | | 부가세예수금 | 1,200,000 |

[2] 3월 12일 유형:54.불공(사유:4), 공급가액 600,000, 부가세 60,000, 거래처:(주)올마트, 전자:여, 분개: 혼합

| (차) | 접대비(판) | 660,000 | (대) | 당좌예금 | 500,000 |
| | | | | 미지급금 | 160,000 |

[3] 3월 15일 유형:16.수출 공급가액 55,000,000 부가세 0 거래처:쇼율   분개:혼합

| (차) 보통예금 | 33,000,000 | (대) 제품매출 | 55,000,000 |
| 외상매출금 | 22,000,000 | | |

[4] 3월 27일 유형:53.면세, 거래처:(주)올마트, 금액 3,000,000, 전자:여, 분개:혼합

| (차) 소모품 | 3,000,000 | (대) 받을어음((주)태안상사) | 1,500,000 |
| | | 미지급금((주)올마트) | 1,500,000 |

[5] 3월 31일 유형:51.매입, 금액 10,000,000, 세액 1,000,000, 거래처:(주)보안, 전자:여, 분개:혼합

| (차) 비품 | 10,000,000 | (대) 현금 | 1,000,000 |
| 부가세대급금 | 1,000,000 | 미지급금 | 10,000,000 |

[문제 3]

[1] 원재료 구입이 아닌 계산서 매입액은 의제매입세액공제가 적용되지 않는다.

의제매입세액공제액 = (90,000,000 + 50,000,000) X 2/102 = 2,745,098

[1기 확정(4-6월)부가가치세신고서]

구분			정기신고금액			구분		금액	세율	세액
				금액	세율	세액	16.공제받지못할매입세액				
과세표준및매출세액	과세	세금계산서발급분	1	350,000,000	10/100	35,000,000	공제받지못할 매입세액	49	40,000,000		4,000,000
		매입자발행세금계산서	2		10/100		공통매입세액면세등사업분	50			
		신용카드·현금영수증발행분	3	27,000,000	10/100	2,700,000	대손처분받은세액	51			
		기타(정규영수증외매출분)	4				합계	52	40,000,000		4,000,000
	영세	세금계산서발급분	5		0/100		18.그 밖의 경감·공제세액				
		기타	6	80,000,000	0/100		전자신고세액공제	53			10,000
	예정신고누락분		7				전자세금계산서발급세액공제	54			
	대손세액가감		8				택시운송사업자경감세액	55			
	합계		9	457,000,000	㉮	37,700,000	현금영수증사업자세액공제	56			
매입세액	세금계산서수취분	일반매입	10	200,000,000		20,000,000	기타	57			
		고정자산매입	11	40,000,000		4,000,000	합계	58			10,000
	예정신고누락분		12								
	매입자발행세금계산서		13								
	그 밖의 공제매입세액		14	140,000,000		2,745,098					
	합계(10+11+12+13+14)		15	380,000,000		26,745,098					
	공제받지못할매입세액		16	40,000,000		4,000,000					
	차감계 (15-16)		17	340,000,000	㉯	22,745,098					
납부(환급)세액(매출세액㉮-매입세액㉯)					㉰	14,954,902					
경감공제세액	그 밖의 경감·공제세액		18			10,000					
	신용카드매출전표등 발행공제등		19								
	합계		20		㉱	10,000					
예정신고미환급세액			21		㉲						
예정고지세액			22		㉳						
사업양수자의 대리납부 기납부세액			23		㉴						
매입자 납부특례 기납부세액			24		㉵						
가산세액계			25		㉶						
차감.가감하여 납부할세액(환급받을세액)X(㉰-㉱-㉲-㉳-㉴-㉵+㉶)			26			14,944,902					
총괄납부사업자가 납부할 세액(환급받을 세액)											

[2] 2기예정(7-9월)공제받지못할매입세액명세서

매입세액불공제사유	매수	공급가액	매입세액
사업과 직접 관련 없는 지출	1	2,000,000	200,000
비영업용 소형승용자동차 구입·유지 및 임차	1	25,000,000	2,500,000
접대비 및 이와 유사한 비용 관련	1	2,000,000	200,000

가. 공급받는자의 상호 및 성명, 공급자의 날인은 필요적 기재사항이 아니므로 매입세액공제가 가능하다.

[문제 4]

[1] 12월 31일 일반전표입력

(차) 재고자산감모손실(959) 300,000 (대) 제품 300,000
(적요8.타계정으로 대체액 손익계산서 반영분)

감모손실액 = (500 - 430 - 40)×10,000 = 300,000

[2] 12월 31일 일반전표입력

(차) 매도가능증권평가이익 400,000 (대) 매도가능증권(178) 600,000
매도가능증권평가손실 200,000

[3] 12월 31일 일반전표입력

(차) 부가세예수금 66,000,000 (대) 부가세대급금 64,000,000
잡이익 10,000
미지급세금 1,990,000

[4] 12월 31일 일반전표입력

(차) 감가상각비(제) 3,608,000 (대) 감가상각누계액(207) 3,608,000

(10,000,000 - 2,000,000) × 0.451 = 3,608,000

[5] 결산자료입력 메뉴에 다음과 같이 반영 후 전표추가

기말원재료 : 5,500,000   기말재공품 : 6,000,000   기말제품 : 9,500,000

[문제 5]

[1] 1. 사원등록 - 기본사항
2. 사원등록 - 부양가족명세

연말관계	이 름	주민등록번호	연령(만)	기본공제	부녀자	한부모	경로우대	장애인	자녀	출산입양
0	홍승기	781220-1845272	42	본인						
1	홍만호		77	장애인			○	○		
1	김희자		70	부						
3	이민희		40	배우자						
4	홍수환		15	20세이하					○	

[2] 〈연말정산입력〉내역
(1) 보험료 : 0원 (기본공제대상자가 아닌 자를 위한 보험료는 공제대상 아님)
(2) 의료비
① 전액공제의료비 : 부친의료비 800,000
② 일반의료비 : 장남의 건강진단비 280,000, 미용목적의 성형수술비는 공제대상이 아님
(3) 교육비
① 대학생 : 4,200,000

② 초중고 : 600,000

　　직계존속의 교육비, 본인이외의 대학원교육비 및 사설학원비는 공제대상이 아님

(4) 기부금

　　종교단체기부금 : 1,300,000

(5) 신용카드 : 5,900,000

　　아파트관리비 신용카드사용분은 공제대상이 아님

[04회 종합 모의고사]

◆ 이론시험

01　① 보고기간종료일로부터 1년 이내에 현금화 또는 실현될 것으로 예상되는 자산

02　② 비용을 자산으로 계상하게 되면 자산과 당기순이익이 과대 계상되고 자본이 과대 계상 된다. 그러나 현금 유출액에는 영향을 미치지 않는다.

03　③ 추가 생산단계에 투입하기 전에 보관이 필요한 경우 외의 보관비용은 재고자산원가에 포함할 수 없으며 발생기간의 비용으로 인식하여야 한다.(일반기업회계기준 7.10)

04　② 계속성의 원칙은 회계처리의 기간별 비교를 위해 필요하다.

05　② 12월 1일의 회계처리는 다음과 같다.

　　(차) 대손충당금 2,000,000　　　　　　(대) 외상매출금 2,000,000

　　따라서 회계처리과정에서 비용으로 인식되는 금액은 없다.

06　④ 제품매출원가는 손익계산서에서 확인가능하다.

07　④ 예정배부율 ＝ 제조간접비예상 ÷ 예정배부기준수(예상 기계사용시간)

　　50원　　＝ 3,000,000 ÷ 60,000시간

　　예정배부액 ＝ 예정배부율(50원) × 실제 기계사용시간(73,800시간) ＝ 3,690,000

　　실제발생액(3,600,000) － 예정배부액(3,690,000) ＝ －90,000(과대배부)

08　① 종합원가계산에서 재료비와 가공비로 구분하는 이유는 재료비와 가공비의 투입시점이 틀리기 때문이다. 따라서 재료비와 가공비의 투입시점이 같다면 굳이 재료비와 가공비를 구분하는 실익이 없다.

09　③ 공손품의 발생시점(불량품 검사시점)이 기말재공품의 완성도 이후인 경우에는 기말재공품은 불량품 검사를 받지 않았으므로 기말재공품에는 정상공손품원가가 배분되지 아니한다.

10　① 선투식량의 제조원가는 종합원가계산에 적합한 방식이다.

11　② 간이과세자의 과세기간은 1월1일부터 12월31일까지 이다(부가세법 제3조 1항).

12　① 폐업일 전에 공급한 재화와 용역의 공급시기가 폐업일 이후에 도래하는 경우에는 그 폐업일을 공급시기로 본다.(부가가치세법시행령 제21조 1항 단서 및 22항 단서)

13　③ 산후조리원을 운영하고 있는 사업자는 면세사업자에 속한다.(부가가치세법시행령 29조 15호)

14 ① 당해 법인의 잉여금처분결의일(소령 49조 ① 2)

15 ② 확정신고를 하지 아니하여도 된다.(면제)

◆ **실무시험**

[문제 1]

[1] 5월 1일

(차) 수선비(제)	3,000,000	(대) 원재료	3,000,000
		(적요:8.타계정으로 대체액 원가명세서 반영분)	

[2] 5월7일

(차) 현 금	150,000	(대) 가지급금	700,000
여비교통비(판)	550,000		

[3] 5월 9일

(차) 보통예금	14,980,000	(대) 단기매매증권	16,000,000
단기매매증권처분손실	1,070,000	현 금	50,000

[4] 5월 10일

(차) 예수금	250,000	(대) 현 금	500,000
세금과공과(판)	100,000		
세금과공과(제)	150,000		

[5] 5월 31일

(차) 보통예금	38,400,000	(대) 자 본 금	40,000,000
주식할인발행차금	1,900,000	현 금	300,000

[문제 2]

[1] 7월 5일 공급가액:5,000,000/부가세:500,000, 유형:11.과세, 거래처:(주)한진물산, 전자:여, 분개:혼합

(차) 미수금	5,500,000	(대) 기계장치	10,000,000
감가상각누계액(207)	4,500,000	부가세예수금	500,000
유형자산처분손실	500,000		

[2] 7월 9일 공급가액:15,000,000/부가세:1,500,000, 유형:11.과세, 거래처:미주전자, 전자:여, 분개:카드 또는 혼합

(차) 외상매출금(국민카드)	16,500,000	(대) 제품매출	15,000,000
		부가세예수금	1,500,000

[3] 7월 13일 공급가액:5,000,000/부가세:500,000, 유형:54.불공(사유:5), 거래처:(주)장흥, 전자:여, 분개: 혼합

(차) 기계장치	5,500,000	(대) 미지급금	5,500,000

[4] 7월 16일 공급가액:10,000,000/부가세:1,000,000, 유형:57.카과, 거래처:(주)대웅연수원, 분개:카드 또는 혼합

| (차) | 교육훈련비(제) | 10,000,000 | (대) | 미지급금(거래처:법인카드) | 11,000,000 |
| | 부가세대급금 | 1,000,000 | | | |

[5] 7월 26일 공급가액:30,000,000/부가세:0, 유형:12.영세, 거래처:(주)강북상사, 전자:여, 분개:혼합

| (차) | 외상매출금 | 26,000,000 | (대) | 제품매출 | 30,000,000 |
| | 현   금 | 4,000,000 | | | |

[문제 3]

[1] 1기예정(1~3월) 의제매입세액공제신고서

공급자	사업자번호 또는 주민번호	구분	매입일자	품명	수량	매입가격	공제율	의제매입세액
파주농산	135-81-22221	1.계산서	2022.1.05	농산물	100	10,000,000	4/104	384,615
김하기	620202-1103222	3.농어민매입	2022.1.20	야채	50	300,000	4/104	11,538

[2] 1기확정(4~6월)부가가치세신고서

구 분			금액(원)	세액(원)
과세표준 및 매출세액	과세	세금계산서발급분	200,000,000	20,000,000
	영세율	기타	50,000,000	0
	예정신고누락분	과세-기타	3,000,000	300,000
매입세액	세금계산서수취분	일반매입	80,000,000	8,000,000
		고정자산매입	10,000,000	1,000,000
	기타공제매입세액	신용일반매입	3,000,000	300,000
	공제받지못할매입세액		6,000,000	600,000
가산세	신고불성실가산세		300,000	7,500
	납부지연가산세		300,000	5,940
	가산세계			13,440

[문제 4]

[1] 12월 31일 일반전표입력

| (차) | 무형자산상각비(840) | 5,500,000 | (대) | 개발비 | 2,000,000 |
| | | | | 특허권 | 3,500,000 |

또는, 결산자료입력 메뉴 [4.판매비와관리비 → 6)무형자산상각비 → 특허권란에 3,500,000, 개발비란에 2,000,000] 입력

[2] 12월 31일 일반전표입력

| (차) | 단기대여금(㈜미션) | 1,000,000 | (대) | 외화환산이익 | 1,000,000 |

[3] 12월 31일 일반전표입력

(차) 장기차입금(국민은행)	100,000,000	(대) 유동성장기부채	100,000,000

[4] 12월 31일 일반전표입력

(차) 선급비용	300,000	(대) 보험료(판)	300,000

[5] 12월 31일 일반전표입력

(차) 법인세 등	30,000,000	(대) 선납세금	18,000,000
		미지급세금	12,000,000

또는, 결산자료입력 메뉴 [9.법인세등 ➡ 1)선납세금란에 18,000,000, 2)추가계상액란에 12,000,000] 입력

[문제 5]

[1] (1) 수당공제등록 반영내용

과세구분	수당명	유형	월정액	사용여부
과 세	기 본 급	급 여	정 기	여
비과세	식 대	식 대	정 기	여
비과세	자가운전보조금	자가운전보조금	정 기	여
과 세	명절수당	급 여	부정기	여
비과세	자녀수당	육아수당	정 기	여
비과세	야간근로수당	야간근로수당	부정기	여

(2) 급여자료입력

구분	김경자	이숙경
기본급	1,000,000	1,000,000
식대	150,000	150,000
자가운전보조금	250,000	250,000
야간근로수당	300,000	300,000
명절수당	200,000	200,000
자녀수당	150,000	150,000
과세	1,350,000	1,650,000
비과세	700,000	400,000
비과세항목	식대, 자가운전보조금, 야간근로수당, 자녀수당	식대, 자가운전보조금, 자녀수당

[2]

- 보험료 : 보장성보험 1,100,000, 장애인전용 보장성보험 : 1,500,000
- 의료비 : 전액공제 4,000,000
- 교육비 : 본인 8,000,000, 영,유치원 3,000,000, 초중고 800,000

- 월　세 : 6,000,000
- 기부금 : 종교단체 2,000,000
- 신용카드등 소득공제 : 전통시장제외 - 신용카드 6,000,000, 현금영수증 3,000,000, 전통시장사용 2,000,000

[05회 종합 모의고사]

◈ 이론시험

01　① 기타포괄손익누계액은 자본(2.32)에 해당되며, 자산과 부채는 총액으로 표시(2.41)하여야 한다.

02　② 적송품은 위탁자의 재고자산이다.

03　② 독점적·배타적 권리를 부여하고 있는 관계 법령에 정해진 경우에는 20년을 초과할 수 있다.(11.26)

04　③ 후입선출법 하에서 물가가 지속적으로 하락시 선입선출법보다 이익을 크게 계상한다.

05　② 회계정책의 변경에 해당

06　③

07　④ 수선유지비- 수선유지작업시간

08　② 실제발생액(700,000) - 예정배부액 = 200,000(과소배부)
　　　예정배부액 500,000 = 실제 직접노무시간(20,000시간) × 예정배부율
　　　예정배부율 = 25원/시간당

09　③ 9월중 완성품 수량: 100,000단위 + 30,000단위 - 35,000단위 = 95,000단위
　　　9월중 가공비에 대한 완성품 환산량 : 95,000단위 + 5,000단위 × 50% = 97,500단위

10　④ 어떠한 기준으로 결합원가를 계산해도 정확한 제품원가 계산은 불가능하다.

11　④ 부가가치세는 사업장 단위로 과세를 하고 있으므로 2이상의 사업장이 있는 경우에도 사업장별로 신고·납부하는 것이 원칙이다.

12　②

13　① 비반환조건부 용기대금은 과세표준에 포함하여야 한다.

14　④ 소득세법상 열거되지 않은 소득임

15　① 부동산의 처분이익은 비열거소득으로 소득세가 과세되지 아니힌다. 부동산이외는 과세함(2018년 개정)

◆ 실무시험

[문제 1]

[1] 1월 14일

(차)	보통예금	344,000	(대)	이자수익	400,000
	선납세금	56,000			

[2] 1월 19일

(차)	외상매입금	1,000,000	(대)	받을어음	1,000,000
	((주)일동상사)			((주)한진)	

[3] 1월 30일

(차)	보통예금	1,500,000	(대)	대손충당금(109)	1,500,000

[4] 2월 21일

(차)	보통예금	5,000,000	(대)	매도가능증권(투자)	4,000,000
	매도가능증권처분손실	1,000,000		매도가능증권평가손실	2,000,000

[5] 4월 10일

(차)	이익준비금	20,000,000	(대)	자본금	20,000,000

[문제 2]

[1] 4월 12일 유형: 11과세, 거래처: 한예원, 전자세금:전자입력, 분개:혼합, 공급가액:1,000,000, 세액:100,000

(차)	보통예금	600,000	(대)	제품매출	1,000,000
	외상매출금	500,000		부가세예수금	100,000

[2] 4월 19일유형: 12.영세 , 거래처:미주상사 , 전자세금:전자입력, 분개:혼 합 , 공급가액: 8,000,000 , 세액:0

(차)	외상매출금	7,000,000	(대)	제품매출	8,000,000
	선수금	1,000,000			

[3] 5월 10일 유형: 18.카면, 신용카드사: 국민카드, 거래처: 전남농산, 분개:카드 또는 혼합, 공급가액: 300,000, 세액:0

(차)	미수금	300,000	(대)	저장품	300,000
	(거래처:국민카드)				

[4] 5월 24일유형:매입51 거래처:(주)미룡 전자세금:전자입력, 분개:외상 공급가액 20,000,000   세액:2,000,000

(차)	원재료	20,000,000	(대)	외상매입금	22,000,000
	부가세대급금	2,000,000			

[5] 6월 15일유형: 53면세, 거래처:성훈마트 , 분개: 혼합, 공급가액:300,000, 세액: 0

(차) 복리후생비	300,000	(대) 보통예금	100,000
		미지급금	200,000

[문제 3]

[1] 2기예정(7-9월) 재활용폐자원세액공제신고서

① 매입매출입력 07.15 구분53 공급가:4,000,000 거래처:한샘자원, 분개:현금(원재료) 적요:재활용폐자원매입세액(07)

  08.26 구분60 공급가:800,000 거래처:이두현, 분개:현금(원재료) 적요:재활용폐자원매입세액(07)

②서식작성: 입력한 데이터 불러오기로 자동작성

[2] 2기확정(10-12월)부가가치세신고서

과세 매출세금계산서 150,000,000. 영세율세금계산서 10,000,000, 영세율기타 24,000,000

일반매입 100,000,000, 예정신고누락분(세금) 10,000,000, 기타공제매입세액(신용,고정) 10,000,000

공제받지못할매입세액 5,000,000을 입력

[문제 4]

[1] 일반전표(12/31)

(차) 미수수익	2,250,000	(대) 이자수익	2,250,000

[계산근거] 경과이자 = 정기예금액 × 이자율 × 기간경과
                    = 30,000,000 × 10% × 9/12 = 2,250,000

[2] 일반전표(12/31)

(차) 장기차입금	5,000,000	(대) 유동성장기부채	5,000,000
(신뢰은행)		(신뢰은행)	

[3] 일반전표(12/31)

(차) 단기매매증권	2,000,000	(대) 단기매매증권평가익	2,000,000

[4] 일반전표(12/31)

(차) 외화장기차입금	5,000,000	(대) 외화환산이익	5,000,000
(거래처:신한은행)			

[5] 일반전표(12/31)

(차) 법인세등	20,000,000	(대) 선납세금	6,200,000
		미지급세금	13,800,000

또는, 일반전표(12/31)

(차) 법인세등	6,200,000	(대) 선납세금	6,200,000

을 입력 후 결산자료 입력에서 법인세등 계상액에 13,800,000 입력후 전표추가.

[또는] 결산자료입력메뉴의 선납세금란에 6,200,000, 추가계상액란에 13,800,000을 입력후 전표추가도 맞음

[1] 사원등록

1. 기초자료등록

   사원코드 : 101, 이름 : 이부진, 입사일 : 2020년7월1일, 주민번호 : 710205-2560125

2. 부양가족명세

   1) 본인 : 세대주체크, 부녀자공제체크(기타소득금액=4,800,000*(1-0.8)=960,000)

   2) 배우자 : 3.배우자, 기본에 2.배우자 체크(사망시 사망일전일(8.30)상황에 의함)

   3) 부 : 1.소득자 직계존속, 기본에 5.장애인, 경로 70세 체크

   4) 모 : 1. 소득자 직계존속, 기본에 5.장애인 체크(총급여가 5백만원이하인 경우 공제가능, 상애치유시 치유일전일 상황에 의해 공제가능)

   5) 자(송이야) : 4. 소득자직계비속, 기본에 3.20세이하, 자녀 체크(일용근로소득은 전액 분리과세)

   6) 자(송아지) : 4. 소득자직계비속, 기본에 3.20세이하, 자녀

연말관계	이 름	주민등록번호	연령(만)	기본공제	부녀자	한부모	경로우대	장애인	자녀	출산입양
0	이부진	720205-2560125	50	본인	○					
3	송호철		52	배우자						
1	이건희		81	60세이상			○			
1	신영주		68	장애인				1		
4	송이야		19	20세이하					○	
4	송아지		9	20세이하					○	○

[2] 항목별 입력금액

- 보 험 료 : 보장성보험료 640,000, 장애인전용 1,200,000
- 의 료 비 : 본인등 1,800,000+400,000(안경은 50만원까지 공제가능)
- 교 육 비 : 본인 8,000,000, 대학생 7,000,000
- 신용카드 : (1,680,000 + 14,000,000 + 3,500,000) - 300,000(재산세) = 18,880,000
- 기 부 금 : 법정 200,000, 지정(종교단체) 100,000

[100회] 최신 기출문제

◈ 이론시험

01 ④

(차) 현금	300,000 원	(대) 매도가능증권	600,000 원
매도가능증권평가이익	100,000 원		
매도가능증권처분손실	200,000 원		

02 ① 수탁판매는 수탁자가 해당 재화를 제삼자에게 판매한 시점에 수익을 인식한다.

03 ③ [일반기업회계기준 5.13] 회계정책 변경을 전진적으로 처리하는 경우에는 그 변경의 효과를 당해 회계연도 개시일부터 적용한다.

04 ② [일반기업회계기준 10.35 후단] 내용연수 도중 사용을 중단하고 처분예정인 유형자산은 사용을 중단한 시점의 장부금액으로 표시한다. 이러한 자산에 대해서는 투자자산으로 재분류하고 감가상각을 하지 않으며, 손상차손 발생 여부를 매 보고기간 말에 검토한다. 내용연수 도중 사용을 중단하였으나, 장래 사용을 재개할 예정인 유형자산에 대해서는 감가상각을 하되, 그 감가상각액은 영업외비용으로 처리한다.

05 ③ 9,000,000원
= 적송품 2,000,000원 + 담보제공저당상품 7,000,000원

06 ③ 40원
= 예정배부액 1,400,000원 ÷ 실제 직접노무시간 35,000시간
• 제조간접비 예정배부액 : 실제 발생액 1,000,000원 + 배부차이 400,000원 = 1,400,000원

07 ④ 1,180,000원
= 절단부문 원가 900,000원 + 설비부문 배분원가 180,000원 + 동력부분 배분원가 100,000원
• 설비부문 배분원가 : 배분 전 원가 300,000원×(600시간/1,000시간) = 180,000원
• 동력부문 배분원가 : 배분 전 원가 250,000원×(200Kw/500Kw) = 100,000원

08 ② 520,000원
= 당기제품제조원가 540,000원 - 기초재공품 30,000원 + 기말재공품 10,000원
• 매출원가 : 기초제품 50,000원 + 당기제품제조원가 - 기말제품 40,000원 = 550,000원
• 당기제품제조원가 : 매출원가 550,000원 - 기초제품 50,000원 + 기말제품 40,000원 = 540,000원
• 당기제품제조원가 : 기초재공품 30,000원 + 당기총제조원가 - 기말재공품 10,000원 = 540,000원

09 ② 96,250원
= 기말재공품 5,500단위×완성도 50%×완성품환산량 단위당 원가 35원
• 완성품환산량 : (7,800단위×50%) + (당기 투입 45,000단위 - 기말재공품 5,500단위) + (5,500단위×50%)
= 46,150단위
• 완성품환산량 단위당 원가 : 당기 총발생원가 1,615,250원 ÷ 완성품환산량 46,150단위 = 35원

10 ③ 부문별 원가계산은 제조간접비를 발생 원천인 부문별로 분류, 집계하는 방법이다.

11 ① 소득세법 집행기준 50-0-2, 연간 소득금액의 합계액이란 종합소득·퇴직소득·양도소득금액의 합계액을 말한다. 거주자와 생계를 같이 하는 부양가족이 해당 거주자의 기본공제대상자가 되기 위해서는 해당 부양가족의 연간 소득금액의 합계액이 100만원 이하인 자 또는 총급여액 500만원 이하의 근로소득만 있는 부양가족에 해당되어야 하는 것이며, 이때의 연간 소득금액은 종합소득과세표준 계산 시 합산되지 아니하는 비과세 및 분리과세소득금액을 제외한 것을 말한다. 따라서 분리과세 대상 기타소득인 복권 당첨금만 있는 기본공제대상자에 대한 기본공제를 적용받을 수 있다.

12 ② 소득세법 제73조, 근로소득과 연말정산 대상 사업소득이 있는 자는 소득세법 제73조에 따른 과세표준확정신고의 예외를 적용하지 않는다.

13 ① 부가가치세법 제46조 제1항 3호, 공제금액(연간 500만원을 한도로 하되, 2021년 12월 31일까지는 연간 1천만원을 한도로 한다): 발급금액 또는 결제금액의 1퍼센트(2021년 12월 31일까지는 1.3퍼센트로 한다). 따라서 음식점업을 하는 간이과세자도 일반과세자와 동일하게 1.3%를 공제한다. 2022년 1월 1일 시행 법령상으로도 공제금액 한도와 공제율은 동일하고, 적용기한이 2023년 12월 31일로 연장되었을 뿐이다.

14 ③ 부가세법 시행령 제28조 제7항, 사업자가 보세구역 안에서 보세구역 밖의 국내에 재화를 공급하는 경우가 재화의 수입에 해당할 때에는 수입신고 수리일을 재화의 공급시기로 본다.

15 ③ 27,000,000원
= 취득가액 54,000,000원×(1 − 25%×2)
· 부가가치세법 시행령 제66조 제2항, 과세사업에 제공한 재화가 감가상각자산에 해당하고, 해당 재화가 폐업시 잔존재화에 해당하는 경우 공급가액은 해당 재화의 취득가액×(1 − 체감률×경과된 과세기간의 수)로 한다.

◆ **실무시험**

[문제 1]

[1] 일반전표입력

(차) 여비교통비(판)	380,000	(대) 전도금	600,000
현금	220,000		

[2] 일반전표입력

(차) 보통예금	20,000,000	(대) 자본금	10,000,000
		주식할인발행차금	3,800,000
		주식발행초과금	6,200,000

[3] 일반전표입력

(차) 차량운반구	1,460,000	(대) 현금	1,460,000
또는 출금전표	차량운반구 1,460,000원		

[4] 일반전표입력

(차) 상여금(제)	10,000,000	(대) 보통예금	14,110,000
상여금(판)	5,000,000	예수금	890,000

또는

(차) 상여금(제)	10,000,000	(대) 보통예금	9,370,000
		예수금	630,000
(차) 상여금(판)	5,000,000	(대) 보통예금	4,740,000
		예수금	260,000

[5] 일반전표입력

(차) 보통예금	960,000	(대) 사채	1,000,000
사채할인발행차금	60,000	현금	20,000

[문제 2]

[1] 매입매출전표입력

유형: 54.불공   공급가액:3,000,000원   부가세:300,000원   거래처:㈜서울백화점   전자:여   분개:혼합   불공제사유:4.접대비 및 이와 유사한 비용 관련

(차) 접대비(판)	3,300,000	(대) 현금	500,000
		보통예금	2,800,000

[2] 매입매출전표입력

유형:11.과세   공급가액:3,000,000원   부가세:300,000원   거래처:㈜영풍   전자:여   분개:혼합

(차) 미수금	3,300,000	(대) 기계장치	8,000,000
감가상각누계액	7,300,000	부가세예수금	300,000
		유형자산처분이익	2,300,000

[3] 매입매출전표입력

유형:51.과세   공급가액:5,800,000원   부가세:580,000원   거래처:㈜천일   전자:여   분개:혼합

(차) 임차료(판)	5,000,000	(대) 미지급금(㈜천일)	6,380,000
건물관리비(판)	800,000		
부가세대급금	580,000		

※ 복수거래 입력 여부는 관계없음.

[4] 매입매출전표입력

유형:57.카과   공급가액:3,500,000원   부가세:350,000원   거래처:㈜사과컴퓨터   분개:카드 또는 혼합   신용카드사:황금카드사

(차) 비품	3,500,000	(대) 미지급금(황금카드사)	3,850,000
부가세대급금	350,000		

[5] 매입매출전표입력

유형:14.건별   공급가액:500,000원   부가세:50,000원   분개:혼합

(차) 보통예금	550,000	(대) 제품매출	500,000
		부가세예수금	50,000

[문제 3]

[1]

1. 공제받지못할매입세액내역

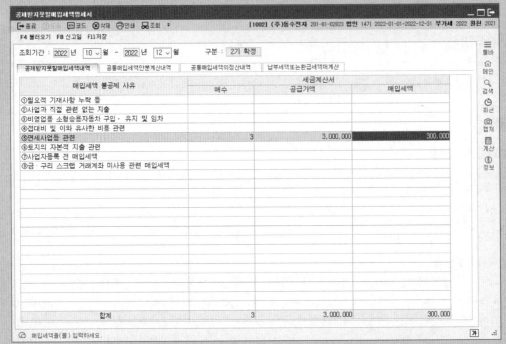

2. 공통매입세액의정산내역

[2]

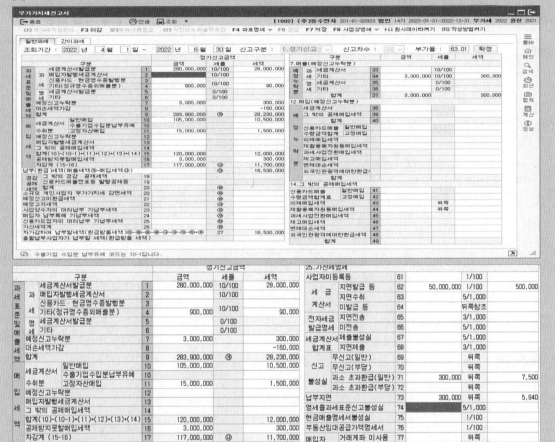

- 기타(정규영수증 외 매출분) : 부가가치세법 시행령 제19조의2 3호에 따라 사용인에게 경조사와 관련된 재화를 제공하는 경우 사용인 1명당 연간 10만원 초과액에 대해서는 재화의 공급으로 본다.
- 세금계산서 지연발급 등 가산세 : 종이 세금계산서 발급분 50,000,000원×1%=500,000원 (세금계산서 미발급 등 가산세 란에 입력한 경우에도 정답으로 인정함)
- 신고불성실가산세 : 예정신고 누락분 300,000원×10%×25%= 7,500원
- 납부지연가산세 : 예정신고 누락분 300,000원×2.2/10,000×90일=5,940원

[문제 4]

[1] 일반전표입력

| (차) 외화장기차입금 | 30,000,000 | (대) 외화환산이익 | 30,000,000 |
| (뉴욕은행) | | | |

- 외화환산이익 : 전기말 장부가액 240,000,000원 – 당기말 외화장기차입금 ($200,000×1,050원) = 30,000,000원

[2] 일반전표입력

| (차) 이자비용 | 3,600,000 | (대) 미지급비용 | 3,600,000 |

[3] 일반전표입력

  (차) 소모품비(판)   500,000   (대) 소모품   500,000

[4]

1. 일반전표입력

  (차) 퇴직급여(제)   14,000,000   (대) 퇴직급여충당부채   25,000,000
        퇴직급여(판)   11,000,000

2. 또는 [결산자료입력] > · 2) 퇴직급여(제)(전입액) > 결산반영금액 > 14,000,000원 입력 > F3 전표추가
   · 2) 퇴직급여(판)(전입액) > 결산반영금액 > 11,000,000원 입력

3. 또는 [결산자료입력] > CF8. 퇴직충당 > 퇴직급여추계액 > · 퇴직급여(제) 32,000,000원 입력 > 결산반영 > F3 전표추가
   · 퇴직급여(판) 18,000,000원 입력

[5]

1. 일반전표입력

  (차) 법인세등(998)   16,500,000   (대) 선납세금(136)   6,000,000
                                        미지급세금(261)   10,500,000

2. 또는 [결산자료입력] > 9. 법인세등 > 결산반영금액 > · 선납세금 : 6,000,000원 입력 > F3 전표추가
  · 추가계상액 : 10,500,000원 입력

[문제 5]

[1]

1. 수당공제등록

수당등록

No	코드	과세구분	수당명	근로소득유형			월정액	사용여부
				유형	코드	한도		
1	1001	과세	기본급	급여			정기	여
2	1002	과세	상여	상여			부정기	부
3	1003	과세	직책수당	급여			정기	부
4	1004	과세	월차수당	급여			정기	부
5	1005	비과세	식대	식대	P01	(월)100,000	정기	여
6	1006	비과세	자가운전보조금	자가운전보조금	H03	(월)200,000	부정기	여
7	1007	비과세	야간근로수당	야간근로수당	O01	(년)2,400,000	부정기	여
8	2001	과세	자격수당	급여			정기	여
9								

공제등록

No	코드	공제항목명	공제소득유형	사용여부
1	5001	국민연금	고정항목	여
2	5002	건강보험	고정항목	여
3	5003	장기요양보험	고정항목	여
4	5004	고용보험	고정항목	여
5	5005	학자금상환	고정항목	부
6	6001	사내대출금원리금상환액	대출	여

※ 학자금상환 사용여부는 무관함

2. 급여자료입력

(1) 김아름

귀속년월: 2022 년 03 ∨ 월　　지급년월일: 2022 년 03 ∨ 월 31 일 💬　　급여

□	사번	사원명	감면율
□	101	김아름	
□	102	김가연	
□	103	박세무	
□			
□			
□			
□			

급여항목	금액
기본급	2,200,000
식대	100,000
자가운전보조금	200,000
야간근로수당	200,000
자격수당	150,000

공제항목	금액
국민연금	85,500
건강보험	63,460
장기요양보험	7,310
고용보험	20,400
소득세(100%)	45,910
지방소득세	4,590
농특세	

(2) 김가연

귀속년월: 2022 년 03 ∨ 월　　지급년월일: 2022 년 03 ∨ 월 31 일 💬　　급여

□	사번	사원명	감면율
□	101	김아름	
□	102	김가연	
□	103	박세무	
□			
□			
□			
□			

급여항목	금액
기본급	1,900,000
식대	100,000
자가운전보조금	200,000
야간근로수당	200,000
자격수당	

공제항목	금액
국민연금	85,500
건강보험	63,460
장기요양보험	7,310
고용보험	15,200
소득세(100%)	17,180
지방소득세	1,710
농특세	

[2]

1. [부양가족]탭

| 소득명세 | 부양가족 | 연금저축 등I | 연금저축 등II | 월세,주택임차 | 연말정산입력 |

연말관계	성명	내/외국인	주민(외국인)번호	나이	기본공제	세대주구분	부녀자	한부모	경로우대	장애인	자녀	출산입양
0	박세무	내	1 870222-2111119	35	본인	세대주						
1	박세일	내	1 511023-1111117	71	60세이상				○	1		
3	김영호	내	1 860122-1111113	36	배우자							
4	김관우	내	1 160301-3111110	6	20세이하							

· 박세일 : 만 60세 이상이면서 양도소득이 100만원 이하인 장애인으로서 기본공제 및 장애인 추가공제 대상에 해당하지만, 기본공제 유형을 장애인으로 입력한 경우에도 정답으로 인정한다.

2. [연금저축 등]탭

| 소득명세 | 부양가족 | 연금저축 등I | 연금저축 등II | 월세,주택임차 | 연말정산입력 |

1 연금계좌 세액공제 - 퇴직연금계좌(연말정산입력 탭의 57.과학기술인공제, 58.근로자

퇴직연금 구분	코드	금융회사 등	계좌번호(증권번호)	납입금액
1.퇴직연금	304	(주) 우리은행	22221111	2,000,000
퇴직연금				2,000,000
과학기술인공제회				

2 연금계좌 세액공제 - 연금저축계좌(연말정산입력 탭의 38.개인연금저축, 59.연금저축

연금저축구분	코드	금융회사 등	계좌번호(증권번호)	납입금액
2.연금저축	428	삼성화재해상보험 (주)	11112222	4,200,000
개인연금저축				
연금저축				4,200,000

3. [연말정산입력]탭

(1) 신용카드 등 사용액

▶ 신용카드 등 사용금액 공제액 산출 과정				총급여	56,000,000		최저사용액(총급여 25%)		14,000,000
구분		대상금액		공제율금액	공제제외금액	공제가능금액	공제한도	일반공제금액	추가공제금액	최종공제금액
전통시장/ 대중교통 제외	㉮신용카드	26,200,000	15%	3,930,000	2,100,000	2,881,000	3,000,000	2,881,000		2,881,000
	㉯직불/선불카드									
	㉰현금영수증	2,170,000	30%	651,000						
㉱도서공연 등 사용분										
㉲전통시장사용분		200,000	40%	80,000						
㉳대중교통이용분		800,000		320,000						
신용카드 등 사용액 합계(㉮~㉳)		29,370,000		4,981,000	아래참조*1	공제율금액- 공제제외금액	아래참조*2	MIN[공제가능금 액,공제한도]	아래참조*3	일반공제금액+ 추가공제금액

· 박세무 : 신용카드 26,200,000원, 대중교통 800,000원
　－ 해외 의료비 및 배우자의 자동차보험료는 공제대상에서 제외한다.
· 김영호 : 현금영수증 2,170,000원, 전통시장 200,000원

(2) 보장성보험료

60.보장 성보험	일반	1,600,000	1,600,000	1,000,000	120,000
	장애인				

· 공제 한도금액인 1,000,000원만 입력한 때에도 정답으로 인정한다.

(3) 의료비

| 61.의료비 | 5,800,000 | 5,800,000 | 4,120,000 | 618,000 | | |

의료비

구분	지출액	실손의료비	공제대상금액	공제금액
난임시술비				
본인				
65세,장애인.건강보험산정특례자	5,800,000		4,120,000	618,000
그 밖의 공제대상자				

· 미용 목적의 피부과 병원비와 해외 의료비는 공제 대상에서 제외한다.

(4) 교육비

| 62.교육비 | 4,700,000 | 4,700,000 | 4,700,000 | 705,000 | | |

교육비

구분	지출액	공제대상금액	공제금액
취학전아동(1인당 300만원)	1,100,000		
초중고(1인당 300만원)			
대학생(1인당 900만원)		4,700,000	705,000
본인(전액)			
장애인 특수교육비	3,600,000		

7. 기부금 : 5,000,000원(종교단체 당해기부금)

구분	지출액	공제대상금액	공제금액
정치자금(10만원 이하)			
정치자금(10만원 초과)			
소법 제34조 2항 1호(구.법정) 2013년이월			
소법 제34조 2항 1호(구.법정) 2014년이월			
소법 제34조 2항 1호(구.법정) 2015년이월			
소법 제34조 2항 1호(구.법정) 2016년이월			
소법 제34조 2항 1호(구.법정) 2017년이월			
소법 제34조 2항 1호(구.법정) 2018년이월			
소법 제34조 2항 1호(구.법정) 2019년이월			
소법 제34조 2항 1호(구.법정) 2020년이월			
소법 제34조 2항 1호(구.법정) 2021년이월			
소법 제34조 2항 1호(구.법정) 당기			
우리사주조합기부금			
소법 제34조 3항 1호(종교외) 2013년이전			
소법 제34조 3항 1호(종교) 2013년이전			
소법 제34조 3항 1호(종교외) 2014년이월			
소법 제34조 3항 1호(종교외) 2015년이월			
소법 제34조 3항 1호(종교외) 2016년이월			
소법 제34조 3항 1호(종교외) 2017년이월			
소법 제34조 3항 1호(종교외) 2018년이월			
소법 제34조 3항 1호(종교외) 2019년이월			
소법 제34조 3항 1호(종교외) 2020년이월			
소법 제34조 3항 1호(종교외) 2021년이월			
소법 제34조 3항 1호(종교외) 당기			
소법 제34조 3항 1호(종교) 2014년이월			
소법 제34조 3항 1호(종교) 2015년이월			
소법 제34조 3항 1호(종교) 2016년이월			
소법 제34조 3항 1호(종교) 2017년이월			
소법 제34조 3항 1호(종교) 2018년이월			
소법 제34조 3항 1호(종교) 2019년이월			
소법 제34조 3항 1호(종교) 2020년이월			
소법 제34조 3항 1호(종교) 2021년이월			
소법 제34조 3항 1호(종교) 당기	5,000,000	5,000,000	750,000

◆ 이론시험

01. ① 재고자산 평가방법 중 선입선출법이 실제 물량의 흐름과 가장 일치한다.

02 ② [일반기업회계기준 제2장 문단 2.25] 보고기간종료일로부터 1년 이내에 상환기일이 도래하더라도, 기존의 차입약정에 따라 보고기간종료일로부터 1년을 초과하여 상환할 수 있고 기업이 그러한 의도가 있는 경우에는 비유동부채로 분류한다.

03 ③ 임차보증금은 비유동자산이므로 유동자산 다음에 배열된다.

04 ④ 사채의 할증 및 할인 또는 액면발행 여부와 관계없이 액면이자는 매기 동일한 금액이다.
  ・시장이자율이 액면이자율보다 높다면 할인발행 된다.
  ・시장이자율이 액면이자율보다 낮다면 할증발행 된다.
  ・사채를 할인발행 하는 경우 보통예금에 유입되는 금액은 액면가액 보다 적게 유입된다.

05 ① 2,000,000원
  =2022년 누적공사수익 10,000,000원－2021년 누적 공사수익 8,000,000원
  1. 2021년
  ・누적공사진행률 : 누적공사원가 6,000,000원 ÷ 예상총공사원가 7,500,000원＝80%
  ・누적공사수익 : 총공사수익 10,000,000원 × 누적공사진행률 80%＝8,000,000원
  2. 2022년
  ・누적공사진행률 : 누적공사원가 8,000,000원 ÷ 총공사원가 8,000,000원＝100%
  ・누적공사수익 : 총공사수익 10,000,000원 × 100%＝10,000,000원

06 ④ 경제적 효익에 따른 분류는 미소멸원가, 소멸원가이며, 제품원가, 기간원가는 수익 대응에 의한 분류이다.

07 ② 인과관계를 고려하여 배부하는 것이 가장 합리적이다.

08 ① 360단위
  =기초재공품 90단위＋당기착수완성품 250단위＋기말재공품 20단위
  ・기초재공품 : 150단위 × (1－40%)＝90단위
  ・당기착수완성품 : (당기완성품 400단위－기초재공품 150단위)＝250단위
  ・기말재공품 : 100단위 × 20%＝20단위

09 ③ 2,500,000원
  =직접노무원가 1,000,000원＋변동제조간접원가 800,000원＋고정제조간접원가 700,000원
  ・변동제조간접원가 : 직접노무원가 1,000,000원×80%＝800,000원

10 ③ 763,000원
  =Z2 배분 전 원가 680,000원+Z1 배부액 83,000원
  ・Z1의 원가를 먼저 배부하므로 Z1의 원가 중 Z2가 소비하는 만큼을 Z2에 배부한다. 따라서 Z2에서 배부해야 하는 금액은 Z2의 배분 전 원가와 Z1으로부터 배부받은 금액이다.

11 ② 부가가치세법 시행령 제107조 제1항, 관할세무서장은 조기환급세액이 발생하는 경우 각 조기환급 예정신고기간별로 그 예정신고 기한이 지난 후 15일 이내에 예정신고한 사업자에게 환급하여야 한다.

12 ④ 근로자의 근로소득이 아닌 사업자의 복리후생비로 본다.

13 ③ 간이과세자에 대한 의제매입세액공제는 2021년 7월 1일부터 폐지되었다.

14 ② 소득세법 제51조 제1항 6호, 한부모추가공제는 소득금액의 제한을 받지 않는다.

15 ① 37,000,000원
= 내국신용장 수출액 25,000,000원 + 부동산 임대용역 12,000,000원
· 외국으로의 직수출과 부동산임대보증금에 대한 간주임대료는 세금계산서 발급의무가 면제된다.
· 견본품의 제공은 재화의 공급으로 보지 아니한다.

◈ 실무시험

[문제 1]

[1] 일반전표 입력

(차)	이월이익잉여금(375)	5,500,000	(대) 이익준비금	500,000
	또는 미처분이익잉여금(377)		미지급배당금	5,000,000

[2] 일반전표 입력

(차)	미지급금(㈜제일)	2,200,000	(대) 임차보증금(㈜제일)	2,200,000

[3] 일반전표 입력

(차)	대손충당금(109)	9,000,000	(대) 외상매출금(㈜신화)	34,000,000
	대손상각비	25,000,000		

[4] 일반전표 입력

(차)	소모품비(제)	900,000	(대) 상품	900,000
			(적요8. 타계정으로 대체액)	

[5] 일반전표 입력

(차)	보통예금	7,965,000	(대) 자본금	5,000,000
			주식발행초과금	2,965,000

[문제 2]

[1] 07월 30일 매입매출전표 입력
유형: 61.현과 공급가액:300,000원 부가세:30,000원 거래처:㈜경건 분개:혼합

(차)	기계장치	300,000	(대) 보통예금	330,000
	부가세대급금	30,000		

[2] 08월 10일 매입매출전표 입력

유형: 55.수입 공급가액:2,000,000원 부가세:200,000원 거래처:인천세관 전자:여 분개:현금 또는 혼합

(차) 부가세대급금　　　　　　　　200,000　　　　　　　　(대) 현금　　　　　　　　200,000

[3] 09월 10일 매입매출전표 입력

유형: 53.면세 공급가액:220,000원 부가세:0원 거래처:책방 전자:여 분개:혼합

(차) 도서인쇄비(판)　　　　　　　220,000　　　　　　　　(대) 보통예금　　　　　　220,000

[4] 09월 13일 매입매출전표 입력

유형:12.영세 공급가액:35,000,000원 부가세:0원 거래처:㈜내영상사 전자:여 분개:혼합 또는 외상
영세율구분:3.내국신용장·구매확인서에 의하여 공급하는 재화

(차) 외상매출금　　　　　　35,000,000　　　　　　　　(대) 제품매출　　　　　35,000,000

[5] 09월 20일 매입매출전표 입력

유형:57.카과 공급가액:150,000원 부가세:15,000원 거래처:삼진타이어 분개:카드 또는 혼합 신용카드사:시민카드

(차) 차량유지비(제)　　　　　　150,000　　　　　　　　(대) 미지급금(시민카드)　　165,000
　　부가세대급금　　　　　　　15,000　　　　　　　　　　또는 미지급비용

[문제 3]

[1]
1. 부동산임대공급가액명세서
(1) 혼맥잔치

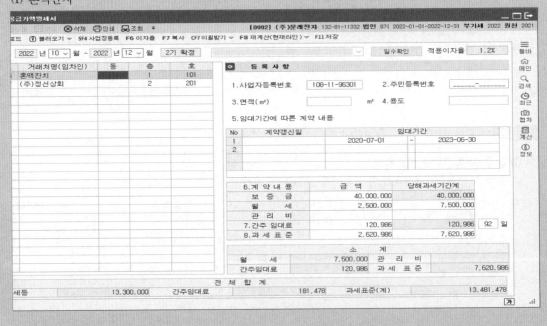

(2) 정선상회

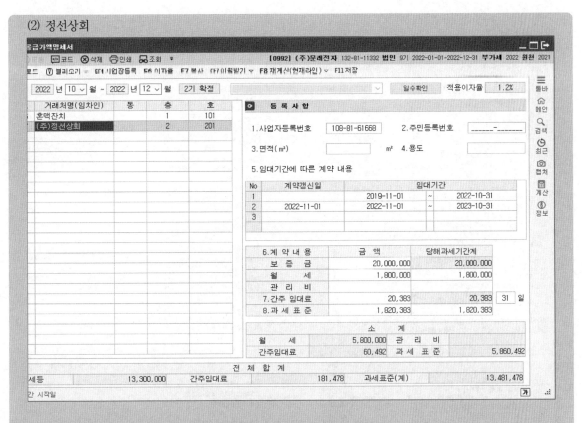

2. 부가가치세 신고서

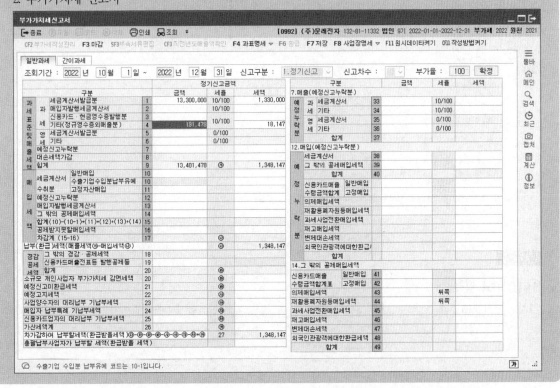

[2]

정기신고금액

구분			금액	세율	세액
과세표준및매출세액	과세	세금계산서발급분	1	50,000,000	10/100	5,000,000
		매입자발행세금계산서	2		10/100	
		신용카드·현금영수증발행분	3	17,000,000		1,700,000
		기타(정규영수증외매출분)	4		10/100	
	영세	세금계산서발급분	5		0/100	
	세	기타	6	30,000,000	0/100	
	예정신고누락분		7			
	대손세액가감		8			-100,000
	합계		9	97,000,000	㉮	6,600,000
매입세액	세금계산서수취분	일반매입	10	40,000,000		4,000,000
		수출기업수입분납부유예	10			
		고정자산매입	11	17,000,000		1,700,000
	예정신고누락분		12	3,000,000		300,000
	매입자발행세금계산서		13			
	그 밖의 공제매입세액		14	1,540,000		90,000
	합계(10)-(10-1)+(11)+(12)+(13)+(14)		15	61,540,000		6,090,000
	공제받지못할매입세액		16	17,000,000		1,700,000
	차감계 (15-16)		17	44,540,000	㉯	4,390,000
납부(환급)세액(매출세액㉮-매입세액㉯)					㉰	2,210,000
경감공제세액	그 밖의 경감·공제세액		18			10,000
	신용카드매출전표등 발행공제등		19			
	합계		20		㉱	10,000
소규모 개인사업자 부가가치세 감면세액			20		㉲	
예정신고미환급세액			21		㉳	
예정고지세액			22		㉴	
사업양수자의 대리납부 기납부세액			23		㉵	
매입자 납부특례 기납부세액			24		㉶	
신용카드업자의 대리납부 기납부세액			25		㉷	
가산세액계			26		㉸	
차가감하여 납부할세액(환급받을세액)㉮-㉯-㉱-㉲-㉳-㉴-㉵-㉶-㉷+㉸			27			2,200,000
총괄납부사업자가 납부할 세액(환급받을 세액)						

7.매출(예정신고누락분)

구분			금액	세율	세액
예정누락분	과세	세금계산서	33		10/100	
		기타	34		10/100	
	영세	세금계산서	35		0/100	
		기타	36		0/100	
	합계		37			

12.매입(예정신고누락분)

구분		금액	세율	세액
예정	세금계산서	38	3,000,000		300,000
	그 밖의 공제매입세액	39			
	합계	40	3,000,000		300,000
정	신용카드매출수령금액합계 일반매입				
	고정매입				
누	의제매입세액				
	재활용폐자원등매입세액				
락	과세사업전환매입세액				
	재고매입세액				
분	변제대손세액				
	외국인관광객에대한환급/				
	합계				

14.그 밖의 공제매입세액

구분		금액	세율	세액
신용카드매출수령금액합계표	일반매입	41	500,000		50,000
	고정매입	42			
의제매입세액		43	1,040,000	뒤쪽	40,000
재활용폐자원등매입세액		44		뒤쪽	
과세사업전환매입세액		45			
재고매입세액		46			
변제대손세액		47			
외국인관광객에대한환급세액		48			
합계		49	1,540,000		90,000

정기신고금액

구분			금액	세율	세액
과세표준및매출세액	과세	세금계산서발급분	1	50,000,000	10/100	5,000,000
		매입자발행세금계산서	2		10/100	
		신용카드·현금영수증발행분	3	17,000,000		1,700,000
		기타(정규영수증외매출분)	4		10/100	
	영세	세금계산서발급분	5		0/100	
	세	기타	6	30,000,000	0/100	
	예정신고누락분		7			
	대손세액가감		8			-100,000
	합계		9	97,000,000	㉮	6,600,000
매입세액	세금계산서수취분	일반매입	10	40,000,000		4,000,000
		수출기업수입분납부유예	10			
		고정자산매입	11	17,000,000		1,700,000
	예정신고누락분		12	3,000,000		300,000
	매입자발행세금계산서		13			
	그 밖의 공제매입세액		14	1,540,000		90,000
	합계(10)-(10-1)+(11)+(12)+(13)+(14)		15	61,540,000		6,090,000
	공제받지못할매입세액		16	17,000,000		1,700,000
	차감계 (15-16)		17	44,540,000	㉯	4,390,000
납부(환급)세액(매출세액㉮-매입세액㉯)					㉰	2,210,000
경감공제세액	그 밖의 경감·공제세액		18			10,000
	신용카드매출전표등 발행공제등		19			
	합계		20		㉱	10,000
소규모 개인사업자 부가가치세 감면세액			20		㉲	
예정신고미환급세액			21		㉳	
예정고지세액			22		㉴	
사업양수자의 대리납부 기납부세액			23		㉵	
매입자 납부특례 기납부세액			24		㉶	
신용카드업자의 대리납부 기납부세액			25		㉷	
가산세액계			26		㉸	
차가감하여 납부할세액(환급받을세액)㉮-㉯-㉱-㉲-㉳-㉴-㉵-㉶-㉷+㉸			27			2,200,000
총괄납부사업자가 납부할 세액(환급받을 세액)						

16.공제받지못할매입세액

구분		금액	세율	세액
공제받지못할 매입세액		50	17,000,000		1,700,000
공통매입세액면세등사업분		51			
대손처분받은세액		52			
합계		53	17,000,000		1,700,000

18.그 밖의 경감·공제세액

구분		금액	세율	세액
전자신고세액공제		54			10,000
전자세금계산서발급세액공제		55			
택시운송사업자경감세액		56			
대리납부세액공제		57			
현금영수증사업자세액공제		58			
기타		59			
합계		60			10,000

[문제 4]

[1] 일반전표 입력

(차) 단기매매증권	2,500,000	(대) 단기매매증권평가이익	2,500,000

[2] 일반전표 입력

(차)	보험료(판)	625,000	(대)	선급비용	625,000
	또는 보험료(제)				

[3] 일반전표 입력

(차)	접대비(판)	200,000	(대)	현금과부족	225,000
	운반비(판)	25,000			

[4] 일반전표 입력

(차)	장기차입금(서울은행)	100,000,000	(대)	유동성장기부채(서울은행)	100,000,000

[5]

1. 일반전표 입력

(차)	재고자산감모손실(959)	105,000	(대)	상품(146)	105,000
				(적요8. 타계정으로 대체액)	

2. 결산자료입력 메뉴에서 해당 금액을 입력한 다음 F3 전표추가를 클릭하여 결산대체분개를 완성한다.
· 기말재고 : 기말원재료재고액 700,000원
· 기말제품재고액 1,375,000원
· 기말상품재고액 1,320,000원

[문제 5]

[1]

1. 비과세 총액 : 500,000원
· 식대 10만원 비과세
· 연구기관 연구원으로 근무하는 연구보조비는 20만원 비과세
· 자가운전보조금은 월 20만원 한도 내에서 비과세

2. 수당공제등록

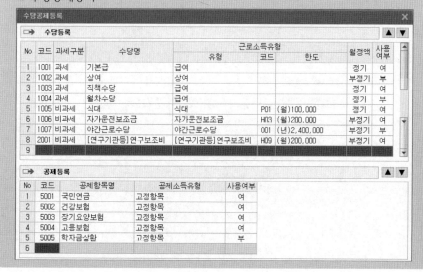

3. 급여자료 입력

	사번	사원명	감면율
□	1.	김기안	
□	103	박대박	
□			
□			
□			
□			
□			
□			
□			
□			
	총인원(퇴사자)	2(0)	

급여항목	금액
기본급	3,500,000
직책수당	600,000
식대	100,000
자가운전보조금	300,000
[연구기관등]연구보조비	200,000
과　　세	4,200,000
비 과 세	500,000
지 급 총 액	4,700,000

공제항목	금액
국민연금	184,500
건강보험	140,630
장기요양보험	16,200
고용보험	33,600
소득세(100%)	237,660
지방소득세	23,760
농특세	
공 제 총 액	636,350
차 인 지 급 액	4,063,650

사원정보 / 임금대장 ▲　　4.전체사원-현재 ∨ [크게]

입사일(퇴사일)	2021/01/02
주민(외국인)번호	831201-2028516
거주/내외국인	거주자/내국인
생산직/연장근로	부/부
국외근로/종교관련	부/부
건강경감/장기요양	부/여

지급총액	4,700,000
과세	4,200,000
총비과세	500,000
제출비과세	200,000
미제출비과세	300,000
기본급	3,500,000

공제총액	636,350
차인지급액	4,063,650
국민연금	184,500
건강보험	140,630
장기요양보험	16,200
고용보험	33,600

구역　삽입

4. 원천징수이행상황신고서 작성

신고구분 ☑매월 □반기 □수정 □연말 □소득처분 □환급신청　귀속년월 2021년 12월　지급년월 2021년 12월
일괄납부여부 부　사업자단위과세여부 부　부표 작성　환급신청서 작성　승계명세 작성

원천징수명세및납부세액 / 원천징수이행상황신고서 부표 / 원천징수세액환급신청서 / 기납부세액명세서 / 전월미환급세액 조정명세서 / 차월이월환급세액 승계명세

			코드	소득지급		징수세액			당월조정 환급세액	납부세액	
				인원	총지급액	소득세 등	농어촌특별세	가산세		소득세 등	농어촌특별세
개인 거주자 비거주자	근로소득	간이세액	A01	1	4,400,000	237,660					
		중도퇴사	A02								
		일용근로	A03								
		연말정산	A04								
		(분납신청)	A05								
		(납부금액)	A06								
		가 감 계	A10	1	4,400,000	237,660			200,000	37,660	
	퇴직소득	연금계좌	A21								
		그 외	A22								
		가 감 계	A20								
	사업소득	매월징수	A25								
		연말정산	A26								
		가 감 계	A30								
	기타소득	연금계좌	A41								
		종교인매월	A43								
		종교인연말	A44								
		그 외	A42								
		가 감 계	A40								
	이 자 소 득		A50								
	배 당 소 득		A60								
	그 외 소 득		▶								
법인	내/외국법인원천		A80								
	수정신고(세액)		A90								
총 합 계			A99	1	4,400,000	237,660			200,000	37,660	

전월 미환급 세액의 계산				당월 발생 환급세액				18.조정대상환급(14+15+16+17)	19.당월조정환급세액계	20.차월이월환급세액	21.환급신청액
12.전월미환급	13.기환급	14.차감(12-13)	15.일반환급	16.신탁재산	금융회사 등	합병 등					
200,000		200,000						200,000	200,000		

[2]

1. 부양가족

- 모친 김유진의 경우 기본공제 – 장애인으로 입력한 경우에도 정답으로 인정한다.

소득명세	부양가족	연금저축 등I	연금저축 등II	월세,주택임차	연말정산입력						확대

연말관계	성명	내/외국인	주민(외국인)번호	나이	기본공제	세대주구분	부녀자	한부모	경로우대	장애인	자녀	출산입양
0	박대박	내	1 850501-1245147	36	본인	세대주						
1	박정우	내	1 590601-1234573	62	60세이상							
1	김유진	내	1 590608-2145117	62	60세이상					1		
3	서지혜	내	1 820801-2141117	39	배우자							
4	박하나	내	1 070302-4124115	14	20세이하						○	
4	박하연	내	1 160807-4124517	5	부							
6	서민우	내	1 940702-1845117	27	부							
	합 계 [명]				5					1	1	

2. 월세, 주택임차

- 총급여액이 7천만원 이하인 무주택 세대주로서 국민주택규모(84㎡)의 주택을 임차하고 있으므로 해당 주택의 기준시가가 3억원을 초과하더라도 월세액 세액공제가 가능하다.

임대인명(상호)	주민등록번호(사업자번호)	유형	계약면적(㎡)	임대차계약서 상 주소지	계약서상 임대차 계약기간 개시일	~ 종료일	연간 월세액	공제대상금액	세액공제금액
김창명	760227123456	아파트	84.00	서울시 구로구 구로동 999	2020-04-01	2024-03-31	8,400,000	7,500,000	900,000

3. 연말정산입력

구분	지출액	공제금액	구분	지출액	공제대상금액	공제금액
21.총급여		55,000,000	48.종합소득 과세표준			26,168,700
22.근로소득공제		12,500,000	49.산출세액			2,845,305
23.근로소득금액		42,500,000	50.「소득세법」 ▶			
기본공제 24.본인		1,500,000	세액감면 51.「조세특례제한법」(52제외) ▶			
25.배우자		1,500,000	52.「조세특례제한법」제30조 ▶			
종합 26.부양가족 (3명)		4,500,000	53.조세조약 ▶			
추가공제 27.경로우대 (명)			54.세액감면 계			
28.장애인 (1명)		2,000,000	55.근로소득 세액공제			660,000
29.부녀자			56.자녀 ㉮자녀 (1명)			150,000
30.한부모가족			세액공제 ㉯출산·입양 (명)			
연금보험료공제 31.국민연금보험료	2,475,000	2,475,000	57.과학기술공제			
32.공적연금보험료공제 공무원연금			58.근로자퇴직연금			
군인연금			59.연금저축			
사립학교교직원			60.보장 일반	800,000	800,000 800,000	96,000
별정우체국연금			성보험 장애인	1,000,000	1,000,000 1,000,000	150,000
특별소득공제 33.보험료	2,543,800	2,543,800	61.의료비	1,000,000	1,000,000	
건강보험료	2,103,800	2,103,800	62.교육비	14,800,000	14,800,000 14,800,000	1,789,305
고용보험료	440,000	440,000	63.기부금		650,000	
34.주택차입금 대출기관 원리금상환액 거주자			기부금 1)정치자금 10만원이하 10만원초과			
34.장기주택저당차입금이자상			2)법정기부금(전액)			
35.기부금-2013년이전이월분			3)우리사주조합기부금			
36.특별소득공제 계		2,543,800	4)지정기부금(종교단체외)			
37.차감소득금액		27,981,200	세액공제 5)지정기부금(종교단체)			
38.개인연금저축			64.특별세액공제 계			2,035,305
그밖의소득공제 39.소기업,소상공인 공제부금 2015년이전가입 2016년이후가입			65.표준세액공제			
40.주택마련저축 소득공제 청약저축			66.납세조합공제			
주택청약			67.주택차입금			
근로자주택마련			68.외국납부 ▶			
41.투자조합출자 등 소득공제			69.월세액	8,400,000	7,500,000	
42.신용카드 등 사용액	23,500,000	1,812,500	70.세액공제 계			2,845,305
43.우리사주조합 출연금 일반 등 벤처 등			71.결정세액((49)-(54)-(70))			
44.고용유지중소기업근로자			81.실효세율(%) (71/21)			
45.장기집합투자증권저축						

(1) 신용카드 등 사용액 소득공제

· 회사경비 사용금액 및 면세 물품 구입비용은 공제대상 신용카드 등 사용금액에서 제외한다.

· 신용카드 등 사용액에 대한 소득공제와 의료비 세액공제는 중복공제가 허용되므로 어머니 보청기 구입비용은 제외하지 않는다.

· 보장성 보험료(아버지) 납부액 80만원(현금영수증 수취분)은 보험료 세액공제와 중복공제 하지 않는다.

42.신용카드 등 사용액		23,500,000	1,812,500		69.월세액		8,400,000	7,500,000		

신용카드 등 공제대상금액 ✕

▶ 신용카드 등 사용금액 공제액 산출 과정 | 총급여 55,000,000 | 최저사용액 (총급여 25%) 13,750,000

구분		대상금액		공제율금액	공제제외금액	공제가능금액	공제한도	일반공제금액	추가공제금액	최종공제금액
전통시장/대중교통 제외	⑭신용카드	21,700,000	15%	3,255,000	2,062,500	1,812,500	3,000,000	1,812,500		1,812,500
	⑮직불/선불카드									
	⑯현금영수증	1,000,000	30%	300,000						
⑰도서공연 등 사용분										
⑱전통시장사용분		500,000	40%	200,000						
⑲대중교통이용분		300,000		120,000						
신용카드 등 사용액 합계(⑭~⑲)		23,500,000		3,875,000	아래참조*1	공제율금액-공제제외금액	아래참조*2	MIN[공제가능금액,공제한도]	아래참조*3	일반공제금액+추가공제금액

(2) 보험료

60.보장성보험	일반	800,000	800,000	800,000	96,000
	장애인	1,000,000	1,000,000	1,000,000	150,000

(3) 의료비

· 간병비는 공제대상 의료비에 해당하지 않는다.

· 질병 치료 목적의 의료비더라도 해외에서 지출한 의료비는 공제되지 않는다.

61.의료비	1,000,000	1,000,000			

의료비 ✕

구분	지출액	실손의료비	공제대상금액	공제금액
난임시술비				
본인				
65세,장애인.건강보험산정특례자	1,000,000			
그 밖의 공제대상자				

(4) 교육비

· 본인의 대학원 교육비만 공제대상 교육비에 해당하므로 처남의 대학원 교육비는 공제되지 않는다.

· 초·중·고등학생 체험학습비는 1인당 30만원을 한도로 공제가 가능하다.

· 중·고등학생 교복구입비는 1인당 50만원을 한도로 공제가 가능하다.

· 자녀 박하연은 미취학 아동이나 소득금액이 100만원을 초과하여 기본공제대상자 해당하지 않으므로 교육비 공제를 적용받을 수 없다.

· 장애인의 특수교육비는 직계존속(어머니)의 교육비일지라도 공제가 가능하다.

교육비

구분	지출액	공제대상금액	공제금액
취학전아동(1인당 300만원)			
초중고(1인당 300만원)	800,000		
대학생(1인당 900만원)		14,800,000	2,220,000
본인(전액)	11,000,000		
장애인 특수교육비	3,000,000		

(5) 기부금

· 기부금세액공제는 부양가족의 나이 제한을 받지 않으므로 처남이 지출한 법정기부금은 기부금세액공제를 적용받을 수 있다.

63.기부금	650,000	650,000	150,000
1)정치자금	10만원이하	100,000	100,000
기부금	10만원초과	50,000	50,000
2)법정기부금(전액)		500,000	
3)우리사주조합기부금			
4)지정기부금(종교단체외)			
5)지정기부금(종교단체)			

기부금

구분	지출액	공제대상금액	공제금액
정치자금 기부금(10만원 이하분)	100,000	100,000	
정치자금 기부금(10만원 초과분)	50,000	50,000	
법정이월(2013년)			
법정이월(2014년)			
법정이월(2015년)			
법정이월(2016년)			
법정이월(2017년)			
법정이월(2018년)			
법정이월(2019년)			
법정이월(2020년)			
법정당해기부금	500,000		
우리사주조합기부금			

[98회] 최신 기출문제

◆ 이론시험

01 ③ 기업회계기준 2.9 중요한 항목은 재무제표의 본문이나 주석에 그 내용을 가장 잘 나타낼 수 있도록 구분하여 표시하며, 중요하지 않은 항목은 성격이나 기능이 유사한 항목과 통합하여 표시할 수 있다.

02 ② 개별법은 가장 정확한 단가산정방법이지만 실무적으로 적용하기 어렵다.

03 ④ 기업회계기준 10.10
유형자산의 원가가 아닌 예는 다음과 같다.
(1) 새로운 시설을 개설하는 데 소요되는 원가

04 ① 재고자신 평기방법의 변경은 회계정책의 변경에 해당함(일반기업회계기준 제5장 실5.4, 실5.5)

05 ④ 자기주식 소각-자본금 감소, 자기주식저분이익-사본잉여금, 감자차손-자본조정

(차)	자기주식	150,000원	(대)	현금 등	150,000원
(차)	현금 등	120,000원	(대)	자기주식	90,000원
				자기주식처분이익	30,000원
(차)	자본금	40,000원	(대)	자기주식	60,000원
	감자차손	20,000원			

06 ④ 영업용 차량에 대한 유지비는 판매관리비 항목이다.

07 ③
예정배부율 : 1,500,000원 ÷ 500시간 = 3,000원/시간당
실제발생 제조간접비 = 1,650,000원 = 예정배부액
실제직접노무시간 : 1,650,000원 ÷ 3,000원 = 550시간

08 ③ 100,000원
당기제품제조수량 = 1,000개 + 300개 - 500개 = 800개
매출원가 = 67,000원 + 88,000원(800개×110원) - 55,000원 = 100,000원

09 ① 손익계산서에서 제공되는 정보이다.

10 ② 완성품 수량 : 1,500 + 8,500 - 1,300 - 700 = 8,000개
정상공손수량 = 8,000 * 3% = 240개
비정상공손수량 = 1,300 - 240 = 1,060개

11 ③
납부세액 = 매출세액-매입세액+매입세액불공제
즉, 매출세액 = 납부세액+매입세액-매입세액불공제
4,000,000원 = 2,500,000원 + 1,550,000원 - 50,000원
과세 공급가액 = 매출세액 ÷ 10%
과세표준 = 과세 공급가액 + 영세율 공급가액
42,000,000원 = (4,000,000원 ÷ 10%) + 2,000,000원

12 ② 신청일부터 2일 이내에 신청자에게 발급하여야 한다. [부가가치세법시행령 제11조 제5항]

13 ② 가와 마는 세법에서 정한 범위내에서 필요경비에 산입가능하다.

14 ④ 수출대행수수료는 세금계산서를 발급하고 영세율 아닌 일반세율(10%) 적용한다.

15 ③ 연금저축의 연금계좌에서 연금외 수령하는 일시금은 기타소득에 해당된다.

◈ **실무시험**

[문제 1]

[1] 2월 15일 일반전표 입력

(차) 보통예금	5,000,000	(대) 배당금수익	5,000,000

[2] 3월 11일 일반전표 입력

(차) 보통예금	5,414,540	(대) 이자수익	490,000
선납세금	75,460	정기예금	5,000,000

[3] 3월 15일 일반전표 입력

(차) 보통예금	50,000,000	(대) 장기차입금(서울시청)	25,000,000
		정부보조금(보통예금차감)	25,000,000

[4] 8월 15일 일반전표입력

| (차) | 보통예금 | 4,733,400 | (대) | 외상매출금(㈜당진) | 4,830,000 |
| | 매출할인(406) | 96,600 | | | |

[5] 10월 31일 일반전표 입력

| (차) | 사무용품비(판) | 27,500 | (대) | 보통예금 | 27,500 |

[문제 2]

[1] 7월 22일 매입매출전표입력

유형 :14.건별   공급가액 :700,000원   부가세 :70,000원   거래처명 :㈜세무   분개 :혼합

| (차) | 접대비(판) | 570,000 | (대) | 제품(적요8. 타계정대체) | 500,000 |
| | 또는 접대비(제) | | | 부가세예수금 | 70,000 |

[2] 8월 5일 매입매출전표입력

유형 :11.과세   공급가액 :5,000,000원   부가세 :500,000원   거래처 :㈜현명상사   전자 :여   분개 :혼합

| (차) | 현금 | 3,000,000 | (대) | 제품매출 | 5,000,000 |
| | 외상매출금 | 2,500,000 | | 부가세예수금 | 500,000 |

[3] 8월 31일 매입매출전표 입력

유형 :51.과세   공급가액 :900,000원   부가세 :90,000원   거래처 :㈜식신   전자 :부   분개 :혼합   또는 카드

| (차) | 복리후생비(제) | 900,000 | (대) | 미지급금(신한카드) | 990,000 |
| | 부가세대급금 | 90,000 | | 또는 미지급비용 | |

[4] 9월 7일 매입매출전표 입력

유형 :51.과세   공급가액 :48,000,000원   부가세 :4,800,000원   거래처 :㈜삼진건설   전자 :여   분개 :혼합

| (차) | 건설중인자산 | 48,000,000 | (대) | 보통예금 | 52,800,000 |
| | 부가세대급금 | 4,800,000 | | | |

[5] 9월 30일 매입매출전표 입력

유형 :11.과세   공급가액 :10,000,000원   부가세 :1,000,000원   거래처 :㈜명국   전자 :여   분개 :혼합

| (차) | 외상매출금 | 9,000,000 | (대) | 제품매출 | 10,000,000 |
| | 선수금 | 2,000,000 | | 부가세예수금 | 1,000,000 |

[1] 건물등감가상각자산취득명세서

➡ 취득내역

감가상각자산종류	건수	공급가액	세액	비고
합 계	3	42,800,000	4,280,000	
건물·구축물				
기 계 장 치	1	13,000,000	1,300,000	
차 량 운 반 구	1	28,000,000	2,800,000	
기타감가상각자산	1	1,800,000	180,000	

거래처별 감가상각자산 취득명세

No	월/일	상호	사업자등록번호	자산구분	공급가액	세액	건수
1	10-06	(주)경기자동차	126-81-11152	차량운반구	28,000,000	2,800,000	1
2	11-22	(주)한국상사	621-81-20059	기계장치	13,000,000	1,300,000	1
3	12-20	시원전자	358-52-91995	기타	1,800,000	180,000	1

[2]

구분		정기신고금액 금액	세율	세액
과세표준및매출세액 과세 세금계산서발급분	1	350,000,000	10/100	35,000,000
매입자발행세금계산서	2		10/100	
신용카드·현금영수증발행분	3	5,000,000		500,000
기타(정규영수증외매출분)	4	700,000	10/100	70,000
영세율 세금계산서발급분	5	50,000,000	0/100	
기타	6	40,000,000	0/100	
예정신고누락분	7			
대손세액가감	8			-1,000,000
합계	9	445,700,000	㉮	34,570,000
매입세액 세금계산서수취분 일반매입	10	251,000,000		25,100,000
수출기업수입분납부유예	10			
고정자산매입	11	30,000,000		3,000,000
예정신고누락분	12	3,000,000		300,000
매입자발행세금계산서	13			
그 밖의 공제매입세액	14	30,000,000		3,000,000
합계(10)-(10-1)+(11)+(12)+(13)+(14)	15	314,000,000		31,400,000
공제받지못할매입세액	16	1,000,000		100,000
차감계 (15-16)	17	313,000,000	㉯	31,300,000
납부(환급)세액(매출세액㉮-매입세액㉯)			㉰	3,270,000
경감공제세액 그 밖의 경감·공제세액	18			10,000
신용카드매출전표등 발행공제등	19			
합계	20			10,000
소규모 개인사업자 부가가치세 감면세액	20		㉱	
예정신고미환급세액	21		㉲	800,000
예정고지세액	22		㉳	
사업양수자의 대리납부 기납부세액	23		㉴	
매입자 납부특례 기납부세액	24		㉵	
신용카드업자의 대리납부 기납부세액	25		㉶	
가산세액계	26		㉷	
차가감하여 납부할세액(환급받을세액)㉮-㉯-㉰-㉱-㉲-㉳-㉴-㉵+㉷	27			2,460,000
총괄납부사업자가 납부할 세액(환급받을 세액)				

구분		금액	세율	세액
7.매출(예정신고누락분)				
예정누락분 과세 세금계산서	33		10/100	
기타	34		10/100	
영세율 세금계산서	35		0/100	
기타	36		0/100	
합계	37			
12.매입(예정신고누락분)				
예정누락분 세금계산서	38	3,000,000		300,000
그 밖의 공제매입세액	39			
합계	40	3,000,000		300,000
신용카드매출 일반매입				
수령금액합계표 고정매입				
의제매입세액				
재활용폐자원등매입세액				
과세사업전환매입세액				
재고매입세액				
변제대손세액				
외국인관광객에대한환급/				
합계				
14.그 밖의 공제매입세액				
신용카드매출 일반매입	41	25,000,000		2,500,000
수령금액합계표 고정매입	42	5,000,000		500,000
의제매입세액	43		뒤쪽	
재활용폐자원등매입세액	44		뒤쪽	
과세사업전환매입세액	45			
재고매입세액	46			
변제대손세액	47			
외국인관광객에대한환급세액	48			
합계	49	30,000,000		3,000,000

구분		금액	세율	세액
16.공제받지못할매입세액				
공제받지못할 매입세액	50	1,000,000		100,000
공통매입세액면세등사업분	51			
대손처분받은세액	52			
합계	53	1,000,000		100,000
18.그 밖의 경감·공제세액				
전자신고세액공제	54			10,000
전자세금계산서발급세액공제	55			
택시운송사업자경감세액	56			
대리납부세액공제	57			
현금영수증사업자세액공제	58			
기타	59			
합계	60			10,000

[문제 4]

[1] 12월 31일 일반전표 입력

| (차) | 보통예금 | 10,154,000 | (대) | 딘기차입금(벌빛은행) | 10,154,000 |
| 또는 (결차) | | | 또는 (결대) | | |

※ 차변에 거래처를 입력한 경우에도 정답으로 인정함.

[2] 12월 31일 일반전표입력

| (차) | 선급비용 | 2,025,000 | (대) | 보험료(판) | 2,025,000 |
| 또는 (결차) | | | 또는 (결대) | | |

[3] 12월 31일 일반전표입력

| (차) | 감가상각비(판) | 5,000,000 | (대) | 감가상각누계액 | 5,000,000 |
| 또는 (결차) | | | 또는 (결대) | | |

| (차) | 감가상각비(제) | 10,751,550 | (대) | 감가상각누계액 | 10,751,550 |
| 또는 (결차) | | | 또는 (결대) | | |

또는 결산자료 입력메뉴를 이용하여 금액을 입력한 후 전표추가

[4] 12월 31일

[결산자료입력] 메뉴에서 기말원재료 4,000,000원, 기말재공품 8,030,000원, 기말제품 8,000,000원 입력 후 전표추가

[5] 12월 31일 일반전표입력

| (차) | 대손상각비 | 3,399,700 | (대) | 대손충당금(109) | 3,399,700 |
| 또는 (결차) | | | 또는 (결대) | | |

| (차) | 기타의대손상각비 | 1,600,000 | (대) | 대손충당금(115) | 1,600,000 |
| 또는 (결차) | | | 또는 (결대) | | |

또는 결산자료 입력메뉴을 이용하여 금액을 입력한 후 전표추가

[문제 5]

[1]
1. 급여자료입력(1월)

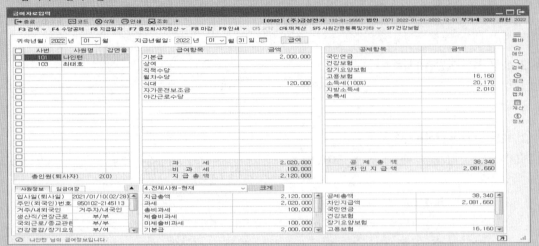

2. 급여자료입력(2월)

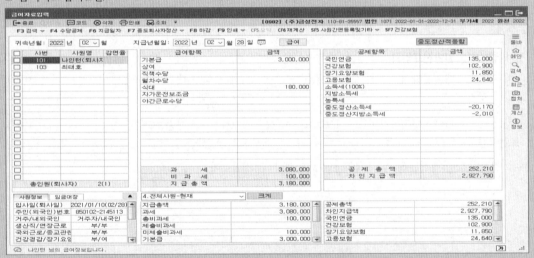

※ 기본급 및 식대 외의 문제와 관계없는 급여항목은 '수당공제' 메뉴에서 사용여부를 '부'로 체크하여도 무방함.

3. 원천징수이행상황신고서(2월)

[2]

1. 모 김순녀는 임대소득금액이 100만원 이상이므로 기본공제 대상자가 아님. 배우자는 연간 총급여가 600만원이지만 분리과세되는 일용소득이 300만원이 포함되어 있으므로 기본공제대상자에 해당함)

2. 연금저축 퇴직연금저축 : 아래 참조

3. 보험료 : 보장성 보험료(본인 600,000원, 자녀 300,000원) 총 900,000원(저축성보험은 해당안됨)

4. 의료비 : 부친 : 12,000,000원 – 11,000,000원(실손보험 수령금)＝1,000,000원

모친 : 3,000,000원, 의료비는 소득 및 연령요건을 따지지 않으므로 소득이 높아 기본부양자는 아니지만 실제 본인이 부담한 의료비는 포함한다.

배우자 : 3,000,000원 – 1,700,000(실손보험 수령금)＋500,000원(안경구입)＝1,800,000원, 배우자의 건강기능식품 구입비와 자녀의 건강증진한약비는 제외한다.

5. 교육비 : 본인의 대학원학비와 자녀의 외국소재학교 수업료는 공제대상임.

6. 기부금 : 어머니는 기본공제대상자가 아니므로 어머니가 지출한 기부금은 세액공제 대상 아님

7. 신용카드 등 : 아래 참조

[소득명세 탭]

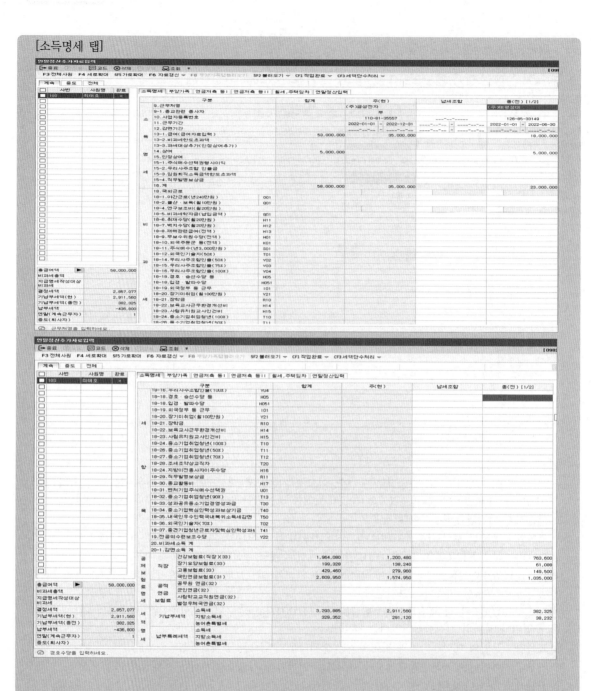

[부양가족 탭]

연말관계	성명	내/외국인	주민(외국인)번호	나이	기본공제	세대주구분	부녀자	한부모	경로우대	장애인	자녀	출산입양
0	최태호	내	1 730505-1111117	49	본인	세대주						
1	최진성	내	1 470815-1111112	75	60세이상				O			
1	김순녀	내	1 540804-2222222	68	부							
3	신미미	내	1 780822-2222220	44	배우자							
4	최샛별	내	1 031031-4444443	19	20세이하						O	

[연금저축 등Ⅰ 탭]

소득명세 | 부양가족 | 연금저축 등Ⅰ | 연금저축 등Ⅱ | 월세,주택임차 | 연말정산입력 　　확대

1 연금계좌 세액공제 - 퇴직연금계좌(연말정산입력 탭의 57.과학기술인공제, 58.근로자퇴직연금) 크게보기

퇴직연금 구분	코드	금융회사 등	계좌번호(증권번호)	납입금액	공제대상금액	세액공제금액

퇴직연금
과학기술인공제회

2 연금계좌 세액공제 - 연금저축계좌(연말정산입력 탭의 38.개인연금저축, 59.연금저축) 크게보기

연금저축구분	코드	금융회사 등	계좌번호(증권번호)	납입금액	공제대상금액	소득/세액공제액
2.연금저축	304	(주) 우리은행	1002-484-652358	1,200,000	1,200,000	144,000

개인연금저축
연금저축 　　　1,200,000　1,200,000　144,000

[의료비지급명세서]

9.의료증빙코드	8.상호	7.사업자등록번호	성명	내/외	5.주민등록번호	6.본인등해당여부	10.건수	11.금액	11-1.실손의료보험금	12.난임시술비해당여부	13.산후조리원해당여부(7천만원이하)
국세청장			최진성	내	470815-1111112	2	0	12,000,000	11,000,000	X	X
국세청장			김순녀	내	540804-2222222	2	0	3,000,000		X	X
국세청장			신미미	내	780822-2222220	3	X	3,500,000	1,700,000	X	X
			합계					18,500,000	12,700,000		
일반의료비(본인)		일반의료비(그 외)	3,500,000	난임시술비				65세 이상자,장애인건강보험산정특례자	15,000,000		

사업자등록번호를 입력하세요　　삭제(F5) 확인(Esc)

[연말정산입력 탭]

그밖의소득공제	38.개인연금저축			
	39.소기업,소상공인 공제부금	2015년이전가입		
		2016년이후가입		
	40.주택마련저축소득공제	청약저축		
		주택청약		
		근로자주택마련		
	41.투자조합출자 등 소득공제			
	42.신용카드 등 사용액		26,000,000	4,600,000
	43.우리사주조합 출연금	일반 등		
		벤처 등		
	44.고용유지중소기업근로자			
	45.장기집합투자증권저축			
	46.그 밖의 소득공제 계			4,600,000

신용카드 등 공제대상금액

▶ 신용카드 등 사용금액 공제액 산출 과정				총급여	58,000,000	최저사용액(총급여 25%)		14,500,000

구분		대상금액	공제율금액	공제제외금액	공제가능금액	공제한도	일반공제금액	추가공제금액	최종공제금액
전통시장/ 대중교통 제외	㉮신용카드	12,000,000	15% 1,800,000	2,700,000	4,600,000	3,000,000	3,000,000	1,600,000	4,600,000
	㉯직불/선불카드								
	㉰현금영수증		30%						
㉱도서공연 등 사용분		1,000,000	300,000						
㉲전통시장사용분		8,000,000	40% 3,200,000						
㉳대중교통이용분		5,000,000	2,000,000						
신용카드 등 사용액 합계(㉮~㉳)		26,000,000	7,300,000	아래참조*1	공제율금액- 공제제외금액	아래참조*2	MIN[공제가능금액,공제한도]	아래참조*3	일반공제금액+ 추가공제금액

	구분		대상금액			
특 별 세 액 공 제	60.보장 성보험	일반	900,000	900,000	900,000	108,000
		장애인				
	61.의료비		18,500,000	18,500,000	4,060,000	609,000
	62.교육비		11,000,000	11,000,000	8,000,000	1,200,000
	63.기부금					
	1)정치자금 기부금	10만원이하				
		10만원초과				
	2)법정기부금(전액)					
	3)우리사주조합기부금					
	4)지정기부금(종교단체외)					
	5)지정기부금(종교단체)					
	64.특별세액공제 계					1,917,000

의료비

구분	지출액	실손의료비	공제대상금액	공제금액
난임시술비				
본인		12,700,000	4,060,000	609,000
65세,장애인,건강보험산정특례자	15,000,000			
그 밖의 공제대상자	3,500,000			

※ 65세 이상 지출액에 4,000,000원, 이외 대상자에 1,800,000원을 기재한 경우도 정답으로 인정함.

교육비

구분	지출액	공제대상금액	공제금액
취학전아동(1인당 300만원)			
초중고(1인당 300만원)	6,000,000	8,000,000	1,200,000
대학생(1인당 900만원)			
본인(전액)	5,000,000		
장애인 특수교육비			

※ 초중고 지출액에 3,000,000원을 기재한 경우도 정답으로 인정함.

[97회] 최신 기출문제

◈ 이론시험

01 ④ 대손충당금을 과소 설정한 것은 손익계산서에 계상될 대손상각비를 과소계상했거나, 대손충당금환입을 과대계상한 경우이다. 따라서 자산 및 당기순익이 과대계상되고 이익잉여금은 과대계상된다.

02 ③ 무형자산의 감가상각은 자산이 사용 가능한 때부터 시작한다.

03 ② 금액이 반드시 확정되어야 함을 의미하는 것은 아니다.

04 ① 당기발생한 외상매출을 결산시 반영할 경우 당기순이익은 100,000원이 증가한다.
한편 1기 확정 부가가치세의 납부는 당기손익에 영향을 주지 않는다.

05 ③ 신주발행비는 주식발행초과금에서 차감하거나 주식할인발행차금에 가산한다.

06 ② 제조간접비의 배부차이는 비례배부법, 매출원가조정법, 영업외손익법으로 조정한다.

07 ①
(1) 물량 흐름 파악

재공품			
기초	500개	완성	1,200개
착수	1,100개	기말	400개
	1,600개		1,600개

(2) 완성품 환산량

구분	재료비	가공비
완성품	1,200개	1,200개
기말 재공품	400개	200개*
완성품 환산량	1,600개	1,400개

* 400개×50%(완성도) = 200개
(3) 완성품 환산량 단위당 원가
  1) 재료비 : (500,000원 + 700,000원) / 1,600개 = 750원
  2) 가공비 : (300,000원 + 400,000원) / 1,400개 = 500원
(4) 기말재공품원가
  400개×750원 + 200개×500원 = 400,000원

08 ③ 기초재고액 + 당기원재료매입액 - 당기재고사용액 = 기말재고액
      x+y-3,000,000 = x+200,000

09 ④ 제품매출원가는 매출원가 계정의 차변으로 대체된다.

10 ④ 생산근로자의 식대는 제조원가이나 판매근로자의 식대는 비제조원가이다.

11 ③ 내국물품 외국반출(직수출) : 수출재화의 선(기)적일

12 ④ 수출을 대행하는 수출업자는 그 수출대행수수료에 대해서 10%의 부가가치세를 적용한다.

13 ④
① 직전 연도 재화와 용역의 공급대가의 합계액이 8,000만원에 미달하는 개인사업자이다.
② 2021년 7월 1일 이후 재화 또는 용역을 공급하는 분부터는 48,000,000원 이상 간이과세자는 세금계산서 발급이 원칙이다.
③ 2021년 7월 1일 이후부터 48,000,000원 이상 간이과세자는 공급대가의 0.5%에 해당하는 매입세액을 공제할 수 있다.

14 ① 주거용 건물 임대업에서 발생한 수입금액 합계액이 2천만원을 초과하는 경우 종합과세 대상이다.

15 ② 주식매수선택권의 근로소득 수입시기는 주식매수선택권을 행사한 날이다.

◆ 실무시험

[문제 1]

[1] 5월 1일 일반전표입력

(차)	단기매매증권	10,000,000	(대)	보통예금	10,200,000
	수수료비용(영업외비용,984)	200,000			

[2] 5월 6일 일반전표입력

(차)	기부금	30,000,000	(대)	제품(8.타계정대체)	30,000,000

[3] 6월 11일 일반전표 입력

(차)	보통예금	3,150,000	(대)	자기주식	3,000,000
				자기주식처분손실	30,000
				자기주식처분이익	120,000

[4] 7월 1일 일반전표입력

(차)	감가상각누계액(207)	5,500,000	(대)	기계장치	30,000,000
	유형자산손상차손	24,500,000			

[5] 7월 30일 일반전표입력

(차)	퇴직급여(제)	5,000,000	(대)	보통예금	5,000,000

[문제 2]

[1] 7월 15일 매입매출전표 입력

유형:12.영세(영세율구분 3), 공급가액:20,000,000원, 부가세:0원, 공급처명: ㈜대박인터내셔널, 전자:여, 분개:외상(또는 혼합)

(차)	외상매출금	20,000,000	(대)	제품매출	20,000,000

[2] 8월 10일 매입매출전표 입력

유형:53.면세, 공급가액:30,000원, 거래처명:㈜마케팅, 전자:여, 분개:혼합

(차)	도서인쇄비(판)	30,000	(대)	미지급금	30,000

[3] 8월 20일 매입매출전표 입력

유형:57.카과, 공급가액:325,000원, 부가세:32,500원, 거래처:제주수산, 분개:카드 또는 혼합

(차)	복리후생비(제)	325,000	(대)	미지급금(㈜우리카드)	357,500
	부가세대급금	32,500		또는 미지급비용	

[4] 9월 11일 매입매출전표 입력

유형:22.현과, 공급가액:1,200,000원, 부가세:120,000원, 거래처:한석규, 분개:현금 또는 혼합

(차)	현금	1,320,000	(대)	제품매출	1,200,000
				부가세예수금	120,000

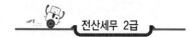

[5] 9월 30일 매입매출전표 입력

유형:51.과세, 공급가액: 1,200,000원 부가세: 120,000원, 공급처:㈜광고사랑, 전자:여, 분개:혼합

(차) 광고선전비(판)	1,200,000	(대) 보통예금	1,320,000
부가세대급금	120,000		

[문제 3]

[1]

구분	건수	외화금액	원화금액	비고
⑨합계	3	435,000.00	151,032,000	
⑩수출재화[=⑩합계]	3	435,000.00	151,032,000	
⑪기타영세율적용				

No		(13)수출신고번호	(14)선(기)적일자	(15)통화코드	(16)환율	금액 (17)외화	금액 (18)원화	전표정보 거래처코드	전표정보 거래처명
1	☐	13041-20-044589x	2022-04-06	JPY	9.9400	300,000.00	2,982,000		
2	☐	13055-10-011460X	2022-05-18	USD	1,080.0000	60,000.00	64,800,000		
3	■	13064-25-147041X	2022-06-30	GBP	1,110.0000	75,000.00	83,250,000		

[2]

구분			정기신고금액 금액	세율	세액
과세표준및매출세액	과세	세금계산서발급분	1	230,000,000	10/100	23,000,000
		매입자발행세금계산서	2		10/100	
		신용카드·현금영수증발행분	3		10/100	
		기타(정규영수증외매출분)	4			
	영세	세금계산서발급분	5		0/100	
		기타	6	45,000,000	0/100	
	예정신고누락분		7	3,000,000		
	대손세액가감		8			
	합계		9	278,000,000	㉮	23,000,000
매입세액	세금계산서수취분	일반매입	10	80,000,000		8,000,000
		수출기업수입분납부유예	10			
		고정자산매입	11	10,000,000		1,000,000
	예정신고누락분		12			
	매입자발행세금계산서		13			
	그 밖의 공제매입세액		14	8,000,000		800,000
	합계(10)-(10-1)+(11)+(12)+(13)+(14)		15	98,000,000		9,800,000
	공제받지못할매입세액		16			
	차감계 (15-16)		17	98,000,000	㉯	9,800,000
납부(환급)세액(매출세액㉮-매입세액㉯)				㉰	13,200,000
경감공제세액	그 밖의 경감·공제세액		18			10,000
	신용카드매출전표등 발행공제등		19			
	합계		20		㉱	10,000
소규모 개인사업자 부가가치세 감면세액			20		㉲	
예정신고미환급세액			21		㉳	
예정고지세액			22		㉴	
사업양수자의 대리납부 기납부세액			23		㉵	
매입자 납부특례 기납부세액			24		㉶	
신용카드업자의 대리납부 기납부세액			25		㉷	
가산세액계			26		㉸	3,750
차가감하여 납부할세액(환급받을세액)㉮-㉯-㉱-㉲-㉳-㉴-㉵-㉶-㉷+㉸			27			13,193,750
총괄납부사업자가 납부할 세액(환급받을 세액)						

구분			금액	세율	세액
7.매출(예정신고누락분)					
예정누락분	과세	세금계산서	33		10/100	
		기타	34		10/100	
	영세	세금계산서	35		0/100	
		기타	36	3,000,000	0/100	
합계			37	3,000,000		
12.매입(예정신고누락분)					
예정누락분	세금계산서		38			
	그 밖의 공제매입세액		39			
	합계		40			
	신용카드매출수령금액합계	일반매입				
		고정매입				
	의제매입세액					
	재활용폐자원등매입세액					
	과세사업전환매입세액					
	재고매입세액					
	변제대손세액					
	외국인관광객에대한환급					
	합계					
14.그 밖의 공제매입세액					
신용카드매출수령금액합계표	일반매입		41	8,000,000		800,000
	고정매입		42			
의제매입세액			43		뒤쪽	
재활용폐자원등매입세액			44		뒤쪽	
과세사업전환매입세액			45			
재고매입세액			46			
변제대손세액			47			
외국인관광객에대한환급세액			48			
합계			49	8,000,000		800,000

ⓐ 수출기업 수입분 납부유예 코드는 10-1입니다.

㉦

구분		금액	세율	세액
16.공제받지못할매입세액				
공제받지못할 매입세액	50			
공통매입세액면세등사업분	51			
대손처분받은세액	52			
합계	53			
18.그 밖의 경감·공제세액				
전자신고세액공제	54			10,000
전자세금계산서발급세액공제	55			
택시운송사업자경감세액	56			
대리납부세액공제	57			
현금영수증사업자세액공제	58			
기타	59			
합계	60			10,000

· 가산세 계산
  - 영세율 과세표준 신고 불성실 가산세: 3,000,000원 × 0.5% ×25%≒ 3,750원

[문제 4]

[1] 12월 31일 일반전표 입력

| (차) 매도가능증권(178) | 10,000,000 | (대) 매도가능증권평가손실 | 3,000,000 |
| | | 매도가능증권평가이익 | 7,000,000 |

[2] 12월 31일 일반전표입력

| (차) 미수수익 | 700,000 | (대) 이자수익 | 700,000 |

  * 30,000,000원 × 7% × 4/12 = 700,000원

[3] 12월 31일 일반전표입력

| (차) 유동성장기부채(중앙은행) | 20,000,000 | (대) 장기차입금(중앙은행) | 20,000,000 |

[4] 12월 31일 일반전표 입력

| (차) 이자비용 | 472,767 | (대) 현금 | 300,000 |
| | | 사채할인발행차금 | 172,767 |

[5] 12월 31일 일반전표입력

| (차) 법인세등 | 22,000,000 | (대) 선납세금 | 8,600,000 |
| | | 미지급세금 | 13,400,000 |

또는 결산자료입력메뉴 결산반영금액란 선납세금란에 8,600,000원, 추가계상액 13,400,000원을 입력 후 전표추가

[문제 5]

[1]

(1) 사원등록

사번 : 101, 성명 : 권예원, 입사년월일 : 2021년 7월 1일, 내국인

주민등록번호 : 890123-2548754, 거주자, 한국, 국외근로제공 : 부, 생산직여부 : 부

(2) 부양가족등록

근로소득금액이 3천만원 이하이므로 부녀자 공제가 가능하다.

오빠는 20세 이하 60세 이상이 아니지만 소득이 없고 장애인이므로 공제가 가능하다.

연말관계	성명	내/외국인	주민(외국민)번호	나이	기본공제	부녀자	한부모	경로우대	장애인	자녀	출산입양	위탁관계
0	권예원	내 1	890123-2548754	33	본인							
3	구정민	내 1	850420-1434561	37	부							
1	권정무	내 1	600324-1354877	62	60세이상							
1	손미영	내 1	620520-2324876	60	부							
4	구태성	내 1	170103-3143571	5	20세이하							
6	권오성	내 1	850112-1454522	37	60세이상				1			

※ 권정무 공제여부를 '부'로 한 경우에도 정답 인정

[2]

1. [부양가족명세] 탭

연말 관계	성명	내/외국인	주민(외국인)번호	나이	기본공제	세대주 구분	부녀 자	한부 모	경로 우대	장애 인	자녀	출산 입양
0	최원호	내	1 860530-1245672	36	본인	세대주						
3	윤선희	내	1 891204-2567541	33	배우자							
4	최슬기	내	1 210101-4561788	1	20세이하							

2. [월세,주택임차] 탭

1 월세액 세액공제 명세   크게보기

임대인명 (상호)	주민등록번호 (사업자번호)	유형	계약 면적(㎡)	임대차계약서 상 주소지	계약서상 임대차 계약기간 개시일	~	종료일	연간 월세액	공제대상금액
최원호	797970125	단독주택	84.00	서울시 중랑구 망우로200	2022-01-01	~	2023-12-31	8,400,000	7,500,000

3. [연말정산입력] 탭

▶ 신용카드 등 사용금액 공제액 산출 과정

구분		대상금액		공제율금액
전통시장/ 대중교통 제외	㉮신용카드	20,000,000	15%	3,000,000
	㉯직불/선불카드	9,500,000		2,850,000
	㉰현금영수증	1,000,000	30%	300,000
㉱도서공연 등 사용분				
㉲전통시장사용분		500,000	40%	200,000
㉳대중교통이용분				
신용카드 등 사용액 합계(㉮-㉳)		31,000,000		6,350,000

	60.보장	일반	1,200,000	1,000,000
특	성보험	장애인		

의료비

구분	지출액	실손의료비	공제대상금액	공제금액
난임시술비				
본인	3,000,000		3,000,000	
65세,장애인.건강보험산정특례자				
그 밖의 공제대상자	2,500,000		2,500,000	

※ 해당 과세기간의 총급여액이 7천만원 이하인 근로자가 「모자보건법」 제2조 제10호에 따른 산후조리원에 산후조리 및 요양의 대가로 지급하는 비용으로서 출산 1회당 200만원 이내의 금액은 공제대상 의료비이다.(소득세법 시행령 제118조의 5 [의료비 세액공제] 제1항 제7호)

기부금

구분	지출액
정치자금 기부금(10만원 이하분)	100,000
정치자금 기부금(10만원 초과분)	
법정이월(2013년)	
법정이월(2014년)	
법정이월(2015년)	
법정이월(2016년)	
법정이월(2017년)	
법정이월(2018년)	
법정이월(2019년)	
법정당해기부금	200,000

교육비

구분	지출액
취학전아동(1인당 300만원)	
초중고(1인당 300만원)	
대학생(1인당 900만원)	1,000,000
본인(전액)	3,000,000
장애인 특수교육비	

[96회] 최신 기출문제

◆ 이론시험

01 ④ 특정 기간의 손익상태를 나타내는 보고서는 손익계산서이다.

02 ④ 계속기록법을 적용한 평균법을 이동평균법이라 하고, 실지재고조사법을 적용한 평균법을 총평균법이라 한다.

03 ③ 회계정책의 변경과 회계추정의 변경을 구분하기가 불가능한 경우에는 이를 회계추정의 변경으로 본다.

04 ② 이익준비금은 이익잉여금에 속한다.

05 ③ 1,500,000원 - 500,000원 = 1,000,000원
  - 단기매매증권인 경우 처분이익 500,000원(=1,000주×(7,500원-7,000원))
  - 매도가능증권인 경우 처분이익 1,500,000원(=1,000주×(7,500원-6,000원))

06 ③ 정상공손은 원가성이 있는 것으로 제조원가에 포함되지만, 비정상공손은 영업외비용으로써 제조원가에 포함 시키지 않는다.

07 ①
  - 제조간접비 배부율: 제조간접비 250,000원 ÷ 총직접노무비 500,000원 = 50%
  - 당기총제조원가(유람선B) : 직접재료비 600,000원 + 직접노무비 200,000원 + 제조간접비 200,000×50% = 900,000원

08 ② ⓒ은 고정비에 대한 그래프이다. 조업도가 증가하면 총원가는 일정하지만 단위당 원가는 감소한다.

09 ① 1,000원 × 1,000시간 - 100,000원 = 900,000원

10 ③ 수선→성형 배부 : 600,000×800÷1,200=400,000원
동력→성형 배부 : 630,000×9,100÷12,600=455,000원
∴ 400,000+455,000=855,000원

11 ③ 부가가치세법 제29조 5항 5호. 공급대가의 지급 지연으로 지급받은 연체이자는 공급가액에 포함하지 않는다.

12 ③ 출산·보육수당 - 월 10만원 이하의 금액

13 ① 간주공급중 직매장(타사업장)반출의 경우 세금계산서를 발급한다.

14 ④ 새마을금고에 지출한 기부금은 비지정기부금에 해당하여 필요경비에 산입하지 않는다.

15 ② 종이세금계산서도 수정발급이 가능하다. 계약의 해제로 인한 발급의 경우 작성일은 계약해제일로 적는다. 과세유형이 전환되기 전에 공급한 재화나 용역의 수정발급의 경우는 처음에 발급한 세금계산서 작성일을 수정발급의 작성일로 한다.(부가령 제70조 제2항)

◈ 실무시험

[문제 1]

[1] 8월 31일 일반전표 입력

| (차) | 선납세금 | 5,000,000 | (대) | 보통예금 | 5,000,000 |

[2] 9월 3일 일반전표 입력

| (차) | 단기차입금(바이든은행) | 24,000,000 | (대) | 보통예금 | 22,000,000 |
| | | | | 외환차익 | 2,000,000 |

[3] 9월 30일 일반전표 입력

| (차) | 급여(801) | 2,500,000 | (대) | 예수금 | 445,890 |
| | 임금(504) | 2,300,000 | | 보통예금 | 4,354,110 |

[4] 11월 2일 일반전표 입력

| (차) | 보통예금 | 32,000,000 | (대) | 사채 | 30,000,000 |
| | | | | 사채할증발행차금 | 2,000,000 |

[5] 12월 8일 일반전표 입력

| (차) | 여비교통비(판) | 9,000 | (대) | 미지급금(나라카드) | 9,000 |
| | | | | 또는 미지급비용 | |

[문제 2]

[1] 5월 11일 매입매출전표 입력

유형:61.현과, 공급가액:1,000,000원 부가세:100,000원, 공급처:㈜전자랜드, 분개:현금 또는 혼합

| (차) | 비품 | 1,000,000 | (대) | 현금 | 1,100,000 |
| | 부가세대급금 | 100,000 | | | |

[2] 7월 16일 매입매출전표 입력

유형:57.카과, 공급가액:30,000원, 부가세:3,000원, 거래처명:㈜가득주유소, 분개:카드 또는 혼합

| (차) | 차량유지비(판) | 30,000 | (대) | 미지급금(국민카드) | 33,000 |
| | 부가세대급금 | 3,000 | | 또는 미지급비용 | |

[3] 8월 11일 매입매출전표 입력

유형:11.과세, 공급가액:6,800,000원, 부가세:680,000원, 거래처:㈜오대양, 전자:여, 분개:혼합

| (차) | 현금 | 3,000,000 | (대) | 제품매출 | 6,800,000 |
| | 외상매출금 | 4,480,000 | | 부가세예수금 | 680,000 |

[4] 8월 16일 매입매출전표 입력

유형:14.건별, 공급가액 : 800,000원, 부가세 : 80,000원, 거래처 : 한지평, 분개 : 혼합

(차) 보통예금	880,000	(대) 제품매출	800,000
		부가세예수금	80,000

[5] 9월 5일 매입매출전표 입력

유형:51.과세, 품목: 증축공사 도색공사 복수입력, 공급가액:37,000,000원, 부가세:3,700,000원, 공급처명: ㈜다고쳐, 전자: 여, 분개: 혼합

(차) 건물	35,000,000	(대) 외상매출금(㈜다고쳐)	10,000,000
수선비(제조원가)	2,000,000	미지급금(㈜다고쳐)	30,700,000
부가세대급금	3,700,000		

[문제 3]

[1]

3. 부도발생일로부터 6개월이 경과 하지 않아 대손세액공제를 받을 수 없다.

당초공급일	대손확정일	대금금액	공제율	대손세액	거래처		대손사유
2019-07-27	2022-06-01	3,300,000	10/110	300,000	신라상사	3	사망, 실종
2018-03-15	2022-03-15	11,000,000	10/110	1,000,000	(주)민교전자	6	소멸시효완성
2020-07-01	2022-05-31	-23,100,000	10/110	-2,100,000	(주)경건상사	7	대손채권일부회수

[2]

1. 매입매출전표 입력

9월 25일 매입매출전표에 입력 후 상단 메뉴의 간편집계 메뉴의 예정누락분 클릭 또는 Shift+F5 입력 후
확정신고 개시년월 2022년 10월 입력

	2022 년	09 ∨ 월	25 일	변경 현금잔액:		285,364,979	대차차액:		매출			

□	일	번호	유형	품목	수량	단가	공급가액	부가세	코드	공급처명	사업/주민번호	전자	분개
□	25	50001	현과	제품			3,700,000	370,000	00158	김대웅	870914-1234560		현금
□	25												
□													
□													
□													
□													
□													
□													
□													
□													
□													
□													
			유형별-공급처별 [1]건				3,700,000	370,000					

신용카드사 [　]　　　　봉사료 [　　　　　]

◈	NO : 50001		(입 금) 전 표			일 자 : 2022 년 9 월 25 일

구분	계정과목		적요	거래처		차변(출금)	대변(입금)	(세금)계산서 현재라인인쇄
입금	0255 부가세예수금	제품		00158	김대웅	(현금)	370,000	
입금	0404 제품매출	제품		00158	김대웅	(현금)	3,700,000	거래명세서

9월 16일 매입매출전표에 입력 후 상단 메뉴의 간편집계 메뉴의 예정누락분 클릭 또는 Shift+F5 입력 후 확정신고 개시년월 2022년 10월 입력

	일	번호	유형	품목	수량	단가	공급가액	부가세	코드	공급처명	사업/주민번호	전자	분개
☐	16	50001	과세	원재료			1,700,000	170,000	00159	(주)샘물	606-81-76234		현금
☐	16												
☐													
☐													
☐													
☐													
☐													
☐													
☐													
☐													

2022 년 09 ▼ 월 16 일 변경 현금잔액: 277,734,170 대차차액: **매입**

유형별-공급처별 [1]건   1,700,000   170,000

신용카드사   봉사료

NO : 50001		(출금) 전 표			일 자 : 2022 년 9 월 16 일	
구분	계정과목	적요	거래처	차변(출금)	대변(입금)	
출금	0135 부가세대급금	원재료	00159 (주)샘물	170,000	(현금)	세금계산서
출금	0153 원재료	원재료	00159 (주)샘물	1,700,000	(현금)	현재라인인쇄

2. 부가가치세 신고서 작성

		구분		정기신고금액		
				금액	세율	세액
과세표준및매출세액	과세	세금계산서발급분	1	375,000,000	10/100	37,500,000
		매입자발행세금계산서	2		10/100	
		신용카드·현금영수증발행분	3		10/100	
		기타(정규영수증외매출분)	4		10/100	
	영세	세금계산서발급분	5		0/100	
		기타	6		0/100	
	예정신고누락분		7	3,700,000		370,000
	대손세액가감		8			
	합계		9	378,700,000	㉺	37,870,000
매입세액	세금계산서수취분	일반매입	10	290,000,000		29,000,000
		수출기업수입분납부유예	10			
		고정자산매입	11			
	예정신고누락분		12	1,700,000		170,000
	매입자발행세금계산서		13			
	그 밖의 공제매입세액		14	21,000,000		2,100,000
	합계(10)-(10-1)+(11)+(12)+(13)+(14)		15	312,700,000		31,270,000
	공제받지못할매입세액		16			
	차감계 (15-16)		17	312,700,000	㉯	31,270,000
납부(환급)세액(매출세액㉺-매입세액㉯)					㉰	6,600,000
경감공제세액	그 밖의 경감·공제세액		18			
	신용카드매출전표등 발행공제등		19	4,070,000		
	합계		20		㉱	
소규모 개인사업자 부가가치세 감면세액			20		㉲	
예정신고미환급세액			21		㉳	
예정고지세액			22		㉴	
사업양수자의 대리납부 기납부세액			23		㉵	
매입자 납부특례 기납부세액			24		㉶	
신용카드업자의 대리납부 기납부세액			25		㉷	
가산세액계			26		㉸	259,500
차가감하여 납부할세액(환급받을세액)㉺-㉯-㉱-㉲-㉳-㉴-㉵-㉶-㉷+㉸			27			6,859,500
총괄납부사업자가 납부할 세액(환급받을 세액)						

	구분		금액	세율	세액
7.매출(예정신고누락분)					
예정누락분	과세	세금계산서	33		10/100	
		기타	34	3,700,000	10/100	370,000
	영세	세금계산서	35		0/100	
		기타	36		0/100	
	합계		37	3,700,000		370,000
12.매입(예정신고누락분)					
예정누락분	세금계산서		38	1,700,000		170,000
	그 밖의 공제매입세액		39			
	합계		40	1,700,000		170,000
	신용카드매출	일반매입				
	수령금액합계	고정매입				
	외제매입세액					
	재활용폐자원등매입세액					
	과세사업전환매입세액					
	재고매입세액					
	변제대손세액					
	외국인관광객에대한환급/					
	합계					
14.그 밖의 공제매입세액					
	신용카드매출	일반매입	41	21,000,000		2,100,000
	수령금액합계표	고정매입	42			
	의제매입세액		43		뒤쪽	
	재활용폐자원등매입세액		44		뒤쪽	
	과세사업전환매입세액		45			
	재고매입세액		46			
	변제대손세액		47			
	외국인관광객에대한환급세액		48			
	합계		49	21,000,000		2,100,000

부가가치세신고서 _□[→

[→종료 □인쇄 □조회 ▼ **[0962] (주)평화전자** 214-81-07770 **법인** 9기 2022-01-01~2022-12-31 **부가세** 2022 **원천** 2022

CF2 부가세작성관리 F3 마감 SF3부속서류편집 CF3직전년도매출액확인 **F4 과표명세** ▼ F6 환급 **F7 저장 F8 사업장명세** ▼ F11 원시데이타켜기 CF1 작성방법켜기

| 일반과세 | 간이과세 |

조회기간 : 2022 년 10 월 1 일 ~ 2022 년 12 월 31 일 신고구분 : 1.정기신고 ▼ 신고차수 : ▼ 부가율 : 17.42 확정

		구분		정기신고금액			25.가산세명세				
				금액	세율	세액	사업자미등록등	61		1/100	
과세표준및매출세액	과세	세금계산서발급분	1	375,000,000	10/100	37,500,000	세금계산서 지연발급 등	62		1/100	
		매입자발행세금계산서	2		10/100		지연수취	63		5/1,000	
		신용카드·현금영수증발행분	3				미발급 등	64	25,000,000뒤쪽참조		250,000
		기타(정규영수증외매출분)	4		10/100		전자세금 지연전송	65		3/1,000	
	영세	세금계산서발급분	5		0/100		발급명세 미전송	66		5/1,000	
		기타	6		0/100		세금계산서 제출불성실	67		5/1,000	
	예정신고누락분		7	3,700,000		370,000	합계표 지연제출	68		3/1,000	
	대손세액가감		8				신고 무신고(일반)	69		뒤쪽	
	합계		9	378,700,000	㉮	37,870,000	불성실 무신고(부당)	70		뒤쪽	
매입세액	세금계산서수취분	일반매입	10	290,000,000		29,000,000	과소·초과환급(일반)	71	200,000	뒤쪽	5,000
		수출기업수입분납부유예	10				과소·초과환급(부당)	72		뒤쪽	
		고정자산매입	11				납부지연	73	200,000	뒤쪽	3,960
	예정신고누락분		12	1,700,000		170,000	영세율과세표준신고불성실	74		5/1,000	
	매입자발행세금계산서		13				현금매출명세서불성실	75		1/100	
	그 밖의 공제매입세액		14	21,000,000		2,100,000	부동산임대공급가액명세서	76		1/100	
	합계(10)-(10-1)+(11)+(12)+(13)+(14)		15	312,700,000		31,270,000	매입자 거래계좌 미사용	77		뒤쪽	
	공제받지못할매입세액		16				납부특례 거래계좌 지연입금	78		뒤쪽	
	차감계 (15-16)		17	312,700,000	㉯	31,270,000	합계	79			258,960
납부(환급)세액(매출세액㉮-매입세액㉯)					㉰	6,600,000					
경감공제세액	그 밖의 경감·공제세액		18								
	신용카드매출전표등 발행공제등		19	4,070,000							
	합계		20		㉲						
소규모 개인사업자 부가가치세 감면세액			20		㉺						
예정신고미환급세액			21		㉳						
예정고지세액			22		㉴						
사업양수자의 대리납부 기납부세액			23		㉵						

가 ..::

· 전자세금계산서 의무 발급사업자가 발급시기에 전자세금계산서 외의 세금계산서를 발급한 경우 공급 가액의 1%를 가산세로 한다.

· 3개월 이내 수정신고를 할 경우 과소신고 가산세 75%를 감면한다.

신고불성실가산세 : 200,000 × 10% × 25%=5,000원

납부지연가산세: 200,000× 90일× 0.00022= 3,960원

[문제 4]

[1] 12월 31일 일반전표입력

(차) 보험료(제)	900,000	(대) 선급비용	900,000

· 3,600,000원 ×3/12 = 900,000원

[2] 12월 31일 일반전표 입력

(차) 부가세예수금	70,000,000	(대) 부가세대급금	47,000,000
		잡이익	10,000
		미지급세금	22,990,000

[3] 12월 31일 일반전표 입력

(차) 이자비용	8,000,000	(대) 미지급비용	8,000,000

· 300,000,000원 × 4% × 8/12 = 8,000,000원

[4] 12월 31일 일반전표 입력

(차) 무형자산상각비	900,000	(대) 상표권	900,000

또는 결산자료입력 메뉴에서 상표권 결산반영금액에 900,000원 입력 후 전표추가

[5] 12월 31일 일반전표 입력

다음 ①과 ② 중 선택하여 입력

① 결산자료입력 메뉴에 나음과 같이 입력 후 전표 추가

퇴직급여(전입액)(제) 25,000,000원, 퇴직급여(전입액)(판) 11,000,000원 추가 입력후 전표추가

② 12월 31일 일반전표입력

| (차) 퇴직급여(제) | 25,000,000 | (대) 퇴직급여충당부채 | 36,000,000 |
| 퇴직급여(판) | 11,000,000 | | |

[문제 5]

[1]

(1) 사원등록

사번:105, 성명 : 윤성수, 입사년월일 : 2021년 3월 1일, 내국인,

주민등록번호 : 831003-1549757, 거주자, 한국, 국외근로제공 : 부, 생산직여부 : 부

(2) 부양가족등록

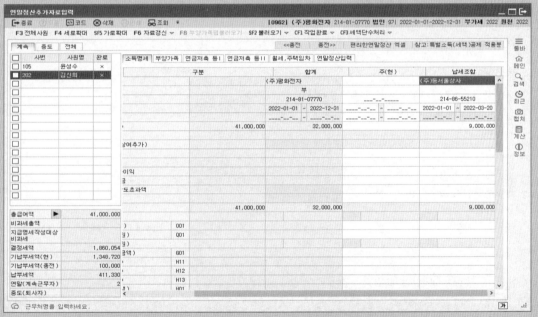

1) 배우자 '김연희'의 사업소득금액이 100만원을 초과하므로 기본공제대상이 아니다.

2) 어머니 '박연순'의 경우 윤성수의 직계존속인 故人(고인) 윤성오가 생전에 재혼한 배우자(법률혼)로서 윤성수가 부양중이므로 기본공제대상이 된다. (소득세법 시행령 제106조 제5항 제2호)

   <참고> 소득세법시행령 제106조 [부양가족등의 인적공제]

   ⑤ 법 제50조 제1항 제3호 가목에서 "대통령령으로 정하는 사람"이란 다음 각 호의 어느 하나에 해당하는 사람을 말한다.(2020.02.11 개정)

      2. 거주자의 직계존속이 사망한 경우에는 해당 직계존속의 사망일 전날을 기준으로 혼인(사실혼은 제외한다) 중에 있었음이 증명되는 사람(2020.02.11. 신설)

3) 자녀세액공제는 7세 이상의 자녀만 받을 수 있다. (적용시기.2020.01.01.이후 발생하는 소득분부터 적용)(소득세법 제59조의 2)

[2]

· 소득명세 탭

· 연금저축 탭

2 연금계좌 세액공제 - 연금저축계좌(연말정산입력 탭의 38.개인연금저축, 59.연금저축)			크게보기				
연금저축구분	코드	금융회사 등	계좌번호(증권번호)	납입금액	공제대상금액	소득/세액공제액
1.개인연금저축	308	(주) 신한은행	1101201300	1,200,000		480,000
개인연금저축				1,200,000		480,000

· 월세,주택임차 탭

1 월세액 세액공제 명세					크게보기				
임대인명 (상호)	주민등록번호 (사업자번호)	유형	계약 면적(㎡)	임대차계약서 상 주소지	계약서상 임대차 계약기간		연간 월세액	공제대상금액	세액공제금액
					개시일	종료일			
박부자	700610-1977210	다가구	35.00	경기도 성남시 분당구 탄천로90	2021-01-01 ~ 2023-12-31		4,800,000	4,800,000	720,000

· 신용카드 등 공제대상금액 입력

신용카드 등 공제대상금액									✕
▶ 신용카드 등 사용금액 공제액 산출 과정			총급여		41,000,000	최저사용액(총급여 25%)		10,250,000	
구분		대상금액		공제율금액	공제제외금액	공제가능금액	공제한도	일반공제금액	추가공제금액	최종공제금액
전통시장/ 대중교통 제외	㉮신용카드	10,000,000	15%	1,500,000	1,575,000	465,000	3,000,000	465,000		465,000
	㉯직불/선불카드	1,500,000		450,000						
	㉰현금영수증	300,000	30%	90,000						
	㉱도서공연 등 사용분									
	㉲전통시장사용분		40%							
	㉳대중교통이용분									
신용카드 등 사용액 합계(㉮~㉳)		11,800,000		2,040,000	아래참조*1	공제율금액- 공제제외금액	아래참조*2	MIN[공제가능금 액,공제한도]	아래참조*3	일반공제금액+ 추가공제금액

· 의료비 입력

구분	지출액	실손의료비	공제대상금액	공제금액
의료비				✕
난임시술비				
본인	3,000,000		1,770,000	265,500
65세,장애인.건강보험산정특례자				
그 밖의 공제대상자				

· 보험료 입력

60.보장	일반		850,000
성보험	장애인		

· 교육비 입력

구분	지출액	공제대상금액	공제금액
교육비			✕
취학전아동(1인당 300만원)			
초중고(1인당 300만원)			
대학생(1인당 900만원)		4,000,000	600,000
본인(전액)	4,000,000		
장애인 특수교육비			

[001] 1월 3일 일반전표입력

(차) 지급어음   7,000,000   (대) 당좌예금   4,000,000
                                                 당좌차월   3,000,000

□	일	번호	구분	계정과목	거래처	적요	차변	대변
☐	3	00002	차변	0252 지급어음	00121 (주)리베로		7,000,000	
☐	3	00002	대변	0102 당좌예금				4,000,000
☐	3	00002	대변	0256 당좌차월	98000 하나은행			3,000,000
☐	3							

시험에서는 채권채무와 특별히 제시한 사항이외는 거래처입력을 안한다.

시험에서는 타계정대체와 제시한것 이외는 적요입력을 생략

은행과 약정하에 당좌예금 잔액이 없는 경우에도 당좌수표 또는 약속어음을 발행하여 대금을 지급하게 할 수 있는 것이 당좌차월 약정이다. 이때, 당좌예금 초과지급액이 당좌차월계정이며 부채거래에 해당한다. 당좌차월의 한도와 이자는 은행과 기업이 약정하는 것이므로 기업마다 서로 다르다. 당좌차월은 결산시 단기차입금으로 대체하게 된다.

(1) 원재료 10,000을 매입(부가세 무시)하고, 대금은 수표발행 지급시 (당좌예금 잔액 : 9,000)

(차) 원재료   10,000   (대) 당좌예금   9,000
                                             당좌차월   1,000

(2) 외상매출금 5,000을 회수하여 즉시 당좌예입하다.

(차) 당좌예금   4,000   (대) 외상매출금   5,000
     당좌차월   1,000

Tip 차변입력후 대변입력시 차변과 동일한 금액이 스페이스바로 입력이 가능하다.

[002] 1월 5일 일반전표입력

(차) 선급금   1,250,000   (대) 보통예금   1,250,300
     수수료비용(판)   300

□	일	번호	구분	계정과목	거래처	적요	차변	대변
☐	5	00003	차변	0131 선급금	00200 (주)하늘		1,250,000	
☐	5	00003	차변	0831 수수료비용			300	
☐	5	00003	대변	0103 보통예금				1,250,300
☐	5							

선급비용은 다음 사업년도의 비용을 선지급한 경우이고, 선급금은 상품이나 원재료 등의 일반적상거래에 해당하는 자산구입을 위하여 계약금조로 미리 선지급한 것이다

선급금 계정 : 물품을 매입하기로 하고 계약금 또는 착수금조로 미리 지급한 금액을 기입하는 계정

거 래 내 용	차 변		대 변	
상품을 주문하고 계약금 1,000을 현금으로 지급한 경우	선급금	1,000	현금	1,000
위 상품이 도착되어 인수하고, 계약금을 차감한 잔액 7,000을 외상으로 한 경우(부가세무시)	상품	8,000	선급금	1,000
			외상매입금	7,000

[003] 1월 6일 일반전표입력

(차) 선수금   300,000   (대) 제품매출   3,000,000
     받을어음   2,700,000

□	일	번호	구분	계정과목	거래처	적요	차변	대변
■	6	00001	차변	0259 선수금	00129 (주)태승		300,000	
▢	6	00001	차변	0110 받을어음	00129 (주)태승		2,700,000	
▢	6	00001	대변	0404 제품매출				3,000,000
▢	6							

정상적인 영업활동인 상품매출, 제품매출에서 수취한 어음은 받을어음으로 처리하며 미리받은 선수금을
제외한 나머지를 수취하게 된다.

선수금 계정 : 물품을 매출하기로 하고 계약금 또는 착수금조로 미리 받은 금액을 기입하는 계정

거 래 내 용	차 변		대 변	
상품 주문 받고, 계약금 2,000을 현금으로 받은 경우	현금	2,000	선수금	2,000
위 주문 상품을 발송하고 계약금을 제외한 잔액 6,000 을 현금지급 받은 경우(부가세 무시)	선수금	2,000	상품매출	8,000
	현금	6,000		

[004] 1월 7일 일반전표입력

(차) 보통예금　　　　　　　　 5,258,000　　　　(대) 정기예금　　　　　　　 5,000,000
　　　선납세금　　　　　　　　　 42,000　　　　　　　 이자수익　　　　　　　　 300,000

□	일	번호	구분	계정과목	거래처	적요	차변	대변
▢	7	00001	차변	0107 단기매매증권	00120 (주)현세	주식취득	3,960,000	
▢	7	00001	대변	0103 보통예금	01115 영화은행	주식취득		3,960,000
▢	7	00002	차변	0103 보통예금			5,258,000	
▢	7	00002	차변	0136 선납세금			42,000	
▢	7	00002	대변	0105 정기예금				5,000,000
▢	7	00002	대변	0901 이자수익				300,000
▢	7							

[005] 1월 8일 일반전표입력

(차) 외상매입금　　　　　　　 7,000,000　　　　(대) 지급어음　　　　　　　 7,000,000

□	일	번호	구분	계정과목	거래처	적요	차변	대변
▢	8	00001	차변	0251 외상매입금	01112 (주)강물전자		7,000,000	
▢	8	00001	대변	0252 지급어음	01112 (주)강물전자			7,000,000
▢	8							

지급어음은 정상적 영업활동에서 발행한 어음의 계정과목이다.

정상적 영업활동이란 그 회사의 사업목적을 위한 경상적 영업활동(즉 매출,매입관련의 것을 의미한다.
이에는 원재료, 상품, 원료구입 선급금 등과 관련된 것들이 해당)을 말한다.

약속어음 : 발행인이 수취인에게 일정한 장소에서 일정한 금액을 일정한 날짜에 지급할 것을 약속한 증
서로써 발행인은 어음상의 채무자가 된다.

거 래 내 용	차 변	대 변
원재료를 매입하고 약속어음을 발행시	원재료	지급어음
제품을 매출하고 약속어음을 받으면	받을어음	제품매출

[006] 3월 10일 일반전표입력

(차) 매출채권처분손실　　　　 246,575원　　　　(대) 받을어음　　　　　　 20,000,000
　　　당좌예금　　　　　　 19,753,425원　　　　　　　　　　　　 (거래처: 경인전자(주))

□	일	번호	구분	계정과목	거래처	적요	차변	대변
▢	10	00003	출금	0830 소모품비		문구류	1,900	(현금)
▢	10	00004	차변	0102 당좌예금		1 외상매출금 당좌입금	17,000,000	
▢	10	00004	대변	0108 외상매출금	00122 국민상회	외상매출금 당좌입금		17,000,000
▢	10	00005	출금	0254 예수금		1 갑근세등예수금 납부	1,890,000	(현금)
▢	10	00006	차변	0102 당좌예금			19,753,425	
▢	10	00006	차변	0956 매출채권처분손실			246,575	
▢	10	00006	대변	0110 받을어음	01104 경인전자(주)			20,000,000
▢	10							

받을어음의 매각은 만기일 이전에 금융기관에 이전하는 것이며 매출채권 양도는 매각 거래로 간주와 차입거래 간주가 있다.

할인액 = 만기금액×할인율×잔여일수×1/365

할인액: 20,000,000× 9%× 50/365 = 246,575원

구 분	매 각 거 래 간주		차 입 거 래 간주	
어음의 할인시	차) 현금	대) 받을어음	차) 현금	대) 단기차입금
	차) 매출채권처분손실		차) 이자비용	
만기 결제시	회계 처리 없음		차) 단기차입금	대) 받을어음
부도시	차)부도어음과수표	대) 현금	차) 단기차입금	대) 현금
			부도어음과수표	받을어음

[007] 3월 12일 일반전표입력

(차) 대손충당금(외상매출금) 3,200,000   (대) 외상매출금 5,000,000
      대손상각비 1,800,000   (거래처: 길현상사)

□	일	번호	구분	계 정 과 목	거 래 처	적 요	차 변	대 변
▣	12	00001	차변	0103 보통예금		보통예금 입금	50,000,000	
▣	12	00001	대변	0101 현금		보통예금 입금		50,000,000
□	12	00002	차변	0109 대손충당금			3,200,000	
▣	12	00002	차변	0835 대손상각비			1,800,000	
▣	12	00002	대변	0108 외상매출금	00102 길현상사			5,000,000
▣	12							

- 대손상각비는 일반적인 상거래에서 발생한 매출채권에 대한 대손상각을 말한다. 회수가 불확실한 채권에 대하여 합리적이고 객관적인 기준에 따라 산출된 대손추인액과 회수불가능한 채권은 대손상각비로 처리한다. 일반적 상거래 이외의 기타채권에 대한 대손상각은 기타의대손상각비계정으로 하여 영업외비용으로 기재한다.
- 대손이 발생한 때에는 대손충당금과 상계하고 대손충당금이 부족한 경우에는 그 부족액을 대손상각비로 계상한다.

[008] 3월 13일 일반전표입력

(차) 기타의 대손상각비 2,000,000   (대) 단기대여금 2,000,000
             (거래처 : 코스모상사)

□	일	번호	구분	계 정 과 목	거 래 처	적 요	차 변	대 변
▣	13	00001	출금	0210 공구와기구		정밀측정기	25,000,000	(현금)
□	13	00002	차변	0954 기타의대손상각비			2,000,000	
▣	13	00002	대변	0114 단기대여금	91000 코스모상사			2,000,000
▣	13							

매출채권이외의 채권에서 대손발생시 영업외비용(기타의 대손상각비)으로 처리한다.

[009] 3월 14일 일반전표입력

(차) 대손충당금(외상매출금) 2,500,000   (대) 외상매출금 3,300,000
      대손상각비 500,000   (거래처: 길현상사)
      부가세예수금 300,000

□	일	번호	구분	계 정 과 목	거 래 처	적 요	차 변	대 변
□	14	00001	차변	0109 대손충당금			2,500,000	
▣	14	00001	차변	0835 대손상각비			500,000	
▣	14	00001	차변	0255 부가세예수금			300,000	
▣	14	00001	대변	0108 외상매출금	00102 길현상사			3,300,000
▣	14							

대손시 대손충당금잔액을 초과하는 금액의 처리는 당기비용(대손상각비)로 처리하며, 대손세액공제액은 부가세 매출세액이 감소하는 것이므로 부가세예수금계정을 감소시킨다.

[010] 3월 28일 일반전표입력

(차)	보통예금	3,300,000	(대)	대손충당금(외상매출금)	2,500,000
				대손상각비	500,000
				부가세예수금	300,000

□	일	번호	구분	계 정 과 목	거 래 처	적 요	차 변	대 변
	28	00001	차변	0103 보통예금			3,300,000	
	28	00001	대변	0109 대손충당금				2,500,000
	28	00001	대변	0835 대손상각비				500,000
	28	00001	대변	0255 부가세예수금				300,000
	28							

대손처리한 매출채권이 회수된 경우에는 대손처리했던 것을 취소분개한다. 단 전기분매출채권에 대한 회수는 대손상각비로 처리한 경우에도 대손충당금의 회복분개로 처리한다.

[011] 3월 29일 일반전표입력

(차)	수수료비용(판)	200,000	(대)	당좌예금	20,000,000
	퇴직연금운용자산	19,800,000			

□	일	번호	구분	계 정 과 목	거 래 처	적 요	차 변	대 변
	29	00002	출금	0830 소모품비		문구류	44,800	(현금)
	29	00003	출금	0813 접대비		거래처접대비 지급	16,000	(현금)
	29	00004	출금	0811 복리후생비		생수	36,000	(현금)
	29	00005	출금	0830 소모품비		문구류	24,000	(현금)
	29	00006	출금	0253 미지급금	01114 한국전력공사(주)	전시장관리비	1,208,900	(현금)
	29	00007	출금	0830 소모품비		기타소모품비 지급	1,000	(현금)
	29	00008	차변	0253 미지급금	01114 한국전력공사(주)	공장임차료	2,000,000	
	29	00008	차변	0831 수수료비용		송금,이체수수료	300	
	29	00008	대변	0103 보통예금	01115 영화은행	공장임차료		2,000,300
	29	00009	출금	0253 미지급금	01114 한국전력공사(주)	공장임차료부가세	200,000	(현금)
	29	00010	차변	0831 수수료비용			200,000	
	29	00010	차변	0186 퇴직연금운용자산			19,800,000	
	29	00010	대변	0102 당좌예금				20,000,000
	29							

퇴직연금은 근로자가 수급권을 가지고 있고, "퇴직급여에 대한 회사의 지급의무가 그만큼 감소하기 때문에" 퇴직연금 부담금을 자산으로 계상하지 않고 퇴직급여충당금에서 차감하는 형식으로 표시하게 되며, 사업비에 충당한 금액은 당기비용으로 처리한다.

[Tip] 퇴직연금부담금 이자-퇴직연금운용수익

퇴직연금 자산에 이자 200,000이 입금되었다. 당사는 전임직원의 퇴직금 지급 보장을 위하여 확정급여형(DB) 퇴직연금에 가입되어 있다.

일반전표입력

(차)	퇴직연금운용자산	200,000	(대)	이자수익	200,000

[012] 3월 30일 일반전표입력

(차)	선납세금	280,000	(대)	이자수익	2,000,000
	보통예금	1,720,000			

□	일	번호	구분	계 정 과 목	거 래 처	적 요	차 변	대 변
	30	00001	차변	0110 받을어음	01107 (주)용인	외상매출금 어음회수	25,000,000	
	30	00001	대변	0108 외상매출금	01107 (주)용인	외상대금 받을어음회수		25,000,000
	30	00002	출금	0831 수수료비용		송금수수료	700	(현금)
	30	00003	차변	0504 임금		2 생산직종업원 임금지급	22,500,000	
	30	00003	대변	0254 예수금		갑근세 등 예수		2,700,000
	30	00003	대변	0101 현금		생산직 급료지급		19,800,000
	30	00004	차변	0261 미지급세금		전기분 법인세 납부	15,000,000	
	30	00004	대변	0103 보통예금		전기분 법인세 납부		15,000,000
	30	00005	차변	0136 선납세금			280,000	
	30	00005	차변	0103 보통예금			1,720,000	
	30	00005	대변	0901 이자수익				2,000,000
	30							

조세를 징수할 때 편의상 본래의 납세의무자가 직접 납부하지 않고 납세의무자에게 소득을 지급하는 자가 지급하는 금액을 과세표준으로 하여 계산한 조세상당액을 지급하는 소득 중에서 원천징수하여 국고에 납부하는 제도이다. 예금이나 사채이자도 이자를 지불하는 쪽에서 원천징수 하도록 되어 있다. 원천징수의무자는 원천징수한 소득세를 그 징수일이 속하는 달의 다음달 10일까지 국고에 납부하여야 한다. 만약에 징수의무자가 납부하여야 할 소정의 세액을 법정기한까지 완납하지 않았을 경우에는 각각의 경우에 따라 원천징수납부불성실가산세를 납부하여야 한다.

[013] 8월 31일 일반전표입력

| (차) | 선납세금 | | | 1,500,000 | | (대) | 현금 | | | 1,500,000 |

□	일	번호	구분	계 정 과 목	거 래 처	적 요	차 변	대 변
▣	31	00001	출금	0951 이자비용			1,500,000	(현금)
▣	31	00002	출금	0136 선납세금			1,500,000	(현금)
▣	31							

소득세법이나 법인세법에서 과세기간 중간에 중간예납기간을 정해 세액의 일부를 납부하도록 하는 제도를 중간예납이라고 한다. 전년도 법인세 또는 소득세의 1/2을 납부하는 것이 원칙이나, 법인세의 경우에는 직전연도 결손법인 또는 금년도 상반기 영업실적이 부진한 법인은 가결산에 의하여 중간예납할 수 있다.

- 소득세법의 경우-정부는 부동산소득 또는 사업소득이 있는 자에 대하여 1월 1일부터 6월 30일까지의 기간을 중간 예납기간으로 하여 전연도에 종합소득에 대한 소득세로서 납부하였거나 납부할 세액의 2분의 1에 상당하는 금액(중간예납세액)을 소득세로 하여 11월 30일까지 이를 징수한다

- 법인세법의 경우- 각 사업연도의 기간이 6월을 초과하는 법인은 그 사업연도개시일로부터 6월간을 중간예납기간으로 하여 직전 사업연도의 법인세로서 정부에 의하여 결정된 세액에서 일정한 금액을 공제한 금액을 직전사업연도의 월수로 나눈 금액에 6을 곱하여 계산한 금액(중간예납세액)을 그 중간예납기간이 경과한 날로부터 2월 내에 납부하여야 한다.

[014] 9월 25일 일반전표입력

| (차) | 선납세금 | | | 3,000,000 | | (대) | 현금 | | | 3,000,000 |

□	일	번호	구분	계 정 과 목	거 래 처	적 요	차 변	대 변
▣	25	00001	출금	0136 선납세금			3,000,000	(현금)
▣	25							

법인세법상 수시부과의 사유는 신고를 하지 아니하고 본점 등을 이전한 경우로서 조세포탈의 우려가 있는 때, 사업부진 기타의 사유로 인하여 휴업 또는 폐업상태에 있는 때, 기타 조세를 포탈할 우려가 있다고 인정되는 상당한 이유가 있는 경우이다. 이러한 수시부과를 할 때에는 그 확정방법으로 실지조사결정 또는 추계조사결정(推計調査決定) 방법이 활용된다.

위와 같은 사유가 있는 경우에는 과세기간종료 전이든 신고기한도래 전이든 불구하고 정부가 과세표준을 결정할 수 있는 것이 수시부과이다.

[015] 3월 31일 일반전표입력

| (차) | 급여(판) | | | 2,500,000 | | (대) | 보통예금 | | | 3,895,700 |
| | 임금(제) | | | 1,800,000 | | | 예수금 | | | 404,300 |

□	일	번호	구분	계 정 과 목	거 래 처	적 요	차 변	대 변
▣	31	00001	차변	0214 건설중인자산	00117 버닝사	계약금 지급	110,000,000	
▣	31	00001	대변	0103 보통예금				110,000,000
▣	31	00002	차변	0102 당좌예금			4,300,000	
▣	31	00002	차변	0136 선납세금			700,000	
▣	31	00002	대변	0901 이자수익				5,000,000
▣	31	00003	차변	0801 급여			2,500,000	
▣	31	00003	차변	0504 임금			1,800,000	
▣	31	00003	대변	0103 보통예금				3,895,700
▣	31	00003	대변	0254 예수금				404,300
▣	31							

- 급여를 지급한 달의 다음달 10일까지 소득세,지방소득세,보험료등을 신고할 때 까지 공제금액을 일시적으로 처리하는 계정과목이 예수금이다.
- 종업원 급여지급시 치감하는 조건으로 가불(선대)해준 경우에는 '임직원등단기채권(단기대여금)'계정으로 처리한다.

[016] 4월 1일 일반전표입력

(차) 교육훈련비(판)   500,000   (대) 예수금   16,500
    수수료비용(판)   300   보통예금   483,800

일	번호	구분	계정과목	거래처	적요	차변	대변
1	00001	차변	0825 교육훈련비			500,000	
1	00001	차변	0831 수수료비용			300	
1	00001	대변	0103 보통예금				483,800
1	00001	대변	0254 예수금				16,500
1							

- 직원에 대한 직무관련 교육비, 훈련비를 교육훈련비계정으로 처리하며,
- 수수료비용은 판매 및 관리업무에서 제공받은 용역의 대가를 지불할 때 사용되는 비용을 말한다.

[017] 4월 2일 일반전표입력

(차) 복리후생비(제)   220,000   (대) 미지급금   220,000(하나카드)

일	번호	구분	계정과목	거래처	적요	차변	대변
2	00001	출금	0813 접대비		거래처경조사비 지급	50,000	(현금)
2	00002	출금	0821 보험료		2 자동차보험료 납부	3,000,000	(현금)
2	00003	차변	0511 복리후생비			220,000	
2	00003	대변	0253 미지급금	99600 하나카드			220,000
2							

- 복리시설부담금, 후생비, 현물급여, 산재보험료, 건강보험료(사용자부담분),기타 사회통념상 타당하다고 인정되는 장례비,경조비, 위로금,회식대 등을 복리후생비로 한다.
- 그리고 간이과세자,면세사업자,목욕,이발,미용,입장권등을 발행하는 사업자로부터 신용카드매입이 있는 경우에도, 매입세액공제가 되지 않기 때문에 부가세를 해당 비용 또는 자산에 합산처리하며, 매입매출전표입력에서 입력하지 아니한다.

[018] 4월 3일 일반전표입력

(차) 접대비(판)   440,000   (대) 미지급금 440,000(거래처:하나카드)

일	번호	구분	계정과목	거래처	적요	차변	대변
3	00001	출금	0811 복리후생비		인삼차	20,000	(현금)
3	00002	출금	0814 통신비		우편료 지급	1,170	(현금)
3	00003	출금	0822 차량유지비		유류대,주차비	76,650	(현금)
3	00004	출금	0530 소모품비		아세톤	16,000	(현금)
3	00005	차변	0103 보통예금	01115 영화은행	한양대부속외상대	3,407,000	
3	00005	대변	0108 외상매출금	01105 (주)세코	외상대금 보통예금예입		3,407,000
3	00006	차변	0813 접대비			440,000	
3	00006	대변	0253 미지급금	99600 하나카드			440,000
3							

- 영업활동과 관련하여 거래처에 대한 접대비 비용으로 거래처에 대한 경조금, 선물대, 기밀비(판공비, 사례금)등을 포함한다. 접대비는 업무와 관련하여 지출한 비용이라는 것이 업무와 무관하게 지출한 비용인 기부금과 구별되어진다.
- 이러한 접대관련 매입세액은 공제되지 않기 때문에 일반전표에서 입력한다.

[019] 4월 4일 일반전표입력

(차) 원재료(제)   370,000   (대) 현금   370,000

	일	번호	구분		계 정 과 목	거 래 처	적 요	차 변	대 변
☐	4	00001	출금	0826	도서인쇄비		신문.책	23,500	(현금)
☐	4	00003	출금	0201	토지		1 토지구입시 현금지급	30,000,000	(현금)
☐	4	00004	출금	0153	원재료			370,000	(현금)
☐	4								

- 취득원가에는 매입가격 뿐만 아니라 매입과 관련된 운반, 취급, 보관을 위한 지출비용 및 보험료, 세금 등 매입부대비용도 포함된다.
- 매입에 대한 운반비는 취득부대비용으로 취득원가에 해당하지만, 판매시에 운반비는 판매비에 해당한다.

[020] 4월 5일 일반전표입력

(차)	차량운반구	440,000	(대)	현금	560,000
	단기매매증권	120,000			

	일	번호	구분		계 정 과 목	거 래 처	적 요	차 변	대 변
☐	5	00001	차변	0208	차량운반구			440,000	
☐	5	00001	차변	0107	단기매매증권			120,000	
☐	5	00001	대변	0101	현금				560,000
☐	5								

- 단기매매증권은 기업의 여유자금을 단기간 운용할 목적으로 시장성 있는 주식·공채 증서·사채 등을 매입하고 1년 이내에 처분할 목적으로 보유하는 것을 말한다.
- 비유동자산의 매입시 불가피하게 매입한 국공채등의 평가손실은 해당자산의 취득원가에 가산처리한다.(단,유가증권가액은 공정가액을 초과할수 없다)
  [Tip] 비유동자산 계정코드에서 나타나는 고정자산 간편등록은 무시(취소)한다.

[021] 4월 6일 일반전표입력

(차)	건 물	500,000	(대)	보통예금	1,300,000
	보험료(판)	800,000			

	일	번호	구분		계 정 과 목	거 래 처	적 요	차 변	대 변
☐	6	00001	차변	0202	건물			500,000	
☐	6	00001	차변	0821	보험료			800,000	
☐	6	00001	대변	0103	보통예금				1,300,000

영업활동에 사용할 수 있을 때까지 소요된 취득,등록세, 매입수수료, 운반비, 설치비, 시운전비 등 모든 부대비용을 포함한다. 그러나 건물 완공 등을 기념하기 위한 기념행사비용, 기념품 등과 취득후의 비용은 취득원가에 삽입할 수 없다.

[022] 4월 7일 일반전표입력

(차)	기계장치	3,000,000	(대)	원재료	3,000,000
				(적요8: 타계정으로 대체액 원가명세서 반영분)	

	일	번호	구분		계 정 과 목	거 래 처	적 요	차 변	대 변
☐	7	00001	출금	0830	소모품비		문구류	14,040	(현금)
☐	7	00002	차변	0206	기계장치			3,000,000	
☐	7	00002	대변	0153	원재료		8 타계정으로 대체액 원가명세서 반영		3,000,000

타계정대체처리하는 가액은 원재료의 원가이다.
① 자본적지출
   내용연수를 증가시키거나 가치를 증가시키는 경우에는 자본적지출로 보아, 자산처리한다.
   (사례 : 증축,개축,증설,엘리베이터설치,에스칼레이터설치등)
② 수익적지출
   현상유지나 능률유지차원의 지출인 경우에는 수익적지출로 처리한다.
   (사례 : 유리교환,타이어교체, 벽의 도색등)

전산세무 2급

[023] 4월 8일 일반전표입력

(차) 기부금 6,000,000　　(대) 제품 6,000,000
　　　　　　　　　　　　　　　　　　　　　　　(현재적요 8. 타계정으로 대체액 손익계
　　　　　　　　　　　　　　　　　　　　　　　산서반영분)

□	일	번호	구분	계정과목	거래처	적요	차변	대변
☞	8	00001	출금	0831 수수료비용		송금수수료	2,600	(현금)
☞	8	00002	차변	0953 기부금			6,000,000	
☞	8	00002	대변	0150 제품		8 타계정으로 대체액 손익계산서 반영		6,000,000
☞	8							
				합　계			6,002,600	6,002,600

카드등사용여부 [　　　　　　　　　　▼]

➡ 적요
1	제조원가 제품대체	
2	제품 매출원가 대체	
6	제품 재고감모손실 대체	
8	타계정으로 대체액 손익계산서 반영분	
9	타계정에서 대체액 손익계산서 반영분	

• 기부금은 아무런 대가없이 무상으로 기증하는 금전, 기타의 자산가액을 말한다. 접대비가 법인의 업무와 관련이 있는 거래처에 지출하는 비용인데 비해 기부금은 업무와 관련없이 지출하는 비용인 점이 다르다.
• 기부금으로 타계정으로 대체 처리하는 가액은 제품의 원가이다.

[024] 4월 9일 일반전표입력

(차) 현금 4,782,000　　(대) 단기매매증권 4,250,000
　　　　　　　　　　　　　　　　　단기매매증권처분이익 532,000

처분자산 장부가액: (10주× 400,000+10주× 450,000)/20주 = @425,000

□	일	번호	구분	계정과목	거래처	적요	차변	대변
☞	9	00001	차변	0525 교육훈련비			200,000	
☞	9	00001	대변	0103 보통예금				193,400
☞	9	00001	대변	0254 예수금				6,600
☞	9	00002	차변	0101 현금			4,782,000	
☞	9	00002	대변	0107 단기매매증권				4,250,000
☞	9	00002	대변	0906 단기매매증권처분이				532,000
	9							

유가증권의 처분시에는 수수료비용계정을 사용하지 않고, 수수료를 차감한 순액으로 입금처리한다.
• 매입시
(차) 단기매매증권　　　　　　　　　(대) 현금
　　수수료비용(영업외비용)
• 처분시 (장부가액 < 처분가액)
(차) 현금(수수료차감후)　　　　　　(대) 단기매매증권
　　　　　　　　　　　　　　　　　단기매매증권처분이익

- 처분시 (장부가액 > 처분가액)

(차) 현금(수수료차감후)　　　　　　　　　　　　　(대) 단기매매증권
　　　단기매매증권처분손실

[025] 4월 10일 일반전표입력

(차) 예수금　　　　　　　404,300　　　(대) 현금　　　　　　　742,500
　　　복리후생비(판)　　　　85,000
　　　복리후생비(제)　　　　63,200
　　　세금과공과금(판)　　110,000
　　　세금과공과금(제)　　　80,000

□	일	번호	구분	계 정 과 목	거 래 처	적 요	차 변	대 변
▣	10	00001	차변	0254 예수금			404,300	
▣	10	00001	차변	0811 복리후생비			85,000	
▣	10	00001	차변	0511 복리후생비			63,200	
▣	10	00001	차변	0817 세금과공과금			110,000	
▣	10	00001	차변	0517 세금과공과금			80,000	
▣	10	00001	대변	0101 현금				742,500
▣	10							

실무관행상 건강보험료,고용보험,노인장기요양보험의 회사부담금은 복리후생비로 처리하고, 국민연금회사부담금은 세금과공과로 처리한다. 국민연금에 대해 복리후생비로, 고용보험료는 보험료로 처리하여도 무방하다.

[026] 4월 11일 일반전표입력

(차) 전기오류수정손실　　　220,000　　　(대) 임직원등단기채권　　220,000
　　　(영업외비용)

□	일	번호	구분	계 정 과 목	거 래 처	적 요	차 변	대 변
▣	11	00001	출금	0254 예수금			2,700,000	(현금)
▣	11	00002	차변	0962 전기오류수정손실			220,000	
▣	11	00002	대변	0137 임직원등 단기채권				220,000
▣	11							

전기오류수정손실이 중요성이 있다면 자산,부채,자본의 기초금액에 반영하고, 중요성이 없다면 당기손실(영업외비용)으로 처리한다.

[027] 4월 15일 일반전표입력

(차) 가지급금(김용희)　　　150,000　　　(대) 현금　　　　　　　150,000

□	일	번호	구분	계 정 과 목	거 래 처	적 요	차 변	대 변
▣	15	00001	출금	0131 선급금	00108 예당아씨		300,000	(현금)
▣	15	00002	출금	0134 가지급금			150,000	(현금)
▣	15							

[가지급금과 가수금] - 임시가계정

구　　분	차　　변	대　　변
출장여비 지급시	가지급금	현금
출장여비 정산시	여비교통비 접대비 현금	가지급금
내용불명의 송금 받은금액	현금	가수금
외상매출금의 회수판명시	가수금	외상매출금

[028] 4월 17일 일반전표입력

(차) 여비교통비(판)　　　160,000　　　　(대) 가지급금(김용희)　　　150,000
　　　　　　　　　　　　　　　　　　　　　　　현금　　　　　　　　　　10,000

□	일	번호	구분	계 정 과 목	거 래 처	적 요	차 변	대 변
☐	17	00001	출금	0517 세금과공과금			2,300,000	(현금)
☐	17	00002	차변	0812 여비교통비			160,000	
☐	17	00002	대변	0134 가지급금				150,000
☐	17	00002	대변	0101 현금				10,000
☐	17							

[029] 4월 19일 일반전표입력

(차) 현　　　　　금　　　27,000,000　　　(대) 매도가능증권　　　　26,000,000
　　 매도가능증권평가이익　4,000,000　　　　매도가능증권처분이익　5,000,000

□	일	번호	구분	계 정 과 목	거 래 처	적 요	차 변	대 변
☐	19	00001	차변	0101 현금			27,000,000	
☐	19	00001	차변	0394 매도가능증권평가이익			4,000,000	
☐	19	00001	대변	0178 매도가능증권				26,000,000
☐	19	00001	대변	0915 매도가능증권처분이익				5,000,000
☐	19							

매도가능증권에 대한 기타포괄손익누계액(자본)의 누적금액은 그 유가증권을 처분하거나 손상차손을 인식하는 시점에 일괄하여 당기손익에 반영(상계후에 처분손익처리)한다.

[030] 4월 20일 일반전표입력

(차) 감가상각누계액　　　72,000,000　　　(대) 건물　　　　　　　120,000,000
　　 재해손실　　　　　　48,000,000

□	일	번호	구분	계 정 과 목	거 래 처	적 요	차 변	대 변
☐	20	00001	출금	0831 수수료비용		송금수수료	650	(현금)
☐	20	00002	차변	0203 감가상각누계액			72,000,000	
☐	20	00002	차변	0961 재해손실			48,000,000	
☐	20	00002	대변	0202 건물				120,000,000
☐	20							

재해손실이란 화재등으로 재고자산이나 유형자산에 입은 손실액을 의미하고, 이는 주된 영업활동과는 관계없이 우발적, 임시적, 돌발적, 이상적으로 불시에 발생한 손실을 의미하며, 영업외비용에 속한다.

[031] 4월 21일 일반전표입력

(차) 미수금(동부화재)　　45,000,000　　　(대) 보험금수익　　　　45,000,000

□	일	번호	구분	계 정 과 목	거 래 처	적 요	차 변	대 변
☐	20	00004	차변	0120 미수금	00110 동부화재		45,000,000	
☐	20	00004	대변	0919 보험금수익				45,000,000
☐	20							

재해후 보험금이 확정되면 보험금수익으로 처리한다.

[032] 4월 20일 일반전표입력

(차) 재해손실　　　　　30,000,000　　　(대) 제품(타계정대체)　　30,000,000

□	일	번호	구분	계 정 과 목	거 래 처	적 요	차 변	대 변
☐	20	00003	차변	0961 재해손실			30,000,000	
☐	20	00003	대변	0150 제품		8 타계정으로 대체액 손익		30,000,000
☐	20							

재해발생시 재고자산의 장부가액을 재해손실로 처리한다.

[033] 5월 23일 일반전표입력

(차) 보통예금　　　　　43,000,000　　　(대) 사채　　　　　　50,000,000
　　 사채할인발행차금　　7,000,000

□	일	번호	구분	계정과목	거래처	적요	차변	대변
□	23	00001	차변	0103 보통예금			43,000,000	
□	23	00001	차변	0292 사채할인발행차금			7,000,000	
□	23	00001	대변	0291 사채				50,000,000
□	23							

사채발행가액(사채발행수수료와 사채발행과 관련하여 직접 발생한 기타비용을 차감한 후의 가액을 말한다)과 액면가액의 차액은 사채할인발행차금 또는 사채할증발행차금으로 하여 당해 사채의 액면가액에서 차감 또는 부가하는 형식으로 기재한다.

[사채의 발행]

사채발행비가 발생하면 사채할인발행차금에 가산하거나, 사채할증발행차금에서 차감한다.

① 평가발행(발행가격 = 액면가격)
• 발행시

(차) 현금(발행가격)   (대) 사채(액면가격)

• 이자지급시

(차) 이자비용(유효이자)   (대) 현금(액면이자)

② 할인발행(발행가격 < 액면가격)
• 발행시

(차) 현금(발행가격)   (대) 사채(액면가격)
     사채할인발행차금(사채발행비가산)

• 이자지급시

(차) 이자비용(유효이자)   (대) 현금(액면이자)
                                               사채할인발행차금

③ 할증발행(발행가격 > 액면가격)
• 발행시

(차) 현금(발행가격)   (대) 사채(액면가격)
                                               사채할증발행차금(사채발행비차감)

• 이자지급시

(차) 이자비용(유효이자)   (대) 현금(액면이자)
     사채할증발행차금

유효이자 = 사채의 상각 후 장부가액 × 유효이자율
(사채의 액면금액 ± 사채할인(할증)발행차금 미상각잔액)

[예제]

거 래 내 용	차 변		대 변	
사채를 할인발행후 당좌입금시	당좌예금	900	사채	1,000
(액면 1,000 > 발행가액 900)	사채할인발행차금	100		
결산일 이자 지급시(액면이자율 10%,	이자비용	110원	현금	100
연1회 이자지급, 할인차금상각액 10원)			사채할인발행차금	10원

[034] 5월 23일 일반전표입력

(차) 매도가능증권   47,000,000   (대) 보통예금   47,000,000

구입금액: 9,000 × 5,000좌 + 2,000,000 = 47,000,000

[5월 23일 일반전표입력]

일	번호	구분	계 정 과 목	거 래 처	적 요	차 변	대 변
23	00001	차변	0103 보통예금			43,000,000	
23	00001	차변	0292 사채할인발행차금			7,000,000	
23	00001	대변	0291 사채				50,000,000
23	00002	차변	0178 매도가능증권			47,000,000	
23	00002	대변	0103 보통예금				47,000,000
23							

매도가능증권은 단기매매증권이나 만기보유증권으로 분류되지 아니하는 유가증권이다. 매도가능증권은 그 성질에 따라 "유동자산(당좌자산)"이나 "투자자산"으로 분류할 수 있다.

① 시장성 없는 지분증권

② 시장성이 있어도 장기투자목적인 지분증권

③ 단기매매증권도 아니면서 만기보유증권도 아닌 채무증권이 매도가능증권에 해당된다.

[035] 5월 24일 일반전표입력

(차) 보통예금   1,100,000   (대) 사채   1,000,000
    사채할인발행차금   200,000   현금   300,000

일	번호	구분	계 정 과 목	거 래 처	적 요	차 변	대 변
24	00001	출금	0848 잡비		씽크가락외	32,000	(현금)
24	00002	출금	0813 접대비		거래처식사접대	34,000	(현금)
24	00003	입금	0102 당좌예금	01115 영화은행	4 당좌예금 현금인출	(현금)	33,440,000
24	00004	출금	0514 통신비		전화료 및 전신료 납부	67,840	(현금)
24	00005	차변	0103 보통예금			1,100,000	
24	00005	차변	0292 사채할인발행차금			200,000	
24	00005	대변	0291 사채				1,000,000
24	00005	대변	0101 현금				300,000
24							

법무사수수료등 수수료비용은 사채발행가액에서 차감처리되며, 결과적으로 할인발행시에는 사채할인발행차금에

가산처리되며, 할증발행시에는 사채할증발행차금에서 차감처리된다.

[036] 5월 24일 일반전표입력

(차) 사채   37,500,000   (대) 당좌예금   36,000,000
    사채상환손실   2,250,000   사채할인발행차금   3,750,000

일	번호	구분	계 정 과 목	거 래 처	적 요	차 변	대 변
24	00001	출금	0848 잡비		씽크가락외	32,000	(현금)
24	00002	출금	0813 접대비		거래처식사접대	34,000	(현금)
24	00003	입금	0102 당좌예금	01115 영화은행	4 당좌예금 현금인출	(현금)	33,440,000
24	00004	출금	0514 통신비		전화료 및 전신료 납부	67,840	(현금)
24	00005	차변	0103 보통예금			1,100,000	
24	00005	차변	0292 사채할인발행차금			200,000	
24	00005	대변	0291 사채				1,300,000
24	00006	차변	0291 사채			37,500,000	
24	00006	차변	0968 사채상환손실			2,250,000	
24	00006	대변	0102 당좌예금				36,000,000
24	00006	대변	0292 사채할인발행차금				3,750,000

사채할인발행차금 = 5,000,000 × 37,500,000/50,000,000 = 3,750,000

발행된 사채를 회수하기 위하여 지급하는 것을 사채의 상환이라 하며, 사채를 상환하는 방법에는 만기상환과 만기전상환(=중도상환)이 있다. 그리고 사채를 상환하는 경우에는 사채할인발행차금, 사채이자에 대한 회계처리도 동시에 해주어야 하며, 이때 사채의 장부가액과 사채상환가액과의 차액은 영업외수익인 사채상환이익이나 영업외비용인 사채상환손실계정으로 처리한다.

[037] 5월 25일 일반전표입력

| (차) 당좌예금 | 49,000,000 | (대) 자본금 | 50,000,000 |
| 주식할인발행차금 | 3,000,000 | 현금 | 2,000,000 |

□	일	번호	구분	계 정 과 목	거 래 처	적 요	차 변	대 변
	25	00001	차변	0102 당좌예금			49,000,000	
	25	00001	차변	0381 주식할인발행차금			3,000,000	
	25	00001	대변	0331 자본금				50,000,000
	25	00001	대변	0101 현금	●			2,000,000

주식을 발행하는 방법으로는 주식을 액면금액으로 발행하는 평가발행, 액면금액 이상으로 발행하는 할증발행, 액면금액 이하로 발행하는 할인발행이 있다.

자본금 = 1주의 액면금액 × 발행주식수

발행방법	구 분			차 변		대 변	
평가발행	액면 100,000 100,000	=	발행가액	현금	100,000	자본금	100,000
할증발행	액면 100,000 110,000	<	발행가액	현금	110,000	자본금 주식발행초과금	100,000 10,000
할인발행	액면 100,000 80,000	>	발행가액	현금 주식할인발행차금	80,000 20,000	자본금	100,000

[038] 5월 26일 일반전표입력

(차) 당좌예금	20,000,000	(대) 자본금	25,000,000
주식발행초과금	3,000,000		
주식할인발행차금	2,000,000		

□	일	번호	구분	계 정 과 목	거 래 처	적 요	차 변	대 변
	26	00001	차변	0102 당좌예금			20,000,000	
	26	00001	차변	0341 주식발행초과금			3,000,000	
	26	00001	차변	0381 주식할인발행차금			2,000,000	
	26	00001	대변	0331 자본금				25,000,000

주식발행초과금 계정잔액이 3,000,000이므로 주식할인발행차금(신주발행비포함) 5,000,000 중 3,000,000은 주식발행초과금과 상계시키며, 상계 후의 금액 2,000,000을 주식할인발행차금으로 계상한다.

[039] 5월 31일 일반전표입력

① 기존퇴직급여충당부채를 퇴직연금으로 전환시

| (차) 퇴직급여충당부채 | 21,600,000 | (대) 현금 | 21,600,000 |

② 새롭게 납입한 퇴직연금

| (차) 퇴직급여 | 15,000,000 | (대) 현금 | 15,000,000 |

□	일	번호	구분	계 정 과 목	거 래 처	적 요	차 변	대 변
	31	00001	차변	0125 용역미수금		통장 출금	5,000	
	31	00001	대변	0103 보통예금		통장 입금		5,000
	31	00002	차변	0295 퇴직급여충당부채			21,600,000	
	31	00002	차변	0806 퇴직급여			15,000,000	
	31	00002	대변	0101 현금				36,600,000
	31							

확정기여형 가입자의 퇴직연금납입액은 납입시 바로 비용처리하고 그이후의 결산,퇴사시에는 회계처리는 없다.

[퇴직연금제도]

퇴직연금제도는 회사가 퇴직연금사업을 영위하는 금융기관에 퇴직금 적립금에 해당하는 부담금을 적립하면 금융기관은 이를 적절하게 운용하여 종업원이 퇴직한 후 일시금을 받거나 매월 또는 매년 연금을 받게 하는 제도를 말한다. 퇴직연금제도에는 확정급여형(DB, defined benefit)과 확정기여형(DC, defined contribution)이 있다.

① 확정급여형 : 연금가입시 종업원이 퇴직후 받게 되는 연금급여액을 미리 확정해 놓고, 회사의 부담금은 적립상품의 운용결과에 따라 변동하는 제도

② 확정기여형 : 연금가입시 회사의 부담금을 미리 확정해 놓고, 종업원이 퇴직 후 받을 연금은 회사가 납부한 부담금을 근로자가 운용한 결과에 따라 변동하는 제도

[040] 5월 31일 일반전표입력

(차) 퇴직연금운용자산   30,000,000   (대) 현금   30,000,000

□	일	번호	구분	계 정 과 목	거 래 처	적 요	차 변	대 변
▢	31	00001	차변	0125 용역미수금		통장 출금	5,000	
▢	31	00001	대변	0103 보통예금		통장 입금		5,000
▢	31	00002	차변	0295 퇴직급여충당부채			21,600,000	
▢	31	00002	차변	0806 퇴직급여			15,000,000	
▢	31	00002	대변	0101 현금				36,600,000
▢	31	00003	출금	0186 퇴직연금운용자산			30,000,000	(현금)
▢	31							

[확정급여형퇴직연금제도(Defined Benefit)]

근로자와 회사가 사전에 연금급여(퇴직금)의 수준내용을 약정하고 근로자가 일정한 연령에 달한 때에 약정에 따른 급여를 지급하는 연금제도이다. 자산의 운용책임이 회사에 있어서 운영소득에 대한 모든 위험을 회사가 부담한다.

① 연금급여예치납입시

(차) 퇴직연금운영자산   (대) 현금 등

② 결산시점 퇴직급여충당부채 계상

(차) 퇴직급여   (대) 퇴직급여충당부채

③ 퇴직시

(차) 퇴직급여충당부채   (대) 퇴직연금미지급 혹은 퇴직연금운영자산

[041] 12월 31일 일반전표입력

(차) 퇴직급여   28,000,000   (대) 퇴직급여충당부채   28,000,000

□	일	번호	구분	계 정 과 목	거 래 처	적 요	차 변	대 변
▢	31	00001	차변	0806 퇴직급여			28,000,000	
▢	31	00001	대변	0295 퇴직급여충당부채				28,000,000
▢	31							

기업회계에서 퇴직급여충당부채는 회계연도말 현재 전임직원이 일시에 퇴직할 경우 지급하여야 할 퇴직금에 상당하는 금액으로 한다. 세법은 퇴직연금의 가입을 통하여 퇴직급여의 재원을 안정적으로 확보하기 위해 퇴직급여충당부채의 손금한도액을 일정한 금액으로 제한하고, 부족액은 퇴직연금에 가입하면 그 금액을 손금으로 인정하고 있다.

퇴직급여충당금을 설정하고 있는 법인이 임원 또는 사용인의 현실적인 퇴직으로 인하여 퇴직급을 지급할 경우에 퇴직급여충당금에서 먼저 지급하여야 한다.

그러나 퇴직연금을 손금에 산입한 법인이 임원 또는 사용인의 현실적인 퇴직으로 인하여 퇴직금을 지급할 경우에는 퇴직연금에서 우선 상계한다. 따라서, 퇴직연금이 있는 경우에는 퇴직연금, 퇴직급여충당금 순으로 퇴직금과 상계하고, 상계후 남는 퇴직급여는 당기의 손금으로 처리한다.

[042] 6월 2일 일반전표입력

(차) 퇴직급여충당부채   4,500,000   (대) 퇴직연금운용자산   4,000,000
                                                현금   405,000
                                                예수금   95,000

□	일	번호	구분	계 정 과 목	거 래 처	적 요	차 변	대 변
▥	2	00001	차변	0295 퇴직급여충당부채			4,500,000	
▥	2	00001	대변	0186 퇴직연금운용자산				4,000,000
▥	2	00001	대변	0101 현금				405,000
▥	2	00001	대변	0254 예수금				95,000
▥	2							

[원천징수의무]

확정급여형 퇴직연금제도에서 퇴직연금일시금을 지급받는 경우에는 퇴직연금제도를 설정한 사용자가, 확정기여형 퇴직연금제도에서 퇴직연금일시금을 지급받는 경우에는 자산관리업무를 수행하는 퇴직연금사업자가 각각 (퇴직)소득세의 원천징수의무자가 된다. 한편 연금으로 지급받는 경우에는 퇴직연금사업자가 원천징수의무자가 된다.

[043] 6월 2일 일반전표입력

(차) 퇴직급여충당부채   3,250,000   (대) 퇴직연금미지급금   3,250,000

□	일	번호	구분	계 정 과 목	거 래 처	적 요	차 변	대 변
▥	2	00001	차변	0295 퇴직급여충당부채			4,500,000	
▥	2	00001	대변	0186 퇴직연금운용자산				4,000,000
▥	2	00001	대변	0101 현금				405,000
▥	2	00001	대변	0254 예수금				95,000
▥	2	00002	차변	0295 퇴직급여충당부채			3,250,000	
▥	2	00002	대변	0330 퇴직연금미지급금				3,250,000
▥	2							

미래 수령예상액의 현재가치에 해당하는 금액만큼 미지급금으로 계상한다.

보험수리적 가정이 변동할때도 미지급금으로 처리한다,퇴직연금 미지급금은 퇴직급여충당부채에 가산하는 형식으로 표시하며, 결산일로부터 1년 이내에 지급하는 경우에도 유동부채로 대체하지 않는다.

[044] 6월 3일 일반전표입력

(차) 퇴직연금미지급금   700,000   (대) 퇴직연금운용자산   700,000

□	일	번호	구분	계 정 과 목	거 래 처	적 요	차 변	대 변
▥	3	00001	출금	0530 소모품비		철물	10,000	(현금)
▥	3	00002	출금	0522 차량유지비		유류대 지급	25,000	(현금)
▥	3	00003	차변	0330 퇴직연금미지급금			700,000	
▥	3	00003	대변	0186 퇴직연금운용자산				700,000

연금소득에 대하여 퇴직연금사업자가 연금소득에 대한 원천징수를 한다.

구분	확정급여형(DB)	확정기여형(DC)
정 의	근로자의 퇴직연금이 사전에 결정되고, 기업이 적립금 운용실적의 책임을 부담한다	기업의 퇴직급여 부담금 수준이 사전에 결정되고, 근로자가 적립금 운용실적에 대하여 책임을 진다
기업의 부담금	적립금 운용실적에 따라 변동가능	기업의 부담금 확정(연간 임금의 1/12 이상), *임직원 추가납입가능 : 불입액을 소득공제 (연 400만원 한도)
퇴직급여	(근속연수 ×30일분 평균임금 이상)으로 확정	적립금 운용실적에 따라 차이가 있음

적립방법	적립원금의 80% 이상 사외적립	적립원금 전액 사외적립 *임직원이 추가불입가능 : 불입액을 소득공제 (연 400만원 한도)
운용수익 귀속	회사	근로자
수익회계처리	확정일이 속하는 사업연도의 익금에 산입	퇴직연금의 수익은 가입자인 임직원에게 귀속되므로 법인은 회계처리할 필요가 없음
소득구분	일시금 : 퇴직소득 연금 : 연금소득	일시금 : 퇴직소득 연금 : 연금소득

[045] 6월 4일 일반전표입력

(차)	외상매입금((주)리베로)	23,100,000	(대)	보통예금	10,000,000
				채무면제이익	13,100,000

□	일	번호	구분	계 정 과 목	거 래 처	적 요	차 변	대 변
	4	00001	차변	0251 외상매입금	00121 (주)리베로		23,100,000	
	4	00001	대변	0103 보통예금				10,000,000
	4	00001	대변	0918 채무면제이익				13,100,000
	4							

채무의 면제 또는 소멸로 인하여 생기는 부채의 감소액을 채무면제이익이라고 한다. 이것은 주주 또는 주주 이외의 사람으로부터 채무를 면제 받는 경우에 발생하는 것으로서 일반적으로 결손의 보전을 위해서 행하여진다.

[046] 6월 30일 일반전표입력

(차)	부가세대급금	300,000	(대)	원재료	300,000
				(적요 : 8, 타계정대체)	

□	일	번호	구분	계 정 과 목	거 래 처	적 요	차 변	대 변
	30	00002	출금	0293 장기차입금		차입금 일부상환	100,000,000	(현금)
	30	00003	차변	0135 부가세대급금			300,000	
	30	00003	대변	0153 원재료		8 타계정으로 대체액 원가		300,000
	30							

의제매입세액공제액은 해당자산의 원가차감으로 처리하고 제조목적이외의 사항으로 차감처리 되니까 타계정대체로 처리한다. 농·축·수·임산물을 면세로 구입하여 부가가치세가 과세되는 재화를 제조·가공하거나 용역을 창출하는 사업자에 대하여 일정금액을 매입세액으로 공제한다.

[047] 3월 15일 일반전표입력

(차)	미처분이익잉여금	8,000,000	(대)	미지급배당금	5,000,000
	(이월이익잉여금)			미교부주식배당금	3,000,000

□	일	번호	구분	계 정 과 목	거 래 처	적 요	차 변	대 변
	15	00001	출금	0813 접대비		거래처접대비 지급	35,000	(현금)
	15	00002	출금	0812 여비교통비		시내교통비 지급	3,200	(현금)
	15	00003	차변	0375 이월이익잉여금			8,000,000	
	15	00003	대변	0265 미지급배당금				5,000,000
	15	00003	대변	0387 미교부주식배당금				3,000,000
	15							

미지급배당금 : 200,000,000 × 2.5% = 5,000,000
미교부주식배당금 : 200,000,000 × 1.5% = 3,000,000

주식배당이란 이익을 금전으로 배당하지 않고 신주(新株)를 발행하여 주주에게 지분비율에 따라 무상으로 분배하는 제도를 말한다. 신주를 발행하여 이익을 배당하는 것으로서, 상법상 이익배당 총액의 1/2에 상당하는 금액을 초과하지 못하도록 하고 있다.

[048] 3월 27일 일반전표입력

(차)	자본금	10,000,000	(대)	보통예금	15,000,000
	감자차익	2,300,000			
	감자차손	2,700,000			

□	일	번호	구분	계 정 과 목	거 래 처	적 요	차 변	대 변
☑	27	00001	출금	0812 여비교통비		전주출장비	81,000	(현금)
☑	27	00002	차변	0814 통신비		전화요금 보통예금인출	79,320	
☑	27	00002	대변	0103 보통예금	01115 영화은행	공과금 보통예금인출		79,320
☑	27	00003	출금	0814 통신비		호출요금	8,000	(현금)
☑	27	00004	출금	0511 복리후생비		식권	20,000	(현금)
	27	00005	차변	0331 자본금			10,000,000	
☑	27	00005	차변	0342 감자차익			2,300,000	
☑	27	00005	차변	0389 감자차손			2,700,000	
☑	27	00005	대변	0103 보통예금				15,000,000
☑	27							

감자차손은 감자차익(자본잉여금)과 우선적으로 상계하고, 잔액은 자본조정으로 계상한다. 감자에는 유상감자와 무상감자가 있는데 유상감자는 사업의 축소 등에 따라서 필요없게 된 회사 자산을 주주에게 반환하여 이익률을 높이기 위한 것이고, 무상감자는 자본의 결손이 대부분이기 때문에 당분간은 이익 배당을 할 가능성이 없을 때 자본금을 감소하여 자본의 결손을 보전하고 장래의 이익 배당을 가능케 하기 위한 것이다.

[049] 3월 28일 일반전표입력

(차)	현금	800,000	(대)	자기주식	1,300,000
	자기주식처분이익	250,000			
	자기주식처분손실	250,000(자본조정)			

□	일	번호	구분	계 정 과 목	거 래 처	적 요	차 변	대 변
☑	28	00001	차변	0103 보통예금			3,300,000	
☑	28	00001	대변	0109 대손충당금				2,500,000
☑	28	00001	대변	0835 대손상각비				500,000
☑	28	00001	대변	0255 부가세예수금				300,000
	28	00002	차변	0101 현금			800,000	
☑	28	00002	차변	0343 자기주식처분이익			250,000	
☑	28	00002	차변	0390 자기주식처분손실			250,000	
☑	28	00002	대변	0383 자기주식				1,300,000

자기주식처분이익잔액이 있으면 먼저 상계후에 처분손실계상한다.

자기주식이란 회사가 보유하고 있는 유가증권 중 자사가 발행한 주식을 말한다. 이는 주식을 발행한 회사가 자사발행주식을 매입 또는 증여에 의하여 보유하고 있는 주식을 말하며, 재취득주식 또는 금고주(金庫株)라고도 한다. 자기주식은 원칙적으로 취득을 금지하고 있다.

[050] 6월 1일 매입매출전표입력

유형 : 51.과세   거래처 : 예당아씨   전자 : 여   분개 : 혼합

(차)	원재료	7,400,000	(대)	당좌예금	3,500,000
	부가세대급금	740,000		지급어음	1,500,000
				선급금	300,000
				외상매입금	2,840,000

매입시 수표난의 금액은 당좌예금처리하고, 매출시 수표난은 통화대용증권으로 처리한다. 선급금은 출금 처리하였으므로 현금에 기재하며, 만기가 보고기간 종료일로부터 1년이후 도래시 장기성지급어음이다.

[051] 6월 2일 매입매출전표입력

유형 : 11.과세   거래처 : (주)길음   전자 : 여   분개 : 혼합

(차) 현금	1,000,000	(대) 제품매출	5,000,000
받을어음	3,000,000	부가세예수금	500,000
외상매출금	1,500,000		

□	일	번호	유형	품목	수량	단가	공급가액	부가세	코드	공급처명	사업자주민번호	전자	분개
	2	50001	과세				5,000,000	500,000	00106	(주)길음	122-81-14782	여	혼합
	2												

세금계산서 매출 - 11.과세

전자세금계산서 수수시 반드시 "여"체크

구분	계정과목	적요	거래처	차변(출금)	대변(입금)
대변	0255 부가세예수금		00106 (주)길음		500,000
대변	0404 제품매출		00106 (주)길음		5,000,000
차변	0101 현금		00106 (주)길음	1,000,000	
차변	0110 받을어음		00106 (주)길음	3,000,000	
차변	0108 외상매출금		00106 (주)길음	1,500,000	
			합 계	5,500,000	5,500,000

(세금)계산서 현재라인인쇄
거래명세서 현재라인인쇄
전 표 현재라인인쇄

[052] 6월 3일 매입매출전표입력

유형 : 51.과세   거래처 : 한화   전자 : 여   분개 : 혼합

(차) 부가세대급금	65,000	(대) 미지급금	715,000
복리후생비(제)	150,000		
복리후생비(판)	500,000		

□	일	번호	유형	품목	수량	단가	공급가액	부가세	코드	공급처명	사업자주민번호	전자	분개
■	3	50001	과세	생산부직원용			650,000	65,000	00107	한화	108-81-18332	여	혼합
	3												

구분	계정과목	적요	거래처	차변(출금)	대변(입금)
차변	0135 부가세대급금	생산부직원용외	00107 한화	65,000	
차변	0511 복리후생비	생산부직원용외	00107 한화	150,000	
차변	0811 복리후생비	생산부직원용외	00107 한화	500,000	
대변	0253 미지급금	생산부직원용외	00107 한화		715,000
			합 계	715,000	715,000

(세금)계산서 현재라인인쇄
거래명세서 현재라인인쇄
전 표 현재라인인쇄

판매부서와 일반관리업무에 종사하는 종업원들에 대한 복리비와 후생비로서 법정복리비, 복리시설부담 금, 후생비, 현물급여, 산재보험료, 건강보험료(사용자부담분),기타 사회통념상 타당하다고 인정되는 장례 비,경조비, 위로금 등을 말한다. 그리고 거래품명,단가등이 동일하니까 복수거래로 입력의무는 없으나, 입력하여도 무방하다.

	복 수 거 래 내 용 (F 7)					입력가능갯수 : 100개		
	품목	규격	수량	단가	공급가액	부가세	합계	비고
1	생산부직원용		15	10,000	150,000	15,000	165,000	
2	영업부직원용		20	10,000	200,000	20,000	220,000	
3	관리부직원용		30	10,000	300,000	30,000	330,000	
4								
			합 계		650,000	65,000	715,000	

[053] 6월 4일 매입매출전표입력

유형 : 53.면세   거래처 : 예당아씨   전자 : 여   분개 : 혼합

(차) 복리후생비(제)	190,000	(대) 미지급금	190,000

일	번호	유형	품목	수량	단가	공급가액	부가세	코드	공급처명	사업자주민번호	전자	분개
4	50001	면세				190,000		00108	예당아씨	107-39-99352	여	혼합
4												

구분	계정과목	적요	거래처	차변(출금)	대변(입금)	
차변	0511 복리후생비		00108 예당아씨	190,000		(세금)계산서 현재라인인쇄
대변	0253 미지급금		00108 예당아씨		190,000	거래명세서 현재라인인쇄
						전 표 현재라인인쇄
			합 계	190,000	190,000	

비식용 농축수임산물 구입은 국내산만이 면세대상이며 식용 농축수임산물은 국내산,수입산은 모두면세대상으로 규정하고 있다. 4.카드"의 경우 미지급금채무가 설정되어 있어, 분개편의상 미지급금계정을 사용하기 위해 4.카드를 사용하여 분개하였다.(시험에서는 분개유형이 채점대상이 아님에 유의)

[면세대상]

구 분	내 용
기초생활필수품 및 용역	· 미가공식료품과 제1차 산물(제1호) · 수돗물(제2호) · 연탄 및 무연탄(제3호) · 여성용생리처리 위생용품(제4호) · 대중교통여객운송용역(제7호) · 주택과 부수토지의 임대용역(제12호)
국민후생·문화관련 재화·용역	· 의료보건용역과 혈액(단, 미용목적 성형수술, 애완동물 진료용역은 과세) · 교육용역(단, 무도학원과 자동차운전학원교육용역은 과세) · 도서·신문 등 언론 매체(제8호) · 문화·예술·체육분야(제15호) · 도서관등의 입장용역(제16호)
부가가치의 생산요소 및 인적용역	· 금융·보험용역(제11호) · 토지(제13호) · 인적용역(제14호)
기타	· 우표·인지·증지·복권·공중전화(제9호), 담배(제10호) · 국가조직의 공급(제18호) · 국가조직 및 공익단체에의 무상공급(제19호

[054] 6월 5일 매입매출전표입력

유형 : 54.불공   거래처 : 모닝글로리   전자 : 여   분개 : 혼합

(차) 접대비(판)   770,000   (대) 미지급금   770,000

일	번호	유형	품목	수량	단가	공급가액	부가세	코드	공급처명	사업자주민번호	전자	분개
5	50001	불공				700,000	70,000	00109	모닝글로리	117-01-95186	여	혼합
5		세금계산서 매입분중 불공제대상 - 54.불공										

불공제사유 4 □④접대비 및 이와 유사한 비용 관련   불공제사유를 반드시 입력(미입력시 감점)

구분	계정과목	적요	거래처	차변(출금)	대변(입금)	
차변	0813 접대비		00109 모닝글로리	770,000		(세금)계산서 현재라인인쇄
대변	0253 미지급금		00109 모닝글로리		770,000	거래명세서 현재라인인쇄
						전 표 현재라인인쇄
			합 계	770,000	770,000	

전자세금계산서를 수취하였더라도 접대목적의 재화매입이라면 매입세액이 공제되지 않는다.영업활동과 관련하여 거래처에 대한 접대비 비용으로 거래처에 대한 경조금, 선물대, 기밀비(판공비, 사례금)등을 포

함한다. 접대비는 업무와 관련하여 지출한 비용이라는 것이 업무와 무관하게 지출한 비용인 기부금과 구별되어진다.

[매입세액불공제]
① 세금계산서 미수취,부실기재
② 매입처별세금계산서합계표 미제출,부실기재
③ 사업무관자산 구입
④ 비영업용소형승용차관련 매입
⑤ 접대비관련 매입
⑥ 면세사업관련 매입
⑦ 토지관련 매입세액
⑧ 등록전 매입세액-단 등록신청일로부터 역산 20일이내것 제외
⑨ 금거래계좌미사용매입세액

[055] 6월 7일 매입매출전표입력

유형 : 14.건별   거래처 : 없음   분개 : 혼합

(차)	접대비(판)	3,500,000	(대)	제품(8.타계정 대체)	3,000,000
				부가세예수금	500,000

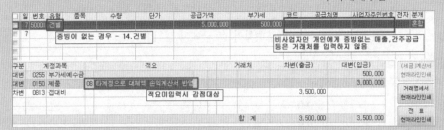

사업상증여에 대한 부가가치세는 시가를 기준으로 과세하고 회계처리는 원가를 기준으로 한다. 간주공급으로서 세금계산서 발행의무가 면제되므로 거래유형을 14번 건별로 하여 입력한후 하단 적요난에서 "적요:8"번을 선택하거나, "적요및카드매출"을 클릭하여 적요를 입력한다. 적요 미입력시 감점처리된다.

[Tip] 이경우에 접대비는 회계상으로는 문제가 없지만 법인세법에서 요구하는 현물접대비와는 차이가 있으니까 시가와의 차이 2,000,000을 법인세 조정시 접대비 계정금액에 가산처리하게 된다.

[056] 6월 8일 매입매출전표입력

유형 : 55.수입   거래처 : 인천세관   전자 : 여   분개 : 현금

(차)	부가세대급금	800,000	(대)	현금	800,000

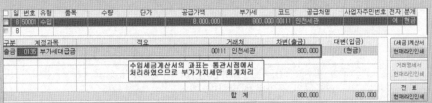

수입전자세금계산서는 세관장이 교부하며, 수입세금계산서의 과세표준은 부가가치세를 계산하기 위한 금액이므로 회계처리는 부가가치세만 해당된다.

재화의 수입에 대한 과세표준
= 관세의 과세가격 + 관세 + 개별소비세,교통·에너지·환경세,주세 + 교육세 · 농어촌특별세

[057] 6월 8일 매입매출전표입력

유형 : 53.면세   거래처 : 인천세관   전자 : 여   분개 : 분개없음

(차) 분개없음   (대) 분개없음

□	일	번호	유형	품목	수량	단가	공급가액	부가세	코드	공급처명	사업자주민번호	전자	분개
☑	8	50001	수입				8,000,000	800,000	00111	인천세관		여	현금
☑	8	50002	면세				8,000,000		00111	인천세관		여	
☑	8												
☑													
☑													
☑													
☑													
☑													
			유형별-공급처별 [1]건				8,000,000	0					

신용카드사: [...]   봉사료: [_____]

□➡	NO :		( ) 전 표		일자 : 년 월 일			
구분	계정과목	적요	거래처	차변(출금)	대변(입금)	(세금)계산서 현재라인인쇄
						거래명세서 현재라인인쇄
						전 표 현재라인인쇄
			합 계			

부가가치세가 없는 수입계산서는 면세로 입력하며, 분개처리 할 금액이 없다.

[058] 6월 9일 매입매출전표입력

유형 : 57.카드   거래처 : 튼튼공구   분개 : 카드

(차) 부가세대급금   10,000   (대) 미지급금   110,000
    소모품비(제)   100,000   (거래처: 하나카드)

□	일	번호	유형	품목	수량	단가	공급가액	부가세	코드	공급처명	사업자주민번호	전자	분개
□	9	50001	카과				100,000	10,000	00112	튼튼공구	121-13-15168		카드
☑	9		카드매입 - 57.카과										
☑													
☑													
☑													
☑													
☑													
			유형별-공급처별 [1]건				100,000	10,000					

신용카드사: 99600 [..] 하나카드   카드사 매입력시 감점대상이며
                                하단의 미지급금계정의 거래처가 된다

구분	계정과목	적요	거래처	차변(출금)	대변(입금)	
대변	0253 미지급금		99600 하나카드		110,000	(세금)계산서 현재라인인쇄
차변	0135 부가세대급금		00112 튼튼공구	10,000		거래명세서 현재라인인쇄
차변	0530 소모품비		00112 튼튼공구	100,000		전 표 현재라인인쇄
			합 계	110,000	110,000	

소모품비는 판매 및 관리업무시 소모성 비품 구입에 관한 비용으로, 사무용 용지, 소모공구 구입비, 주방
용품 구입비, 문구 구입비, 기타 소모자재 등의 구입비를 말한다.

미지급금은 카드회사에 대한 지급의무니까 거래처를 하나카드로 한다. 중간부의 신용카드사 99600.하나
카드를 입력하면 하단의 미지급금거래처가 하나카드로 자동입력된다.

[059] 6월 10일 매입매출전표입력

유형 : 53.면세   거래처 : 한가람문고㈜   전자 : 여   분개 : 카드

| (차) | 도서인쇄비(판) | 60,000 | (대) | 미지급금 | 60,000 |

(거래처: 하나카드)

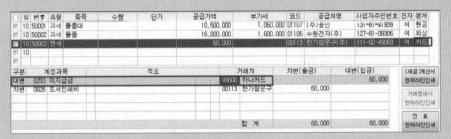

계산서 수취후 결제수단으로 신용카드를 사용하면 하단 거래처를 코드도움 또는 상단의 "적요및카드매출"클릭하여 미지급금 거래처를 하나카드로 변경한다.

도서인쇄비는 판매 및 관리업무용 도서구입비 및 인쇄와 관련된 비용을 말한다. 명함인쇄비, 신문구독료, 참고목적의 도서구입비 등이 이에 해당한다.

[060] 6월 11일 매입매출전표입력

유형 : 11.과세   거래처 : (주)대성유통   전자 : 여   분개 : 혼합

| (차) | 외상매출금 | 8,000,000 | (대) | 제품매출 | 10,000,000 |
| | 받을어음 | 3,000,000 | | 부가세예수금 | 1,000,000 |

□	일	번호	유형	품목	수량	단가	공급가액	부가세	코드	공급처명	사업자주민번호	전자	분개
■	11	50001	과세				10,000,000	1,000,000	00114	(주)대성유통	122-81-07995	여	혼합
■	11												

구분	계정과목	적요	거래처	차변(출금)	대변(입금)
대변	0255 부가세예수금		00114 (주)대성유		1,000,000
대변	0404 제품매출		00114 (주)대성유		10,000,000
차변	0108 외상매출금		00114 (주)대성유	8,000,000	
차변	0110 받을어음		00114 (주)대성유	3,000,000	
			합 계	11,000,000	11,000,000

정상적인 영업활동인 상품매출,제품매출로 인한 어음수취는 받을어음,외상대는 외상매출금으로 처리하지만, 그외 활동은 어음과 외상대 모두 미수금으로 처리한다.

[061] 6월 15일 매입매출전표입력

유형 : 12.영세   거래처 : (주)태희상사   전자 : 여   분개 : 혼합

| (차) | 선수금 | 3,000,000 | (대) | 제품매출 | 18,000,000 |
| | 보통예금 | 15,000,000 | | | |

□	일	번호	유형	품목	수량	단가	공급가액	부가세	코드	공급처명	사업자주민번호	전자	분개
■	15	50001	영세				18,000,000		00115	(주)태희상사	601-81-27209	여	혼합
	15		내국신용장, 구매승인서의 세금계산서 - 12.영세										

| | | | | | | 유형별-공급처별 [1]건 | | | 18,000,000 | 0 | | | |

영세율구분   3   내국신용장 · 구매확인서에 의하여 공급하는 재화

구분	계정과목	적요	거래처	차변(출금)	대변(입금)
대변	0404 제품매출		00115 (주)태희상		18,000,000
차변	0259 선수금		00115 (주)태희상	3,000,000	
차변	0103 보통예금		00115 (주)태희상	15,000,000	
			합 계	18,000,000	18,000,000

내국신용장, 구매승인서에 의한 공급일때 영세율이 적용되고, 반드시 영세율전자세금계산서를 교부하고, 영세율첨부서류제출명세서와 영세율매출명세서를 제출해야 된다. 공급시기는 인도일이다.

[062] 7월 20일 매입매출전표입력

유형 : 16.수출   거래처 : 오바마사   분개 : 혼합

(차)	선수금	20,000,000	(대)	제품매출	143,000,000
	외상매출금	121,000,000			
	외환차손	2,000,000			

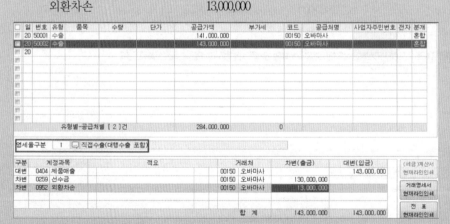

□	일	번호	유형	품목	수량	단가	공급가액	부가세	코드	공급처명	사업자주민번호	전자	분개
□	20	50001	수출				141,000,000		00150	오바마사			혼합
	20												

유형별-공급처별 [1]건   141,000,000   0

영세율구분 1 □ 직접수출(대행수출 포함)

구분	계정과목	적요	거래처	차변(출금)	대변(입금)
대변	0404 제품매출		00150 오바마사		143,000,000
차변	0259 선수금		00150 오바마사	20,000,000	
차변	0108 외상매출금		00150 오바마사	121,000,000	
차변	0952 외환차손		00150 오바마사	2,000,000	
			합 계	143,000,000	143,000,000

과세표준 = 선수금 + (총외화금액 - 선수금외화금액) × 선적시점의 기준환율

= 20,000,000 + 110,000$×1,100

= 141,000,000

기업회계기준상 매출액 = 130,000$(전체수출액) × 1,100(선적시점의기준환율) = 143,000,000

매출액 - 과세표준 = 외환차손익 = 143,000,000 - 141,000,000 = 2,000,000

[063] 7월 20일 매입매출전표입력

유형 : 16.수출   거래처 : 오바마사   분개 : 혼합

(차)	선수금	130,000,000	(대)	제품매출	143,000,000
	외환차손	13,000,000			

□	일	번호	유형	품목	수량	단가	공급가액	부가세	코드	공급처명	사업자주민번호	전자	분개
	20	50001	수출				141,000,000		00150	오바마사			혼합
□	20	50002	수출				143,000,000		00150	오바마사			혼합
	20												

유형별-공급처별 [2]건   284,000,000   0

영세율구분 1 □ 직접수출(대행수출 포함)

구분	계정과목	적요	거래처	차변(출금)	대변(입금)
대변	0404 제품매출		00150 오바마사		143,000,000
차변	0259 선수금		00150 오바마사	130,000,000	
차변	0952 외환차손		00150 오바마사	13,000,000	
			합 계	143,000,000	143,000,000

선수금을 수령한후 외화예금으로 보유하거나, 외화상태로 보유시 수출매출의 금액은 선적시점의 기준환율로 환산한 금액을 매출금액으로 하고, 차액은 외환차손으로 한다.

[064] 7월 21일 매입매출전표입력

유형 : 57.카과   거래처 : 오동나무주유소   분개 : 혼합

(차)	차량유지비(제)	70,000	(대)	보통예금	77,000
	부가세대급금	7,000			

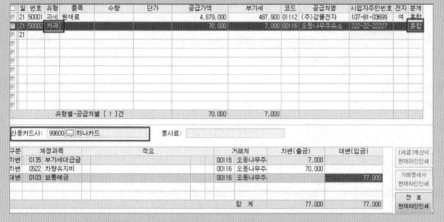

일	번호	유형	품목	수량	단가	공급가액	부가세	코드	공급처명	사업자주민번호	전자	분개
21	50001	과세	원재료			4,879,000	487,900	01112	(주)강율전자	107-81-03699	여	혼합
21	50002	카과				70,000	7,000	00116	오동나무주유소	222-22-22227		혼합
21												

유형별-공급처별 [1]건   70,000   7,000

신용카드사 : 99600 하나카드   봉사료 :

구분	계정과목	적요	거래처		차변(출금)	대변(입금)	
차변	0135 부가세대급금		00116	오동나무주	7,000		(세금)계산서 현재라인인쇄
차변	0522 차량유지비		00116	오동나무주	70,000		거래명세서 현재라인인쇄
대변	0103 보통예금		00116	오동나무주		77,000	
				합 계	77,000	77,000	전 표 현재라인인쇄

① 공장화물차는 소형승용차에 해당되지 아니하고, 매입세액공제가능하다.
② 차량유지비는 임직원들의 차량운반구 유지비용으로 차량유류대, 통행료, 주차비, 차량수리비등을 말한다.

[비교]
① 원재료를 매입하고 외상 또는 신용카드로 결제하면 - 외상매입금
② 원재료를 매출하고 외상 또는 신용카드로 결제를 받으면 - 외상매출금
③ 직불카드, 체크카드로 결제를 하거나 결제를 받으면 - 해당 예금구좌에 가감
④ 신용카드나 직불카드에 관련된 수수료는 - 수수료비용 계정
⑤ 비품를 매입하고 외상, 어음 및 신용카드로 결제하면 - 미지급금
⑥ 고정자산등을 매각하고 외상, 어음 및 신용카드로 결제를 받으면 - 미수금

[065] 8월 14일 매입매출전표입력

유형 : 51.과세   거래처 : 푸른상회   전자 : 여   분개 : 혼합

(차)	원재료	7,200,000	(대)	선급금	5,000,000
	부가세대급금	720,000		당좌예금	1,000,000
				외상매입금	1,920,000

일	번호	유형	품목	수량	단가	공급가액	부가세	코드	공급처명	사업자주민번호	전자	분개
14	50001	과세				7,200,000	720,000	00118	푸른상회	123-12-12345	여	혼합
14												

구분	계정과목	적요	거래처		차변(출금)	대변(입금)	
차변	0135 부가세대급금		00118	푸른상회	720,000		(세금)계산서 현재라인인쇄
차변	0153 원재료		00118	푸른상회	7,200,000		
대변	0131 선급금		00118	푸른상회		5,000,000	거래명세서 현재라인인쇄
대변	0102 당좌예금		00118	푸른상회		1,000,000	
대변	0251 외상매입금		00118	푸른상회		1,920,000	전 표 현재라인인쇄
				합 계	7,920,000	7,920,000	

당좌수표발행시 당좌예금에서 차감처리한다.
[사례]
1. 현금 300,000을 당좌예입시

(차) 당좌예금	300,000	(대) 현금	300,000

2. 상품 500,000을 매입하고, 수표발행 지급시(당좌예금잔액 미달시 당좌차월)

(차) 상품	500,000	(대) 당좌예금	300,000
		당좌차월	200,000

3. 현금 ₩300,000을 당좌예입시

(차) 당좌예금	100,000	(대) 현금	300,000
당좌차월	200,000		

[066] 8월 25일 매입매출전표입력

유형 : 51.과세   거래처 : 한양건설   전자 : 여   분개 : 혼합

(차) 건설중인자산	50,000,000	(대) 미지급금	55,000,000
부가세대급금	5,000,000		

□	일	번호	유형	품목	수량	단가	공급가액	부가세	코드	공급처명	사업자주민번호	전자	분개
	25	50001	과세	전기료 외			667,460	66,746	01114	한국전력공사(주)	116-81-19007	여	현금
	25	50002	과세	물품대			66,700,000	6,670,000	01103	(주)등대	104-81-00335	여	혼합
■	25	50003	과세				50,000,000	5,000,000	00119	한양건설	110-81-12442	여	혼합
	25												

구분	계정과목	적요	거래처	차변(출금)	대변(입금)	
차변	0135 부가세대급금		00119 한양건설	5,000,000		(세금)계산서 현재라인인쇄
차변	0214 건설중인자산		00119 한양건설	50,000,000		거래명세서 현재라인인쇄
대변	0253 미지급금		00119 한양건설		55,000,000	전 표 현재라인인쇄
			합 계	55,000,000	55,000,000	

- 건설중인자산은 유형자산의 건설을 위하여 직접 또는 간접으로 소요된 재료비·노무비 및 경비로 하되, 건설을 위하여 지출한 도급금액 또는 취득한 기계 등을 포함한다. 즉, 건설중인자산은 유형자산의 취득을 위하여 완료시까지 지출한 금액을 처리하는 임시계정으로서 취득 완료시에 본계정인 건물로 대체된다.
- 정상영업활동이외에서 어음을 발행하면 일괄적으로 미지급금으로 처리한다.

거 래 내 용	차 변		대 변	
영업용 건물을 ₩50,000,000에 신축계약을 체결하고 착수금 ₩5,000,000을 수표발행하여 지급하다.	건설중인자산	5,000,000	당좌예금	5,000,000
위 신축건물이 완공되어 나머지 대금을 수표발행하여 지급하다.	건 물	50,000,000	건설중인자산 당좌예금	5,000,000 45,000,000

[067] 8월 29일 매입매출전표입력

유형 : 51.과세   거래처 : (주)현세   전자 : 여   분개 : 혼합

(차) 원재료	6,550,000	(대) 현금	1,700,000
부가세대급금	655,000	외상매입금	5,505,000

□	일	번호	유형	품목	수량	단가	공급가액	부가세	코드	공급처명	사업자주민번호	전자	분개
	29	50001	과세	MR2외			6,550,000	655,000	00120	(주)현세	123-23-12564	여	혼합
	29												

구분	계정과목	적요	거래처	차변(출금)	대변(입금)	
차변	0135 부가세대급금	MR2외	00120 (주)현세	655,000		(세금)계산서 현재라인인쇄
차변	0153 원재료	MR2외	00120 (주)현세	6,550,000		거래명세서 현재라인인쇄
대변	0101 현금	MR2외	00120 (주)현세		1,700,000	전 표 현재라인인쇄
대변	0251 외상매입금	MR2외	00120 (주)현세		5,505,000	
			합 계	7,205,000	7,205,000	

품명, 수량, 단가 등이 2가지이상인 경우에 복수거래로 입력한다.

	품목	규격	수량	단가	공급가액	부가세	합계	비고
1	MR2				6,500,000	650,000	7,150,000	
2	문송료				50,000	5,000	55,000	
3								
				합 계	6,550,000	655,000	7,205,000	

[068] 9월 25일 매입매출전표입력

유형 : 51.과세   거래처 : (주)리베로   전자 : 여   분개 : 혼합

(차)	차량운반구	2,300,000	(대)	미지급금	3,080,000
	차량유지비(판)	500,000			
	부가세대급금	280,000			

가치나 내용년수를 증가시키면 자본적지출, 현상유지나 능률유지차원이면 수익적지출로 처리한다. 차량유지비는 임직원들의 차량운반구 유지비용으로 차량유류대, 통행료, 주차비, 차량수리비등을 말한다.

	품목	규격	수량	단가	공급가액	부가세	합계	비고
1	차체교체				2,300,000	230,000	2,530,000	
2	유리교체				300,000	30,000	330,000	
3	범퍼교체				200,000	20,000	220,000	
4								
				합 계	2,800,000	280,000	3,080,000	

[069] 9월 26일 매입매출전표입력

유형 : 51.과세   거래처 : 국민상회   전자 : 여   분개 : 혼합

(차)	원재료	19,000,000	(대)	받을어음	5,000,000((주)세코)
	부가세대급금	1,900,000		당좌예금	15,900,000

- 상품의 매입대금이나, 외상매입금을 지급하기 위하여 소지하고 있던 받을어음을 만기일 이전에 타인에게 배서하여 양도하는 것을 배서양도라 한다.
- 양도인이 어음 뒷면 상에 양도의사를 기명날인하고 이를 교부하는데 이러한 권리를 배서라 한다.
- 국민상회로 되어 있는 받을어음 거래처를 아래 거래처코드난에서 직접 변경하거나, "적요및카드매출"에서 믿음상사로 바꾸어 준다.

[070] 9월 27일 매입매출전표입력

유형 : 54.불공   거래처 : 기아자동차(주)   전자 : 여   분개 : 현금

(차)	차량운반구	165,000	(대)	현금	165,000

	일	번호	유형	품목	수량	단가	공급가액	부가세	코드	공급처명	사업자주민번호	전자	분개
	27	50001	과세	전기료 외			667,460	66,746	01114	한국전력공사(주)	116-81-19007	여	현금
	27	50002	과세	원재료			7,700,000	770,000	01109	(주)태백정보기술	126-81-24939	여	현금
	27	50003	불공				150,000	15,000	00124	기아자동차(주)	120-81-23873	여	현금
	27												

| | 유형별-공급처별 [1]건 | | | | 150,000 | 15,000 | | |

| 불공제사유 | 3 | ③비영업용 소형승용자동차 구입·유지 및 임차 | |

구분	계정과목	적요	거래처	차변(출금)	대변(입금)	
출금	0208 차량운반구		00124 기아자동차	165,000	(현금)	(세금)계산서 현재라인인쇄
		불공제 부가가치세는 원가에 산입				키레명세서 현재라인인쇄
		합 계		165,000	165,000	전 표 현재라인인쇄

불공제로 인한 부가세대급금은 차량운반구(취득후의 금액은 차량유지비)의 취득원가로 처리한다.

[Tip] 매입세액공제되는 경차 범위는 승용자동차 및 승합자동차로서 배기량 1,000cc 이하, 길이 3.6미터, 너비 1.6미터, 높이 2.0미터 이하인 자동차

   1. 경형 승용차 : 마티즈, 모닝, 아토스, 티코 등
   2. 경형 승합차 : 다마스 등

[071] 9월 28일 매입매출전표입력

유형 : 22.현과   거래처 : 거래처없음 또는 신정아   분개 : 현금

(차) 현금	550,000	(대) 제품매출	500,000
		부가세예수금	50,000

	일	번호	유형	품목	수량	단가	공급가액	부가세	코드	공급처명	사업자주민번호	전자	분개
	28	50001	현과				500,000	50,000					현금
	28												
							현금영수증매출은 분개를 현금으로 함						

구분	계정과목	적요	거래처	차변(출금)	대변(입금)	
입금	0255 부가세예수금			(현금)	50,000	(세금)계산서 현재라인인쇄
입금	0404 제품매출			(현금)	500,000	거래명세서 현재라인인쇄
		합 계		550,000	550,000	전 표 현재라인인쇄

소비자가 현금과 함께 카드(적립식카드, 신용카드 등), 핸드폰번호 등을 제시하면, 가맹점은 현금영수증발급장치를 통해 현금영수증을 발급하고 현금결제 건별 내역은 국세청에 통보되는 매출이다. 매입자는 매입세액공제가 가능하다.

[072] 9월 29일 매입매출전표입력

유형 : 11.과세   거래처 : (주)파란세상   전자 : 여   분개 : 혼합

(차) 선 수 금	500,000	(대) 제품매출	4,000,000
받을어음	2,000,000	부가세예수금	400,000
외상매출금	1,900,000		
	(신한카드)		

일부분에 대해 카드결제시 상단의 카드매출"클릭하여 외상매출금(또는 미수금) 거래처를 카드회사 거래처로 변경한다. 부가가치세 부속명세서인 신용카드발행집계표에 동시 사용분으로 집계된다.

[073] 9월 30일 매입매출전표입력

유형 : 54.불공   거래처 : (주)금오렌터카   전자 : 여   분개 : 혼합

| (차) | 임차료(판) | | 275,000 | (대) | | 미지급금 | 275,000 |

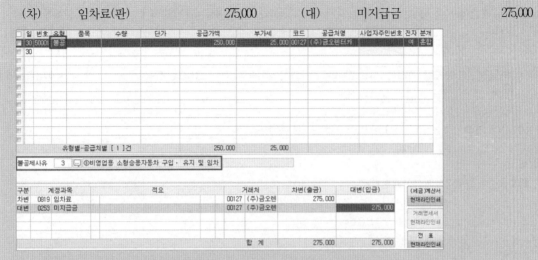

비영업용 소형승용차의 구입, 유지뿐만 아니라 임차까지도 불공제한다.
주의할것은 차량 구입이 아니라, 차량이 없는 임차이므로 차량유지비로 처리하지 않는다.

[074] 9월 30일 매입매출전표입력

유형 : 11.과세 거래처 : 해양상사 전자 : 여 분개 : 혼합

(차)	감가상각누계액	5,400,000	(대)	기계장치	9,000,000
	미수금	7,700,000		부가세예수금	700,000
				유형자산처분이익	3,400,000

비유동자산 처분은 장부가액(취득원가 - 감가상각누계액)과 처분가액(부가세제외)을 비교해서 처분손익을 구한다.그리고 별다른 언급이 없으면 양도시까지의 감가상각비를 먼저 계산하고 처분손익을 구한다.
처분손익 = 처분가액 - 장부가액 = 7,000,000 - (9,000,000-5,400,000=3,600,000) = 3,400,000

[075] 9월 30일 매입매출전표입력

유형 : 11.과세 거래처 : (주)나눔전자 전자 : 여 분개 : 외상

공급가액 △1,200,000 부가가치세 △120,000

| (차) | 외상매출금 | - 1,320,000 | (대) | 제품매출 | - 1,200,000 |
| | | | | 부가세예수금 | - 120,000 |

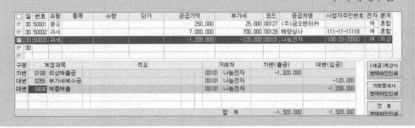

매출환입, 매출에누리, 매출할인은 부가가치세가 과세되지 않기 때문에 발생시 (-)전자세금계산서를 끊어줘야 한다.

구　　　분	차　　변		대　　변	
외상매입금을 약정기일 이전에 지급한 경우 (500,000의 외상매입금 지급시 10,000할인)	외상매입금	500,000	현금 매입할인	490,000 10,000
외상매출금을 약정기일 이전에 회수한 경우 (500,000의 외상매출금 회수시 10,000할인)	현금 매출할인	490,000 10,000	외상매출금	500,000

[076]

1. 과세표준매출세액: 예정신고누락분
과세 세금계산서 : 금액 5,000,000, 세액 500,000을 각각 입력

과세 기타 : 금액 4,000,000, 세액 400,000을 각각 입력

영세율 기타 : 금액 9,000,000을 입력

2. 매입세액: 예정신고누락분
세금계산서 금액 2,000,000, 세액 200,000을 각각 입력

구분			금액	세율	세액
7.매출(예정신고누락분)					
예정누락분	과세	세금계산서	31	5,000,000	10/100	500,000
		기타	32	4,000,000	10/100	400,000
	영세	세금계산서	33		0/100	
		기타	34	9,000,000	0/100	
	합계		35	18,000,000		900,000
12.매입(예정신고누락분)					
예정누락분	세금계산서		36	2,000,000		200,000
	기타공제매입세액		37			
	합계		38	2,000,000		200,000
	신용카드매출 수취금액합계	일반매입		뒷쪽		
		고정매입		뒷쪽		
	의제매입세액					
	재활용폐자원등매입세액					
	고금의제매입세액					
	과세사업전환매입세액					
	재고매입세액					
	변제대손세액					
	합계					

3. 가산세
매출전자세금계산서 발급 전송분에 대해서는 매출세금계산서합계표 가산세를 적용하지 아니한다. (예규 : 부가가치세과-386 2012.02.05.)

1. 신고불성실가산세 : (500,000 + 400,000 - 200,000)× 10%× (1-75%) = 17,500

2. 납부불성실가산세 : (500,000 + 400,000 - 200,000) × 91 × 22100,000 =14,014원

3. 영세율과세표준신고불성실가산세 : 9,000,000 × 0.5% × (1-75%) = 11,250원

수정신고시 가산세 감면
① 6개월내 신고시 : 50%감면　② 1년내 수정신고시 : 20%감면　③ 2년내 수정신고시 : 10%감면

[077]

1. 매출세액 : 예정신고누락분
과세 세금계산서 : 금액 5,000,000, 세액 500,000을 입력

영세율 세금계산서 : 금액 1,000,000을 입력

2. 매입세액 : 예정신고누락분
세금계산서 : 금액 2,000,000, 세액 200,000을 입력

7.매출(예정신고누락분)						
예 정 누 락 분	과 세	세금계산서	31	5,000,000	10/100	500,000
		기타	32		10/100	
	영 세	세금계산서	33	1,000,000	0/100	
		기타	34		0/100	
	합계		35	6,000,000		500,000
12.매입(예정신고누락분)						
예 정		세금계산서	36	2,000,000		200,000
	기타공제매입세액		37			
	합계		38	2,000,000		200,000
	신용카드매출	일반매입			뒷쪽	

3. 가산세

매출전자세금계산서 발급 전송분에 대해서는 매출세금계산서합계표 가산세를 적용하지 아니한다. (예규 : 부가가치세과-386 2012.02.05.)

(1) 신고불성실가산세 : (500,000 - 200,000) × (1-75%) = 7,500

(2) 납부지연가산세 : (500,000 - 200,000) × 22/100,000 × 92 =6,072

(3) 영세율과세표준신고불성실가산세 : 1,000,000 × 0.5% × (1-75%) = 1,250원

[078]

[가산세]

- 매출전자세금계산서 발급 전송분에 대해서는 매출세금계산서합계표 가산세를 적용하지 아니한다.
- 신고불성실가산세 : (400,000 - 280,000) × 10% × (1-75%) = 3,000
- 납부지연가산세 : (400,000 - 280,000) × 22/100,000 × 92 = 2,428원

1. 2기 확정(10-12월) 부가가치세신고서

	구분			정기신고금액				구분		금액	세율	세액
				금액	세율	세액		7.매출(예정신고누락분)				
과 세 표 준 및 매 출 세 액	과 세	세금계산서발급분	1	23,000,000	10/100	2,300,000	예 정 누 락 분	과 세	세금계산서	31	4,000,000	10/100	400,000
		매입자발행세금계산서	2		10/100				기타	32		10/100	
		신용카드·현금영수증발행분	3	1,300,000	10/100	130,000		영 세	세금계산서	33		0/100	
		기타(정규영수증외매출분)	4	7,800,000		780,000			기타	34		0/100	
	영 세	세금계산서발급분	5		0/100			합계		35	4,000,000		400,000
		기타	6	10,000,000	0/100			12.매입(예정신고누락분)				
	예정신고누락분		7	4,000,000		400,000	예 정 누 락 분		세금계산서	36	2,800,000		280,000
	대손세액가감		8					기타공제매입세액		37			
	합계		9	46,100,000	㉮	3,610,000		합계		38	2,800,000		280,000
매 입 세 액	세금계산서 수취분	일반매입	10					신용카드매출	일반매입				
		고정자산매입	11					수령금액합계	고정매입				
	예정신고누락분		12	2,800,000		280,000		의제매입세액					
	매입자발행세금계산서		13					재활용폐자원등매입세액					
	기타공제매입세액		14					고금의제매입세액					
	합계(10+11+12+13+14)		15	2,800,000		280,000		과세사업전환매입세액					
	공제받지못할매입세액		16					재고매입세액					
	차감계		17	2,800,000	㉯	280,000		변제대손세액					
납부(환급)세액(매출세액㉮-매입세액㉯)					㉰	3,330,000		합계					

[079]

1. 과세표준및매출세액

① 과세-세금계산서 : 1,500,000+3,000,000 = 4,500,000 가산하여 입력하고, 세액 450,000 가산입력

② 과세-기타 : 공급가액 800,000 가산입력하고, 세액 80,000 추가입력

2. 매입세액

① 세금계산서수취분-일반: 1,800,000차감수정, 세액 180,000차감수정

3. 가산세

① 신고불성실가산세 : (150,000 + 80,000 + 180,000 + 300,000) × 10% × (1-75%) = 17,750원

② 납부지연가산세 : 710,000 × 22/100,000 × 91일 = 14,214원

② 매입처별세금계산서합계표불성실가산세 : 1,800,000 × 1% = 18,000

- 매출전자세금계산서 발급 전송분에 대해서는 매출세금계산서합계표 가산세를 적용하지 아니한다. (예규 : 부가가치세과-386 2012.02.05.)
- 수취한 세금계산서 관련 가산세는 없지만 오류로 인하여 과다공제 받은 경우에는 합계표불성실가 산세가 부과된다.

주의 부가가치세 수정신고는 당초에 정기신고를 했는데 누락.오류등으로 다시 신고하고자 하는 경우에 해당한다. 그래서 1.정기신고"가 저장되어 있어야 2.수정신고"가 가능하다.
예정신고누락분은 확정신고서에 반영하지만, 수정신고는 당초신고서에 반영한다.

주의 4-6월 "1.정기신고" 저장후 다시 4-6월 조회하여 "2.수정신고"화면에 들어간다.

수정신고 가산세화면(가산세난에서 TAB)

Tip 과다공제는 가산세가 있지만, 매입세금계산시 신고누락분 경정청구시 기산세 적용안됨(부가 46015-3304, 2000.9.23) 매입세금계산서를 부가가치세 신고 누락한 경우, 경정청구에 의하여 매입처별 세금계산서합계표를 제출하여 공제받을 수 있으며 이 경우 가산세는 적용되지 아니하는 것임.

[080]
1기확정(4-6월) 의제매입세액공제신고서
취득부대비용은 제외하고, 기말현재 미사용액은 구입시점에서 공제되므로 차감하지 아니한다.

매입일자	공급자	품명	수량(kg)	매입가액 (원)	공제율	공제액
4. 3	신선수산	고등어	100	7,000,000	4/104	269,230
4.12	민우수산(주)	꽁치	200	8,500,000	4/104	326,923
5.13	민우수산(주)	꽁치	300	15,000,000	4/104	576,923
5.28	신선수산	고등어	150	5,500,000	4/104	211,538
6. 3	한류수산	꽃게	250	10,000,000	4/104	384,615

6월 3일 일반전표입력

(차) 135.부가세대급금	1,769,229원	(대) 153.원재료	1,769,229원
			(8.타계정대체)

[081]
[임대공급가액명세서]

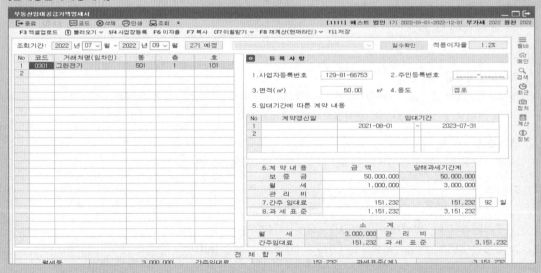

※ 주거용은 간주임대료를 계산하지 않는다.

· 9월 30일 일반전표입력

(차) 817.세금과공과(판)　　　　　　　15,123　　　　(대) 255.부가세예수금　　　　　　15,123

주의 위 서식 미제출시 미제출 또는 부실기재 수입금액의 1% 의 가산세 적용 신설

[082]

[공통매입세액의 안분계산 서식]

- 공통매입세액 란에 30,000,000 입력
- 면세공급가액 란에 400,000,000 입력
- 총공급가액 란에 2,000,000,000 입력

[매입세액불공제내역 서식]

- 불공제대상 공급가액 = 300,000,000 × 400/2,000 = 60,000,000
- 불공제대상 매입세액 = 30,000,000 × 400/2,000 = 6,000,000

[7-9월 공제받지못할매입세액명세서]

공제받지못할매입세액내역	공통매입세액안분계산내역	공통매입세액의정산내역	납부세액또는환급세액재계산			

| 산식 | 과세·면세사업 공통매입 | | ⑫총공급가액등 | ⑬면세공급가액등 | 면세비율(⑬÷⑫) | ⑭불공제매입세액[⑪×(⑬÷⑫)] |
	⑩공급가액	⑪세액				
1.당해과세기간의 공급가액기준	300,000,000	30,000,000	2,000,000,000	400,000,000	20.0000	6,000,000
합계	300,000,000	30,000,000	2,000,000,000	400,000,000		6,000,000

불공제매입세액 (6,000,000) = 세액(30,000,000) *	면세공급가액등 (400,000,000)
	총공급가액 (2,000,000,000)

주의 세금계산서 발행하는 경우가 아니면 당해과세기간공급가액 기준으로 안분한다.

[10-12월 2기 확정 공통매입세액정산내역]

공제받지못할매입세액내역	공통매입세액안분계산내역	공통매입세액의정산내역	납부세액또는환급세액재계산

산식	(15)총공통매입세액	(16)면세 사업확정 비율			(17)불공제매입세액총액((15)*(16))	(18)기불공제매입세액	(19)가산또는공제되는매입세액((17)-(18))
		총공급가액	면세공급가액	면세비율			
1. 당해과세기간의 공급가액기준	9,000,000	800,000,000	300,000,000	37.5000	3,375,000	1,000,000	2,375,000
합계	9,000,000	800,000,000	300,000,000		3,375,000	1,000,000	2,375,000

가산또는공제되는매입세액 (2,375,000) = 총공통매입세액(9,000,000) * 면세비율(%)(37.5) - 기불공제매입세액(1,000,000)

[공제받지못할매입세액내역 화면]-면세사업분

공제받지못할매입세액내역	공통매입세액안분계산내역	공통매입세액의정산내역	납부세액또는환급세액재계산

매입세액 불공제 사유	세금계산서		
	매수	공급가액	매입세액
①필요적 기재사항 누락 등			
②사업과 직접 관련 없는 지출			
③비영업용 소형승용자동차 구입·유지 및 임차			
④접대비 및 이와 유사한 비용 관련			
⑤면세사업등 관련	1	100,000,000	10,000,000
⑥토지의 자본적 지출 관련			
⑦사업자등록 전 매입세액			
⑧금거래계좌 미사용 관련 매입세액			
합계	1	100,000,000	10,000,000

면세관련 세금계산서 매입세액이 10,000,000이므로 공급가액은 10,000,000÷0.1 = 100,000,000이다.

[부가가치세 신고서 16.공제받지못할매입세액]

16.공제받지못할매입세액			
공제받지못할 매입세액	48	100,000,000	10,000,000
공통매입세액면세사업분	49	23,750,000	2,375,000
대손처분받을세액	50		
합계	51	123,750,000	12,375,000

부가가치세 신고서의 공제받지못할매입세액 공급가액난에 [100,000,000 + 23,750,000 = 123,750,000] 매입세액난에 12,375,000을 자동입력한다.

[084]

불공제= 5,000,000 × 300,000,000/600,000,000 (1기 기준) = 2,500,000

+기준은 1번 당해과세기간의 공급가액기준을 선택하지만 공급가액은 직전과세기간 공급가액의 합계를 입력한다. (당해과세기간 매입 후 당해과세기간 매각시)

공제받지못할매입세액내역	공통매입세액안분계산내역	공통매입세액의정산내역	납부세액또는환급세액재계산				
산식	(15)총공통매입세액	(16)면세 사업확정 비율			(17)불공제매입세액총액((15)*(16))	(18)기불공제매입세액	(19)가산또는공제되는매입세액((17)-(18))
		총공급가액	면세공급가액	면세비율			
1.당해과세기간의 공급가액기준	5,000,000	600,000,000	300,000,000	50.0000	2,500,000		2,500,000

[Tip] 11월20일 매입매출전표입력

유형 : 54.불공   거래처 : ㈜신천   전자 : 여   분개없음   불공제사유 : 9.공통매입세액안분계산

(차) 공급가액   50,000,000   (대) 부가세   50,000,000

[085]

1기확정(4-6월) 대손세액공제신고서(대손발생)

사정일	대손금액	공제율	대손세액	거래처		대손사유
03-01	3,300,000	10/110	300,000	(주)강서상사	5	부도(6개월경과)
10-01	-1,100,000	10/110	-100,000	(주)안국상사	1	파산

대손처리했던 금액을 회수시 당초 조건대로 입력하되, 금액만 (-)금액으로 처리한다.

부가가치세신고서 반영

예정신고누락분	7	
대손세액가감	8	-200,000

[086]

⑨거래구분: 11 (일반수출)이고, ⑩종류 : A (제조자가 수출자와 동일)할 경우, ⑪결제 : TT이면 단순송금방식을 나타낸다.

수출은 수출신고수리-선적-출항순으로 진행되며, 선하증권의 선적일이 부가가치세법의 공급시기가 된다.

[1기예정(1-3월)수출실적명세서]

(12)일련번호	(13)수출신고번호	(14)선적일자	(15)통화코드	(16)환율	금액	
					(17)외화	(18)원화
1	020-15-06-0138408-6	2022.01.25	USD	1,000	20,000	20,000,000

[087]

1.신용카드매출전표등수령명세서(갑,을)(1-3월)

▶ 2. 신용카드 등 매입내역 합계

구분	거래건수	공급가액	세액
합 계	2	360,000	36,000
현금영수증			
화물운전자복지카드			
사업용신용카드	2	360,000	36,000
기 타 신용카드			

▶ 3. 거래내역입력

월/일	구분	공급자	공급자(가맹점)사업자등록번호	카드회원번호	기타 신용카드 등 거래내역 합계 거래건수	공급가액	세액
02-02	사업	에스오일	622-81-64351	4342-9222-4211-1234	1	60,000	6,000
02-06	사업	에스오일	622-81-64351	4342-9222-4211-1234	1	300,000	30,000
		합계			2	360,000	36,000

2. 신용카드매출전표등발행금액집계표(1-3월)

▶ 2. 신용카드매출전표 등 발행금액 현황

구 분	합 계	신용·직불·기명식 선불카드	현금영수증
합 계	5,500,000	5,500,000	
과세 매출분	5,500,000	5,500,000	
면세 매출분			
봉 사 료			

▶ 3. 신용카드매출전표 등 발행금액중 세금계산서 교부내역   세금계산서와 신용카드 중복사용분 표시

세금계산서교부금액	3,300,000	계산서교부금액	

3. 부가가치세 신고서 작성 [1기(1월 ~ 3월)]

	구분		금액	세율	세액		구분		금액	세율	세액
과세표준및매출세액	과세	세금계산서교부분	1	8,000,000	10/100	800,000	7.매출(예정신고누락분)				
		매입자발행세금계산서	2		10/100		예정누락분	과세	세금계산서	31		10/100
		신용카드·현금영수증발행분	3	2,000,000	10/100	200,000			기타	32		10/100
		기타(정규영수증외매출분)	4		10/100			영세	세금계산서	33		0/100
	영세	세금계산서교부분	5		0/100				기타	34		0/100
		기타	6	12,000,000	0/100			합계		35		
	예정신고누락분		7				12.매입(예정신고누락분)					
	대손세액가감		8				예정누락분		세금계산서	36		
	합계		9	22,000,000	㉮	1,000,000			기타공제매입세액	37		
매입세액	세금계산서수취분	일반매입	10	5,500,000		550,000			합계	38		
		고정자산매입	11					정산누락분	신용카드매출	일반매입		뒷쪽
	예정신고누락분		12						수취금액합계	고정매입		뒷쪽
	매입자발행세금계산서		13						의제매입세액			
	기타공제매입세액		14	360,000		36,000			재활용폐자원등매입세액			
	합계(10+11+12+13+14)		15	5,860,000		586,000			고금의제매입세액			
	공제받지못할매입세액		16						과세사업전환매입세액			
	차감계		17	5,860,000	㉯	586,000			재고매입세액			
납부(환급)세액(매출세액㉮-매입세액㉯)					㉰	414,000			변제대손세액			
경감공제세액	기타경감·공제세액		18						합계			
	신용카드매출전표등발행공제등		19				14.기타공제매입세액					
	합계		20		㉱		신용카드매출		일반매입	39	360,000	뒷쪽
예정신고미환급세액			21		㉲		수취금액합계표		고정매입	40		뒷쪽
예정고지세액			22		㉳		의제매입세액			41		
금지금매입자납부특례기납부세액			23		㉴		재활용폐자원등매입세액			42		
가산세액계			24		㉵		고금의제매입세액			43		
차가감하여 납부할세액(환급받을세액)(㉰-㉱-㉲-㉳-㉴-㉵+㉶)			25			414,000	과세사업전환매입세액			44		
총괄납부사업자 납부할 세액(환급받을 세액)							재고매입세액			45		

(일부 열 생략)

14.기타공제매입세액 세부: 신용카드매출 일반매입 39 / 360,000 / 뒷쪽 / 36,000, 변제대손세액 46, 합계 47 / 360,000 / 36,000

[088]

[2기 확정신고기간 10/1-12/31]

	구분		금액	세율	세액
과세표준및매출세액	과세	세금계산서교부분	1		10/100
		매입자발행세금계산서	2		10/100
		신용카드·현금영수증발행분	3		
		기타(정규영수증외매출분)	4	6,500,000	10/100	650,000
	영세	세금계산서교부분	5		0/100
		기타	6		0/100
	예정신고누락분		7		
	대손세액가감		8		
	합계		9	6,500,000	㉮	650,000

부가가치세신고서 매출부분의 기타란에 접대비(5,000,000)와 복리후생비(1,500,000) 시가 합계를 기재, 공급 가액 6,500,000, 부가가치세 650,000

[089]

1.2기확정 부가가치세신고서 : 10/1 ~ 12/31

	구분		금액	세율	세액
과세표준및매출세액	과세	세금계산서교부분	1		10/100
		매입자발행세금계산서	2		10/100
		신용카드·현금영수증발행분	3		
		기타(정규영수증외매출분)	4	17,500,000	10/100	1,750,000
	영세	세금계산서교부분	5		0/100
		기타	6		0/100
	예정신고누락분		7		
	대손세액가감		8		
	합계		9	17,500,000	㉮	1,750,000

과세표준 매출세액 - 과세 - 기타 : 금액 17,500,000 세액 1,750,000

35,000,000 × (1 - 25/100 × 2과세기간) = 17,500,000(* 과세표준명세의 수입금액제외 란에 추가)

2. 과세표준명세

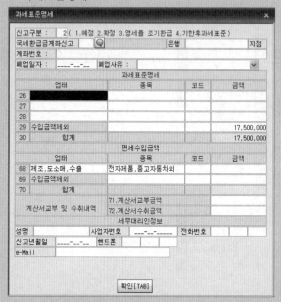

[090] 12월 31일 일반전표입력

(차) 퇴직급여(판)	8,400,000	(대) 퇴직급여충당부채	14,000,000
퇴직급여(제)	5,600,000		

□	일	번호	구분		계 정 과 목	거 래 처	적 요	차 변	대 변
☑	31	00001	차변	0806	퇴직급여			28,000,000	
☑	31	00001	대변	0295	퇴직급여충당부채				28,000,000
□	31	00002	차변	0806	퇴직급여			8,400,000	
☑	31	00002	차변	0508	퇴직급여			5,600,000	
☑	31	00002	대변	0295	퇴직급여충당부채				14,000,000
☑	31								

퇴직급여충당부채 당기설정액 : 14,000,000, 판매비와 관리비 : 8,400,000, 제조원가 : 5,600,000을 결산자료입력에 입력하여도 무방하다.

[091] 12월 31일 일반전표입력

(차) 대손상각비	2,249,400	(대) 대손충당금(외상매출금)	1,979,400
		대손충당금(받을어음)	270,000

□	일	번호	구분		계 정 과 목	거 래 처	적 요	차 변	대 변
☑	31	00001	차변	0806	퇴직급여			28,000,000	
☑	31	00001	대변	0295	퇴직급여충당부채				28,000,000
☑	31	00002	차변	0806	퇴직급여			8,400,000	
☑	31	00002	차변	0508	퇴직급여			5,600,000	
☑	31	00002	대변	0295	퇴직급여충당부채				14,000,000
□	31	00003	차변	0835	대손상각비			2,249,400	
☑	31	00003	대변	0109	대손충당금				1,979,400
☑	31	00003	대변	0111	대손충당금				270,000
☑	31								

받을어음과 외상매출금, 대여금 등의 채권 중에는 과거의 경험에 비추어 어느 정도의 대손을 예상할 수 있다. 그러므로 기말 결산기에 외상매출금 등의 채권잔액에 대하여 일정률의 대손액을 추산한후, 당기의 비용으로 계상하여 대손상각비계정 차변에 계상함과 동시에, 평가계정인 대손충당금계정을 세워 대변에 기입하고 간접적으로 공제한다.

결산자료입력에서 입력할 경우 아래 금액을 입력한다.

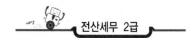

외상매출금 : 286,940,000 × 1% – 890,000 = 1,979,400
받을어음 : 104,000,000 × 1% – 770,000 = 270,000

[092] 12월 31일 일반전표입력

(차) 단기차입금   500,000   (대) 외화환산이익   500,000

(거래처 : DN상사)

□	일	번호	구분	계정과목	거래처	적요	차변	대변
☐	31	00001	차변	0806 퇴직급여			28,000,000	
☐	31	00001	대변	0295 퇴직급여충당부채				28,000,000
☐	31	00002	차변	0806 퇴직급여			8,400,000	
☐	31	00002	차변	0508 퇴직급여			5,600,000	
☐	31	00002	대변	0295 퇴직급여충당부채				14,000,000
☐	31	00003	차변	0835 대손상각비			2,249,400	
☐	31	00003	대변	0109 대손충당금				1,979,400
☐	31	00003	대변	0111 대손충당금				270,000
☐	31	00004	차변	0260 단기차입금	08000 DN상사		500,000	
☐	31	00004	대변	0910 외화환산이익				500,000
☐	31							

결산일에 화폐성 외화자산 또는 외화부채를 기말현재 적절한 환율로 환산하는 경우 환율의 변동으로 인하여 발생하는 환산손익을 말한다.

환산손익 = $50,000*(1,050–1,040) = 500,000

구 분	화폐성(평가대상)		비화폐성(평가대상 아님)
자 산	외화현금·예금, 외화채권, 외화보증금, 외화대여금, 외화매출채권		선급금, 재고자산, 고정자산
부 채	외화채무, 외화차입금, 외화사채		선수금

단, 선급금과 선수금은 소비대차전환 안한다고 가정
소비대차전환 : 빌리는 사람은 빌린 물건과 동일한 종류·질·양의 물건을 반환할 것을 약속

[093] 12월 31일 일반전표입력

(차) 외화환산손실   1,200,000   (대) 외상매출금   1,200,000

□	일	번호	구분	계정과목	거래처	적요	차변	대변
☐	31	00001	차변	0806 퇴직급여			28,000,000	
☐	31	00001	대변	0295 퇴직급여충당부채				28,000,000
☐	31	00002	차변	0806 퇴직급여			8,400,000	
☐	31	00002	차변	0508 퇴직급여			5,600,000	
☐	31	00002	대변	0295 퇴직급여충당부채				14,000,000
☐	31	00003	차변	0835 대손상각비			2,249,400	
☐	31	00003	대변	0109 대손충당금				1,979,400
☐	31	00003	대변	0111 대손충당금				270,000
☐	31	00004	차변	0260 단기차입금	08000 DN상사		500,000	
☐	31	00004	대변	0910 외화환산이익				500,000
☐	31	00005	차변	0955 외화환산손실			1,200,000	
☐	31	00005	대변	0108 외상매출금	00117 버닝사			1,200,000
☐	31							

환산손익 = 환산가액 – 장부가액 = 30,000$×(1,010 – 1,050) =1,200,000 손실

[094]

건물(공장건물)의 감가상각비 : 10,000,000
기계장치의 감가상각비 : 14,345,833원

(차) 감가상각비(제)   24,345,833원   (대) 203.감가상각누계액   10,000,000
                                              207.감가상각누계액   14,345,833원

[건물 입력화면]

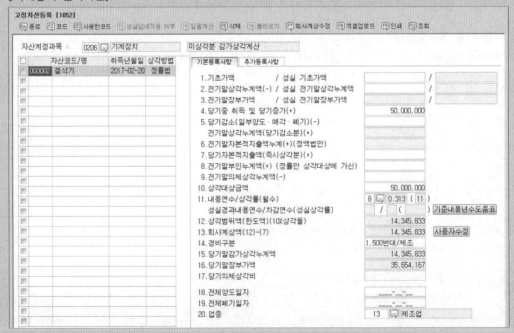

자산계정과목 : 0202 🔲 건물   미상각분 감가상각계산

□	자산코드/명	취득년월일	상각방법
☑	000001 공장건물	2007-01-05	정액법

기본등록사항 | 추가등록사항

1. 기초가액   / 성실 기초가액   200,000,000 /
2. 전기말상각누계액(-) / 성실 전기말상각누계액   40,000,000 /
3. 전기말장부가액 / 성실 전기말장부가액   160,000,000 /
4. 당기중 취득 및 당기증가(+)
5. 당기감소(일부양도·매각·폐기)(-)
    전기말상각누계액(당기감소분)(+)
6. 전기말자본적지출액누계(+)(정액법만)
7. 당기자본적지출액(즉시상각분)(+)
8. 전기말부인누계액(+) (정률만 상각대상에 가산)
9. 전기말의제상각누계액(-)
10. 상각대상금액   200,000,000
11. 내용연수/상각률(월수)   20 🔲 0.05 (12)
    성실경과내용연수/차감연수(성실상각률)   / (   ) 기준내용년수도움표
12. 상각범위액(한도액)(10×상각율)   10,000,000
13. 회사계상액(12)-(7)   10,000,000 사용자수정
14. 경비구분   1.500번대/제조
15. 당기말감가상각누계액   50,000,000
16. 당기말장부가액   150,000,000
17. 당기의제상각비

18. 전체양도일자
19. 전체폐기일자
20. 업종   02 🔲 연와조,블럭조

Tip 당기중의 취득이나 자본적지출은 당기증가에 기재하고 당기이전에 취득이면 기초가액에 취득가액을 기재한다.

[기계장치 입력화면]

고정자산등록 [1052]

[Esc]종료 [F2]코드 [F3]사용한코드 [F4]성실납세적용 여부 [F5]일괄계산 [F5]삭제 [F6]불러오기 [F7]회사계상수정 [F8]엑셀업로드 [F9]인쇄 [F12]조회

자산계정과목 : 0206 🔲 기계장치   미상각분 감가상각계산

□	자산코드/명	취득년월일	상각방법
☑	000002 절삭기	2017-02-20	정률법

기본등록사항 | 추가등록사항

1. 기초가액   / 성실 기초가액   /
2. 전기말상각누계액(-) / 성실 전기말상각누계액   /
3. 전기말장부가액 / 성실 전기말장부가액   /
4. 당기중 취득 및 당기증가(+)   50,000,000
5. 당기감소(일부양도·매각·폐기)(-)
    전기말상각누계액(당기감소분)(+)
6. 전기말자본적지출액누계(+)(정액법만)
7. 당기자본적지출액(즉시상각분)(+)
8. 전기말부인누계액(+) (정률만 상각대상에 가산)
9. 전기말의제상각누계액(-)
10. 상각대상금액   50,000,000
11. 내용연수/상각률(월수)   8 🔲 0.313 (11)
    성실경과내용연수/차감연수(성실상각률)   / (   ) 기준내용년수도움표
12. 상각범위액(한도액)(10×상각율)   14,345,833
13. 회사계상액(12)-(7)   14,345,833 사용자수정
14. 경비구분   1.500번대/제조
15. 당기말감가상각누계액   14,345,833
16. 당기말장부가액   35,654,167
17. 당기의제상각비

18. 전체양도일자
19. 전체폐기일자
20. 업종   13 🔲 제조업

[유형자산 감가상각]

1. 종류 : 건물, 구축물, 기계장치, 차량운반구, 비품, 기타의유형자산
2. 특징
   (1) 물리적실세가 있는 실물자산 (2) 장기간 영입활동에 사용할 목직 (3) 내구자산
3. 외부구입시 : 취득가액 + 매입부대비용(취득세, 등록세, 시운전비, 설치비등)
4. 자본적지출 :내용년수 증가 및 질 향상 예) 개량, 증설, 개조, 엘리베이터설치
   수익적지출 : 현상유지 및 원상회복 예) 건물 또는 벽의 도장, 유리 대체, 소모품 대체등
5. 감가상각은 원가의 배분과정이며, 가치의 감소과정이 아님.
6. 감가상각대상자산에서 토지와 건설중인 자산은 제외됨.
7. 감가상각방법: 정액법, 정률법, 생산량비례법, 연수합계법(세법상 건물은 무조건 정액법)

[095] 12월 31일 일반전표입력

  (차) 재고자산감모손실   4,800,000   (대) 원재료   4,800,000
                                                    (타계정대체 적요번호8)

□	일	번호	구분	계정과목	거래처	적요	차변	대변	
▣	31	00001	대변	0295 퇴직급여충당부채				28,000,000	
▣	31	00002	차변	0806 퇴직급여			8,400,000		
▣	31	00002	차변	0508 퇴직급여			5,600,000		
▣	31	00002	대변	0295 퇴직급여충당부채				14,000,000	
▣	31	00003	차변	0835 대손상각비			2,249,400		
▣	31	00003	대변	0109 대손충당금				1,979,400	
▣	31	00003	대변	0111 대손충당금				270,000	
▣	31	00004	차변	0260 단기차입금	08000 DN상사		500,000		
▣	31	00004	대변	0910 외화환산이익				500,000	
▣	31	00005	차변	0955 외화환산손실			1,200,000		
▣	31	00005	대변	0108 외상매출금	00117 버닝사			1,200,000	
▣	31	00006	차변	0959 재고자산감모손실			4,800,000		
▣	31	00006	대변	0153 원재료		8 타계정으로 대체액 원가		4,800,000	
▣	31								
			합계				50,749,400	50,749,400	

원가성이 없는 비정상적인 부분은 재고감모부분을 재고자산감모손실로 처리한다.
감모손실(영업외비용) = 12,000,000 * 0.4(원가성없는 비율) =4,800,000

(1) 재고자산의 장부상 수량과 실제 수량과의 차이에서 발생하는 감모손실의 경우 정상적으로 발생한 감모손실은 매출원가(또는 원재료비)에 가산한다.(프로그램에서는 실사금액을 입력함으로서 자동반영된다.)
        (차) 매출원가   (대) 제품
(2) 비정상적으로 발생한 감모손실은 영업외비용으로 분류한다.
        (차) 제품(재고자산)감모손실   (대) 제품(타계정대체)

[096] 12월 31일 일반전표입력

| | (차) 이자비용 | | 1,500,000 | | (대) 미지급비용 | | 1,500,000 |

	일	번호	구분		계 정 과 목	거 래 처	적 요	차 변	대 변
	31	00002	차변	0806	퇴직급여			8,400,000	
	31	00002	차변	0508	퇴직급여			5,600,000	
	31	00002	대변	0295	퇴직급여충당부채				14,000,000
	31	00003	차변	0835	대손상각비			2,249,400	
	31	00003	대변	0109	대손충당금				1,979,400
	31	00003	대변	0111	대손충당금				270,000
	31	00004	차변	0260	단기차입금	08000 DN상사		500,000	
	31	00004	대변	0910	외화환산이익				500,000
	31	00005	차변	0955	외화환산손실			1,200,000	
	31	00005	대변	0108	외상매출금	00117 버닝사			1,200,000
	31	00006	차변	0959	재고자산감모손실			4,800,000	
	31	00006	대변	0153	원재료		8 타계정으로 대체액 원가		4,800,000
	31	00007	차변	0951	이자비용			1,500,000	
	31	00007	대변	0262	미지급비용				1,500,000
			합 계					52,249,400	52,249,400

구 분	미 지 급 금	미지급비용
의미	일반적 상거래 이외의 거래에서 발생한 채무	일반적 상거래 이외에서 발생한 채무
발생시점	건물,기계장치등의 외상구입시 발생	결산시점(월차,분기,반기등)에서 발생
지급의무	계약상 지급기일 경과로 지급의무 확정	발생비용중 계약상 지급의무기일 미도래

[097] 10월 25일 매입매출전표입력

유형 : 51.과세　　거래처 : ㈜한화　전자: 여　분개 : 혼합

| | (차) 소프트웨어 | | 800,000 | | (대) 현금 | | 200,000 |
| | 부가세대급급 | | 80,000 | | 미지급금 | | 680,000 |

미지급비용은 기간경과적비용으로서 결산(월차,반기,기말)결산에 발행하는 지급기일 미도래분 비용으로서 수익비용대응원칙에 따라 계상하는 것이며,미지급금은 확정부채로서 건물등의 외상구입시 외상대를 처리하는 계정이다.

[098] 12월 31일 일반전표입력

| | (차) 133.선급비용 | | 1,250,000 | | (대) 821.보험료(판) | | 1,250,000 |

	일	번호	구분		계 정 과 목	거 래 처	적 요	차 변	대 변
	31	00002	대변	0295	퇴직급여충당부채				14,000,000
	31	00003	차변	0835	대손상각비			2,249,400	
	31	00003	대변	0109	대손충당금				1,979,400
	31	00003	대변	0111	대손충당금				270,000
	31	00004	차변	0260	단기차입금	08000 DN상사		500,000	
	31	00004	대변	0910	외화환산이익				500,000
	31	00005	차변	0955	외화환산손실			1,200,000	
	31	00005	대변	0108	외상매출금	00117 버닝사			1,200,000
	31	00006	차변	0959	재고자산감모손실			4,800,000	
	31	00006	대변	0153	원재료		8 타계정으로 대체액 원가		4,800,000
	31	00007	차변	0951	이자비용			1,500,000	
	31	00007	대변	0262	미지급비용				1,500,000
	31	00008	차변	0133	선급비용			1,250,000	
	31	00008	대변	0821	보험료				1,250,000
			합 계					53,499,400	53,499,400

당기에 현금지출이 있어 이미 비용계정에 기장되어 있더라도 차기 이후에 속하는 미경과분은 비용계정에서 공제하여 자산으로 보는데 이를 선급비용이라 한다.

계상액: 5,000,000 × 3/12 = 1,250,000

Tip 선수수익(수익의 이연)이란 이미 입금된 수익 중에서 당해 연도가 아닌 차기에 귀속될 수익을 말한다. 그러나 선수수익은 부채이기는 하지만 금전으로 변제하는 것이 아니라 계속적인 용역제공을 통하여 변제되는 부채로서 선급비용에 대응되는 개념이다.

[099] 일반전표입력

(차) 293.장기차입금   5,000,000   (대) 264.유동성장기부채   5,000,000
  (신한은행)   (신한은행)

□	일	번호	구분	계 정 과 목	거 래 처	적 요	차 변	대 변
☐	31	00003	대변	0109 대손충당금				1,979,400
☐	31	00003	대변	0111 대손충당금				270,000
☐	31	00004	차변	0260 단기차입금	08000 DN상사		500,000	
☐	31	00004	대변	0910 외환환산이익				500,000
☐	31	00005	차변	0955 외화매출손실			1,200,000	
☐	31	00005	대변	0108 외상매출금	00117 버닝사			1,200,000
☐	31	00006	차변	0959 재고자산감모손실			4,800,000	
☐	31	00006	대변	0153 원재료		8 타계정으로 대체액 원가		4,800,000
☐	31	00007	차변	0951 이자비용			1,500,000	
☐	31	00007	대변	0262 미지급비용				1,500,000
☐	31	00008	차변	0133 선급비용			1,250,000	
☐	31	00008	대변	0821 보험료				1,250,000
☐	31	00009	차변	0293 장기차입금	01116 신한은행		5,000,000	
☐	31	00009	대변	0264 유동성장기부채	01116 신한은행			5,000,000
			합	계			58,499,400	58,499,400

비유동부채 중 재무상태표일로부터 1년 또는 영업주기 이내에 상환될 채무를 말한다. 따라서 처음부터 상환기간이 1년 이내인 단기차입금과는 다르다. 또한 유동성장기부채는 기중에 발생하는 것이 아니며 기말결산시에만 상환기간에 따라 비유동부채에서 대체되는 것뿐이다.

[100] 12월 31일 일반전표입력

(차) 107.단기매매증권   7,320,000   (대) 905.단기매매증권평가이익   7,320,000
                              (또는 단기투자자산평가이익)

□	일	번호	구분	계 정 과 목	거 래 처	적 요	차 변	대 변
☐	31	00004	차변	0260 단기차입금	08000 DN상사		500,000	
☐	31	00004	대변	0910 외환환산이익				500,000
☐	31	00005	차변	0955 외화매출손실			1,200,000	
☐	31	00005	대변	0108 외상매출금	00117 버닝사			1,200,000
☐	31	00006	차변	0959 재고자산감모손실			4,800,000	
☐	31	00006	대변	0153 원재료		8 타계정으로 대체액 원가		4,800,000
☐	31	00007	차변	0951 이자비용			1,500,000	
☐	31	00007	대변	0262 미지급비용				1,500,000
☐	31	00008	차변	0133 선급비용			1,250,000	
☐	31	00008	대변	0821 보험료				1,250,000
☐	31	00009	차변	0293 장기차입금	01116 신한은행		5,000,000	
☐	31	00009	대변	0264 유동성장기부채	01116 신한은행			5,000,000
☐	31	00010	차변	0107 단기매매증권			7,320,000	
☐	31	00010	대변	0905 단기매매증권평가이				7,320,000
			합	계			65,819,400	65,819,400

1. 단기매매증권장부가액 = 16,000,000 + 12,240,000 + 31,930,000 = 60,170,000
2. 단기매매증권공정가액 = 17,600,000 + 12,070,000 + 37,820,000 = 67,490,000
3. 단기매매증권평가이익 = 67,490,000 - 60,170,000 = 7,320,000

결산시에 보유 단기매매증권(주식과 채권)의 종가가 취득원가와 다를 경우에는 종가(시가)를 재무상태표가액으로 한다. 평가할 때에 발생되는 평가손익은 단기매매증권평가손실계정 또는 단기매매증권평가이익계정으로 처리하며 단기매매증권계정에서 직접 가감한다.

[101] 12월 31일 일반전표입력

(차) 178.매도가능증권   2,000,000   (대) 394.매도가능증권평가익   2,000,000
(기타포괄손익누계액)

□	일	번호	구분		계정과목	거래처	적요	차변	대변
☐	31	00006	차변	0959	재고자산감모손실			4,800,000	
☐	31	00006	대변	0153	원재료		8 타계정으로 대체액 원가		4,800,000
☐	31	00007	차변	0951	이자비용			1,500,000	
☐	31	00007	대변	0262	미지급비용				1,500,000
☐	31	00008	차변	0133	선급비용			1,250,000	
☐	31	00008	대변	0821	보험료				1,250,000
☐	31	00009	차변	0293	장기차입금	01116 신한은행		5,000,000	
☐	31	00009	대변	0264	유동성장기부채	01116 신한은행			5,000,000
☐	31	00010	차변	0107	단기매매증권			7,320,000	
☐	31	00010	대변	0905	단기매매증권평가이익				7,320,000
☐	31	00011	차변	0178	매도가능증권			2,000,000	
☐	31	00011	대변	0394	매도가능증권평가이익				2,000,000
☐	31								
			합 계					67,819,400	67,819,400

매도가능증권평가이익은 재무상태표의 기타포괄손익누계액으로 처리한 후 매도시점에서 처분손익에 가감처리한다..매도가능증권평가손실이 있으면 먼저 상계후에 매도가능증권평가이익으로 처리한다.

[102] 12월 31일 일반전표입력

(차) 998.법인세비용   50,000,000   (대) 136.선납세금   5,200,000
(또는 법인세등)   261.미지급세금   44,800,000

일	번호	구분		계정과목	거래처	적요	차변	대변
31	00007	차변	0951	이자비용			1,500,000	
31	00007	대변	0262	미지급비용				1,500,000
31	00008	차변	0133	선급비용			1,250,000	
31	00008	대변	0821	보험료				1,250,000
31	00009	차변	0293	장기차입금	01116 신한은행		5,000,000	
31	00009	대변	0264	유동성장기부채	01116 신한은행			5,000,000
31	00010	차변	0107	단기매매증권			7,320,000	
31	00010	대변	0905	단기매매증권평가이익				7,320,000
31	00011	차변	0178	매도가능증권			2,000,000	
31	00011	대변	0394	매도가능증권평가이익				2,000,000
31	00012	차변	0998	법인세등			50,000,000	
31	00012	대변	0136	선납세금				5,200,000
31	00012	대변	0261	미지급세금				44,800,000
		합 계					117,819,400	117,819,400

[103] 12월 31일 일반전표입력

(차) 소모품   320,000   (대) 소모품비   320,000

일	번호	구분		계정과목	거래처	적요	차변	대변
31	00008	차변	0133	선급비용			1,250,000	
31	00008	대변	0821	보험료				1,250,000
31	00009	차변	0293	장기차입금	01116 신한은행		5,000,000	
31	00009	대변	0264	유동성장기부채	01116 신한은행			5,000,000
31	00010	차변	0107	단기매매증권			7,320,000	
31	00010	대변	0905	단기매매증권평가이익				7,320,000
31	00011	차변	0178	매도가능증권			2,000,000	
31	00011	대변	0394	매도가능증권평가이익				2,000,000
31	00012	차변	0998	법인세등			50,000,000	
31	00012	대변	0136	선납세금				5,200,000
31	00012	대변	0261	미지급세금				44,800,000
31	00013	차변	0122	소모품			320,000	
31	00013	대변	0830	소모품비				320,000
		합 계					118,139,400	118,139,400

[미사용 소모품 대체]
1. 구입시 비용계정(소모품비)으로 처리한 경우
2. 결산시에 미사용 소모품을 파악하여 당시 비용계정에서 차감한다.
    12월 31일 : 소모품 / 소모품비

1. 구입시 자산계정(소모품)으로 처리한 경우
2. 결산시에 미사용 소모품을 파악하여 사용분에 대해 비용계정으로 대체한다.

　　12월 31일 :　소모품비　 /　소모품

[104] 12월 31일 일반전표입력

　(차)　현금과부족　　　　　　　　　200,000　　　(대)　이자수익　　　　　　　　　120,000
　　　　　　　　　　　　　　　　　　　　　　　　　　　　잡이익　　　　　　　　　　80,000

일	번호	구분	계 정 과 목	거 래 처	적 요	차 변	대 변
31	00009	대변	0264 유동성장기부채	01116 신한은행			5,000,000
31	00010	차변	0107 단기매매증권			7,320,000	
31	00010	대변	0905 단기매매증권평가이익				7,320,000
31	00011	차변	0178 매도가능증권			2,000,000	
31	00011	대변	0394 매도가능증권평가이익				2,000,000
31	00012	차변	0998 법인세등			50,000,000	
31	00012	대변	0136 선납세금				5,200,000
31	00012	대변	0261 미지급세금				44,800,000
31	00013	차변	0122 소모품			320,000	
31	00013	대변	0830 소모품비				320,000
31	00014	차변	0141 현금과부족			200,000	
31	00014	대변	0901 이자수익				120,000
31	00014	대변	0930 잡이익				80,000
			합　　계			118,339,400	118,339,400

[현금과부족 정리]

1. 현금잔액이 부족한 경우-잡손실

장부상 현금잔액보다 실제 보유하고 있는 현금이 부족하나 결산시까지 원인이 밝혀지지 않은 경우 현금과부족을 잡손실로 대체한다.

　　실 사 시 :　현금과부족 /　현금
　　12월 31일 :　잡손실　　　 /　현금과부족

2. 현금잔액이 많은 경우-잡이익

장부상 현금잔액보다 실제 보유하고 있는 현금이 많은 경우로 결산시까지 원인이 밝혀지지 않은 경우에는 현금과부족을 잡이익으로 대체한다.

　　실 사 시 :　현금　　　　 /　현금과부족
　　12월 31일 :　현금과부족 /　잡이익

[105]

1. 대손충당금
(1) 외상매출금 : 640,338,600× 2% - 8,279,400 = 4,527,372(추가설정)
(2) 받을어음 : 85,387,670× 2% - 2,640,000 = -932,246원(환입)

대손상각

| 대손율(%) | 2.00 | | | | | | |

코드	계정과목명	금액	설정전 충당금 잔액			추가설정액(결산반영) [(금액x대손율)-설정전충당금잔액]	유형
			코드	계정과목명	금액		
0108	외상매출금	640,338,600	0109	대손충당금	8,279,400	4,527,372	판관
0110	받을어음	85,387,670	0111	대손충당금	2,640,000	-932,246	판관
0125	용역미수금	5,000	0126	대손충당금			판관
0114	단기대여금	8,000,000	0115	대손충당금			영업외
0116	미수수익	29,447,300	0117	대손충당금			영업외
0120	미수금	114,890,000	0121	대손충당금			영업외
	대손상각비 합계					3,595,126	판관

새로불러오기 결산반영 취소(Esc)

결산자료입력메뉴 외상매출금(대손충당금) 4,527,372원을 추가입력하고, 받을어음 대손충당금환입은 일반 전표에서 처리한다. -932,246은 지우고 결산반영을 클릭한다.

12월 31일 참고분개

| (차) | 대손상각비 | 4,527,372원 | (대) | 대손충당금(외상매출금) | 4,527,372원 |
| | 대손충당금(받을어음) | 932,246원 | | 대손충당금환입(판관비) | 932,246원 |

(1) 자동추가된 대손충당금설정액(결산자료입력)

| 31 | 00026 | 결차 | 0835 | 대손상각비 | 4,527,372 | |
| 31 | 00026 | 결대 | 0109 | 대손충당금 | | 4,527,372 |

(2) 대손충당금환입처리(일반전표입력)

| | 31 | 00016 | 차변 | 0111 | 대손충당금 | 932,246 | |
| | 31 | 00016 | 대변 | 0851 | 대손충당금환입 | | 932,246 |

2. 제조경비 : 건물 10,000,000, 기계장치 : 14,345,833원

12월 31일 참고분개

| (차) | 감가상각비(제) | 24,345,833원 | (대) | 감가상각누계액(건물) | 10,000,000 |
| | | | | 감가상각누계액(기계장치) | 14,345,833원 |

감가상각

코드	계정과목명	경비구분	고정자산등록 감가상각비	감가상각비 감가상각비X(조회기간월 수/내용월수)	결산반영금액
020200	건물	제조	10,000,000	10,000,000	10,000,000
020600	기계장치	제조	14,345,833	14,345,833	14,345,833
	감가상각비(제조)합계		24,345,833	24,345,833	24,345,833

새로불러오기 결산반영 취소(Esc)

[일반전표입력에 추가된 분개]

31	00021	결차	0518	감가상각비			1	당기말 감가상각비 계상	10,000,000	
31	00021	결대	0203	감가상각누계액			4	당기 감가상각누계액 설		10,000,000
31	00022	결차	0518	감가상각비			1	당기말 감가상각비 계상	14,345,833	
31	00022	결대	0207	감가상각누계액			4	넘기 감가상각부계액 실		14,045,000

3. 12월 31일 일반전표입력

(차) 선급비용   500,000   (대) 보험료(판)   500,000

31	00015	차변	0133	선급비용		500,000	
31	00015	대변	0821	보험료			500,000

4. 퇴직급여충당부채 설정

퇴직충당부채								✕

코드	계정과목명	퇴직급여추계액	설정전 잔액				추가설정액(결산반영) (퇴직급여추계액-설정전잔액)	유형
			기초금액	당기증가	당기감소	잔액		
0508	퇴직급여	50,000,000	21,600,000			21,600,000	28,400,000	제조

새로불러오기   결산반영   취소(Esc)

[일반전표입력에 추가된 분개]

31	00019	결차	0508	퇴직급여			1	퇴직충당금 당기분전입액	28,400,000	
31	00019	결대	0295	퇴직급여충당부채			7	퇴직급여충당부채당기설		28,400,000

5. 결산자료입력메뉴에

기말재고자산을 원재료 2,800,000, 재공품 1,700,000, 제품 5,900,000로
한다.(합계잔액시산표 상의 재고자산 잔액과 일치하여야 함)

코드	과 목	결산분개금액	결산전금액	결산반영금액	결산후금액
0153	① 기초 원재료 재고액		67,082,431		67,082,431
0153	② 당기 원재료 매입액		560,746,000		560,746,000
0153	⑥ 타계정으로 대체액		8,100,000		8,100,000
0153	⑩ 기말 원재료 재고액			2,800,000	2,800,000
	8)당기 총제조비용		883,372,031		933,317,864
	⑩ 기말 재공품 재고액			1,700,000	1,700,000
	9)당기완성품제조원가		883,372,031		931,617,864
	① 기초 제품 재고액		64,245,013		64,245,013
	⑥ 타계정으로 대체액		9,000,000		9,000,000
	⑩ 기말 제품 재고액			5,900,000	5,900,000

※ 결산자료입력 후 [전표추가]키를 클릭하여 결산분개를 일반전표에 대체시킴

[전표추가후의 합계잔액시산표상의 재고자산 잔액]

10,400,000	2,557,009,172	<재 고 자 산>	2,546,609,172	
5,900,000	995,862,877	제 품	989,962,877	
2,800,000	627,828,431	원 재 료	625,028,431	
1,700,000	933,317,864	재 공 품	931,617,864	

[106]

1. 12월 31일 일반전표입력

　(차)　이자비용　　　　　　　　1,200,000　　　　　(대)　미지급비용　　　　　　　　1,200,000

지급기일이 도래하지 않은 기간 미경과 비용은 미지급비용으로 처리한다

2. 12월 31일 일반전표입력

　(차)　미수수익　　　　　　　　700,000　　　　　(대)　이자수익　　　　　　　　700,000

3. 12월 31일 일반전표입력

　(차)　소모품비(판)　　　　　　300,000　　　　　(대)　소모품　　　　　　　　300,000

4. . 12월 31일 일반전표입력

　(차)　임금(제)　　　　　　　　7,000,000　　　　　(대)　미지급비용　　　　　　　7,000,000

31	00027	차변	0951	이자비용		1,200,000	
31	00027	대변	0262	미지급비용			1,200,000
31	00028	차변	0116	미수수익		700,000	
31	00028	대변	0901	이자수익			700,000
31	00029	차변	0830	소모품비		300,000	
31	00029	대변	0122	소모품			300,000
31	00030	차변	0504	임금		7,000,000	
31	00030	대변	0262	미지급비용			7,000,000
		합	계			3,649,071,887	3,649,071,887

[107]

1. 12월 31일 일반전표입력

　(차)　이자비용　　　　　　　　2,000,000　　　　　(대)　미지급비용　　　　　　　2,000,000

2. 해당 결산자료 입력 메뉴에 입력하여도 되고, 일반전표입력에 입력하여도 된다.

　(차)　무형자산상각비　　　　　450,000　　　　　(대)　영업권　　　　　　　　450,000

3. 12월 31일 일반전표입력

　(차)　부가세예수금　　　277,303,538원　　　(대)　부가세대급금　　　　64,589,822원
　　　　　　　　　　　　　　　　　　　　　　　　　　미지급금　　　　　　212,713,716원

4. 12월 31일 일반전표입력

　(차)　소모품　　　　　　　　400,000　　　　　(대)　소모품비(판)　　　　　　400,000

31	00031	차변	0951	이자비용		2,000,000	
31	00031	대변	0262	미지급비용			2,000,000
31	00032	차변	0840	무형자산상각비		450,000	
31	00032	대변	0218	영업권			450,000
31	00033	차변	0255	부가세예수금		277,303,538	
31	00033	대변	0135	부가세대급금			64,589,822
31	00033	대변	0253	미지급금			212,713,716
31	00034	차변	0122	소모품		400,000	
31	00034	대변	0830	소모품비			400,000
		합	계			3,929,225,425	3,929,225,425

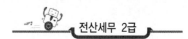

[2022년 세액산출 흐름도]

구 분	내 용
연간 근로소득	근로를 제공하고 지급받는 모든 대가 등(일용근로소득 제외)
- 비과세소득	1. 실비변상적 급여 : 자가운전보조금(월 20만원 이내), 일·숙직비, 연구보조비(월20만원)등 2. 출산수당 또는 6세 이하의 자녀 보육수당(근로자당 월 10만원 이내) 3. 식대 : 10만원이하(현물식대는 제한없이 비과세) 4. 연장근로수당 : 생산직사원, 직전연도 총급여 2,500만원이하, 월정액급여 150만원이하시 5. 국외근로비과세 : 100만원이하(국외근로,외국항행선박항공기용역은 300만원)등
총급여액	(= 연간 근로소득 - 비과세소득) ※ 의료비공제, 신용카드공제 적용 기준

	총급여액	근로소득공제금액
	500만원 이하	총급여액의 70%
-근로소득공제	500만원 초과 1,500만원 이하	350만원 + 500만원 초과액의 40%
	1,500만원 초과 4,500만원 이하	750만원 + 1,500만원 초과액의 15%
	4,500만원 초과 1억원 이하	1,200만원 + 4,500만원 초과액의 5%
	1억원초과	1,475만원 + 1억원 초과액의 2%

구 분	내 용
근로소득금액	(= 총급여액 - 근로소득공제) ※ 기부금공제 적용 기준

- 인적공제	1. 기본공제 : 본인, 배우자 및 생계를 같이하는 부양가족(연간 소득금액 100만원 이하, 근로소득만 있는 경우에는 총급여가 500만원이하)에 대해 1인당 연 150만원 공제 ·아래 연령요건을 만족하여야 하며, 장애인은 연령요건 제한 없음

부양가족	직계존속	직계비속	형제자매		위탁아동	수급자
연령요건	60세 이상	20세 이하	20세 이하, 60세 이상		18세 미만	제한없음

2. 추가공제 : 기본공제대상자가 다음에 해당하는 경우 추가공제

공제대상	경로우대 (70세 이상)	장애인 (소득세법)	한부모소득공제	여성근로자 (부양/기혼)
공제금액	100만원	200만원	100만원	50만원

구 분	내 용
-연금보험료공제	국민연금 근로자부담분(근로자부담분을 회사가 대신 부담한 것을 과세시 연금보험료공제가능)
- 특별소득공제	1.보험료공제-건강보험료, 고용보험료, 노인장기요양보험료 근로자부담분(회사부담보험료는 급여가산후 공제가능) 2.주택자금공제(세대원도가능):①주택임차차입금원리금상환공제(40%)(주택마련저축과 합하여 300만원한도), ②장기주택저당차입금이자상환공제-100%,15년이상시 500한도, 고정금리, 비거치식시 1,500만원한도,기준시가 4억이하의 1주택자, 국민주택 아니여도 됨)
-그밖의소득공제	1.개인연금저축공제 - 2000년12/31까지 가입한 개인연금저축납입액 × 40%(72만원한도) 2.소기업소상공인공제부금 - 납입한 금액공제(분기별 300만원한도) 3.주택마련저축공제 - 청약저축, 주택청약종합저축, 근로자주택마련저축 납입액(세대주, 근로자 본인불입분만) × 40% 4.중소기업창업투자조합출자등소득공제 - 투자금액 × 10%(종소금액의 50%한도)-농특세20% 5.신용카드등소득공제-총급여의 25%초과분에 15%(전통시장, 대중교통, 현금영수증은 30%) 요건-나이제한 없음(형제자매 제외), 국외사용액 제외 공제제외: 과표가 이미 양성화 되어 있거나, 양성화와 관련이 없는 경우(국가등,금융기관, 금융결제원) ①보험료,②교육비납입(취학전아동사설학원비제외),③제세공과금(전화,전기,수도,관리비,시청료,통행료) ④리스료 ⑤취득등록에 대한 등록면허세부과 자산구입비용(중고차 구입비용의 10%는 공제가능) ⑥국가등에 대한 사용료,수수료,기부정치자금 ⑦유가증권구입비 신용카드공제와 중복공제가능-의료비사용(의료비공제),교복구입(교육비공제),취학전아동 사설학원비(교육비공제) 6.우리사주조합출연금-조합원이 조합에 출연한 금액(400만원한도) 7.우리사주조합기부금-조합원이 아닌자가 조합에 지출시(근로소득금액의 30%한도)
과세표준	(= 근로소득금액 - 인적공제 - 특별공제)

과 세 표 준	적 용 세 율
1천 200만원 이하	과세표준의 6%
1천 200만원 초과 4천 600만원 이하	72만원+1천 200만원을 초과하는 금액의 15%
4천 600만원 초과 8천 800만원 이하	582만원+4천 600만원을 초과하는 금액의 24%
8천 800만원 초과 1억5천만원 이하	1,590만원+8천 800만원을 초과하는 금액의 35%
1억 5천만원 초과 3억원 이하	3,760만원+1억 5천만원을 초과하는 금액의 38%
3억 초과 5억원 이하	9,460만원+3억초과하는 금액의 40%
5억원초과10억이하	17,460만원+5억원 초과하는 금액의 42%
10억초과	227,460만원+10억초과하는 금액의 45%

위 표 좌측 레이블: **기본세율**

산출세액 : 과세표준에 기본세율을 적용하여 계산

- 세액공제

1. 연금저축세액공제 : 연금계좌는 보험료나 연금계좌 납입액의 12%를 세액 공제한다. (총급여가 5천5백만원이하시 15%)

2. 보장성보험세액공제 : 보장성 보험 납입액
   보험료세액공제액＝①+②
   ① 장애인전용 보장성보험료 : Min[보험료 지급액, 연 100만원]×15%
   ② 일반 보장성보험료 : Min[보험료 지급액, 연 100만원]×12%

3. 장애인전용보장성보험세액공제 : 100만원하도내서 납입액을 기재한다.
   기본공제대상자 중 장애인을 피보험자 또는 수익자로 하는 보험료

4. 의료비세액공제 : 나이와 소득제한없음,
   ① 장애인의료비 : 지출액전액을 입력한다.
   ② 전액공제의료비: 본인·과세기간 종료일 현재 65세 이상인 자, 난임시술비를 위한 의료비 지출액 전액을 입력한다.
   ③ 일반의료비 : [지출액 - 총급여 × 3%, 700만원 한도]을 입력한다.

5. 교육비세액공제 : 나이제한없음
   ① 본인교육비 : 대학원 교육비 지출액까지 전액기재
   ② 배우자 : 대학교까지 교육비 지출액을 기재(900만원 한도)
   ③ 자녀등교육비
     • 영유치원 : 취학전 아동에 대한 교육비 지출액을 기재(300만원 한도)
     • 초중고 : 초등학교, 중학교, 고등학교까지 교육비 지출액을 기재(300만원 한도)
     • 대학생: 대학교 교육비 지출액을 기재(900만원 한도)
   ④ 장애인교육비 : 지출액 전액을 기재

6. 기부금세액공제 : 나이제한없음, 기부금이 2천만원 이하인 경우에는 지급액의 15%를 세액공제기부금이 2천만원 초과하는 경우에는 초과분에 대해 지급액의 30%를 세액공제한다.
   ① 법정기부금(100%한도) : 전액공제 국가등에 지출하는 기부지출액을 기재한다.
   ② 정치자금 : 개인이 본인명의로 정치자금을 제공한 경우 10만원까지 세액공제가능하고, 초과하는 부분은 기부금세액공제로 가능하다.
   ③ 지정기부금 : 공익성기부금을 종교단체와 그 외로 나누어 지출액을 입력한다.

결정세액 : (= 산출세액 - 세액공제)

- 기납부세액 : 주(현)근무지의 기납부세액과 종(전)근무지의 결정세액의 합계액

차감징수세액 : (= 결정세액 - 기납부세액)　　※ 결정세액 > 기납부세액 : 차액을 납부
　　　　　　　　　　　　　　　　　　　　　결정세액 < 기납부세액 : 차액을 환급

[108]

1. 사원등록 기본사항

기본공제 : 배우자: 유, 20세 이하 자녀 : 2명(자녀세액공제 2명), 60세 이상: 2명,

추가공제 : 70세 이상 경로: 2명, 장애인: 1명

자녀세액공제는 종합소득이 있는 거주자의 기본공제대상자에 해당하는 자녀(입양자 및 위탁아동을 포함한다)에 대해서는 종합소득산출세액에서 공제한다.

(1) 배우자 박성순은 금융소득종합과세 기준금액인 2천만원이하 분리과세 소득만 있으므로

이자소득금액이 0이므로 배우자공제 가능하다.

소득금액=소득-비과세-분리과세-필요경비

(2) 장애인공제와 사망의 경우 당해연도중에 장애가 치유되거나,사망을 했더라도 당해연도까지는 장애인공제,기본공제대상자에 해당된다.

(3) 사원등록 기본사항

□	사번	성명	주민(외국인)번호
□	101	박희태	1 621212-1532644

기본사항 / 부양가족명세 / 추가사항

1. 입사년월일   2008 년 9 월 1 일
2. 내/외국인   1 내국인
3. 외국인국적   KR 한국   체류자격
4. 주민구분   1 주민등록번호   주민등록번호   621212-1532644
5. 거주구분   1 거주자   6.거주지국코드   KR 한국
7. 국외근로제공   0 부   8.단일세율적용   0 부
9. 생산직여부   0 부   야간근로비과세   0 부   전년도총급여
10. 주소   서울시 동대문구 답십리로 237

11. 국민연금(기준소득월액)   3,200,000   국민연금납부액   144,000
12. 건강보험료(표준보수월액)   3,200,000   장기요양보험적용   1 여
    건강보험납부액   97,920   장기요양보험료   6,410
13. 고용보험적용   1 여   (대표자 여부   0 부   )
    고용보험보수월액   3,200,000   고용보험납부액   20,800
14. 산재보험적용   1 여   15.퇴사년월일   년   월   일

※ 퇴직금 중간 정산일(퇴직금 계산 및 퇴직자료입력 메뉴로 정산일이 반영됩니다.)

구분	정산일 시작	정산일 종료	지급일자

전체인원 1 | 재직자수 1 | 퇴직자수

(4) 사원등록 부양가족명세

연말관계	이 름	주민등록번호	기본공제	부녀자	경로우대	장애인	자녀
0	박희태	621212-1532644	본인				
2	박한국	391124-1538339	60세이상		○		
2	이영자	460215-2530114	60세이상		○		
3	박금화	690705-2538337	배우자				
4	박영웅	001105-1538338	20세이하				○
4	박한이	031203-3511118	20세이하				○
6	박금이	901025-2530116	장애인			1	

2. 급여자료입력

[수당등록]: 기본급(과세), 식대(비과세유형: 2.식대), 자가운전보조금(비과세유형: 3.자가운전), 야근수당(비과세)-야근수당은 사원등록에서 생산직인 경우에만 비과세적용하므로 여기에서 비과세로 처리한다.

(1) 수당등록화면

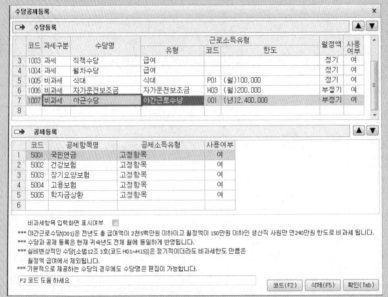

야간근로수당(비과세항목)은 야근수당으로 명칭을 바꾸어 입력한다. 야간근로수당은 생산직의 경우, 급여범위내서 비과세, 생산직이외는 자동으로 과세처리 한다.

(2) 급여자료입력(5월귀속, 5월 25일 지급)

□	사번	사원명		급여항목	금액
■	101	박희태		기본급	2,800,000
				상여	
				직책수당	
				월차수당	
				식대	150,000
				자가운전보조금	300,000
				야근수당	280,000

[109]

1. 사원등록

(1) 기본공제: 배우자 – 유, 60세이상 2명, 20세이하 자녀세액공제: 2 (장남, 위탁아동)

자녀세액공제는 종합소득이 있는 거주자의 기본공제대상자에 해당하는 자녀(입양자 및 위탁아동을 포함한다)에 대해서는 종합소득산출세액에서 공제한다.

장녀는 근로소득금액 28,000,000 – 9,450,000(소득공제) = 18,550,000이므로 150만원초과(총급여 500만원초과)

장남은 기타소득금액 1,400,000–1,400,000×60%(필요경비) = 560,000이므로 100만원이하

(2) 사원등록 부양가족명세

연말관계	이 름	주민등록번호	기본공제	부녀자	경로우대	장애인	자녀
0	정필남	670822-1234565	본인				
1	정구원		60세이상				
1	박상아		60세이상				
3	김연아		배우자				
4	정슬아		부				
4	정상호		20세이하				○
8	박영진		20세이하				○

2. 급여자료입력(1-12월 동일)

	사번	사원명		급여항목	금액
	101	박희태		기본급	3,250,000
	102	정필남		상여	
				직책수당	
				월차수당	
				식대	
				자가운전보조금	
				야근수당	

3. 연말정산 추가자료 입력

[소득공제사항]

신용카드 등

- 본인 신용카드 사용액 22,300,000(이 중에는 모친의 사이버대학 교육비 결제액 1,200,000이 포함되어 있다.) - 일반신용카드사용난에 22,300,000을 입력
- 배우자 무기명 선불카드 사용액 870,000 - 무기명식은 공제안됨
- 장남 현금영수증 사용액 920,000 - 현금영수증난에 920,000입력

[세액공제사항]

(1) 보험료

- 본인 자동차 손해보험료 820,000 - 일반보장성보험난에 820,000 입력

(2) 의료비

- 부친에 대한 의료비 지출액 4,320,000 - 65세이상 전액공제의료비
- 장녀에 대한 보약 지출액 220,000 - 보약은 공제안됨

(3) 교육비

- 모친에 대한 원격대학(사이버대학) 교육비 5,850,000 - 직계존속교육비는 공제안됨
- 장남 고등학교 수업료 800,000 - 초중고난에 80만원입력
- 본인 대학원 수업료 7,260,000 - 본인교육비난에 7,260,000(전액공제)입력

(4) 기부금

- 본인 명의로 기부한 교회 헌금 260,000 - 종교단체기부금난 260,000 입력
- 본인 정치자금기부금 600,000 - 10만원은 세액공제, 50만원은 전액공제기부금난에 입력

[110]

1. 사원등록

(1) 기본사항

□	사번	성명	주민(외국인)번호	
☐	101	박희태	1	621212-1532644
☐	102	정필남	1	670822-1234565
☐	103	신태용	1	650125-1538339

전체인원 3 재직자수 3 퇴직자수

기본사항 | 부양가족명세 | 추가사항

1. 입사년월일 2008 년 3 월 2 [...] 일
2. 내/외국인 1 내국인   3. 외국인국적 KR [...] 한국
4. 주민구분 1 주민등록번호   주민등록번호 650125-1538339
5. 거주구분 1 거주자   6. 거주지국코드 KR [...] 한국
7. 국외근로제공 0 부   8. 단일세율적용 0 부
9. 생산직여부 0 부 야간근로비과세 0 부 전년도총급여
10. 주소 138-806 [...] 서울특별시 송파구 동남로 111
    (가락동)
11. 국민연금(기준소득월액) 3,800,000 국민연금납부액 171,000
12. 건강보험료(표준보수월액) 3,800,000 장기요양보험적용 1 여
    건강보험납부액 113,810 장기요양보험료 7,450
13. 고용보험적용 1 여   (대표자 여부 0 부   )
    고용보험보수월액 3,800,000 고용보험납부액 24,700
14. 산재보험적용 1 여
15. 퇴사년월일   년   월 [...] 일

※ 퇴직금 중간 정산일(퇴직금 계산 및 퇴직자료입력 메뉴로 정산일이 반영됩니다.)

구분	정산일 시작	정산일 종료	지급일자

(2) 사원등록 부양가족명세

- 배우자 : 유
- 20세이하 세액공제 : 2명, 60세이상 : 2명(또는 20세이하 : 2명, 60세이상 : 3명)
- 장애인 : 1명
- 경로우대 : 2명

장남은 일용근로소득(분리과세)만 있으므로 소득금액이 없는 것이고 공제가능

기본사항 | **부양가족명세** | 추가사항

연말관계	성명	내/외국인	주민(외국인)번호	나이	기본공제	부녀자	한부모	경로우대	장애인	자녀	6세이하	출산입양	위탁관계
1	신태일	내	1		60세이상			○					
1	최순일	내	1		60세이상			○					
3	박은영	내	1		배우자								
4	신성일	내	1		20세이하					○			
4	신앨란	내	1		20세이하					○			
6	신도영	내	1		부								
6	박은화	내	1		장애인				○				

2. 연말정산 추가자료 입력

[소득공제]

신용카드등 사용

- 본인 : 16,000,000(자동차보험료 900,000 포함됨)=16,000,000-900,000 = 15,100,000공제
- 장남 현금영수증 : 700,000 - 현금영수증난에 입력
- 처제 신용카드 : 6,000,000 - 형제자매는 공제안됨

[세액공제]

(1) 의료비

- 부친 : 720,000 -전액공제의료비(65세이상 경로우대) 720,000 입력

- 장남 : 2,300,000 - 일반의료비난에 2,300,000 입력
- 처제 : 4,100,000 - 전액공제(장애인의료비)난에 4,100,000 입력

(2) 보험료 =900,000+560,000 = 1,460,000입력

- 본인 자동차 손해보험료 : 900,000(신용카드 사용) - 언급없으면 요건 갖춘 보장성보험 900,000 입력
- 장남 생명보험료 : 560,000 - 보장성보험난에 560,000 합하여 입력

(3) 교육비=초중고(2명) 400,000+800,000 = 1,200,000입력

- 배우자 대학원 수업료 : 7,200,000 - 대학원은 본인만 가능하므로 배우자 대학원수업료는 공제불가
- 장남 고등학교 수업료 : 400,000 - 초중고난에 400,000입력
- 장녀 중학교 수업료 : 800,000- 초중고난에 800,000입력

[Tip] 형제자매는 신용카드공제 안되고, 배우자의 대학원교육비공제도 불가능하다.

[111]

1. 사원등록

(1) 기본공제

- 배우자 : 유
- 20세이하 : 1명(장녀) 60세이상 : 1명(부)

(2) 추가공제

- 경로우대 : 1명(부)

(3) 사원등록 부양가족사항

연말관계	이 름	주민등록번호	기본공제	경로우대	장애인	자녀	6세이하	출산입양
0	구현수	680218-1550255	본인					
1	구본모	451231-1786524	60세이상	○				
3	이나영	660228-2436807	배우자					
4	구자근	980220-1772616	부					
4	구자영	180330-4250260	20세이하			○	○	

사원등록메뉴에서 부에 대한 부양가족공제와 경로우대공제 적용시 사망일 전일기준으로 판단한다.

2. 7월~12월 급여자료입력

□	사번	사원명		급여항목	금액
	101	박희태		기본급	2,200,000
	102	정필남		상여	
	103	신태용		직책수당	
■	104	구현수		월차수당	
				식대	
				자가운전보조금	
				야근수당	

3. 연말정산 추가자료입력

(1) 종전근무지

근무처/사업자등록번호	(주)영광 / 122-81-00406	
근무기간	2020.1.1 - 2020. 6.30	
급 여	11,000,000	
상 여	500,000	
건강보험료	150,000	
장기요양보험료	9,825원	
고용보험료	32,000	
국민연금보험료	250,000	

	구분	소득세	지방소득세
세액명세	결정세액	30,000	3,000

기납부세액난에 전근무지의 결정세액30,000(지방소득세 3,000)을 입력

(2) 연금저축(소득금액범위내서 소득공제가능)

3 연금저축계좌(연말정산 탭의 33의 ⑥연금저축과 43.개인연금저축소득공제)					크게보기
연금저축구분	코드	금융회사 등	계좌번호(증권번호)	불입금액	공제금액
2.연금저축	110	새마을금고 전체	123-23-12523	1,400,000	
개인연금저축					
연금저축				1,400,000	

구 분	내 역
보험료	• 본인 생명보험료 : 1,500,000 - 공제가능 보장성보험료난에 1,500,000 입력
교육비	• 본인 대학원 등록금 : 8,600,000 - 전액공제가능 본인대학원 교육비에 8,600,000입력 • 장남 고등학교 등록금 : 1,600,000 - 초중고교육비로 1,600,000 공제가능 • 장남 입시학원 수강료 : 1,200,000 - 취학전아동만 사설학원비가능하므로 공제불가
연금저축납입액	• 본인명의 새마을금고(123-23-12523) 연금저축납입액 : 1,400,000 - 연금저축등난에 입력 • 김만수의 부 명의의 연금저축납입액 : 3,500,000 - 본인이외는 공제불가
기부금 지출액	• 세법상 인정되는 불우이웃돕기 결연기관을 통하여 불우이웃에게 기부한 금액 : 5,000,000 - 법정기부금난에 5,000,000 입력 • 노동조합비 : 3,000,000 - 종교단체외(지정기부금)난에 3,000,000 입력

연말정산추가자료입력메뉴에서 부의 명의로된 연금저축납입액은 소득공제대상에서 제외되므로 입력하지 아니한다. 또한 불우이웃돕기 결연기관을 통하여 불우이웃에게 기부한 금액은 전액공제기부금으로 분류된다. 보험료공제는 한도액 100만원을 입력하여도 되고 자동계산시 전체지출액을 입력하여도 무방하다.

[112]

1. 급여자료 입력메뉴

수당등록에서 식대보조금(비과세),취재수당(과세)를 등록하고, 급여자료입력에서 아래와 같이 입력한다. (귀속년월 : 6월, 지급년월일 : 06월 25일)

□	사번	사원명	급여항목	금액
☐	101	박희태	기본급	2,400,000
☐	102	정필남	상여	
☐	103	신태용	직책수당	
☐	105	손학구	월차수당	
☐			식대	150,000
☐			자가운전보조금	200,000
☐			야근수당	

2. 원천징수이행상황신고서를 열어 귀속과 지급구간을 6월~6월로 입력한다.
"12.전월미환급"난에 80,000을 입력한다.

		코드	소득지급		징수세액			당월조정 환급세액	납부세액	
			인원	총지급액	소득세 등	농어촌특별세	가산세		소득세 등	농어촌특별세
개인 거주자 비거주자	근로소득	간이세액	A01	1	2,450,000	37,590					
		중도퇴사	A02								
		일용근로	A03								
		연말정산	A04								
		(분납금액)	A05								
		(납부금액)	A06								
		가 감 계	A10	1	2,450,000	37,590			37,590		
	퇴직소득	연금계좌	A21								
		그 외	A22								
		가 감 계	A20								
	사업소득	매월징수	A25								
		연말정산	A26								
		가 감 계	A30								
	기타소득	연금계좌	A41								
		그 외	A42								
		가 감 계	A40								

전월 미환급 세액의 계산			당월 발생 환급세액				18.조정대상환 급(14+15+16+17)	19.당월조정 환급세액계	20.차월이월 환급세액	21.환급신청액
12.전월미환급	13.기환급	14.차감(12-13)	15.일반환급	16.신탁재산	금융회사 등	합병 등				
80,000		80,000					80,000	37,590	42,410	

김동은
- 베스트회계직업전문학원 원장
- 박문각 Grace 전산세무 1급 감리
- 박문각 Grace 전산세무 2급 감리
- 박문각 Grace 전산회계 1급 감리
- 박문각 Grace 전산회계 2급 감리
- 직업훈련교사 상업

저서
- 2022년 독공 전산회계 1급 (주)박문각
- 2022년 독공 전산회계 2급 (주)박문각

2022 Grace 전산세무2급 필기+실기

초판인쇄 : 2022년 5월 4일
초판발행 : 2022년 5월 11일
저   자 : 전산세무회계연구팀 저
발 행 인 : 박 용
발 행 처 : (주)박문각출판
등   록 : 2015.4.29 제2015-000104호
주   소 : 06654 서울시 서초구 효령로 283 서경 B/D 4층
전   화 : 교재주문 02-523-1497
             내용문의 02-3489-9400
팩   스 : 02-584-2927

저자와의
협의하에
인지생략

정가 32,000원   ISBN 979-11-6704-548-5